LE COLLANE ALPHA

GLI SPILLI

Oltre 180 tascabili a colori, per fissare le idee sulle materie fondamentali, di attualità, cultura e lingue straniere. Ideali per la maturità e i primi anni di università.

STRUMENTI DIDATTICI

Guide per l'aggiornamento e l'attività didattica di insegnanti, orientatori e psicologi sui temi dell'orientamento e dei test a risposta multipla.

ORIENTAMENTO

Guide aggiornate per la scelta degli studi post-diploma e per l'inserimento nel mondo del lavoro.

TESTUNIVERSITARI

Manuali ed eserciziari specifici per la preparazione ai test di ammissione di tutte le facoltà universitarie.

PASSEPARTOUT

Volumi monodisciplinari utili per la preparazione ai test di concorsi pubblici, selezioni aziendali, concorsi dell'Unione Europea, concorsi militari, ammissione all'università e ai master.

TESTPROFESSIONALI

Oltre 40 manuali ed eserciziari per prepararsi alle prove di selezione previste per l'accesso e l'abilitazione a specifiche professioni (promotore finanziario, vigile urbano, fisioterapista, infermiere ecc.).

LAVORO&CARRIERA

Guide pratiche su temi di informatica e sales management utili per svolgimento delle professioni aziendali: ideali per direttori e manager di impresa.

CONCORSI&ESAMI

Volumi completi con teoria ed esercizi per prepararsi alle prove scritte e orali dei concorsi pubblici e degli esami di Stato (commercialista, psicologo, avvocato, architetto ecc.).

STUDI PROFESSIONALI

La prima collana pensata per i professionisti (avvocati, commercialisti, notai), dedicata alla comunicazione e al marketing, al management, alla gestione delle relazioni.

TESTMILITARI

Manuali ed eserciziari specifici per la preparazione alle prove di ammissione alle Accademie militari e alle Forze Armate.

I NUOVI CODICI

Mini-codici di comoda consultazione in udienza, in ufficio e durante le lezioni universitarie, aggiornati alla legislazione di riferimento.

METEO

Collana curata dal colonnello Mario Giuliacci e realizzata da meteorologi professionisti. I volumi coniugano l'approccio divulgativo con il rigore scientifico.

UPPA

Piccoli volumi dedicati ai genitori che vogliono approfondire gli aspetti più delicati della crescita dei propri bambini (0-6 anni): dall'alimentazione ai principali disturbi.

S.O.S. LINGUE

Piccoli volumi per un soccorso immediato quando ci si trova all'estero: dialoghi modello, frasari per le situazioni più comuni e per gli imprevisti, indicazioni per la pronuncia e agili glossari.

TESTUNIVERSITARI

AlphaTest Architettura

3000 quiz

3ª EDIZIONE

edizioni
Alpha Test

via Mercalli 14 – 20122 Milano (Italy)
Tel. 02 5845981 – fax 02 58459896
servizi@alphatest.it
www.alphatest.it

ISBN: riportato in quarta di copertina

Seconda ristampa della terza edizione: agosto 2017
Terza edizione: gennaio 2016
Prima edizione: giugno 2009

Impostazione grafica della copertina di Andrea Morando
Rielaborazione grafica della copertina e illustrazioni interne a cura dell'Ufficio Grafico Alpha Test:
Marina Ilacqua e Katia Lerario

Stampato da L.E.G.O. Lavis (TN)
per conto di Alpha Test S.r.l.
nell'agosto 2017

INDICE

Prefazione

Per molti giovani l'iscrizione all'università è, da diversi anni, subordinata al superamento di un esame che ha lo scopo di valutare la potenzialità dei singoli studenti nel frequentare con profitto il corso di laurea prescelto. Per molti giovani di tutto il mondo l'iscrizione all'università è da diversi anni subordinata al superamento di una selezione preliminare che ha lo scopo di valutare le potenzialità dei singoli studenti di frequentare con profitto il corso di laurea prescelto.

Attualmente in Italia, molti corsi di alcune importanti università private, alcuni corsi di laurea magistrale a ciclo unico a livello nazionale (Medicina e Chirurgia, Odontoiatria e Protesi dentaria, Medicina Veterinaria, Scienze della Formazione primaria e Architettura) e molti corsi di laurea triennali sono caratterizzati dalla presenza del **numero programmato**: il numero di matricole di questi corsi non può superare il numero di posti programmati annualmente in ogni ateneo.

In generale, la selezione dei candidati che desiderano accedere a un corso universitario a numero programmato viene effettuata sulla base di una prova a test, composta da domande a risposta multipla che valuta il possesso di determinate attitudini e conoscenze. Il risultato di tale prova – predisposta in alcuni casi a cura del ministero dell'Università e della Ricerca (come, per esempio, le prove di accesso ai corsi di Medicina/Odontoiatria e Veterinaria) e in altri casi dalle singole università – determina un **punteggio** in base al quale viene stabilita la **graduatoria dei candidati.** In alcuni casi, alla formazione della graduatoria finale contribuiscono anche i risultati conseguiti dai singoli candidati negli ultimi anni della scuola superiore; il risultato del test è comunque in generale il fattore di gran lunga più importante ai fini dell'ammissione. Oltre alle prove selettive, sono ormai in uso in molte sedi universitarie le **prove valutative** per i corsi ad accesso libero il cui scopo è misurare il possesso di conoscenze e attitudini necessarie per frequentare con profitto il corso prescelto; tali prove attribuiscono – in caso di valutazione negativa – un "debito" formativo che lo studente dovrà "saldare" entro il primo anno di corso dimostrando di aver colmato le lacune rilevate. Anche chi sceglie di frequentare un corso universitario ad accesso libero deve quindi spesso affrontare una prova a test. La presenza dei test di pre-immatricolazione, selettivi o "orientativi", impone quindi agli studenti seriamente motivati di prepararsi in modo mirato al test che dovranno sostenere.

Alpha Test è la prima e la più importante organizzazione in Italia che da 28 anni offre agli studenti tutti gli strumenti necessari per affrontare con successo i test selettivi. Opera a livello nazionale con sedi nelle principali città universitarie e si avvale della collaborazione di decine di esperti. Per le diverse prove di ammissione, Alpha Test organizza in tutta Italia dei corsi specifici di preparazione (alphatest.it/Corsi), pubblica la collana *TestUniversitari* composta da oltre settanta tra manuali ed eserciziari, specifici per ogni area di studi (alphatest.it/Libri-Alpha-Test) e ha sviluppato Alpha Test Academy, il nuovo programma on line di assistenza personalizzata allo studio, che guida e aiuta lo studente nella preparazione al test.

In particolare, questo libro è rivolto alla preparazione ai test di ammissione ad *Architettura* e ai corsi universitari delle aree *Design*, *Ingegneria edile-architettura, Urbanistica, Disegno industriale, Restauro e conservazione.*

Come ottenere il software

In dotazione con questo volume è previsto un software di esercitazione; per ottenere il software è sufficiente collegarsi a **www.alphatest.it/software**, cercare l'icona di questo volume (3600 quiz), inserire il codice libro nell'apposito spazio e cliccare su download. Il codice libro si trova nelle ultime pagine del volume. Il software richiede Windows XP, Vista, 7 o 8 oppure Mac OSX 10.4 (o superiori). RAM minima: 1GB

Il parere dei lettori è importante

Per continuare a migliorare la qualità delle proprie pubblicazioni, Alpha Test considera estremamente prezioso il parere dei propri lettori ai quali chiede la cortesia di esprimere un giudizio su questo libro nell'apposita sezione "Valuta un libro" del sito alphatest.it. Per ogni valutazione ricevuta Alpha Test devolverà 2 euro alla **Fondazione Francesca Rava–NPH Italia Onlus** che aiuta i bambini orfani, abbandonati o ammalati, in Italia e nei paesi più poveri del mondo (www.nphitalia.org).

Per informazioni aggiornate sui libri di Alpha Test i lettori possono visitare il sito internet alphatest.it o richiedere il catalogo gratuito a:

Alpha Test S.r.l.
via Mercalli, 14 – 20122 Milano
tel. 02 58 45 981 – fax 02 58 45 98 96
servizi@alphatest.it

Ringraziamenti

Per i preziosi contributi forniti nella fase di realizzazione di questo volume, Alpha Test desidera ringraziare la dott.ssa Lorena Sala e la dott.ssa Laura Sauchelli.

Suggerimenti per prepararsi al test

La **prima cosa** da fare è procurarsi le informazioni sul test che si dovrà affrontare: le fonti più autorevoli e aggiornate sono il sito del ministero dell'Istruzione, dell'Università e della Ricerca (MIUR), i siti delle singole università e alphatest.it. Nel primo è riportata la normativa di interesse per gli studenti mentre negli altri vengono pubblicati i bandi di concorso che integrano le indicazioni del ministero con le specifiche proprie di ciascuna sede universitaria. Su **alphatest.it/Test-di-ammissione** sono pubblicate le date dei test, tutte le principali leggi e normative sulle prove di ammissione, i test ufficiali degli ultimi anni risolti e commentati e gli aggiornamenti e approfondimenti per i diversi corsi di studio.

Il metodo Alpha Test: libri, Alpha Test Academy, corsi

Il primo passo per il conseguimento di una preparazione completa è costituito dallo studio individuale da compiere sui libri. A questo volume si affiancano il corrispondente MANUALE DI PREPARAZIONE, il volume ESERCIZI COMMENTATI (nella versione corredata con software di simulazione) e la raccolta di prove simulate PROVE DI VERIFICA. Ai fini dello studio, ciascuno dei quattro volumi è autosufficiente ma, allo stesso tempo, complementare rispetto agli altri. Le loro caratteristiche sono così sintetizzabili:

- **MANUALE DI PREPARAZIONE**: è il principale strumento di preparazione alle prove di ammissione. Consente infatti lo **studio e il ripasso** mirato delle materie su cui vertono le domande dei test; la spiegazione degli argomenti è completata da schemi, tabelle, glossari e da centinaia di esercizi risolti e commentati;
- **ESERCIZI COMMENTATI**: è un eserciziario contenente centinaia di quesiti suddivisi in base alle materie oggetto d'esame. Di ciascun quesito viene fornita la soluzione e il commento che illustra i metodi risolutivi più efficaci. Costituisce dunque uno strumento utile per **esercitarsi** e per **approfondire la propria preparazione**; il software allegato combina i numerosi esercizi a disposizione e permette di comporre un numero elevato di prove simulate da svolgere secondo le modalità e i tempi che caratterizzano l'esame ufficiale; allo scadere del tempo prefissato, il programma elabora le risposte e fornisce i risultati, anche in forma grafica;
- **PROVE DI VERIFICA**: contiene 10 prove d'esame composte con le domande dei concorsi degli ultimi anni sotto forma di **test simulati**. Le prove sono accompagnate da indicazioni pratiche (tempo a disposizione, criteri di valutazione ecc.) che consentono al lettore di svolgerle secondo le modalità dell'esame ufficiale;
- **3000 QUIZ – I QUESITI DELLE PROVE DI AMMISSIONE**: è la raccolta completa dei quesiti delle prove ufficiali e contiene numerose domande rese disponibili dal Ministero o dalle università. Gli esercizi sono suddivisi per materia (700 quesiti di conoscenze artistiche, architettoniche e storiche, 500 quesiti di disegno e rappresentazione, 1200 quesiti di comprensione di testi, ragionamento logico e cultura generale, 600 quesiti di matematica e fisica); alla fine di ogni sezione sono riportate le soluzioni di ciascun quesito. Il software allegato combina i numerosi esercizi a disposizione e permette di comporre un numero elevato di prove simulate da svolgere secondo le modalità e i tempi che caratterizzano l'esame ufficiale; allo scadere del tempo prefissato, il programma elabora le risposte e fornisce i risultati, anche in forma grafica. Tale software si può scaricare seguendo le istruzioni riportate nell'apposita pagina alla fine di questo volume.

L'acquisto di ogni libro della collana *TestUniversitari* dà anche diritto a svolgere gratuitamente numerose simulazioni del test ufficiale sul sito **testonline.it** Per questo si rimanda alle istruzioni riportate nell'apposita pagina in fondo al volume.

Alpha Test Academy

Alpha Test Academy è il nuovo sistema di assistenza on line personalizzata che guida e aiuta lo studente nella preparazione ai test per Architettura. Per ciascuna delle materie e degli argomenti previsti al test, il programma valuta il livello di preparazione dello studente, propone in modo adattivo numerose batterie di domande con difficoltà differenziata e offre migliaia di spiegazioni e commenti multimediali (link, video, tutorial e rimandi a specifici richiami di teoria). Il materiale e l'assistenza offerti da Alpha Test Academy consentono di chiarire via via ogni quesito e dubbio individuale anche attraverso un canale diretto con i docenti Alpha Test e di migliorare progressivamente le proprie conoscenze e capacità in vista del test ufficiale. Alpha Test Academy assiste in ogni momento lo studente in un lavoro di preparazione mirato e specifico e rappresenta quindi un'utile integrazione al manuale di preparazione o a un corso Alpha Test in aula. Alpha Test Academy è un ambiente interattivo, con gruppi di studio virtuali e forum di discussione per un confronto diretto. Inoltre, fornisce un costante aggiornamento sulle novità normative e sui test ufficiali.

Per l'acquisto di Alpha Test Academy è previsto uno sconto importante per chi già possiede questo volume o è iscritto a un corso Alpha Test. Per maggiori informazioni o per provare la demo gratuita: **alphatest.it**

Corsi

Per la preparazione alle prove di ammissione, oltre ai volumi della collana *TestUniversitari* e ad Alpha Test Academy, Alpha Test organizza per gli studenti più motivati numerosi **corsi** di durata differenziata (da pochi giorni di corso ad alcuni mesi). Frequentare un corso Alpha Test consente di completare, perfezionare e consolidare la propria preparazione grazie ai seguenti punti di forza:

1. **la didattica interattiva.** Ciascun corso prevede cicli di lezioni e di esercitazioni dedicate al ripasso di tutti gli argomenti oggetto d'esame. Gli studenti possono beneficiare della professionalità di docenti con un'esperienza d'insegnamento unica in Italia, maturata in oltre 28 anni di attività di Alpha Test nel campo specifico della preparazione ai test universitari;
2. **il materiale supplementare consegnato ai corsi.** Durante le lezioni, a ciascun partecipante viene fornito materiale di studio e di esercitazione aggiuntivo rispetto ai volumi consegnati al momento dell'iscrizione. Si tratta di materiale estremamente aggiornato e specifico per la struttura e i contenuti del test che si deve affrontare;
3. **l'esperienza "sul campo".** In ciascun corso vengono svolte più simulazioni d'esame per mettersi alla prova e per confrontare la propria preparazione con quella di altri candidati. I docenti Alpha Test sono in grado inoltre di indicare a ogni candidato il punteggio orientativo che occorre conseguire per accedere al corso universitario prescelto.

Infine, chi desidera prepararsi al test di ammissione senza rinunciare a divertimento e nuove amicizie può partecipare a una delle **vacanze-studio Alpha Test** (per informazioni: **alphatest.it/Corsi**).

Test di autovalutazione online

Su **alphatest.it/Test-di-ammissione** è possibile misurare il proprio livello di preparazione; il test gratuito prevede 20 domande tratte dai test ufficiali degli ultimi anni da risolvere in 20 minuti ed è finalizzato ad aiutare il candidato a impostare al meglio il percorso di studio.

Test ufficiali commentati e ultimi aggiornamenti disponibili su alphatest.it

Sul sito **alphatest.it** si possono scaricare gratuitamente i test ufficiali degli ultimi anni con tutte le soluzioni e i **commenti esplicativi dei singoli quesiti**. In particolare nella sezione "approfondimenti" all'indirizzo **alphatest.it/Test-di-ammissione** sono disponibili i test ufficiali dei corsi di laurea in Architettura.

Sulla stessa pagina vengono costantemente pubblicati gli aggiornamenti normativi sui test con le eventuali integrazioni agli argomenti e ai programmi d'esame.

App per iPhone e iPad

Per coloro che possiedono i dispositivi mobili iPhone e iPad sono disponibili le App di esercitazione del test d'ammissione per tutti i corsi a numero programmato. Ciascuna App contiene oltre 580 quesiti tratti dalle prove ufficiali, con soluzioni commentate dagli esperti Alpha Test. È possibile comporre un numero illimitato di prove simulate e analizzare i risultati anche in forma grafica.

Segui Alpha Test anche sui social network

Diventare fan della pagina Alpha Test su Facebook o seguire l'account @alpha_test su Twitter significa essere informati in tempo reale su tutto quello che riguarda i test, confrontarsi con migliaia di fan e ricevere aggiornamenti e consigli dai docenti. Alpha Test è anche su Google+, LinkedIn, Youtube.

Mailing list

Ti segnaliamo infine che, registrandoti su alphatest.it, puoi entrare a far parte della nostra mailing list: potrai così ricevere aggiornamenti in tempo reale sui test, suggerimenti su come prepararti al meglio e approfittare di sconti e promozioni esclusive.

Indicazioni per i partecipanti ai corsi Alpha Test

Alpha Test:

- è **la prima** società in Italia specializzata nel preparare gli studenti ai test di ammissione all'università;
- è **l'unica** organizzazione che può vantare un'esperienza di 30 anni e migliaia di corsi già organizzati su tutto il **territorio nazionale**;
- i risultati di chi sceglie Alpha Test sono gli unici attestati da una primaria società di indagini di mercato da cui risulta che l'**84%** degli ammessi a medicina si è preparato con Alpha Test;
- dal 1987 a oggi ha **preparato con successo** ai test universitari **decine di migliaia di studenti** che si sono trovati in vantaggio rispetto alle altre aspiranti matricole;
- propone **corsi** con durata, programmi e costi differenziati a seconda della prova di selezione e delle esigenze dei singoli studenti, comprese **vacanze-studio** e **corsi residenziali**;
- vanta un corpo docente composto da oltre 160 esperti rigorosamente selezionati e costantemente formati: docenti e ricercatori universitari, professionisti e insegnanti con un'**esperienza didattica unica** e **specifica** nel campo della preparazione ai test universitari;
- ha sviluppato, per prima in Italia, una **metodologia didattica innovativa** e specifica per affrontare le prove a test;
- effettua l'analisi e la discussione in aula delle **prove ufficiali** utilizzate dalle università negli anni passati;
- sottopone ai partecipanti ai corsi numerose **prove simulate** che vengono corrette individualmente mediante l'uso di **lettori ottici** simili a quelli per le correzioni dei test ufficiali; ciò consente ai partecipanti di verificare in tempo reale il proprio livello di preparazione e di apprendimento;
- ha sviluppato una collana di volumi specifici per i diversi test di ammissione, già scelti da oltre due milioni di studenti e **forniti ai partecipanti ai corsi** all'atto dell'iscrizione;
- mette a disposizione degli studenti un servizio di esercitazione *on line* – all'indirizzo **testonline.it** – dove è possibile simulare i test di ammissione ai singoli corsi di studio.

Quanto premesso, unitamente ai risultati conseguiti dai partecipanti alle passate edizioni, ci consente di affermare che prepararsi a un test di ammissione frequentando lo specifico corso Alpha Test rappresenta la scelta migliore per chi è veramente motivato ad accedere al corso universitario desiderato e aumenta fino a sette volte la probabilità di ammissione rispetto a quella degli altri candidati.

Alpha Test e il suo corpo docente mettono a disposizione l'esperienza maturata e forniscono tutto l'aiuto necessario affinché i propri studenti possano prepararsi nel modo più rapido, completo ed efficace alla prova di selezione. Per accrescere ulteriormente la probabilità di successo **è essenziale anche l'impegno** degli studenti sotto forma di studio e di esercitazione **prima** e **durante** lo svolgimento del corso. Per facilitare la preparazione preliminare, Alpha Test consegna, già all'atto dell'iscrizione, i volumi MANUALE DI PREPARAZIONE, ESERCIZI COMMENTAT e PROVE DI VERIFICA. Consigliamo di leggere questi libri (o almeno il manuale) prima dell'inizio del corso con l'obiettivo di acquisire almeno una conoscenza di base degli argomenti trattati. Questa raccomandazione vale in particolar modo per chi sceglie di frequentare uno dei corsi Alpha Test di durata minore.

Sempre al momento dell''iscrizione al corso, Alpha Test fornisce una guida operativa con istruzioni e consigli utili per avviare la preparazione anche prima dell'inizio delle lezioni e con importanti informazioni sul test di ammissione di interesse dello studente.

Durante il corso l'attenzione viene focalizzata in modo specifico sulle tipologie di quesiti previsti nella prova di ammissione di interesse. Viene inoltre esaminato e discusso con i docenti un consistente numero di esercizi diversi da quelli presenti nei libri e contenuti in apposite dispense aggiornate ogni anno e distribuite durante il corso esclusivamente ai partecipanti.

Informazioni e modalità di iscrizione ai corsi Alpha Test

Le iscrizioni ai corsi Alpha Test per la preparazione ai test di ammissione universitari sono sempre aperte sino all'esaurimento dei posti disponibili (i corsi sono riservati a un numero limitato di partecipanti per garantire le migliori condizioni di apprendimento); le informazioni aggiornate relative al calendario e alla quota di partecipazione di ciascun corso sono disponibili su alphatest.it o chiamando il numero verde 800 017 326.

Per chi ha già acquistato **presso un centro Alpha Test** l'ultima edizione dei libri in dotazione al corso, è prevista una riduzione della quota di iscrizione al corso pari al 100% del prezzo di copertina dei libri; se i libri sono stati acquistati **in libreria** tale riduzione è invece pari al 50% del prezzo di copertina.

L'iscrizione ai corsi e l'acquisto dei libri Alpha Test possono essere effettuati:

- **su Internet** all'indirizzo **www.alphatest.it/Corsi**;
- **telefonicamente**, chiamando il numero verde 800 017 326;
- presso uno dei **centri Alpha Test** (per conoscere il più vicino visitare il sito www.alphatest.it/Corsi o chiamare il numero verde 800 017 326);
- **compilando l'apposito modulo** di iscrizione contenuto nella **brochure** di presentazione dei corsi, che è possibile ricevere gratuitamente anche a casa, chiamando il numero verde 800 017 326, scrivendo a servizi@alphatest.it o scaricandolo da alphatest.it.

I libri Alpha Test si possono acquistare anche presso le **migliori librerie** di tutta Italia.

Chi desidera ricevere, gratuitamente e senza impegno, materiale informativo relativo ai corsi e/o ai libri Alpha Test, può visitare il sito internet www.alphatest.it o richiedere il catalogo gratuito a:

Alpha Test S.r.l.
via Mercalli, 14 – 20122 Milano
tel. 02 58 45 981 – fax 02 58 45 98 96
servizi@alphatest.it

Natura del test e caratteristiche di questo libro

Natura del test

Le prove che dovranno affrontare i lettori di questo volume sono, nel caso di Architettura, regolamentate a livello nazionale direttamente dal Ministero, sia per quanto riguarda le caratteristiche pratiche (data e ora di svolgimento della prova, durata ecc.) sia per le materie oggetto dei quesiti, e nel caso dei corsi universitari delle aree Design, Ingegneria edile-architettura, Urbanistica, Disegno industriale, Restauro e conservazione autonomamente gestite dalle singole università.

Prove ministeriali

Ogni anno il Ministero pubblica, almeno 60 giorni prima della data prevista per lo svolgimento del test, il decreto con il quale definisce le modalità e i contenuti delle prove di ammissione ai corsi di laurea programmati a livello nazionale.

Il test dell'anno accademico 2016/2017 per i candidati ad Architettura prevedeva **60 quesiti a risposta multipla** con **5 alternative** di cui una sola esatta; le discipline oggetto del test sono state:

- cultura generale — 2 quesiti
- ragionamento logico — 20 quesiti
- storia — 16 quesiti
- disegno e rappresentazione — 10 quesiti
- matematica e fisica — 12 quesiti

Le prove di ammissione prevedevano un **tempo massimo di svolgimento pari a 100 minuti**, quindi una media di **100 secondi** a quesito. Nella valutazione delle prove, è stato assegnato 1,5 punti per ogni risposta esatta, una penalità pari a – 0,4 punti per ogni risposta errata e 0 punti per ogni risposta omessa; la valutazione del test prevedeva dunque un punteggio massimo pari a 90 punti. Era infine prevista la possibilità di effettuare correzioni nella schede per le risposte.

Per potersi immatricolare, oltre a posizionarsi in posizione utile in graduatoria era necessario raggiungere una soglia minima pari a 20 punti al di sotto della quale non si è ammessi anche in presenza di posti disponibili.

Per tutte le altre prove selettive delle aree Design, Ingegneria edile-architettura, Urbanistica, Disegno industriale, Restauro e conservazione si tenga presente che la fonte ufficiale di informazioni relative alla caratteristiche del test che si intende affrontare è il bando che ogni università pubblica per ciascuno dei corsi universitari per il quali intende programmare il numero di accessi. Le materie oggetto dei test sono spesso le medesime previste nel decreto ministeriale.

Nella tabella seguente si riportano, a titolo esemplificativo, le caratteristiche principali di alcune prove di selezione per i corsi attivati nelle principali sedi universitarie nell'anno accademico 2015-2016.

Sede	Corso di laurea	Materie e numero di quesiti	Modalità di valutazione delle risposte del test: esatta/ errata/ nulla
Politecnico di Bari	Disegno industriale	Test computer-based. **60 quesiti**: Disegno e Rappresentazione (20); Storia dell'Arte (20); Logica e Cultura generale (10); di Matematica e Fisica (10)	1/–0,25/0
Bologna	Design del prodotto industriale	**40 quesiti**: matematica, logica, comprensione lingua italiana, scienze	

Sede	Corso di laurea	Materie e numero di quesiti	Modalità di valutazione delle risposte del test: esatta/ errata/ nulla
Ferrara	Design del Prodotto Industriale	**60 quesiti**: disegno e rappr. (10), cultura gen. e logica (30), storia (10), matematica e fisica (10)	1/–0,25/0
Firenze	Disegno industriale	**25 quesiti**: cultura generale (10), cultura tecnico-artistica (15)	2/–1/0
Genova	Design del Prodotto e della Nautica	**50 quesiti**: disegno e rappr.(10), cultura gen. e logica (20), cultura del design (10), matematica e fisica (10)	1/–0,25/0
Milano (Politecnico)	Design del prodotto industriale Design della Comunicazione Design degli Interni Design della Moda	**60 quesiti**: geometria e rappr. (12), logica (6), comprensione verbale (6), storia dell'arte e del design (12), cultura generale (24)	1/–0,25/0
Napoli SUN	Design e Comunicazione Design per la Moda	**60 quesiti**: cultura generale (5), ragionamento logico (25), storia (12), disegno e rappr. (10), matematica e fisica (8)	1,5/–0,4/0
Palermo	Disegno industriale	**60 quesiti**: storia dell'arte (24), disegno e rappr. (24), matematica (12)	1/–0,25/0
Roma La Sapienza	Disegno industriale	**60 quesiti**: cultura generale (12), logica (4), storia e storia dell'arte (12), disegno e rappr. (12), disegno industriale (12), matematica (8)	1,5/–0,4/0
Torino (Politecnico)	Design e Comunicazione Visiva	**42 quesiti**: logica matematica (12), comprensione testo (6), cultura generale (12), cultura del progetto (12)	1/-0,25/0
Venezia	Disegno industriale e multimedia Design della moda e arti multimedia	**50 quesiti**: pensiero razionale ed astratto, percezione ed elaborazione di contenuti figurativi, produzione divergente e creatività, elementi di cultura generale e comprensione di testi argomentativi	

Caratteristiche del libro

Sulla base di quanto sopra esposto, questo libro offre un **archivio di quesiti ampio, completo e aggiornato**, che si affianca ai manuali e agli eserciziari della collana *TestUniversitari*, da tempo apprezzati come i migliori testi di preparazione per l'ammissione ai corsi a numero programmato.

In particolare, i **3000 quesiti** contenuti nel volume sono così ripartiti:

- 700 quesiti di conoscenze artistiche, architettoniche e storiche;
- 500 quesiti di disegno e rappresentazione;
- 1.200 quesiti di comprensione di testi, ragionamento logico e cultura generale;
- 600 quesiti di matematica e fisica.

Questo libro è stampato in **due versioni**, con e senza il **software di simulazione allegato**. Per coloro che riscontrano problemi o difficoltà nell'installazione o nel funzionamento del software ai quali non trovano risposta nelle istruzioni, Alpha Test mette a disposizione un supporto tecnico all'indirizzo internet **www.alphatest.it/assistenzausb.**

Suggerimenti per affrontare al meglio il test

Per affrontare al meglio un test a risposta multipla è importante conoscere preventivamente le modalità di svolgimento e la natura delle diverse tipologie di esercizi, nonché le opportune "strategie" per valorizzare al massimo le proprie conoscenze e potenzialità.
I criteri adottati dalle università italiane per selezionare i candidati ai corsi universitari sono di tipo **comparativo**. Cioè per superare la selezione, **lo studente deve figurare tra i migliori** nella graduatoria dei candidati. In altre parole, per superare la selezione occorre svolgere il test di ammissione meglio di un certo numero di altri candidati. Dal 2011 i test di ammissione a base nazionale prevedono anche una soglia minima qualificante di 20 punti.
Prima di addentrarsi nell'analisi dei contenuti dei test e degli esercizi che li compongono, è opportuno considerare alcuni suggerimenti apparentemente banali, ma utili al fine di ottimizzare il risultato nella prova di ammissione.

Bando di concorso e informazioni sulla selezione

Il primo suggerimento di carattere generale è quello di **prestare grande attenzione a tutte le informazioni fornite dall'università e contenute nel bando di concorso**: esse sono infatti, insieme alle disposizioni del Ministero, le uniche informazioni **ufficiali** relative alle norme, alle modalità di selezione, alla struttura e ai contenuti della prova che regola l'ammissione al corso di studi scelto.

Regolamento e istruzioni

In sede d'esame, prima ancora dell'inizio della prova, vengono consegnate ai candidati le **norme alle quali attenersi durante l'intero svolgimento del test**. Tali norme riguardano, per esempio, il tempo a disposizione per lo svolgimento della prova, le modalità con cui indicare le risposte sull'apposita scheda e altre indicazioni su come comportarsi in sede d'esame e al termine del test. È necessario attenersi a tali informazioni per evitare di commettere errori banali (quale, per esempio, la compilazione errata della scheda per le risposte), che potrebbero compromettere l'esito della prova e quindi l'ammissione all'università. In alcuni casi, all'interno del test gli esercizi sono preceduti da **istruzioni circa le modalità di risoluzione** dei quesiti e a volte anche da un esempio risolto. È importante in questi casi non aver fretta di cominciare a risolvere i quesiti, ma dedicare la massima attenzione alla lettura di queste istruzioni, indispensabili per capire la logica degli esercizi e per rispondere correttamente alle domande.

Domande a risposta multipla

I test che vengono utilizzati per l'ammissione all'università sono costituiti da domande **chiuse**, le cui risposte sono cioè predefinite: il candidato deve individuare la sola risposta esatta tra le alternative proposte. Per rispondere a una domanda *aperta* (non corredata da risposte prefissate) come per esempio "Qual è la capitale della Colombia?", occorre conoscere le informazioni necessarie alla formulazione della risposta. Nel caso di *domande a scelta multipla* è invece possibile procedere anche in maniera diversa.
Si ipotizzi, per esempio, di dover rispondere al medesimo quesito, però a risposta multipla.

---

1 **Qual è la capitale della Colombia?**
- A Delhi
- B Buenos Aires
- C Bogotá
- D Brasilia
- E Santiago

In questo caso è possibile determinare la risposta corretta procedendo in due modi distinti:

1. ragionando come se si trattasse di una domanda aperta: sapendo che la capitale della Colombia è Bogotá, si individua direttamente la risposta corretta (C) senza valutare le altre risposte proposte;
2. se, al contrario, non si conosce la risposta alla domanda, ma si ricordano gli altri accoppiamenti Paese/capitale, è possibile individuare la risposta corretta eliminando le alternative: sapendo che Delhi è la capitale dell'India, Buenos Aires dell'Argentina, Santiago del Cile e Brasilia del Brasile, per esclusione si può concludere che la risposta esatta è la C.

In altre parole, per rispondere correttamente a una domanda a scelta multipla non è sempre strettamente necessario conoscere la risposta esatta: a volte la soluzione può essere individuata indirettamente, escludendo le alternative errate.

Nel caso in cui, procedendo per esclusione, il candidato non riesca a eliminare tutte le alternative errate, il metodo di risposta per eliminazione permette comunque di aumentare le probabilità di individuare la risposta corretta: l'esclusione di una o più risposte riduce il numero delle alternative tra cui si rimane incerti e quindi incrementa la probabilità di individuare l'alternativa corretta anche rispondendo in modo casuale.
Un altro aspetto che caratterizza le prove a test è il fatto che l'assegnazione dei punteggi si basa solo ed esclusivamente sulle risposte indicate sull'apposita scheda: non hanno quindi alcuna rilevanza eventuali spiegazioni o giustificazioni alle risposte date e questo rappresenta un'ulteriore differenza importante rispetto ad altri tipi di valutazione.
Nei test di ammissione il tempo a disposizione risulta spesso appena sufficiente per rispondere a tutti i quesiti. È dunque molto importante gestirlo nel modo più conveniente.

Valore dei quesiti e gestione del tempo

Nei test di ammissione ai quali questo libro si rivolge **tutti gli esercizi hanno lo stesso valore**: è dunque necessario evitare di dedicare eccessivi sforzi e tempo per risolvere un quesito particolarmente complesso.
Poiché ogni risposta giusta fa "guadagnare" lo stesso punteggio, a parità di tempo impiegato conviene risolvere due esercizi semplici piuttosto che uno complesso.
Come i partecipanti ai corsi Alpha Test hanno modo di sperimentare durante lo svolgimento delle prove simulate, il tempo rappresenta uno dei fattori critici per affrontare con successo un test di ammissione. Infatti, le prove sono spesso progettate e formulate in modo tale da permettere solo ai più preparati e ai più veloci di terminare nel tempo concesso la totalità dei quesiti.
È dunque fondamentale impiegarlo razionalmente, calcolando, prima di iniziare la prova, il tempo medio a disposizione per ogni quesito (dato ovviamente dal tempo complessivo diviso per il numero di esercizi), ed evitando di dedicare ai singoli quesiti un tempo eccessivamente superiore a quello medio. Il suggerimento generale è di non superare il tempo medio nello svolgimento di un singolo esercizio, per più del 20%. Questa dilazione per i quesiti complessi viene infatti facilmente compensata dalla presenza di numerosi quesiti di natura nozionistica di veloce risoluzione.
Se dunque il tempo complessivo per il test è di 100 minuti e il numero di esercizi da risolvere è pari a 60, il tempo medio per quesito è pari a 1 minuto e 40 secondi (100 secondi). Bisogna quindi cercare di non dedicare più di due minuti allo svolgimento del singolo quesito. Avvicinandosi a tale tempo limite, se non si è prossimi alla soluzione, è opportuno passare alla domanda successiva.
L'obiettivo da raggiungere è rispondere correttamente al maggior numero possibile di esercizi; si consiglia quindi, compatibilmente con i vincoli imposti dalle modalità di svolgimento della prova, di affrontare prima gli esercizi che si ritiene di saper risolvere più facilmente e velocemente, per passare poi a quelli più complessi che richiedono un dispendio di tempo maggiore.

> Il consiglio, ove possibile, è di evidenziare con un opportuno segno di riconoscimento tali quesiti sul fascicolo contenente il test: sarà così possibile ritrovarli velocemente in un secondo momento. Lo stesso consiglio vale per le domande a cui si è data una risposta che, compatibilmente con il tempo a disposizione, si vorrebbe verificare prima del termine della prova.

Scelta casuale della risposta?

La valutazione dei test avviene mediante l'attribuzione di un punteggio positivo per le risposte corrette (generalmente un punto per ogni risposta esatta) e, in molti casi, l'attribuzione di un punteggio negativo per ogni risposta errata (generalmente quantificato in una frazione di punto). Ai quesiti omessi, a cui cioè non si è risposto, viene di solito attribuito un punteggio nullo. L'edizione 2015 dei test ai quali questo volume si rivolge prevede quesiti con 5 alternative e la seguente attribuzione di punteggi:

- risposta esatta: +1,5
- risposta errata: –0,4
- risposta omessa: 0

La penalità sulle risposte errate ha lo scopo di annullare il punteggio positivo che, statisticamente, il candidato potrebbe conseguire rispondendo a caso in assenza di tale penalità.
Ma è allora conveniente o no rispondere a caso ai quesiti che non si sanno risolvere?
Si supponga di non conoscere le risposte di 60 quesiti (con 5 risposte alternative ciascuno) della prova. Scegliendo a caso (e ragionando statisticamente) si risponderebbe in modo corretto a un esercizio ogni 5, ossia in totale a 12 esercizi (60/5 ossia 60 diviso 5) e si sbaglierebbero i restanti 48 quesiti. Il punteggio totalizzato sarebbe dunque:

- Risposte esatte: $12 \times (+1{,}5) = +18$
- Risposte errate: $48 \times (-0{,}4) = -19{,}2$
- Risposte nulle: $0 \times 0 = 0$
- Punteggio totale: $18 - 19{,}2 = -1{,}2$

Si otterrebbe quindi un punteggio negativo: è quindi **sconsigliato rispondere a caso quando si è indecisi tra cinque alternative**.

È evidente però che il punteggio totalizzato rispondendo casualmente potrà essere tanto maggiore quanto minore sarà il numero di alternative tra cui si è indecisi e quanto minore è la penalità attribuita alle risposte errate. Il numero delle alternative tra cui si è indecisi non coincide necessariamente con quello delle alternative esistenti. Se, per esempio, le alternative proposte sono 5, ma si riesce a sempre a scartarne una perché si sa che è errata, il numero da considerare per il confronto con la penalizzazione è 4 (cioè 5 – 1).

In questo circostanza rispondendo a caso si si risponderebbe in modo corretto a 15 esercizi (60/4) e si sbaglierebbero i restanti 45 quesiti:

- Risposte esatte: 15 × (+1,5) = +22,5
- Risposte errate: 45 × (–0,4) = –18
- Risposte nulle: 0 × 0 = 0
- Punteggio totale: 22,5 – 18 = +4,5

Quindi, con le regole in uso nel 2015, è sufficiente scartare almeno una alternativa per rendere statisticamente conveniente rispondere a caso al quesito.

Scheda per le risposte e correzioni

Una volta individuata la risposta corretta a un quesito, il candidato deve segnarla su un'apposita *scheda per le risposte* (si veda l'esempio riportato nella pagina seguente), distinta dal fascicolo contenente gli esercizi. Si tratta cioè di segnare la risposta esatta in corrispondenza del numero dell'esercizio appena risolto.

Per la correzione delle schede vengono utilizzati *elaboratori elettronici* dotati di *lettori ottici*, il candidato deve quindi rispondere contrassegnando in modo opportuno lo spazio (un "cerchietto" o "quadratino") corrispondente all'alternativa ritenuta esatta.

Nelle prove per l'accesso ad Architettura degli ultimi anni era consentito effettuare correzioni sulla scheda delle risposte. È comunque consigliabile **limitare al minimo le correzioni.**

Sia la scheda sia il metodo di correzione potrebbero cambiare in futuro ed è quindi importante leggere e seguire attentamente le istruzioni e le procedure di svolgimento della prova. Sulle schede per le risposte sono solitamente presenti aree (con cerchi neri, codici a barre o altro) indispensabili al corretto funzionamento del sistema ottico di lettura e correzione. All'interno di tali aree è importante non apporre alcun segno di scrittura che potrebbe pregiudicare il corretto funzionamento del lettore.

Si raccomanda quindi di non apporre alcun segno al di fuori delle caselle previste e di non sgualcire o piegare la scheda.

M.I.U.R. — Ministero dell'Istruzione, dell'Università e della Ricerca

REPUBBLICA ITALIANA

Modulo risposte

ATTENZIONE: NON piegare o sgualcire questa scheda

0 0 0 0 0 2 5 8 1 B

Ragionamento logico e cultura generale

	N° domanda	A	B	C	D	E
○	1	□	□	□	□	□
○	2	□	□	□	□	□
○	3	□	□	□	□	□
○	4	□	□	□	□	□
○	5	□	□	□	□	□
○	6	□	□	□	□	□
○	7	□	□	□	□	□
○	8	□	□	□	□	□
○	9	□	□	□	□	□
○	10	□	□	□	□	□
○	11	□	□	□	□	□
○	12	□	□	□	□	□
○	13	□	□	□	□	□
○	14	□	□	□	□	□
○	15	□	□	□	□	□
○	16	□	□	□	□	□
○	17	□	□	□	□	□
○	18	□	□	□	□	□
○	19	□	□	□	□	□
○	20	□	□	□	□	□
○	21	□	□	□	□	□
○	22	□	□	□	□	□

Storia

	N° domanda	A	B	C	D	E
○	23	□	□	□	□	□
○	24	□	□	□	□	□
○	25	□	□	□	□	□
○	26	□	□	□	□	□
○	27	□	□	□	□	□
○	28	□	□	□	□	□
○	29	□	□	□	□	□
○	30	□	□	□	□	□
○	31	□	□	□	□	□
○	32	□	□	□	□	□
○	33	□	□	□	□	□
○	34	□	□	□	□	□
○	35	□	□	□	□	□
○	36	□	□	□	□	□
○	37	□	□	□	□	□
○	38	□	□	□	□	□

Disegno e rappresentazione

	N° domanda	A	B	C	D	E
○	39	□	□	□	□	□
○	40	□	□	□	□	□
○	41	□	□	□	□	□
○	42	□	□	□	□	□
○	43	□	□	□	□	□
○	44	□	□	□	□	□
○	45	□	□	□	□	□
○	46	□	□	□	□	□
○	47	□	□	□	□	□
○	48	□	□	□	□	□

Fisica e Matematica

	N° domanda	A	B	C	D	E
○	49	□	□	□	□	□
○	50	□	□	□	□	□
○	51	□	□	□	□	□
○	52	□	□	□	□	□
○	53	□	□	□	□	□
○	54	□	□	□	□	□
○	55	□	□	□	□	□
○	56	□	□	□	□	□
○	57	□	□	□	□	□
○	58	□	□	□	□	□
○	59	□	□	□	□	□
○	60	□	□	□	□	□

1. Ogni domanda ammette **una e una sola** risposta esatta. Si risponde barrando la relativa casella, ad esempio con una crocetta ben marcata, avendo cura di rimanere entro i bordi della casella stessa.

○ 1 ☒ □ □ □ □

2. Per correggere una risposta errata è necessario **annerire completamente** la casella e barrare quella corretta. Per ogni domanda **è ammessa una sola** correzione.

○ 2 ■ □ □ □ ☒

3. Se si intende annullare una risposta già data o non rispondere a una domanda occorre annerire la casella circolare a sinistra del numero progressivo.

⊗ 3 ■ □ □ □ ☒

⊗ 4 □ □ □ □ □

Esempio di scheda delle risposte con possibilità di correzione ed estratto di istruzioni per la corretta compilazione della scheda.

parte prima

ARTE, ARCHITETTURA e STORIA

Quesiti

1 **In quale secolo è stata dipinta questa raffigurazione di una Città ideale?**

A XV
B XVI
C XVIII
D XIX
E XX

2 **Questo dipinto è opera di:**

A Tiziano
B Raffaello
C Michelangelo
D Velázquez
E El Greco

3 **In quale data Hitler divenne Cancelliere del Reich?**

A Maggio 1928
B Ottobre 1929
C Luglio 1932
D Gennaio 1933
E Agosto 1934

4 **A quale corrente artistica appartiene il dipinto qui sotto riprodotto?**

A Puntinismo
B Simbolismo
C Romanticismo
D Realismo
E Impressionismo

5 **La "battaglia del grano" fu:**

A una rivolta di contadini tedeschi guidata da Thomas Müntzer
B un'insurrezione popolare a Parigi sfociata nella presa della Bastiglia
C l'apice della rivolta dei cosacchi contro l'esercito russo
D la guerra tra Venezia e l'Impero ottomano per il controllo del Mediterraneo
E una campagna fascista volta a rendere l'Italia meno dipendente dalle importazioni

6 **Quale delle seguenti denominazioni NON corrisponde a un tipo di volta?**

A Volta a schifo
B Volta ogivale
C Volta capriata
D Volta a botte
E Volta a padiglione

7 **Quale fu lo scrittore e rivoluzionario che fondò *La Giovine Italia* e ispirò il Risorgimento?**

A Manzoni
B Mazzini
C Garibaldi
D Cavour
E Gioberti

8 **Quale dei seguenti prodotti NON è stato progettato dal designer Philippe Starck?**

1. 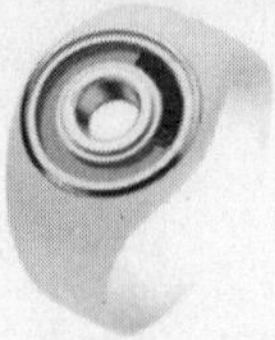
2. 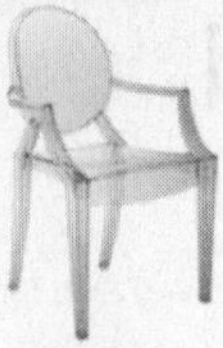
3. 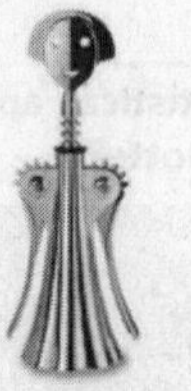
4. 
5. 

A 1
B 2
C 3
D 4
E 5

9 **Quale tra questi è uno dei trattati di pace che pose ufficialmente fine alla Prima Guerra Mondiale (firmato il 28 giugno 1919)?**

A Pace di Augusta
B Trattato di Versailles
C Pace di Vestfalia
D Trattato di Vienna
E Pace di Cateau-Cambrésis

10 **Indicare, tra quelli elencati, l'autore dell'opera riportata:**

A Kasimir Malevich
B Wassily Kandinsky
C Joan Mirò
D Piet Mondrian
E Paul Klee

11 **A quali architetti contemporanei si deve il progetto di riqualificazione, restauro o ristrutturazione delle seguenti opere?**

1. **Porto di Genova (1992)**
2. **Reichstag di Berlino (1992-99)**
3. **Musée d'Orsay, Parigi (1980-86)**
4. **Teatro alla Scala, Milano (2002-04)**
5. **Palazzo della Triennale, Milano (2002)**

a. **Mario Botta**
b. **Renzo Piano**
c. **Norman Foster**
d. **Gae Aulenti**
e. **Michele De Lucchi**

A 1-c, 2-b, 3,e, 4-a, 5-d
B 1-b, 2-c, 3-d, 4-a, 5-e
C 1-b, 2-a, 3-c, 4-d, 5-e
D 1-a, 2-c, 3-b, 4-e, 5-d
E 1-c, 2-a, 3-d, 4-b, 5-e

12 **Quale evento fornì al governo di Hitler nel 1933 il pretesto per scatenare una campagna repressiva contro i comunisti?**

A L'incendio del Reichstag
B La notte dei lunghi coltelli
C Il rogo dei libri a Berlino
D La mancata annessione dell'Austria alla Germania nazista
E L'ascesa al potere di Stalin in Russia

13 **La scultura in fotografia, che riproduce la beata Ludovica Albertoni, custodita a Roma, è di:**

A Gian Lorenzo Bernini
B Antonio Canova
C Antonio Raggi
D Benvenuto Cellini
E Francesco Borromini

14 **Quale dei seguenti termini NON ha alcun rapporto con il tempio greco?**

A Peristilio
B Ara
C Pronao
D Naos
E Proscenio

15 Chi ha ideato il *Modulor*, una scala di proporzioni basata sulle misure dell'uomo qui sotto raffigurata?

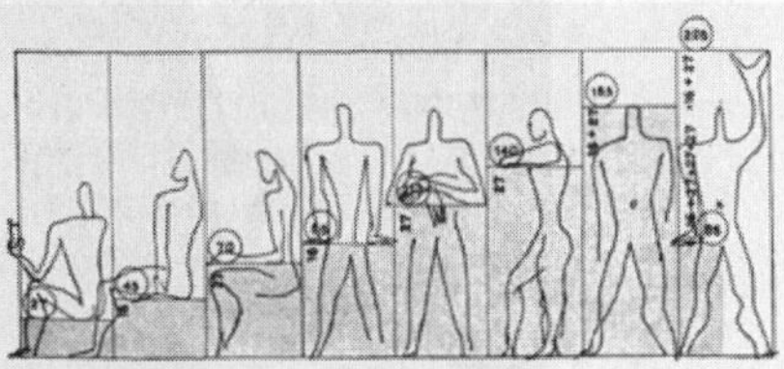

A Ludwig Mies van der Rohe
B Le Corbusier
C Alvar Aalto
D Frank Lloyd Wright
E Frank Gehry

16 Quale delle seguenti immagini mostra una trifora?

1 2 3 4 5

A 1
B 2
C 3
D 4
E 5

17 Quale dei seguenti architetti ha legato il suo nome al Bauhaus?

A Walter Gropius
B Frank Lloyd Wright
C Le Corbusier
D Giles Gilbert Scott
E Alvar Aalto

18 In quale delle seguenti località si svolse una famosa battaglia della Seconda Guerra di Indipendenza italiana?

A Anzio
B Montecassino
C Caporetto
D Lepanto
E Solferino

19 Il 21 gennaio 1921, a Livorno, nasce:

A il Partito Radicale
B il Partito Comunista d'Italia
C la Democrazia Cristiana
D il Partito Liberale Italiano
E il Partito Socialista Italiano

20 Mettere in ordine cronologico i seguenti fatti storici: 1. la guerra di Crimea, 2. la guerra cino-giapponese, 3. la battaglia di Waterloo, 4. il congresso di Vienna, 5. la guerra di secessione americana.

A 3; 1; 5; 2; 4
B 2; 1; 5; 4; 3
C 3; 4; 1; 5; 2
D 1; 2; 5; 3; 4
E 4; 3; 5; 1; 2

21 Il solo trattato di architettura giuntoci integro dall'antichità è il *De architectura* composto nel I secolo a.C. Chi è l'autore di tale testo?

A Strabone
B Vitruvio
C Tacito
D Virgilio
E Tolomeo

22 Quale corrispondenza tra artista e committente non è esatta?

A Filippo Juvarra – Vittorio Amedeo II di Savoia
B Giulio Romano – Federico II Gonzaga
C Giuseppe Piermarini – Luigi XIV di Borbone
D Donato Bramante – Ludovico il Moro
E Apollodoro di Damasco – Traiano

23 Di quale di questi architetti Giorgio Vasari non scrisse ne *Le Vite*?

A Filippo Brunelleschi
B Galeazzo Alessi
C Donato Bramante
D Michelangelo Buonarroti
E Francesco Borromini

24 Con il termine "alto medioevo" si indica comunemente il periodo:

A che va dalla caduta dell'Impero Romano d'Occidente all'anno 1000
B compreso tra la Caduta di Costantinopoli e la scoperta dell'America
C compreso tra l'XI e il XV secolo
D che vede l'affermazione delle forme gotiche
E durante il quale avviene la disgregazione dei regni ellenistici

25 **Quale di questi termini non assume uno specifico significato in relazione all'architettura?**

- A pennacchio
- B timone
- C vela
- D fuso
- E costola

26 **Quale delle liste seguenti contiene solo opere realizzate da Caravaggio?**

- A Suonatore di liuto; Davide e Golia; Conversione di San Paolo
- B Madonna del Cardellino; Cristo alla colonna; Decollazione di San Giovanni Battista
- C San Giovannino alla sorgente; Giuditta e Oloferne; Ritratto di Maddalena Doni
- D Cena in Emmaus; Bacco adolescente; I tre filosofi
- E Vocazione di San Matteo; Davide e Golia; Lo sposalizio della Vergine

27 **Di quali dei seguenti gruppi di opere Le Corbusier è stato il progettista?**

- A Officine Fagus; Casa Sommerfeld; Quartiere Siemensstadt
- B Villa Savoye; Convento de La Tourette; Casa La Roche – Jeanneret
- C Villa Mairea; Sanatorio di Paimio; Biblioteca di Viipuri
- D Museo Guggenheim; Casa Kaufmann, Casa Millard
- E Casa Schröder; Museo Van Gogh; Padiglione Olandese alla Biennale di Venezia

28 **Riconoscere la giusta sequenza cronologica delle opere riprodotte.**

Alba

Laocoonte

Venere

Ebe

Medusa

- A Venere; Alba; Laocoonte; Medusa; Ebe
- B Laocoonte; Alba; Ebe; Venere; Medusa
- C Venere; Laocoonte; Alba; Medusa; Ebe
- D Venere; Medusa; Laocoonte; Alba; Ebe
- E Laocoonte; Venere; Medusa; Ebe; Alba

29 ***Amore e Psiche*, qui rappresentata in fotografia, è una scultura di:**

- A Michelangelo Buonarroti
- B Gian Lorenzo Bernini
- C Bertel Thorvaldsen
- D Antonio Canova
- E Donatello

30 **Qual è l'ordine cronologico delle seguenti opere pittoriche?**

1. ***Marat assassinato* (Louis David)**
2. ***Sacrificio di Ifigenia* (Giovanbattista Tiepolo)**
3. ***Le stimmate di san Francesco* (Giovanni Bellini)**
4. ***Trafugamento del corpo di san Marco* (Il Tintoretto)**
5. ***Ritorno all'ovile* (Giovanni Segantini)**

- A 3, 5, 4, 2, 1
- B 1, 2, 4, 3, 5
- C 1, 5, 3, 4, 2
- D 4, 2, 1, 3, 5
- E 3, 4, 2, 1, 5

31 **La tecnica pittorica leonardesca è detta "sfumato"; per quale motivo?**

- A Perché l'artista tende a lavorare direttamente a mano nuda sulla tela, sfumando il colore. Grazie all'uso di colori a olio questa tecnica era diffusissima
- B Perché Leonardo ricorre a un colore modulato nelle sue impercettibili gradazioni e saltando le fasi preparatorie del disegno e dell'ombreggiatura
- C Perché la sua pittura è fatta di tratti rapidissimi e di una luce spesso abbagliante, quasi incandescente
- D Perché i soggetti raffigurati sono avvolti in un sottilissimo gioco di chiaroscuri, divenendo un'unità priva di rigide demarcazioni interne
- E Perché il mezzo tecnico impiegato è un fortissimo e deciso chiaroscuro

32 Questo edificio è un esempio tipico di quale stile?

- A Rococò
- B Neoclassico
- C Barocco
- D Futurista
- E Art Nouveau

33 Scegliete la serie in cui sono correttamente disposti in ordine cronologico i seguenti architetti europei:

- A Herrera, Bramante, Bernini, Gaudí, Viollet-le-Duc
- B Bernini, Bramante, Viollet-le-Duc, Gaudí, Herrera
- C Gaudí, Viollet-le-Duc, Bramante, Herrera, Bernini
- D Viollet-le-Duc, Bernini, Gaudí, Herrera, Bramante
- E Bramante, Herrera, Bernini, Viollet-le-Duc, Gaudí

34 La costruzione del palazzo di Versailles, presentato in fotografia, ebbe inizio sotto il regno di quale sovrano?

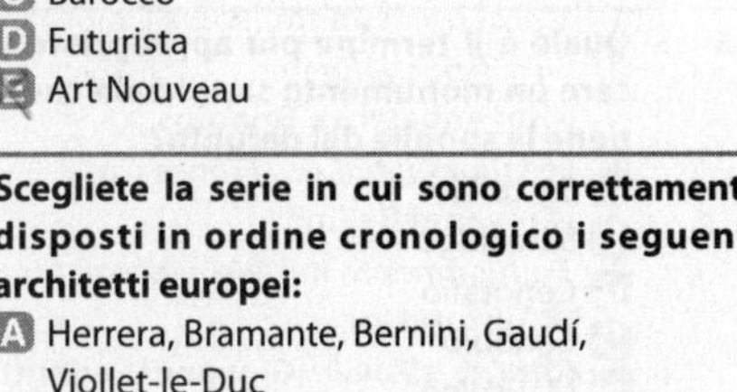

- A Luigi XIII
- B Luigi XIV
- C Luigi XV
- D Luigi XVI
- E Luigi XVIII

35 Individuare la successione cronologica corretta, dal più antico al più recente, degli edifici di cui sono riprodotte le piante.

1.
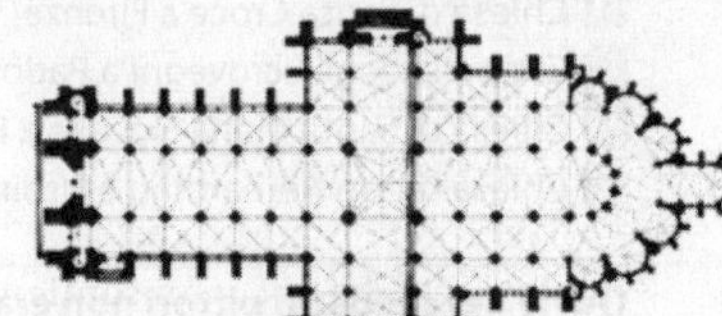

2.
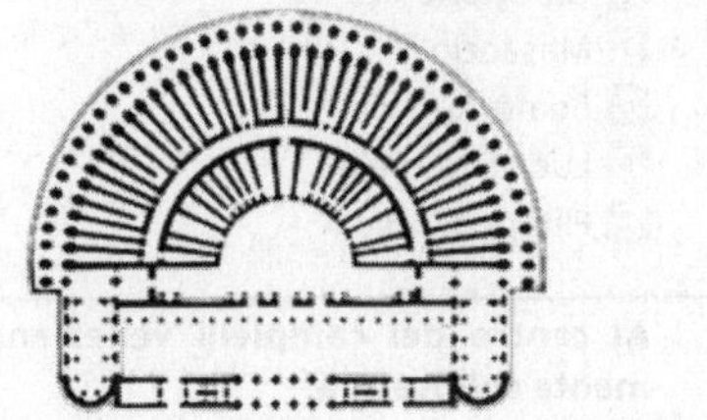

3.
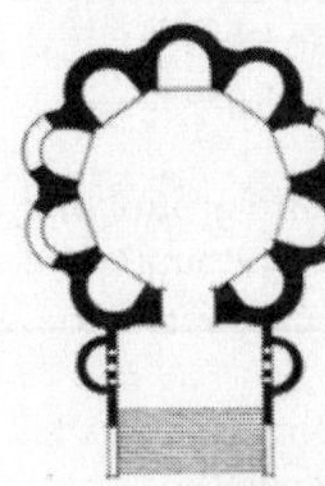

4.
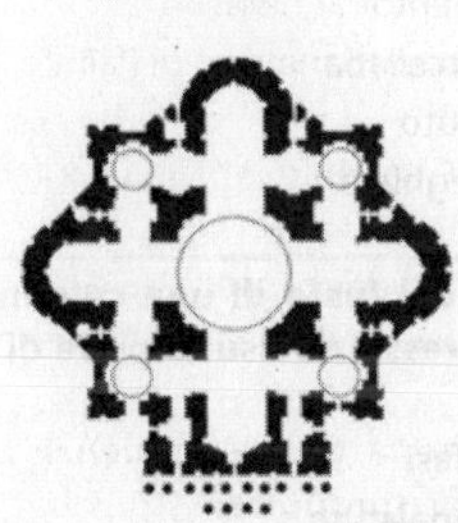

5.
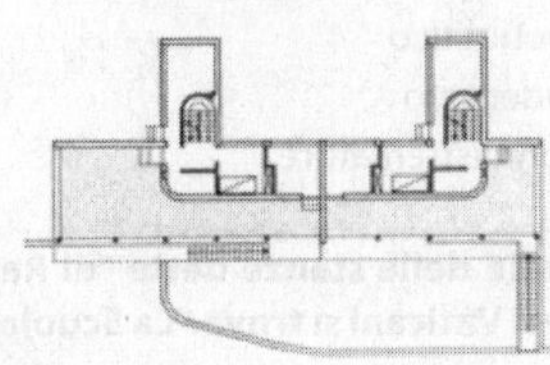

- A 2; 3; 1; 5; 4
- B 4; 2; 3; 1; 5
- C 4; 3; 2; 5; 1
- D 2; 3; 1; 4; 5
- E 2; 4; 1; 3; 5

36 Quale dei seguenti artisti operò nel Seicento?

- A Pietro da Cortona
- B Leonardo da Vinci
- C Andrea del Sarto
- D Giovan Battista Tiepolo
- E Paolo Uccello

37 All'interno di quale, fra gli edifici elencati, non è possibile ammirare un'opera di Giotto?

- A Basilica Superiore di Assisi
- B Chiesa di Santa Croce a Firenze
- C Cappella degli Scrovegni a Padova
- D Chiesa di Santa Maria Novella a Firenze
- E Chiesa di San Bernardino a Urbino

38 Quale dei seguenti pittori non era toscano?

- A Giorgione
- B Masaccio
- C Beato Angelico
- D Luca Signorelli
- E Filippo Lippi

39 Al centro dei campielli veneziani è solitamente collocato/a:

- A una fontana
- B un pozzo
- C una colonna
- D un'aiuola
- E un cippo

40 Il "bisquit" è:

- A una pietra
- B un alimento
- C una porcellana
- D un tessuto
- E una preghiera

41 Parlando del fusto di una colonna, indicare quale espressione risulta priva di significato specifico:

- A con enfasi
- B con scanalature
- C monolitico
- D rudentato
- E con rastremature

42 In quale delle stanze dette "di Raffaello" nei Palazzi Vaticani si trova "La Scuola di Atene"?

- A Stanza dell'Incendio di Borgo
- B Stanza di Eliodoro
- C Stanza di Costantino
- D Stanza della Segnatura
- E Stanza dei Chiaroscuri

43 In una chiesa, una cattedra è:

- A un sedile
- B un balcone
- C una cripta
- D un altare
- E una cupola

44 Quale dei seguenti artisti dipinse nel 1967, anche in veste di produttore, questa famosa copertina per il disco d'esordio del gruppo rock The Velvet Underground?

- A Robert Rauschenberg
- B Roy Lichtenstein
- C Christo
- D Andy Warhol
- E Keith Haring

45 Quale è il termine più appropriato per indicare un monumento sepolcrale che non contiene le spoglie del defunto?

- A Sarcofillo
- B Sarcofago
- C Cenotafio
- D Cenobio
- E Mausoleo

46 La Guerra di Crimea (1853-56) vedeva schierati gli eserciti:

- A della Russia zarista contro una coalizione europea alleata dell'Impero Ottomano
- B dell'Inghilterra, della Francia e del Regno di Sardegna contro l'Impero Ottomano
- C dell'Austria e della Prussia contro una coalizione alleata della Russia
- D dell'Impero Ottomano contro una coalizione alleata della Russia
- E dell'Inghilterra e del Regno di Sardegna contro l'Impero Ottomano

47 Il termine *simonia* deriva:

- A dalla negazione di Simon Pietro ad ammettere il suo discepolato
- B dal divieto di adorare immagini sacre deciso al Concilio di Nicea
- C dall'opposizione della Chiesa alla interferenza dei principi sovrani
- D dalla volontà di Simon Mago di comprare le facoltà taumaturgiche degli Apostoli
- E dalle pratiche di esorcismo compiute dai cosiddetti simoniaci nel XVI secolo

48 Quale delle seguenti costruzioni NON appartiene all'architettura romanica?

A Campanile del Duomo, Pisa
B Palazzo Ducale, Venezia
C Basilica di Sant'Ambrogio, Milano
D Cattedrale di Saint Rémi, Reims
E Duomo, Orvieto

49 Chi ha dipinto *La classe di danza*, quadro rappresentato in figura?

A Edouard Manet
B Claude Monet
C Pierre-Auguste Renoir
D Camille Pissarro
E Edgar Degas

50 Dove è conservata la scultura del *David* di Michelangelo, considerato un capolavoro della scultura mondiale?

A A Firenze, Galleria dell'Accademia
B A Parigi, Museo del Louvre
C A Roma, Basilica di San Pietro in Vaticano
D A Milano, Castello Sforzesco
E A Londra, Victoria and Albert Museum

51 Quale delle seguenti sculture della *Pietà* NON è attribuita a Michelangelo?

A Pietà Rondanini
B Pietà Vaticana
C Pietà di Palestrina
D Pietà Bandini (Pietà dell'Opera del Duomo)
E Pietà di Nouans

52 Chi ha progettato l'Unité d'Habitation di Marsiglia?

A Aalto
B Le Corbusier
C Mies van der Rohe
D Gropius
E Starck

53 Che cosa si intende in architettura con il termine *duplex*?

A Un'unità abitativa per ospitare due persone
B Un'unità abitativa composta da due locali oltre al bagno
C Una villa bifamiliare
D Un'unità abitativa su due livelli con una scala interna
E Una camera d'albergo a due posti letto

54 Quale dei seguenti progetti NON è stato elaborato da Renzo Piano?

A Centro Pompidou, Parigi
B Auditorium Parco della Musica, Roma
C Ricostruzione di Potsdamer Platz, Berlino
D Chiesa di Padre Pio, San Giovanni Rotondo
E Nuova Sede della Regione Lombardia, Milano

55 Quale dei seguenti prodotti NON è stato progettato dal designer Castiglioni?

1.

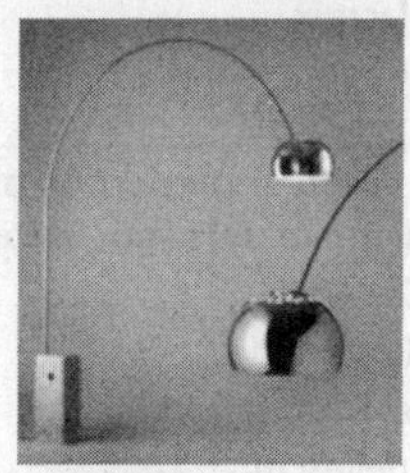

2.

3.

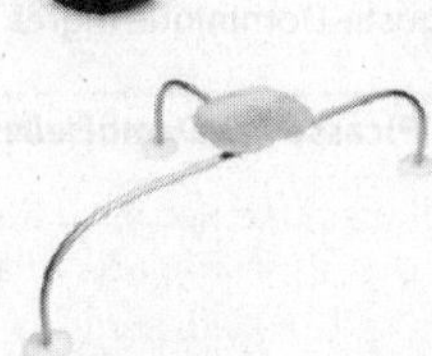

4.

A 1
B 2
C 3
D 4
E Sono tutti oggetti ideati dai fratelli Castiglioni

56 Chi è il progettista della celebre *chaise longue* riprodotta in figura?

A Ludwig Mies van der Rohe
B Philippe Starck
C Ron Arad
D Le Corbusier
E Joe Colombo

57 Le date 1881 - 1973 si riferiscono alla nascita e alla morte di quale dei seguenti artisti?

A Pablo Picasso
B Vincent Van Gogh
C Antonio Canova
D Eugène Delacroix
E Edouard Monet

58 Le date 1377 -1466 si riferiscono alla nascita e alla morte di quale dei seguenti artisti?

A Leonardo Da Vinci
B Francesco Borromini
C Michelangelo Buonarroti
D Filippo Brunelleschi
E Raffaello Sanzio

59 Chi ha dipinto *La morte di Marat*?

A Jean-Louis-Théodore Géricault
B Jacques-Louis David
C Francisco Goya
D Gustave Courbet
E Jean-Auguste-Dominique Ingres

60 Il quadro di Picasso *Les Demoiselles d'Avignon* risale al:

A 1879
B 1944
C 1907
D 1935
E 1890

61 Con quale quadro di quale autore prende convenzionalmente avvio il movimento artistico del Cubismo?

A *L'Estaque* – Braque
B *Les demoiselles d'Avignon* – Picasso
C *Guernica* – Picasso
D *L'Estaque* – Matisse
E *Les demoiselles d'Avignon* – Braque

62 Quale, tra i seguenti artisti, pur non avendo mai rinunciato alla prospettiva tradizionale nei suoi quadri, aveva parlato della possibilità di vedere le forme naturali sotto l'aspetto di solidi geometrici, ponendo così le basi per il Cubismo e le avanguardie artistiche del Novecento?

A Braque
B Picasso
C Matisse
D Cézanne
E Gauguin

63 Indicare, tra le alternative proposte, chi è l'autore dell'opera riportata: *La zattera della Medusa*, 1819.

A Claude Monet
B Edouard Manet
C Gustave Courbet
D Eugène Delacroix
E Theodore Géricault

64 Individuare il gruppo ove le famose istituzioni culturali elencate sono correttamente abbinate alle città nelle quali sorgono.

A Centre Pompidou, Parigi; Metropolitan Museum of Modern Art, Los Angeles; Tate Gallery, Londra; Museo del Prado, Madrid
B Centre Pompidou, Parigi; Metropolitan Museum of Modern Art, New York; Tate Gallery, Londra; Museo del Prado, Madrid
C Centre Pompidou, Parigi; Metropolitan Museum of Modern Art, New York; Tate Gallery, Edimburgo; Museo del Prado, Madrid
D Centre Pompidou, Lione; Metropolitan Museum of Modern Art, San Francisco; Tate Gallery, Parigi; Museo del Prado, Barcellona
E Centre Pompidou, Parigi; Metropolitan Museum of Modern Art, Los Angeles; Tate Gallery, Londra; Museo del Prado, Barcellona

65 **Individuare l'alternativa che NON presenta un parallelo stilistico tra due artisti.**

A. Klimt – Olbrich
B. Balla – Fortunato Depero
C. Mondrian – Van Doesburg
D. Dalì – Gaudì
E. David – Canova

66 **Quale tra le seguenti coppie di artisti NON è formata da personaggi tra loro contemporanei?**

A. Van Gogh – Eiffel
B. Renoir – Piermarini
C. Mantegna – Bramante
D. Vélasquez – Borromini
E. Kandinskij – Le Corbusier

67 **Il tempio raffigurato nello schema è un tempio:**

A. pseudoperiptero
B. prostilo
C. periptero
D. diptero
E. in antis

68 **Indicare, tra le alternative proposte, chi è l'autore dell'opera in figura.**

A. Marc Chagall
B. Wassily Kandisky
C. Henri Matisse
D. Yves Klein
E. Paul Klee

69 **Chi è stato il fondatore del Futurismo?**

A. Umberto Boccioni
B. Gabriele D'Annunzio
C. Luigi Russolo
D. Gino Severini
E. Filippo Tommaso Marinetti

70 **Chi fu l'inventore del "ready-made"?**

A. Andy Warhol
B. Marcel Duchamp
C. Man Ray
D. Francis Picabia
E. Joan Mirò

71 **Chi l'autore dell'opera riprodotta in figura?**

A. Kandinskij
B. Matisse
C. Mirò
D. Klee
E. Braque

72 **Santa Elena fu madre di:**

A. Costantino
B. Napoleone
C. Nerone
D. Carlo Magno
E. Federico Barbarossa

73 **Quale nazione nel XVII secolo contese all'Inghilterra il dominio marittimo del Mare del Nord?**

A. Polonia
B. Svezia
C. Danimarca
D. Russia
E. Prussia

74 **Le dieci giornate di Brescia rientrano nella:**

A. seconda guerra mondiale
B. prima guerra di indipendenza
C. seconda guerra di indipendenza
D. terza guerra di indipendenza
E. prima guerra mondiale

75 **Chi l'autore dell'opera riprodotta in figura?**

- A Botero
- B Gauguin
- C Van Gogh
- D Cézanne
- E Munch

76 **Quale degli abbinamenti proposti tra pittore e opera di sua creazione è corretto?**

1. Rembrandt
2. Monet
3. Matisse
4. Dante Gabriel Rossetti
5. Munch

a. *La Ghirlandata*
b. *L'urlo*
c. *La lezione di anatomia del dottor Tulp*
d. *La danza*
e. *I papaveri*

- A 1-c; 2-a; 3-d; 4-e; 5-b
- B 1-b; 2-e; 3-d; 4-a; 5-c
- C 1-b; 2-a; 3-e; 4-d; 5-c
- D 1-c; 2-e; 3-d; 4-a; 5-b
- E 1-a; 2-e; 3-c; 4-d; 5-b

77 **In quale sequenza cronologica sono collocabili i seguenti personaggi?**
Giotto (a), Leopardi (b), De Gasperi (c), Giovanni Giolitti (d), Beccaria (e)

- A a, e, b, d, c
- B a, b, e, c, d
- C e, a, c, b, d
- D b, a, c, d, e
- E e, b, a, d, c

78 **Quale soggetto è raffigurato sulla controfacciata della Cappella degli Scrovegni, affrescata da Giotto a Padova?**

- A La morte di san Francesco
- B La predica agli uccelli di san Francesco
- C Il Giudizio Universale
- D La Crocifissione
- E La Deposizione nel sepolcro

79 **Quale, tra le seguenti affermazioni a proposito della Pop Art, NON è corretta?**

- A Leo Castelli fu uno tra i principali galleristi e promotori degli artisti della Pop Art
- B Andy Warhol fu uno tra i principali esponenti
- C La Pop Art ottenne la sua consacrazione internazionale nel 1964, attraverso la Biennale di Venezia
- D È una forma di arte astratta
- E Il New Dada, movimento artistico statunitense degli anni Cinquanta, rappresenta il momento di passaggio dall'Action Painting alla Pop Art

80 **In che modo Umberto Boccioni ha rappresentato le figure in azione?**

- A Con varie figure distinte, accostate le une alle altre
- B Con la ripetizione ritmica delle forme
- C Con una forma unica e simultanea
- D Con una forma nuova somigliante alle figure
- E Con una forma ripetuta con colori diversi

81 **Tiziano (a), Cavour (b), Churchill (c), Masaccio (d), Petrarca (e) sono vissuti in secoli differenti: XIV (1), XV (2), XVI (3), XIX (4), XX (5). Quale dei seguenti gruppi di abbinamento è corretto?**

- A a/1, b/5, c/4, d/2, e/3
- B a/2, b/4, c/5, d/1, e/3
- C a/3, b/2, c/5, d/4, e/1
- D a/3, b/4, c/5, d/2, e/1
- E a/1, b/5, c/2, d/3, e/4

82 **L'oggetto in figura si intitola "In attesa"; il nome si riferisce alla funzione del cestino, che appunto attende il lancio di rifiuti verso la sua bocca inclinata. La sua inclinazione – la forma al servizio della funzione – è possibile grazie al taglio trasversale del cilindro. Chi è il designer che l'ha progettato?**

- A Lucio Fontana
- B Enzo Mari
- C Renzo Piano
- D Man Ray
- E Nessuno dei precedenti

83 **La *Vocazione di San Matteo* di Caravaggio è una delle prime pitture sacre, esposte al pubblico, in cui compaiono notazioni realistiche. Cosa stanno facendo i personaggi rappresentati al tavolo, mentre Cristo indica Matteo convocandolo all'apostolato?**

- A Guardano fuori dalla finestra
- B Giocano a carte
- C Scrivono
- D Contano delle monete
- E Banchettano

84 **Individuare il gruppo ove i famosi edifici elencati sono correttamente abbinati al luogo ove sono stati costruiti e tuttora esistono.**

- A Eretteo, Delfi; Tempio Malatestiano, Urbino; Tempietto di San Pietro in Montorio, Roma; Chiesa di Sant'Ivo alla Sapienza, Roma
- B Eretteo, Atene; Tempio Malatestiano, Urbino; Tempietto di San Pietro in Montorio, Roma; Chiesa di Sant'Ivo alla Sapienza, Roma
- C Eretteo, Delfi; Tempio Malatestiano, Urbino; Tempietto di San Pietro in Montorio, Roma; Chiesa di Sant'Ivo alla Sapienza, Ivrea
- D Eretteo, Atene; Tempio Malatestiano, Rimini; Tempietto di San Pietro in Montorio, Roma; Chiesa di Sant'Ivo alla Sapienza, Roma
- E Eretteo, Atene; Tempio Malatestiano, Urbino; Tempietto di San Pietro in Montorio, Roma; Chiesa di Sant'Ivo alla Sapienza, Ivrea

85 **In quale sequenza cronologica sono collocabili i seguenti personaggi? Kennedy (a), Federico II (b), Pericle (c), Gramsci (d), Giulio Cesare (e)**

- A c, b, d, e, a
- B c, e, b, d, a
- C e, c, b, a, d
- D b, c, e, d, a
- E e, b, d, a, c

86 **All'erezione della nuova basilica di San Pietro hanno partecipato, dall'inizio del Cinquecento in poi, i maggiori architetti italiani. Indicare la serie ove compaiono -nel giusto ordine cronologico- gli architetti che vi hanno effettivamente lavorato.**

- A Michelangelo, Fra Sisto e Fra Ristoro, Maderno, Raffaello
- B Raffaello, Michelangelo, Fontana, Maderno
- C Palladio, Maderno, Michelangelo, Bernini
- D Raffaello, Michelangelo, Bernini, Maderno
- E Palladio, Maderno, Michelangelo, Fra Sisto

87 **Lo scultore francese Rodin si ispirò particolarmente a:**

- A Agostino di Duccio
- B Jacopo della Quercia
- C Francesco Laurana
- D Benedetto da Maiano
- E Michelangelo

88 **Quale dei seguenti architetti NON appartiene al Movimento razionalista?**

- A Giuseppe Terragni
- B Ludwig Mies van der Rohe
- C Walter Gropius
- D Antoni Gaudì
- E Ignazio Gardella

89 **Il *Cenacolo* di Leonardo da Vinci si trova a:**

- A Firenze, nella Chiesa di Santa Maria Novella
- B Milano, nel Refettorio di Santa Maria delle Grazie
- C Pisa, nel Duomo
- D Parigi, al Louvre
- E Roma, nei Musei Vaticani

90 **Realizzò una celeberrima scultura del personaggio biblico David:**

- A Leonardo
- B Canova
- C Donatello
- D Brunelleschi
- E Luca della Robbia

91 **La Cappella degli Scrovegni, che ospita un celeberrimo ciclo di affreschi di Giotto dei primi del XIV secolo, si trova a:**

- A Urbino
- B Pavia
- C Padova
- D Perugia
- E Assisi

92 Quale tra queste affermazioni sul dipinto *Guernica* di Pablo Picasso corrisponde al vero?

A) Fu dipinto in seguito ai bombardamenti della prima guerra mondiale
B) Fu esposto al MoMA di New York sino all'inizio degli anni Ottanta del '900
C) Avrebbe dovuto essere realizzato per l'Esposizione Universale di Roma nel 1942
D) Fu commissionato da Francisco Franco
E) Fu dipinto da Pablo Picasso negli anni Settanta

93 Il *Sonno della ragione genera mostri*, qui raffigurato, è un'opera di:

A) Salvador Dalì
B) El Greco
C) Joan Mirò
D) Francisco Goya
E) Frida Kahlo

94 Il termine "decorazione a grottesca" deriva da:

A) le decorazioni musive a soggetti farseschi
B) le decorazioni sul tema dell'acqua nei giardini
C) le decorazioni della Domus Aurea
D) le decorazioni delle tombe etrusche
E) le decorazioni della grotta di Altamira

95 Quale delle seguenti opere Michelangelo intraprese per ultima?

A) Statua di David
B) Tondo Doni
C) Volta della Cappella Sistina a Roma
D) Pietà vaticana
E) Giudizio Universale

96 Quale di questi elementi non compare nel tempio romano?

A) Opistodomo
B) Cornice
C) Timpano
D) Podio
E) Pronao

97 Nella religione zoroastriana, qual è il dio principale?

A) Allah
B) Jahveh
C) Giano
D) Ahura Mazda
E) Jeowa

98 L'Ellenismo elaborò il concetto di arti liberali. A esse si contrapponevano idealmente le:

A) arti comuni
B) arti marziali
C) arti illiberali
D) scienze
E) religioni

99 La guerra delle Due Rose fu condotta in Inghilterra nel XV sec fra le fazioni dei:

A) Tudor – Windsor
B) Lancaster – York
C) Windsor – Stuart
D) Tudor – Lancaster
E) York – Stuart

100 Il Re del Regno d'Italia con capitale Milano fu:

A) Massenzio
B) Costantino
C) Carlo Alberto
D) Napoleone
E) Carlo Magno

101 L'ultimo zar di tutte le Russie, che abdicò nel 1917, è stato:

A) Ivan VI
B) Alessandro III
C) Nicola II
D) Alessio I
E) Stefano

102 La forma caratteristica della guglia è:

A) sferica
B) conica
C) a tronco di piramide
D) a cippo
E) piramidale

103 Quale dei seguenti è sinonimo di guglia?
- A Pinnacolo
- B Impluvio
- C Lanterna
- D Ipogeo
- E Lesena

104 Il Partito Operaio Socialdemocratico Russo fu fondato nel 1898 a:
- A Londra
- B Roma
- C Mosca
- D San Pietroburgo
- E Minsk

105 Qual era l'orientamento politico del menscevichi?
- A Socialista
- B Liberale
- C Comunista
- D Reazionario
- E Borghese

106 Il manierismo si afferma nel secolo:
- A XV
- B XIV
- C XVI
- D XIII
- E XII

107 L'ultimo assedio dei Turchi ottomani a Vienna è avvenuto nel:
- A 1754
- B 1320
- C 1431
- D 1683
- E 1745

108 Quale di queste città non fu mai centro politico-amministrativo dell'Impero Romano?
- A Salonicco
- B Pavia
- C Treviri
- D Milano
- E Ravenna

109 Quale di questi avvenimenti non accadde nel XVI secolo?
- A La circumnavigazione del globo terrestre
- B Il Concilio di Trento
- C La scomunica di Lutero
- D La morte di Lorenzo il Magnifico
- E Il "Sacco" di Roma

110 Quale, fra questi uomini politici, non ha potuto vedere Roma capitale d'Italia?
- A Urbano Rattazzi
- B Giuseppe Zanardelli
- C Camillo Cavour
- D Francesco Crispi
- E Giovanni Giolitti

111 Il Neolitico deve il suo nome:
- A alle proprietà geologiche di nuovi strati rocciosi e non alle attività dell'uomo
- B al fatto che l'uomo impara a utilizzare nuove pietre
- C al fatto che l'uomo addomestica animali come il cane
- D al fatto che l'uomo utilizza il fuoco per alcune attività essenziali della vita quotidiana
- E al fatto che l'uomo ricorre all'uso della levigatura nella lavorazione della pietra

112 Nel 1037, a Cremona, venne emanata la *Constitutio de feudis* che stabiliva:
- A l'ereditarietà dei feudi minori
- B il ritorno di tutti i feudi sotto il diretto controllo dell'imperatore del Sacro Romano Impero
- C l'impossibilità di trasmettere i feudi minori per via ereditaria
- D l'impossibilità di trasmettere i feudi maggiori per via ereditaria
- E l'ereditarietà dei feudi maggiori

113 Nel 1293, a Firenze, Giano della Bella fece approvare gli Ordinamenti di Giustizia. Quale fu la più importante conseguenza che derivò da tale riforma?
- A Solo i Guelfi Bianchi furono esclusi dal governo della città
- B I magnati (nobili di antica tradizione e latifondisti) furono esclusi dal governo della città
- C I Guelfi, Neri e Bianchi, furono esclusi dal governo della città
- D Il popolo magro (salariati, braccianti) poté accedere al governo della città
- E La borghesia (artigianato, mercanti, liberi professionisti) fu esclusa dal governo della città

114 Quale dei seguenti termini non ha attinenza con gli altri?
- A Stilobate
- B Peristasi
- C Anfitrione
- D Pronao
- E Opistodomo

115 **Il dipinto *Canto d'amore* qui sotto riprodotto è un'opera di:**

A René Magritte
B Marc Chagall
C Giorgio de Chirico
D Carlo Carrà
E Salvador Dalí

116 **Quale tra le seguenti coppie della mitologia greco-romana è il soggetto della scultura di Gian Lorenzo Bernini (qui sotto in fotografia)?**

A Amore e Psiche
B Apollo e Dafne
C Perseo e Andromeda
D Plutone e Proserpina
E Orfeo ed Euridice

117 **La seguente opera surrealista è stata realizzata da:**

A Salvador Dalì
B René Magritte
C Paul Klee
D Max Ernst
E Marcel Duchamp

118 **In questa fotografia è presente un'opera dell'artista Marcel Duchamp. Qual è il suo titolo?**

A *Fontana* (1917)
B *Grande Vetro* (1923)
C *Giocatori di scacchi* (1911)
D *L.H.O.O.Q.* (1919)
E *Wheel* (1951)

119 **Il termine "parasta" in architettura indica:**

A un pilastro integrato nella muratura con funzione portante
B una decorazione interna alla chiesa, usata in occasioni solenni
C una decorazione fittile a coronamento del tetto
D una parte di copertura
E una colonna integrata nella muratura senza funzione portante

120 Quale artista utilizzò una ruota di bicicletta in una sua opera?
- A Salvador Dalì
- B René Magritte
- C Paul Klee
- D Max Ernst
- E Marcel Duchamp

121 Non era una città etrusca:
- A Populonia
- B Salerno
- C Capua
- D Cuma
- E Chiusi

122 La battaglia di Magenta (1859) vide scontrarsi le armate ... e ..., che ne uscirono vittoriose.
- A franco-piemontesi, austriache
- B nessuna delle altre risposte è corretta
- C austriache, franco-piemontesi
- D piemontesi, francesi
- E austriache, russe

123 In quale di questi luoghi NON c'è stato, prima o durante la seconda guerra mondiale, un campo di concentramento?
- A Auschwitz
- B Sachsenhausen
- C Trieste
- D Trento
- E Dachau

124 Le rovine di Ercolano e Pompei sono due esempi di:
- A architettura greca
- B insediamenti tardoantichi
- C architettura religiosa
- D insediamenti preistorici
- E architettura residenziale

125 Lo stile Barocco si colloca tra:
- A l'arte rinascimentale e il Manierismo
- B la fine del Manierismo e l'inizio del Rococò
- C il Manierismo e il Rinascimento
- D il Rococò e il Neoclassicismo
- E l'Impressionismo e l'Espressionismo

126 Il Partenone fu edificato a partire dal:
- A 1444 a.C.
- B 447 a.C.
- C 823 d.C.
- D 1700 d.C.
- E 2478 a.C.

127 Il tipico edificio dell'architettura classica romana è:
- A il tempio
- B il broletto
- C l'obelisco
- D la basilica
- E la cattedrale

128 La figura rappresenta un teatro:

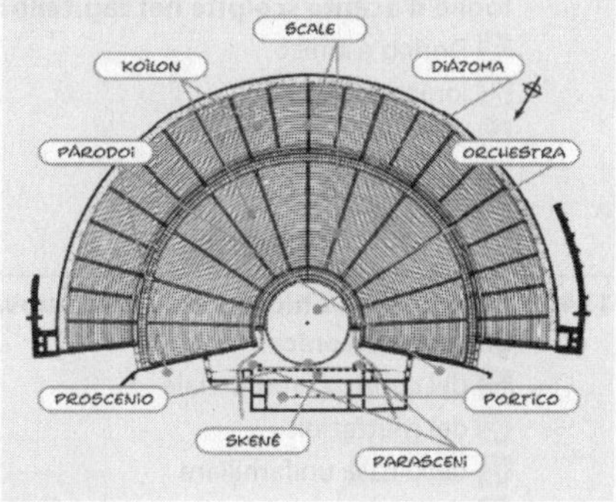

- A celtico
- B romano
- C etrusco
- D greco
- E nessuno dei precedenti

129 Individuare l'affermazione errata.
- A Il teatro greco è scavato entro il declivio di una collina naturale
- B Il teatro romano è interamente costruito
- C Il teatro greco è tipicamente cittadino
- D Le file dei posti del teatro greco vengono suddivise in settori da scalinate radiali
- E Le file dei posti del teatro romano sono appositamente costruite in altezza

130 In quale periodo si è svolto il Concilio di Trento?
- A 1545-1563
- B 1945-1948
- C 1600-1630
- D 1280-1310
- E 1915-1918

131 La parola *echino* definisce una parte di quale elemento architettonico?
- A Di una colonna
- B Del fregio
- C Del capitello
- D Del timpano
- E Dell'architrave

132 Qual è l'ordine architettonico greco che prevede due volute simmetriche che caratterizzano il capitello?

A Dorico
B Ionico
C Corinzio
D Tuscanico
E Composito

133 Quali ordini architettonici prevedono delle foglie d'acanto scolpite nel capitello?

A Dorico e ionico
B Ionico e corinzio
C Corinzio e tuscanico
D Tuscanico e dorico
E Composito e corinzio

134 La Scuola di Chicago studia la nuova tipologia architettonica:

A del centro commerciale
B del grattacielo
C della casa unifamiliare
D della villetta a schiera
E dell'auditorium

135 La Camera Picta (Camera degli Sposi), meravigliosa stanza del torrione nord est del Castello di San Giorgio di Mantova, è opera di:

A Andrea Mantegna
B Giotto
C Gianbattista Tiepolo
D Sandro Botticelli
E Masaccio

136 In quale sequenza cronologica sono stati costruiti i seguenti edifici?

a. Palazzo Pitti di Brunelleschi, Firenze
b. Campo dei miracoli, Pisa
c. Sant'Agnese di Borromini, Roma
d. Vittoriano di Sacconi, Roma
e. Pantheon, Roma

A e, a, c, d, c
B a, b, e, c, d
C e, b, a, c, d
D e, c, a, d, b
E b, a, e, c, d

137 Quale re guidò la Francia dopo Luigi XVIII?

A Il principe Polignac
B Luigi Filippo d'Orleans
C Luigi Napoleone
D Carlo X
E Carlo Alberto di Savoia-Carignano

138 Abbinare correttamente alle seguenti immagini di prodotti di design il corrispondente progettista.

1. 

2. 

3. 

4. 

5. 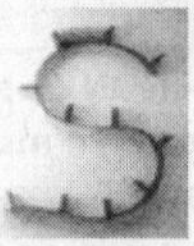

a. Philippe Starck
b. Ron Arad
c. Giò Ponti
d. Bruno Munari
e. Marco Zanuso

A 1-e; 2-a; 3-c; 4-d; 5-b
B 1-a; 2-b; 3-d; 4-c; 5-e
C 1-e; 2-d; 3-a; 4-c; 5-b
D 1-b; 2-c; 3-a; 4-d; 5-e
E 1-a; 2-d; 3-b; 4-c; 5-d

139 In quale delle seguenti serie i personaggi storici sono indicati nella corretta sequenza cronologica?

A Gerolamo Savonarola, Teodorico, Corradino di Svevia, Bismarck, Napoleone I, Pietro il Grande
B Teodorico, Corradino di Svevia, Gerolamo Savonarola, Pietro il Grande, Napoleone I, Bismarck
C Corradino di Svevia, Teodorico, Gerolamo Savonarola, Napoleone I, Pietro il Grande, Bismarck
D Teodorico, Gerolamo Savonarola, Corradino di Svevia, Pietro il Grande, Bismarck, Napoleone I
E Corradino di Svevia, Gerolamo Savonarola, Teodorico, Pietro il Grande, Napoleone I, Bismarck

140 Quale delle sequenze proposte è corretta dal punto di vista cronologico?

A Giovanni Bellini
Masaccio
Giuseppe Piermarini
Andrea Palladio
Giò Ponti

B Masaccio
Andrea Palladio
Giovanni Bellini
Giuseppe Piermarini
Giò Ponti

C Andrea Palladio
Masaccio
Giovanni Bellini
Giò Ponti
Giuseppe Piermarini

D Masaccio
Giovanni Bellini
Andrea Palladio
Giuseppe Piermarini
Giò Ponti

E Giovanni Bellini
Andrea Palladio
Masaccio
Giò Ponti
Giuseppe Piermarini

141 Filarete (a), Donatello (b), Michelucci (c), Mondrian (d), Canova (e), sono: due architetti, due scultori e un pittore; quale dei seguenti abbinamenti è corretto?

A a/pittore, b/scultore, c/architetto, d/scultore, e/architetto

B a/architetto, b/pittore, c/architetto, d/scultore, e/scultore

C a/scultore, b/pittore, c/scultore, d/architetto, e/architetto

D a/architetto, b/scultore, c/architetto, d/pittore, e/scultore

E a/scultore, b/architetto, c/architetto, d/pittore, e/scultore

142 Klimt (a), Matisse (b), Botticelli (c), Rembrandt (d), Tiziano (e) sono pittori autori delle seguenti opere: *La Primavera* (1), *Il Bacio* (2), *Pesci Rossi* (3), *La Ronda di notte* (4), *L'Amor sacro e l'Amor profano* (5). Quale degli abbinamenti proposti è quello corretto?

A a/3, b/5, c/2, d/4, a/1

B a/2, b/3, c/1, d/4, e/5

C a/2, b/3, c/1, d/5, e/4

D a/1, b/2, c/4, d/3, e/5

E a/5, b/4, c/1, d/3, e/2

143 A quale periodo risale il Tempietto di San Pietro in Montorio, rappresentato in figura?

A XV secolo – Rinascimento

B XVII secolo – Barocco

C XVI secolo – Rinascimento

D XVI secolo – Barocco

E XVIII – Neoclassicismo

144 Quale degli abbinamenti proposti tra pittore e opera di sua creazione è corretto?

1. **Boccioni**
2. **Mondrian**
3. **Van Gogh**
4. **Ingres**
5. **Picasso**

a. ***Arlecchino***
b. ***Composizione con giallo, blu e rosso***
c. ***Dinamismo di un ciclista***
d. ***Autoritratto con l'orecchio bendato***
e. ***Il bagno turco***

A 1-b; 2-e; 3-d; 4-c; 5-a

B 1-c; 2-b; 3-d; 4-e; 5-a

C 1-a; 2-c; 3-b; 4-e; 5-d

D 1-c; 2-b; 3-d; 4-a; 5-e

E 1-a, 2-b, 3-e, 4-c, 5-d

145 A quale movimento artistico del Novecento appartiene questa poltrona (*Sedia rosso blu*)?

A Liberty

B Futurismo

C Razionalismo

D Neoplasticismo

E Espressionismo

146 Quale delle seguenti caratteristiche NON è propria del movimento neoplasticista?

A In pittura, eliminazione del soggetto e soppressione della forma naturale
B Uso dei colori primari e neutri
C Assenza di prospettiva
D Uso di forme triangolari, punte, cuspidi
E In architettura, i piani non si incontrano mai in un angolo preciso

147 Quale dei seguenti termini NON è un elemento della chiesa paleocristiana?

A Abside
B Presbiterio
C Cardo
D Nartece
E Navata

148 Al centro dell'affresco *La Scuola di Atene* di Raffaello Sanzio, figurano:

A Cristo e la Madonna
B San Sebastiano e San Tommaso
C Platone e Aristotele
D Bacco e Arianna
E due Veneri

149 Quale dei seguenti termini è discordante con tutti gli altri?

A Broletto
B Eremo
C Monastero
D Convento
E Abbazia

150 Quale di questi movimenti artistici nasce prima della seconda guerra mondiale?

A il Surrealismo
B l'Optical Art
C lo Spazialismo
D l'Arte Informale
E l'Iperrealismo

151 Quale di queste monete non era romana?

A Denario
B Asse
C Sesterzio
D Dracma
E Quadrante

152 Siracusa era una colonia di:

A Atene
B Corinto
C Sparta
D Argo
E Tebe

153 Qual è l'ordine cronologico corretto per le seguenti opere pittoriche?

1. *Trionfo di Bacco* (Velasquez)
2. *La Libertà che guida il popolo* (Delacroix)
3. *La danza* (Matisse)
4. *Primavera* (Botticelli)
5. *Tondo Doni* (Michelangelo)

A 4; 5; 2; 1; 3
B 1; 5; 4; 3; 2
C 4; 5; 1; 2; 3
D 5; 4; 2; 1; 3
E 5; 4; 1; 2; 3

154 Secondo la leggenda, fu allattato da una lupa:

A Attila
B Remo
C Costantino
D Sapore
E Giove

155 Individuare l'alternativa che collega opportunamente ognuno dei pittori alla tecnica usata per stendere il colore sulla tela.

1. Monet
2. Jackson Pollock
3. Van Gogh
4. Seurat
5. De Chirico
a. Colore versato e lasciato colare dall'alto
b. Pennellate libere e veloci
c. Campiture di colore piatte e uniformi
d. Pennellate violente e grosse
e. Piccoli punti di colori puri

A 1-e; 2-c; 3-d; 4-b; 5-a
B 1-b; 2-a; 3-d; 4-e; 5-c
C 1-e; 2-b; 3-d; 4-a; 5-c
D 1-b; 2-a; 3-c; 4-e; 5-d
E 1-b; 2-c; 3-d; 4-e; 5-a

156 A chi si deve il ciclo di ritratti femminili *Maya desnuda* e *Maya vestida*?

A René Magritte
B Jacques-Louis David
C Francisco Goya
D Henri Matisse
E Joan Mirò

157 Stabilire la sequenza cronologica tra i seguenti momenti della storia dell'architettura:

1. Architettura Ravennate
2. Architettura Paleocristiana
3. Architettura Romanica
4. Architettura Carolingia
5. Architettura Gotica

A 2,1,3,5,4
B 1,2,4,5,3
C 4,2,1,5,3
D 1,3,4,2,5
E 2,1,4,3,5

158 Quando l'Impero romano fu quadripartito, le sue capitali divennero:

A Roma, Cartagine, Bisanzio e Atene
B Roma, Milano, Bisanzio e Cesarea
C Milano, Lione, Smirne e Seleucia
D Nicomedia, Sirmio, Milano e Treviri
E Roma, Alessandria, Bisanzio e Babilonia

159 Le cinque giornate di Milano rientrano nella:

A seconda guerra mondiale
B prima guerra di indipendenza
C seconda guerra di indipendenza
D terza guerra di indipendenza
E prima guerra mondiale

160 Lo stile di René Magritte si avvale ampiamente della tecnica raffigurativa del:

A collage
B frottage
C flochetage
D trompe-l'oeil
E pointillisme

161 I soggetti prediletti dal pittore bergamasco del Seicento Evaristo Baschenis sono:

A nature morte di soggetto musicale
B nature morte di soggetto naturalistico
C animali imbalsamati
D animali
E damigelle di corte

162 Tra i seguenti artisti,chi NON operò mai direttamente sulla Basilica di San Pietro a Roma?

A Donato Bramante
B Leonardo Da Vinci
C Raffaello Sanzio
D Michelangelo Buonarroti
E Gian Lorenzo Bernini

163 Il seguente particolare appartiene al ciclo di affreschi:

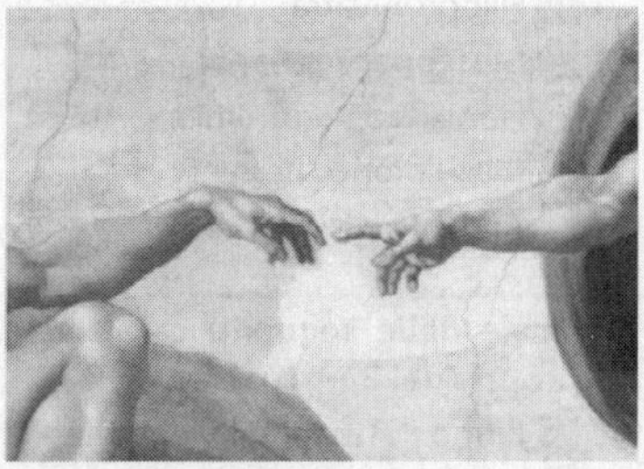

A *della Camera degli Sposi*, Andrea Mantegna
B *del Diluvio Universale*, Michelangelo Buonarroti
C *della Primavera*, Sandro Botticelli
D *del Giudizio Universale*, Michelangelo Buonarroti
E *della Stanza della Segnatura*, Raffaello Sanzio

164 Quale dei seguenti NON è un elemento caratteristico dell'Art Nouveau?

A Uso della linea curva
B Utilizzo prevalente di ferro e ghisa
C Presenza diffusa di motivi floreali
D Attenzione alla parte decorativa
E Priorità della progettazione strutturale rispetto alla forma

165 Quale capitale europea non fu occupata dai nazisti durante la seconda guerra mondiale?

A Parigi
B Bruxelles
C Mosca
D Roma
E Praga

166 Quale sovrano di Francia fece di Versailles la sua residenza favorita, promuovendo la costruzione della Reggia e dei suoi famosi giardini?

A Francesco I
B Ludovico il Pio
C Filippo il Bello
D Luigi XIV
E Luigi XVII

167 Nello stesso anno in cui morì Garibaldi (1882) fu giustiziato il patriota irredentista:
- A Silvio Pellico
- B Scipio Slataper
- C Guglielmo Oberdan
- D Cesare Battisti
- E Giani Stuparich

168 Chi è il principale esponente del Barocco a Roma?
- A Filippo Juvarra
- B Giuseppe Piermarini
- C Francesco Borromini
- D Gian Lorenzo Bernini
- E Andrea Palladio

169 Quale delle seguenti caratteristiche NON è propria del Barocco?
- A Ritmo fluttuante delle forme
- B Effetti spaziali in dimensioni molto ridotte
- C Artifici scenografici
- D Frequente utilizzo di materiali preziosi, come marmo oro e argento
- E Ripresa ed elaborazione dei canoni classici

170 Quale delle seguenti caratteristiche NON è propria del movimento espressionista?
- A Enfatizzazione delle forme
- B Attenzione alla funzionalità tecnico-costruttiva
- C Attenzione alla funzionalità visiva e di comunicazione
- D Accentuazione cromatica nella pittura
- E Drammaticità dei contenuti

171 Quale artista riprese la tecnica di composizione utilizzata da Rubens, disponendo le figure sulla linea diagonale che congiunge i due angoli contrapposti di un quadro?
- A Pierre-Auguste Renoir
- B Claude Monet
- C Eugène Delacroix
- D Gustave Courbet
- E Antonio Canova

172 Tra i seguenti, quale NON è mai stato utilizzato da Andy Warhol come soggetto delle sue opere?
- A Elvis Presley
- B I barattoli di zuppa Campbell
- C Il logo Coca Cola
- D Le bottiglie Coca Cola
- E Sophia Loren

173 In quale dei seguenti movimenti artistici il tempo è stato considerato come un elemento dell'opera d'arte?
- A Surrealismo
- B Neoplasticismo
- C Futurismo
- D Astrattismo
- E Espressionismo

174 Perché il Bauhaus terminò la usa attività nel 1933?
- A Per mancanza di sovvenzioni
- B Per mancanza di partecipazione da parte degli studenti
- C Per numero insufficiente di artisti all'interno del corpo docente
- D Perché fu soppresso dal regime nazista, con l'accusa di essere un centro di intellettuali comunisti
- E Perché il suo direttore, Walter Gropius, morì

175 Quale dei seguenti architetti NON ha mai operato negli Stati Uniti?
- A Frank Lloyd Wright
- B Ludwig Mies van der Rohe
- C Antoni Gaudì
- D Renzo Piano
- E Richard Meier

176 L'assassinio dell'erede al trono d'Austria da parte di Gavrilo Princip:
- A avvenne alla fine dell'Ottocento
- B fu istigato dalla Contessa di Castiglione per favorire l'unità d'Italia
- C scatenò la prima guerra mondiale
- D scatenò la rivolta socialista a Vienna
- E fu commissionato dall'amante Maria Vetsera

177 Solo uno dei seguenti presidenti USA del secondo Novecento ha svolto due mandati consecutivi. Quale?
- A Richard Nixon
- B John Fitzgerald Kennedy
- C Bill Clinton
- D Jimmy Carter
- E George Herbert Bush

178 Chi ha dipinto il *Ritratto di Agnolo Doni*?
- A Michelangelo Buonarroti
- B Jacopo Tintoretto
- C Pietro da Cortona
- D Raffaello Sanzio
- E Leonardo Da Vinci

179 Associare correttamente i seguenti musei alle città nelle quali sono ubicati.

a) Museo Mart
b) Victoria & Albert Museum
c) Musei Capitolini
d) Guggenheim Museum
e) MoMA

1) Rovereto
2) Roma
3) Londra
4) New York
e) Bilbao

A a – 3 / b – 2 / c – 4 / d – 1 / e – 5
B a – 1 / b – 3 / c – 2 / d – 5 / e – 4
C a – 5 / b – 4 / c – 3 / d – 1 / e – 2
D a – 4 / b – 1 / c – 5 / d – 2 / e – 3
E a – 2 / b – 3 / c – 4 / d – 1 / e – 5

180 «È noto, soprattutto, per le strutture di ponti, torri di comunicazione e pensiline di stazioni e aeroporti». A quale architetto si riferisce questa affermazione?

A Ron Arad
B Santiago Calatrava
C Gae Aulenti
D Norman Foster
E Frank O. Gehry

181 Quale, tra le seguenti, NON è un'opera di Gian Lorenzo Bernini?

A Baldacchino di San Pietro
B Sant'Andrea al Quirinale
C Palazzo Montecitorio
D Palazzo Odescalchi
E San Carlo alle quattro fontane

182 Quale di questi termini non si riferisce ad una struttura ad arco?

A Concio
B Architrave
C Chiave
D Piedritto
E Intradosso

183 Chi compose nel 1452 il trattato di architettura *De re edificatoria"*, in cui si definisce il concetto di proporzione armonica?

A Filippo Brunelleschi
B Benvenuto Cellini
C Donato Bramante
D Leon Battista Alberti
E Andrea Palladio

184 Qual è il corretto ordine cronologico degli edifici qui sotto raffigurati?

a.

b.

c.

d.

e.

A a - b - c - d - e
B a - d - b - c - e
C c - d - e - a - b
D d - a - c - b - e
E d - b - a - c - e

185 Qual è il corretto ordine cronologico delle seguenti sculture?

a

b

c

d

e

A c – a – b – e – d
B a – b – c – d – e
C c – d – b – e – a
D b – a – c – e – d
E b – d – c – e – a

186 **Associare correttamente i termini adeguati alle rispettive rappresentazioni. (in ordine da sinistra a destra)**

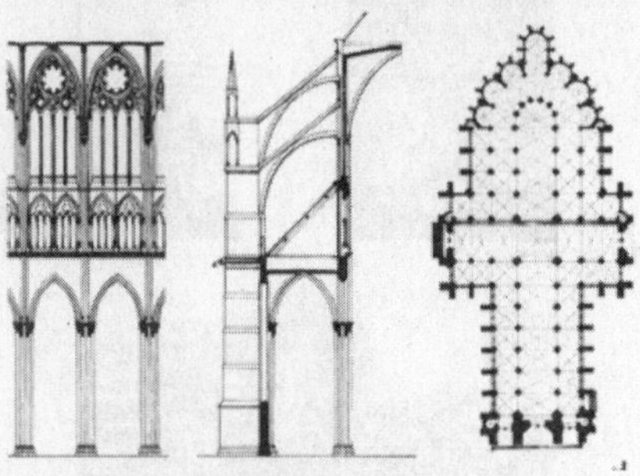

- **A** Prospetto / Sezione / Pianta
- **B** Sezione / Pianta / Prospetto
- **C** Pianta / Prospetto / Sezione
- **D** Prospetto / Prospetto / Sezione
- **E** Sezione / Prospetto / Pianta

187 **In riferimento al disegno sotto riportato, associare a ogni numero la corretta definizione dell'elemento indicato.**

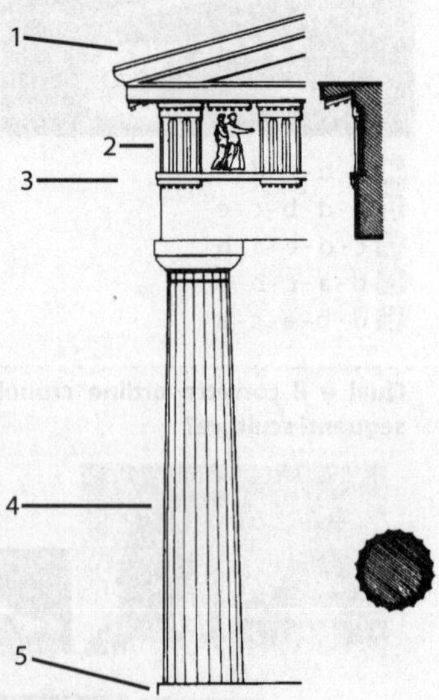

- **A** 1 timpano; 2 fregio; 3 architrave; 4 fusto; 5 stilobate
- **B** 1 architrave; 2 timpano; 3 fusto; 4 stilobate; 5 fregio
- **C** 1 fusto; 2 stilobate; 3 fregio; 4 timpano; 5 architrave
- **D** 1 timpano; 2 stilobate; 3 architrave; 4 fusto; 5 fregio
- **E** 1 architrave; 2 stilobate; 3 fregio; 4 fusto; 5 timpano

188 **Qual è il soggetto pittorico prediletto dal pittore Antonio Ligabue?**

- **A** La folla
- **B** Gli animali
- **C** I fiori
- **D** Le case
- **E** Le ballerine

189 **La rivista fondata da Theo van Doesburg nel 1917 *De Stijl* ("Lo Stile", in olandese) è legata al movimento del:**

- **A** surrealismo
- **B** dadaismo
- **C** neoplasticismo
- **D** minimalismo
- **E** manierismo

190 **Cosa caratterizza in modo evidente la pittura fiamminga?**

- **A** Il fondale color oro
- **B** L'espressività delle figure rappresentate
- **C** La prospettiva
- **D** Il fondale color cobalto
- **E** La visione particolareggiata della realtà

191 **Quale tra le seguenti caratteristiche NON è riconducibile al Dadaismo?**

- **A** Ironia
- **B** Casualità
- **C** Riutilizzo di oggetti d'uso comune
- **D** Rigorosità
- **E** Provocazione

192 **Quale tra le seguenti caratteristiche si adatta meglio a descrivere la corrente del Neoplasticismo?**

- **A** Ironia
- **B** Casualità
- **C** Riutilizzo di oggetti d'uso comune
- **D** Rigorosità matematica ed equilibrio
- **E** Provocazione

193 **Qual è l'elemento fondamentale tenuto in considerazione nella progettazione dei nuovi edifici della cultura, spazi polivalenti atti alla tutela del patrimonio storico e all'aggregazione sociale?**

- **A** L'estetica
- **B** L'illuminotecnica
- **C** La funzionalità
- **D** La conservazione storica degli spazi preesistenti
- **E** L'uso di materiali innovativi

194 **In occasione di quale evento fu costruita la Tour Eiffel di Parigi?**

A L'esposizione Universale, 1851
B La visita della regina d'Inghilterra, 1852
C Il crollo del muro di Berlino, 1989
D La comune di Parigi, 1871
E La morte di Luigi XIV, 1715

195 **Chi fonda nel 1928 la rivista di architettura *Domus*?**

A Giuseppe Terragni
B Bruno Munari
C Enzo Mari
D Angelo Mangiarotti
E Giò Ponti

196 **Turner, Friedrich, Delacroix, Hayez sono pittori di quale movimento?**

A Neoclassicimo
B Impressionismo
C Espressionismo
D Romanticismo
E Fauves

197 **Secondo il Surrealismo, cosa deve esprimere un'opera d'arte?**

A Liberi rapporti di forme e colori
B La scomposizione dell'oggetto rappresentato e la sua sintesi volumetrica
C Il valore simbolico delle figure e degli oggetti raffigurati nell'opera
D Il reale funzionamento del pensiero, attraverso il puro automatismo psichico
E La simultaneità del movimento

198 ***Amore e Psiche*, qui rappresentata in fotografia, è una scultura di:**

A Antonio Canova
B Michelangelo Buonarroti
C Mirone
D Auguste Rodin
E Fidia

199 **Chi ha fondato il gruppo artistico "Il Cavaliere azzurro" all'interno del movimento espressionista?**

A Kandinskij
B Klee
C Mondrian
D Chagall
E Grosz

200 **Individuare l'alternativa che presenta l'abbinamento corretto tra opera e suo committente.**

1. Colosseo
2. Baldacchino di San Pietro
3. Palazzo Te
4. Reggia di Versailles

a. Urbano VIII
b. Vespasiano
c. Federico II Gonzaga
d. Luigi XIV

A 1-b; 2-a; 3-d; 4-c
B 1-b; 2-d; 3-c; 4-a
C 1-c; 2-a; 3-b; 4-d
D 1-b; 2-a; 3-c; 4-d
E 1-c; 2-a; 3-b; 4-d

201 **Il Palazzo dei Diamanti di Ferrara ha preso il nome:**

A dalla piazza nella quale è collocato
B dal progettista che l'ha ideato
C dal bugnato che ne caratterizza le pareti esterne
D dalle pietre preziose custodite all'interno
E dai suoi committenti

202 **In quali anni nasce il premio Compasso D'Oro?**

A Nel primo ventennio del XX secolo
B Tra le due guerre mondiali
C Anni Cinquanta-Sessanta
D Anni Settanta-Ottanta
E Anni Novanta

203 **A seguito della vittoria sulla flotta dei Saraceni, la Repubblica di Pisa diede inizio alla ricostruzione della cattedrale della città, nelle forme grandiose che ancora oggi possono ammirarsi. In quale secolo?**

A VII
B X
C XI
D XV
E XVI

204 In una volta a crociera, le nervature che suddividono in spicchi la volta si chiamano:

A lunette
B conche
C fusi
D costoloni
E unghie

205 In una volta a crociera, ognuno dei quattro spicchi si chiama:

A vela
B padiglione
C cilindretto
D cresta
E lunetta

206 Un tempio si dice "in antis" quando:

A le pareti laterali della cella si prolungano fino a inglobare le colonne laterali della cella, delimitando l'atrio
B ha sulla fronte un colonnato
C ha sia sulla fronte che sul retro un colonnato
D un colonnato circonda tutti e quattro i lati della cella
E un colonnato doppio circonda tutti e quattro i lati della cella

207 La prima guerra del Peloponneso fu combattuta nel secolo:

A I d.C.
B I a.C
C II a.C.
D III a.C.
E V a.C.

208 L'immagine sotto raffigurata rappresenta:

A un obelisco
B una piramide
C uno ziqqurat
D un broletto
E nessuna delle precedenti

209 È un tipo di tomba egiziana:

A la groma
B lo gnomone
C la mastaba
D la rambla
E la cavea

210 L'immagine rappresenta:

A una trifora
B una finestra strombata
C una parasta
D una serliana
E un'edicola

211 Chi ha progettato la Casa del Fascio a Como?

A Ignazio Gardella
B Giuseppe Pagano
C Aldo Rossi
D Giuseppe Terragni
E Franco Albini

212 Dove è conservata *L'ultima Cena* di Leonardo da Vinci? ì

A Parigi, Museo del Louvre
B Milano, Refettorio di Santa Maria delle Grazie
C Firenze, Uffizi
D Roma, Musei Vaticani
E Firenze, Basilica di Santo Spirito

213 A quale edificio appartiene la seguente pianta?

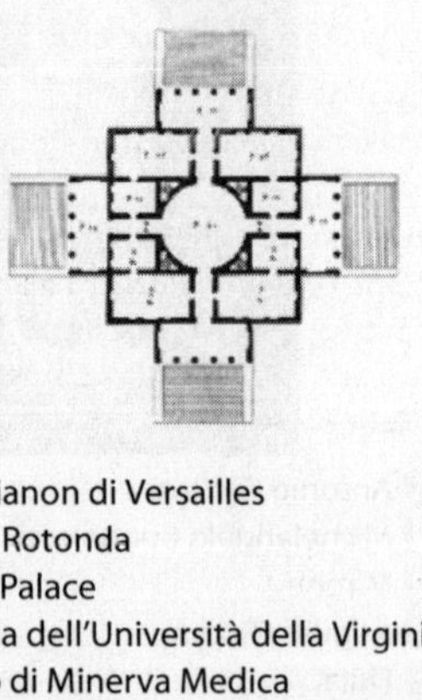

A Petit Trianon di Versailles
B Villa La Rotonda
C Crystal Palace
D Rotonda dell'Università della Virginia
E Tempio di Minerva Medica

214 Tra le seguenti opere che si trovano a Roma, quale NON è attribuita a Donato Bramante?

- A Chiostro Santa Maria della Pace
- B Villa Farnesina
- C Cortile del Belvedere
- D Tempietto di San Pietro in Montorio
- E Basilica di San Pietro

215 Mettere in ordine cronologico le architetture mostrate in primo piano nelle foto seguenti:

- A A-C-B-D-E
- B B-C-A-E-D
- C A-B-E-D-C
- D B-A-C-E-D
- E B-A-E-C-D

216 Cosa si intende con il termine architettonico *transetto* riferito agli edifici di culto?

- A Il percorso di passaggio al centro della navata
- B L'area percorribile posta dietro l'altare maggiore
- C Uno spazio che interseca perpendicolarmente la navata
- D Un ambiente che precede l'ingresso
- E Il sistema delle cappelle laterali

217 Quale dei personaggi elencati non è coerente con gli altri?

- A Le Corbusier
- B Giuseppe Terragni
- C Walter Gropius
- D Alessandro Antonelli
- E Ludwig Mies van der Rohe

218 Di chi sono i cicli di affreschi *Storie della vita di San Giovanni Battista* e *Storie di San Francesco* presenti nella Cappella Peruzzi e nella Cappella Bardi della Chiesa di Santa Croce a Firenze?

- A Domenico Ghirlandaio
- B Beato Angelico
- C Ambrogio Lorenzetti
- D Cimabue
- E Giotto

219 L'opera qui riprodotta è di:

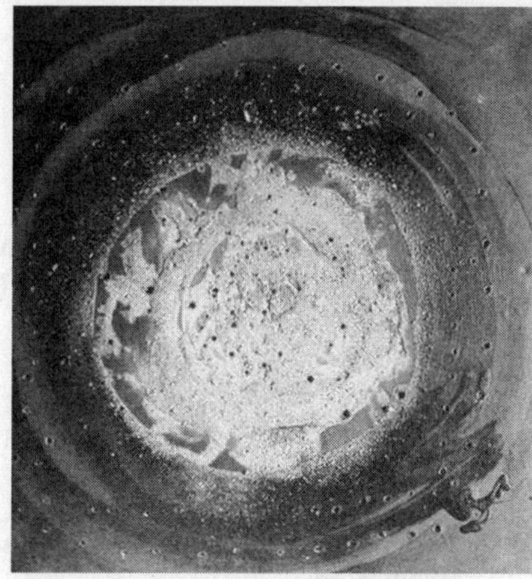

- A Fausto Melotti
- B Lucio Fontana
- C Alberto Burri
- D Giorgio De Chirico
- E Piero Manzoni

220 Quale di queste correnti artistiche non può essere considerata un'avanguardia artistica del Novecento?

- A Espressionismo
- B Eclettismo
- C De Stijl
- D Die Brucke
- E Costruttivismo

221 Quale dei seguenti personaggi lavorò per un periodo come istruttore di matematica?

- A Giuseppe Garibaldi
- B Alessandro Manzoni
- C Giuseppe Mazzini
- D Carlo Cattaneo
- E Melchiorre Gioia

222 Nel mondo dell'arte, cosa si intende con "grottesche"?

- A Vani sotterranei ricavati nei palazzi a imitare grotte
- B Ambienti esterni, ricavati nei parchi
- C Vasche e fontane, tipiche dell'architettura romana, per ospitare le ninfe
- D Un soggetto pittorico
- E Sculture irreali, di solito scherzose

223 Il terribile genocidio dei cristiani Assiri si compì nel secolo:

A II a.C.
B XVI
C XX
D II d.C.
E IV a.C.

224 Quale di queste battaglie non fu combattuta nella guerra di secessione americana?

A Bull Run
B Lexington
C Chancellorsville
D Frederiksburg
E Appomatox

225 Mettere in ordine cronologico le seguenti architetture:

a. 

b. 

c. 

d. 

e. 

A b–a–c–e–d
B a–b–e–d–c
C b–c–a–e–d
D c–b–a–d–e
E a–b–d–e–c

226 Negli eserciti ottocenteschi, quale delle seguenti non era una forza di cavalleria?

A Ulani
B Ussari
C Granatieri
D Dragoni
E Cosacchi

227 Quale di queste battaglie non fu combattuta nella guerra di indipendenza americana?

A Bunker Hill
B Gettysburg
C Long Island
D Fort Washington
E Trenton

228 Quale di queste nazioni schierava soldati noti come ussari alati?

A Polonia
B Russia
C Austria
D Ungheria
E Italia

229 La *Scuola di Chicago* fu:

A un movimento architettonico che progettò molti edifici sviluppati in altezza, sorretti da strutture metalliche
B il più significativo edificio pubblico realizzato negli Stati Uniti durante gli anni della presidenza Roosevelt
C la prima Facoltà di Architettura degli USA inaugurata dopo la Guerra di Secessione
D la sede universitaria dove si formarono i più importanti architetti americani
E un'Accademia di Belle Arti sorta a Chicago, che diffuse negli Stati Uniti le correnti eclettiche provenienti dall'Europa

230 Scegliere l'abbinamento corretto tra artista e città di nascita.

1. Dürer	**a. Leida**
2. Rembrandt	**b. Norimberga**
3. ven Eyck	**c. Maaseik**

A 1b, 2a, 3c
B 1b, 2c, 3a
C 1a, 2b, 3c
D 1c, 2a, 3b
E 1c, 2b, 3a

231 La *centuriazione* era un sistema elaborato nell'età romana per:

A la costituzione di drappelli composti da 100 armati
B la pavimentazione stradale delle vie imperiali
C elevare l'altezza degli impianti difensivi urbani
D la lottizzazione agraria in elementi quadrati tra loro tutti uguali
E la delimitazione di un territorio con cardini e decumani attraverso un sistema di canali artificiali

232 Nel lessico architettonico, un arco non può essere definito:

A cieco
B sghembo
C a schifo
D lobato
E scemo

233 Adolf Hitler nacque in:

- A Prussia
- B Renania
- C Baviera
- D Austria
- E Sassonia

234 Indicare, tra quelli elencati, l'autore dell'opera riportata:

- A Henri Matisse
- B Paul Gauguin
- C Paul Cézanne
- D Vincent Van Gogh
- E Claude Monet

235 Individuare il personaggio anomalo.

- A Washington
- B Jefferson
- C Adams
- D Franklin
- E Nelson

236 Palladio riprogettò il Palazzo della Ragione a Vicenza ribattezzandolo "basilica", per:

- A la nuova funzione di edificio di culto religioso
- B la copertura a carena di nave rovesciata
- C le imponenti dimensioni dell'edificio
- D l'aggiunta delle logge a serliane
- E la tripartizione in navate

237 Il nome di quale di queste città significa *città nuova*?

- A Mantova
- B Napoli
- C Sulmona
- D Crotone
- E Populonia

238 Presso i Romani, era dio delle porte:

- A Apollo
- B Giano
- C Aio Locuzio
- D Mercurio
- E Ade

239 Quale dei seguenti prodotti NON è stato progettato dai designer Marco Zanuso e Richard Sapper?

1. 

2. 

3. 

4. 

5. 

- A 1
- B 2
- C 3
- D 4
- E 5

240 In quale sequenza cronologica sono stati costruiti i seguenti edifici?

a. Torre Velasca, Milano
b. Palazzo degli Uffizi, Firenze
c. Duomo, Milano
d. Sagrada Familia, Barcellona
e. Chiesa di San Vitale, Ravenna

- A e, b, c, d, a
- B c, e, b, a, d
- C e, b, d, c, a
- D e, c, b, d, a
- E c, e, b, d, a

241 Quale Paese fu teatro della cosiddetta "Guerra delle due Rose"?

A Francia
B Germania
C Spagna
D Inghilterra
E Italia

242 La colonna traiana di Roma ricorda le guerre dei Romani contro i:

A Daci
B Numidi
C Greci
D Traci
E Cartaginesi

243 La matrice tipologica del battistero è nel/nella:

A calidarium termale
B mausoleo
C tempio a pianta circolare
D cisterna per la raccolta dell'acqua
E tutte le risposte precedenti sono corrette

244 Quale tra le seguenti opere non è stata progettata da Michelangelo?

A Cupola di San Pietro in Vaticano
B Biblioteca Laurenziana di Firenze
C Porta Pia a Roma
D Palazzo della Signoria a Firenze
E Sacrestia nuova di San Lorenzo a Firenze

245 Quale tra i seguenti designer ha dedicato maggiormente i propri lavori al tema dell'infanzia?

A Marco Zanuso
B Bruno Munari
C Giorgetto Giugiaro
D Sergio Pininfarina
E Ron Arad

246 Stilisticamente e culturalmente può istituirsi un paragone tra:

A Borromini e Petrarca
B Borromini e Pietro da Cortona
C Borromini e Puccini
D Borromini e Mantegna
E Borromini e Pirandello

247 In architettura la cariatide è:

A un sostegno in forma di statua femminile
B una struttura degradata
C una porta del tempio
D una forma di corrosione della pietra
E un elemento di copertura dei templi

248 Indicare quale delle seguenti costruzioni non è stata eretta nel corso del XX secolo.

A Torre Eiffel a Parigi
B Unité d'abitation a Marsiglia
C Empire State Building a New York
D Torre Velasca a Milano
E tutte le costruzioni precedenti sono del XX secolo

249 Quale tra le seguenti chiese non si trova a Milano?

A Sant'Ambrogio
B San Bernardino alle ossa
C San Paolo fuori le mura
D Santa Maria alle Grazie
E Sant'Eustorgio

250 L'architettura italiana ottocentesca post-unitaria è caratterizzata da:

A ritorno al manierismo
B ritorno al classicismo
C ritorno al barocco
D trionfo del liberty
E nessuna delle precedenti

251 Il canone dell'architettura greca classica è:

A una costante iconografica
B un tipo di immagine ripetuto uniformemente
C un sistema di proporzioni tra le parti e delle parti con il tutto
D la fissità dell'immagine
E tutte le risposte precedenti sono corrette

252 In architettura cosa si intende per orchestra?

A Il palco sul quale recitano gli autori
B Un insieme architettonico che rimane fisso e si sviluppa dopo il proscenio
C Un gruppo di musicisti
D Uno spazio circolare ai piedi della cavea
E Tutte le risposte precedenti sono errate

253 Disporre in ordine cronologico i seguenti avvenimenti storici del XX secolo:

1. Rivoluzione sovietica
2. Attentato a Sarajevo
3. Sbarco in Normandia
4. Processo di Norimberga
5. Marcia su Roma

A 2, 1, 4, 3, 5
B 1, 2, 5, 3, 4
C 1, 5, 2, 4, 3
D 5, 2, 1, 3, 4
E 2, 1, 5, 3, 4

254 Chi scrisse il Manifesto del Futurismo nel 1909?

A Giacomo Balla
B Umberto Boccioni
C Pablo Picasso
D Filippo Tommaso Marinetti
E Gabriele D'Annunzio

255 Qual è l'anno d'inizio della Rivoluzione Francese?

A 1776
B 1789
C 1793
D 1799
E 1800

256 In quale delle seguenti città Palladio ha svolto gran parte della sua attività?

A Verona
B Treviso
C Belluno
D Vicenza
E Padova

257 Presso gli antichi Romani, cos'era il *garum*?

A Un'arma
B Una veste
C Un carro
D Un componimento poetico
E Un cibo

258 L'immagine sottostante rappresenta:

A una pittura vascolare etrusca
B un fregio persiano
C una pittura tombale greca
D un affresco pompeiano
E un mosaico romano

259 Quale storico latino morì sotto l'eruzione del Vesuvio del 79 d.C.?

A Plinio il Giovane
B Seneca
C Plinio il Vecchio
D Svetonio
E Tito Livio

260 Nel 1508 papa Giulio II si fece promotore della "lega di Cambrai", alleanza europea contro:

A l'Inghilterra
B il Sacro Romano Impero
C la Spagna
D la Repubblica di Venezia
E la Francia

261 Quale potenza sconfisse in mare l'Invincible Armada nel luglio 1588?

A Olanda
B Inghilterra
C Portogallo
D Francia
E Svezia

262 Cosa accadde in Francia tra 23 e 24 agosto 1572, nella "notte di S. Bartolomeo"?

A Furono uccisi circa 500 monaci benedettini
B Vennero trucidati 2000 ugonotti
C Si sposarono Margherita di Valois e Enrico di Borbone
D Nacque Filippo II, futuro re di Spagna
E Vennero massacrati numerosi protestanti

263 La "crisi dell'interdetto" del 1605 interessò:

A Genova e la Santa Sede
B Venezia e Milano
C Firenze e la Santa Sede
D Venezia e la Santa Sede
E Napoli e Roma

264 A quale dinastia europea appartenevano rispettivamente il Regno di Napoli, il Regno Lombardo-Veneto e il Granducato di Toscana a metà '800?

A Savoia, Borbone di Spagna, Asburgo d'Austria
B Asburgo d'Austria, Asburgo-Lorena, Borbone di Spagna
C Borbone di Spagna, Asburgo d'Austria, Asburgo-Lorena
D Borbone di Spagna, Asburgo d'Austria, Savoia
E Asburgo di Spagna, Lorena d'Austria, Asburgo-Savoia

265 Da quali nazioni venne combattuta la battaglia navale di Trafalgar il 21 ottobre 1805?
- A Inghilterra contro Francia e Spagna
- B Inghilterra e Spagna contro Francia
- C Francia contro Inghilterra
- D Spagna contro Francia e Inghilterra
- E Inghilterra contro Russia e Olanda

266 In quale alternativa i personaggi storici sono elencati nel giusto ordine cronologico rispetto alle coeve opere pittoriche?
a) Guernica di Pablo Picasso; b) Las meninas di Diego Velasquez; c) Dejeurner sur l'herbe di Claude Monet; d) La primavera di Sandro Botticelli; e) Il crocefisso di Giotto.
- A Giuseppe Garibaldi, cardinale di Richelieu, Franklin Delano Roosevelt, Giovanni Boccaccio, Gerolamo Savonarola
- B Franklin Delano Roosevelt, cardinale di Richelieu, Giuseppe Garibaldi, Giovanni Boccaccio, Gerolamo Savonarola
- C Franklin Delano Roosevelt, Gerolamo Savonarola, Giuseppe Garibaldi, cardinale di Richelieu, Giovanni Boccaccio
- D Franklin Delano Roosevelt, cardinale di Richelieu, Giuseppe Garibaldi, Gerolamo Savonarola, Giovanni Boccaccio
- E Giuseppe Garibaldi, cardinale di Richelieu, Franklin Delano Roosevelt, Gerolamo Savonarola, Giovanni Boccaccio

267 Nella *Trinità* di Masaccio in Santa Maria Novella, la composizione delle figure è inquadrata in uno spazio:
- A prospettico naturale
- B prospettico architettonico interno
- C prospettico architettonico esterno
- D prospettico artificiale
- E assonometrico

268 Le date 1431-1506 si riferiscono alla nascita e alla morte di quale dei seguenti artisti?
- A Michelangelo Merisi detto il Caravaggio
- B Tiziano Vecellio
- C Andrea Mantegna
- D Giambattista Tiepolo
- E Piero della Francesca

269 Appartiene al Surrealismo:
- A Carrà
- B Manet
- C Picasso
- D Mirò
- E Dalì

270 Quale delle seguenti architetture romane ha una valenza paesistica-territoriale:
- A tomba di Cecilia Metella sull'Appia Antica
- B arco di Augusto a Rimini
- C tempio della Fortuna Primigenia a Palestina
- D terme di Diocleziano
- E tutte le precedenti

271 La trifora fa parte degli elementi costruttivi di un fabbricato. Che cos'è?
- A Una canna a tre fori
- B Un portico a tre campate
- C Una apertura nel paramento murario
- D Un collegamento idraulico a tre vie
- E Nulla di quanto indicato nelle precedenti risposte

272 Indicare, tra le alternative proposte, il titolo dell'opera di cui è riportato un particolare in figura.

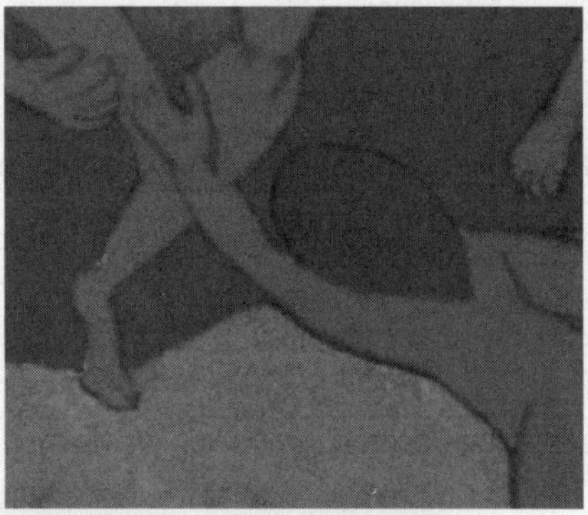

- A *Io e il villaggio*, Marc Chagall
- B *Composizione VII*, Wassily Kandisky
- C *La danza*, Henri Matisse
- D *Monochrome*, Yves Klein
- E *Capo dei barbari*, Paul Klee

273 Quale coppia di artisti non è formata da personaggi tra loro contemporanei?
- A Brunelleschi - Giotto
- B Cagnola - Canova
- C Tiziano - Sansovino
- D Raffaello - Bramante
- E Ictino - Fidia

274 Il termine "decorazione a grottesca" deriva:
- A dalle decorazioni scoperte nella Domus Aurea neroniana
- B dalla decorazioni delle Grotte vaticane
- C dal termine tedesco "Grot"
- D dal carattere caricaturale del soggetto rappresentato
- E dalle incisioni rupestri

275 Paleocristiano (a), Umanesimo (b), Romanticismo (c), Razionalismo (d), Rococò (e) sono termini riferibili a momenti diversi della storia della cultura e dell'arte; in particolare al secolo V (1), XV (2), XVIII (3), XIX (4), XX (5). Quali tra i seguenti sono gli esatti abbinamenti?

- A a/3, b/2, c/5, d/4, e/1
- B a/4, b/5, c/1, d/2, e/3
- C a/2, b/3, c/5, d/4, e/1
- D a/1, b/2, c/4, d/5, e/3
- E a/1, b/3, c/2, d/5, e/4

276 Il "De aedificatoria" di Leon Battista Alberti che è alla base del classicismo architettonico del Rinascimento:

- A segue la traccia del trattato di Vitruvio come pura riflessione teorica
- B segue la traccia del trattato di Vitruvio corroborata dagli studi eseguiti a Roma
- C è il frutto di una elaborazione teorica e pratica completamente nuova
- D è fondamentalmente una rielaborazione del trattato di Vitruvio
- E tutte le risposte precedenti sono errate

277 Le pareti esterne del battistero di Parma sono caratterizzate da:

- A una successione di loggette architravate
- B una successione di loggette voltate con archi ogivali
- C dall'assenza di bucature
- D semicolonne con capitelli corinzi
- E tutte le risposte precedenti sono corrette

278 Nell'architettura romana il Tepidarium era una sala che apparteneva a:

- A l'anfiteatro
- B la basilica
- C le terme
- D il circo
- E tutte le risposte precedenti sono corrette

279 Il Rococò è:

- A una degenerazione stilistica del Barocco
- B un'arte situabile storicamente prima del Barocco e successiva al periodo Neoclassico
- C un'arte attenta alla valorizzazione dell'arredo e dell'oggettistica, quali porcellane arazzi e mobili
- D un'arte con caratteristiche simili a quelle del Barocco
- E una nuova concezione dello spazio architettonico

280 Quale delle seguenti città ospita una imponente necropoli etrusca?

- A Cerveteri
- B Firenze
- C Pisa
- D Pontedera
- E Tutte le risposte precedenti sono errate

281 *Perugino* era il soprannome con cui era noto:

- A Baldasare Peruzzi
- B Alessandro Varotari
- C Pietro Vannucci
- D Andrea Mantegna
- E Pietro da Cortona

282 In quale anno la capitale del Regno d'Italia fu trasferita a Roma?

- A Nel 1870
- B Nel 1861
- C Nel 1848
- D Nel 1871
- E Nel 1860

283 Su quale città italiana governavano nel XVI secolo i Gonzaga?

- A Verona
- B Modena
- C Mantova
- D Ferrara
- E Padova

284 Quale imperatore romano inaugurò il Colosseo?

- A Augusto
- B Adriano
- C Tiberio
- D Tito
- E Diocleziano

285 La Reggia di Caserta fu progettata da:

- A Gioacchino Murat
- B Edouard Manet
- C Luigi Vanvitelli
- D Giuseppe Piermarini
- E Antonio Canova

286 I limiti cronologici del Risorgimento italiano si possono fissare nel periodo:

- A 1922-1946
- B 1789-1815
- C 1492-1648
- D 1815-1870
- E 1799-1859

287 La rivolta antirussa guidata dal comandante Dudaev nel 1994-96 avvenne in:

- A Georgia
- B Ucraina
- C Cecenia
- D Bielorussia
- E Ossezia

288 Individuare l'abbinamento evento/anno scorretto.

- A Ascesa al trono inglese della regina Vittoria – 1837
- B Battaglia di Hastings – 1166
- C Decapitazione di Carlo I – 1649
- D Inizio della guerra delle due rose – 1455
- E Inizio approssimativo della Rivoluzione industriale – 1760

289 Con riferimento specifico all'insegnamento, la scissione tra architetto e ingegnere si realizza con la fondazione dell'Ecole Polytechnique in Francia alla:

- A fine del XVIII secolo
- B metà del XIX secolo
- C fine del XIX secolo
- D metà del XIX secolo

290 Chi ha realizzato la statua del Perseo a Firenze?

- A Cellini
- B Bernini
- C Canova
- D Sassu
- E Michelangelo

291 Il Duomo di Milano è costruito in stile:

- A gotico
- B barocco
- C neoclassico
- D manieristico
- E romanico

292 L'architettura High-Tech fonda la propria immagine estetica ed espressività:

- A sulle tecniche tradizionali di costruzione
- B su un andamento architettonico plastico libero e astratto
- C sulla deformazione della geometria e di tutti i canoni classici dell'architettura moderna
- D sulla monumentalizzazione degli elementi archetipi dell'architettura (il tetto, la colonna, la finestra)
- E sull'esasperazione degli elementi costruttivi derivati dall'ingegneria strutturale

293 L'immagine sottostante rappresenta:

- A una pittura etrusca
- B una pittura romana
- C una pittura cartaginese
- D una pittura greca
- E una pittura persiana

294 Individuare l'alternativa che riporta nel corretto ordine cronologico i personaggi storici.

- A Alessandro Magno, Guglielmo il Conquistatore, Boccaccio, Carlo Magno, Erasmo da Rotterdam, Wolfang Amadeus Mozart, Galileo, Otto von Bismarck, Guglielmo Marconi
- B Alessandro Magno, Guglielmo il Conquistatore, Boccaccio, Carlo Magno, Erasmo da Rotterdam, Wolfang Amadeus Mozart, Galileo, Guglielmo Marconi, Otto von Bismarck
- C Alessandro Magno, Guglielmo il Conquistatore, Carlo Magno, Boccaccio, Wolfang Amadeus Mozart, Erasmo da Rotterdam, Galileo, Guglielmo Marconi, Otto von Bismarck
- D Alessandro Magno, Carlo Magno, Guglielmo il Conquistatore, Boccaccio, Erasmo da Rotterdam, Galileo, Wolfang Amadeus Mozart, Otto von Bismarck, Guglielmo Marconi
- E Guglielmo il Conquistatore, Alessandro Magno, Carlo Magno, Boccaccio, Wolfang Amadeus Mozart, Erasmo da Rotterdam, Galileo, Guglielmo Marconi, Otto von Bismarck

295 È noto che dall'XI al XIII secolo la superficie delle foreste in Europa si ridusse notevolmente per l'effetto concomitante di diversi fattori. Uno solo di quelli sotto indicati non è vero. Quale?

- A Lo sfruttamento del legname come materiale da costruzione
- B Il disboscamento per ricavare terreni coltivabili
- C L'uso del legname come combustibile per le lavorazioni artigiane
- D La diffusione di una malattia epidemica delle piante
- E L'uso del legname per il riscaldamento domestico

296 Quale delle seguenti alternative definisce correttamente la Lega Anseatica?

- A Associazione danese di club calcistici
- B Partito politico austriaco attualmente all'opposizione
- C Alleanza commerciale tra città dell'Europa settentrionale risalente al XII secolo
- D Combinazione di metalli preziosi
- E Accordo di non belligeranza tra Stati europei del XVII secolo

297 La battaglia delle Ardenne fu:

- A lo scontro decisivo tra Romani e Cartaginesi nella prima guerra punica
- B una battaglia tra la Spagna di Carlo V e la Francia di Francesco I
- C la vittoriosa difesa di Parigi, da parte dei partigiani, nella seconda guerra mondiale
- D la violenta e inutile controffensiva dell'esercito tedesco alla fine della seconda guerra mondiale
- E la battaglia aeronavale più sanguinosa e importante nel Mediterraneo, tra Italiani e Inglesi, durante la prima guerra mondiale

298 La pace di Westfalia concluse la:

- A terza guerra d'indipendenza
- B guerra dei cent'anni
- C guerra dei trent'anni
- D prima guerra mondiale
- E guerra delle due rose

299 Quale tra i seguenti eventi non avvenne nel secolo XIX?

- A Guerra civile americana
- B Guerra di Crimea
- C Guerra franco-prussiana
- D Guerre di indipendenza italiana
- E Guerra civile spagnola

300 Quando il perimetro di un tempio è costituito da un colonnato, l'edificio si definisce:

- A prostilo
- B pseudo-periptero
- C periptero
- D diptero
- E anfiprostilo

301 La pittura delle icone ha carattere:

- A allegorico
- B simbolico
- C realista
- D decorativo
- E calligrafico

302 Quale delle seguenti invenzioni è anteriore al secolo della Controriforma, del Barocco e della guerra dei Trent'anni?

- A Microscopio
- B Orologio a pendolo
- C Cannocchiale
- D Pantografo
- E Astrolabio

303 Individuare il personaggio nato dopo tutti gli altri (fuori tempo).

- A Franco
- B Hitler
- C Mussolini
- D Pol Pot
- E Stalin

304 Quale delle seguenti alternative definisce correttamente l'Esarcato?

- A Dipartimento del Ministero delle Finanze italiano
- B Regione della Francia centrale
- C Territorio sotto la giurisdizione dei Bizantini
- D Forma di governo delle popolazioni primitive arabe
- E Provincia mediorientale a statuto speciale

305 La guerra cino-giapponese iniziata nel 1937 culminò con la conquista:

- A giapponese di Hong Kong
- B giapponese di Nanchino
- C giapponese di Pechino
- D cinese di Kyoto
- E cinese di Hong Kong

306 Il personaggio che nel 1952 rovesciò la monarchia in Egitto e prese il potere, diventando pochi anni dopo Presidente delle Repubblica egiziana, si chiamava:

- A Faruk
- B Sadat
- C Nasser
- D Mubarak
- E Atatürk

307 Lo sbarco in Normandia segna l'inizio della liberazione dell'Europa da parte degli Alleati anglo-americani; in quale delle seguenti date è avvenuto?

- A 10 giugno 1940
- B 25 luglio 1943
- C 8 settembre 1943
- D 6 giugno 1944
- E 25 aprile 1945

308 Individuare l'abbinamento evento/anno scorretto.

- A Disfatta francese di Sedan – 1848
- B Battaglia di Waterloo – 1815
- C Invasione sovietica della Cecoslovacchia – 1968
- D Battaglia di Maratona – 490 a.C.
- E Fine della guerra di Corea – 1953

309 In quale città italiana Piero della Francesca ha dipinto il celebre ciclo di affreschi narranti la *Storia della Croce*?

- A Firenze
- B Genova
- C Venezia
- D Urbino
- E Arezzo

310 Quale tra i seguenti abbinamenti è corretto:

A. Teatro degli Arcimboldi
B. Ice Hockey Stadium
C. Neues Museum
D. Palazzo della Rover

1. Tokyo
2. Milano
3. Berlino
4. Torino

- A A-1; B-4; C-3; D-2
- B A-1; B-2; C-4; D-3
- C A-2; B-4; C-3; D-1
- D A-2; B-3; C-4; D-1
- E A-1; B-2; C-3; D-4

311 Che cos'era l'ARMIR?

- A Il Ministero della Cultura Popolare fascista
- B Il primo nome dell'Aeronautica Militare Italiana
- C Un possente incrociatore, fatto costruire dal regime fascista
- D Il corpo di spedizione italiano in Russia, durante la seconda guerra mondiale
- E La sezione locale del Partito fascista, in ogni centro abitato

312 La cosiddetta "rivoluzione parlamentare", che in Italia portò all'avvento al potere della Sinistra storica di Agostino Depretis, avvenne nell'anno:

- A 1870
- B 1878
- C 1866
- D 1887
- E 1876

313 Denis Diderot visse nel secolo:

- A XVIII
- B XVI
- C XV
- D XVII
- E XIX

314 La prima iniziativa coloniale europea in Africa, volta all'occupazione territoriale, fu nel 1830 quella:

- A italiana in Eritrea
- B francese in Algeria
- C britannica in Sud Africa
- D belga in Congo
- E tedesca in marocco

315 L'unica esperienza diretta di Mazzini al governo fu quella:

- A nel Regno di Savoia
- B nel Ganducato di Toscana
- C nell'Impero asburgico
- D nella Repubblica veneta
- E nella Repubblica romana

316 Quale evento caratterizzò l'epoca delle "grandi purghe" staliniane?

- A La deportazione ed esecuzione di decine di migliaia di dirigenti politici, funzionari statali e ufficiali di ogni ordine e grado
- B L'esecuzione di migliaia di cittadini americani e britannici
- C Una politica interna caratterizzata da aspetti più liberali e democratici di quella leniniana
- D Una grande libertà di stampa solo per le testate controllate direttamente dal partito comunista
- E L'annientamento degli ultimi fedelissimi del regime di Nicola II

317 Chi ha dipinto *La zattera della medusa*?

- A Eugène Delacroix
- B William Turner
- C Francesco Hayez
- D Jean-Louis-Théodore Géricault
- E Johann H. Füssli

318 Quale operazione militare è stata chiamata "Enduring Freedom"?

- A Quella guidata dagli USA in Iraq nel 1991
- B Quella guidata dagli USA in Afghanistan nel 2001
- C Quella della NATO contro Milosevic nel 1999
- D Quella della NATO in Bosnia nel 1995
- E Quella guidata dagli USA in Iraq nel 2003

319 Quale architetto ha curato, dal 2002 al 2004, il restauro e la ristrutturazione del Teatro alla Scala di Milano?

A Renzo Piano
B Mario Botta
C Gae Aulenti
D Massimiliano Fuksas
E Lo studio Gregotti Associati International

320 L'espressionismo si sviluppa in:

A Germania, nei primi anni del Novecento
B Austria, a fine Ottocento
C Italia, nei primi anni del Novecento
D Germania, a fine Ottocento
E Francia, nei primi anni dell'Ottocento

321 A quale corrente artistica rimanda il quadro qui rappresentato e chi è il suo autore?

A Futurismo, Carlo Carrà
B Metafisica, Carlo Carrà
C Metafisica, Giorgio De Chirico
D Futurismo, Umberto Boccioni
E Dadaismo, Marcel Duchamp

322 Tra le seguenti coppie, che legano un movimento artistico a un concetto chiave, quale risulta corretta?

A Futurismo – mondo fenomenico
B Art Nouveau – enfatizzazione delle forme
C Impressionismo – astrattismo lirico
D Espressionismo – astrattismo lirico
E Impressionismo – mondo fenomenico

323 Quale fra i seguenti quadri fu dipinto da Vincent Van Gogh?

A *La Cattedrale di Rouen in pieno sole* (1894)
B *Il cavallo bianco* (1898)
C *Due giocatori di carte* (1890-92)
D *Campo di grano con corvi* (1890)
E *Le grandi bagnanti* (1898-1905)

324 In ambito architettonico, il Funzionalismo si occupa di:

A architetture eliotermiche
B armonia tra colore e forme
C architetture futuristiche in costruzione
D unità tra forma e funzione in un oggetto
E le applicazioni tecniche di un oggetto

325 Le azioni delle Tigri di Arkan avvennero nell'ultimo decennio del Novecento durante il conflitto:

A in Ruanda
B in Cecenia
C nella ex Jugoslavia
D del Golfo
E nell'ex Congo belga

326 Le facciate caratterizzate dall'alternanza di fasce di marmo chiaro e colorato (verde o rosa) sono tipiche dell'architettura:

A paleocristiana
B rinascimentale
C romanica
D barocca
E contemporanea

327 Quale, tra i seguenti architetti di fama internazionale, NON si è mai occupato della progettazione di aeroporti, stazioni e porti?

A Renzo Piano
B Santiago Calatrava
C Bruno Munari
D Nicholas Grimshaw
E Zaha Hadid

328 Quale alternativa presenta gli architetti che hanno progettato (1) il Guggenheim Museum di New York (1957) e (2) quello di Bilbao (1997)?

A 1 – Wright; 2 – Calatrava
B 1 – Mies van der Rohe; 2 – Niemeyer
C 1 – Wright; 2 – Gehry
D 1 – Gropius; 2 – Gehry
E 1 – Mies van der Rohe; 2 – Calatrava

329 I leader politici israeliano e palestinese Rabin e Arafat, protagonisti degli accordi di pace del 1993, sono morti rispettivamente nel:

A 2001 e 2002
B 2000 e 2003
C 1995 e 2004
D 1999 e 2003
E 1997 e 2005

330 Nel corso della sua lunga storia, l'Egitto fu conquistato da:

A Galli
B Etruschi
C Cartaginesi
D Parti
E Assiri

331 I tre grattacieli in figura costituiscono il progetto:

A *CityLife* di Milano
B *Burj Dubai* di Dubai
C *CityLife* di Londra
D *Sears Tower* di Chicago
E *Empire State Building* di New York

332 Chi, tra i seguenti, fu contemporaneo di Dante?

A Giotto
B Mantegna
C Prassitele
D Filarete
E Brunelleschi

333 Quale fra i seguenti termini è un sinonimo di "cupola"?

A Navata
B Fregio
C Tiburio
D Abside
E Deambulatorio

334 La *Sedia superleggera* è uno degli oggetti più famosi della storia del design. Da chi fu progettata?

A Giuseppe Terragni
B Bruno Munari
C Angelo Mangiarotti
D Giò Ponti
E Franco Albini

335 Quali delle seguenti tipologie non appartiene alla città greca di età classica?

A Terme
B Teatro
C Agorà
D Bouleuterion
E Tempio

336 In quale ordine si susseguono le fasi principali della storia di Roma antica?

A Regno - Impero - Regno
B Regno - Impero - Repubblica
C Regno - Repubblica - Impero
D Impero - Repubblica - Regno
E Impero - Regno - Impero

337 Quale fra i seguenti pittori NON è un impressionista?

A Renoir
B Manet
C Fattori
D Degas
E Monet

338 Quale fra i seguenti termini indica un tipo di *porticato*?

A Pronao
B Cella
C Atrio
D Opistodomo
E Diptero

339 Chi fu l'autore di una serie di opere dal titolo *Composizione*?

A Marc Chagall
B Wassily Kandisky
C Henri Matisse
D Yves Klein
E Paul Klee

340 Qual è l'ordine cronologico corretto per le seguenti opere pittoriche?

1. ***Madonna del cardellino*** **(Raffaello)**
2. ***Cena in Emmaus*** **(Caravaggio)**
3. ***I papaveri*** **(Monet)**
4. ***Ritratto di Federico da Montefeltro*** **(Piero della Francesca)**
5. ***Canal Grande verso Rialto*** **(Canaletto)**

A 1; 4; 2; 3; 5
B 4; 1; 2; 5; 3
C 4; 5; 1; 2; 3
D 5; 4; 1; 2; 3
E 4; 1; 2; 3; 5

341 Nei circhi romani, la *meta* serviva a indicare il punto di partenza e quello di arrivo di una corsa. Essa è definibile come:
- A una guglia
- B una volta
- C una colonna
- D un arco
- E un cippo

342 Architettonicamente, che cos'è un contrafforte?
- A Uno strato
- B Un'opera di rinforzo
- C Uno spazio
- D Una tecnica
- E Un'intelaiatura

343 La "porzione del fusto di una colonna" è detta:
- A rocchio
- B base
- C ratta
- D colmetto
- E cippo

344 In architettura, la portata di una trave è:
- A la lunghezza
- B la resistenza, proporzionata alla lunghezza
- C lo spessore
- D l'altezza a cui è posta
- E il peso a cui è concretamente sottoposta

345 Che cos'è un "ciborio"?
- A Un luogo ove si sotterrano i morti
- B Una tomba vuota
- C Il recinto di un monastero
- D Un tabernacolo
- E Un atrio

346 La chiesa di Dio Padre Misericordioso di Roma, celebre per le sue tre vele bianche, è opera dell'architetto:
- A Renzo Piano
- B Santiago Calatrava
- C Le Corbusier
- D Richard Meier
- E Antoni Gaudì

347 Nell'antichità, chi erano i magi?
- A Ufficiali
- B Re
- C Sacerdoti
- D Funzionari civili
- E Mercanti

348 Il Ponte della Costituzione di Venezia è opera dell'architetto:
- A Oscar Niemeyer
- B Walter Gropius
- C Santiago Calatrava
- D Heinrich Tessenow
- E Antoni Gaudì

349 Ignacio de Loyola fu:
- A un navigatore autore di scoperte geografiche
- B l'inventore del sestante
- C il fondatore della Compagnia di Gesù (Gesuiti)
- D il vincitore della battaglia di Cipro
- E Papa Adriano VI prima della sua elezione

350 Quale famoso premio è conferito agli architetti?
- A Premio Pritzker
- B Premio Pultizer
- C Premio Emmy
- D Premio César
- E Premio Nobel

351 Quale di queste opere non è del Perugino?
- A Adorazione dei magi
- B *Miracolo della neve*
- C Visitazione con sant'Anna
- D Apparizione della Vergine a San Bernardo
- E *San Giorgio e il drago*

352 La corrente architettonica detta Art Nouveau si diffuse:
- A tra l'ultimo decennio del 1800 e il primo del 1900
- B tra le due guerre mondiali
- C negli anni '50 del XX secolo
- D alla metà del XIX secolo
- E a partire dal 1970

353 "Ipostilo" si può dire di un:
- A quadro
- B scultura
- C edificio
- D componimento poetico
- E componimento musicale

354 Quale delle seguenti branche non rientra nell'architettura?
- A Urbanistica
- B Disegno industriale
- C Decorazione
- D Pianificazione territoriale
- E Restauro

355 Nel 1933 vennero formulate le tesi fondamentali dell'urbanistica moderna in un documento noto come Carta di:

- A Atene
- B Roma
- C Parigi
- D Rio de Janeiro
- E Vienna

356 Quale delle seguenti alternative descrive l'atteggiamento dell'architettura di Brunelleschi nei confronti di quella classica?

- A Pedissequa imitazione
- B Cosciente reinterpretazione
- C Voluto distacco
- D Marginale riutilizzo
- E Pragmatica adesione

357 In quale delle seguenti città italiane vi sono opere architettoniche di Kenzo Tange?

- A Milano
- B Torino
- C Roma
- D Verona
- E Bari

358 Le linee curve sono una caratteristica dell'architettura:

- A barocca
- B romanica
- C novecentesca
- D manierista
- E carolingia

359 In architettura, cosa si intende con la sigla CIAM?

- A Carico Instabile Agente Mediano
- B Convenzione Internazionale degli Amici del Modernismo
- C Contrafforte Inclinato Anti Movimento
- D Congressi Internazionali Architettura Moderna
- E Criteri Iconografici Anti Modernismo

360 Quale delle seguenti alternative riporta la corretta successione cronologica degli stili architettonici?

- A Romanico, rinascimentale, gotico, manierista
- B Gotico, romanico, rinascimentale, manierista
- C Gotico, gotico, romanico, rinascimentale, manierista
- D Rinascimentale, romanico, manierista, gotico
- E Romanico, gotico, rinascimentale, manierista

361 Di quale nazionalità era l'architetto Walter Gropius?

- A Tedesca
- B Turca
- C Francese
- D Svizzera
- E Austriaca

362 Quale delle seguenti arti ha un fine evocativo?

- A Pittura
- B Musica
- C Architettura
- D Restauro
- E Urbanistica

363 Cosa sono le arti minori?

- A Le arti non figurative
- B I prodotti artistici degli apprendisti di maestri famosi
- C Le arti del Basso Medioeveo
- D Un movimento artistico, di rivolta contro altre correnti
- E Arti che si estrinsecano in oggetti, perloppiù funzionali

364 In quale secolo nacque Giorgione?

- A XV
- B XVI
- C XVII
- D XIV
- E XIII

365 Il dipinto "Le tre età dell'uomo" è opera di:

- A Klimt
- B Michelangelo
- C Giorgione
- D Dürer
- E Morandi

366 Tiziano fu allievo di:

- A Giorgione
- B Andrea Mantegna
- C Michelangelo
- D Giovanni Bellini
- E Piero della Francesca

367 Un festival di sculture di neve si tiene ogni anno a:

- A Sapporo
- B Helsinki
- C Palermo
- D Linz
- E Mosca

368 Indicare il titolo dell'opera riportata in figura.

- A La Vergine delle rocce
- B Venere di Milo
- C Nike di Samotracia
- D Venere Vincitrice
- E Atena Parthenos

369 Mettere in ordine cronologico i seguenti avvenimenti storici della seconda metà del Novecento:

a. Maggio francese
b. Assassinio di John Kennedy
c. Sbarco del primo uomo sulla luna
d. Caduta del muro di Berlino
e. Elezione al soglio pontificio di Karol Wojtyla

- A b-a-c-e-d
- B a-c-d-b-e
- C c-b-a-e-d
- D a-b-c-d-e
- E b-c-a-e-d

370 A quale stile architettonico appartiene il palazzo Rucellai di Firenze, rappresentato in figura?

- A Romanico
- B Gotico
- C Barocco
- D Rinascimentale
- E Razionalista

371 Il *Discobolo*, qui rappresentato in fotografia, è una scultura di:

- A Mirone
- B Fidia
- C Policleto
- D Prassitele
- E Lisippo

372 Quale tra i seguenti quadri NON è opera di Leonardo da Vinci?

- A *La Vergine delle rocce*
- B *Madonna del garofano*
- C *Giudizio universale*
- D *Annunciazione*
- E *Dama con l'ermellino*

373 Quale carica ha ricoperto Robert Kennedy negli Stati Uniti d'America negli anni Sessanta?

- A ministro della giustizia
- B vice presidente degli Stati Uniti
- C governatore della California
- D segretario di stato
- E presidente degli Stati Uniti d'America

374 Quale tra le opzioni indicate NON rappresenta una caratteristica della pittura impressionista?

- A Le pennellate sono libere: a tocchi, a virgole, a strisce
- B La pittura si svolge all'aria aperta
- C Le forme non sono racchiuse in un disegno rigoroso
- D La luce è l'elemento più importante in quanto trasforma cose e colori
- E Lo spazio è costruito secondo le regole geometriche della prospettiva

375 Quale città viene spesso ripresa nelle vedute del Canaletto?

- A Firenze
- B Venezia
- C Padova
- D Verona
- E Roma

376 I quadri del Canaletto sono caratterizzati da vedute con una prospettiva rigorosa grazie all'ausilio:

A della tecnica dello sfumato
B di approfonditi schizzi preparatori
C di una camera oscura
D di un forte chiaroscuro
E nessuna delle opzioni: in quanto pittore espressionista, Canaletto rifiuta ogni intento di rappresentazione ottica

377 Quale delle seguenti affermazioni, relative all'elemento architettonico della colonna, è falsa.

A Il capitello di ordine ionico presenta due volute simmetriche
B La colona di ordine dorico poggia su un piedistallo formato da un anello concavo e da un parallelepipedo
C La colonna di ordine tuscanico è priva di scanalature
D Il fusto della colonna di ordine dorico è rastremato verso l'alto
E La colonna di ordine corinzio ha motivi floreali scolpiti sul capitello

378 L'opera pittorica di Vincent Van Gogh aspira a:

A una rappresentazione "veritiera", sia in rapporto al mondo oggettuale sia al significato e alla funzione stessa dell'arte
B una rappresentazione dell'effetto atmosferico, della scoperta della luce e dei suoi effetti estetici sul mondo visibile
C una rappresentazione di scene di vita quotidiana reputate "sconvenienti"
D esprimere la disperazione e la solitudine dell'uomo e, in particolare, dell'artista nel mondo
E annullare la prospettiva e la tridimensionalità

379 Mettere in relazione personaggi di rilievo della storia politica francese con le frasi famose da loro pronunciate:

a. Enrico IV **1. "Arricchitevi"**
b. Luigi XIV **2. "Dopo di me il diluvio"**
c. François Guizot
3. "Solo gli imbecilli non sbagliano mai"
d. Luigi XV **4. "Parigi val bene una messa"**
e. Charles De Gaulle **5. "Lo stato sono io"**

A a4 - b5 - c1 - d2 - e3
B a5 - b2 - c1 - d3 - e4
C a4 - b3 - c2 - d5 - e1
D a3 - b2 - c5 - d4 - e1
E a1 - b5 - c3 - d4 - e2

380 Perché Andy Warhol predilige come soggetti delle sue opere, insegne pubblicitarie di prodotti di massa o divi della musica e del cinema?

A Per pubblicizzare i prodotti, essendo Warhol un graphic designer specializzato nello studio del *packaging* dei prodotti di massa
B Perché la ripetizione ossessiva di oggetti del tutto banali, e riconoscibili per la maggior parte della popolazione americana, esprimesse l'angoscia della vita moderna
C Per realizzare una pittura oggettiva, dall'equilibrio e dal rigore matematici, che sappia rinunciare a qualsiasi riferimento naturalistico
D Per promuovere l'industria Campell's, ridotta al fallimento nel periodo postbellico (anni Cinquanta)
E La scelta dei soggetti è casuale. All'artista interessava esclusivamente sperimentare nuove tecniche di composizione

381 Quale delle seguenti coppie artista-opera d'arte risulta errata?

A Marcel Duchamp – *Ruota di bicicletta* (1913)
B Man Ray – *Rayogramma* (1925)
C Paul Gauguin – *I girasoli* (1888)
D Jacques-Louis David – *La morte di Marat* (1793)
E Antonio Canova – *Le tre grazie* (1815 ca.)

382 Nel quadro *Morte della Vergine*, la modella utilizzata da Caravaggio fu:

A sua madre
B una nota cortigiana del tempo, Maddalena Antognetti, detta Lena
C la sua amante
D il cadavere di una prostituta annegata nel Tevere
E il cadavere di una donna uccisa per sua stessa mano

383 Indicare, tra le alternative possibili, l'autore dell'opera riportata qui sotto.

- A Paul Klee
- B Marc Chagall
- C Der Blau Reiter
- D Wassily Kandinsky
- E Henri Matisse

384 Il progetto del Nuovo Polo di Fiera Milano a Rho-Pero è stato ideato da:

- A Daniel Libeskind
- B Ettore Sottsass
- C Massimiliano Fuksas
- D Giorgetto Giugiaro
- E Sergio Pininfarina

385 La basilica di Sant'Ambrogio a Milano è:

- A barocca
- B gotica
- C rinascimentale
- D romanica
- E neoclassica

386 In quale periodo dell'architettura si teorizza per la prima volta il metodo che prevede la fase preliminare di progetto, in cui l'architetto prende le decisioni relative all'opera in qualità di progettista unico dell'edificio, e una fase successiva di esecuzione?

- A Rinascimento
- B Medioevo
- C Razionalismo
- D Ellenismo
- E Manierismo

387 Quale persecuzione etnica ebbe inizio con la storica "Notte dei cristalli"?

- A La persecuzione dei cristiani nell'antica Roma
- B La persecuzione del popolo ebreo da parte dei nazisti
- C La persecuzione dei cristiani nella Repubblica Cinese
- D La persecuzione degli indios nell'Amazzonia (Brasile)
- E La persecuzione degli ugonotti nel XVI secolo

388 L'immagine rappresenta l'*Arco della Pace* a Milano, costruito su modello degli archi di trionfo di Roma; a quale stile appartiene?

- A Neoclassico
- B Barocco
- C Corinzio
- D Ellenistico
- E Razionalista

389 Quale tra i seguenti è il fondatore della Compagnia di Gesù?

- A Sant'Ignazio di Loyola
- B Sant'Agostino
- C San Gennaro
- D San Tommaso
- E San Francesco

390 L'architettura gotica è caratterizzata dall'uso di tecniche costruttive, già note e derivanti dal romanico, organizzate in un sistema coerente e logico e con nuovi obiettivi estetici e simbolici. Quali?

- A Meravigliare e dare la misura delle capacità tecniche raggiunte
- B Soddisfare le esigenze di difesa delle grandi famiglie
- C Citare l'architettura romanica del passato
- D Pianificare lo sviluppo urbano della nuova città ideale
- E Unire l'utilizzo dei materiali classici con nuovi materiali, come la ghisa e il ferro

391 Metti in ordine cronologico i seguenti fatti:

a) Il Capo Horn è doppiato per la prima volta da un equipaggio europeo
b) Vasco de Gama giunge nelle Indie doppiando il Capo di Buona speranza
c) Per la prima volta navi europee compiono la circumnavigazione del mondo
d) James Cook scopre l'Australia
e) L'esploratore danese Vitus Bering naviga attraverso lo stretto che assumerà il suo nome

A c-b-a-d-e
B b-e-c-a-d
C c-e-a-b-d
D b-c-a-e-d
E a-c-b-d-e

392 Giuseppe Mazzini nacque a:

A Genova
B Venezia
C Milano
D Nizza
E Foggia

393 Quale dei seguenti è il motto degli Stati Uniti d'America?

A Plus ultra
B Dieu et mon droit
C Unita nella diversità
D E pluribus unum
E Libertà o morte

394 La funzione primaria dell'architettura è:

A la protezione dagli agenti atmosferici
B la distribuzione delle forze
C l'espressione
D il simbolismo
E l'ostentazione

395 Quale delle seguenti città ospita alcuni esempi di architettura longobarda?

A Parma
B Venezia
C Milano
D Como
E Benevento

396 Nella casa romana, cos'era il *larario*?

A Un labirinto
B Un bacino per la raccolta dell'acqua
C Una cappella
D L'atrio
E Un portico

397 Nella periodizzazione convenzionale della storia delle istituzioni e della civiltà del mondo greco per Ellenismo s'intende solitamente il periodo:

A compreso tra le Guerre Persiane e il III secolo a.C.
B relativo alla cultura elladica sviluppata dalla fine del neolitico all'età micenea
C in cui si celebravano ad Olimpia i Giochi panellenici
D caratterizzato dall'influenza politica greca su tutto il Mediterraneo
E che va dalla morte di Alessandro Magno sino alla caduta del regno di Egitto sotto il dominio romano

398 Quale di questi termini non può essere messo in relazione con la città greca dell'Età Classica?

A Agorà
B Foro
C Stoà
D Astu
E Acropoli

399 Nella terminologia architettonica, con il termine "tiburio" si indica:

A la struttura circolare su cui poggia una cupola o si imposta una cupola
B la parete finestrata che illumina la navata della chiesa
C la particolare copertura conica di alcuni campanili nell'area alpina
D un elemento architettonico coperto a tetto che può racchiudere al suo interno una cupola
E la cattedra del vescovo posta a fianco dell'ambone

400 Con il termine "Preraffaelliti" si indica:

A i pittori che anticipano l'arte di Raffaello
B una corrente artistica del XIX secolo
C i pittori formatisi nella bottega di Pinturicchio a Urbino
D una corrente artistica degli inizi del XVIII secolo
E i pittori di corte attivi alla fine del XV secolo a Milano e Urbino

401 Tamerlano nacque nel secolo:

A X
B XI
C XII
D XIV
E XVII

402 Chi fu l'ultimo scià dell'Iran?
A Mohammad Mossadeq
B L'ayatollah Khomeini
C Farouk I
D Reza Pahlavi
E Ben Ali

403 Apportò alcune rilevanti modifiche al giavellotto romano. Fu sette volte console. Distrusse due popoli germanici. Si tratta di:
A Giulio Cesare
B Lucio Cornelio Scipione
C Metello Pio
D Caio Mario
E Romolo

404 Quale di questi fenomeni artistici non è considerato una "avanguardia"?
A Gothic revival
B Futurismo
C Espressionismo
D De Stijl
E Costruttivismo

405 La chiesa di Sant'Ivo della Sapienza in Roma, rappresentata nell'immagine:

è opera di:
A Guarino Guarini
B Filippo Juvarra
C Gian Lorenzo Bernini
D Francesco Borromini
E Pietro da Cortona

406 In che secolo morì Brunelleschi?
A XV
B XIV
C XIII
D XVI
E XII

407 Quale delle seguenti forze propulsive contribuì maggiormente al rifiorire dell'architettura nel Rinascimento italiano?
A La nobiltà
B Le monarchie
C Le città
D Il clero
E I militari

408 In quale secolo visse Pieter Breugel?
A XVI
B XVII
C XVIII
D XV
E XIV

409 Quale dei seguenti stili architettonici si caratterizza per una tendenza anticlassica?
A Romanico
B Gotico
C Manierismo
D Neoclassico
E Longobardo

410 Disporre in successione temporale i seguenti eventi:
1. **vittorie di Garibaldi a capo dei Cacciatori delle Alpi e uscita degli Austriaci da Milano**
2. **breccia di Porta Pia e presa di Roma**
3. **spostamento della capitale d'Italia a Firenze**
4. **annessione del Trentino-Alto Adige**
5. **spedizione dei Mille**

A 1; 5; 3; 2; 4
B 5; 3; 1; 2; 4
C 1; 5; 2; 3; 4
D 5; 1; 3; 4; 2
E 5; 1; 2; 3; 4

411 Nell'architettura romana, cos'era un *meniano*?
A Un porticato
B Un atrio
C Un corridoio
D Un terrazzino
E Un locale sotterraneo

412 In architettura, cosa si intende per *medaglione*?
A Un motivo decorativo
B Un piano d'appoggio
C Una guglia
D Una cornice
E Una rientranza in un muro

413 Chi è raffigurato nel dipinto riprodotto qui sotto?

- A Jean-Jacques Rousseau
- B Cesare Beccaria
- C Voltaire
- D Jean-Paul Marat
- E Maximilien Robespierre

414 Quale dei seguenti artisti NON appartiene al movimento dell'Art Nouveau?

- A Victor Horta
- B Gustav Klimt
- C Henry van de Velde
- D Paul Cézanne
- E Otto Wagner

415 Il *Cristo velato* è una scultura marmorea di:

- A Gian Lorenzo Bernini
- B Giovanni da Nola
- C Giuseppe Sanmartino
- D Michelangelo Buonarroti
- E Antonio Canova

416 Scegliete la serie in cui sono correttamente disposti in ordine cronologico i seguenti filosofi:

- A Epicuro – Pitagora – Aristotele – Platone – Socrate
- B Epicuro – Platone – Aristotele – Socrate – Pitagora
- C Pitagora – Socrate – Platone – Aristotele – Epicuro
- D Pitagora – Epicuro – Socrate – Platone – Aristotele
- E Aristotele – Socrate – Pitagora – Epicuro – Platone

417 A quale corrente artistica appartiene questo edificio?

- A De Stijl
- B Cubismo
- C Dadaismo
- D Pop Art
- E Surrealismo

418 Quale delle seguenti affermazioni sulla alla Rivoluzione francese NON è corretta?

- A Il Re Luigi XVI fu decapitato nel 1790
- B L'attacco alla Bastiglia il 14 Luglio 1789 è stato uno degli eventi più importanti della Rivoluzione
- C Un motto della Rivoluzione era libertà, uguaglianza, fraternità
- D Robespierre e i Giacobini furono il gruppo che dominò il periodo del Terrore
- E Napoleone Bonaparte rovesciò il Direttorio nel 1799

419 Quale evento storico viene rappresentato nel seguente dipinto?

- A L'uccisione di civili in Russia da parte delle truppe napoleoniche nel 1812
- B La rivoluzione di Napoli del 1799
- C Il massacro di Boston del 1770
- D La fucilazione di alcuni civili in seguito a una rivolta avvenuta nel 1808 a Madrid
- E Un episodio avvenuto in Francia nel 1793 durante il periodo del Terrore

420 Abbinare correttamente alle seguenti immagini il nome del prodotto di design raffigurato e del suo progettista.

1. 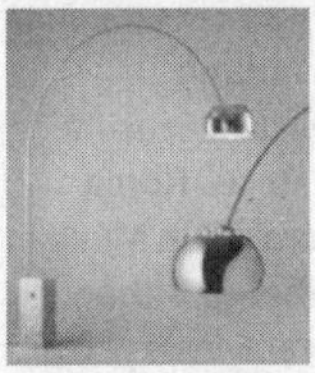

2. 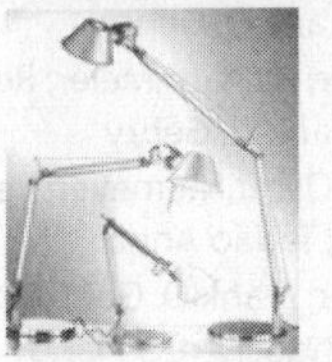

3. 

4. 

5. 

a. Lampada Tolomeo – Michele De Lucchi
b. Lampada Eclisse – Vico Magistretti
c. Lampada Tizio – Richard Sapper
d. Lampada Cobra – Elio Martinelli
e. Lampada Arco – Achille e Pier Giacomo Castiglioni

- A 1-a; 2-d; 3-b; 4-c; 5-e
- B 1-e; 2-a; 3-c; 4-b; 5-d
- C 1-e; 2-a; 3-b; 4-c; 5-d
- D 1-d; 2-e; 3-c; 4-a; 5-b
- E 1-d; 2-c; 3-a; 4-b; 5-e

421 I Patti Lateranensi regolano:

- A i rapporti tra lo Stato italiano e la Chiesa cattolica e le modifiche accettate dalle due parti non importano revisione costituzionale
- B l'esercizio del culto in Italia e non hanno rilevanza costituzionale
- C i rapporti tra lo Stato italiano e diverse confessioni religiose e hanno rilevanza costituzionale
- D i rapporti tra lo Stato italiano e diverse confessioni religiose e le modifiche accettate dalle parti non importano revisione costituzionale
- E il credo della Chiesa cattolica

422 Fondata nel 1919, è considerata la prima scuola di design industriale, per il suo obiettivo di integrare arte, artigianato e tecnologia. Il suo nome è?

- A Scuola di Chicago
- B De Stijl
- C Scuola di Nancy
- D Wiener Werkstätte
- E Bauhaus

423 La celebre frase *Veni, vidi, vici* fu detta da:

- A Gesù
- B Cicerone
- C Giulio Cesare
- D Seneca
- E Asterix

424 Quale dei seguenti movimenti NON è stato un'avanguardia artistica del Novecento?

- A Razionalismo
- B Neoplasticismo
- C Espressionismo
- D Futurismo
- E Costruttivismo

425 Il Novecento è caratterizzato da un radicale cambiamento della rappresentazione nelle arti applicate e dalla nascita nelle varie nazioni delle avanguardie artistiche. Collegare ogni movimento al Paese in cui è nato.

1. Cubismo
2. Futurismo
3. Costruttivismo
4. Neoplasticismo
5. Espressionismo

a. Russia
b. Francia
c. Germania
d. Italia
e. Olanda

- A 1-b; 2-e; 3-d; 4-a; 5-c
- B 1-a; 2-d; 3-e; 4-b; 5-c
- C 1-d; 2-e; 3-a; 4-c; 5-b
- D 1-b; 2-d; 3-a; 4-e; 5-c
- E 1-a; 2-c; 3-d; 4-e; 5-b

426 Quale città in latino si chiamava Vindobona?

- A Verona
- B Venezia
- C Vienna
- D Vienne
- E Vercelli

427 In che anno fu pubblicato il *Manifesto del Futurismo* e da chi fu redatto?

- A Nel 1953, da Soffici
- B Nel 1940, da Boccioni
- C Nel 1909, da Marinetti
- D Nel 1890, da Carrà
- E Nel 1924, da Majakovskij

428 L'Altare di Pergamo, distrutto e ricostruito coi frammenti superstiti a Berlino nel Pergamon Museum, è uno degli edifici più famosi e uno dei capolavori dell'arte:

- A romana
- B ellenistica
- C mesopotamica
- D egizia
- E etrusca

429 La *Nike di Samotracia*, scultura risalente al II secolo a.C. rappresentante la giovane dea alata figlia di Ares, ha perduto:

- A ali e braccia
- B solo le ali
- C mani
- D gambe
- E braccia e testa

430 Individuare il gruppo in cui gli edifici citati sono correttamente abbinati alle città in cui sorgono.

A Museo dell'Ara Pacis – Rovereto
Istituto del Mondo Arabo – Roma
MART – Sidney
Museo Guggenheim – Bilbao
Opera House – Parigi

B Museo dell'Ara Pacis – Roma
Istituto del Mondo Arabo – Bilbao
MART – Sidney
Museo Guggenheim – Parigi
Opera House – Rovereto

C Museo dell'Ara Pacis – Roma
Istituto del Mondo Arabo – Parigi
MART – Bilbao
Museo Guggenheim – Sidney
Opera House – Rovereto

D Museo dell'Ara Pacis – Parigi
Istituto del Mondo Arabo – Roma
MART – Rovereto
Museo Guggenheim – Bilbao
Opera House – Sidney

E Museo dell'Ara Pacis – Roma
Istituto del Mondo Arabo – Parigi
MART – Rovereto
Museo Guggenheim – Bilbao
Opera House – Sidney

431 Si considerino nell'ordine gli edifici qui sotto numerati. In quale delle alternative proposte irispettivi progettisti compaiono nello stesso ordine?

1. **Teatro Armani, Milano**
2. **Piazza dei tre Poteri, Brasilia**
3. **Museo dell'Ara Pacis, Roma**
4. **Auditorium Parco della Musica, Roma**
5. **Museo Guggenheim, Bilbao**

- A Tadao Ando; Oscar Niemeyer; Richard Meier; Renzo Piano; Frank O. Gehry
- B Oscar Niemeyer; Richard Meier; Renzo Piano; Tadao Ando; Frank O. Gehry
- C Richard Meier; Oscar Niemeyer; Renzo Piano; Frank O. Gehry; Tadao Ando
- D Oscar Niemeyer; Frank O. Gehry; Richard Meier; Tadao Ando; Renzo Piano
- E Tadao Ando; Richard Meier; Oscar Niemeyer; Frank O. Gehry; Renzo Piano

432 A quale epoca è riconducibile la pianta riportata di seguito?

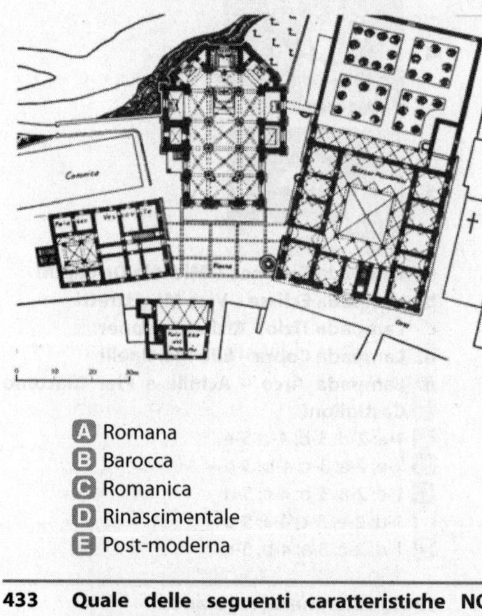

- A Romana
- B Barocca
- C Romanica
- D Rinascimentale
- E Post-moderna

433 Quale delle seguenti caratteristiche NON appartiene al tipo edilizio della Prairie House elaborato da Frank Lloyd Wright?

- A Facciata arretrata e ingresso spesso nascosto, per preservare l'intimità della famiglia
- B Centralità del focolare che ha il significato simbolico dello "stare insieme"
- C Tetto piano adibito a giardino
- D Compenetrazione con la natura e continuità tra interno e esterno
- E Linee orizzontali prolungate e basse proporzioni

434 Quale tecnica è stata utilizzata per la creazione della seguente celebre opera?

- A Olio su tela
- B Acrilico su tela
- C Litografia
- D Serigrafia
- E Stencil

435 Perché, nell'intento di scatenare quella che sarebbe stata la seconda guerra di indipendenza italiana, Cavour provocò l'aggressione dell'Austria?

- A Per non assumere responsabilità morali davanti alla comunità internazionale
- B Per non assumere responsabilità morali davanti a DIo
- C Perché non riteneva pronte le forze armate piemontesi
- D Perché il Piemonte ripudiava la guerra come strumento di offesa e la ammetteva solo a scopi difensivi
- E Perché solo così avrebbe avuto l'aiuto della Francia

436 Quale delle seguenti affermazioni sulla Pop Art è errata?

- A Il termine Pop Art è l'abbreviazione di Popular Art (arte popolare)
- B Si sviluppa a partire dagli anni Cinquanta
- C I soggetti preferiti sono immagini proposte dai mass-media oppure oggetti di consumo
- D Tra i suoi esponenti più famosi si contano Andy Warhol e Roy Lichtenstein
- E L'intento è dissacratorio e di denuncia ideologica

437 In quale periodo storico iniziò l'impiego di materiali come la ghisa e il ferro nell'edilizia grazie all'apporto dell'ingegneria strutturale?

- A Nella seconda metà dell'Ottocento
- B Verso la fine del Settecento
- C Nella prima metà del Settecento
- D Mai, perché sono materiali troppo pesanti
- E Tra le due guerre mondiali

438 Diquale corrente artistica è espressione il famoso quadro rappresentato in figura?

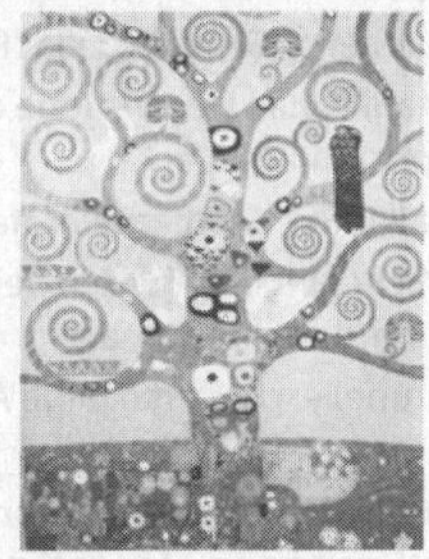

- A Fauves
- B Surrealismo
- C Art Nouveau
- D Dadaismo
- E Simbolismo

439 Ritrarre la realtà non secondo canoni fissi, ma nel modo in cui si presenta agli occhi dell'artista in quel preciso momento e in quelle date condizioni di luce, è un obiettivo della pittura:

- A neoclassica
- B impressionista
- C romantica
- D cubista
- E espressionista

440 In cosa consiste la tecnica pittorica dello *sfumato* usata da Leonardo Da Vinci?

- A In strati di velature di acquerello sovrapposti che conferiscono la necessaria profondità pittorica utile alla rappresentazione dei volumi, delle ombre e della luce
- B In una pittura bagnato su bagnato, in modo che i colori si diffondano scorrendo e conferendo un aspetto soffuso al dipinto
- C In un'attenta gradazione dei colori in un progressivo gioco di chiaroscuri che conferisce una convincente illusione di profondità nel paesaggio
- D in un accostamento di vari colori, applicati sotto forma di piccoli punti, di modo che ciascun colore sia influenzato dal colore a cui è posto accanto
- E Nessuna delle precedenti risposte è corretta

441 A quale anno risale l'opera *Nascita di Venere* di Botticelli?

- A 1482 circa
- B 1264 circa
- C 1330 circa
- D 1540 circa
- E 1412 circa

QUESITI

442 Individuare, nei seguenti accoppiamenti tra celebri opere d'arte e loro autore, l'unico accoppiamento non corretto.

A Raffaello - Ritratto della "Fornarina"
B Mantegna - Decorazione della "Camera degli sposi", Mantova
C Palladio - Villa Capra detta "La Rotonda"
D Michelangelo, Palazzo dei Conservatori, Campidoglio, Roma
E Brunelleschi - Arco degli Argentari, Firenze

443 In quale alternativa i personaggi storici e gli artisti vengono elencati nel corretto ordine cronologico?

A Maometto, Costantino il Grande, Carlo Martello, Dante Alighieri, Piero della Francesca, Papa Giulio II, Antonio Canova, Antonio Vivaldi, Giuseppe Mazzini, Amedeo Modigliani
B Costantino il Grande, Carlo Martello, Maometto, Dante Alighieri, Papa Giulio II, Piero della Francesca, Antonio Canova, Antonio Vivaldi, Amedeo Modigliani, Giuseppe Mazzini
C Carlo Martello, Costantino il Grande, Maometto, Dante Alighieri, Papa Giulio II, Piero della Francesca, Antonio Canova, Antonio Vivaldi, Amedeo Modigliani, Giuseppe Mazzini
D Maometto, Costantino il Grande, Carlo Martello, Papa Giulio II, Dante Alighieri, Piero della Francesca, Antonio Canova, Antonio Vivaldi, Giuseppe Mazzini, Amedeo Modigliani
E Costantino il Grande, Maometto, Carlo Martello, Dante Alighieri, Piero della Francesca, Papa Giulio II, Antonio Vivaldi, Antonio Canova, Giuseppe Mazzini, Amedeo Modigliani

444 In quale anno nacque ufficialmente la Comunità Economica Europea?

A 1922
B 1952
C 1958
D 1988
E 2000

445 Cosa indica il termine simonia?

A La pratica di vendere e comprare cariche ecclesiastiche
B Nelle prime comunità cristiane, il periodo di preparazione al battesimo
C Nell'antica Atene, gruppo di contribuenti cui spettava la cura di servizi pubblici
D L'operazione che permette di selezionare un solo segnale radio desiderato
E Una figura retorica intermedia tra la metafora e la metonimia

446 L'entasi è un accorgimento usato nei templi greci per correggere otticamente le distorsioni visive:

A del fusto delle colonne
B delle metope e dei triglifi
C della cornice del timpano
D della volta
E del pavimento

447 La pianta di San Vitale a Ravenna è:

A a croce greca
B circolare
C ottagonale
D quadrata
E esagonale

448 Lo spazio pittorico della *Flagellazione* di Piero della Francesca è caratterizzato:

A da un'unica scena definita architettonicamente tutta interna, alla maniera antica
B da un'unica scena definita architettonicamente tutta esterna con edifici moderni
C da due scene architettoniche distinte, una interna e una esterna, distanti fra loro nel tempo e nello spazio
D da due scene architettoniche compenetrate tra loro, compresenti nel tempo ma distanti nello spazio
E nessuna delle precedenti

449 In questa fotografia di Robert Capa, quale famoso pittore sorregge il parasole?

A Marc Chagall
B Henri Matisse
C Marcel Duchamp
D Salvador Dalì
E Pablo Picasso

450 **La frase «E prego ricordarsi quando tal volta gli paia che io mi allontani dai comuni disegni, di quello che diceva Michel Angelo Prencipe degli architetti che chi segue altri non gli va mai innanzi, e io al certo non mi sarei posto a quella professione col fine d'essere solo Copista, benché sappia che nell'inventare cose nuove, non si può ricevere il frutto della fatica se non tardi siccome non lo ricevette l'istesso Michel Angelo quando nel riformare l'Architettura della gran Basilica di San Pietro, veniva lacerato per le nuove forme, ed ornati, che dai suoi emoli venivano censurate, a segno che procurarono più volte di farlo privare della carica d'Architetto di San Pietro, ma in darno, e il tempo ha poi chiarito che tutte le cose sue sono state reputate degne d'imitazione ed ammirazione...» è di:**

A Bernini
B Borromini
C Michelangelo
D Pietro da Cortona
E Palladio

451 **La frase di cui alla domanda precedente sta a significare che il senso della rivoluzione architettonica barocca risiede:**

A nell'osservanza stretta dei principi e delle regole della tradizione che può essere sviluppata solo attraverso variazioni formali
B nell'ansia di invenzione di forme completamente nuove da quelle di un passato che va intenzionalmente dimenticato
C nella continuità dialettica con un passato che può essere rispettato nello spirito solo staccandosene consapevolmente
D nella ricerca all'interno della tradizione di canoni appena abbozzati dai grandi maestri del passato, che l'architetto contemporaneo deve sviluppare elevandoli a modello e regola
E nessuna delle precedenti

452 **La Torre Velasca si trova a:**

A Torino
B Verona
C Firenze
D Milano
E Rovereto

453 **Piazza del Popolo a Roma è opera di:**

A Giovanni Antolini
B Giuseppe Piermarini
C Giuseppe Veladier
D Gianlorenzo Bernini
E Pietro da Cortona

454 **Vignola (a), Gio Ponti (b), Bernini (c), Biagio Rossetti (d) e Piermarini (e) sono gli autori delle seguenti opere: il Colonnato di San Pietro a Roma (1), il Palazzo Reale a Milano (2), il Palazzo dei Diamanti a Ferrara (3), il Grattacielo Pirelli a Milano (4), la Chiesa del Gesù a Roma (5). Quale dei seguenti abbinamenti tra autore ed opera è corretto?**

A b/1, c/4, a/3, e/5, d/2
B a/5, b/1, c/4, d/3, e/2
C b/4, e/2, a/5, c/1, d/3
D e/2, d/1, c/3, a/2, b/5
E a/5, b/2, d/4, c/3, e/1

455 **Determinare l'esatta corrispondenza fra le opere e gli architetti sotto riportati.**

A. Millenium Dome
B. Fiat Panda
C. Sedia superleggera
D. Lampada Tolomeo

1. Giorgetto Giugiaro
2. Cassina
3. Michele De Lucchi
4. Richard Rogers

A A-4; B-1; C-2; D-3
B A-1; B-2; C-4; D-3
C A-4; B-2; C-3; D-1
D A-2; B-3; C-4; D-1
E A-2; B-1; C-4; D-3

456 **La seguente fotografia ritrae un artista all'opera. Di chi si tratta?**

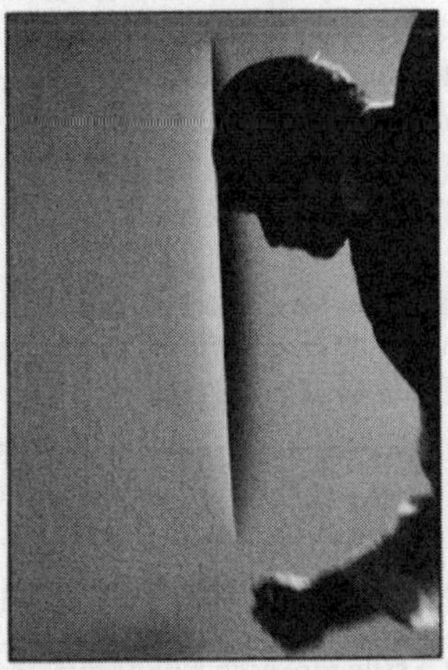

A Jackson Pollock
B Rembrandt
C Lucio Fontana
D Roy Lichtenstein
E Renzo Piano

QUESITI

457 Che cosa si intende con "questione dei Sudeti"?

A Il problema di una minoranza tedesca che viveva in una regione montuosa della Cecoslovacchia, emerso tra la prima e la seconda guerra mondiale

B Il problema di un territorio montuoso situato tra Romania e Ungheria, oggi appartenente alla prima ma a lungo unito alla seconda

C Il problema di un territorio abitato prevalentemente da Tedeschi ma assegnato alla Polonia alla fine della prima guerra mondiale

D Il problema di alcune terre dell'Alto Adige annesse dall'Italia dopo la prima guerra mondiale e abitata anche da minoranze di Tedeschi

E Il problema di ordine pubblico sorto in seguito alla militarizzazione e occupazione francese del bacino della Ruhr durante la Repubblica di Weimar

458 Che cosa fu il *Cartismo*?

A Una corrente filosofico-letteraria irlandese del secondo Ottocento

B Un movimento riformista inglese animato, nel primo Ottocento, dai sindacati operai

C Un gruppo armato irlandese ostile alla Massoneria

D Una corrente filosofico-letteraria spagnola del tardo Settecento

E Un movimento cooperativo di leghe contadine tedesche del secondo Ottocento

459 Nel 1867, Massimiliano d'Asburgo:

A fu fucilato in Inghilterra

B sposò la zarina Caterina

C fu fucilato in Messico

D abdicò e riparò negli USA

E divenne cancelliere del Reich austriaco

460 Le aperture del Palazzo Ducale di Venezia verso Piazza S. Marco sono di dimensioni:

A diverse a tutti i piani

B uguali al primo piano ed al secondo piano

C uguali al piano terra ed al primo piano

D uguali a tutti i piani

E uguali dal secondo piano in su

461 Lo stile moresco è di derivazione:

A spagnola

B araba

C turca

D inglese

E italiana

462 Quali città costituivano "le quattro Repubbliche marinare"?

A Amalfi, Genova, Pisa, Venezia

B Ancona, Amalfi, Genova, Venezia

C Livorno, Pisa, Genova, Venezia

D Napoli, Ostia, Pisa, Genova

E Bari, Genova, Livorno, Venezia

463 Tra gli elementi architettonici indicati nella figura, qual è la metopa?

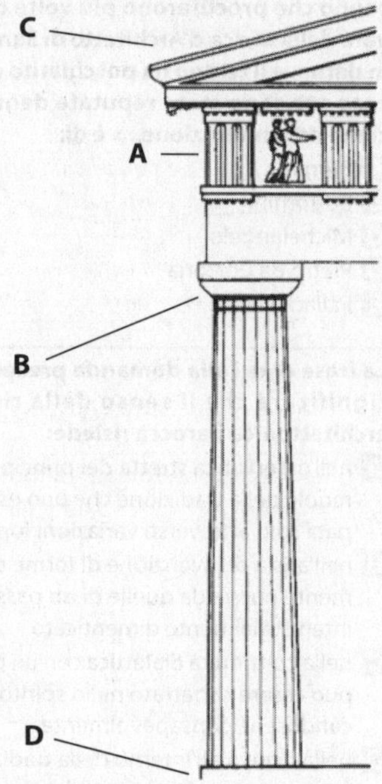

A B

B C

C A

D D

E Nessuna delle precedenti

464 Quale conseguenza ebbe la decisione di Mussolini di non entrare subito in guerra a fianco della Germania?

A La Germania rinunciò ad attaccare la Polonia

B La Polonia riuscì ad opporre una resistenza inattesa

C La Germania non ebbe più neanche l'appoggio dell'Unione Sovietica

D Hitler rimandò di sei giorni l'inizio dell'invasione della Polonia

E Nessuna delle precedenti

465 Le strade principali, intersecantisi ad angolo retto, del modello ideale della città romana si chiamavano:

A cardine e decumanico
B foro e agorà
C centuria e decuria
D cardo e decumano
E nessuna delle precedenti

466 A che cosa deve la fama Ippodamo di Mileto?

A Alle sue concezioni urbanistiche
B Ai suoi scritti storici
C Alle sue opere scultoree
D Alle sue capacità strategiche
E All'invenzione dello stile ionico

467 Gian Lorenzo Bernini è stato uno dei maggiori artisti della sua epoca a Roma. Individuare, tra le seguenti alternative, l'unica coppia di artisti suoi contemporanei.

A Raffaello e Filippino Lippi
B Borromini e Baldassarre Peruzzi
C Pietro da Cortona e Borromini
D Michelangelo e Pietro da Cortona
E Perugino e Benedetto Antelami

468 La fine dell'Impero Romano di Oriente data:

A 741 d.C.
B 1453 d.C.
C 1048 d.C.
D 1215 d.C.
E 476 d.C.

469 A quale edificio si riferiscono i seguenti prospetti?

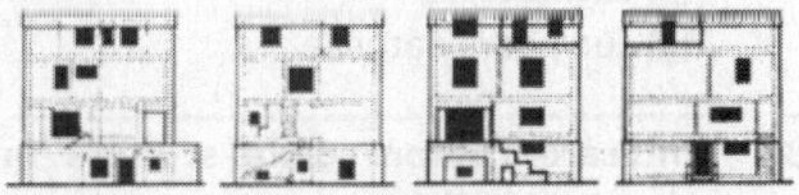

A *Casa Batlò*, Antoni Gaudì
B *Casa Rufer*, Adolf Loos
C *Ville Savoye*, Le Corbusier
D *Casa sulla Cascata*, Frank Lloyd Wright
E *Padiglione Barcellona*, Mies van der Rohe

470 In quale delle seguenti serie i papi sono elencati nel corretto ordine cronologico?

A Lino, Giovanni XXIII, Pio XII
B Pietro, Celestino V, Lino
C Lino, Bonifacio VIII, Pio XII
D Gregorio Magno, Benedetto XV, Alessandro Farnese
E Giovanni XXIII, Pio XII, Lino,

471 Per quale dei seguenti motivi il XVIII secolo viene detto il secolo dei "lumi"?

A Perché le tecniche architettoniche consentono di ampliare le aperture degli edifici
B Perché viene inventata l'energia elettrica
C Perché la pittura assume una nuova luminosità
D Perché si sviluppa un pensiero filosofico basato sulla ragione
E Perché si afferma una grande influenza religiosa in tutti i campi del sapere

472 La facciata della chiesa di San Carlo alle Quattro Fontane a Roma, rappresentata in figura, appartiene all'architettura:

A rinascimentale
B gotica
C barocca
D rococò
E manierista

473 Abbinare i celebri affreschi e il loro autore al luogo dove sono conservati.

1. ***Camera degli sposi*, Mantegna**
2. ***Scuola di Atene*, Raffaello**
3. ***Diluvio Universale*, Michelangelo**
4. ***L'ultima Cena*, Leonardo da Vinci**
5. ***Giudizio Universale* , Giotto**

a. **Milano, Refettorio di Santa Maria delle Grazie**
b. **Città del Vaticano, Volta della Cappella Sistina**
c. **Mantova, Palazzo Ducale**
d. **Padova, Cappella degli Scrovegni**
e. **Città del Vaticano, Stanza della Segnatura**

A 1-c; 2-a; 3-e; 4-b; 5-d
B 1-a; 2-c; 3-b; 4-d; 5-e
C 1-c; 2-e; 3-b; 4-a; 5-d
D 1-a; 2-e; 3-d; 4-b; 5-c
E 1-b; 2-c; 3-d; 4-a; 5-e

474 Quale tra i seguenti edifici NON si trova a Mantova?

A Torre dell'Orologio in Piazza delle Erbe
B Palazzo Te
C Basilica di Sant'Andrea
D Palazzo Ducale
E Palazzo dei Diamanti

475 In quale sequenza cronologica sono stati costruiti i seguenti edifici?

a. Basilica di Superga di Juvara
b. Ca' Brutta di Muzio
c. Mausoleo di Galla Placidia a Ravenna
d. Basilica di Vicenza di Palladio
e. Palazzo Ducale a Venezia

A c, d, e, b, a
B d, c, e, b, a
C c, e, d, b, a
D c, d, e, a, b
E c, e, d, a, b

476 Indicare, tra le alternative proposte, l'autore dell'opera riportata in figura.

A Edouard Manet
B Edgar Degas
C Jacques-Louis-David
D Jean-Auguste-Dominique Ingres
E René Magritte

477 Quale tra i seguenti eventi non avvenne nel XX secolo?

A La scoperta della penicillina
B Le deportazioni nei gulag
C La creazione di un mercato mondiale della droga
D La catena della refrigerazione alimentare
E La scoperta della macchina a vapore

478 Quale dei seguenti elementi NON appartiene all'architettura gotica?

A Arco a sesto acuto
B Pilastri polistili
C Contrafforti
D Rosoni
E Poche finestre piccole e strombate

479 Quale artista del Novecento riprese il soggetto de "Las Meninas" di Velazquez (quadro qui riprodotto), dando origine ad una nuova opera?

A Pablo Picasso
B Edward Hopper
C Marc Chagall
D Giorgio Morandi
E Giorgio De Chirico

480 Quale delle seguenti caratteristiche non è propria del movimento futurista?

A I concetti di movimento e di simultaneità
B Il forte patriottismo
C L'esposizione di oggetti comuni come opere d'arte
D L'esaltazione della macchina e della velocità: automobili da corsa, treni, aerei
E La rottura con il passato

481 Giulio Cesare, padre adottivo di Ottaviano Augusto, era in realtà:

A suo zio
B suo nonno
C suo cugino
D suo suocero
E suo padre naturale

482 Indicare l'autore della scultura in bronzo riportata in figura.

A Filippo Tommaso Marinetti
B Umberto Boccioni
C Fortunato Depero
D Giacomo Balla
E Carlo Carrà

483 A quale stile appartiene l'edificio rappresentato in figura?

- A High-tech
- B Decostruttivismo
- C Razionalismo
- D Neoplasticismo
- E Postmoderno

484 Quale dei seguenti elementi architettonici NON appartiene allo stile romanico?

- A L'arco a sesto acuto
- B L'arco a tutto sesto
- C La volta a crociera
- D Il rosone
- E Le fasce bicrome

485 Individuare l'ordine cronologico corretto dei seguenti stili architettonici.

- A Romanico – Barocco – Gotico – Rinascimento – Manierismo
- B Romanico – Gotico – Rinascimento – Manierismo – Barocco
- C Barocco – Romanico – Gotico – Manierismo – Rinascimento
- D Gotico – Romanico – Barocco – Rinascimento – Manierismo
- E Romanico – Manierismo - Barocco – Rinascimento – Gotico

486 Quale, tra i seguenti, è l'aggettivo che maggiormente si addice allo stile Barocco?

- A Sobrio
- B Formale
- C Simbolico
- D Elaborato
- E Rigido

487 Quale di queste date non corrisponde all'avvenimento?

- A 1717 - Apertura del Concilio di Trento
- B 387 - Conversione di Sant'Agostino
- C 1804 - Napoleone Bonaparte incoronato imperatore
- D 1453 - Fine dell'impero romano d'Oriente
- E 31a.c. - Battaglia di Azio

488 Quale tra i seguenti artisti delle avanguardie del Novecento ha legato il suo nome a una specifica tonalità di colore?

- A Jean Tinguely
- B Yves Klein
- C Piero Manzoni
- D Mark Rothko
- E Barnett Newman

489 In storia dell'arte, l'*iconologia* è la disciplina che si occupa specificatamente di definire:

- A il soggetto rappresentato in un'opera d'arte
- B la corretta cronologia di un'opera d'arte
- C il significato delle immagini, dei simboli e delle figure allegoriche all'interno di un'opera
- D la tecnica d'esecuzione utilizzata in un'opera d'arte
- E la corretta attribuzione dell'opera d'arte all'autore

490 Chi è l'architetto che ha progettato le *Unités d'Habitation*?

- A Mies van der Rohe
- B Alvar Aalto
- C Charles-Edouard Jeanneret
- D Walter Gropius
- E Giò Ponti

491 Adolf Loos ripudia, architettonicamente, qualsiasi tipo di ornamento. Il motivo risiede:

- A nella sua incondizionata adesione al movimento dell'Art Nouveau
- B nella convinzione che la bellezza di un edificio consista nella sua volumetria e nella sua struttura
- C nella sua appartenenza al movimento minimalista degli anni Sessanta
- D nella sua predilezione per il disegno tecnico, a discapito della progettazione artistica
- E nell'ostilità verso l'architettura barocca contemporanea

492 Quale artista è l'autore dell'opera raffigurata?

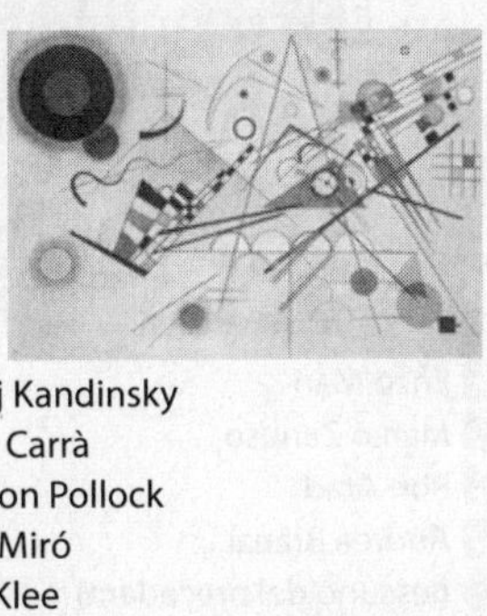

- A Vasilij Kandinsky
- B Carlo Carrà
- C Jackson Pollock
- D Joan Miró
- E Paul Klee

493 Il particolare architettonico in figura appartiene a un'opera di Antoni Gaudì, situata a Barcellona. Quale?

A La Sagrada Familia
B Il Parco Güell
C Casa Batlló
D Palazzo Güell
E La Pedrera

494 *Cubo,* oggetto industriale progettato da Bruno Munari, è:

A una poltrona
B un posacenere
C un giocattolo
D un televisore
E una lampada

495 Piero della Francesca è stato:

A un artista del Quattrocento
B un allievo di Leonardo da Vinci
C un architetto toscano del Cinquecento
D uno scultore del XVI secolo
E un pittore gotico lombardo

496 Lo spremiagrumi *Juicy Salif,* prodotto da Alessi, è stato progettato da:

A Enzo Mari
B Marco Zanuso
C Ron Arad
D Andrea Branzi
E nessuno dei precedenti

497 A quale stile architettonico è associato il periodo storico che va dal 1400 al 1540 ca.?

A Al Romanico
B Al Manierismo
C Al Gotico
D Al Barocco
E Al Rinascimento

498 L'inquadratura della seguente fotografia (cattedrale di Saint Rémi, Reims) illustra perfettamente lo spazio:

A della navata laterale
B dell'abside
C del deambulatorio
D del transetto
E della navata centrale

499 Riferendosi al mutevole rapporto tra luce e ombra determinato dal trascorrere del tempo, Monet annotava: "Tutto cambia, persino le pietre". Di quale monumento (in fotografia) stava studiando la facciata occidentale?

A Cattedrale di Saint Rémi
B Duomo di Colonia
C Cattedrale di Rouen
D Cattedrale di Amiens
E Cattedrale di Notre-Dame

500 Per cosa si caratterizza generalmente la pianta del tempio greco?

A È rettangolare e la cella (*naos*) è preceduta da un vasto atrio a colonne (*prònao*)
B È rettangolare ma non è caratterizzata da colonnati
C È quadrata e la cella è preceduta da un vasto atrio a colonne
D È trapezoidale e l'ingresso si trova lungo la base maggiore
E È quadrata ed è sempre preceduta da un colonnato, detto *periptero*

501 L'opera di Arman rappresentata qui sotto cita letteralmente un pittore noto. Intuitivamente, quale potrebbe essere il titolo della scultura?

A Césarienne
B Picassienne
C Munchienne
D Matissienne
E Cézanienne

502 Da quale architettura il teatro occidentale europeo ha ripreso la concezione costruttiva?

A Dal teatro romano
B Dal teatro greco
C Dalla *domus* romana
D Dal tempio greco
E Dalla basilica romana

503 Il 1936 è considerato un anno cruciale per l'Europa. Quale dei seguenti avvenimenti non ha avuto luogo in quell'anno?

A Conquista del potere da parte di Hitler
B Scoppio della guerra civile spagnola
C Vittoria del fronte popolare in Francia
D Instaurazione della dittatura in Grecia
E Tutti i fatti precedenti sono avvenuti nel 1936

504 Nell'architettura romana le grandi coperture voltate sono in genere realizzate in:

A blocchi di pietra squadrati
B mattoni
C opus caementicium
D legno
E paglia

505 Quale delle seguenti costruzioni architettoniche era ricavata, almeno in parte, sfruttando i declivi naturali delle colline?

A Il teatro etrusco
B Il teatro celtico
C Il teatro greco
D Il teatro romano
E Nessuno dei precedenti

506 In quale serie le città italiane sono nello stesso ordine dei noti Palazzi che vi sono costruiti:

1. Palazzo Grassi
2. Palazzo Rosso
3. Palazzo Farnese
4. Palazzo Pandolfini
5. Palazzo Chiericati

A Roma, Vicenza, Firenze, Genova, Venezia
B Venezia, Genova, Roma, Firenze, Vicenza
C Genova, Roma, Vicenza, Venezia, Firenze
D Venezia, Vicenza, Roma, Firenze, Genova
E Roma, Genova, Vicenza, Venezia, Firenze

507 Quale tra i seguenti paralleli stilistici tra architetti e pittori è esatto?

A Renzo Piano e Canaletto
B Sant'Elia e Boccioni
C Alberti e Caravaggio
D Bernini e Giorgione
E Palladio e Simone Martini

508 L'opera architettonica in figura è sede di un noto museo newyorkese. Quale?

A MoMA
B Metropolitan Museum of Art
C Solomon R. Guggenheim Museum
D Fogg Art Museum
E Seagram Building

509 Le vie di molte città italiane denominate "XX settembre" devono il loro nome al giorno:
- A della firma dell'armistizio con gli anglo-americani
- B della vittoria di Vittorio Veneto
- C della presa di Porta Pia a Roma
- D della prima seduta del Parlamento italiano
- E della proclamazione della Repubblica italiana

510 Quale dei seguenti architetti NON è autore nel Quattrocento di uno scritto di architettura?
- A Leon Battista Alberti
- B Antonio Averlino detto il Filarete
- C Marco Vitruvio Pollione
- D Francesco di Giorgio Martini
- E Donato di Pascuccio d'Antonio detto il Bramante

511 La Guerra Civile americana fu combattuta:
- A nel quarto decennio dell'Ottocento
- B alla fine del Settecento
- C nel primo decennio dell'Ottocento
- D nella seconda metà dell'Ottocento
- E nell'ultimo decennio dell'Ottocento

512 La *dittatura dei colonnelli* ebbe luogo nell'attuale:
- A Spagna
- B Grecia
- C Portogallo
- D Cile
- E Libia

513 Cosa prevedeva l'Atto di Navigazione del 1651?
- A La piena liberalizzazione del commercio con tutte le colonie
- B Solo le navi inglesi potevano commerciare tra madrepatria e colonie britanniche
- C La concessione agli olandesi della possibilità di commerciare con le colonie britanniche
- D La concessione agli inglesi della possibilità di commerciare con le colonie olandesi
- E Solo le navi olandesi potevano commerciare tra madrepatria e colonie olandesi

514 Quale dei seguenti avvenimenti accadde il 25 luglio 1943?
- A La firma dell'armistizio con gli Alleati
- B La fondazione della Repubblica Sociale Italiana a Salò
- C L'arresto di Mussolini
- D La conferenza di Casablanca
- E L'eccidio delle Fosse Ardeatine

515 Nel 31 a.C., ad Azio, si ebbe uno scontro che decise la futura storia di Roma. Chi si fronteggiò?
- A Giulio Cesare e Pompeo
- B Ottaviano e Pompeo
- C Giulio Cesare e Ottaviano
- D Marco Antonio e Giulio Cesare
- E Ottaviano e Marco Antonio

516 In arte, il termine "manierismo" è stato coniato per indicare:
- A l'adesione di una corrente artistica ai valori della controriforma
- B l'atteggiamento di alcuni artisti che si ispirano alla "maniera" dei loro grandi predecessori
- C la decadenza di un'arte che non sa più produrre nulla di nuovo e si ripete di continuo
- D un'arte nuova, che segna un nuovo "mattino" (mane), ossia un nuovo inizio
- E un'arte permeata di tensioni spirituali e lontana dalla serenità classica

517 Il Congresso di Vienna si concluse nell'anno:
- A 1814
- B 1816
- C 1817
- D 1815
- E 1812

518 Il primo battello sommergibile che riuscì a portare a termine con successo un attacco a una nave nemica fu impiegato nella guerra:
- A di secessione americana
- B di rivoluzione russa
- C di indipendenza italiana (la terza)
- D della quinta coalizione contro Napoleone
- E franco-prussiana del 1870-71

519 Quanti stili pittorici pompeiani esistono?
- A Tre
- B Due
- C Cinque
- D Quattro
- E Sei

520 Nel 1982 la guerra delle isole Falkland -Malvinas contrappose:
- A Argentina e Cile
- B Ecuador e Colombia
- C Ecuador e Cile
- D Argentina e Uruguay
- E Regno Unito e Argentina

521 Antoni Gaudì è morto nel:

A 1916
B 1956
C 1966
D 1976
E 1926

522 L'impero di Alessandro Magno alla sua morte:

A fu diviso in quattro parti
B fu retto da Arpalo, il suo tesoriere
C fu inglobato dall'Egitto
D fu inglobato dall'impero persiano
E si dissolse in una miriade di piccoli stati

523 Quale dei seguenti eventi si colloca dopo l'inizio dell'età moderna?

A La caduta di Costantinopoli
B La caduta di Granada
C La scoperta dell'America
D La rivoluzione di Cromwell
E Il viaggio di Marco Polo in Cina

524 Gaudenzio Ferrari fu:

A pittore
B architetto
C commediografo
D poeta
E ingegnere

525 A che secolo risale la Riforma Protestante?

A XVIII secolo
B XVI secolo
C XV secolo
D XVII secolo
E XIV secolo

526 Un "bucchero" è un:

A dipinto
B edificio civile
C tempio
D genere di poesia
E vaso

527 Nella terminologia storica, cosa si intende per "luddismo"?

A La recinzione dei pascoli per bovini e ovini
B La tratta degli schiavi sulle coste dell'Africa
C L'opposizione all'introduzione delle macchine nell'industria
D L'esclusione dei cattolici dalla vita politica inglese
E La diffusione della peste da parte di soldati quando attraversano un territorio

528 La scultura qui raffigurata è un'opera di:

A Alberto Giacometti
B Marino Marini
C Arturo Martini
D Francesco Messina
E Giacomo Manzù

529 Come era indicata la volontà degli Stati Uniti di non tollerare alcun intervento europeo in America e al tempo stesso di non intromettersi nelle dispute fra le potenze europee?

A Dottrina Monroe
B New Deal
C Declaratory Act
D Bill of Rights
E Decimo emendamento

530 Nel 1979, chi invase militarmente l'Afghanistan per deporre il presidente Hafizullah Amin e rimpiazzarlo con Babrak Karmal?

A N.A.T.O.
B Iran
C Iraq
D U.S.A.
E U.R.S.S.

531 Quale di questi artisti è considerato un importante esponente del Surrealismo?

A Mimmo Paladino
B Keith Haring
C Salvador Dalì
D Fernando Botero
E Lucio Fontana

532 In quale giorno si celebra la festa nazionale degli Stati Uniti d'America?

A 20 settembre
B 25 aprile
C 4 luglio
D 12 ottobre
E 3 maggio

533 **Le figure seguenti (A, B, C) raffigurano tre colonne, appartenenti a tre diversi ordini architettonici. Individuare tra le alternative proposte quella che abbina correttamente ogni immagine al corrispondente stile.**

A B C

- A A - dorico, B - corinzio, C - ionico
- B A - dorico, B - ionico, C - corinzio
- C A - ionico, B - tuscanico, C - minoico
- D A - tuscanico; B - ionico, C - minoico
- E A - ionico, B - minoico, C - tuscanico

534 **Che cos'è la *lesena*?**

- A Un piccolo atrio posto all'ingresso delle chiese romaniche, in forma di edicoletta sostenta da colonne
- B Una galleria che si sviluppa sopra le navate, solitamente laterali, delle chiese e riservata alle donne
- C Un angolo a peduccio, parte della volta, a forma di triangolo sferico, che sta sotto il tamburo
- D Un elemento decorativo a forma di semipilastro o semicolonna, posto in risalto su di un muro
- E Nessuna delle precedenti

535 **La seguente insegna è un'icona dello stile:**

- A neoclassico
- B razionalista
- C high-tech
- D liberty
- E postmoderno

536 **Gli oggetti nelle immagini sono un chiaro omaggio a una famosa composizione pittorica di:**

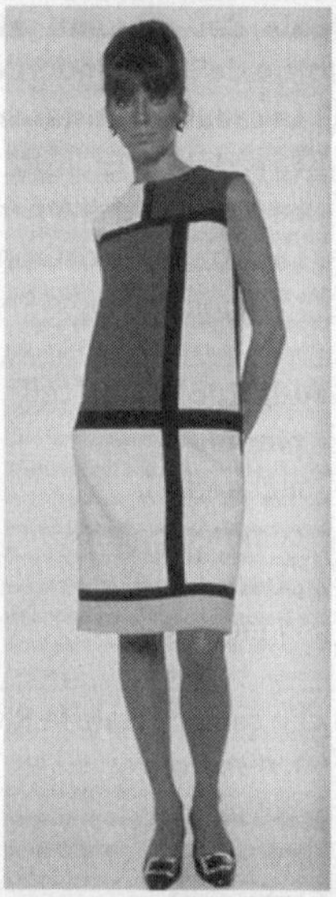

- A Joan Mirò
- B Piet Mondrian
- C Roy Lichtenstein
- D Andy Warhol
- E Pablo Picasso

537 Vanvitelli (a), Mengoni (b), Borromini (c), Filarete (d), Palladio (e) sono cinque architetti italiani di diverse epoche. In quale successione cronologica sono stati attivi?

A d), e), c), a), b)
B e), c), b), a), d)
C c), a), e), d), b)
D d), a), b), c), e)
E b), e), d), c), a)

538 Quale dei seguenti pittori elencati operò nel XVIII secolo?

A Simone Martini
B Luca Signorelli
C Guido Reni
D Gianbattista Tiepolo
E Giovanni Fattori

539 Qual è il titolo corrente del dipinto di Renoir qui riprodotto?

A Autoritratto
B Monet che legge
C I girasole
D L'enigma di una giornata
E Ragazzo con la pipa

540 Il quadro in figura è una delle prima opere di:

A Vincent Van Gogh
B Joan Mirò
C Piet Mondrian
D Roy Lichtenstein
E Andy Warhol

541 Indicare la corretta sequenza temporale tra le seguenti opere:

1. Marilyn – Andy Warhol
2. Dinamismo di un cane al guinzaglio – Giacomo Balla
3. Casa del Fascio – Giuseppe Terragni
4. Spremiagrumi Juicy Salif – Philippe Starck
5. Cappella di Ronchamp – Le Corbusier

A 2 – 3 – 5 – 1 – 4
B 4 – 1 – 5 – 3 – 2
C 2 – 3 – 1 – 5 – 4
D 2 – 3 – 5 – 1 – 4
E 2 – 5 – 3 – 1 – 4

542 Nel teatro romano la scena è delimitata da:

A un fondale murario neutro
B un fondale murario articolato come una vera e propria struttura architettonica
C un fondale murario aperto che inquadra il paesaggio circostante
D non è delimitata
E nessuna delle precedenti

543 La parte della villa di Papa Giulio III attribuita al Vignola ha pianta di forma:

A quadrata
B con esedra inscritta in un rettangolo
C pentagonale
D ottagonale
E circolare

544 Nel tempio greco l'acroterio è:

A un motivo decorativo posto nel vertice e agli estremi del frontone
B un'articolazione del capitello ionico
C un'articolazione della base dell'ordine corinzio
D una figura maschile decorativa del capitello
E nessuna delle precedenti

545 Qual è stato l'ultimo Paese della UE a concedere il suffragio universale femminile?

A Portogallo
B Italia
C Grecia
D Danimarca
E Francia

546 *La Vergine delle Rocce* è stata dipinta da:

A Diego Velazquez
B Leonardo da Vinci
C El Greco
D Pieter Paul Rubens
E Michelangelo

547 In quale sequenza cronologica sono stati costruiti il Teatro alla Scala di Milano (a), la torre di Pisa (b), lo stadio olimpico di Roma (c), la chiesa della Salute a Venezia (d), la Mole Antonelliana a Torino (e)?

A a, b, c, e, d
B b, d, a, e, c
C d, e, c, b, a
D b, a, d, e, c
E a, b, d, e, c

548 Quale dei seguenti elementi non appartiene alla capriata?

A Monaco
B Puntone
C Catena
D Staffa
E Trave

549 Chi ha dipinto *Donne di Algeri*?

A David
B Delacroix
C Tiepolo
D Rembrandt
E Rubens

550 Che cos'è il pronao?

A Un portico con quattro archi e quattro fronti
B Una galleria che si sviluppa sopra le navate, solitamente laterali, delle chiese e riservata alle donne
C Un elemento decorativo a forma di semipilastro o semicolonna, posto in risalto su di un muro
D Lo spazio compreso tra le colonne della fronte di un tempio e la parete d'ingresso
E Nessuna delle precedenti

551 Schinkel, Adam, David e Canova sono tra i più importanti esponenti di un movimento artistico. Quale?

A Barocco
B Eclettismo
C Rinascimento
D Neoclassicismo
E Romanticismo

552 Alla costruzione del Partenone, sull'Acropoli di Atene, contribuì in maniera determinante un celebre scultore. Quale tra i seguenti?

A Polinice
B Fidia
C Policleto
D Agrippa
E Apollodoro

553 L'idea che lo spazio è conoscibile attraverso un processo di scomposizione e ricomposizione, nel quale è determinante il tempo, è stata alla base:

A dell'Impressionismo
B del Realismo
C del Cubismo
D della Pop-Art
E dell'Astrattismo

554 Le prime elezioni popolari per la nomina dei rappresentanti nazionali ai Parlamento Europeo si tennero nel:

A 1975
B 1967
C 1981
D 1979
E 1985

555 La dichiarazione d'Indipendenza, considerata l'atto di nascita degli USA, è stata scritta da:

A G. Washington
B T. Jefferson
C A. Lincoln
D F. D. Roosevelt
E J. Davis

556 Il seguenteè un particolare di quale opera?

A *La Primavera*, Sandro Botticelli
B *Nascita di Venere*, Sandro Botticelli
C *Minerva caccia i vizi dal giardino della Virtù*, Andrea Mantegna
D *La Madonna della Melograna*, Sandro Botticelli
E *San Sebastiano*, Andrea Mantegna

557 L'Impero Romano al massimo della sua espansione si estendeva in Europa, Asia, Africa; tra queste cinque moderne nazioni solo tre videro la presenza romana: Turchia (a), Egitto (b), Libano (c), Estonia (d), Polonia (e). Quale è tra i seguenti l'esatto raggruppamento?

- A a, d, e
- B b, c, d
- C a, b, c
- D a, b, e
- E a, c, d

558 A quale stile architettonico appartengono i seguenti edifici?

- A Espressionismo
- B Neoclassicismo
- C Razionalismo
- D Architettura rinascimentale
- E Art Nouveau

559 Quale dei seguenti elementi NON appartiene all'architettura romanica?

- A Volta a crociera
- B Arco a tutto sesto
- C Archi rampanti
- D Poche finestre piccole e strombate
- E Uso di nicchie, lesene, cornicioni

560 Cosa caratterizza in modo evidente le opere pittoriche di arte bizantina?

- A Il fondale color oro
- B L'espressività delle figure rappresentate
- C La prospettiva
- D Il fondale color cobalto
- E La visione particolareggiata della realtà

561 In corrispondenza di una volta a crociera viene a crearsi nello spazio sottostante un'isola spaziale detta:

- A campata
- B capriata
- C cavea
- D cupola
- E intradosso

562 La seguente fotografia ritrae un famoso pittore surrealista. Di chi si tratta?

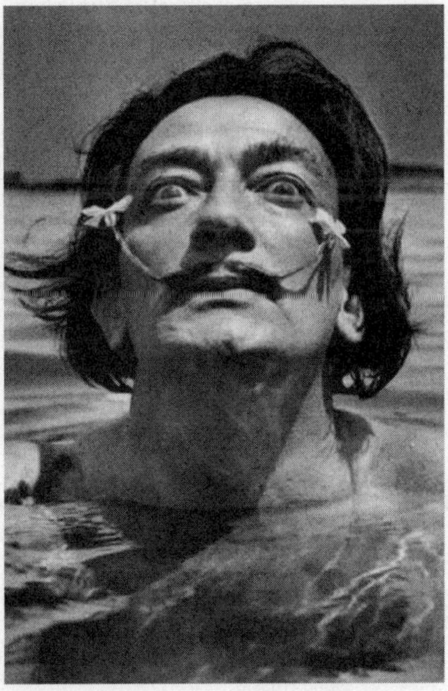

- A Salvador Dalì
- B René Magritte
- C Paul Klee
- D Max Ernst
- E Marcel Duchamp

563 **La basilica di San Marco a Venezia è un caso del tutto particolare nella storia dell'architettura italiana; in essa infatti confluiscono elementi romanici, gotici (facciata) e:**

A arabi
B moreschi
C bizantini
D merovingi
E longobardi

564 **Che cos'è un *dolmen*?**

A Un monumento sepolcrale, consistente in una cella sotterranea a pianta circolare, coperta da una cupola a conci aggettanti, alla quale si accede mediante un lungo corridoio
B Una torre in pietra con forma a tronco di cono
C Una tomba etrusca a base circolare, sporgente dal terreno con una collinetta ad andamento conico
D Un monumento megalitico composto da una lastra posta orizzontalmente e sostenuta da lastre verticali
E Un monumento megalitico costituito da un'unica grande pietra infissa nel terreno

565 **Quale tecnica è stata utilizzata per la creazione di quest'opera, conservata a Ravenna nella Chiesa di Sant'Apollinare in Classe?**

A Fregio
B Bassorilievo
C Mosaico
D Incisione
E Graffito

566 **L'Alaska entrò a far parte degli USA nel 1867:**

A in seguito a una vittoriosa guerra contro la Russia
B grazie al dono di questo territorio da parte della Francia
C perché gli USA comprarono questo territorio dalla Russia
D in seguito a un accordo con la Russia, in base al quale gli USA ottennero l'Alaska e i Russi mano libera sulla Kamcatka
E grazie a un accordo commerciale con il Canada

567 **Tra il 1880 e il 1914, le potenze europee colonizzarono quasi totalmente il continente africano. Quanti Stati conservarono l'indipendenza?**

A Nessuno
B Dieci
C Due
D Venti
E Sette

568 **La rappresentazione esatta di un ambiente, con un preciso proporzionamento tra i pieni, i vuoti e la figura umana, è stata resa possibile dalla scoperta delle regole della prospettiva.**
Quale dei seguenti personaggi fu tra i protagonisti di questa rivoluzione nel campo della rappresentazione dello spazio?

A Vitruvio
B Michelangelo
C Bernini
D Brunelleschi
E Palladio

569 **La "Casa sulla cascata" è una celebre opera architettonica del XX secolo. Chi l'ha progettata?**

A Frank Lloyd Wright
B Le Corbusier
C Renzo Piano
D Mario Botta
E Giò Ponti

570 **La Basilica di San Pietro a Roma, fondata ai tempi di Costantino, fu ricostruita con un nuovo progetto a partire dalla prima metà del secolo:**

A IX
B XIII
C XVI
D XVII
E XVIII

571 **Il procedimento creativo che sottrae il fusto littoido alla sua brutalità funzionale ha come obiettivo di:**

A rendere più solida la resistenza strutturale con materiali idonei
B conseguire una forma più compiuta che contenga e trasfiguri i dati di partenza
C trascrivere nel marmo uno schema concettuale privo di riferimenti figurativi
D snellire e rendere più aggraziato l'insieme
E dare un'apparenza di maggiore solidità all'intera struttura

572 Lo spazio pittorico della *Scuola di Atene* fa riferimento al:

A progetto di Leon Battista Alberti per Sant'Andrea a Mantova
B progetto di Bramante per S. Pietro
C medesimo progetto di Raffaello per S. Pietro
D progetto della Biblioteca Laurenziana a Firenze di Michelangelo
E nessuna delle precedenti

573 In una chiesa medievale, che cosa si intende per ciborio?

A La parte ristretta della chiesa riservata ai contori, posta dietro l'altare
B L'edicola posta sull'altare
C Un elemento architettonico triangolare, posto a coronamento di una facciata
D Un ambiente o un gruppo di ambienti posti sotto il presbiterio della chiesa, ove sono i resti del santo martire
E Nessuna delle precedenti

574 Individua l'affermazione ERRATA tra le seguenti:

A Nell'architettura greca domina l'equilibrio proporzionato di verticali e orizzontali, pieni e vuoti
B L'architettura romana è plastica e caratterizzata da un notevole uso di forme curve
C L'elemento tipico dell'architettura romana è la volta
D L'elemento tipico dell'architettura romana è il triglifo
E L'elemento tipico dell'architettura greca è la colonna

575 Indicare il periodo durante il quale sono state realizzate a Ravenna le decorazioni musive nelle chiese di Sant'Apollinare in Classe e di San Vitale.

A Negli ultimi anni dell'Impero Romano
B Durante la dominazione dei Goti di re Alarico
C Durante la dominazione dell'Impero Romano d'Oriente
D Negli anni del regno dell'imperatore Ottone I di Sassonia
E Nessuna delle precedenti

576 Roma è entrata a far parte dell'Italia unita nel:

A 1848
B 1860
C 1866
D 1870
E 1914

577 In quale delle serie seguenti i personaggi storici sono indicati nella corretta sequenza cronologica?

A Teodorico, Corradino di Svevia, Gerolamo Savonarola, Pietro il Grande, Napoleone I, Bismarck
B Gerolamo Savonarola, Teodorico, Corradino di Svevia, Bismarck, Napoleone I, Pietro il Grande
C Corradino di Svevia, Teodorico, Gerolamo Savonarola, Napoleone I, Pietro il Grande, Bismarck
D Teodorico, Gerolamo Savonarola, Corradino di Svevia, Pietro il Grande, Bismarck, Napoleone I
E Gerolamo Savonarola, Teodorico, Corradino di Svevia, Pietro il Grande, Bismarck, Napoleone I

578 La trasformazione di Parigi operata da Haussmann avviene:

A durante la rivoluzione francese
B sotto Napoleone I
C durante il Secondo Impero
D poco dopo la fine della prima guerra mondiale
E durante la rivoluzione industriale

579 Lo Zar Pietro il Grande per realizzare San Pietroburgo chiamò prevalentemente architetti:

A inglesi
B italiani
C olandesi
D russi
E spagnoli

580 Quale tra i seguenti non fu un imperatore romano?

A Tiberio (14-37)
B Vespasiano (69-79)
C Adriano (117-138)
D Caracalla (211-217)
E Giustiniano I (527-565)

581 Indicare, tra quelli elencati, l'autore dell'opera riportata:

A Paul Cézanne
B Paul Gauguin
C Vincent Van Gogh
D Claude Monet
E Henri Matisse

582 La bonifica della paludi pontine condotta nell'ambito del vasto programma della bonifica integrale, è avvenuto:

- A durante la prima guerra mondiale
- B nella metà degli anni Trenta
- C negli anni Sessanta
- D nella metà degli anni Cinquanta
- E dopo gli anni Settanta

583 Quale tra le seguenti accoppiate dinastie-nazione europea non corrisponde al vero?

- A Borbone - Spagna
- B Lancaster - Germania
- C Tudor - Inghilterra
- D Valois - Francia
- E Romanov - Russia

584 Individua l'affermazione NON corretta tra le seguenti, riguardanti le differenze tra impressionismo ed espressionismo.

- A L'artista impressionista limita la sua sfera di azione all'interazione che c'è tra la luce e l'occhio. L'espressionismo, invece, ha una visione interiore e più profonda dell'animo umano
- B L'impressionismo è sempre connotato da un atteggiamento positivo nei confronti della vita. La matrice di fondo del lavoro espressionista rimane sempre profondamente drammatica
- C L'artista impressionista non esita a ricorrere a immagini "brutte" e sgradevoli. L'espressionismo propone immagini di indubbia gradevolezza. I soggetti sono scelti con l'intento di illustrare la gioia di vivere
- D L'impressionismo cerca di rappresentare la realtà con una nuova sensibilità. La pittura espressionistica risulta totalmente antinaturalistica
- E Il movimento impressionista è alla ricerca del bello e illustra la vita connotata da ritmi piacevoli e vissuta con spensieratezza.Con l'espressionismo il "brutto" diviene una vera e propria categoria estetica

585 Agli inizi del XIX secolo la possibilità di realizzare edifici con spazi di grandi dimensioni e strutture portanti di ridotte dimensioni è dovuta:

- A al perfezionamento dei metodi costruttivi tradizionali in muratura
- B alla introduzione della ghisa e del ferro
- C alla scoperta del cemento armato
- D all'abbandono del marmo
- E al miglioramento delle tecniche di preparazione del legno

586 Nella cattedrale romanica lo spazio individuato da una volta a crociera (campata) è caratterizzato costruttivamente da:

- A quattro archi
- B sei archi
- C otto archi
- D dodici archi
- E un numero di archi variabile da tre a sei

587 Questo prodotto è stato utilizzato da un famoso artista per la composizione di un'opera d'arte. Da chi?

- A Andy Warhol
- B Roy Lichtenstein
- C Piet Mondrian
- D Mario Schifano
- E Jeff Koons

588 Individuare l'alternativa che presenta l'abbinamento corretto tra opera e suo committente.

1. **Palazzina di caccia di Stupinigi (Juvarra)**
2. **Duomo di Rimini (Leon Battista Alberti)**
3. **Reggia di Caserta (Vanvitelli)**
4. **La Sacra Famiglia (Michelangelo)**

- **a. Vittorio Amedeo II di Savoia**
- **b. Famiglia Doni**
- **c. Sigismondo Pandolfo Malatesta**
- **d. Carlo III di Borbone**

- A 1-a; 2-c; 3-d; 4-b
- B 1-b; 2-c; 3-a; 4-d
- C 1-a; 2-b; 3-d; 4-c
- D 1-c; 2-a; 3-d; 4-b
- E 1-a; 2-b; 3-c; 4-d

589 Il campanile di Giotto a Firenze è a pianta:

- A quadrata con contrafforti angolari poligonali
- B poligonale ottagona con rinforzi angolari circolari
- C mistilinea
- D circolare
- E esagonale

590 Quale delle seguenti affermazioni sulla volta a crociera è falsa?
- A È ottenuta dall'intersezione di quattro volte a botte
- B È formata da quattro vele
- C È tipica dell'architettura romanica
- D È caratterizzata costruttivamente da archi a tutto sesto
- E Se gli archi sono a sesto acuto, viene detta volta a crociera gotica

591 Abbinare allo schema di ogni arco la corretta nomenclatura.

1.
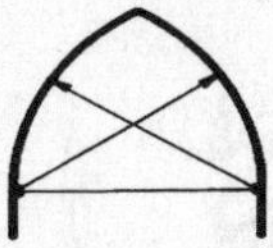
2.
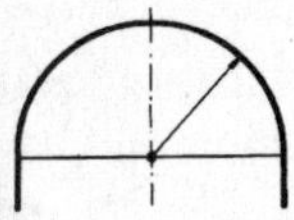
3.
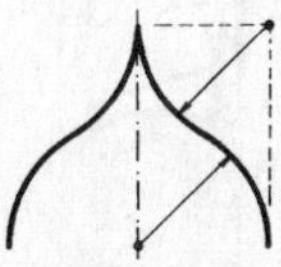
4.
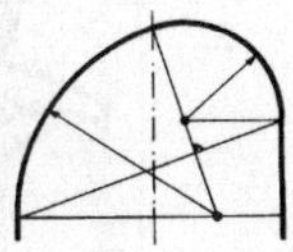

a. arco rampante
b. arco inflesso o a fiamma
c. arco a sesto acuto
d. arco a tutto sesto
- A 1-c; 2-d; 3-b; 4-a;
- B 1-a; 2-d; 3-b; 4-c;
- C 1-d; 2-a; 3-c; 4-b;
- D 1-c; 2-a; 3-d; 4-b;
- E 1-d; 2-b; 3-c; 4-a;

592 La Triennale è situata in un edificio chiamato:
- A Palazzo della Ragione
- B Palazzo Tè
- C Palazzo dell'Arte
- D Palazzo del Design
- E Palazzo Reale

593 Carlo Magno fu incoronato imperatore nell' 800 d.C. da papa:
- A Giovanni I
- B Vittorio V
- C Leone III
- D Leone I
- E Pio II

594 Quale dei seguenti è un colore primario?
- A Ciano
- B Bianco
- C Nero
- D Rosso
- E Magenta

595 Il Sinn Féin, partito indipendentista e repubblicano, fondato nel 1905, rimanda ad UNO dei seguenti, storicamente contesi, contesti geografici: quale?
- A Malta
- B Cipro
- C Corsica
- D Falkland
- E Irlanda

596 La guerra che nel 1967 oppose Israele a una coalizione di Paesi arabi è nota come "guerra dei sei giorni" e si concluse con:
- A la vittoria israeliana
- B l'invio dei caschi blu dell'Onu
- C un armistizio voluto da Usa e Urss
- D la vittoria araba
- E un armistizio mediato dalla Nato

597 Individuare l'alternativa che abbina correttamente la tipologia di arco allo stile architettonico di cui è caratteristico.
- A Arco a sesto acuto – gotico; arco a tutto sesto – rococò; arco inflesso o a fiamma – moresco; arco rampante – romanico
- B Arco a sesto acuto – romanico; arco a tutto sesto – romanico; arco inflesso o a fiamma – gotico; arco rampante – gotico
- C Arco a sesto acuto – gotico; arco a tutto sesto – romanico; arco inflesso o a fiamma – gotico; arco rampante – gotico
- D Arco a sesto acuto – romanico; arco a tutto sesto – romanico; arco inflesso o a fiamma – gotico; arco rampante – moresco
- E Arco a sesto acuto – barocco; arco a tutto sesto – rococò; arco inflesso o a fiamma – moresco; arco rampante – gotico

598 «I have a dream...» («Ho un sogno...»). Washington, 28 agosto 1963. Qual era il sogno in questione?
- A La fine della guerra in Corea
- B La concessione di una Costituzione
- C La fine della discriminazione razziale
- D La "nuova frontiera" della politica americana
- E La fine della schiavitù

599 Il trattato di Parigi firmato nel 1898 ridusse Cuba a protettorato:
- A brasiliano
- B francese
- C statunitense
- D portoghese
- E spagnolo

600 Abbinare alle lettere A, B, C e D presenti in figura la corretta nomenclatura dell'elemento che contrassegnano.

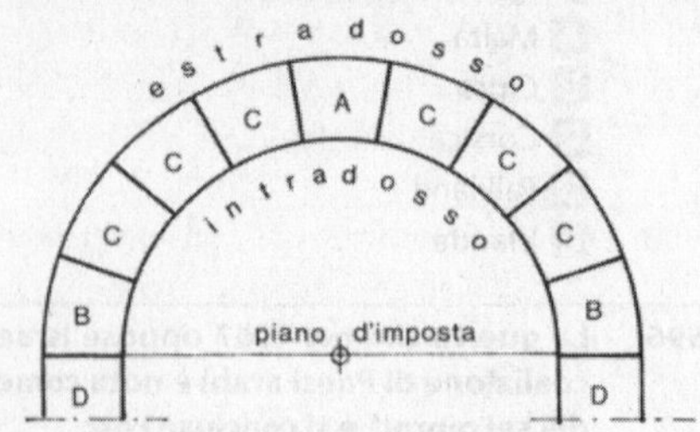

- **A** A - chiave di volta; B - conci; C - peduccio o pietra d'imposta; D - piedritto
- **B** A - piedritto; B - peduccio o pietra d'imposta; C - conci; D - chiave di volta
- **C** A - peduccio o pietra d'imposta; B - chiave di volta; C - conci; D - piedritto
- **D** A - chiave di volta; B - piedritto; C - conci; D - peduccio o pietra d'imposta
- **E** A - chiave di volta; B - peduccio pietra d'imposta; C - conci; D - piedritto

601 L'espressione *Sezione Aurea* sta a indicare:

- **A** in un edificio barocco, la decorazione placcata in oro
- **B** un disegno tecnico in cui l'oggetto o l'edificio compare sezionato da un piano verticale che meglio ne mostra le caratteristiche interne
- **C** una proporzione geometrica che divide un segmento in due parti con un rapporto armonico tra di loro
- **D** nel tempio greco, la cella nella quale è collocata in posizione privilegiata la statua della divinità
- **E** tutte le precedenti risposte sono errate

602 La Giovine Italia fu fondata da:

- **A** Giuseppe Garibaldi
- **B** Carlo Cattaneo
- **C** Ciro Menotti
- **D** Giuseppe Mazzini
- **E** Camillo Benso Conte di Cavour

603 A chi si deve l'ideazione del *Modulor*, una delle più interessanti applicazioni della sezione aurea come sistema su cui basare le proporzioni di tutti gli spazi dedicati alla vita dell'uomo?

- **A** Leon Battista Alberti
- **B** Le Corbusier
- **C** Giò Ponti
- **D** Leonardo Da Vinci
- **E** Giotto

604 Individuare la successione cronologica corretta, dal più antico al più recente, degli edifici di cui sono riprodotte le sezioni.

1.
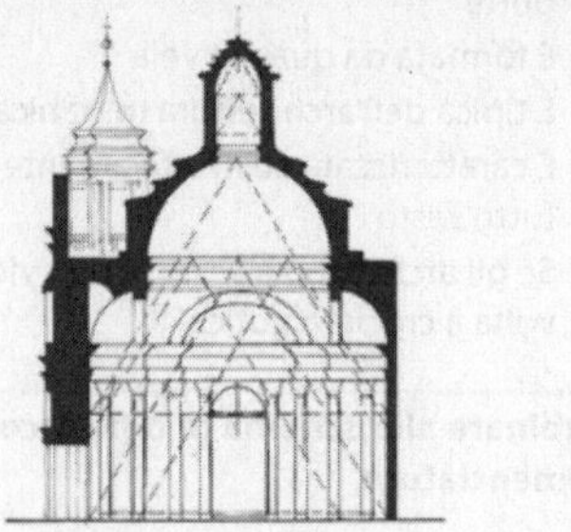

2.

3.
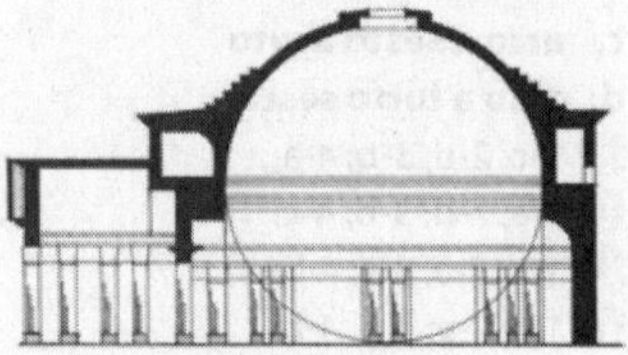

4.

5.
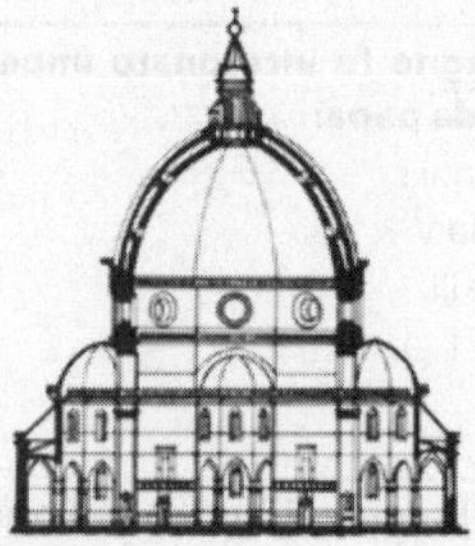

- **A** 3; 4; 2; 1; 5
- **B** 4; 2; 3; 5; 1
- **C** 4; 2; 5; 3; 1
- **D** 4; 3; 2; 1; 5
- **E** 3; 4; 2; 5; 1

605 Quale delle sequenze proposte è corretta dal punto di vista cronologico?

A Leonardo da Vinci
Filippo Brunelleschi
Gian Lorenzo Bernini
Amedeo Modigliani
Antonio Canova

B Filippo Brunelleschi
Leonardo da Vinci
Gian Lorenzo Bernini
Antonio Canova
Amedeo Modigliani

C Filippo Brunelleschi
Gian Lorenzo Bernini
Leonardo da Vinci
Antonio Canova
Amedeo Modigliani

D Leonardo da Vinci
Filippo Brunelleschi
Gian Lorenzo Bernini
Antonio Canova
Amedeo Modigliani

E Amedeo Modigliani
Leonardo da Vinci
Filippo Brunelleschi
Gian Lorenzo Bernini
Antonio Canova

606 Abbinare a ognuno dei disegni seguenti, relativi alle coperture ad arco, la corretta nomenclatura.

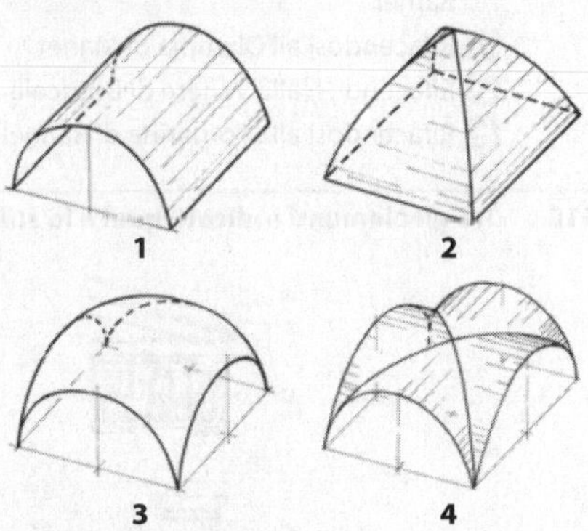

a. Volta a padiglione
b. Volta a vela
c. Volta a crociera
d. Volta a botte

A 1-b; 2-a; 3-c; 4-d;
B 1-d; 2-b; 3-c; 4-d;
C 1-a; 2-d; 3-b; 4-c;
D 1-d; 2-a; 3-b; 4-c;
E 1-a; 2-b; 3-d; 4-c;

607 Che cosa sancì il XX congresso del Partito Comunista dell'Unione Sovietica (PCUS)?

A L'arresto di Lavrenty Beria
B Il rifiuto del marxismo-leninismo
C L'invasione dell'Ungheria
D La dissoluzione dell'impero Sovietico
E La fine dello stalinismo

608 In una chiesa che cos'è il *transetto*?

A Un elemento decorativo a forma di semipilastro o di semicolonna, addossato a un muro e in risalto
B La parte terminale della chiesa, situata dietro l'altare, chiaramente visibile anche dall'esterno
C Un elemento decorato a forma di piramide tronca rovesciata posto tra il capitello e l'inizio dell'arco
D Una navata posta perpendicolarmente al percorso che porta all'altare, tra la navata principale e l'abside
E Un piccolo atrio posto all'ingresso delle chiese romaniche, in forma di edicoletta sostenuta da colonne

609 La novità dell'architettura gotica fu la scomparsa delle spesse masse murarie tipiche del romanico; quale innovazione tecnica permise ciò?

A Il sistema dei contrafforti esterni
B La diminuzione dell'altezza degli edifici
C L'introduzione della ghisa e del ferro
D L'introduzione del calcestruzzo armato
E L'uso di pilastri a fascio anziché a sezione circolare o quadrata

610 Il progetto di ampliamento della basilica di San Pietro di Carlo Maderno propone:

A la trasformazione della navata centrale
B l'innesto di un porticato antistante l'ingresso
C l'innesto di un corpo longitudinale e la relativa trasformazione della pianta a croce greca in croce latina
D il restauro degli affreschi all'interno della basilica
E l'aggiunta di un'abside

611 Nella città greca, il *bouleutérion* è:

A un edificio che ospita il consiglio della *polis*
B la piazza principale
C la parte più alta della città
D la parte esterna alle mura, dove i contadini coltivano i campi
E una parte della casa a cielo aperto

612 In ambito architettonico la *capriata* è:
- A una costruzione a volta che ricopre un ambiente circolare, poligonale o ellissoidale
- B nelle chiese, lo spazio compreso fra quattro pilastri con volta a crociera
- C una struttura architettonica formata da tre travi disposte a triangolo isoscele
- D un elemento architettonico che costituisce la struttura di una volta o di una cupola, di cui suddivide la superficie, convogliando le spinte ai pilastri di sostegno
- E una finestra divisa verticalmente in due parti da una piccola colonna o pilastro e sormontata da un arco

613 Il tempio raffigurato nello schema è un tempio:

- A pseudoperiptero
- B prostilo
- C in antis
- D periptero
- E diptero

614 Quale tra i seguenti personaggi politici russi era Presidente dell'URSS al momento della sua dissoluzione?
- A Putin
- B Lenin
- C Breznev
- D Gorbaciov
- E Eltsin

615 Il dipinto di Claude Monet qui raffigurato:

- A è il quadro più rappresentativo della pittura romantica
- B è stato dipinto in altre due versioni in differenti condizioni di luce
- C ispirò a un critico il nome del movimento *impressionismo*
- D suscitò scandalo al Salon des Refusés
- E è un dipinto di denuncia sociale

616 Indicare titolo e autore dell'opera riportata in figura.

- A Jacques-Louis-David – *Le Sabine*
- B Jacques-Louis-David – *Il giuramento degli Orazi*
- C Jean-Auguste-Dominique Ingres – *Ruggiero mentre salva Angelica*
- D Jacopo Tintoretto – *Il miracolo di San Marco che libera lo schiavo*
- E Jean-Auguste-Dominique Ingres – *Il giuramento degli Orazi*

617 Secondo quale ideale di bellezza Ingres ha dipinto le venticinque donne nude nel quadro *Bagno turco*?
- A Rifacendosi alla prima moglie Madelaine Chapelle
- B Rifacendosi alla seconda moglie Delphine Ramel
- C Rifacendosi all'Olympia di Manet
- D Rifacendosi alla Venere di Botticelli
- E Rifacendosi alla Fornarina di Raffaello

618 Tra gli elementi indicati, qual è lo *stilobate*?

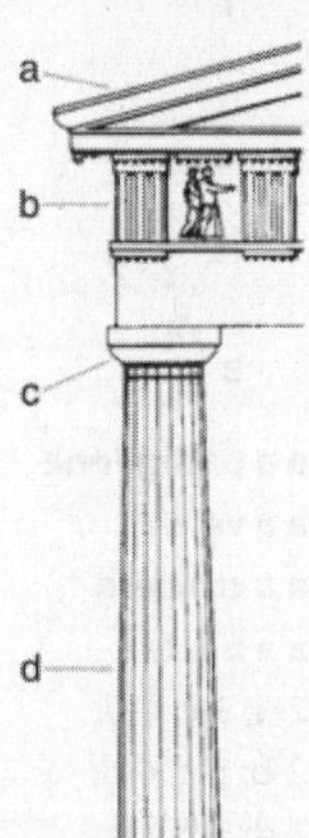

A a   B b   C c   D d   E e

619 Quale delle seguenti affermazioni NON è tipica della tecnica pittorica di Van Gogh?

A Accostamenti cromatici evidenti attraverso l'uso di colori complementari
B Pennellate contorte, grosse e vorticose
C Realtà interpretata in modo fotografico
D Segno immediato e nervoso
E Arte come espressione di una tensione interiore

620 Abbinare correttamente il pittore e l'opera di sua creazione.

1. **Mondrian**
2. **Magritte**
3. **Kandinskij**
4. **Van Gogh**
5. **Seurat**

a. ***Ritmo Linee Nere***
b. ***Il cavaliere azzurro***
c. ***I mangiatori di patate***
d. ***Questa non è una pipa***
e. ***Una domenica pomeriggio sull'isola della Grande-Jatte***

A 1-a; 2-d; 3-b; 4-c; 5-e;
B 1-c; 2-a; 3-b; 4-e; 5-d;
C 1-b; 2-a; 3-e; 4-c; 5-d;
D 1-b; 2-d; 3-a; 4-e; 5-c;
E 1-a; 2-b; 3-c; 4-d; 5-e;

621 In Italia lo Stile Liberty prese il suo nome dai magazzini inglesi proprietà di Arthur Lasenby Liberty. Il medesimo stile assunse localmente nomi diversi; in Spagna fu chiamato:

A Juqendstil
B Style Guimard
C Modernismo
D Espressionismo
E Fauves

622 Qual è l'ordine cronologico corretto per le seguenti opere scultoree?

1. ***Amore e Psiche*** **(Canova)**
2. ***David*** **(Michelangelo)**
3. ***Sviluppo di una bottiglia nello spazio*** **(Boccioni)**
4. ***Discobolo*** **(Mirone)**
5. ***Apollo e Dafne*** **(Bernini)**

A 4, 3, 2, 5, 1
B 1, 2, 4, 3, 5
C 4, 2, 5, 1, 3
D 1, 3, 5, 4, 2
E 2, 5, 4, 1, 3

623 Individuare il celebre affresco a cui appartiene il particolare dell'immagine e il suo autore.

A *La scuola di Atene* – Raffaello
B *Giudizio Universale* – Michelangelo
C *Diluvio Universale* – Michelangelo
D *Giudizio Universale* – Raffaello
E *Creazione di Adamo* – Michelangelo

624 Nel Rinascimento, un pittore avrebbe potuto comprare i colori:

A nella bottega dello speziale
B nella bottega del farmacista
C nella bottega del tintore
D in municipio
E in chiesa

625 Quale tra gli elementi elencati NON è uno dei cinque punti della nuova architettura formulati da Le Corbusier?

A Il modulo quadrato
B Il tetto-giardino
C La finestra a nastro
D I pilotis
E La pianta libera

626 I colori fondamentali del quadro *Guernica* di Pablo Picasso sono:

A i colori primari
B i colori secondari
C nero, grigio e bianco
D giallo, arancione e rosso
E verde, azzurro e blu

627 Il seguente prodotto di Kartell è:

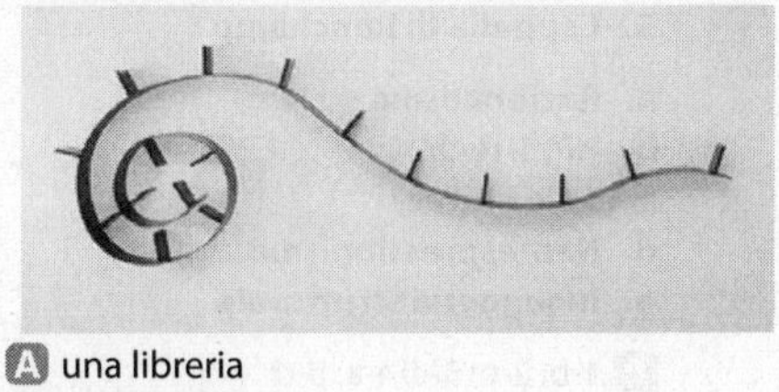

A una libreria
B una scultura
C un appendiabiti
D una lampada
E un gioco

628 **Indicare, tra le alternative proposte, chi è l'autore dell'opera riportata in figura.**

- A Henri Matisse
- B Andy Warhol
- C Joan Mirò
- D Gustav Klimt
- E Edvard Munch

629 **Il Centre Pompidou di Parigi, progettato da Renzo Piano e Richard Rogers, è l'edificio più rappresentativo di quale corrente architettonica?**

- A High-tech
- B Decostruttivismo
- C Neoespressionismo
- D Razionalismo
- E Postmoderno

630 **Di quale movimento della storia dell'architettura la Tour Eiffel è l'edificio simbolo?**

- A High-tech
- B Ingegneria strutturale
- C Art Nouveau
- D Espressionismo
- E Razionalismo

631 **Abbinare a ognuna delle seguenti realizzazioni la corrente architettonica di riferimento.**

1. **Centre Pompidou, Parigi**
2. **Crystal Palace, Londra**
3. **Casa Battlò, Barcellona**
4. **Unité d'Habitation, Marsiglia**
5. **Cappella di Ronchamp**

a. **Razionalismo**
b. **High-Tech**
c. **Stile Liberty**
d. **Neo-espressionismo**
e. **Ingegneria strutturale**

- A 1-b; 2-e; 3-c; 4-a; 5-d
- B 1-a; 2-b; 3-c; 4-d; 5-e
- C 1-e; 2-a; 3-d; 4-b; 5-c
- D 1-e; 2-b; 3-d; 4-c; 5-a
- E 1-b; 2-e; 3-d; 4-a; 5-c

632 **Il movimento dell'Art Nouveau assume denominazioni differenti a seconda dei paesi europei. Quale dei seguenti nomi NON è mai stato utilizzato?**

- A Jugendstil
- B Modern Style
- C Stile Liberty
- D Stile floreale
- E Arte nuova

633 **Chi pronunciò la storica frase "Ich bin ein Berliner!" (Io sono un berlinese!)?**

- A Dwight (Ike) Eisenhower a Berlino nel 1945
- B Federico II di Prussia a Koenigsberg nel 1743
- C John Kennedy a Berlino nel 1963
- D Herr Georg Kaplan a Riccione nel 1972
- E Willy Brandt a Berlino nel 1961

634 **Quale tra i seguenti edifici NON si trova a Firenze?**

- A Cappella dei Pazzi
- B Biblioteca Laurenziana
- C Basilica di Santa Maria Novella
- D Chiesa di Santa Maria delle Grazie
- E Palazzo della Signoria

635 **In quale sequenza cronologica sono stati costruiti i seguenti edifici?**

a. **Basilica di Sant'Ambrogio, Milano**
b. **Villa Malcontenta di Palladio**
c. **Chiesa di Santa Maria delle Grazie di Bramante, Milano**
d. **Galleria Vittorio Emanuele, Milano**
e. **Bauhaus di Gropius, Dessau**

- A a, c, b, d, e
- B a, b, c, d, e
- C c, b, a, e, d
- D b, a, c, d, e
- E c, a, b, d, e

636 **Nella battaglia di Alesia si affrontarono:**

- A Giulio Cesare e Pompeo
- B Giulio Cesare e Vercingetorige
- C Ottaviano e Antonio
- D Temistocle e Alcibiade
- E Ottaviano e Cleopatra

637 **La Basilica di San Vitale a Ravenna è a pianta:**

- A centrale ellittica
- B a croce latina
- C ottagonale
- D longitudinale
- E esagonale

638 Il quadro *Guernica* di Pablo Picasso è un'opera diventata simbolo:

- A della sensualità del corpo nudo femminile
- B della donna divoratrice e malvagia
- C della protesta contro gli orrori della guerra
- D della lotta per la libertà di varie classi sociali
- E dello stato d'animo di angoscia dell'uomo moderno

639 Chi l'autore dell'opera riprodotta in figura?

- A William Blake
- B William Turner
- C John Constable
- D Caspar David Friedrich
- E John Milton

640 La frase "sul mio regno non tramonta mai il sole" sarebbe stata pronunciata:

- A dal Gran Khan rivolgendosi a Marco Polo
- B dall'imperatore Carlo V d'Asburgo
- C da Luigi XIV di Francia detto il "Re Sole"
- D dallo Statholder KarlGustav AAkensonn di Finlandia
- E da Aleksander Nijevski dopo aver sconfitto i teutoni

641 Durante la guerra di Crimea il primo ministro piemontese ... inviò a combattere ... in quella regione.

- A Crispi; il Savoia Cavalleria
- B Cavour; i fanti della Folgore
- C D'Azeglio; il battaglione San Marco
- D Crispi; gli alpini della Julia
- E Cavour; dei bersaglieri

642 Nel 1889 il Governo Crispi compì un'importante realizzazione. Quale?

- A La riforma scolastica
- B La riforma delle Forze Armate
- C L'entrata in vigore del codice penale Zanardelli
- D La riforma amministrativa
- E Il sostegno all'impresa di Garibaldi in Sicilia

643 Indicare autore e titolo dell'opera riprodotta in figura.

- A Jean-Auguste-Dominique Ingres - *La Grande Odalisque*
- B Jacques-Louis David - *Madame Récamier*
- C Francisco Goya - *La maja desnuda*
- D Tiziano - *Venere di Urbino*
- E Edouard Manet - *Olympia*

644 Chi l'autore dell'opera riprodotta in figura?

- A Francisco Goya
- B Johann Heinrich Füssli
- C Francesco Hayez
- D Jean-Antoine Watteau
- E Jean-Auguste-Dominique Ingres

645 Individuare l'alternativa che presenta nel corretto ordine cronologico i "periodi" della produzione artistica di Pablo Picasso.

- A Periodo africano; periodo rosa; periodo blu; cubismo sintetico; cubismo analitico
- B Periodo rosa; periodo blu; periodo africano; cubismo analitico; cubismo sintetico
- C Periodo blu; periodo rosa; periodo africano; cubismo analitico; cubismo sintetico
- D Cubismo sintetico; cubismo analitico; periodo blu; periodo rosa; periodo africano
- E Periodo africano; periodo blu; periodo rosa; cubismo analitico; cubismo sintetico

646 Il motto di Casa Savoia è:

- A Ubi commoda, ibi incommoda
- B Nei secoli fedele
- C Avanti!
- D FERT
- E Neminem laedere

647 Eliminare l'intruso.

- A Pastrengo
- B Goito
- C Curtatone
- D Marengo
- E Montanara

648 In quale anno Alarico e i Visigoti saccheggiarono Roma?

- A 1084 d.C.
- B 800 d.C.
- C 410 d.C.
- D 476 a.C.
- E 476 d.C.

649 Chi ha dipinto l'opera *Primo Acquerello astratto* nel 1910?

- A Piet Mondrian
- B Vasilij Kandinskij
- C Kasimir Malevic
- D Paul Klee
- E Pablo Picasso

650 La raffigurazione bizantina del *Cristo Pantocrator* corrisponde all'immagine di:

- A Gesù sulla croce
- B Gesù bambino
- C Gesù che ascende al cielo
- D Gesù benedicente
- E Gesù adorato dai Magi

651 Antonio Canova fu il massimo interprete dello stile...

- A rococò
- B manierista
- C neoclassico
- D romantico
- E liberty

652 Chi, tra i seguenti, è stato direttore della Bauhaus?

- A Egon Schiele
- B Walter Gropius
- C Alfred Sisley
- D Andy Warhol
- E Piet Mondrian

653 Nel Liberty, la linea è la generatrice del progetto e un elemento dinamico, che nasce dal movimento di un punto nello spazio; essa si manifesta in forme diverse a seconda delle province europee. Collegare ogni tipologia di linea al paese di origine.

1. linea fluente
2. linea perpendicolare
3. linea geometrica e modulare
4. linea magmatica

a. Gran Bretagna
b. Austria
c. Francia e Belgio
d. Spagna

- A 1-b; 2-a; 3-d; 4-c;
- B 1-c; 2-a; 3-b; 4-d;
- C 1-a; 2-d; 3-b; 4-c;
- D 1-b; 2-a; 3-c; 4-d;
- E 1-c; 2-b; 3-d; 4-a;

654 Chi sono i fondatori della scuola metafisica?

- A Giorgio Morandi e Giorgio De Chirico
- B Carlo Carrà e Giorgio Morandi
- C Giorgio De Chirico e Carlo Carrà
- D Umberto Boccioni e Carlo Carrà
- E Umberto Boccioni e Giacomo Balla

655 L'*eclettismo* è un aspetto della cultura architettonica dell'Ottocento europeo, basato:

- A sul recupero e sulla rielaborazione delle principali caratteristiche delle forme artistiche precedenti, sulla base di un'attenta analisi dei monumenti antichi, più spesso riecheggiando in modo più superficiale elementi e stili
- B sul recupero del modello medioevale come periodo in cui l'arte era in grado di esprimere perfettamente il sentimento popolare, quando il lavoro manuale era concepito come nobilitante
- C sul rapporto fra struttura e rivestimento, considerato come la "pelle" espressiva dell'edificio
- D sul ripensamento dell'abitazione come una razionale "macchina da abitare", dimensionata sulle misure dell'uomo
- E sulla proposta di un'architettura organica, che si sviluppi come una forma vivente integrandosi completamente nella natura

656 Nel 1829, la Grecia si liberò:

- A dai Francesi
- B dai Britannici
- C dagli Italiani
- D dai Turchi
- E dagli Egiziani

657 Quale artista francese ci restituisce, grazie a molti quadri e disegni, la vita quotidiana di cabaret e caffè parigini del tardo Ottocento?

A Henri de Toulouse-Lautrec
B Edouard Manet
C Edgar Degas
D Gustave Courbet
E Georges Seurat

658 A quale corrente artistica appartiene il quadro rappresentato e chi è il suo autore?

A Metafisica – Magritte
B Dadaismo – Man Ray
C Surrealismo – De Chirico
D Metafisica – De Chirico
E Surrealismo – Magritte

659 Al tempo dell'ingresso dell'Italia nella Nato, il governo nazionale era a guida:

A repubblicana
B radicale
C socialista
D democristiana
E liberale

660 Quale alternativa enumera tutti i pontefici in carica nel 1978?

A Paolo VI, Giovanni Paolo I e Giovanni Paolo II
B Paolo VI e Giovanni Paolo I
C Giovanni Paolo I e Giovanni Paolo II
D Giovanni Paolo II
E Paolo VI

661 Tutti i seguenti avvenimenti storici avvennero nel 1948 tranne uno. Individuatelo.

A Varo del Piano Marshall
B Fondazione della Repubblica popolare cinese
C Fondazione dello Stato di Israele
D Entrata in vigore della Costituzione italiana
E Strappo di Tito dall'Urss

662 Qual è l'ordine cronologico corretto per le seguenti opere scultoree?

1. ***Il pensatore* (Rodin)**
2. ***Il monumento funebre a Maria Cristina d'Austria* (Canova)**
3. ***Concetto spaziale. Natura* (Lucio Fontana)**
4. ***Bronzi di Riace***
5. ***Pietà Rondanini* (Michelangelo)**

A 4, 5, 2, 1, 3
B 2, 5, 3, 1, 4
C 4, 3, 2, 5, 1
D 2, 4, 5, 1, 3
E 1, 2, 3, 4, 5

663 La chiesa rappresentata in figura appartiene all'architettura:

A paleocristiana
B ravennate
C gotica
D rinascimentale
E romana

664 A quali architetti contemporanei si devono i progetti dei seguenti grattacieli?

1. **Swiss Re Tower, Londra**
2. **Torre Agbar, Barcellona**
3. **Grattacielo Intesa-SanPaolo, Torino**
4. **Freedom Tower, Manhattan**
5. **Nuova Sede della Regione Lombardia, Milano**

a. **Jean Nouvel**
b. **Daniel Libeskind**
c. **Pei Cobb Freed & Partners**
d. **Norman Foster**
e. **Renzo Piano**

A 1-b, 2-a, 3-c, 4-d, 5-e
B 1-c, 2-d, 3-e, 4-a, 5-b
C 1-b, 2-d, 3-c, 4-a, 5-e
D 1-d, 2-a, 3-e, 4-b, 5-c
E 1-d, 2-e, 3-a, 4-b, 5-c

665 **Indicare, tra le alternative proposte, chi è l'autore dell'opera riportata: *La Libertà che guida il popolo*, 1830.**

A Claude Monet
B Edouard Manet
C Gustave Courbet
D Eugène Delacroix
E Theodore Géricault

666 **Quale era l'imperatore romano al tempo della battaglia di Teutoburgo?**

A Traiano
B Adriano
C Nerone
D Augusto
E Caligola

667 **Quale dei seguenti personaggi non rientra nei Diadochi o nelle loro dinastie?**

A Antioco III
B Annibale
C Attalo di Pergamo
D Seleuco
E Tolomeo d'Egitto

668 ***Donna e uccello*, qui rappresentata in fotografia, è una scultura di:**

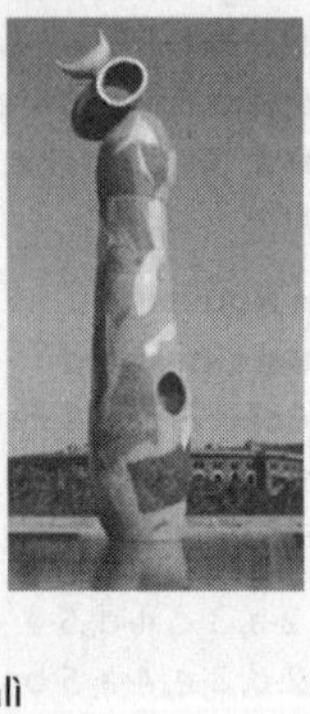

A Joan Mirò
B Salvador Dalì
C Antoni Gaudì
D Umberto Boccioni
E Marchel Duchamp

669 **Quale dei seguenti movimenti artistici nasce prima della seconda guerra mondiale?**

A Body art
B Arte povera
C Astrattismo
D Pop art
E Spazialismo

670 **Quale dei seguenti movimenti artistici nasce prima della seconda guerra mondiale?**

A Optical art
B Dadaismo
C Action painting
D Minimalismo
E Arte informale

671 **Quale artista del Novecento ha ripreso l'ambientazione del quadro *Madame Récamier* di Jacques-Louis David, qui riprodotto, ponendo però come soggetto non la donna ma la bara, al fine di accentuare la caducità della bellezza e della vita?**

A Giorgio Morandi
B Magritte
C Marc Chagall
D Picasso
E Piet Mondrian

672 **Le date 1452 - 1519 si riferiscono alla nascita e alla morte di quale dei seguenti artisti?**

A Antonio Canova
B Giotto
C Filippo Brunelleschi
D Leonardo Da Vinci
E Caravaggio

673 **Quale tra le seguenti fu una battaglia aeronavale della seconda guerra mondiale?**

A Midway
B Mandanao
C Messina
D Magonza
E Marrakesh

674 Recenti studi dell'Università di Pavia sembrano convalidare l'affermazione di Erodoto per cui gli Etruschi sarebbero originari:

A dell'Asia Minore
B del Ponto
C della Cina
D dell'India
E del Libano

675 L'affresco in figura appartiene al ciclo di affreschi:

A *della Camera degli Sposi*, Andrea Mantegna
B *della Trinità*, Masaccio
C *del Dittico dei Duchi d'Urbino*, Piero della Francesca
D *della Primavera*, Sandro Botticelli
E *della Volta della Cappella Sistina*, Michelangelo Buonarroti

676 Quale dei seguenti princìpi è tipico dell'artista Dadaista?

A L'esaltazione del dinamismo, della velocità, la fiducia nel progresso tecnologico
B La disillusione, il cinismo e la lucidità descrittiva priva di componente emozionale
C L'attenzione agli oggetti, ai miti e ai linguaggi della società dei consumi e l'uso di strumenti e mezzi non tradizionali, come il collage, la fotografia, il cinema, il video
D La casualità, l'ironia e l'utilizzo di materiali e oggetti trovati come biciclette, scolabottiglie, ecc.
E Il superamento dell'apparenza fisica della realtà, per cogliere una seconda realtà nascosta

677 Quale dei sette re di Roma, secondo la tradizione, sarebbe nato da una schiava?

A Romolo
B Tarquinio il Superbo
C Anco Marzio
D Tarquinio Prisco
E Servio Tullio

678 A quali architetti contemporanei si devono i progetti dei seguenti musei?
1. Musée d'Orsay, Parigi
2. Guggenheim Museum, Bilbao
3. Tate Modern, Londra
4. Jüdisches Museum, Berlino
5. MART, Rovereto
a. Frank O. Gehry
b. Daniel Libeskind
c. Gae Aulenti
d. Mario Botta
e. Herzog & de Meuron

A 5-d, 2-a, 4-b, 3-e, 1-c
B 3-e, 1-c, 2-d, 4-b, 5-a
C 4-e, 2-c, 3-a, 1-d, 5-b
D 1-c, 2-a, 5-b, 3-e, 4-d
E 2-c, 1-a, 4-e, 3-d, 5-b

679 Le suffragette, che hanno costituito un movimento nato in Inghilterra, erano:

A donne che si battevano per la morale
B donne che assistevano i soldati in guerra
C dame di carità
D donne che chiedevano il diritto di voto
E infermiere

680 Quale, fra i seguenti uomini politici, non partecipò alla redazione della "Dichiarazione d'indipendenza" degli Stati Uniti d'America (1776)?

A George Washington
B Robert Livingston
C Roger Sherman
D John Adams
E Thomas Jefferson

681 Quale, fra queste residenze, non è opera di Andrea Palladio?

A la Farnesina
B la Badoera
C la Pojana
D la Malcontenta
E la Rotonda

682 Stabilire l'ordine con cui si sono succedute le seguenti battaglie:
a. battaglia di Canne
b. battaglia di Filippi
c. battaglia di Farsalo
d. battaglia di Azio
e. battaglia di Zama

A a - e - c - b - d
B e - a - d - b - c
C a - c - b - e - d
D d - c - b - a - e
E d - b - c - e - a

683 Cosa si indica con il termine "arte informale"?

- A Il gruppo di artisti attivi a New York nell'immediato dopoguerra con differenti stili né astratti né espressionisti
- B La propensione di un artista a privilegiare, esasperandolo, il dato emotivo della realtà rispetto a quello percepibile oggettivamente
- C Movimento intellettuale negli anni Venti a Parigi che criticava radicalmente la razionalità cosciente, e promuoveva la liberazione delle potenzialità immaginative dell'inconscio per uno stato conoscitivo "oltre" la realtà
- D Movimento europeo nato nel decennio tra gli anni Cinquanta e Sessanta in forte polemica con tutto ciò che potesse essere riconducibile ad una forma, sia essa figurativa o anche astratta
- E Movimento nato a Zurigo e sviluppatosi tra il 1916 e il 1920 che concentrava la sua politica anti bellica nel rifiuto degli standard artistici con opere contro l'arte stessa

684 La tecnica di quale pittore del XX secolo consisteva nel far sgocciolare il colore sulla tela?

- A Mark Rothko
- B Piet Mondrian
- C Georges Braque
- D Roy Lichtenstein
- E Jackson Pollock

685 A quale capo di stato del XX secolo fu dato il nome di "Grande timoniere"?

- A Mao Tse-Tung
- B Hirohito
- C Saddam Hussein
- D Idi Amin Dada
- E Ho Chi Minh

686 Il Duomo di Siena, rappresentato in figura, appartiene all'architettura:

- A romanica
- B gotica
- C barocca
- D rinascimentale
- E bizantina

687 Cosa si intende con il termine architettonico "claristorio" riferito agli edifici di culto?

- A Il sistema delle cappelle radiali
- B Il sistema delle due torri in facciata
- C Il sistema delle volte
- D La fascia finestrata che illumina la navata maggiore
- E L'elemento che precede l'ingresso

688 Il 17 ottobre 1797, tra Napoleone Bonaparte e gli Asburgo d'Austria fu firmato:

- A il trattato di Verdun
- B il trattato di Versailles
- C il trattato di Lunéville
- D il trattato di Leoben
- E il trattato di Campoformio

689 Quale dei seguenti elementi NON si ritrova comunemente nell'architettura greca classica?

- A Colonna
- B Volta
- C Timpano
- D Modanatura
- E Capitello

690 Di quale periodo è tipico l'elemento architettonico del *pulvino*?

- A Architettura bizantina
- B Architettura romanica
- C Architettura gotica
- D Architettura barocca
- E Architettura neoclassica

691 A quale corrente artistica appartiene la seguente opera e chi è il suo autore?

- A Futurismo, Umberto Boccioni
- B Cubismo, Pablo Picasso
- C Cubismo, George Braque
- D Astrattismo, Paul Klee
- E Dadaismo, Marcel Duchamp

692 Che cos'è il mezzorilievo?

- A Il piano di un edificio che si trova tra il pianterreno e il primo piano
- B Il basamento su cui poggiano gli edifici pubblici monumentali onde elevarsi dalla strada
- C Una tecnica figurativa mista di pittura e scultura
- D Un tipo di scultura preistorica
- E Una scultura che sta tra il bassorilievo e il rilievo intero

693 Che cosa è il *pulvino?*

- A Un elemento architettonico di sostegno sporgente dal muro
- B Un elemento architettonico strutturale a forma tronco-piramidale rovesciata, posto tra il capitello della colonna e l'imposta dell'arco
- C Un elemento architettonico decorativo che si configura con un andamento a spirale
- D Un elemento architettonico decorativo impiegato nel fregio dell'ordine dorico
- E Una modanatura concava a sezione semicircolare o formata dal raccordo di due archi

694 A quali dei seguenti artisti e delle seguenti correnti è riconducibile l'interno rappresentato in fotografia?

- A Antoni Gaudì – stile Liberty
- B Salvador Dalì – Surrealismo
- C Salvador Dalì – Metafisica
- D Man Ray - Dadaismo
- E Antoni Gaudì - Modernismo

695 Quale tra i seguenti architetti NON ha contribuito alla progettazione della basilica di San Pietro a Roma?

- A Francesco Borromini
- B Gian Lorenzo Bernini
- C Bramante
- D Michelangelo
- E Carlo Maderno

696 Abbinare correttamente alle seguenti immagini il nome del prodotto di design raffigurato e del suo progettista.

1. 

2. 

3. 

4. 

5. 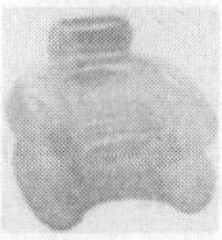

- **a. Poltrona Up – Gaetano Pesce**
- **b. Poltrona Sacco – Piero Gatti e Cesare Paolini**
- **c. Sedile Sella – Achille e Pier Giacomo Castiglioni**
- **d. Sedile Mezzadro – Achille e Pier Giacomo Castiglioni**
- **e. Poltrona Blow – Jonathan De Pas, Donato D'Urbino e Paolo Lomazzi**

- A 1-c; 2-d; 3-a; 4-b; 5-e
- B 1-d; 2-c; 3-e; 4-b; 5-a
- C 1-c; 2-d; 3-e; 4-a; 5-b
- D 1-c; 2-e; 3-a; 4-d; 5-b
- E 1-b; 2-c; 3-e; 4-d; 5-a

697 L'arte minoica fiorì:

- A a Malta
- B a Sparta
- C ad Atene
- D a Creta
- E a Micene

698 Quale dei seguenti gerarchi fascisti non morì durante la seconda guerra mondiale o in seguito al crollo del regime?

- A Italo Balbo
- B Dino Grandi
- C Alessandro Pavolini
- D Achille Starace
- E Galeazzo Ciano

699 Chi è l'autore del quadro *Risveglio al mattino*, a cui appartiene il seguente particolare?

- **A** Piet Mondrian
- **B** Joan Mirò
- **C** Theo Van Doesburg
- **D** Wassily Kandinsky
- **E** Paul Klee

700 Individuare i corretti accoppiamenti tra la serie degli architetti e delle opere.

1) Walter Gropius
2) Renzo Piano e Richard Rogers
3) Shigeru Ban
4) Mies van der Rohe
5) Hector Guimard

a) Institute of Technology, Chicago
b) stazione metropolitana, Parigi
c) Nuovo Centre Pompidou, Metz
d) Bauhaus, Dessau
e) Centre Pompidou, Parigi

- **A** 1-d; 2-e; 3-c; 4-a; 5-b
- **B** 1-e; 2-a; 3-b; 4-c; 5-d
- **C** 1-c; 2-b; 3-a; 4-d; 5-e
- **D** 1-c; 2-a; 3-d; 4-e; 5-b
- **E** 1-b; 2-c; 3-e; 4-d; 5-a

Soluzioni

Quesito	Risposta	Quesito	Risposta	Quesito	Risposta	Quesito	Risposta	Quesito	Risposta	Quesito	Risposta	Quesito	Risposta	Quesito	Risposta	Quesito	Risposta	Quesito	Risposta
1	A	2	A	3	D	4	E	5	E	6	C	7	B	8	C	9	B	10	B
11	B	12	A	13	A	14	E	15	B	16	A	17	A	18	E	19	B	20	C
21	B	22	C	23	E	24	A	25	B	26	A	27	B	28	C	29	D	30	E
31	D	32	E	33	E	34	B	35	D	36	A	37	E	38	A	39	B	40	C
41	A	42	D	43	A	44	D	45	C	46	A	47	D	48	B	49	E	50	A
51	E	52	B	53	D	54	E	55	E	56	D	57	A	58	D	59	B	60	C
61	B	62	D	63	E	64	B	65	D	66	B	67	E	68	C	69	E	70	B
71	D	72	A	73	B	74	B	75	B	76	D	77	A	78	C	79	D	80	C
81	D	82	B	83	D	84	D	85	B	86	B	87	E	88	D	89	B	90	C
91	C	92	B	93	D	94	C	95	E	96	A	97	D	98	A	99	B	100	D
101	C	102	E	103	A	104	E	105	A	106	C	107	D	108	B	109	D	110	C
111	E	112	A	113	B	114	C	115	C	116	B	117	A	118	A	119	A	120	E
121	D	122	C	123	D	124	E	125	B	126	B	127	D	128	D	129	C	130	A
131	C	132	B	133	E	134	B	135	A	136	C	137	D	138	C	139	B	140	D
141	D	142	B	143	C	144	B	145	D	146	D	147	C	148	C	149	A	150	A
151	D	152	B	153	C	154	B	155	B	156	C	157	A	158	D	159	B	160	D
161	A	162	B	163	D	164	E	165	C	166	D	167	C	168	D	169	E	170	B
171	C	172	E	173	C	174	D	175	C	176	C	177	C	178	D	179	B	180	B
181	E	182	B	183	D	184	D	185	D	186	A	187	A	188	B	189	C	190	E
191	D	192	D	193	B	194	A	195	E	196	D	197	D	198	A	199	A	200	D
201	C	202	C	203	C	204	D	205	A	206	A	207	E	208	C	209	C	210	D
211	D	212	B	213	B	214	B	215	E	216	C	217	D	218	E	219	B	220	B
221	A	222	D	223	C	224	B	225	A	226	C	227	B	228	A	229	A	230	A
231	D	232	C	233	D	234	E	235	E	236	D	237	B	238	B	239	E	240	D
241	D	242	A	243	C	244	D	245	B	246	B	247	A	248	A	249	C	250	B
251	C	252	D	253	E	254	D	255	B	256	D	257	E	258	B	259	C	260	D
261	B	262	B	263	D	264	C	265	A	266	D	267	B	268	C	269	E	270	C
271	E	272	C	273	A	274	A	275	D	276	A	277	A	278	C	279	C	280	A
281	C	282	D	283	C	284	D	285	C	286	D	287	C	288	B	289	A	290	A
291	A	292	E	293	A	294	D	295	D	296	C	297	D	298	C	299	E	300	C
301	B	302	E	303	D	304	C	305	B	306	C	307	D	308	A	309	E	310	C
311	D	312	E	313	A	314	B	315	E	316	A	317	D	318	B	319	B	320	A
321	A	322	D	323	D	324	D	325	C	326	C	327	C	328	C	329	C	330	E
331	A	332	A	333	C	334	D	335	A	336	C	337	C	338	A	339	B	340	B
341	A	342	B	343	A	344	B	345	D	346	D	347	C	348	C	349	C	350	A

Quesito	Risposta	Quesito	Risposta	Quesito	Risposta	Quesito	Risposta	Quesito	Risposta	Quesito	Risposta	Quesito	Risposta	Quesito	Risposta	Quesito	Risposta	Quesito	Risposta
351	E	352	A	353	C	354	C	355	A	356	E	357	A	358	A	359	D	360	E
361	A	362	A	363	E	364	A	365	C	366	A	367	A	368	B	369	A	370	D
371	A	372	C	373	A	374	E	375	B	376	C	377	B	378	D	379	A	380	B
381	C	382	D	383	D	384	C	385	D	386	A	387	B	388	A	389	A	390	A
391	D	392	A	393	D	394	A	395	E	396	C	397	E	398	B	399	D	400	B
401	D	402	D	403	D	404	A	405	D	406	A	407	C	408	A	409	E	410	A
411	D	412	A	413	D	414	D	415	C	416	C	417	A	418	A	419	D	420	B
421	A	422	E	423	C	424	A	425	D	426	C	427	C	428	B	429	E	430	E
431	A	432	D	433	C	434	D	435	E	436	E	437	A	438	C	439	B	440	C
441	A	442	E	443	E	444	C	445	A	446	A	447	C	448	C	449	E	450	B
451	B	452	D	453	C	454	C	455	A	456	C	457	A	458	B	459	C	460	A
461	B	462	A	463	C	464	D	465	D	466	A	467	C	468	B	469	B	470	C
471	D	472	C	473	C	474	E	475	E	476	D	477	E	478	E	479	A	480	C
481	A	482	B	483	D	484	A	485	B	486	D	487	A	488	B	489	C	490	C
491	B	492	A	493	E	494	B	495	A	496	E	497	E	498	E	499	C	500	A
501	B	502	A	503	A	504	C	505	C	506	B	507	B	508	C	509	C	510	C
511	D	512	B	513	B	514	C	515	E	516	B	517	D	518	A	519	A	520	E
521	E	522	A	523	D	524	A	525	B	526	E	527	C	528	A	529	A	530	E
531	C	532	C	533	B	534	D	535	D	536	B	537	A	538	D	539	B	540	C
541	A	542	B	543	B	544	A	545	A	546	B	547	B	548	E	549	B	550	D
551	D	552	B	553	C	554	D	555	B	556	B	557	C	558	B	559	C	560	A
561	A	562	A	563	D	564	D	565	C	566	C	567	C	568	D	569	A	570	C
571	B	572	B	573	B	574	D	575	C	576	D	577	A	578	C	579	B	580	E
581	B	582	B	583	B	584	C	585	B	586	A	587	A	588	A	589	A	590	A
591	A	592	C	593	C	594	D	595	E	596	A	597	C	598	C	599	C	600	E
601	C	602	D	603	B	604	E	605	B	606	D	607	E	608	D	609	A	610	C
611	A	612	C	613	B	614	D	615	C	616	B	617	E	618	E	619	C	620	A
621	C	622	C	623	E	624	A	625	A	626	C	627	A	628	D	629	A	630	B
631	A	632	E	633	C	634	D	635	A	636	B	637	C	638	C	639	D	640	B
641	E	642	C	643	C	644	C	645	C	646	D	647	D	648	C	649	B	650	D
651	C	652	B	653	B	654	C	655	A	656	D	657	A	658	D	659	D	660	A
661	B	662	A	663	B	664	D	665	D	666	D	667	B	668	A	669	C	670	B
671	B	672	D	673	A	674	A	675	A	676	D	677	E	678	A	679	D	680	A
681	A	682	A	683	D	684	E	685	A	686	B	687	D	688	E	689	B	690	A
691	E	692	E	693	B	694	B	695	A	696	A	697	D	698	B	699	B	700	A

parte seconda

DISEGNO e RAPPRESENTAZIONE

Quesiti

701 Come mostrato in figura, un ritaglio di cartoncino può essere ripiegato per creare una scatoletta.

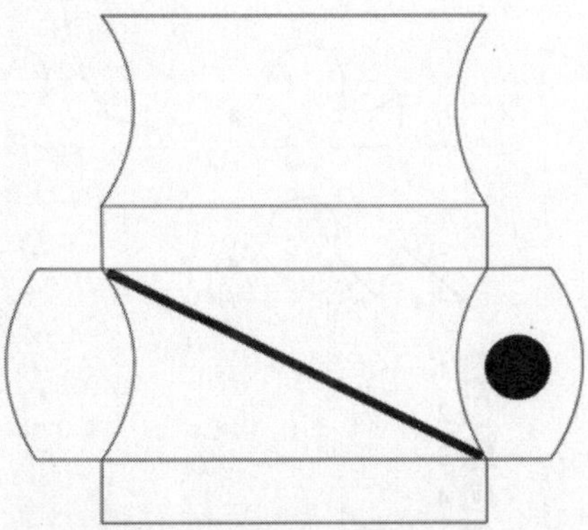

Quali delle seguenti scatolette possono essere state create dal ritaglio di cartoncino?

1 2 3 4 5

- **A** 1, 2 e 3
- **B** 1, 3 e 5
- **C** 2, 3 e 4
- **D** 2, 3 e 5
- **E** 3, 4 e 5

702 Associare a ogni pianta la corrispondente immagine fotografica.

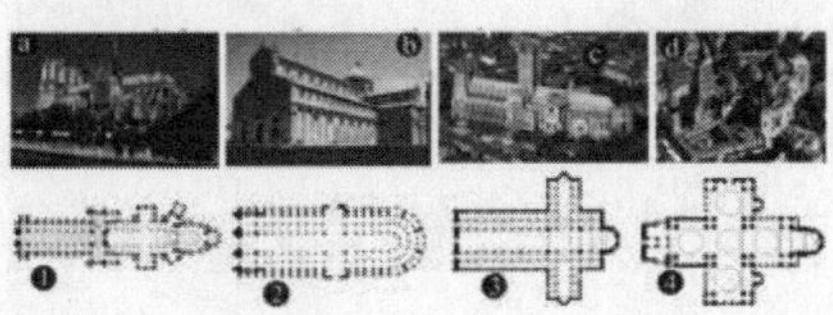

- **A** 1–d, 2–c, 3–b, 4–a
- **B** 1–c, 2–a, 3–b, 4–d
- **C** 1–a, 2–d, 3–c, 4–b
- **D** 1–c, 2–a, 3–d, 4–b
- **E** 1–a, 2–b, 3–c, 4–d

703 Classificare i disegni sottostanti servendosi dell'appropriata terminologia per indicare il tipo di rappresentazione utilizzata.

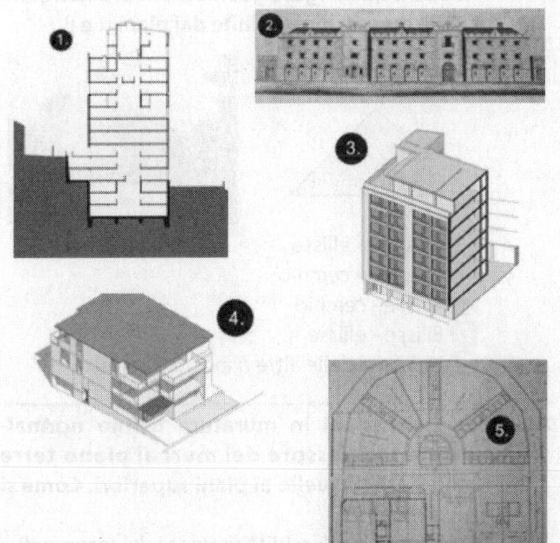

- **A** 1- Prospetto, 2- Planimetria, 3- Sezione, 4- Assonometria ortogonale isometrica, 5- Spaccato assonometrico
- **B** 1- Sezione, 2- Prospetto, 3- Spaccato assonometrico, 4- Assonometria ortogonale isometrica, 5- Planimetria
- **C** 1- Planimetria, 2- Sezione, 3- Assonometria ortogonale isometrica, 4- Spaccato assonometrico, 5- Prospetto
- **D** 1- Sezione, 2- Spaccato assonometrico, 3- Prospetto, 4- Assonometria ortogonale isometrica, 5- Planimetria
- **E** 1- Spaccato assonometrico, 2- Prospetto, 3- Sezione, 4- Planimetria, 5- Assonometria ortogonale isometrica

704 **Immaginando che il solido seguente venga tagliato secondo il piano indicato, quale delle cinque figure rappresenterebbe correttamente la sezione?**

A B C D E

705 **Il disegno qui riportato rappresenta schematicamente la sezione mediana verticale della copertura (visibile nella foto) del planetario di Greenwich, identificabile con un tronco di cono di rotazione intorno all'asse a. Indicare quali figure geometriche si ottengono con le due sezioni definite dai piani α e β.**

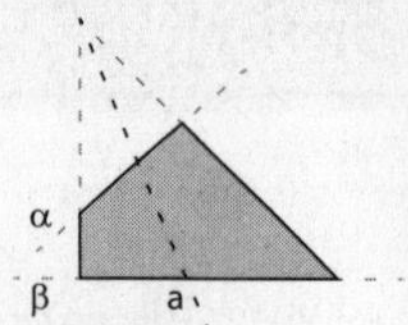

A Cerchio - ellisse
B Cerchio - cerchio
C Ellisse - cerchio
D Ellisse - ellisse
E Nessuna delle altre risposte è corretta

706 **Le costruzioni in muratura hanno normalmente lo spessore dei muri al piano terra maggiore di quello ai piani superiori. Come si giustifica?**

A Per ridurre l'umidità risalente dal terreno di fondazione
B Per aumentare la resistenza contro le possibili pressioni dall'esterno
C Per sopportare meglio i carichi che risultano progressivamente decrescenti dal piano terra ai piani più alti
D In ossequio a regole tradizionali
E Nessuna delle precedenti

707 **Quale tra le seguenti figure solide (da 1 a 5) può essere aggiunta al solido (*a*) in maniera tale da ottenere un cubo?**

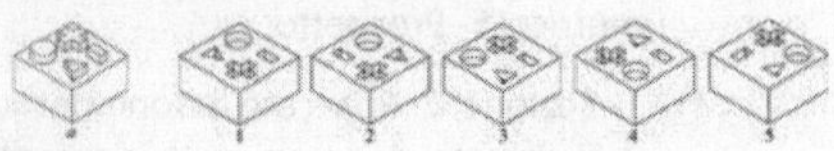

A 1
B 2
C 3
D 4
E 5

708 **Individuare la curva mistilinea generatrice della superficie di rivoluzione rappresentata in figura.**

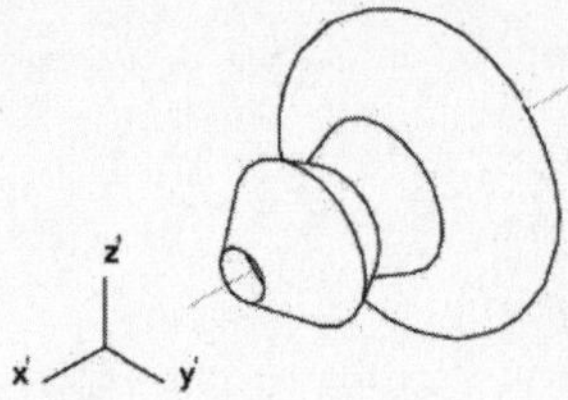

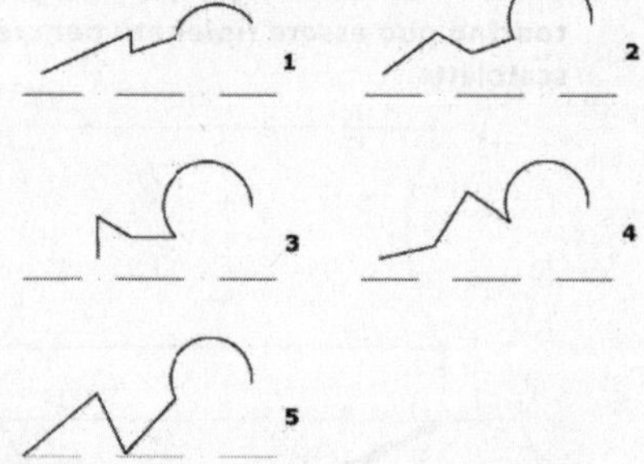

A 1
B 2
C 3
D 4
E 5

709 **Due tra le seguenti forme NON sono identiche alle altre quattro. Quali?**

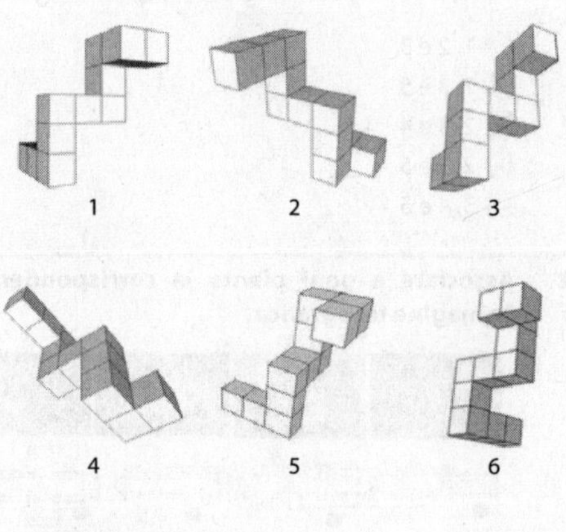

A 1 e 3
B 2 e 4
C 3 e 5
D 4 e 6
E 5 e 6

710 A quale rappresentazione del metro metallico corrisponde la figura A?

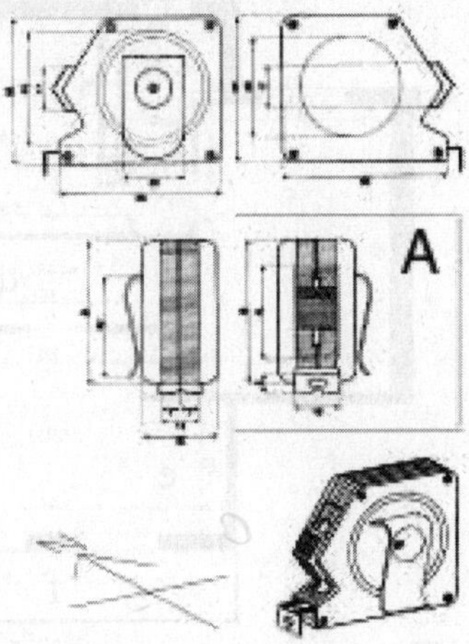

- **A** Vista Sud
- **B** Vista Ovest
- **C** Vista Est
- **D** Sezione trasversale
- **E** Sezione longitudinale

711 Che tipo di rappresentazione è quella riportata in figura?

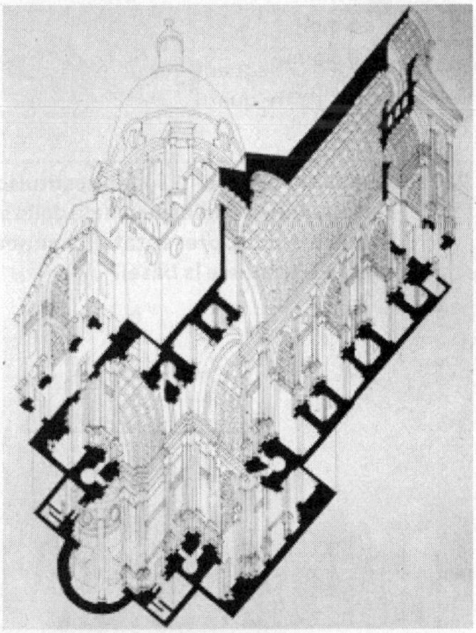

- **A** Un esploso assonometrico
- **B** Uno schizzo
- **C** Una assonometria dal basso verso l'alto
- **D** Una proiezione ortogonale
- **E** Una prospettiva a piano inclinato

712 La figura rappresentata risulta essere:

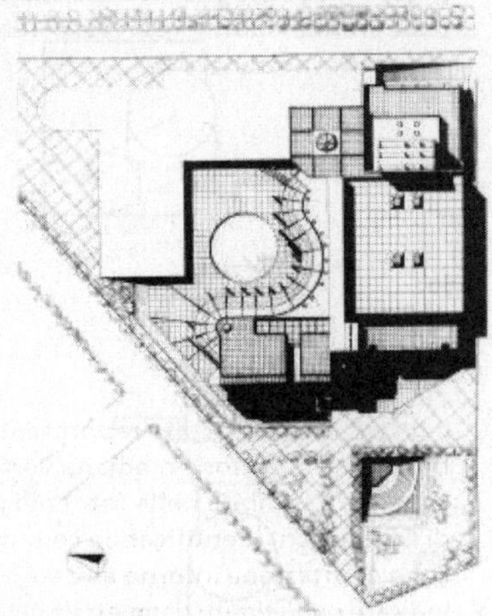

- **A** una sezione
- **B** uno spaccato prospettico
- **C** un prospetto
- **D** una assonometria
- **E** una planimetria

713 Dato un piano α ed una retta *r* perpendicolare ad α, allora:

- **A** *r* è perpendicolare soltanto a due rette di α
- **B** *r* è perpendicolare soltanto a una retta di α
- **C** *r* è ortogonale a tutte le rette di α
- **D** *r* non è perpendicolare ad alcuna retta di α
- **E** *r* è incidente ad ogni retta di α

714 Data la rappresentazione a curve di livello, quale tra queste è la corretta schematizzazione della sezione A-A?

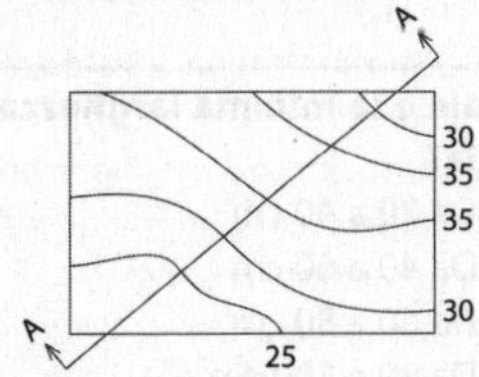

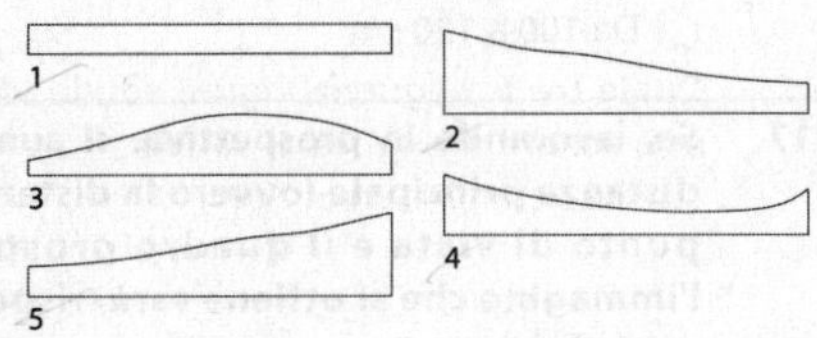

- **A** 1
- **B** 2
- **C** 3
- **D** 4
- **E** 5

715 **Quale delle cinque figure corrisponde alla composizione seguente vista allo specchio?**

Ⓐ 

Ⓑ 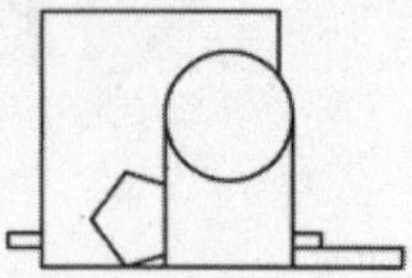

Ⓒ 

Ⓓ 

Ⓔ 

716 **Quale è la minima larghezza di una rampa di scala?**

- Ⓐ Da 20 a 40 cm
- Ⓑ Da 40 a 60 cm
- Ⓒ Da 60 a 80 cm
- Ⓓ Da 80 a 100 cm
- Ⓔ Da 100 a 120 cm

717 **Se, lavorando in prospettiva, si aumenta la distanza principale (ovvero la distanza tra il punto di vista e il quadro prospettico) l'immagine che si ottiene sarà, rispetto alla precedente:**

- Ⓐ deformata
- Ⓑ invariata
- Ⓒ rimpicciolita
- Ⓓ ingrandita
- Ⓔ inclinata

718 **In quale locale (contraddistinti ognuno da una lettera) del seguente appartamento sono presenti delle porte-finestre?**

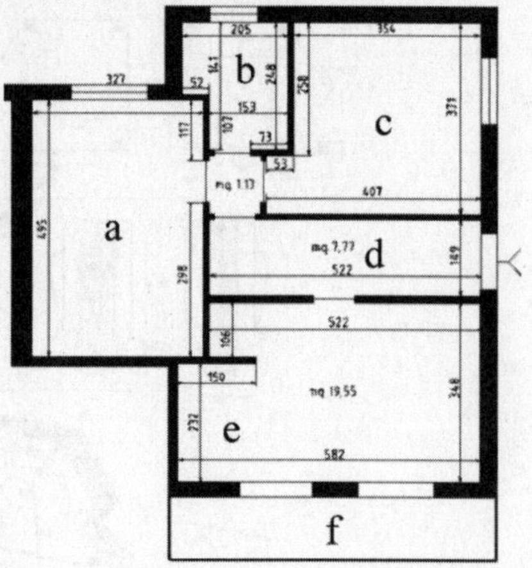

- Ⓐ a
- Ⓑ b
- Ⓒ d
- Ⓓ c
- Ⓔ f

719 **Quanti millimetri è largo un muro spesso 30 centimetri in un disegno in pianta, in scala 1 : 50?**

- Ⓐ 3 mm
- Ⓑ 6 mm
- Ⓒ 0,6 mm
- Ⓓ 50 mm
- Ⓔ 15 mm

720 **Quale, tra i seguenti solidi, costituisce il corretto sviluppo tridimensionale delle superfici interne qui rappresentate (la superficie in ombra costituisce la base)?**

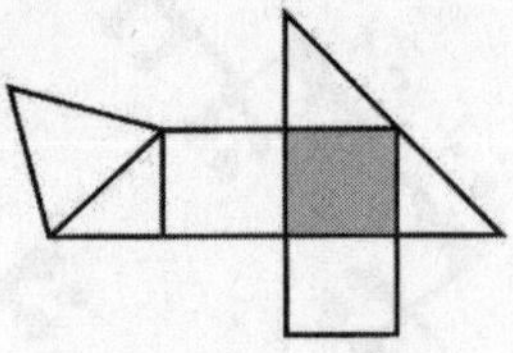

1 2 3 4 5

- Ⓐ Figura 1
- Ⓑ Figura 2
- Ⓒ Figura 3
- Ⓓ Figura 4
- Ⓔ Figura 5

721 **Il disegno che segue rappresenta:**

(A) un prospetto
(B) una prospettiva
(C) un'assonometria
(D) una planimetria
(E) una pianta

722 **Quanto sono alte le ringhiere di una scala?**

(A) Da 20 a 40 cm
(B) Da 50 a 70 cm
(C) Da 70 a 100 cm
(D) Da 100 a 200 cm
(E) Più di 200 cm

723 **Quale delle cinque composizioni corrisponde alla seguente, specchiata prima verticalmente e poi orizzontalmente?**

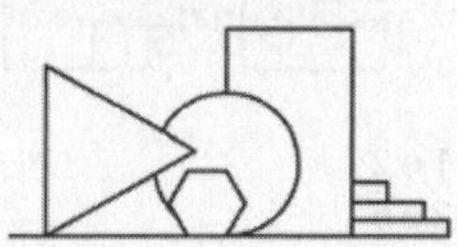

(A)
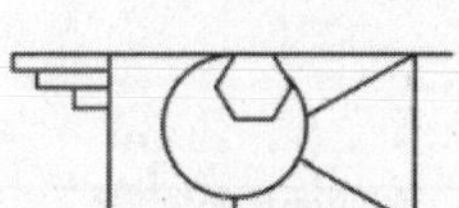

(B)
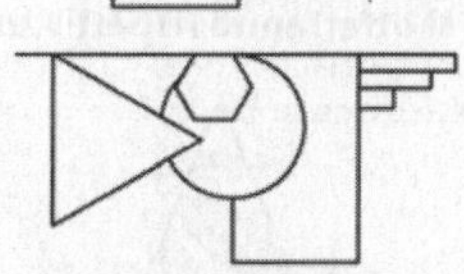

(C)
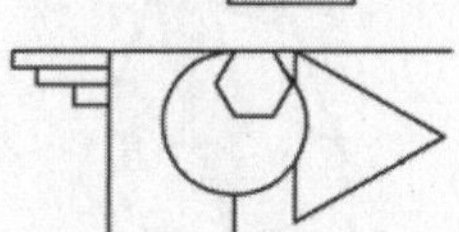

(D)
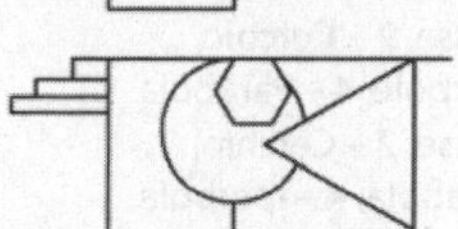

(E)
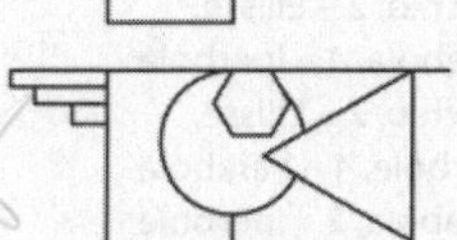

724 **La figura seguente illustra alcuni schizzi preliminari alla realizzazione di:**

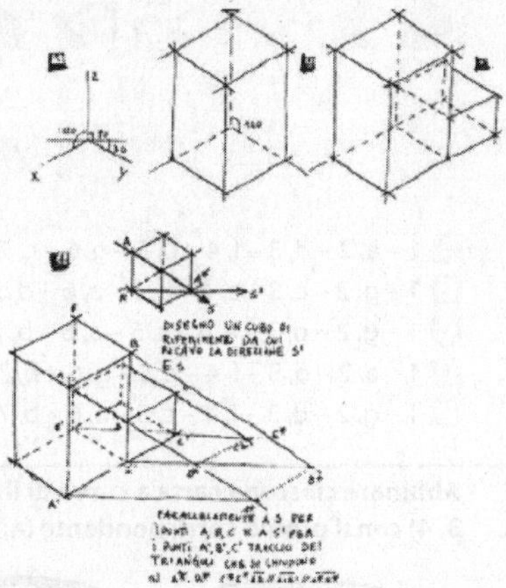

(A) ombre del solido rappresentato
(B) assonometria cavaliera del solido rappresentato
(C) prospettiva accidentale del solido rappresentato
(D) assonometria monometrica del solido rappresentato
(E) proiezioni ortogonali del solido rappresentato

725 **Che cosa rappresenta la figura seguente?**

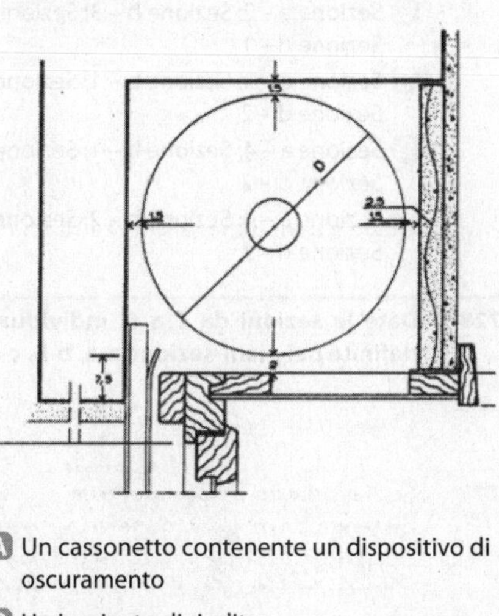

(A) Un cassonetto contenente un dispositivo di oscuramento
(B) Un impianto di risalita
(C) Una sezione di una tubazione di scarico
(D) Una sezione tecnica di un impianto di adduzione di acqua potabile
(E) Una sezione di un serramento

726 Associare le piante delle scale alle rispettive rappresentazioni tridimensionali.

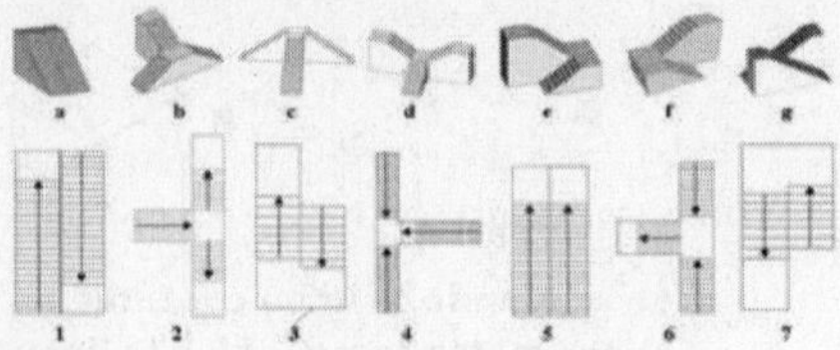

- **A** 1 – a, 2 – d, 3 – f, 4 – b, 5 – g, 6 – c, 7 – e
- **B** 1 – g, 2 – c, 3 – e, 4 – b, 5 – a, 6 – d, 7 – f
- **C** 1 – g, 2 – d, 3 – e, 4 – c, 5 – a, 6 – b, 7 – f
- **D** 1 – a, 2 – d, 3 – f, 4 – c, 5 – g, 6 – b, 7 – e
- **E** 1 – g, 2 – d, 3 – f, 4 – c, 5 – a, 6 – b, 7 – e

727 Abbinare ciascuna carta a curve di livello (1, 2, 3, 4) con il profilo corrispondente (a, b, c, d).

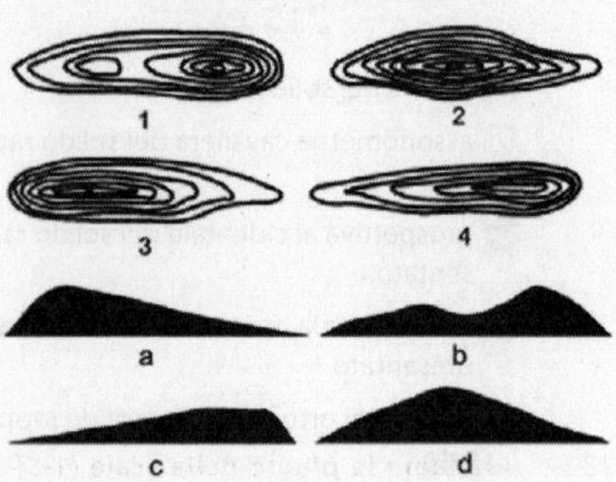

- **A** Sezione a – 1; Sezione b – 2; Sezione c – 3; Sezione d – 4
- **B** Sezione a – 2; Sezione b – 3; Sezione c – 4; Sezione d – 1
- **C** Sezione a – 3; Sezione b – 1; Sezione c – 4; Sezione d – 2
- **D** Sezione a – 4; Sezione b – 1; Sezione c – 3; Sezione d – 2
- **E** Sezione a – 4; Sezione b – 2; Sezione c – 3; Sezione d – 1

728 Date le sezioni da 1 a 6, individuare le tre definite dai piani-sezione a-a, b-b, c-c.

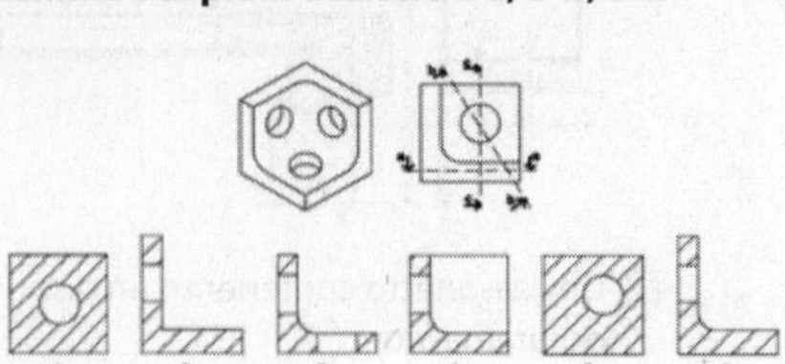

- **A** a – 1, b – 3, c – 2
- **B** a – 1, b – 6, c – 2
- **C** a – 5, b – 3, c – 4
- **D** a – 5, b – 6, c – 2
- **E** a – 5, b – 6, c – 3

729 L'immagine sotto riportata illustra il modello di un'abitazione.

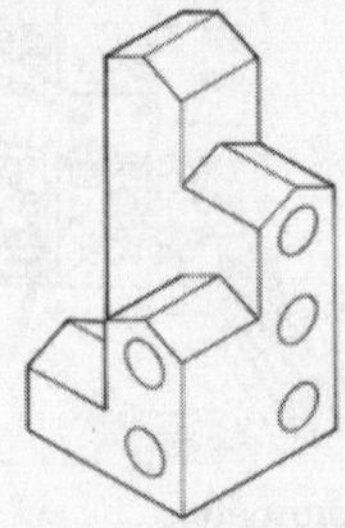

Quali due immagini tra quelle riportate sotto NON POSSONO essere prospetti dell'abitazione?

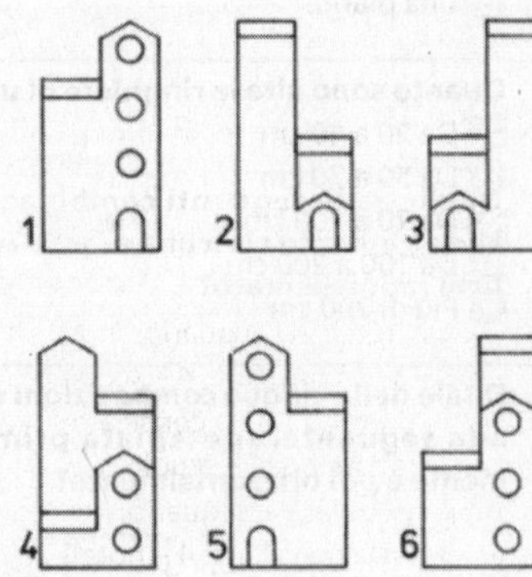

- **A** 1 e 2
- **B** 2 e 6
- **C** 3 e 5
- **D** 4 e 5
- **E** 4 e 6

730 Sezionando il cono circolare retto con i piani 1, 2, 3 e 4, si otterranno rispettivamente:

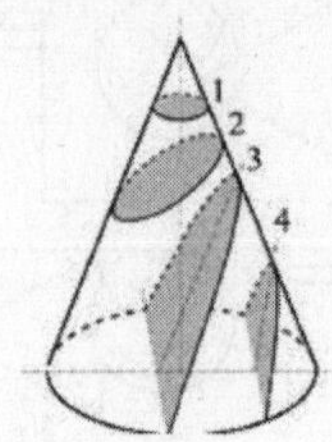

- **A** 1 – Ellisse, 2 – Cerchio, 3 – Iperbole, 4 – Parabola
- **B** 1 – Ellisse, 2 – Cerchio, 3 – Parabola, 4 – Iperbole
- **C** 1 – Cerchio, 2 – Ellisse, 3 – Parabola, 4 – Iperbole
- **D** 1 – Cerchio, 2 – Ellisse, 3 – Iperbole, 4 – Parabola
- **E** 1 – Parabola, 2 – Iperbole, 3 – Cerchio, 4 – Ellisse

731 Di seguito sono presentate le piante di quattro diversi edifici.

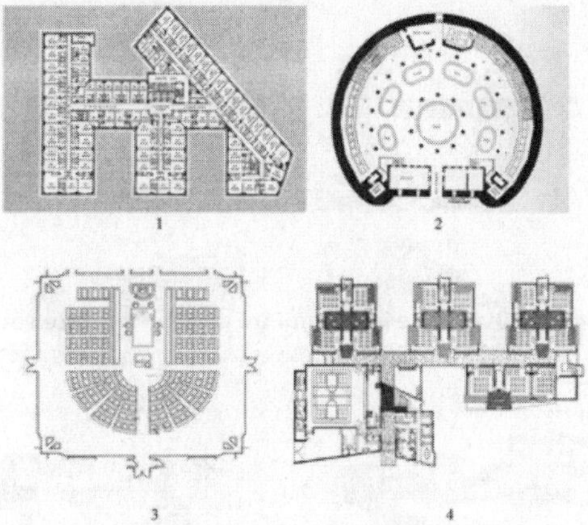

Quale tra le seguenti combinazioni abbina correttamente ciascuna pianta al tipo di edificio rappresentato?

A 1 – hotel; 2 – acquario; 3 – sala consiliare; 4 – scuola
B 1 – hotel; 2 – sala consiliare; 3 – acquario; 4 – scuola
C 1 – scuola; 2 – acquario; 3 – sala consiliare; 4 – hotel
D 1 – scuola; 2 – sala consiliare; 3 – acquario; 4 – hotel
E 1 – sala consiliare; 2 – acquario; 3 – scuola; 4 – hotel

732 Un cartoncino circolare viene piegato e poi forato come illustrato nella figura *a*. Il cartoncino viene quindi nuovamente piegato e poi forato come illustrato nella figura *b*.

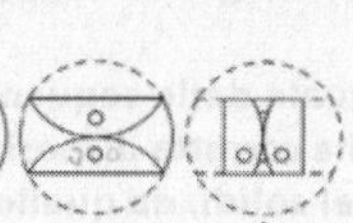

a *b*

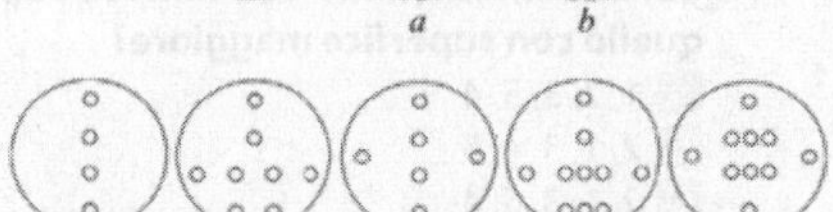

1 2 3 4 5

Quale immagine tra le 5 riportate mostra la foratura ottenuta quando il cartoncino viene completamente aperto?

A 1
B 3
C 2
D 4
E 5

733 Si analizzi il solido in figura.

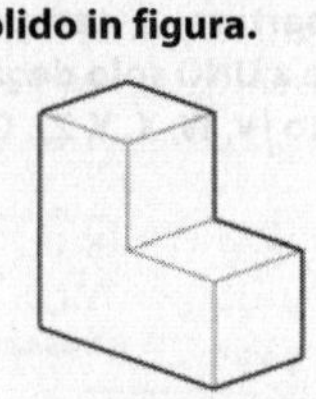

Considerando le linee continue all'interno del perimetro come tagli e le linee tratteggiate come piegature, quale dei seguenti sviluppi NON corrisponde al solido in figura?

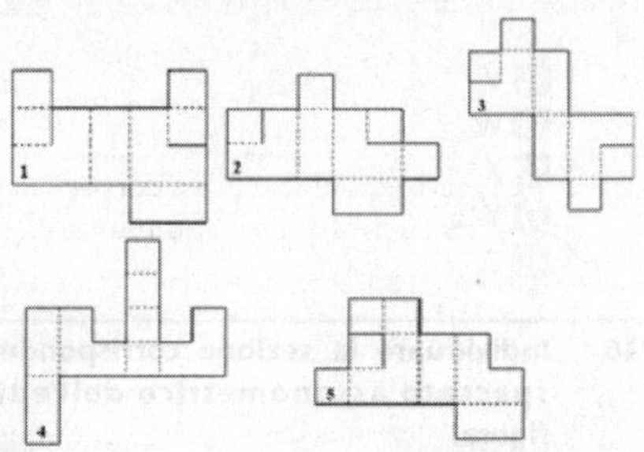

A 1
B 2
C 3
D 4
E 5

734 Abbinare le piante delle scale (1-5) alle prospettive corrispondenti (a-e).

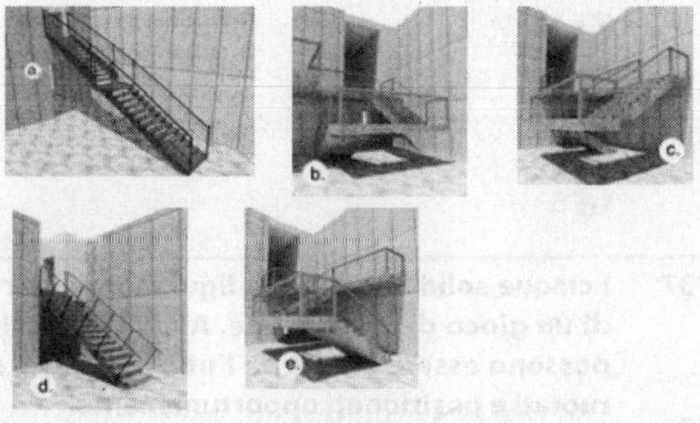

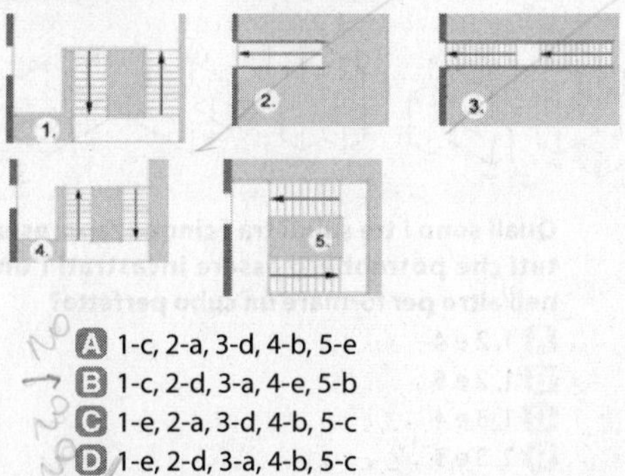

A 1-c, 2-a, 3-d, 4-b, 5-e
B 1-c, 2-d, 3-a, 4-e, 5-b
C 1-e, 2-a, 3-d, 4-b, 5-c
D 1-e, 2-d, 3-a, 4-b, 5-c
E 1-e, 2-d, 3-a, 4-c, 5-b

735 **La copertura a tetto vista dall'alto corrisponde a UNO solo degli edifici rappresentati in alzato (V, W, X, Y, Z). Quale?**

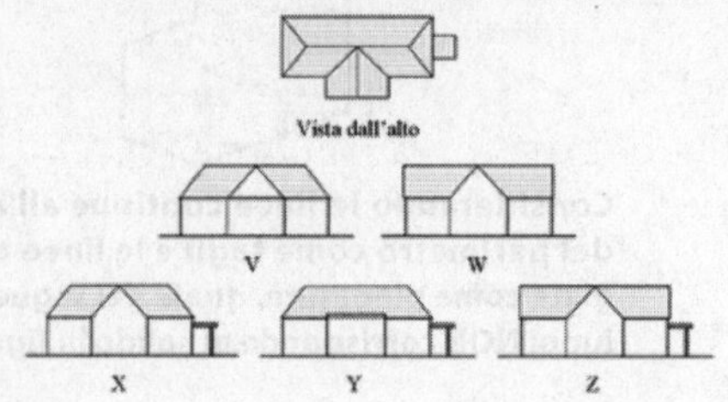

- A V
- B W
- C X
- D Y
- E Z

736 **Individuare la sezione corrispondente allo spaccato assonometrico dell'edificio in figura.**

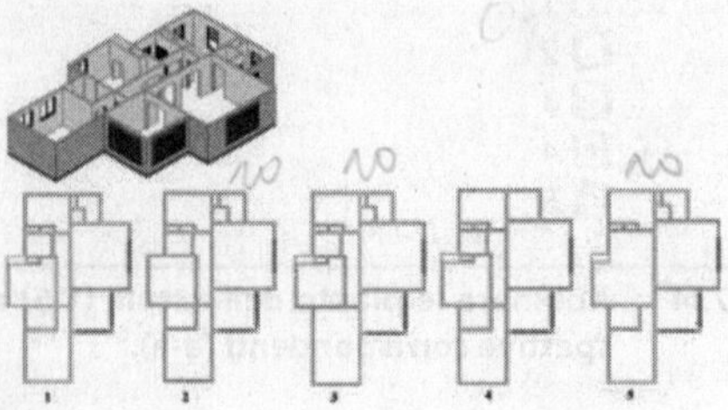

- A 1
- B 2
- C 3
- D 4
- E 5

737 **I cinque solidi mostrati in figura fanno parte di un gioco di costruzione. Alcuni dei solidi possono essere incastrati l'uno nell'altro, se ruotati e posizionati opportunamente.**

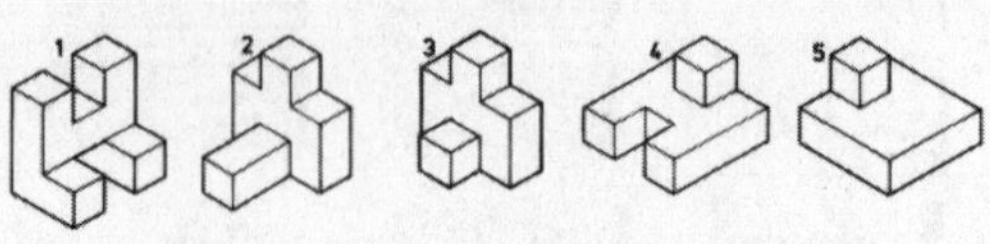

Quali sono i tre solidi tra i cinque rappresentati che potrebbero essere incastrati l'uno nell'altro per formare un cubo perfetto?

- A 1, 2 e 4
- B 1, 2 e 5
- C 1, 3 e 4
- D 2, 3 e 5
- E 3, 4 e 5

738 **Quale delle viste prospettiche mostrate nelle figure 1-5 corrisponde al gruppo di oggetti in plexiglas di cui pianta e prospetto sono rappresentati qui di seguito?**

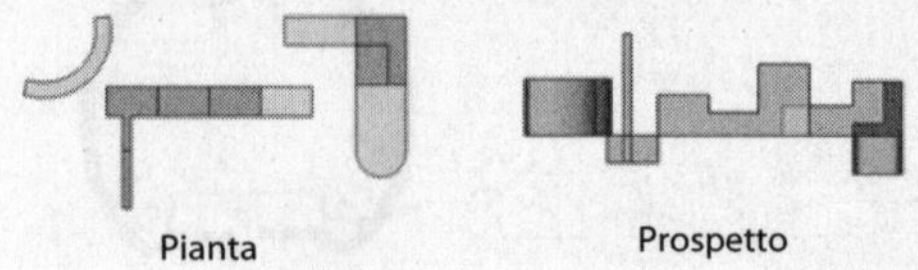

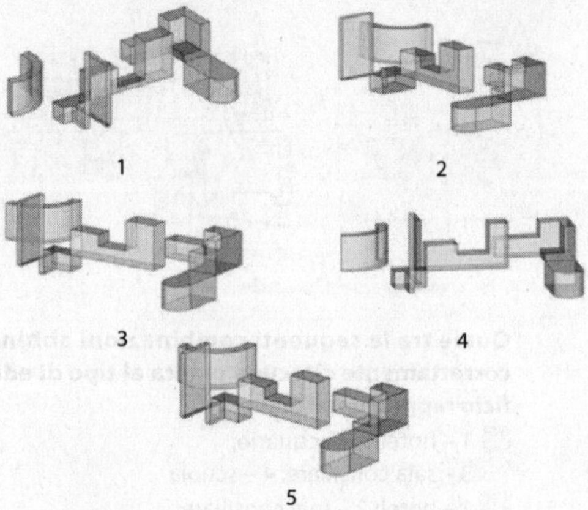

- A 1
- B 2
- C 3
- D 4
- E 5

739 **I cinque solidi sottostanti hanno tutti esattamente lo stesso volume.**

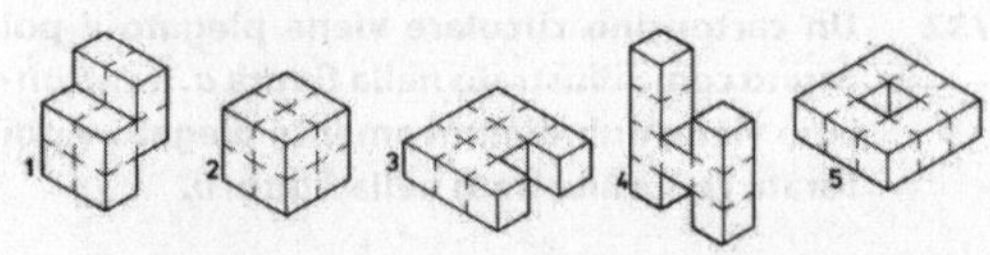

Quale delle sequenze indicate corrisponde alla corretta disposizione in ordine crescente dei solidi, da quello con minore superfice a quello con superfice maggiore?

- A 1, 2, 3, 5, 4
- B 2, 1, 3, 4, 5
- C 2, 1, 3, 5, 4
- D 3, 1, 2, 4, 5
- E 3, 1, 2, 5, 4

740 **Nell'assonometria cavaliera gli assi *x* e *y* formano tra loro un angolo di:**

- A 90°
- B 120°
- C 45°
- D 135°
- E 150°

741 **La veduta rappresenta i Mercati di Traiano a Roma.**

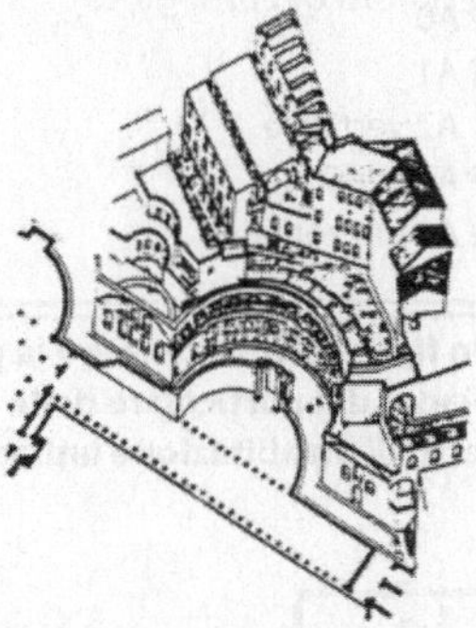

A quale delle parti contrassegnate con numeri nella planimetria generale dei Fori tale veduta corrisponde?

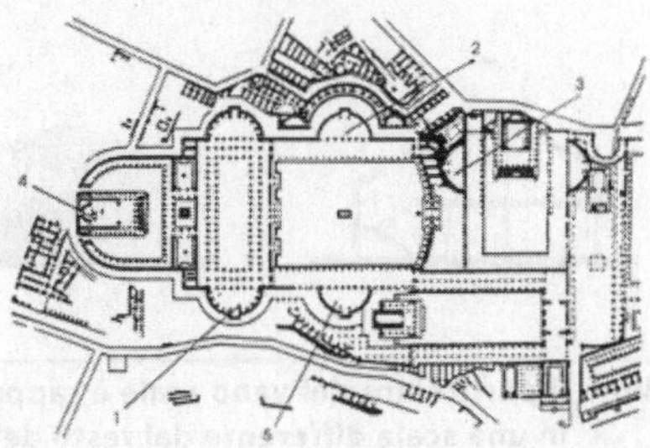

- A 1
- B 2
- C 3
- D 4
- E 5

742 **Trovare la proiezione mancante del solido rappresentato.**

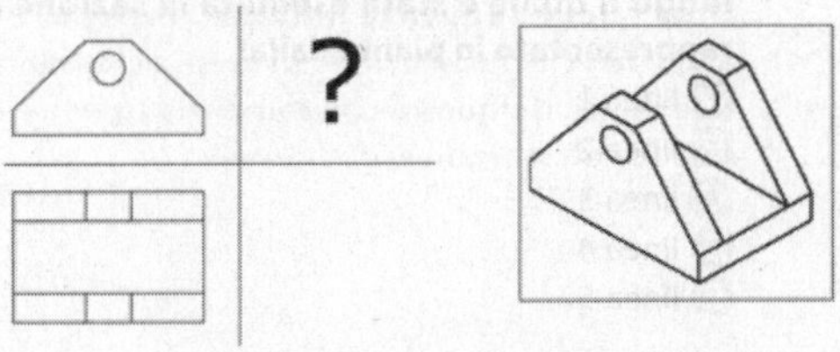

A 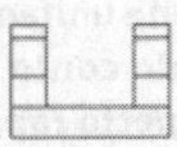

B 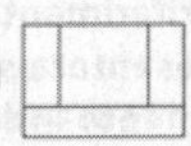

C 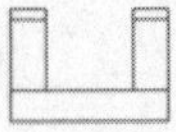

D 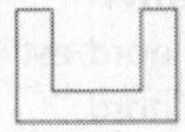

E 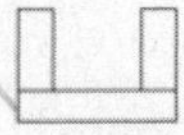

743 **Individuare, tra le seguenti rappresentazioni assonometriche di figure impossibili, l'unica forma non assurda.**

1 2 3 4 5

- A Figura 1
- B Figura 3
- C Figura 4
- D Figura 2
- E Figura 5

744 **Qual è la misura della *pedata* dei gradini?**

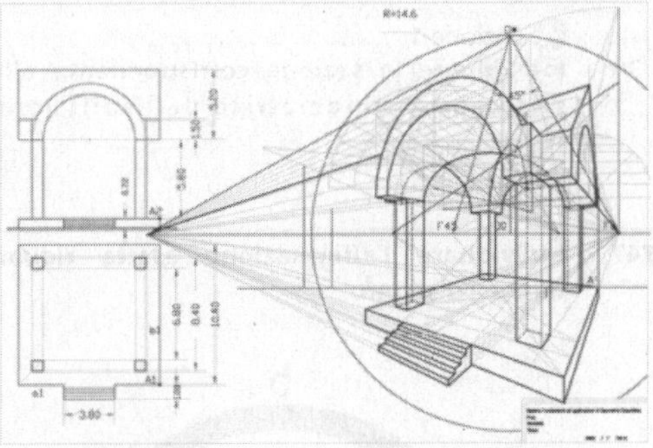

- A 0.24
- B 0.25
- C 0.27
- D 0.30
- E 0.54

745 **Quanti di questi solidi rappresentati in prospettiva hanno uguale altezza?**

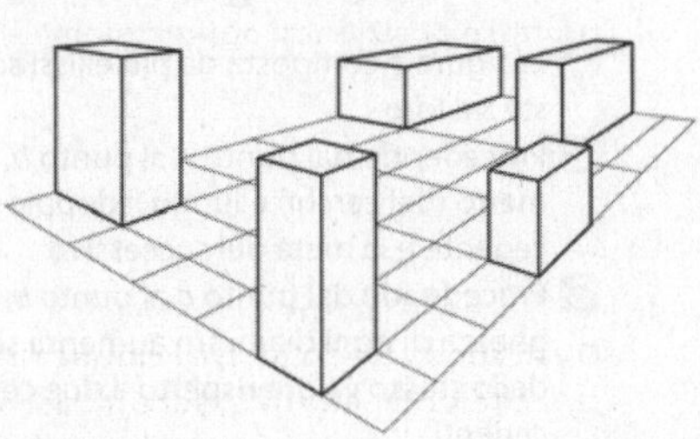

- A Nessuno
- B 2
- C 3
- D 4
- E 5

746 **Viene qui rappresentato un cosiddetto "spaccato assonometrico" di un edificio a più livelli. A quale delle sezioni qui riportate corrisponde?**

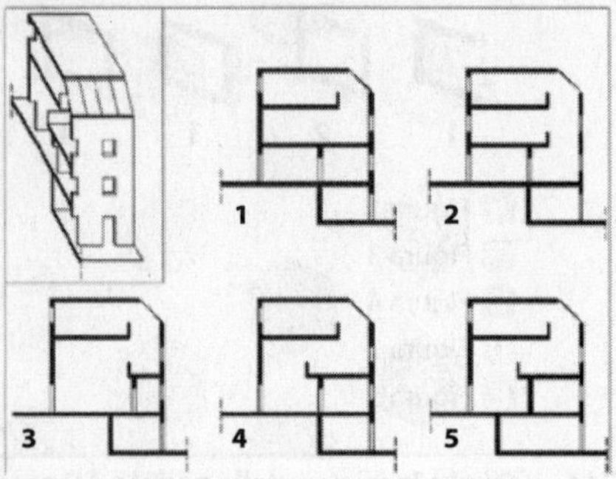

- **A** Sezione 1
- **B** Sezione 2
- **C** Sezione 3
- **D** Sezione 4
- **E** Sezione 5

747 **Individuare l'affermazione esatta riguardante il disegno.**

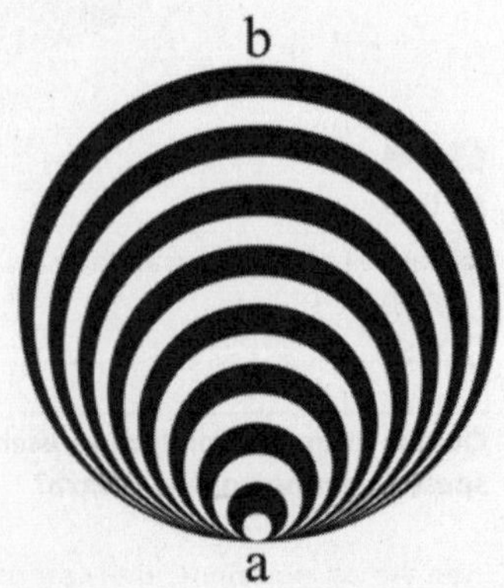

- **A** La figura è composta da più ellissi sovrapposte tra loro
- **B** Procedendo dal punto *a* al punto *b*, ogni diametro (dei cerchi) è lungo il doppio del precedente e la metà del successivo
- **C** Procedendo dal punto *a* al punto *b*, la lunghezza di ogni diametro aumenta sempre dello stesso valore rispetto a due cerchi precedenti
- **D** Procedendo dal punto *a* al punto *b*, la lunghezza di ogni diametro è uguale al diametro precedente aumentato di una costante
- **E** Il primo cerchio bianco che si incontra partendo dal punto *a*, ha area uguale all'area del cerchio successivo

748 **Quale formato cartaceo necessita *almeno* il disegno in scala 1:100 del prospetto di un edificio lungo 16 metri?**

- **A** A0
- **B** A1
- **C** A2 verticale
- **D** A4 verticale
- **E** A4 orizzontale

I disegni in figura rappresentano la pianta del piano terra, la pianta del particolare delle scale, la sezione e il prospetto di un'abitazione unifamiliare.

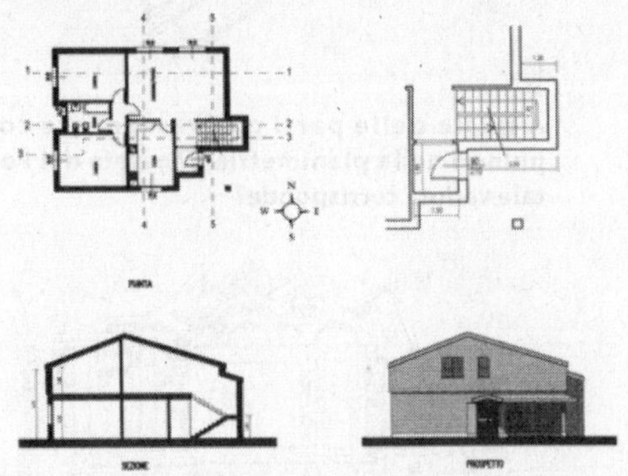

749 **Il particolare del vano scale è rappresentato in una scala differente dal resto dei disegni; indicare l'abbinamento corretto tra questo e gli altri:**

- **A** 1:50 – 1:500
- **B** 1:200 – 1:100
- **C** 1:200 – 1:400
- **D** 1:100 – 1:1000
- **E** 1:100 – 1:200

750 **In riferimento alle immagini sopra, il piano lungo il quale è stata eseguita la sezione è rappresentato in pianta dalla:**

- **A** linea 1
- **B** linea 2
- **C** linea 3
- **D** linea 4
- **E** linea 5

751 **In riferimento all'abitazione unifamiliare rappresentata sopra, tenendo conto dell'orientamento indicato, il prospetto rappresenta il fronte:**

- **A** nord-est
- **B** nord
- **C** est
- **D** sud-ovest
- **E** sud

752 **Quale delle cinque composizioni corrisponde alla seguente, specchiata rispetto ad un asse orizzontale?**

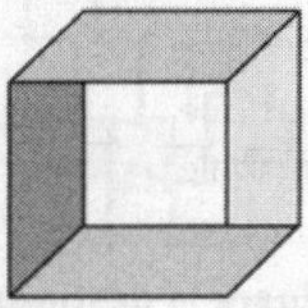

A
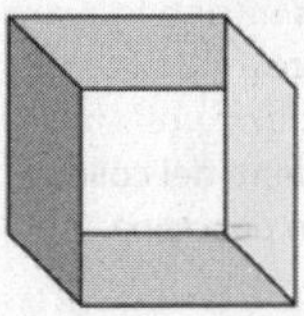

B
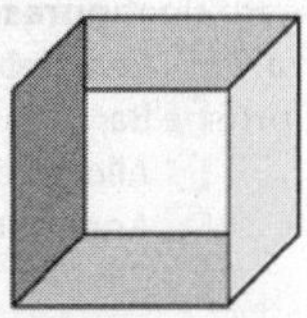

C
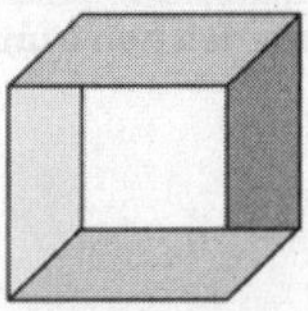

D
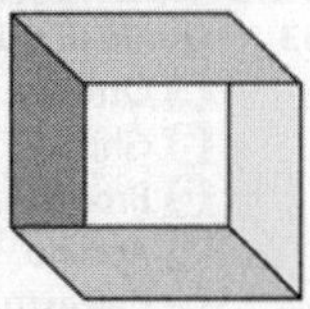

E
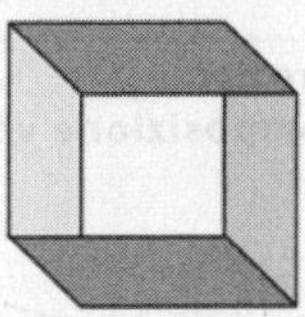

753 **Lo sviluppo del dodecaedro è una composizione di:**

- A esagoni regolari
- B triangoli equilateri
- C quadrati
- D pentagoni regolari
- E ottagoni regolari

754 **Quali figure geometriche semplici, o loro parti, sono state utilizzate per costruire l'oggetto rappresentato in figura?**

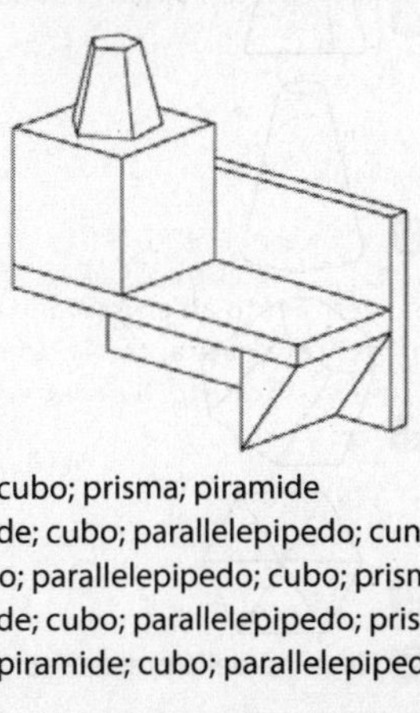

- A Cono; cubo; prisma; piramide
- B Piramide; cubo; parallelepipedo; cuneo
- C Cilindro; parallelepipedo; cubo; prisma
- D Piramide; cubo; parallelepipedo; prisma
- E Cono; piramide; cubo; parallelepipedo

755 **Qual è la proporzione (in termini di area) delle piastrelle di marmo nero, grigio e bianco richieste per realizzare una pavimentazione con il disegno seguente?**

- A Nero = 2; grigio = 1; bianco = 1
- B Nero = 2; grigio = 2; bianco = 1
- C Nero = 3; grigio = 2; bianco = 2
- D Nero = 3; grigio = 1; bianco = 1
- E Nero = 1; grigio = 1; bianco = 1

756 **Risolvere la seguente proporzione.**

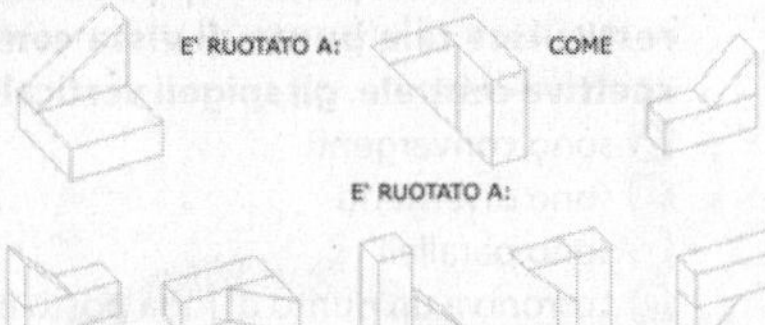

A B C D E

757 **Le travi e i pilastri cavi all'interno, si dicono:**

- A cubi
- B tubi
- C scatolari
- D circolari
- E a T

758 **Indicare la posizione dell'osservatore ed il periodo della giornata in cui è stata eseguita la foto proposta.**

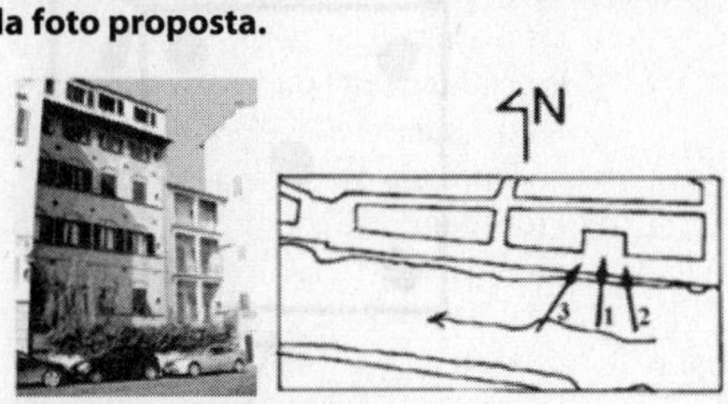

- A Punto 3 – antimeridiana
- B Punto 1 – antimeridiana
- C Punto 2 – antimeridiana
- D Punto 3 – pomeridiana
- E Punto 1 – pomeridiana

759 **Quale, tra i seguenti solidi, costituisce il corretto sviluppo tridimensionale delle superfici interne qui rappresentate (la superficie in ombra costituisce la base)?**

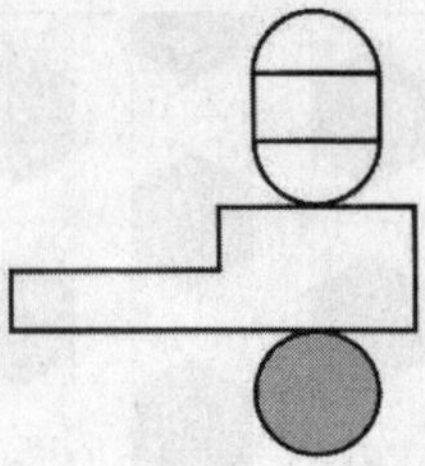

1 2 3 4 5

- **A** Figura 1
- **B** Figura 2
- **C** Figura 3
- **D** Figura 4
- **E** Figura 5

760 **Se si osserva un parallelepipedo dall'alto e si restituisce tale punto di vista con una prospettiva centrale, gli spigoli verticali:**

- **A** sono convergenti
- **B** sono divergenti
- **C** sono paralleli
- **D** corrono a un punto di fuga posto in alto nel disegno
- **E** corrono a un punto di fuga posto in basso nel disegno

761 **Ipotizzando che il numero 6 del dado si trovi sulla faccia opposta al numero 3, e che il numero 4 si trovi su una faccia adiacente al numero 5, stabilire quali numeri sarà possibile visualizzare ruotando il dado di 180° in senso orario rispetto allo spigolo indicato.**

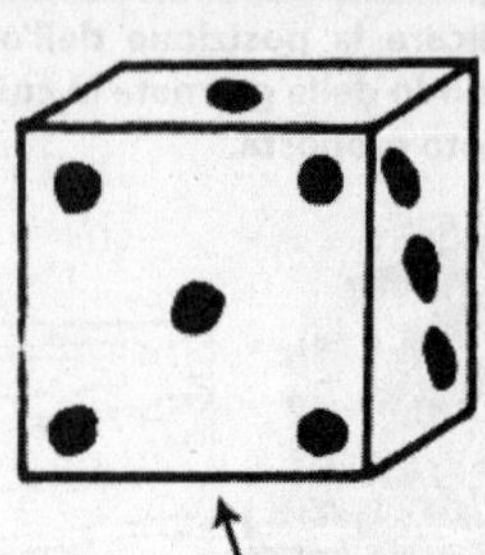

- **A** 1 – 2 – 3
- **B** 2 – 3 – 4
- **C** 3 – 4 – 5
- **D** 3 – 4 – 6
- **E** 1 – 4 – 5

762 **Data la seguente pianta:**

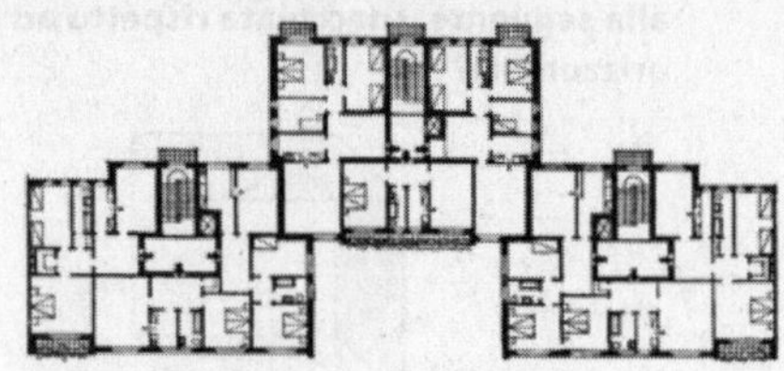

individuare la destinazione d'uso dell'edificio rappresentato.

- **A** Centro benessere
- **B** Bar
- **C** Alloggi per studenti del college
- **D** Appartamenti in palazzina
- **E** Cinema

763 **Quale di questi materiali non è una lega?**

- **A** Ottone
- **B** Ghisa
- **C** Bronzo
- **D** Acciaio
- **E** Calcestruzzo

764 **Quale delle quattro figure (A, B, C, D) corrisponde alla composizione volumetrica della figura piana?**

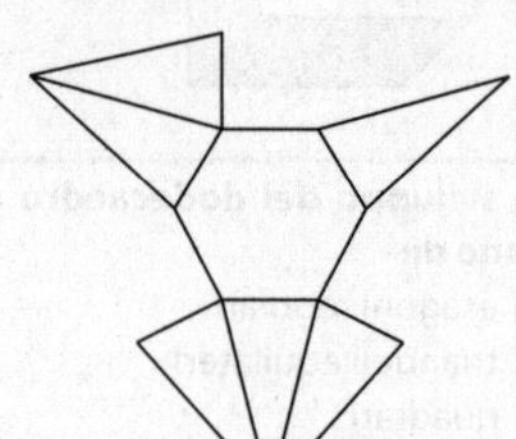

A

B

C

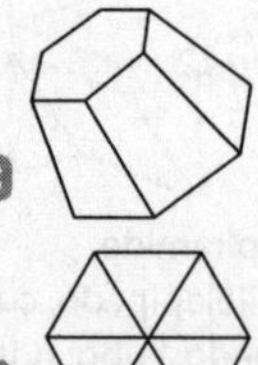

D

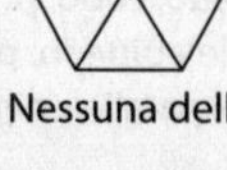

E Nessuna delle precedenti

765 Completare correttamente la seguente proiezione ortogonale:

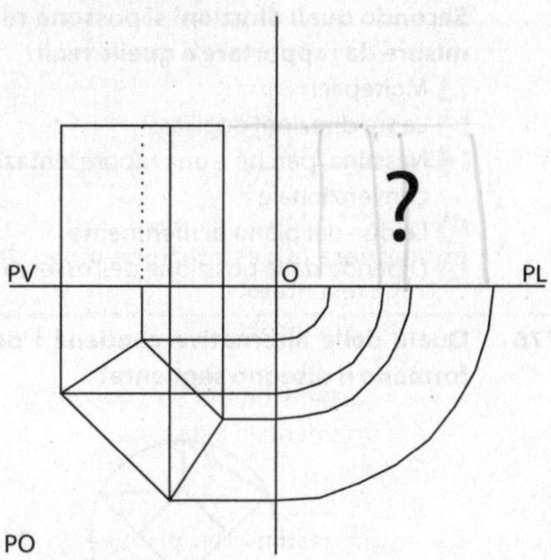

A 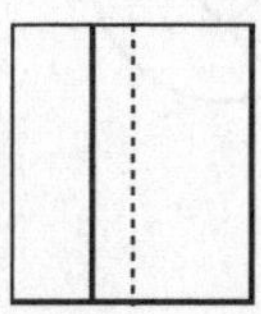

B 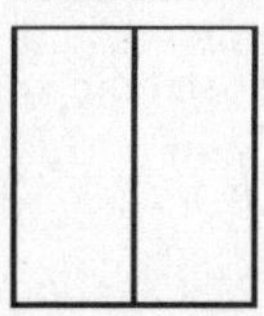

C 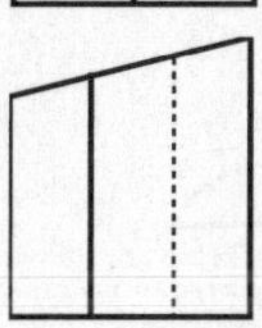

D 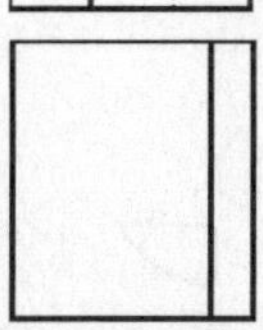

E 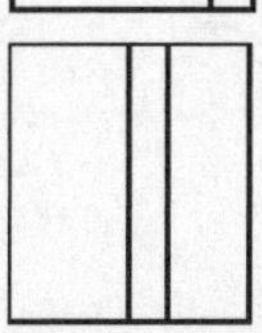

766 Quale delle sequenze di seguito indicate ordina correttamente i materiali enunciati, in base al loro peso specifico, da quello più pesante a quello meno pesante?

A Rame, acciaio, vetro, laterizio
B Rame, acciaio, laterizio, vetro
C Vetro, rame, acciaio, laterizio
D Acciaio, rame, vetro, laterizio
E Vetro, rame, laterizio, acciaio

767 La figura a lato rappresenta:

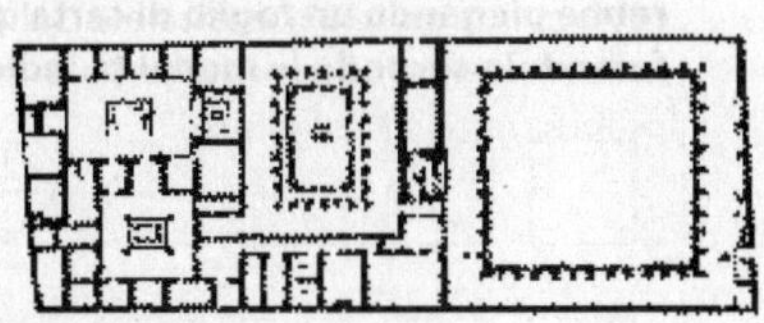

A una chiesa rinascimentale
B una basilica romana
C un tempio greco
D una domus romana
E un ospedale moderno

768 Il seguente schema assonometrico si riferisce a una assonometria:

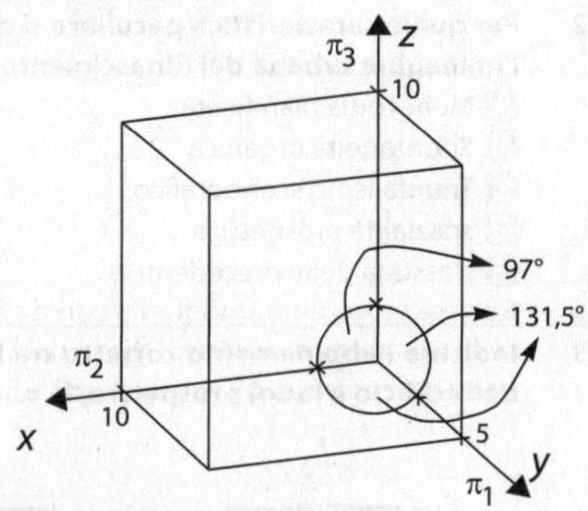

A ortogonale isometrica
B ortogonale dimetrica
C ortogonale trimetrica
D obliqua cavaliera
E obliqua militare

769 Quali delle seguenti rappresentazioni è una rappresentazione parallela?

A Proiezione assonometrica
B Proiezione stereografica polare
C Proiezione conica
D Proiezione prospettica
E Nessuna delle precedenti

770 Quale delle seguenti affermazioni sulle scale è falsa?

A La tromba della scala è il vuoto individuato dalla parte interna di sviluppo delle scale
B Il parapetto è la chiusura dalla parte libera della scala e generalmente la sua altezza è di 2 metri.
C In generale, detta *a* l'alzata e *p* la pedata di una scala: $2a + p = 63$ cm
D La freccia indicata in pianta sui gradini individua la direzione di salita
E L'altezza del gradino viene detta alzata

771 **Quale delle immagini sotto riportate si otterrebbe piegando un foglio di carta quadrato e forandolo secondo le modalità indicate?**

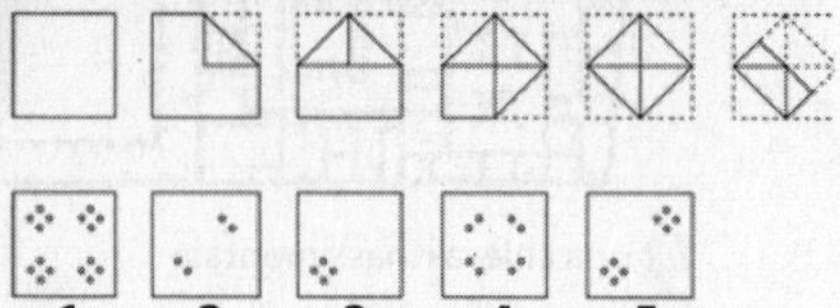

1 2 3 4 5

- **A** Figura 1
- **B** Figura 2
- **C** Figura 3
- **D** Figura 4
- **E** Figura 5

772 **Per quale caratteristica peculiare si distingue l'immagine urbana del Rinascimento?**

- **A** Monotonia pianificata
- **B** Spontaneità organica
- **C** Trionfalismo scenografico
- **D** spazialità prospettica
- **E** Nessuna delle precedenti

773 **Indicare l'abbinamento corretto tra la pianta dell'edificio e i suoi prospetti a, b, c.**

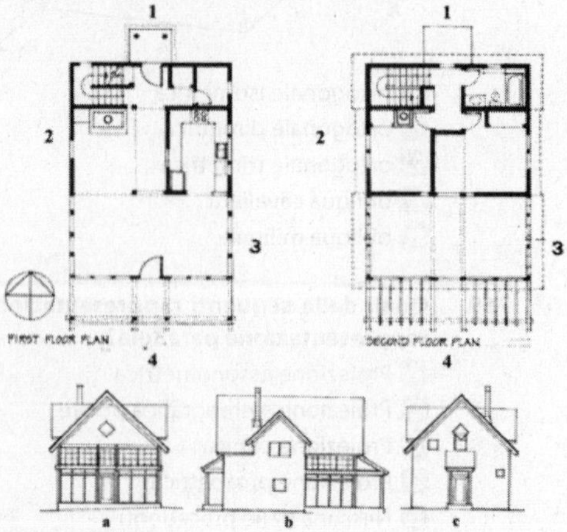

- **A** 1-c, 2-b, 4-a
- **B** 1-c, 2-a, 4-b
- **C** 1-c, 2-a, 3-b
- **D** 1-a, 2-b, 3-c
- **E** 1-b, 2-c, 3-a

774 **Quale di questi elementi non viene adoperato nella composizione del calcestruzzo?**

- **A** Cemento
- **B** Acqua
- **C** Pietrisco
- **D** Sabbia
- **E** Porfido

775 **In assonometria il sistema di riferimento è costituito dai tre assi cartesiani *x*, *y* e *z*. Secondo quali direzioni si possono rilevare le misure da rapportare a quelle reali?**

- **A** Molteplici
- **B** Le tre direzioni degli assi
- **C** Nessuna, perché è una rappresentazione convenzionale
- **D** Le due del piano di riferimento
- **E** Dipende dalla posizione dell'osservatore

776 **Quale delle alternative contiene i pezzi che formano il disegno seguente?**

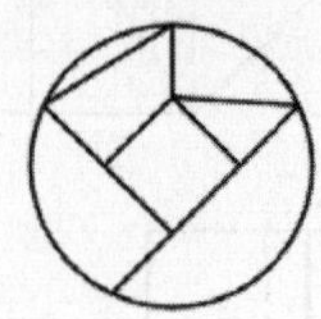

A 

B 

C 

D 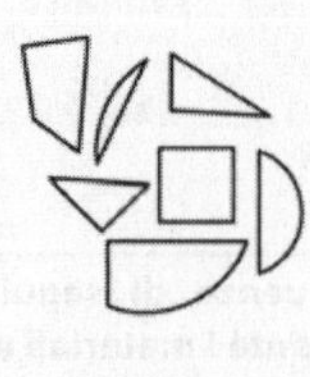

E 

777 **Considerando che le piastrelle usate per la pavimentazione dei terrazzi dell'appartamento hanno dimensioni 30 cm x 30 cm, indicare l'area complessiva dei balconi.**

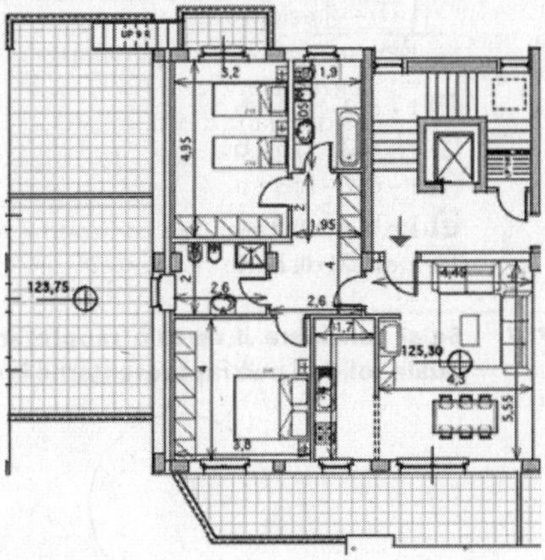

- **A** Circa 37 mq
- **B** Circa 17 mq
- **C** Circa 54 mq
- **D** Circa 124 mq
- **E** Circa 180 mq

778 **Secondo le norme igienico-edilizie in Italia, qual è l'unico locale dell'abitazione che può non avere una superficie finestrata, se dotato di areazione forzata?**

- **A** La cucina
- **B** Il soggiorno
- **C** La camera da letto
- **D** Il bagno
- **E** La mansarda

779 **Tenendo conto dell'ingombro dell'armadio, espresso in centimetri, individuare qual è la metratura calpestabile della seguente camera da letto:**

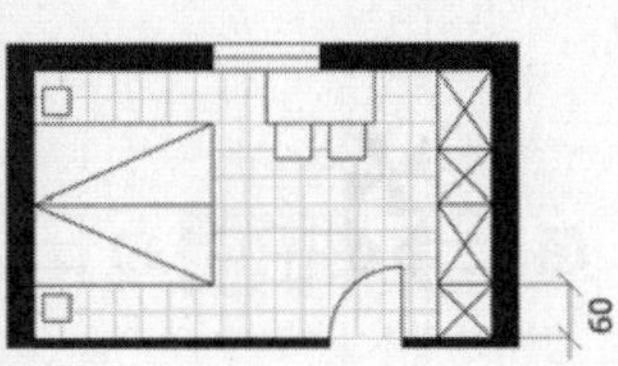

- **A** 15,3 mq
- **B** 15,3 metri
- **C** 153 mq
- **D** 11,3 mq
- **E** 11,3 metri

780 **Individuare qual è il profilo, disegnato sul piano *xy*, tra quelli sottostanti, che per rotazione attorno all'asse *y* genera l'oggetto tridimensionale rappresentato:**

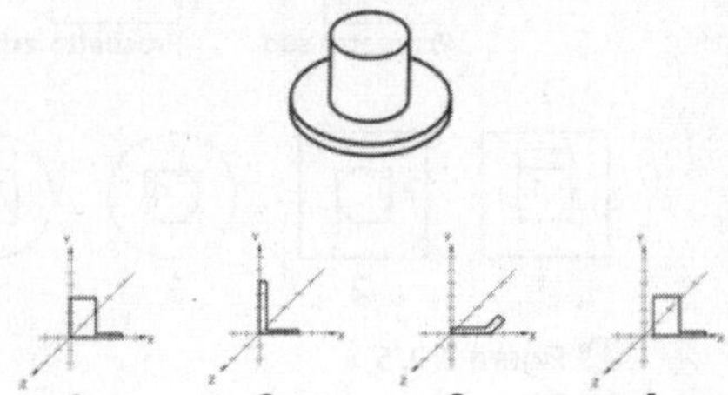

1 2 3 4

- **A** figura 1
- **B** figura 2
- **C** figura 3
- **D** figura 4
- **E** figura 1 e 4

781 **Indicare la coppia di proiezioni ortogonali del solido modulare corrispondenti a quelle indicate dalle frecce:**

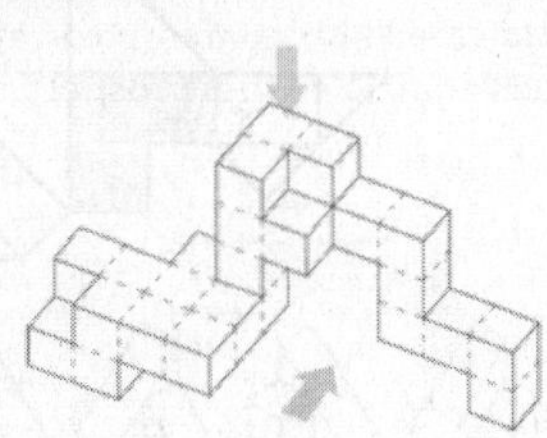

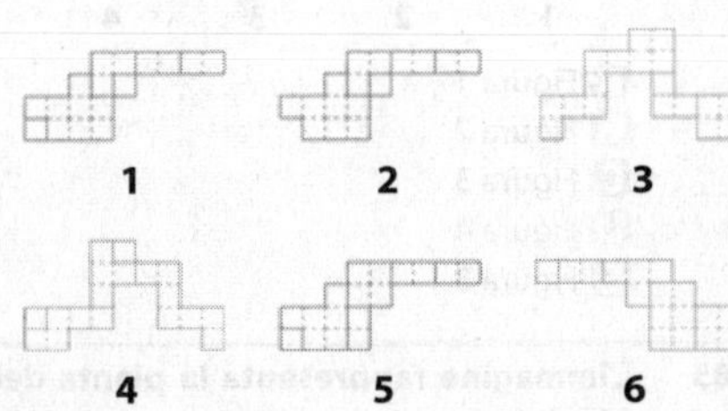

- **A** 3 – 6
- **B** 5 – 3
- **C** 2 – 3
- **D** 1 – 4
- **E** 4 – 6

782 **I numeri riportati sul disegno di una finestra in pianta indicano:**

- **A** il senso di apertura delle ante
- **B** i gradi di apertura massima delle ante
- **C** le dimensioni e l'altezza del vano
- **D** il numero delle ante
- **E** la larghezza del vetro e la larghezza totale dell'infisso

QUESITI

783 **Quali piante possono corrispondere ai prospetti dati?**

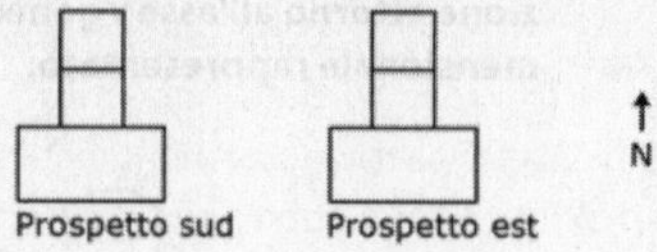

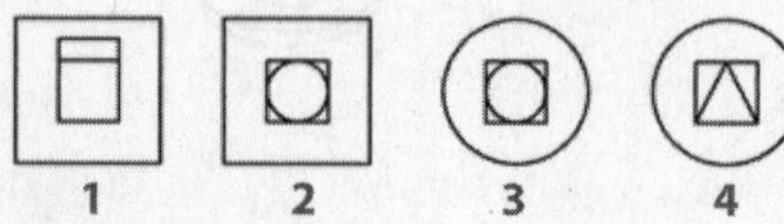

A Figure 1, 2, 5
B Figure 3, 4
C Figure 1, 2, 3
D Figure 2, 3, 4
E Figure 2, 3, 4, 5

784 **Quale, tra i seguenti solidi, costituisce il corretto sviluppo tridimensionale delle superfici interne qui rappresentate (la superficie in ombra costituisce la base)?**

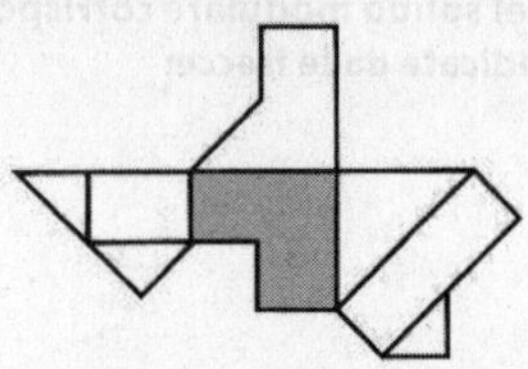

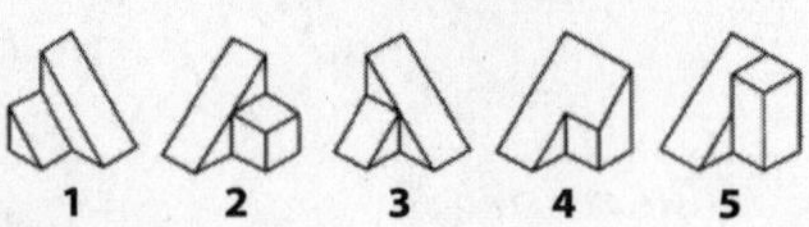

A Figura 1
B Figura 2
C Figura 3
D Figura 4
E Figura 5

785 **L'immagine rappresenta la pianta della Loggia dei Mercanti a Milano, quotata in metri. Quali sarebbero i valori delle quote se esse fossero espresse in centimetri, in scala 1:100?**

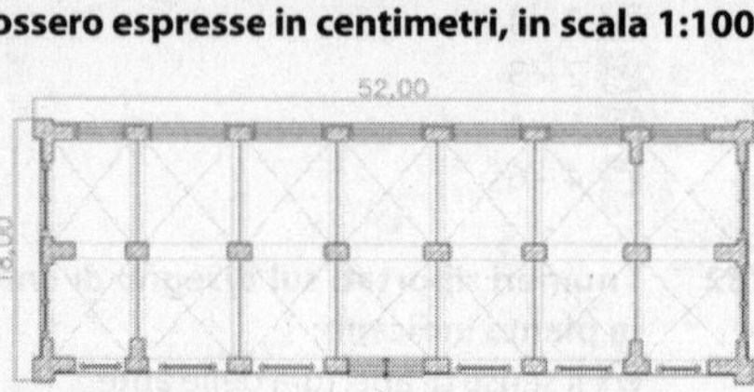

A 5200 e 1800
B 5,2 e 1,8
C 52 e 18
D 520 e 180
E 0,52 e 0,18

786 **Stabilire la corretta corrispondenza delle sezioni.**

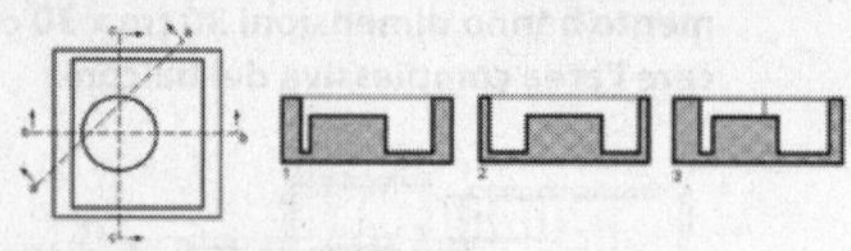

A 1 – c; 2 – a; 3 – b
B 1 – a; 2 – c; 3 – b
C 1 – c; 2 – b; 3 – a
D 1 – b; 2 – a; 3 – c
E 1 – b; 2 – c; 3 – a

787 **Se si considera il cerchio rappresentato, di quale solido/i può rappresentarne la pianta?**

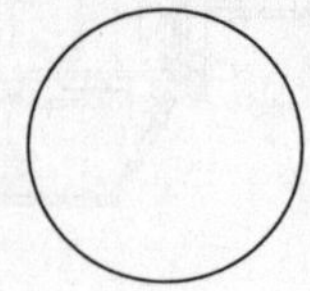

A Cono, piramide
B Sfera
C Cilindro, toro, tetraedro
D Sfera, cono rovesciato, cilindro
E Sfera, cilindro

788 **L'immagine rappresenta la prospettiva interna di un cubo. Individuare lo sviluppo interno del cubo che riporta esattamente i motivi geometrici che lo caratterizzano.**

A 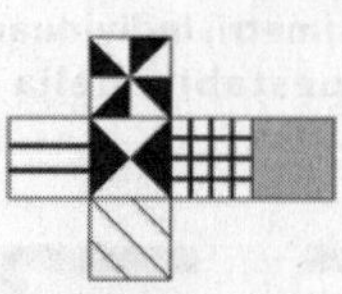

B 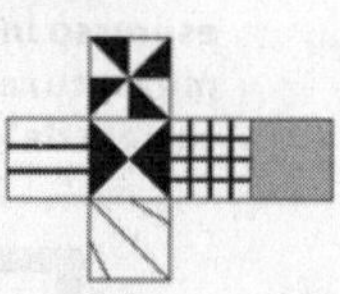

C 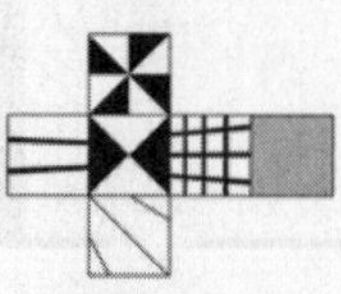

D 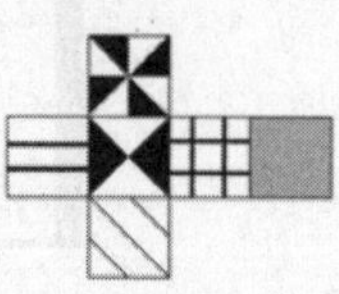

E 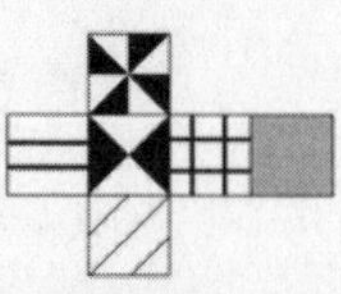

789 **Se la planimetria "a" è in scala 1:50000, in quale scala è la planimetria "b" che si riferisce ad una parte del territorio?**

a

b

- A b = 1:25000
- B b = 1:10000
- C b = 1:5000
- D b = 1:2500
- E b = 1:500

790 **Quale poligono regolare è possibile accostare esattamente nel punto indicato (senza lasciare spazi vuoti)?**

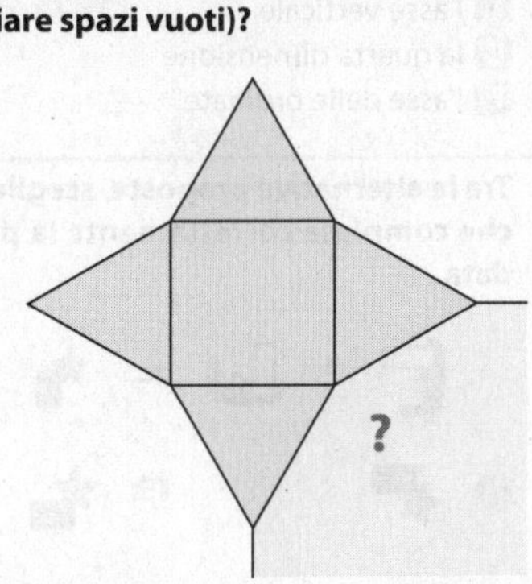

- A Quadrato
- B Pentagono
- C Esagono
- D Ottagono
- E Dodecagono

791 **Per "design ecologico" si intende la progettazione:**

- A di un prodotto biodegradabile
- B di un prodotto in plastica
- C di un prodotto monomaterico
- D di un prodotto che presuppone la riconversione ambientale nelle strategie dei sistemi produttivi
- E di un prodotto in alluminio

792 **Osservando i disegni sottostanti e valutando quale oggetto d'arredo rappresentano, in quale unità di misura saranno espresse verosimilmente le misure?**

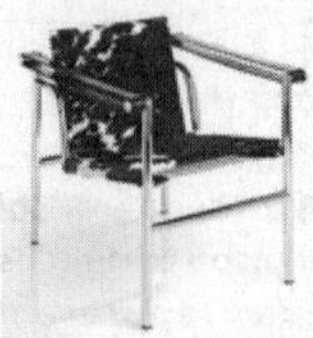

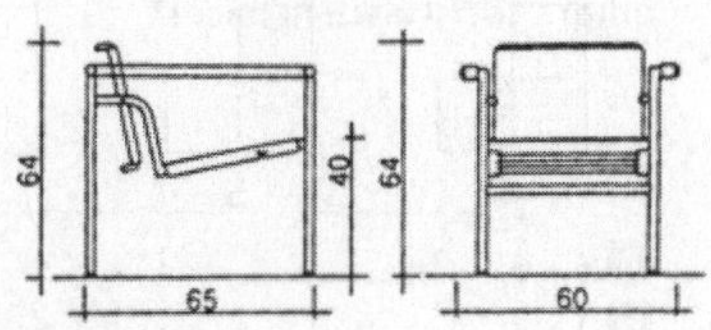

- A Millimetri
- B Centimetri
- C Pollici
- D Metri
- E Chilometri

793 **Stabilire la corretta corrispondenza delle sezioni:**

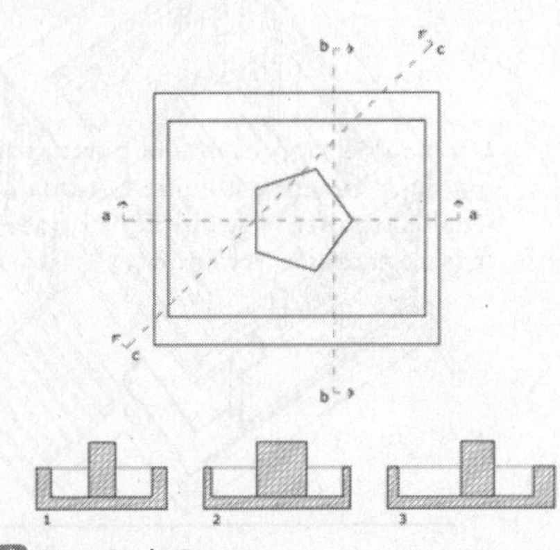

- A 1 – c; 2 – b; 3 – a
- B 1 – a; 2 – c; 3 – b
- C 1 – b; 2 – a; 3 – c
- D 1 – a; 2 – b; 3 – c
- E 1 – b; 2 – c; 3 – a

794 **Indicare la coppia di proiezioni ortogonali del solido modulare corrispondenti a quelle indicate dalle frecce.**

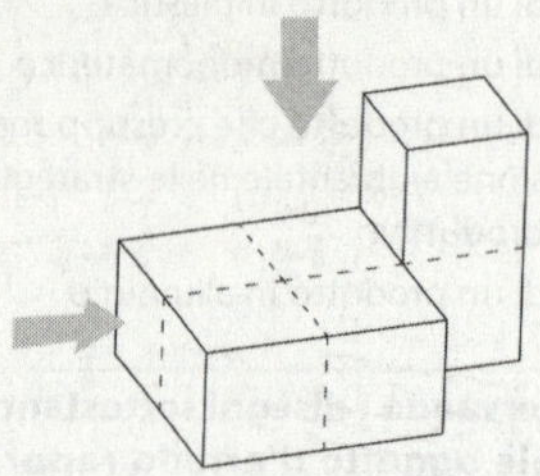

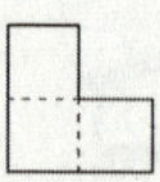

1

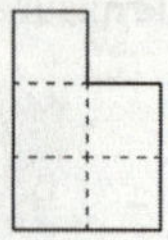

2

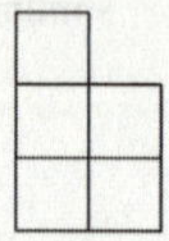

3

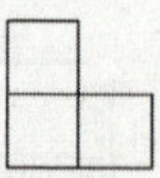

4

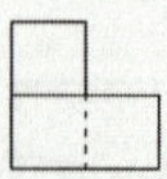

5

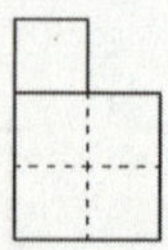

6

- A 5 – 6
- B 1 – 2
- C 4 – 3
- D 1 – 6
- E 5 – 2

795 **Il seguente disegno è:**

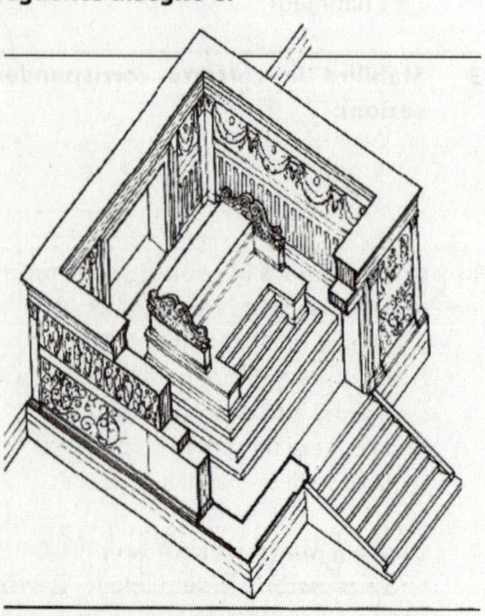

- A una prospettiva ortogonale
- B una prospettiva accidentale
- C un'assonometria
- D una prospettiva centrale
- E un prospetto

796 **Data la seguente pianta:**

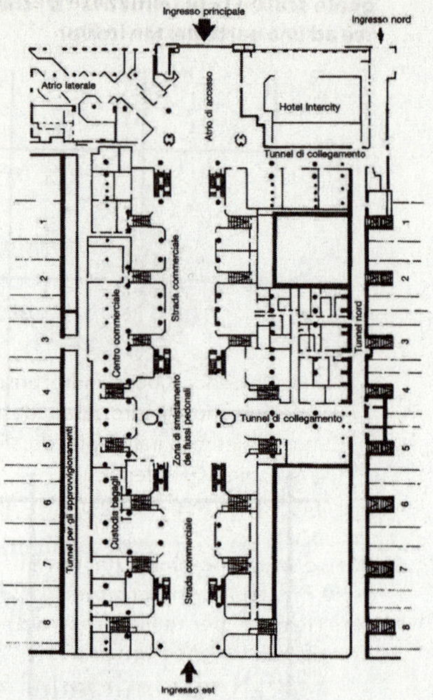

individuare la destinazione d'uso dell'edificio rappresentato.

- A Stazione
- B Maneggio
- C Asilo nido
- D Galleria d'arte
- E Autofficina

797 **In assonometria, generalmente, l'asse *z* si considera:**

- A la lunghezza
- B la larghezza
- C l'asse verticale
- D la quarta dimensione
- E l'asse delle ordinate

798 **Tra le alternative proposte, scegliere la figura che completa correttamente la proporzione data.**

A 

B 

C 

D 

E 

799 Quali figure geometriche semplici, o loro parti, sono state utilizzate per costruire l'oggetto rappresentato in figura?

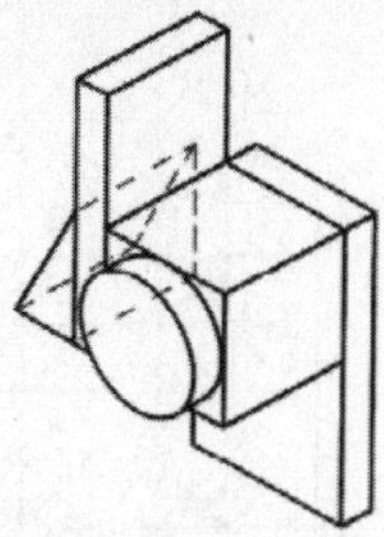

A Parallelepipedo; cubo; cilindro; prisma
B Parallelepipedo; cilindro; piramide; sfera
C Cubo; tetraedro; parallelepipedo; sfera
D Cilindro; piramide; sfera; cubo
E Parallelepipedo; cubo; piramide; cilindro

800 Qual è la proporzione (in termini di area) delle piastrelle di marmo grigio, bianco e nero richieste per realizzare una pavimentazione con il disegno seguente?

A Grigio = 1; bianco = 3; nero = 1
B Grigio = 1; bianco = 5; nero = 2
C Grigio = 2; bianco = 5; nero = 2
D Grigio = 1; bianco = 6; nero = 1
E Grigio = 2; bianco = 6; nero = 1

801 Individuare la corretta corrispondenza fra i metodi di rappresentazione e le necessità tecniche.

1. Proiezione ortogonale
2. Assonometria
3. Prospettiva
a. Istruzioni tecniche ad un produttore
b. Visione realistica dell'oggetto
c. Comprensione delle dimensioni spaziali e i rapporti dell'oggetto

A 1-a / 2-b / 3-c
B 1-b / 2-a / 3-c
C 1-c / 2-a / 3-b
D 1-a / 2-c / 3-b
E 1-b / 2-c / 3-a

802 A quale punto di osservazione riportato sul disegno planimetrico corrisponde la veduta prospettica della piazza rappresentata sotto?

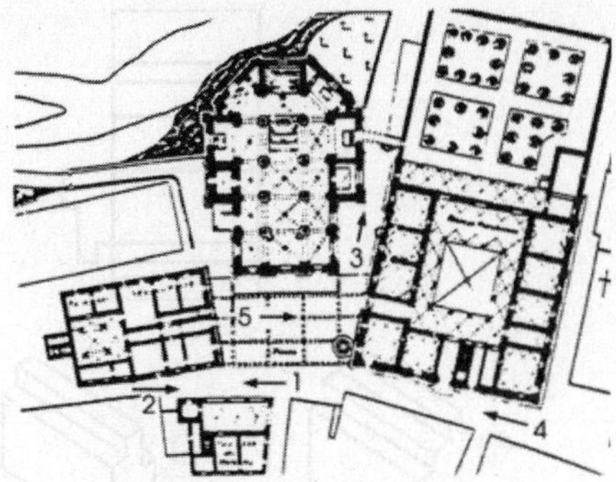

A Punto 1
B Punto 2
C Punto 3
D Punto 4
E Punto 5

803 Un rettangolo in proiezione ortogonale NON può sicuramente rappresentare:

A la base di una piramide retta
B il prospetto di un parallelepipedo
C il prospetto di un cilindro
D la base di un tronco di piramide
E la base di un parallelepipedo

804 Qual è il numero massimo di facce di un cubo che è possibile visualizzare in primo piano con una prospettiva accidentale?

A 2
B 3
C 4
D 5
E 6

805 **Quale delle quattro figure (A, B, C, D) corrisponde alla composizione volumetrica della figura piana?**

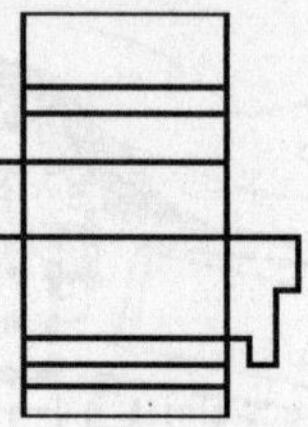

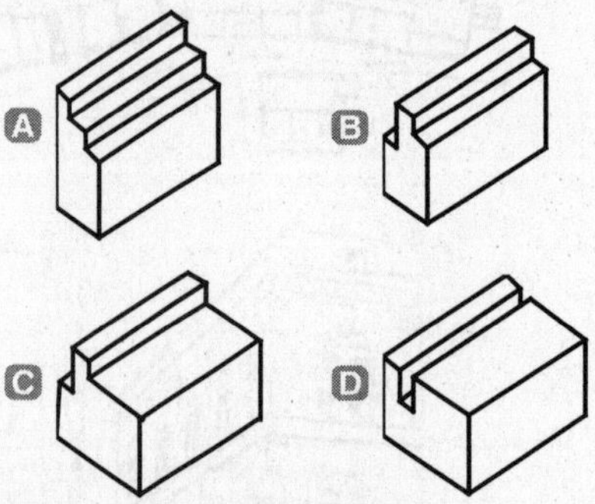

E Nessuna delle precedenti

806 **Considerando le regole del disegno tecnico, nella stanza B, la testata del letto è orientata verso:**

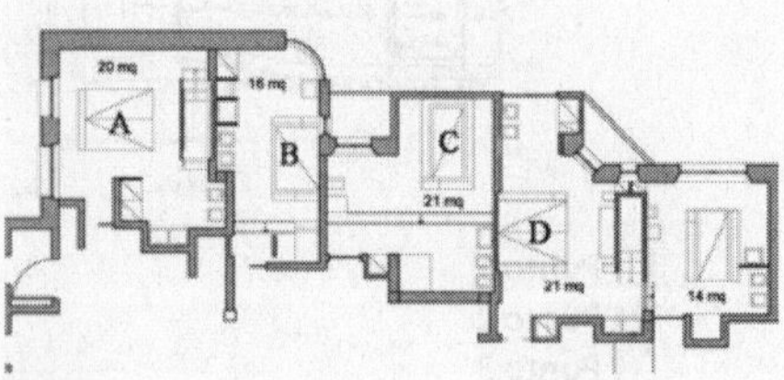

A nord
B sud
C est
D ovest
E non è possibile dedurlo dal disegno

807 **Associare ad ogni pianta di tipologia di scala la corrispondente sezione.**

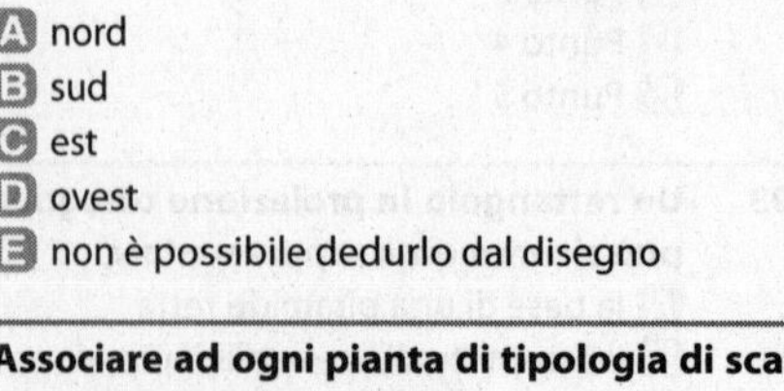

A a – 1; b – 4; c – 3; d – 5; e – 2
B a – 3; b – 1; c – 4; d – 5; e – 2
C a – 2; b – 5; c – 4; d – 3; e – 1
D a – 4; b – 2; c – 5; d – 1; e – 3
E a – 5; b – 3; c – 1; d – 2, e – 4

808 **La seguente griglia è ideale per costruire:**

A deformazioni lineari
B deformazioni curve
C assonometrie cavaliere
D assonometrie isometriche
E assonometrie monometriche

809 **Quale formato cartaceo necessita *almeno* il disegno in scala 1:500 della pianta di un edificio quadrato di lato 3176 cm?**

A A4
B A5
C A6
D A7
E A8

810 **Quante facce ha il solido rappresentato in figura attraverso la pianta e il prospetto?**

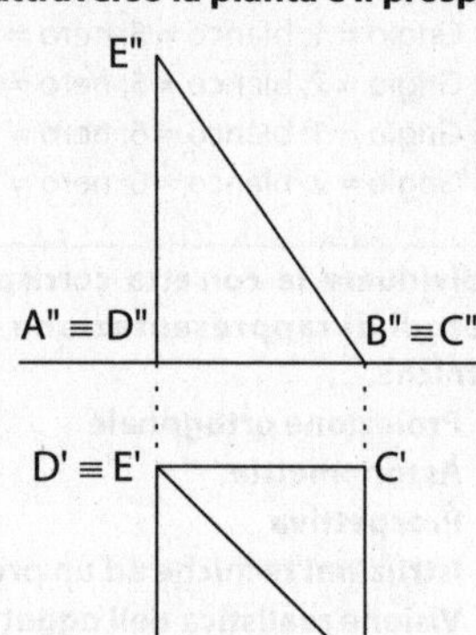

A 6
B 3
C 5
D 4
E 7

811 La pianta rappresentata in basso nel disegno a lato rappresenta rispetto alla sezione A-A:

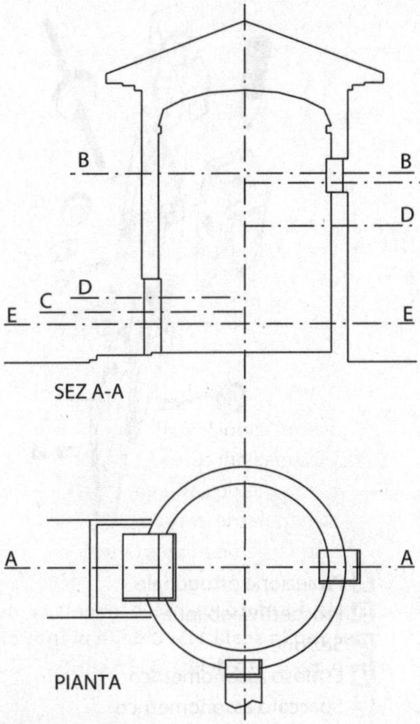

A la sezione B-B
B la sezione C-C
C la sezione D-D
D la sezione E-E
E Non è possibile rispondere

812 In assonometria il sistema di riferimento è costituito dai tre assi cartesiani *x*, *y*, *z*. Secondo quali direzioni si possono rilevare le misure rapportate alle reali?

A Molteplici
B Le tre direzioni degli assi
C Nessuna perché è una rappresentazione convenzionale
D Le due del piano di riferimento
E Dipende dalla posizione dell'osservatore

813 Che cos'è un *contrafforte*?

A Uno strumento di misura della forza del vento
B La parete interna di un castello medioevale
C Un rinforzo delle pareti in muratura
D Un particolare passaggio musicale dodecafonico
E Nessuna delle precedenti

814 Generalmente, nei disegni tecnici, nell'indicazione degli *infissi* NON viene indicata:

A la dimensione del vano
B l'altezza delle porte
C il senso di apertura delle porte
D il tipo di materiale e le tecnologie impiegate per il vetro delle finestre
E il tipo di apertura per le finestre

815 Quale delle cinque figure corrisponde alla composizione seguente vista allo specchio?

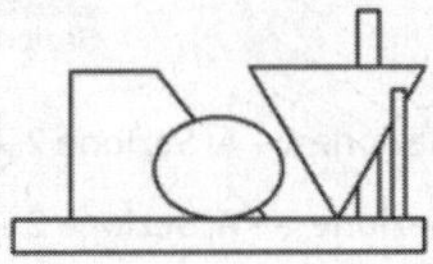

A

B
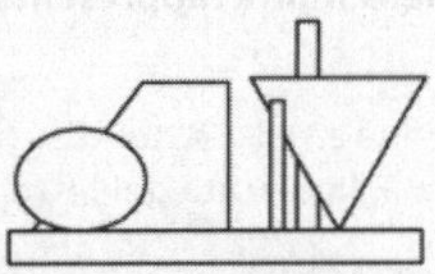

C

D
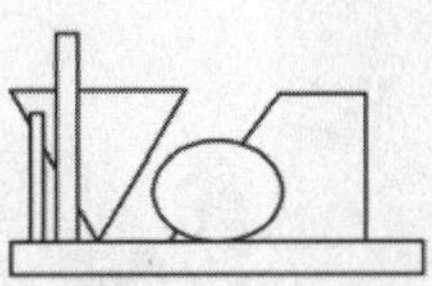

E
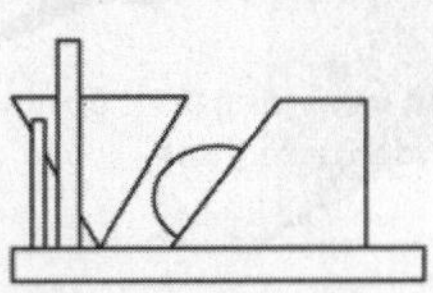

816 Quale dei seguenti elementi non può far parte della costruzione di un muro?

A Concio
B Laterizio
C Malta
D Intonaco
E Frattazzo

817 Indicare la corretta posizione in planimetria delle Sezioni 1, 2 e 3.

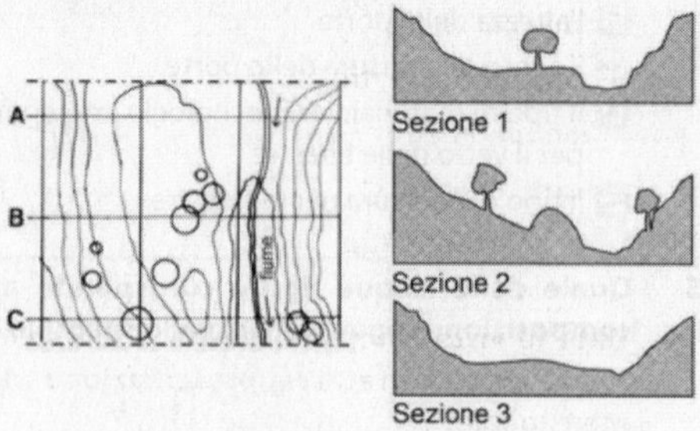

- **A** Sezione 1 – A; Sezione 2 – B; Sezione 3 – C
- **B** Sezione 1 – A; Sezione 2 – C; Sezione 3 – B
- **C** Sezione 1 – B; Sezione 2 – A; Sezione 3 – C
- **D** Sezione 1 – B; Sezione 2 – C; Sezione 3 – A
- **E** Sezione 1 – nessuna associazione; Sezione 2 – C; Sezione 3 – A

818 Il disegno della figura rappresenta:

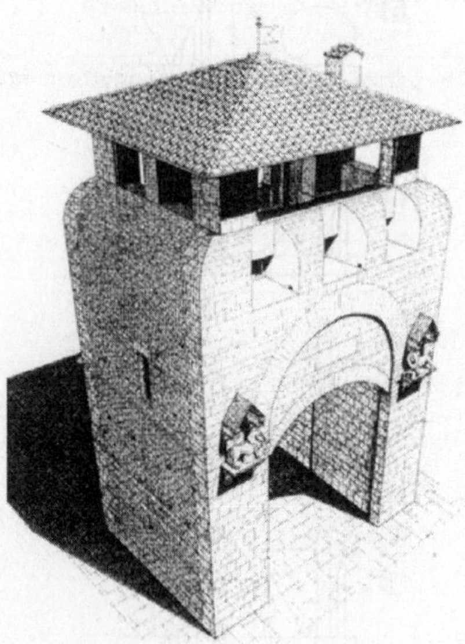

- **A** una assonometria trimetrica ortogonale
- **B** una assonometria militare
- **C** una assonometria dimetrica obliqua
- **D** una prospettiva a piano inclinato dall'alto verso il basso
- **E** una prospettiva a piano verticale

819 Indicare la corretta denominazione del tipo di rappresentazione con cui è stato disegnato il compasso in figura.

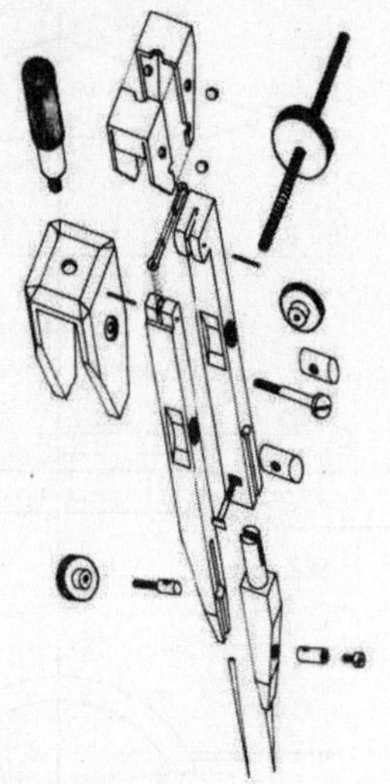

- **A** Proiezione ortogonale
- **B** Prospettiva obliqua
- **C** Sezione
- **D** Esploso assonometrico
- **E** Spaccato assonometrico

820 Che tipo di volta è rappresentato in figura?

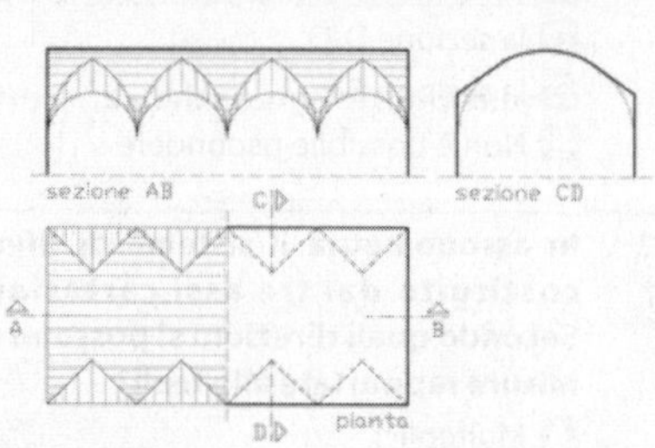

- **A** Volta a ombrello
- **B** Volta a botte
- **C** Volta a crociera
- **D** Tetto piano
- **E** Volta a botte lunettata

821 La sezione di un cubo con un piano genericamente disposto nello spazio non può mai generare uno dei poligoni seguenti. Quale?

- **A** Un triangolo
- **B** Un rettangolo
- **C** Un ottagono
- **D** Un quadrato
- **E** Un esagono

822 Il portale raffigurato nell'immagine è rappresentato in:

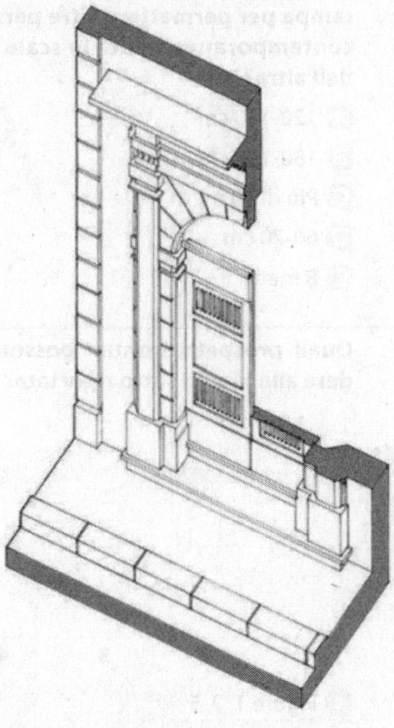

- **A** esploso assonometrico
- **B** spaccato assonometrico
- **C** proiezione ortogonale
- **D** prospettiva a piano inclinato
- **E** prospettiva a piano verticale

823 L'immagine raffigura schematicamente:

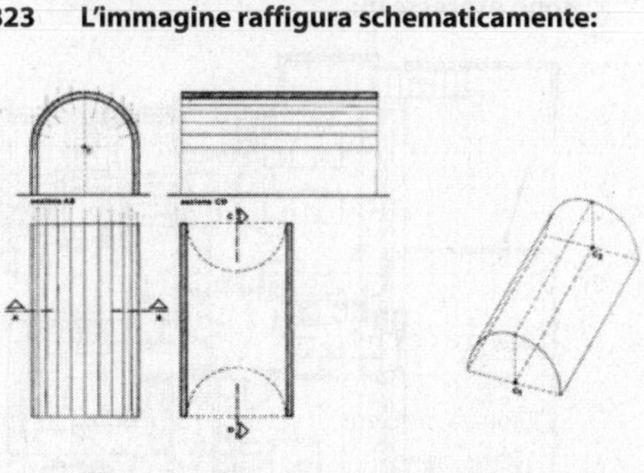

- **A** Una volta a crociera in proiezione ortogonale e assonometria
- **B** Una volta a vela in proiezione ortogonale e assonometria
- **C** Una volta a botte in prospettiva e assonometria
- **D** Una volta a botte in proiezione ortogonale e assonometria
- **E** Una volta a padiglione in proiezione ortogonale e assonometria

824 Una distanza reale di due metri, rappresentata in scala 1:200, corrisponde a un segmento lungo:

- **A** due millimetri
- **B** mezzo centimetro
- **C** un centimetro
- **D** due centimetri
- **E** mezzo decimetro

825 Date le viste frontale e destra di un solido, qual è la sua corretta rappresentazione tridimensionale?

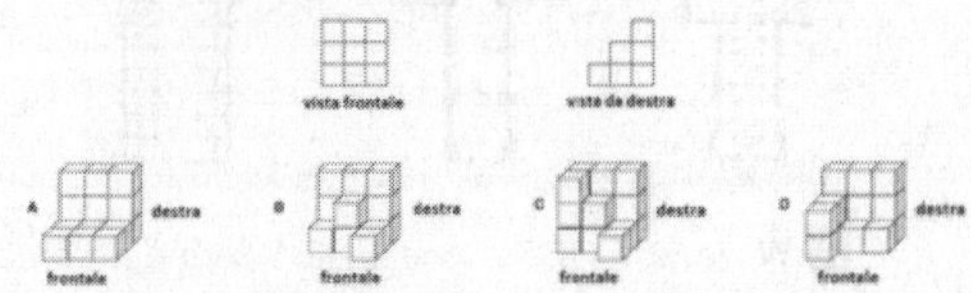

- **A** Rappresentazione A
- **B** Rappresentazione B
- **C** Rappresentazione C
- **D** Rappresentazione D
- **E** Nessuna tra quelle proposte

826 Qual è lo sviluppo dell'oggetto in figura?

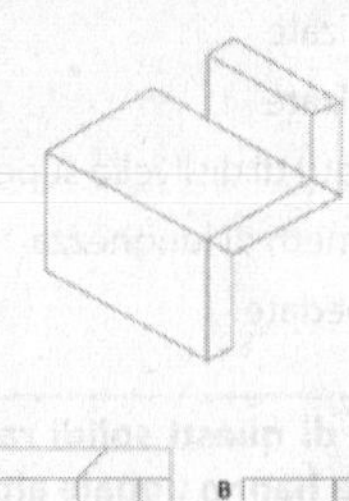

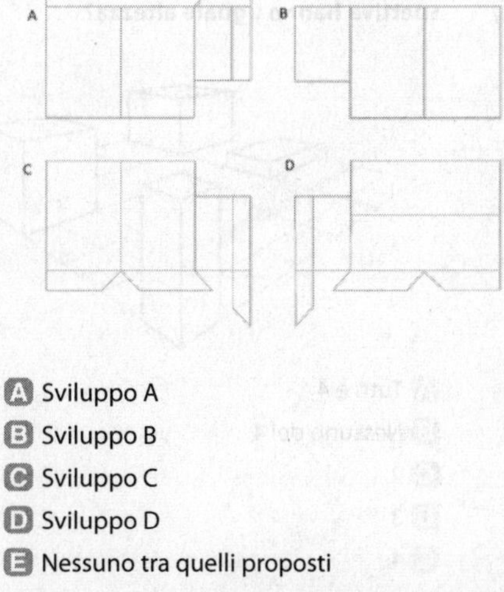

- **A** Sviluppo A
- **B** Sviluppo B
- **C** Sviluppo C
- **D** Sviluppo D
- **E** Nessuno tra quelli proposti

827 **A quale delle cinque figure corrisponde l'interno di chiesa rappresentato?**

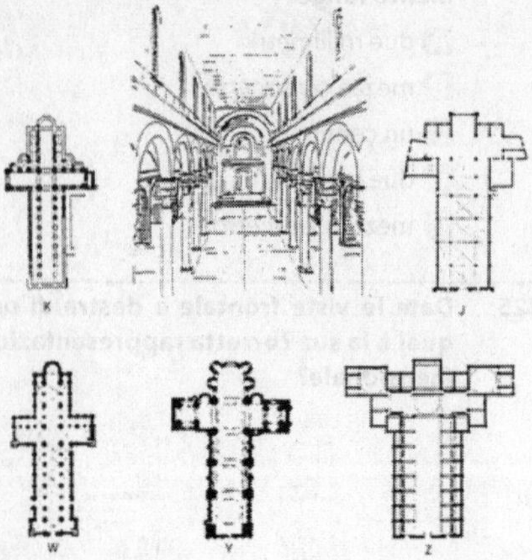

A W

B K

C J

D Y

E Z

828 **Secondo la normativa, in Italia per le rampe di scale poste in parti comuni (non all'interno di alloggi privati) è necessario un pianerottolo ogni:**

A 10 alzate

B 20 alzate

C 2 metri di dislivello superato

D 1,5 metri di lunghezza

E 15 pedate

829 **Quanti di questi solidi rappresentati in prospettiva hanno uguale altezza?**

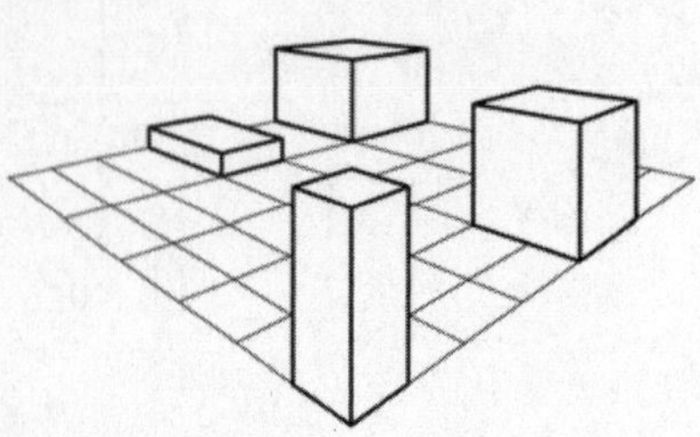

A Tutti e 4

B Nessuno dei 4

C 2

D 3

E 4

830 **Sapendo che un uomo in posizione eretta occupa uno spazio largo circa 60 cm, quanto dovrà essere la larghezza minima di una rampa per permettere a tre persone di salire contemporaneamente le scale una a fianco dell'altra?**

A 120-130 cm

B 180-190 cm

C Più di 10 metri

D 60-70 cm

E 8 metri

831 **Quali prospetti frontali possono corrispondere alla pianta sotto riportata?**

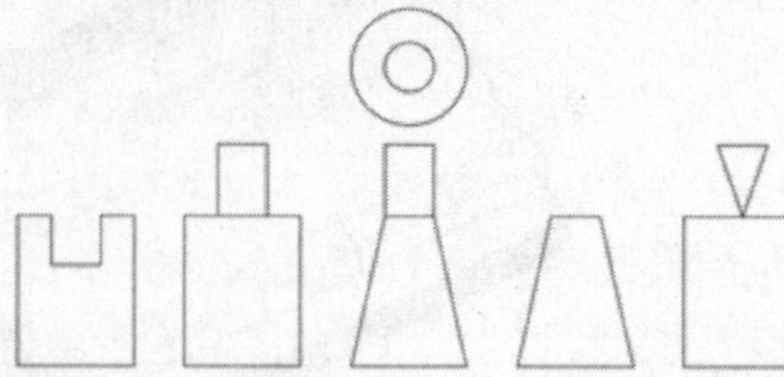

1 2 3 4 5

A Figure 1, 2, 5

B Figure 3, 4

C Figure 1, 2, 3

D Figure 2, 3, 4

E Tutte le figure

832 **Le misure riportate sul seguente disegno sono espresse in:**

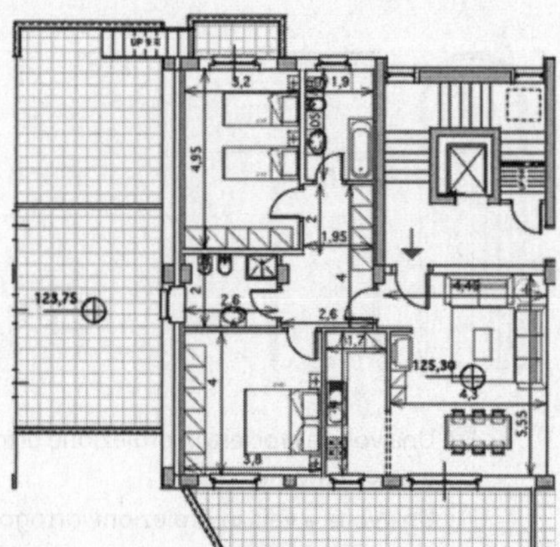

A dm

B cm

C m

D mm

E nessuna delle precedenti risposte è corretta

833 **Accoppiare i cinque differenti oggetti tridimensionali al profilo che li ha generati per rotazione attorno all'asse Y.**

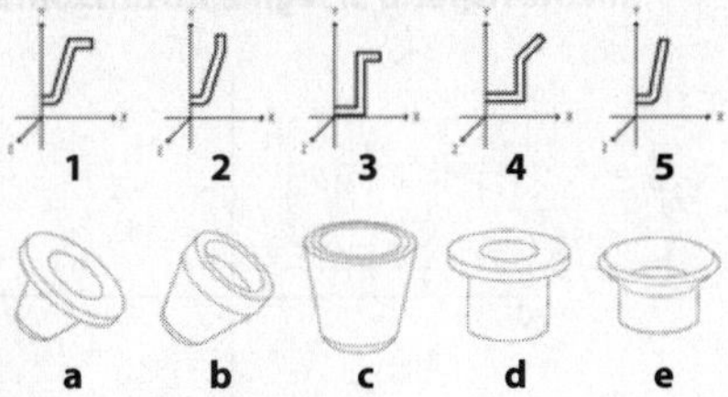

- **A** 1b – 2a – 3e – 4d – 5c
- **B** 1b – 2c – 3d – 4e – 5a
- **C** 1a – 2b – 3d – 4e – 5c
- **D** 1d – 2b – 3e – 4a – 5c
- **E** 1e – 2c – 3d – 4a – 5b

834 **Data la seguente pianta:**

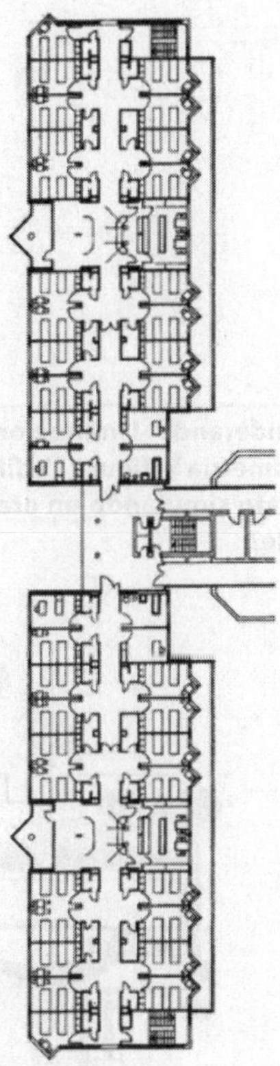

individuare la destinazione d'uso dell'edificio rappresentato.

- **A** Tipografia
- **B** Aeroporto
- **C** Piscina
- **D** Reparto degenza in ospedale
- **E** Scuola materna

835 **Quali figure geometriche semplici, o loro parti, sono state utilizzate per costruire l'oggetto rappresentato in figura?**

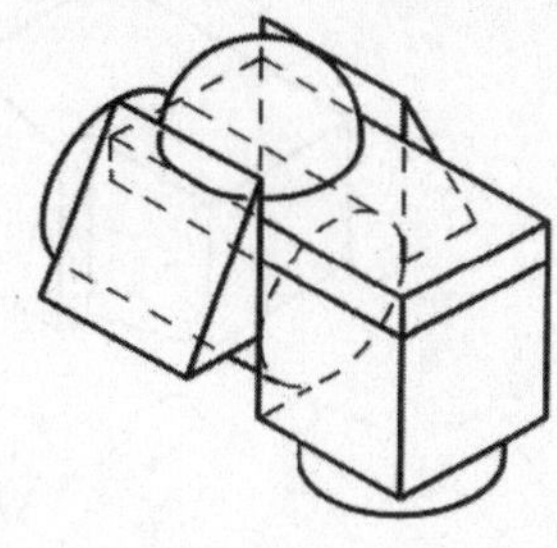

- **A** Cilindro; parallelepipedo; cubo; cuneo; piramide
- **B** Sfera; tetraedro; parallelepipedo; cubo; cono
- **C** Sfera; prisma; parallelepipedo; cubo; cilindro
- **D** Cilindro; piramide; sfera; prisma; cubo
- **E** Parallelepipedo; cuneo; cono; sfera; cilindro

836 **Quale, tra queste coppie di angoli, NON può appartenere ad una squadra da disegno?**

- **A** 45° - 90°
- **B** 30° - 60°
- **C** 30° - 90°
- **D** 45° - 30°
- **E** 60° - 90°

837 **Quale locale (contraddistinto ognuno da una lettera) del seguente appartamento viene considerato cieco?**

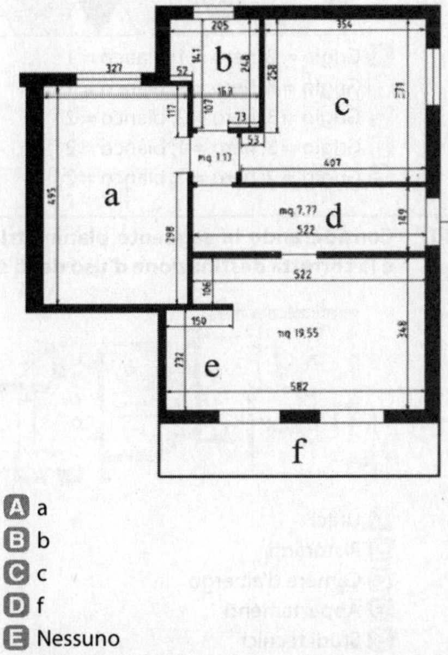

- **A** a
- **B** b
- **C** c
- **D** f
- **E** Nessuno

838 **Quale, tra le immagini sottostanti, corrisponde al seguente oggetto opportunamente ruotato nello spazio?**

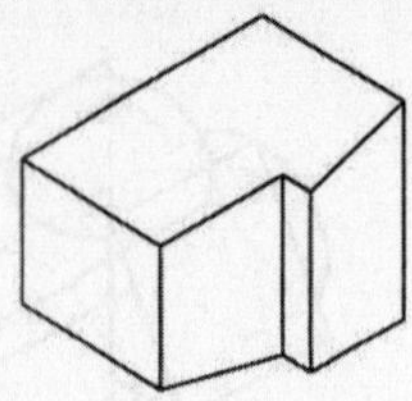

1 2 3 4 5

- A Figura 1
- B Figura 2
- C Figura 3
- D Figura 4
- E Figura 5

839 **Qual è la proporzione (in termini di area) delle piastrelle di marmo grigio, nero e bianco richieste per realizzare una pavimentazione con il disegno seguente?**

- A Grigio = 2; nero = 1; bianco = 1
- B Grigio = 3; nero = 2; bianco = 1
- C Grigio = 3; nero = 2; bianco = 2
- D Grigio = 3; nero = 1; bianco = 2
- E Grigio = 2; nero = 1; bianco = 2

840 **Considerando la seguente planimetria, qual è la corretta destinazione d'uso degli spazi?**

- A Uffici
- B Ristoranti
- C Camere d'albergo
- D Appartamenti
- E Studi tecnici

841 **Quale delle cinque composizioni geometriche corrisponde alla seguente, specchiata prima rispetto al segmento verticale AB, successivamente rispetto al segmento orizzontale CD?**

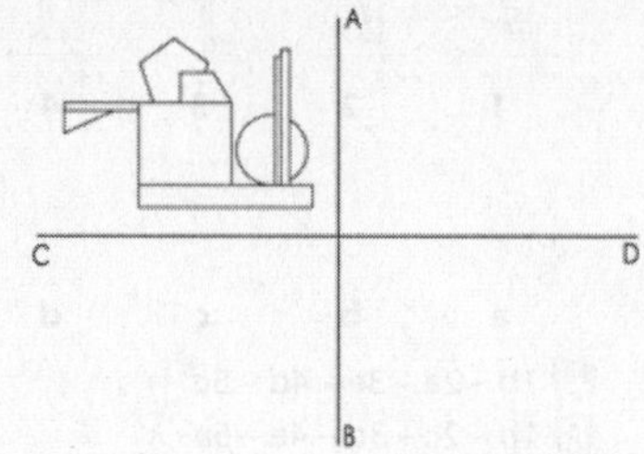

A 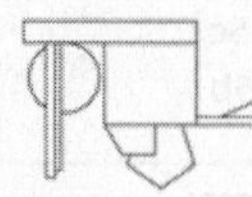 B 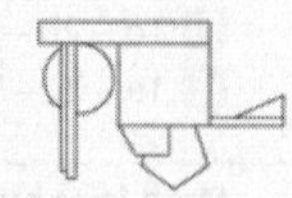

C 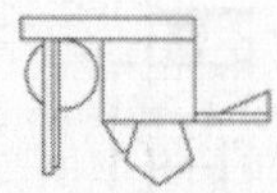 D 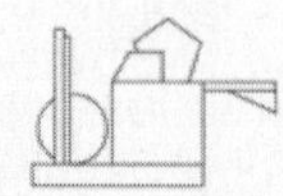

E 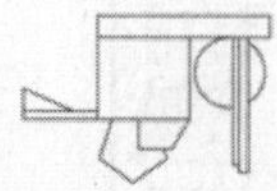

842 **Considerando l'indicazione del Nord nella planimetria in figura, l'edificio è stato rappresentato simulando un orario della giornata. Quale?**

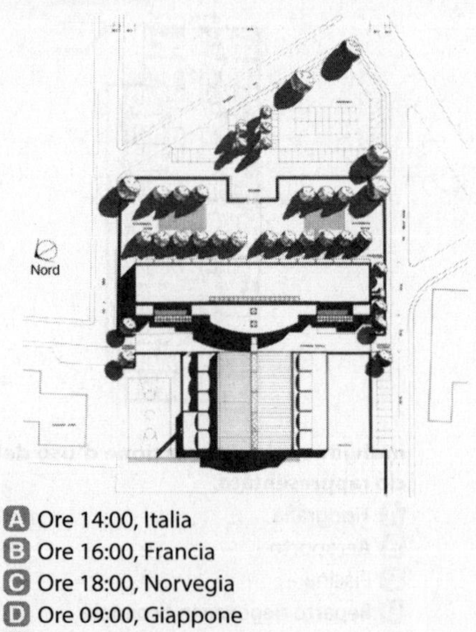

- A Ore 14:00, Italia
- B Ore 16:00, Francia
- C Ore 18:00, Norvegia
- D Ore 09:00, Giappone
- E Nessuna delle precedenti

843 **Qual è la misura esatta della cattedra nell'aula rappresentata nel disegno, essendo il modello in scala 1:200?**

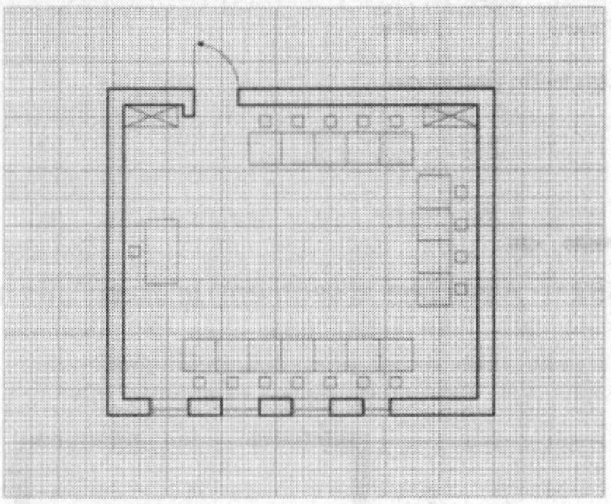

- A 60 cm x 60 cm
- B 20 cm x 20 cm
- C 40 cm x 40 cm
- D 60 cm x 120 cm
- E 40 cm x 60 cm

844 **Individuare la corretta corrispondenza fra i segni convenzionali e i materiali impiegati per la progettazione.**

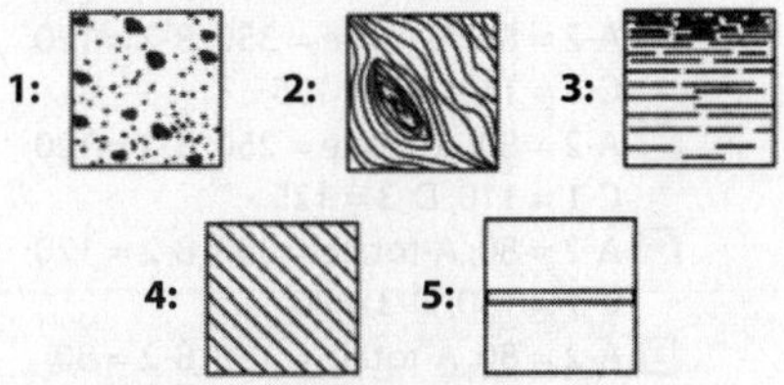

a: liquidi **b: cemento** **c: legno**
d: vetro **e: muri in mattoni**

- A 1 – b; 2 – c; 3 – a; 4 – e; 5 – d;
- B 1 – a; 2 – b; 3 – c; 4 – d; 5 – e;
- C 1 – e; 2 – a; 3 – c; 4 – b; 5 – d;
- D 1 – b; 2 – c; 3 – d; 4 – e; 5 – a;
- E 1 – d; 2 – a; 3 – c; 4 – e; 5 – b;

845 **La seguente figura si definisce:**

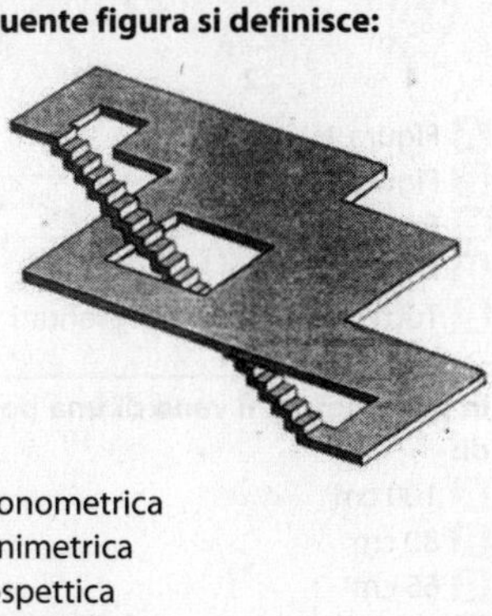

- A assonometrica
- B planimetrica
- C prospettica
- D impossibile
- E nessuna delle precedenti risposte è corretta

846 **Qual è il numero minimo di tagli necessario per ricavare un tronco di piramide a base esagonale dal seguente solido?**

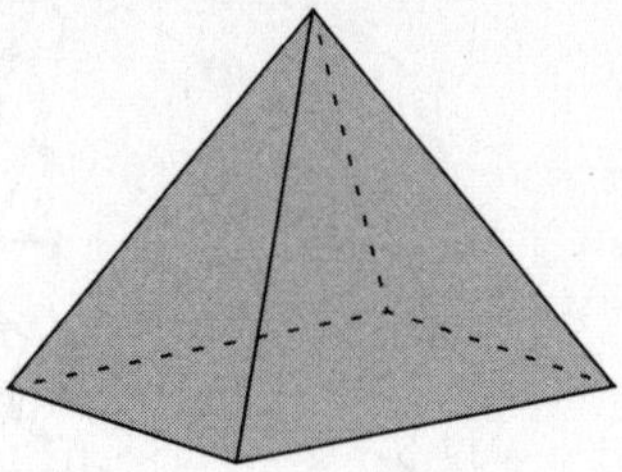

- A 5
- B 1
- C 4
- D 3
- E Non è possibile ricavare un tronco di piramide a base esagonale dal solido proposto

847 **Che figura si ottiene sezionando un cubo, con un piano che passa per due spigoli opposti?**

- A Un triangolo
- B Un rettangolo
- C Un quadrato
- D Un triangolo rettangolo
- E Nessuna delle precedenti risposte è corretta

848 **Qual é il *punto medio* del segmento che va da dal punto 1 al punto 2?**

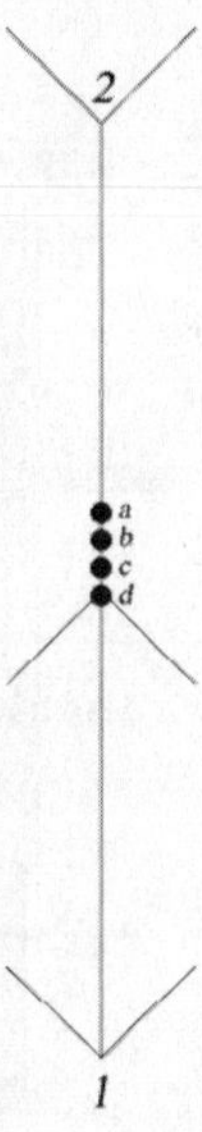

- A a
- B b
- C c
- D d
- E Nessuno dei precedenti

849 Come può essere definito il seguente disegno?

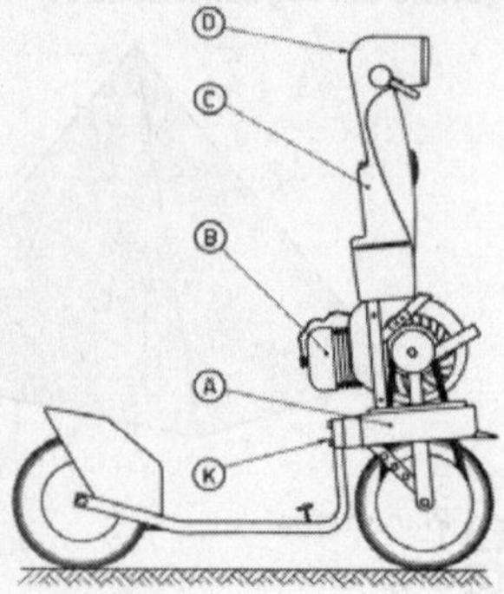

- **A** Disegno tecnico
- **B** Disegno tecnico quotato
- **C** Illustrazione
- **D** Disegno illustrativo per il funzionamento dell'oggetto
- **E** Disegno illustrativo delle parti che compongono l'oggetto

850 Il disegno in figura è:

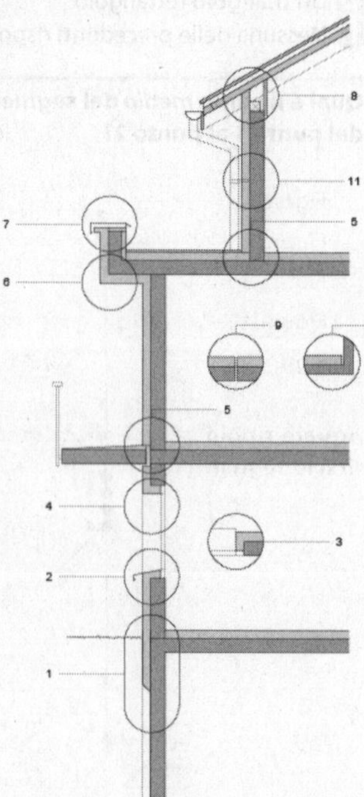

- **A** una planimetria
- **B** uno spaccato
- **C** una sezione
- **D** un prospetto
- **E** nessuna delle precedenti

851 Qual è l'area che è possibile ricoprire con 320 piccole piastrelle a forma di triangolo rettangolo isoscele con cateto pari a 2 cm?

- **A** 640 cm^2
- **B** 320 cm^2
- **C** 1200 cm^2
- **D** 560 cm^2
- **E** 720 cm^2

852 Associare ai segmenti le esatte misure.

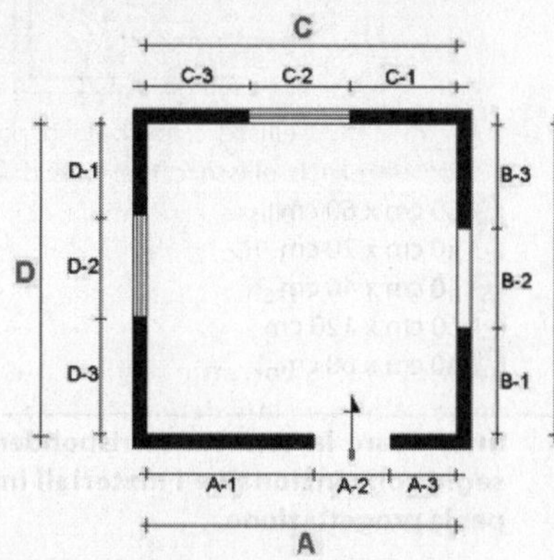

- **A** A-2 = 80; A-totale = 350; B-2 = 120; C-1 = 110; D-3 = 125
- **B** A-2 = 80; A-totale = 250; B-2 = 120; C-1 = 110; D-3 = 125
- **C** A-2 = 80; A-totale = 350; B-2 = 120; C-1 = 150; D-3 = 90
- **D** A-2 = 80; A-totale = 150; B-2 = 80; C-1 = 110; D-3 = 125
- **E** A-2 = 80; A-totale = 100; B-2 = 120; C-1 = 110; D-3 = 125

853 Quale di questi oggetti non può essere generato dalla rotazione del suo profilo attorno ad un asse verticale?

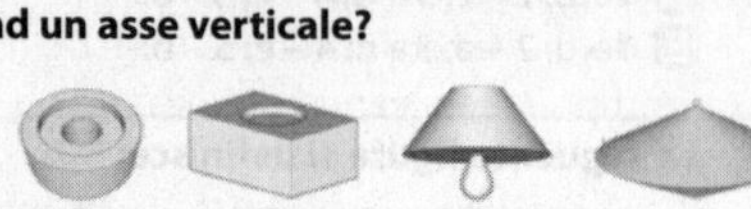

- **A** Figura 1
- **B** Figura 2
- **C** Figura 3
- **D** Figura 4
- **E** Tutti gli oggetti rappresentati

854 In planimetria, il vano di una porta è in media di:

- **A** 100 cm
- **B** 80 cm
- **C** 65 cm
- **D** 50 cm
- **E** 120 cm

855 Quale alternativa riporta correttamente le figure piane che si otterrebbero dalla sezione di un cono con i piani a, b, c, d, diversamente inclinati rispetto all'asse verticale come mostrato in figura?

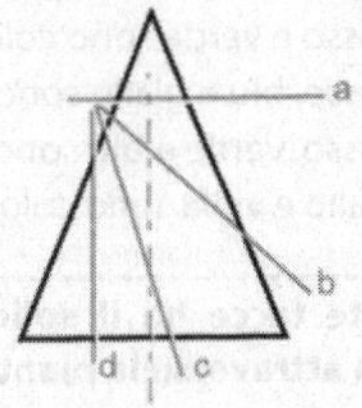

- A a: cerchio; b: ellisse; c: iperbole; d: parabola;
- B a: parabola; b: ellisse; c: iperbole; d: cerchio;
- C a: cerchio; b: ellisse; c: parabola; d: iperbole;
- D a: ellisse; b: cerchio; c: iperbole; d: parabola;
- E a: ellisse; b: cerchio; c: parabola; d: iperbole;

856 Individuare la corretta sequenza dal basso verso l'alto dei piani della seguente villa.

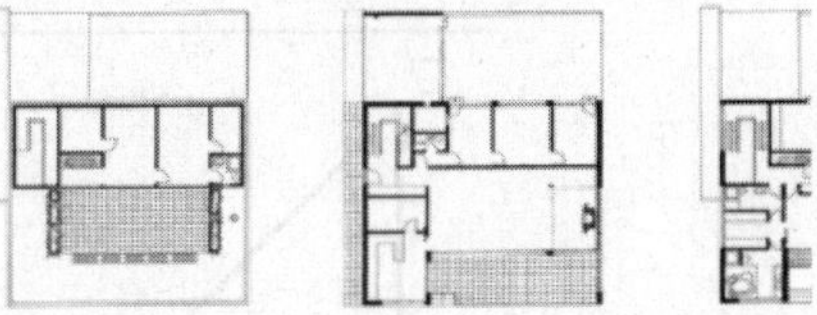

1 2

- A 1; 2; 3
- B 2; 3; 1
- C 3; 1; 2
- D 2; 1; 3
- E 3; 2; 1

857 Solitamente, nel disegno tecnico, le sezioni si indicano con:

- A doppia lettera minuscola (aa)
- B doppia lettera maiuscola (AA)
- C tripla lettera minuscola (aaa)
- D tripla lettera maiuscola (AAA)
- E doppio numero (22)

858 Tenendo conto che l'alzata misura 17 cm quale tra le scale rappresentate supera esattamente un dislivello di 2,75 metri?

1 2 3 4

- A Figura 1
- B Figura 2
- C Figura 3
- D Figura 4
- E Nessuna

859 Di quale tipo di rappresentazione si tratta?

- A Planimetria
- B Assonometria monometrica
- C Vista 3D
- D Vista 2D
- E Prospettiva accidentale

860 Quale delle immagini sotto riportate si otterrebbe piegando un foglio di carta quadrato e forandolo secondo le modalità indicate?

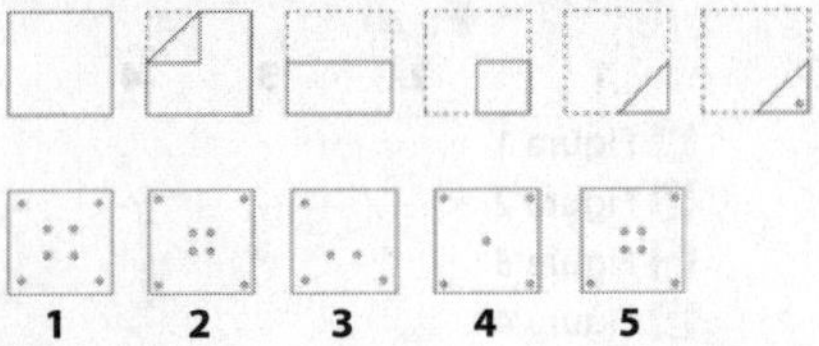

1 2 3 4 5

- A Figura 1
- B Figura 2
- C Figura 3
- D Figura 4
- E Figura 5

861 Aquale tipologia di edificio potrebbero riferirsi le seguenti planimetrie ?

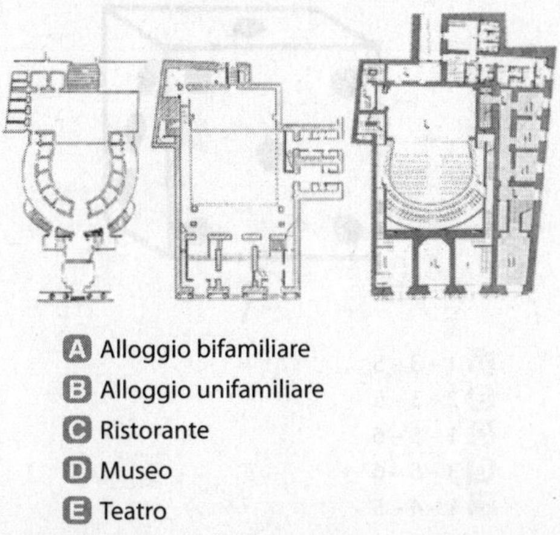

- A Alloggio bifamiliare
- B Alloggio unifamiliare
- C Ristorante
- D Museo
- E Teatro

862 La seguente griglia è ideale per costruire:

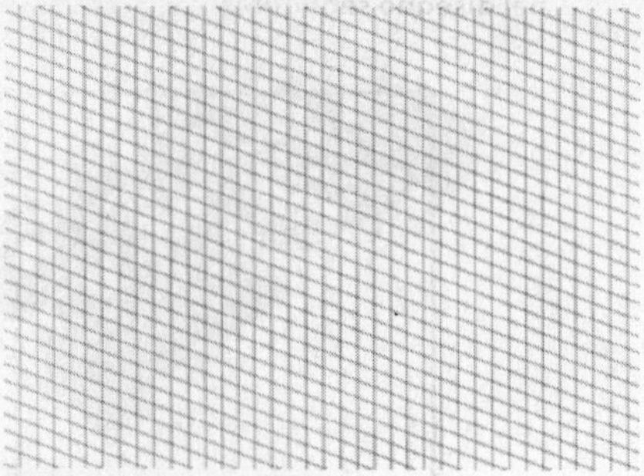

- A deformazioni lineari
- B deformazioni curve
- C assonometrie cavaliere
- D assonometrie isometriche
- E assonometrie monometriche

863 Quale di questi oggetti non può essere generato attraverso la rotazione del suo profilo attorno ad un asse verticale?

- A Figura 1
- B Figura 2
- C Figura 3
- D Figura 4
- E Figura 5

864 Ipotizzando che il numero 4 del dado si trovi sulla faccia opposta al numero 3, e che il numero 6 si trovi su una faccia adiacente al numero 5, stabilire quali numeri sarà possibile visualizzare ruotando il dado di 360° in senso antiorario rispetto allo spigolo indicato.

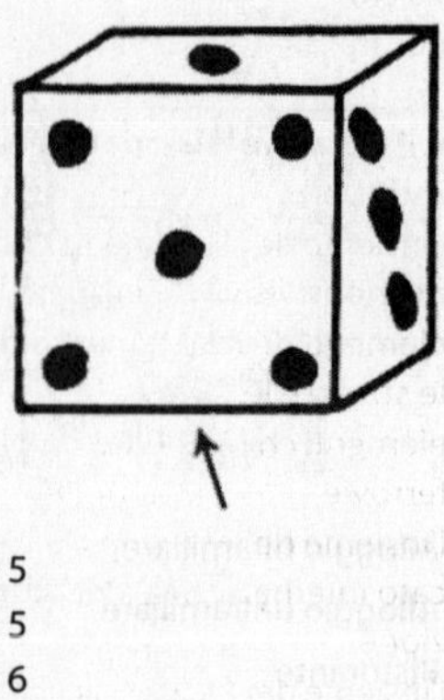

- A 1 – 3 – 5
- B 2 – 3 – 5
- C 1 – 5 – 6
- D 3 – 5 – 6
- E 1 – 4 – 5

865 Quale delle seguenti affermazioni non è corretta, tenendo conto del criterio cosiddetto "additivo", in base al quale, ad esempio, mescolando giallo e blu si ottiene il colore verde?

- A Blu e arancione sono colori complementari
- B Rosso e verde sono colori complementari
- C Rosso, blu e giallo sono colori primari
- D Rosso, verde e blu sono colori primari
- E Giallo e viola sono colori complementari

866 Quante facce ha il solido rappresentato in figura attraverso la pianta e il prospetto?

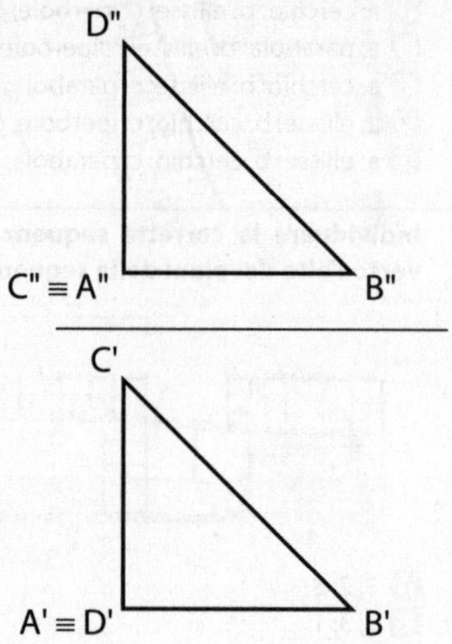

- A 8
- B 6
- C 4
- D 3
- E 2

867 Secondo la giacitura del piano che seziona un solido K, la sezione che viene è chiamata verticale quando:

- A ha giacitura orizzontale
- B la giacitura di non è né parallela né ortogonale a nessun dei principali piani di proiezione
- C è ortogonale al generico piano di proiezione
- D passa per l'asse di K
- E è ortogonale all'asse di K

868 L'altezza di un edificio residenziale di 10 piani può variare entro certi valori. Quali?

- A Da 28 a 29 m
- B Da 30 a 35 m
- C Da 27 a 25 m
- D Da 42 a 45 m
- E Da 46 a 50 m

869 **Le due planimetrie riportate in figura rappresentano un settore del centro storico del comune di Portovenere e un'abitazione del centro storico stesso. Qual è la scala delle due rappresentazioni?**

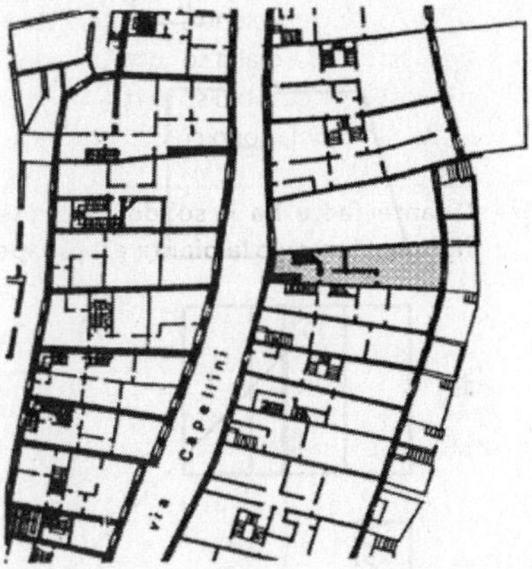

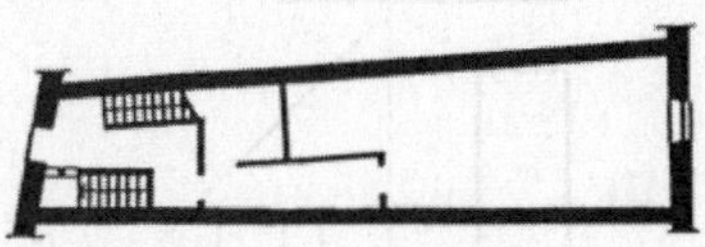

A 1:1000; 1:500
B 1:2000, 1:500
C 1:500, 1:100
D 1:1000, 1:200
E 1:500, 1:200

870 **Quale tipologia di edificio è rappresentato nel disegno seguente?**

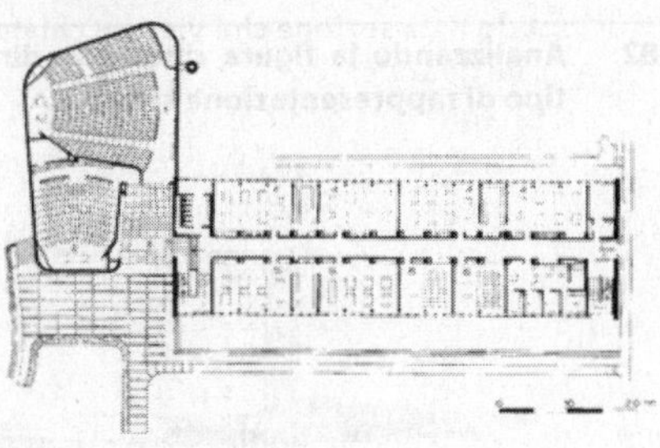

A Scuola
B Università
C Teatro
D Supermarket
E Uffici

871 **Quale tipologia di edificio è rappresentato nel disegno seguente?**

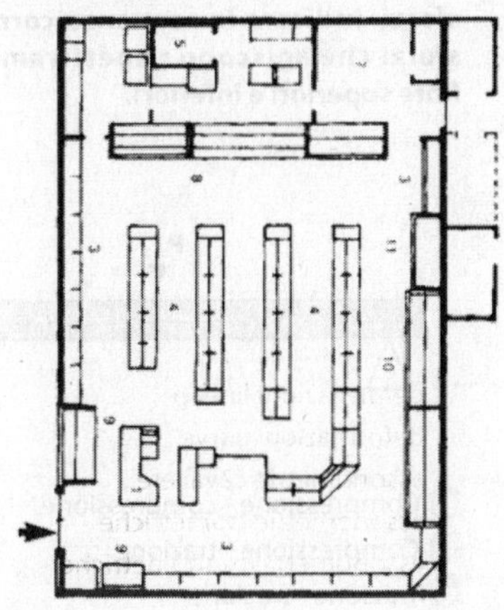

A Scuola
B Università
C Teatro
D Supermarket
E Uffici

872 **Che cosa indica il disegno di una freccia nella pianta di una scala?**

A Il senso in cui bisogna guardare il disegno
B Il percorso che va seguito
C Il senso di salita della scala
D Il senso di discesa della scala
E La mezzeria della scala

873 **Quanto deve misurare un passaggio minimo per una carrozzella da handicappato?**

A 120 cm
B 90 cm
C 80 cm
D 70 cm
E 60 cm

874 **Con il termine "barriere architettoniche" si intende:**

A l'insieme degli elementi che impediscono la fruizione visiva di un'opera d'arte
B elementi di abbattimento del rumore lungo le strade e le ferrovie
C elementi che impediscono la vista di strade e ferrovie
D l'insieme delle norme che regolano il mercato internazionale dei prodotti da costruzione
E l'insieme dei fattori fisici che limitano la fruizione dell'ambiente costruito da parte di portatori di handicap

875 **In una trave appoggiata alle estremità, caricata con un peso P, le fibre superiori e inferiori del materiale vengono sollecitate da sforzi. Indicare la sequenza corretta degli sforzi che agiscono rispettivamente sulle fibre superiori e inferiori.**

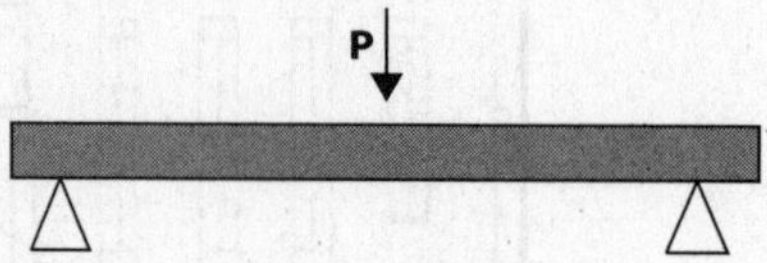

- A Compressione - compressione
- B Compressione - trazione
- C Trazione - trazione
- D Trazione - compressione
- E Gli sforzi sono di altra natura

876 **Che cosa è una *capriata*?**

- A Un sinonimo di architrave
- B Una tecnologia di costruzione per i tetti
- C Un tipo di salto mortale
- D Una struttura in acciaio
- E L'altare delle chiese

877 **Indicare in ordine crescente le tre pendenze di tetti: a) 100%, b) 50%, c) 50 gradi.**

- A a, b, c
- B c, b, a
- C b, c, a
- D b, a, c
- E Non è possibile confrontarle

878 **A cosa si riferisce il termine *antropico*?**

- A Al degrado delle strutture dovuto alle azioni naturali
- B A tutto ciò che riguarda l'uomo
- C All'inquinamento provocato dall'uomo
- D È termine che indica un'era geologica
- E All'habitat dell'uomo

879 **Quale di questi materiali resiste meglio a trazione piuttosto che a compressione?**

- A Legno
- B Pietra
- C Laterizio
- D Acciaio
- E Polistirolo

880 **Data la pianta del solido geometrico, individuare il prospetto verticale.**

PIANTA

A 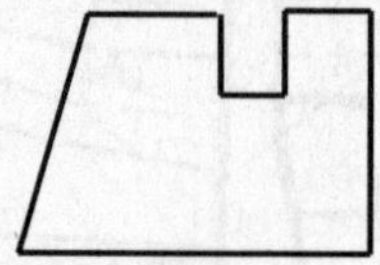

B 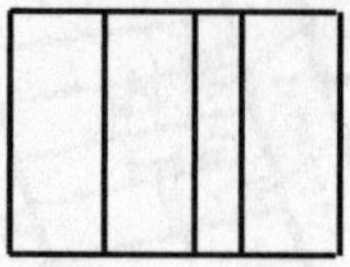

C 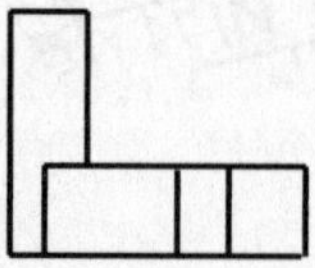

D 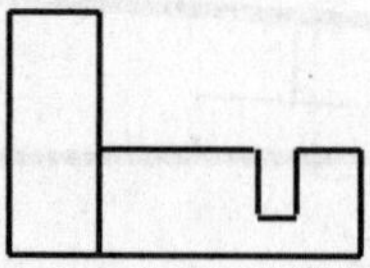

- E Nessuno dei precedenti prospetti è corretto

881 **Nell'ambito delle proiezioni ortogonali, relativamente ad una vista di prospetto:**

- A la vista dall'alto viene posta in basso
- B la vista da destra viene posta a destra
- C la vista da sotto viene posta in basso
- D la sezione principale viene posta in alto
- E la vista laterale viene posta a sinistra

882 **Analizzando la figura riportata, dire di che tipo di rappresentazione si tratta.**

- A Prospettiva vista dall'alto
- B Prospettiva con linea di orizzonte davanti all'osservatore
- C Assonometria cavaliera
- D Assonometria vista dal basso
- E Prospettiva centrale

883 **Individuare la figura che rappresenta la sezione che si ottiene tagliando il solido raffigurato con un piano passante per i punti A, C, E, G.**

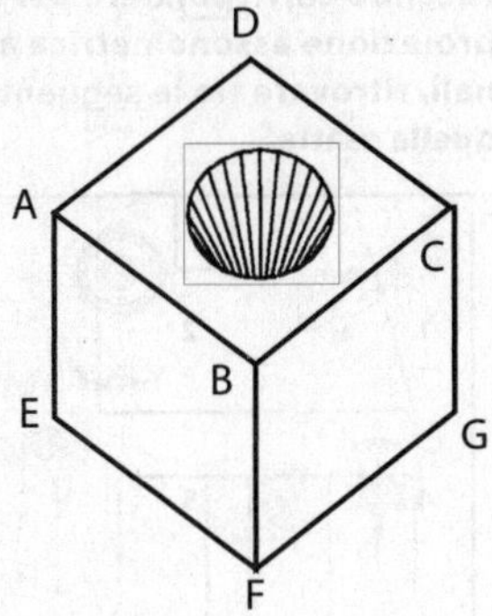

A 

B 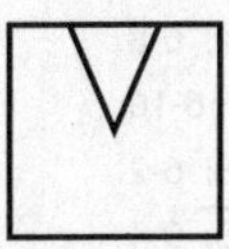

C 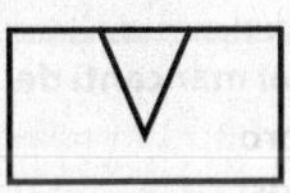

D 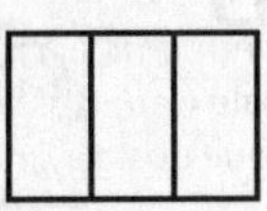

E 

884 **Un bagno per handicappati, con un accesso largo 100 cm è in regola con le normative vigenti?**

- A Sempre
- B Mai
- C Solo se la porta si apre a spinta
- D Solo se il lavandino è di fronte alla porta
- E Solo se non ci sono gradini davanti alla porta

885 **Quale delle cinque figure (A, B, C, D ed E) contiene i pezzi che compongono il disegno seguente?**

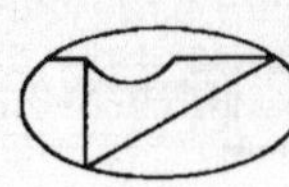

A 

B 

C 

D 

E 

886 **Individuare la pianta corrispondente all'assonometria presentata di seguito.**

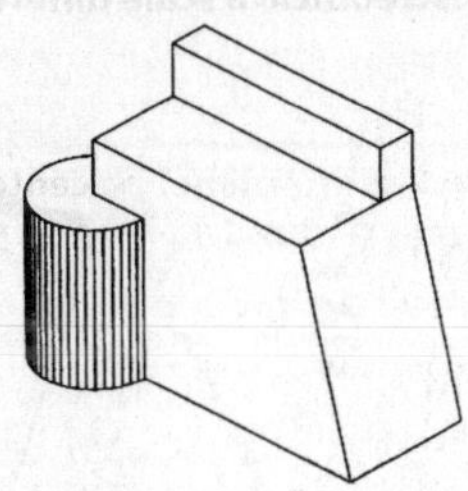

A 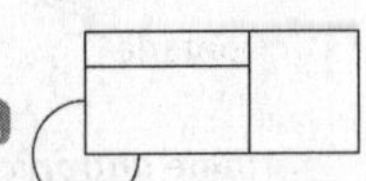

B 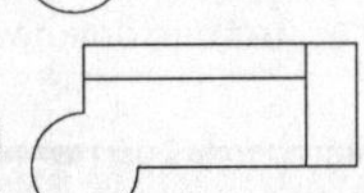

C 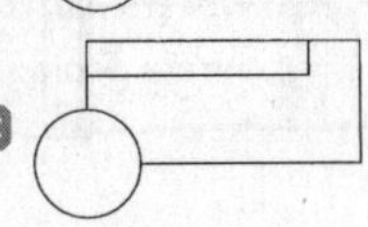

D 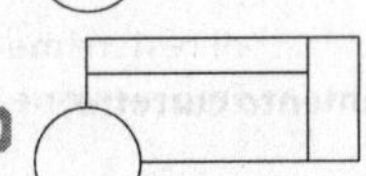

E 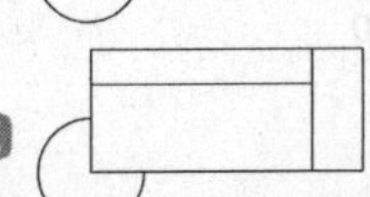

887 **Da quale materiale è costituito il serramento del disegno della figura?**

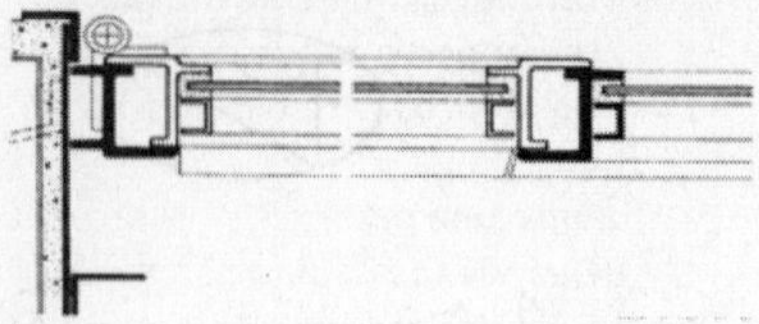

- (A) Ferro
- (B) Legno
- (C) Ghisa
- (D) Cemento armato
- (E) Non è possibile individuare il materiale

888 **Le alzate di una scala possono essere considerate normali quando misurano:**

- (A) da 10 a 30 cm
- (B) 16 cm
- (C) sino a 28 cm
- (D) da 16 a 21 cm
- (E) convenzionalmente 17 cm

889 **I due disegni rappresentano le piante dello stesso edificio a scale differenti.**

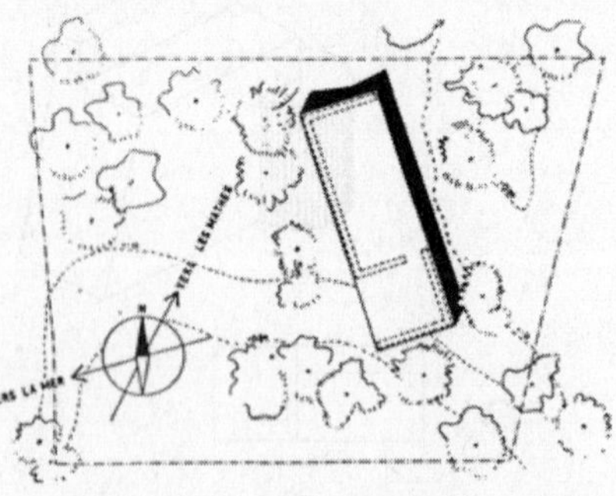

a

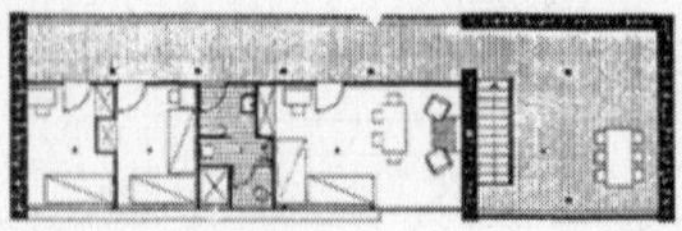

b

Indicare l'abbinamento corretto.

- (A) 1:400 - 1:200
- (B) 1:2000 - 1:2000
- (C) 1:1000 - 1:50
- (D) 1:500 - 1:100
- (E) 1:1000 - 1:100

890 **Le figure seguenti (numerate da 1 a 10) si riferiscono a cinque oggetti, ognuno dei quali è rappresentato da un'assonometria, da una pianta e da un prospetto o sezione. Facendo corrispondere per ogni oggetto la proiezione assonometrica a quelle ortogonali, ritrovare tra le seguenti combinazioni, quella esatta.**

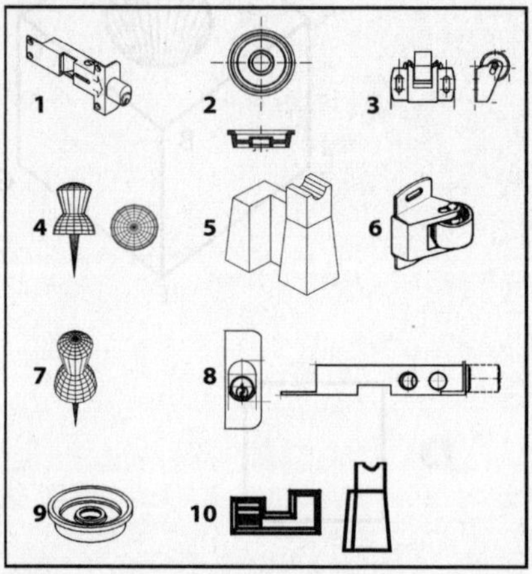

- (A) 1-10; 6-2; 7-3; 5-4; 6-8
- (B) 1-8; 9-2; 5-3; 7-4; 6-10
- (C) 1-10; 9-3; 7-4; 5-8; 6-2
- (D) 1-3; 7-2; 6-10; 5-8; 9-4
- (E) 1-8; 9-2; 6-3; 7-4; 5-10

891 **Trovare le proiezioni mancanti del solido rappresentato.**

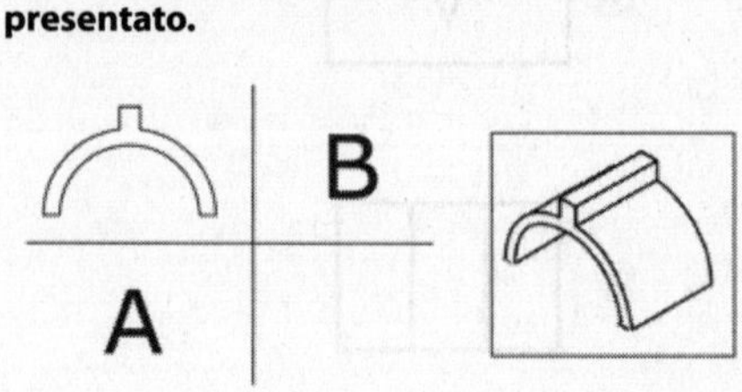

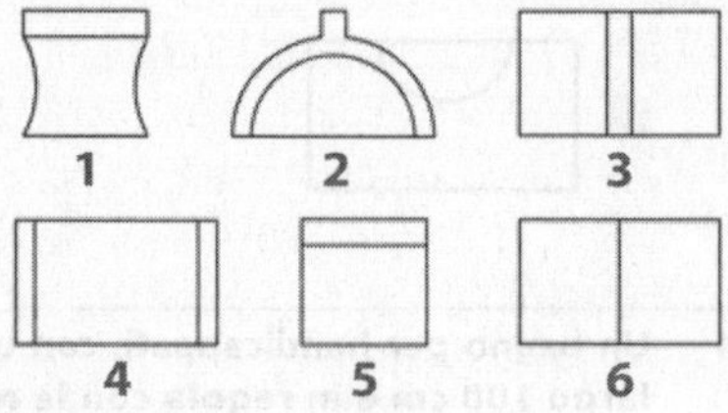

- (A) A: figura 5; B: figura 3
- (B) A: figura 6; B: figura 5
- (C) A: figura 2; B: figura 1
- (D) A: figura 3; B: figura 5
- (E) A: figura 4; B: figura 1

892 **Individuare, tra le alternative proposte, quella che rappresenta la corretta denominazione delle figure riportate di seguito (le figure si riferiscono a un museo progettato dall'architetto F. Maki).**

	A	B	C	D	E
Piano terra	1	4	2	1	1
Pianta primo piano	2	3	1	2	2
Planimetria generale	5	1	3	3	3
Prospetto	4	5	5	4	5
Sezione	3	2	4	5	4

1
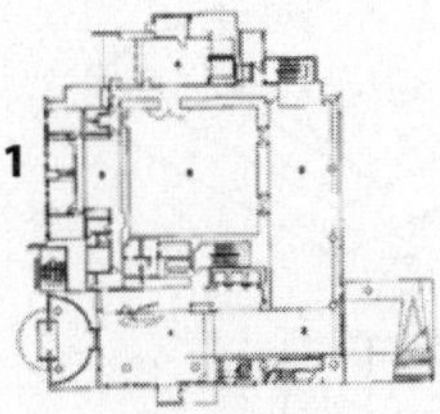
2
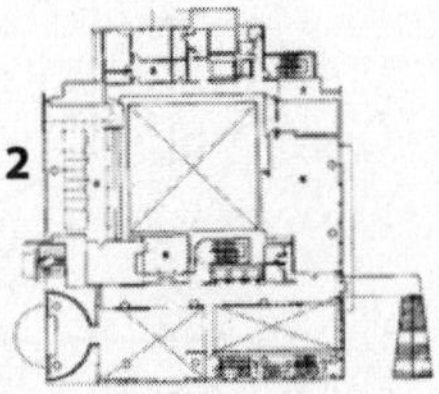
3

4
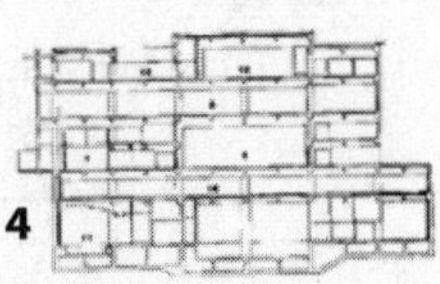
5
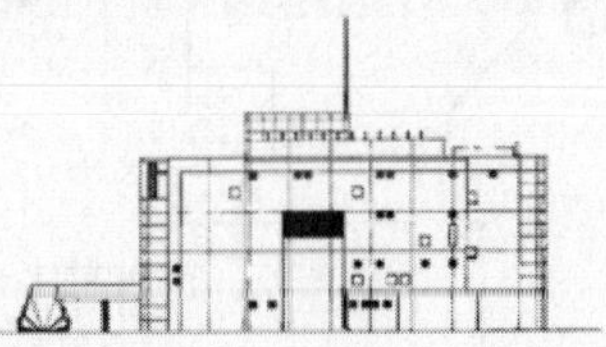

893 **Qual è la differenza tra il *cemento* e il *calcestruzzo*?**
- A Uno è più resistente dell'altro
- B Il cemento è a presa rapida
- C Il calcestruzzo è armato
- D Uno è il componente dell'altro
- E Nel cemento non ci sono inerti

894 **Qual è la giusta sequenza delle pietre in ordine di resistenza?**
- A Travertino, porfido, marmo
- B Marmo, travertino, porfido
- C Porfido, travertino, marmo
- D Porfido, marmo, travertino
- E Marmo, porfido, travertino

895 **Che cos'è una *bifora*?**
- A Un canale sotterraneo
- B Un elemento prefabbricato
- C Un antico strumento musicale
- D Un rapporto metrico tra due aperture
- E Un particolare tipo di finestra

896 **Quando una prospettiva si dice centrale?**
- A Quando l'osservatore è laterale
- B Quando il disegno è centrato sul foglio
- C Quando i punti focali sono centrali e coincidenti
- D Quando il disegno è simmetrico
- E Quando le linee di fuga sono parallele

897 **La figura riportata a lato rappresenta l'assonometria di un gruppo di parallelepipedi. Quale delle viste dall'alto proposte corrisponde alla disposizione di tali volumi?**

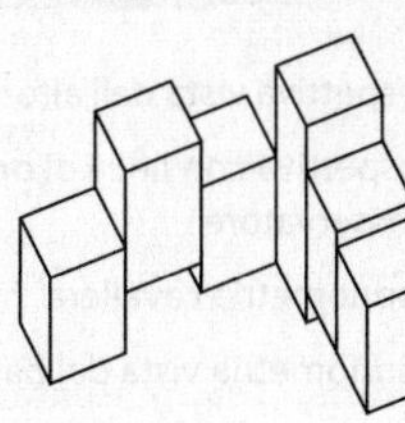

A
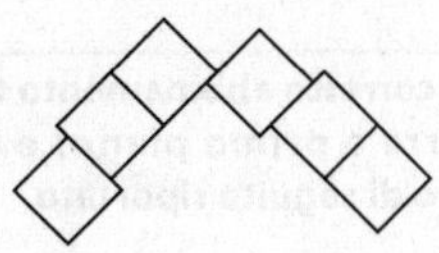

B
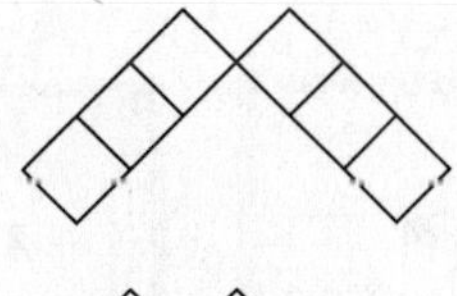

C
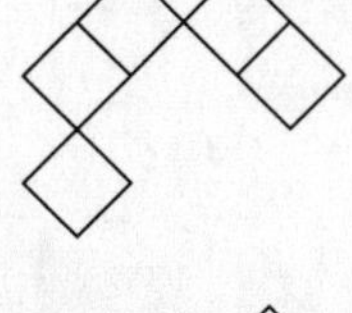

D
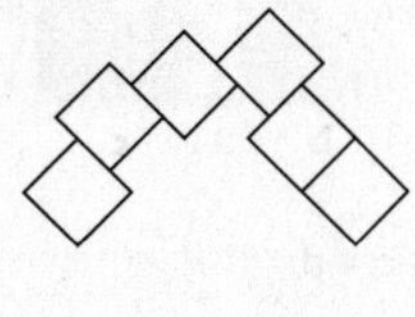

E

DISEGNO E RAPPRESENTAZIONE

QUESITI

898 **Può un punto essere rappresentato con una proiezione ortogonale?**

- **A** Sempre
- **B** Mai
- **C** Solo sul piano orizzontale
- **D** Solo sul piano verticale
- **E** Dipende dall'osservatore

899 **Analizzando la figura riportata a lato, dire di che tipo di rappresentazione si tratta.**

- **A** Prospettiva vista dall'alto
- **B** Prospettiva con linea di orizzonte davanti all'osservatore
- **C** Assonometria cavaliera
- **D** Assonometria vista dal basso
- **E** Prospettiva centrale

900 **Indicare il corretto abbinamento tra le piante (piano terra e primo piano) e i prospetti dell'edificio di seguito riportato.**

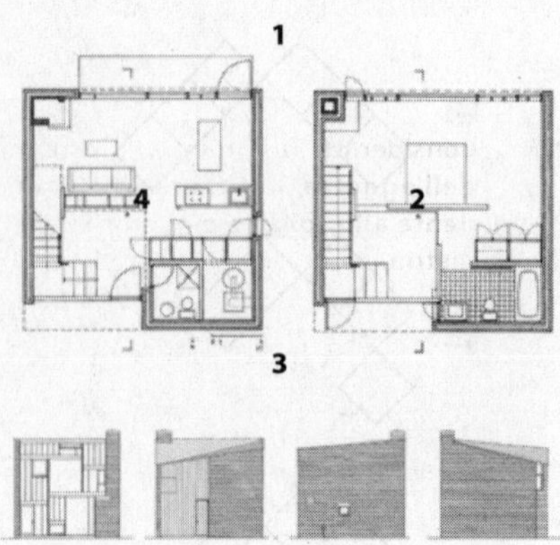

- **A** 1-a; 2-b; 3-c; 4-d;
- **B** 1-a; 2-c; 3-b; 4-d;
- **C** 1-c; 2-d; 3-b; 4-a;
- **D** 1-c; 2-b; 3-a; 4-d;
- **E** 1-d; 2-c; 3-b; 4-a;

901 **Il prospetto di un edificio dà informazioni circa:**

- **A** le relazioni dimensionali verticali
- **B** la proporzione delle facciate
- **C** la posizione di porte e finestre
- **D** lo schema e la consistenza dei materiali costruttivi esterni
- **E** tutte le precedenti risposte

902 **Quale delle alternative proposte corrisponde al solido raffigurato, immaginando di guardarlo nella direzione indicata dalla freccia?**

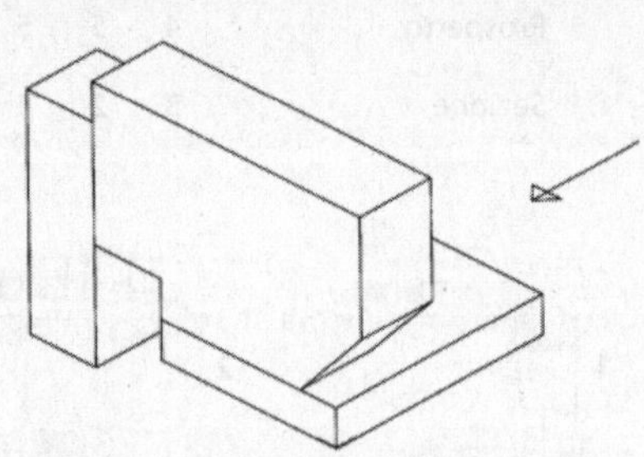

A

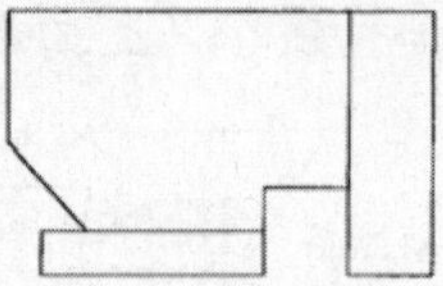

B

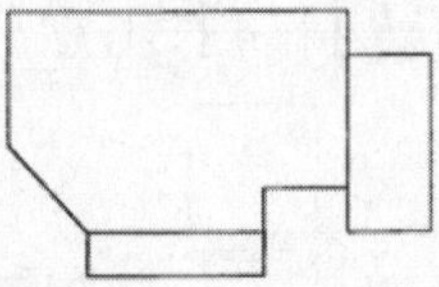

C

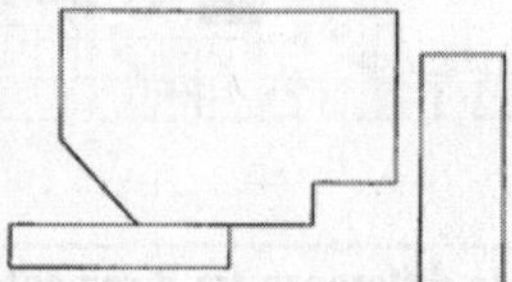

D

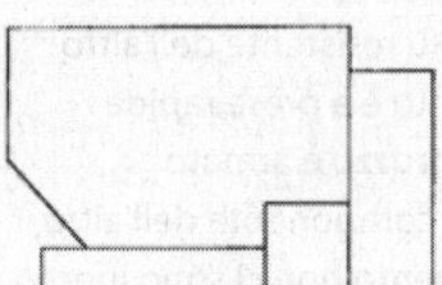

E

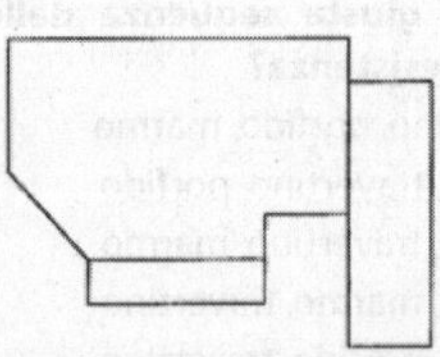

903 **Dove è corretto effettuare la misura del segmento AB?**

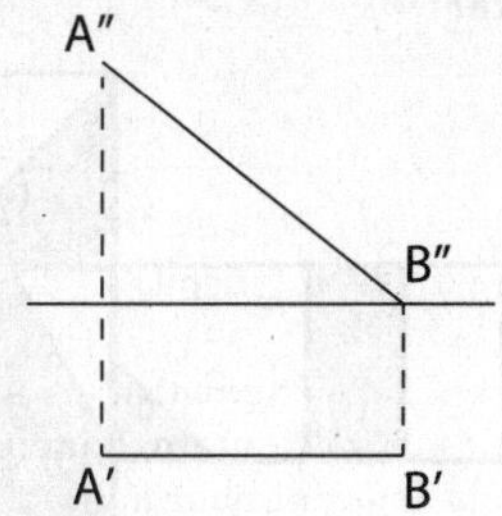

- **A** In A′B′
- **B** In B′B″
- **C** In A″B″
- **D** In A′A″
- **E** È indifferente

904 **Quante facce ha il solido rappresentato in figura?**

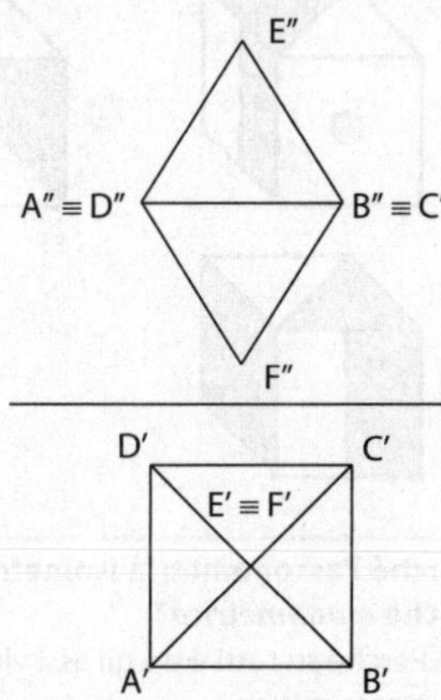

- **A** 4
- **B** 6
- **C** 12
- **D** 8
- **E** 16

905 **Quale tra le cinque figure sottostanti è l'unica rappresentazione logica?**

- **A** Figura 1
- **B** Figura 4
- **C** Figura 2
- **D** Figura 5
- **E** Figura 3

906 **Quale foratura si ottiene piegando e forando un foglio di carta secondo le modalità indicate nella parte superiore della figura?**

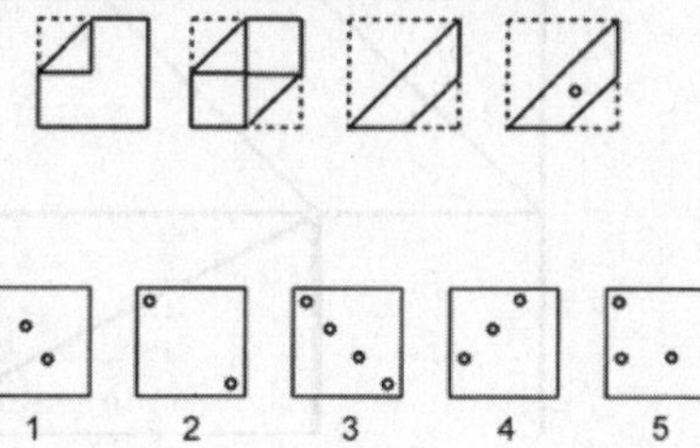

- **A** Figura 1
- **B** Figura 2
- **C** Figura 3
- **D** Figura 4
- **E** Figura 5

907 **Individuare il disegno, tra i cinque sulla destra, che mostra lo stesso oggetto riportato sulla sinistra:**

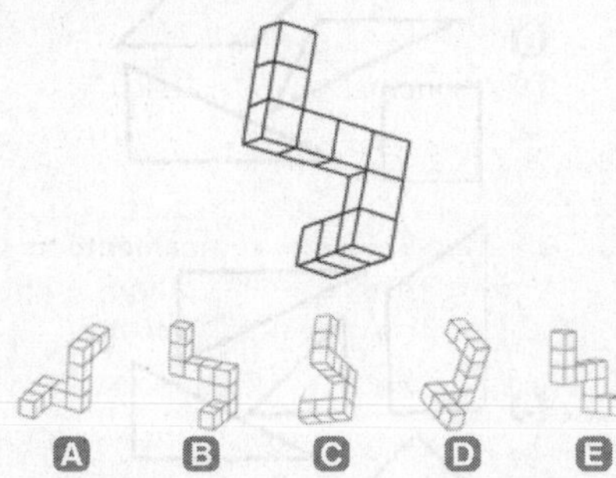

908 **Considerate le proiezioni ortogonali date dell'oggetto, indicare la misura corrispondente allo spigolo evidenziato nell'assonometria.**

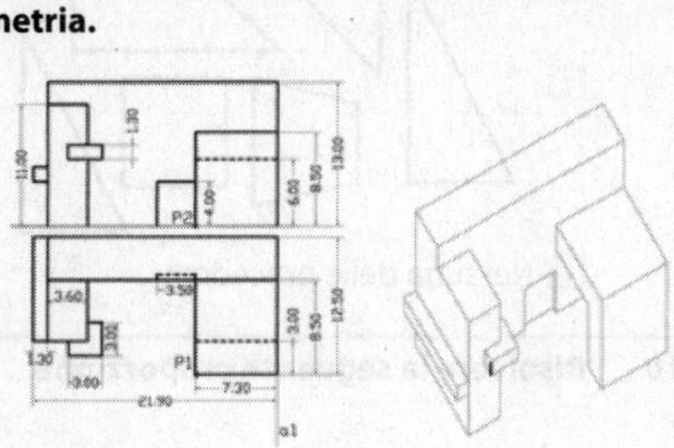

- **A** 3.60
- **B** 3.00
- **C** 1.30
- **D** Non è possibile determinarla tramite le informazioni date
- **E** Nessuna delle precedenti risposte è corretta

909 Quale figura contiene i pezzi che compongono il disegno seguente?

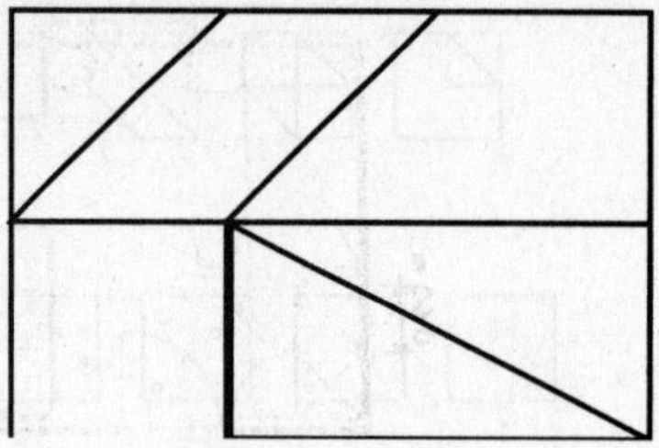

A 

B 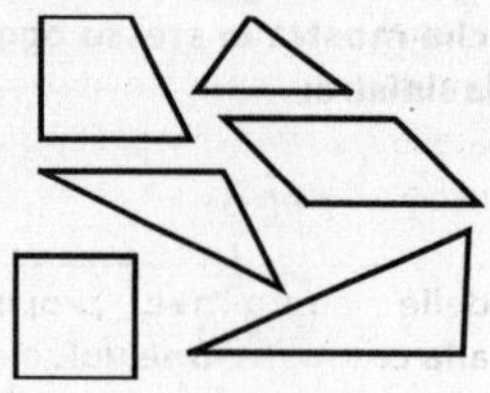

C 

D 

E Nessuna delle precedenti

910 Risolvere la seguente proporzione.

911 Quale cubo corrisponde alla composizione volumetrica della figura piana sottoriportata?

A 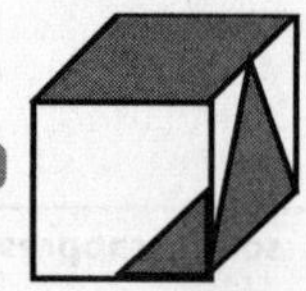

B 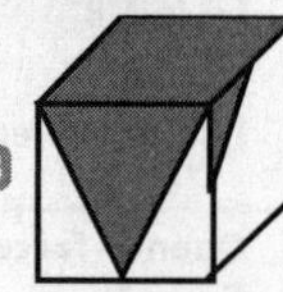

C 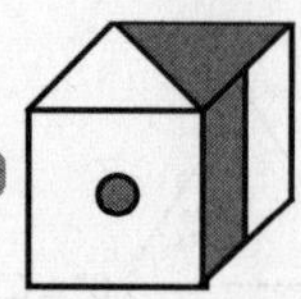

D 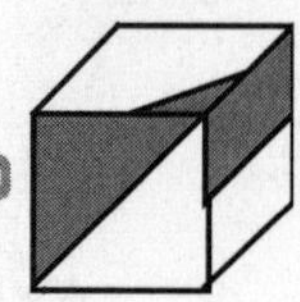

E 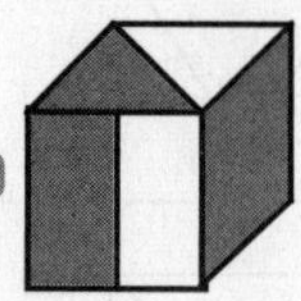

912 Perché l'assonometria isometrica si definisce anche *monometrica*?

A Perché su tutti e tre gli assi viene riportata la stessa misura

B Perché le misure sono riportate ugualmente proporzionate su tutti e tre gli assi

C Perché le misure vanno riportate solo sull'asse *y*

D Perché le misure vanno riportate solo sull'asse *z*

E Nessuna delle precedenti risposte è corretta

913 L'altezza di rilievo terrestre viene rappresentata con "curve di livello"; esse sono tracciate secondo intervalli regolari. Perché nella cartografia esse si addensano di più o di meno?

A Per effetto estetico

B Per la scelta del cartografo

C Perché le tecniche di rilevamento sono diverse

D Per rappresentare le pendenze

E Per permettere la rappresentazione di altri fenomeni

914 Individuare, tra le alternative sotto riportate, quale rappresenta correttamente la sezione dell'abitazione mostrata nello spaccato assonometrico.

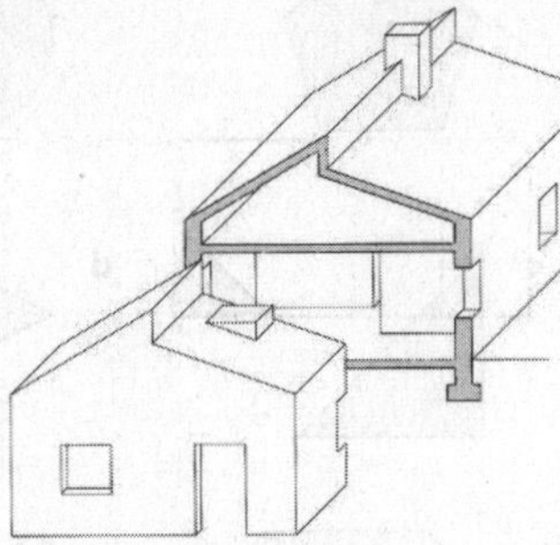

A
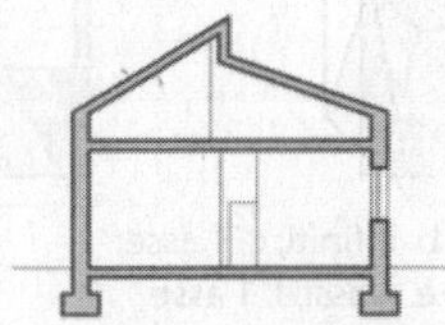

B
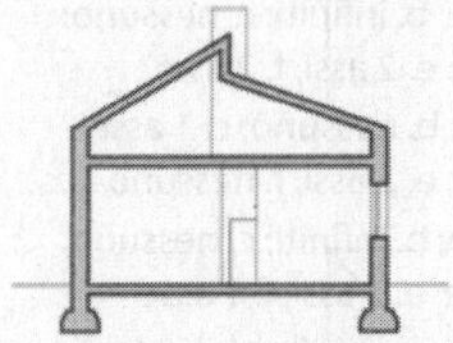

C
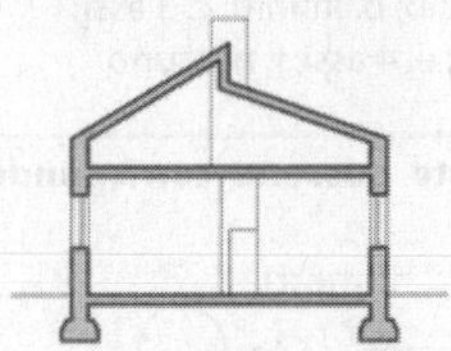

D
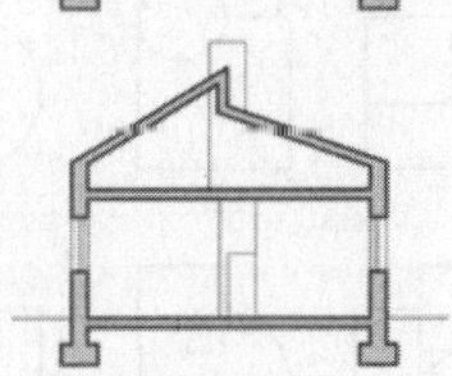

E
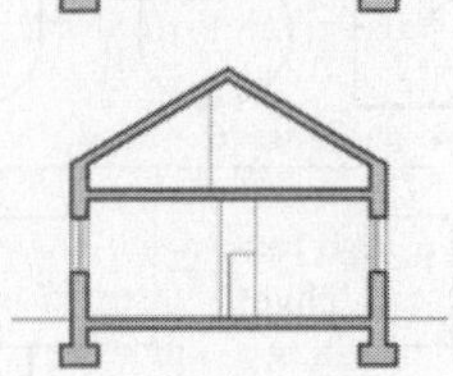

915 La sezione di un edificio non serve per avere informazioni circa:

A la distribuzione dei piani
B la posizione degli arredi
C i collegamenti verticali (scale, ascensori)
D le altezze interne
E vani tecnici per gli impianti

916 Nella pianta della camera da letto sono rappresentati gli ingombri dei mobili. Individuare la superficie della stanza.

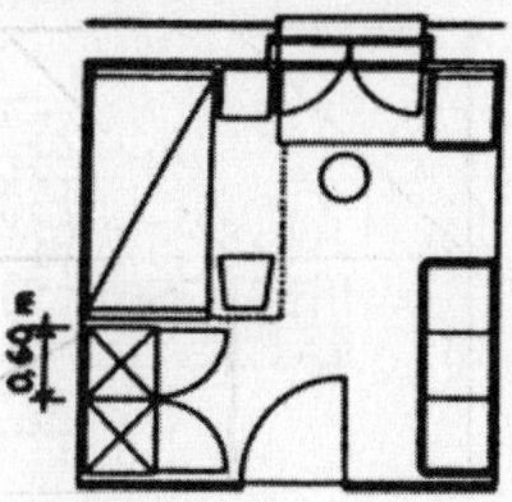

A Tra 11 m^2 e 12,5 m^2
B Tra 13 m^2 e 14 m^2
C Tra 14 m^2 e 15 m^2
D Tra 15 m^2 e 16 m^2
E Tra 16 m^2 e 17 m^2

917 Che cos'è un laterizio?

A Un materiale composto da cemento e sabbia
B Un materiale a strati
C Un elemento costitutivo a base di argilla
D Un materiale a base di pomice granulare
E Una roccia sedimentaria

918 Quale delle alternative proposte corrisponde alla composizione volumetrica della figura piana data?

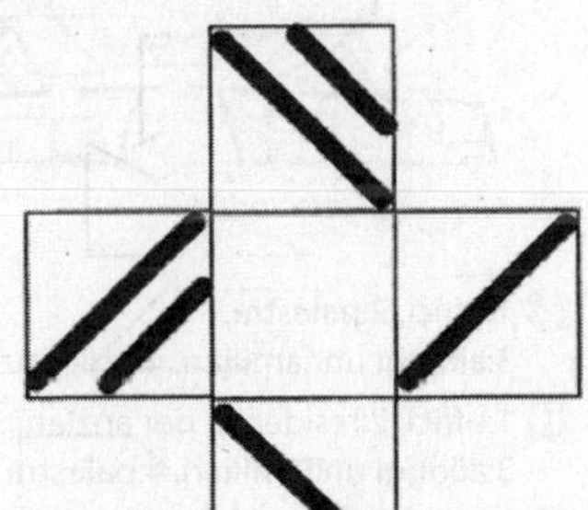

A

B
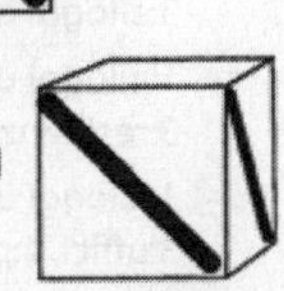

C

D
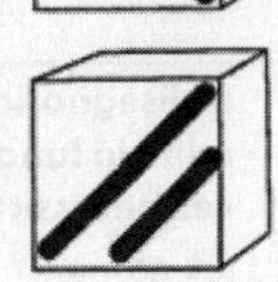

E

919 Stabilire la corrispondenza tra le piante e le destinazioni d'uso.

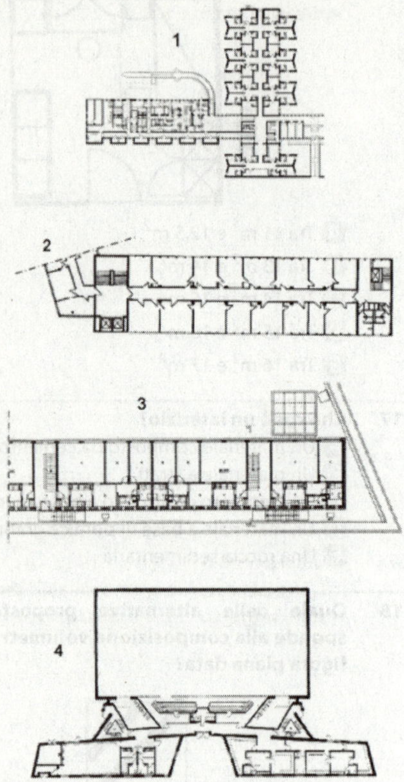

- **A** 1:uffici, 2:palestra, 3:alloggi unifamiliari, 4:residenza per anziani
- **B** 1:uffici, 2:residenza per anziani, 3:alloggi unifamiliari, 4:palestra
- **C** 1:residenza per anziani, 2-uffici, 3:alloggi unifamiliari, 4:palestra
- **D** 1:alloggi unifamiliari, 2:uffici, 3:residenza per anziani, 4:palestra
- **E** 1:alloggi unifamiliari, 2:residenza per anziani, 3:uffici, 4:palestra

920 Il disegno in scala 1:20 del prospetto di un edificio lungo 16 metri, quale formato cartaceo necessita *almeno*?

- **A** A0
- **B** A1
- **C** A2
- **D** A3
- **E** A4

921 Quanti assi di simmetria hanno le seguenti figure piane?

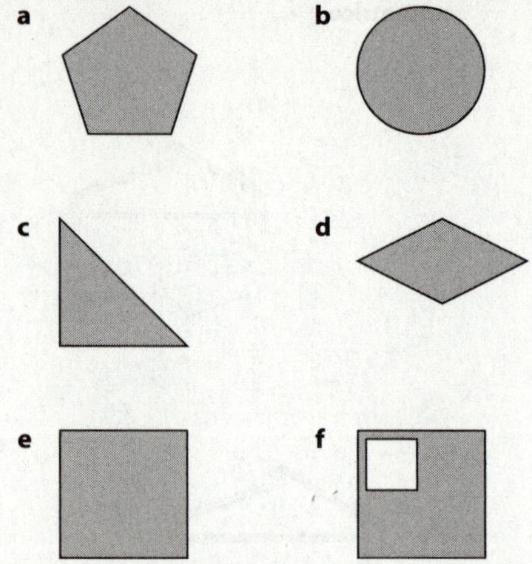

- **A** a. 5 assi; b. infiniti; c. 1 asse; d. 2 assi; e. 4 assi; f. 1 asse
- **B** a. 1 asse; b. infiniti; c. nessuno; d. 4 assi; e. 2 assi; f. 2 assi
- **C** a. 5 assi; b. nessuno; c. 1 asse; d. 2 assi; e. 2 assi; f. nessuno
- **D** a. 1 asse; b. infiniti; c. nessuno; d. 1 asse; e. 2 assi; f. 1 asse
- **E** a. nessuno; b. infiniti; c. 3 assi; d. 4 assi; e. 4 assi; f. nessuno

922 Quali piante possono corrispondere ai prospetti?

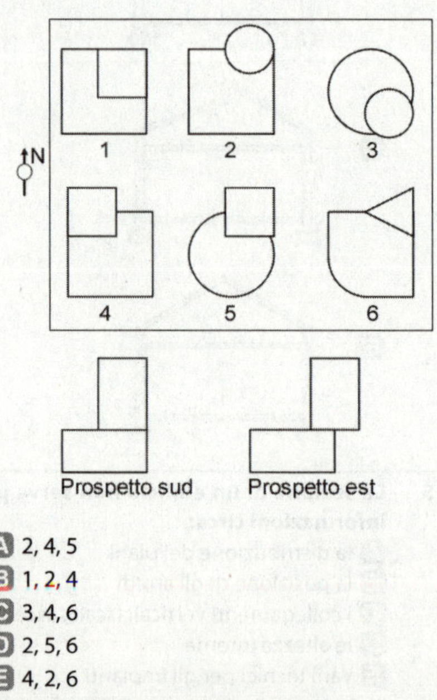

- **A** 2, 4, 5
- **B** 1, 2, 4
- **C** 3, 4, 6
- **D** 2, 5, 6
- **E** 4, 2, 6

923 **Quale tra gli oggetti qui riportati in assonometria corrisponde alle tre proiezioni ortogonali proposte?**

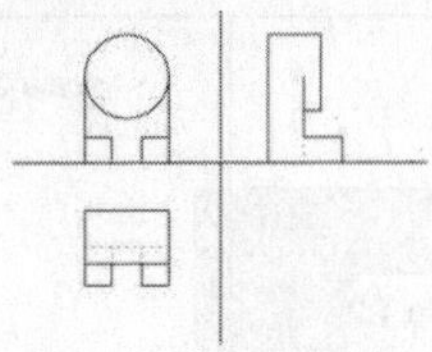

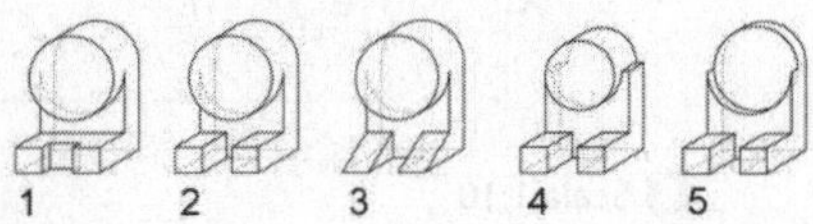

- **A** 5
- **B** 2
- **C** 4
- **D** 3
- **E** 1

924 **Sapendo che l'oggetto è sospeso nel centro del cubo tratteggiato, quale tra le immagini sottostanti si osserva dal punto di vista indicato?**

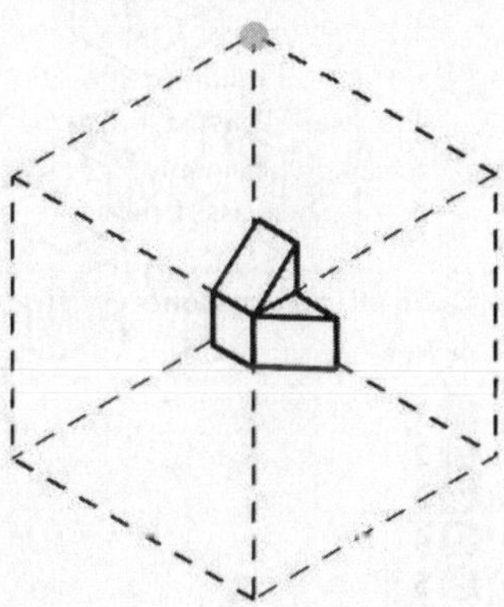

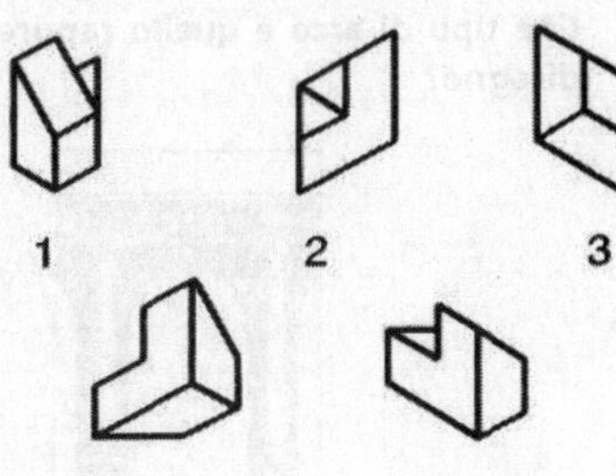

- **A** Figura 1
- **B** Figura 2
- **C** Figura 3
- **D** Figura 4
- **E** Figura 5

925 **Indicare quale dei solidi visti lateralmente nella figura in basso genera l'ombra rappresentata nella figura in alto. L'ombra è generata da una sorgente luminosa posta all'infinito e orientata secondo la direzione indicata dalla freccia.**

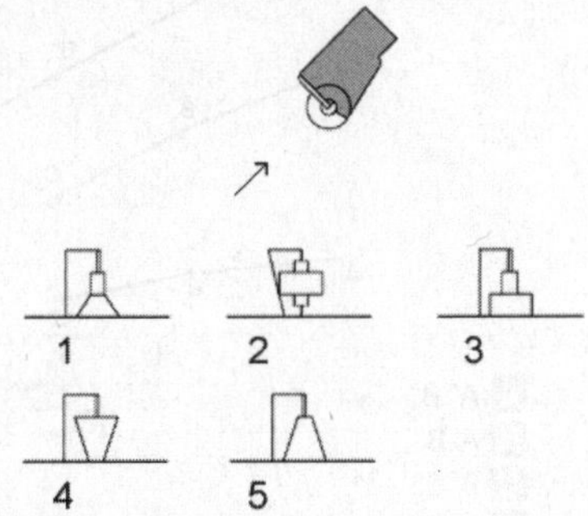

- **A** Figura 5
- **B** Figura 4
- **C** Figura 3
- **D** Figura 2
- **E** Figura 1

926 **Indicare qual è il profilo, disegnato sul piano YZ, che per rotazione attorno all'asse Z determina l'oggetto rappresentato in assonometria.**

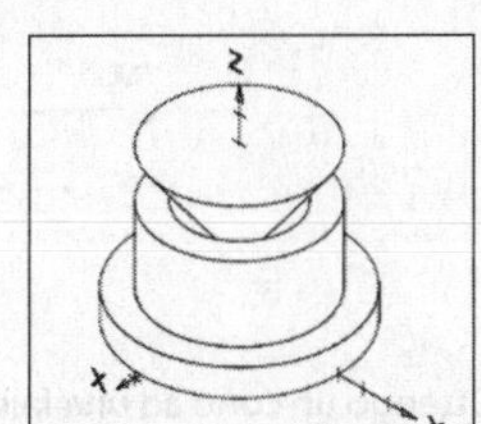

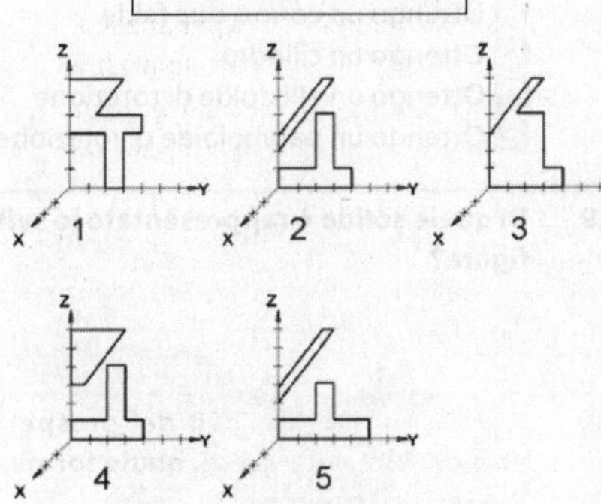

- **A** Figura 4
- **B** Figura 5
- **C** Figura 3
- **D** Figura 2
- **E** Figura 1

927 Nella proiezione su due piani mutuamente ortogonali della spezzata ABC, mostrata in figura, quale segmento della proiezione risulta avere lunghezza uguale alla vera?

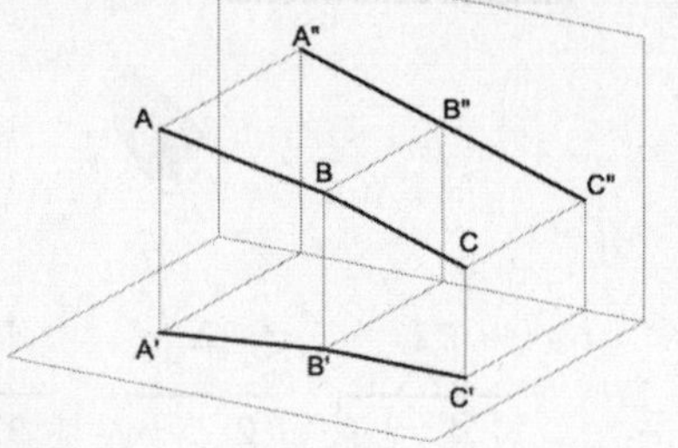

- **A** A″ B″
- **B** A′ B′
- **C** B′ C′
- **D** B″ C″
- **E** Nessuno

928 Nei riguardi della rotazione nello spazio di un segmento AB, tenuto fisso il suo punto medio M ed escludendo le rotazioni con asse diretto come AB o ortogonale ad esso, quale delle seguenti affermazioni è vera?

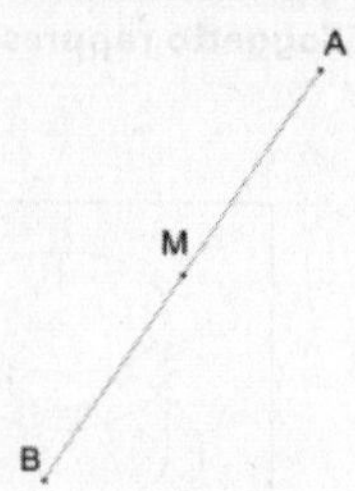

- **A** Ottengo un cono ad una falda
- **B** Ottengo un cono a due falde
- **C** Ottengo un cilindro
- **D** Ottengo un ellissoide di rotazione
- **E** Ottengo un paraboloide di rotazione

929 Di quale solido è rappresentato lo sviluppo in figura?

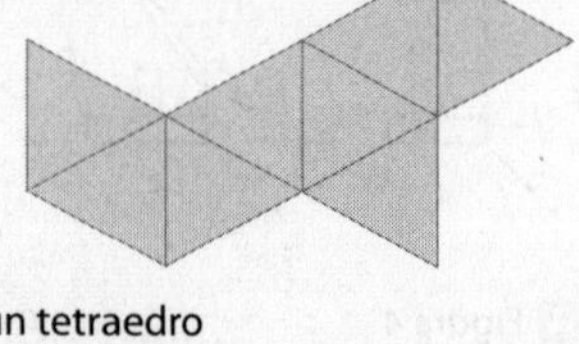

- **A** Di un tetraedro
- **B** Di un esaedro
- **C** Di un ottaedro
- **D** Di un prisma a base triangolare
- **E** Di nessun solido

930 In che scala di rappresentazione è il rettangolo AEFG?

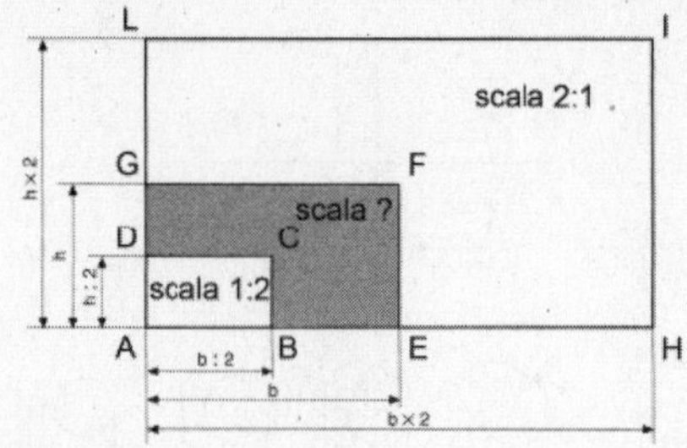

- **A** Scala 1:10
- **B** Scala 1:1
- **C** Scala 1:5
- **D** Scala 1:25
- **E** Scala 1:50

931 Quale parte manca per completare il solido qui riportato, in maniera tale da ottenere un cubo?

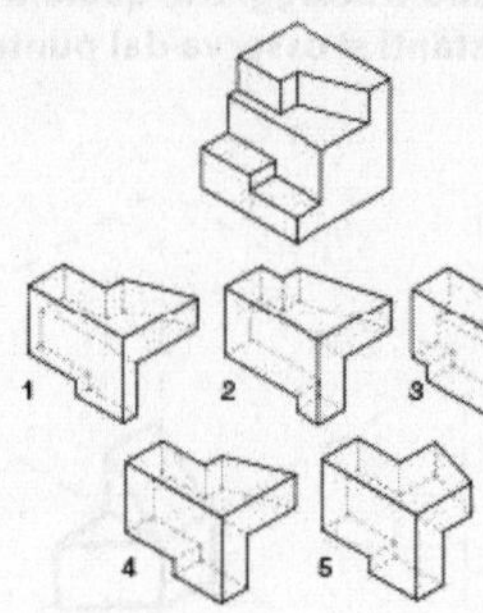

- **A** 1
- **B** 2
- **C** 3
- **D** 4
- **E** 5

932 Che tipo di arco è quello rappresentato nel disegno?

- **A** Arco a sesto acuto
- **B** Arco parabolico
- **C** Arco ellittico
- **D** Arco a tutto sesto
- **E** Arco ribassato

933 **Associare a ciascun prospetto la relativa pianta, tenendo conto delle opportune proiezioni d'ombra.**

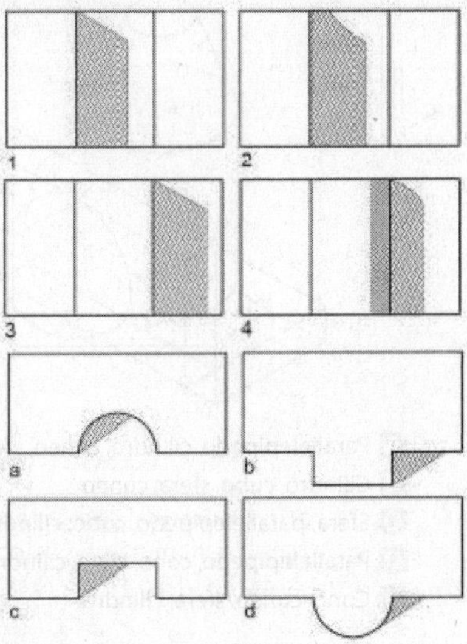

- **A** b-1; a-2; c-4; d-3
- **B** a-2; b-4; d-3; c-1
- **C** b-4; a-3; c-1; d-2
- **D** c-3; a-1; b-2; d-4
- **E** b-3; a-2; c-1; d-4

934 **Dato il disegno in prospettiva, quante fughe è possibile individuare?**

- **A** 1
- **B** 2
- **C** 3
- **D** 4
- **E** 0

935 **A quale composizione di solidi qui disegnati in assonometria corrisponde la planimetria con le ombre sotto riportata?**

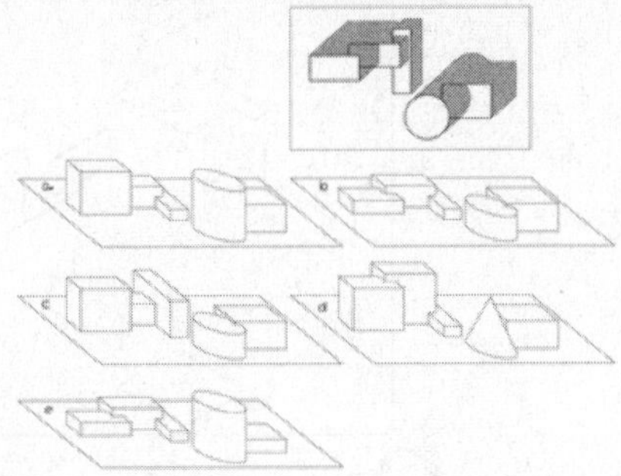

- **A** a
- **B** b
- **C** c
- **D** d
- **E** e

936 **La copertura a tetto vista dall'alto corrisponde a uno solo degli edifici rappresentati in alzato. Quale?**

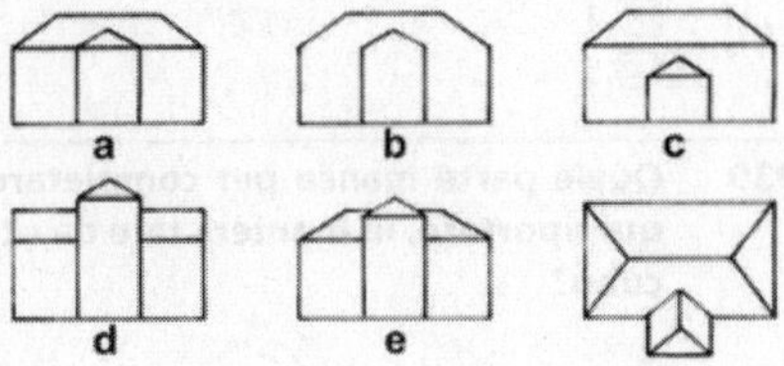

- **A** a
- **B** b
- **C** c
- **D** d
- **E** e

937 **A quale parte del giorno corrisponde l'ombra del cubo posto a Firenze nel mese di giugno?**

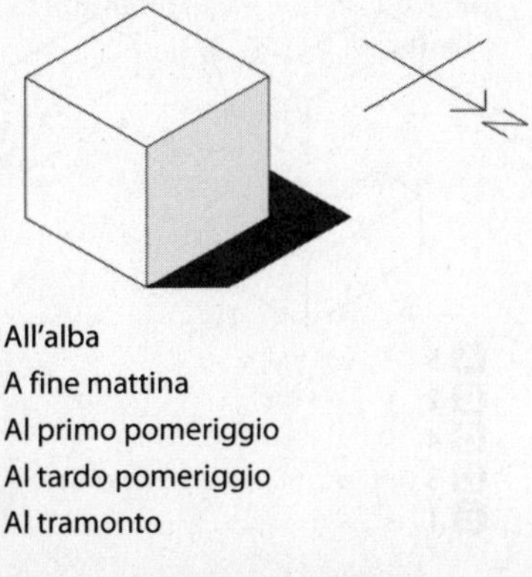

- **A** All'alba
- **B** A fine mattina
- **C** Al primo pomeriggio
- **D** Al tardo pomeriggio
- **E** Al tramonto

QUESITI

938 **Viene qui rappresentato un "esploso assonometrico". A quale solido, tra quelli qui riportati, corrisponde?**

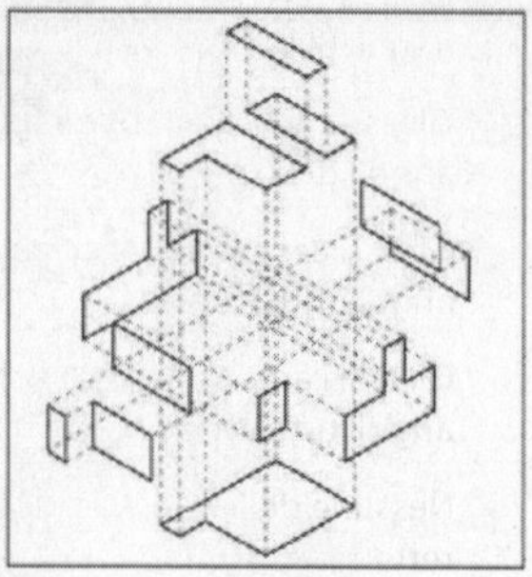

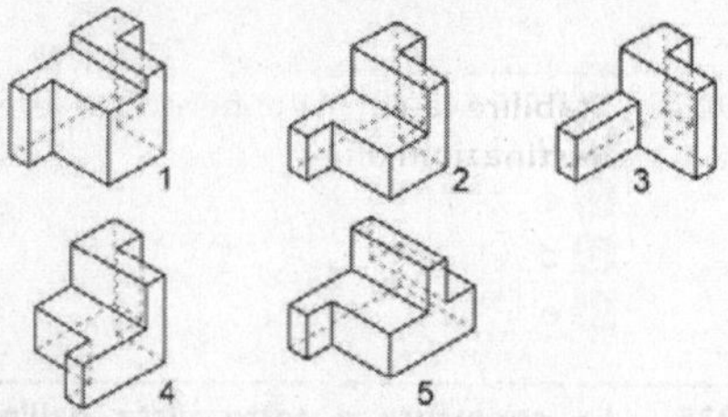

A 4
B 3
C 2
D 1
E 5

939 **Quale parte manca per completare il solido qui riportato, in maniera tale da ottenere un cubo?**

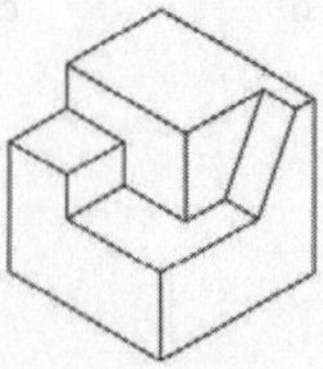

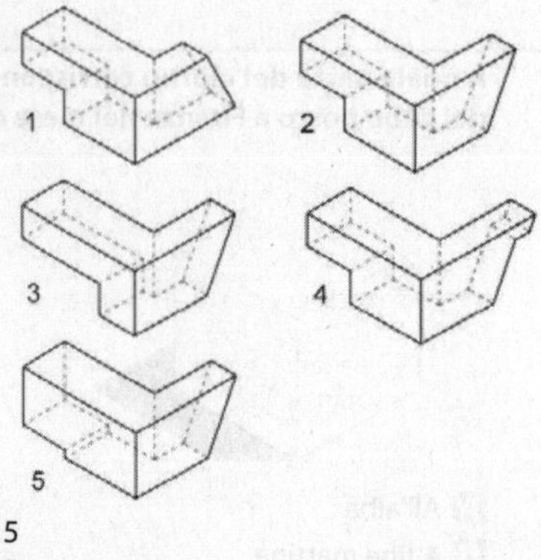

A 5
B 2
C 4
D 3
E 1

940 **Quali figure geometriche semplici, o loro parti, sono state utilizzate per costruire l'oggetto rappresentato in figura?**

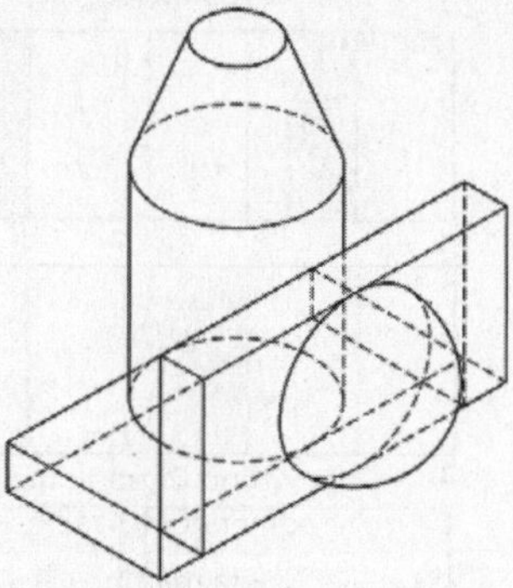

A Parallelepipedo, cilindro, cuneo, sfera
B Cilindro, cubo, sfera, cuneo
C Sfera, parallelepipedo, cubo, cilindro
D Parallelepipedo, cono, sfera, cilindro
E Cono, cuneo, sfera, cilindro

941 **Indicare la direzione di osservazione ed il periodo della giornata in cui è stata eseguita la foto proposta?**

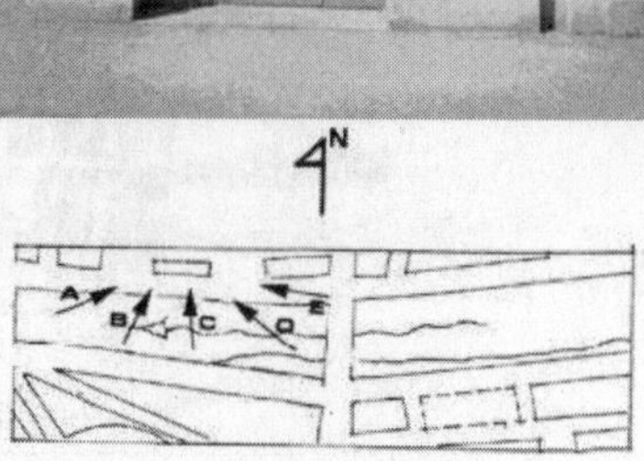

A Direzione C - pomeridiana
B Direzione E - antimeridiana
C Direzione D - pomeridiana
D Direzione B - antimeridiana
E Direzione A - antimeridiana

942 **Le quattro planimetrie con evidenziata l'ombra portata corrispondono allo stesso edificio sito in Milano a diverse ore di un giorno di equinozio. Stabilire la corretta corrispondenza.**

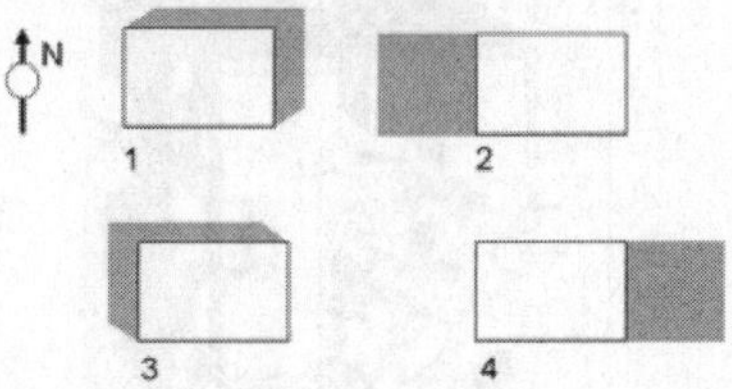

A 1) metà mattino, 2) tramonto, 3) metà pomeriggio, 4) alba

B 1) alba, 2) metà mattino, 3) tramonto, 4) metà pomeriggio

C 1) metà pomeriggio, 2) alba, 3) metà mattino, 4) tramonto

D 1) tramonto, 2) alba, 3) metà pomeriggio, 4) metà mattino

E 1) metà pomeriggio, 2) tramonto, 3) alba, 4) metà mattino

943 **I disegni numerati da 1 a 5 rappresentano rispettivamente:**

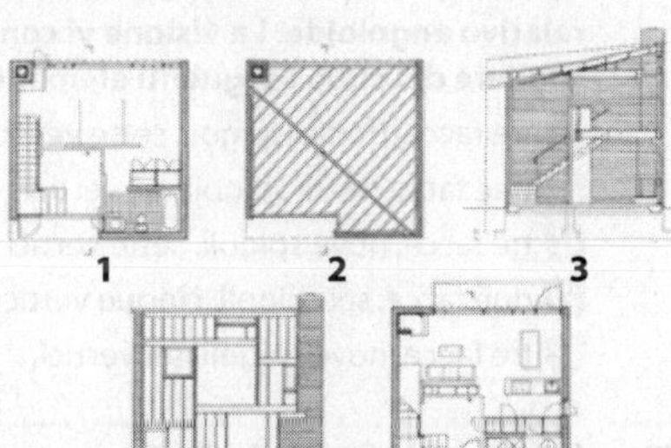

A 1: pianta primo piano; 2: prospetto del retro; 3: sezione; 4: pianta del tetto; 5: pianta piano terra

B 1: pianta piano terra; 2: sezione; 3: pianta del tetto; 4: prospetto del retro; 5: pianta primo piano

C 1: primo piano terra; 2: prospetto del retro; 3: sezione; 4: pianta del tetto; 5: pianta primo piano

D 1: pianta piano terra; 2: pianta del tetto; 3: sezione; 4: prospetto del retro; 5: pianta primo piano

E 1: pianta primo piano; 2: pianta del tetto; 3: sezione; 4: prospetto del retro; 5: pianta piano terra

944 **Quale tra le seguenti affermazioni è corretta in riferimento all'assonometria trimetrica?**

A Gli assi cartesiani sono rappresentati con angoli di 90°; 30° e 60°

B Gli assi cartesiani sono rappresentati con angoli di 90° e 45°

C Gli assi cartesiani sono rappresentati con angoli tutti di 90°

D Gli assi cartesiani sono rappresentati con angoli tutti differenti

E Nessuna delle precedenti affermazioni è corretta

945 **Stabilire la corrispondenza tra le piante e le destinazioni d'uso.**

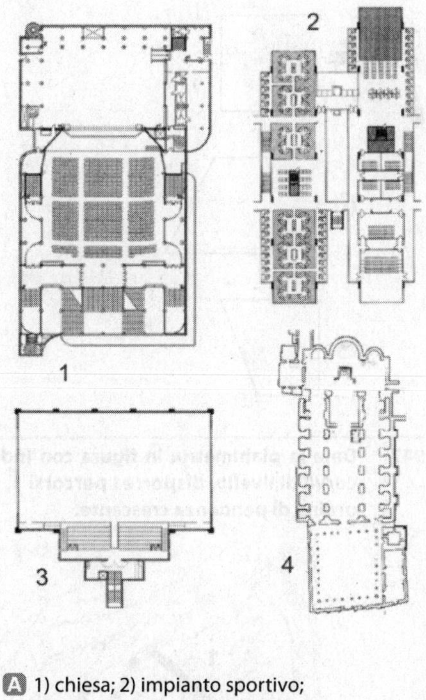

A 1) chiesa; 2) impianto sportivo; 3) sala da concerto; 4) biblioteca

B 1) chiesa; 2) biblioteca; 3) impianto sportivo; 4) sala da concerto

C 1) biblioteca; 2) impianto sportivo; 3) sala da concerto; 4) chiesa

D 1) biblioteca; 2) sala da concerto; 3) impianto sportivo; 4) chiesa

E 1) sala da concerto; 2) biblioteca; 3) impianto sportivo; 4) chiesa

946 **Data la pianta del solido geometrico, individuare il prospetto verticale.**

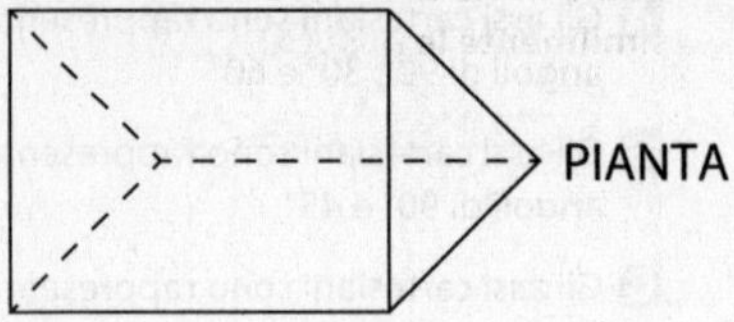

A 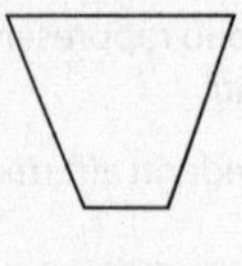

B 

C 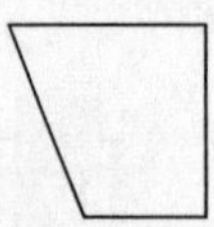

D 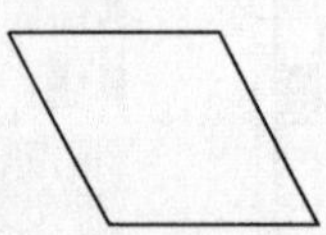

E 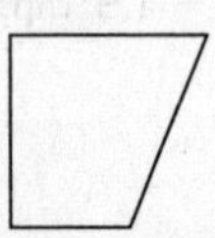

947 **Data la planimetria in figura con indicate le curve di livello, disporre i percorsi 1, 2 e 3 in ordine di pendenza crescente.**

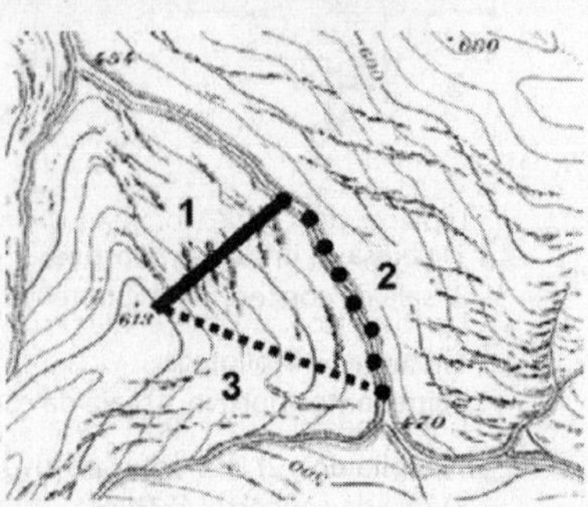

A 2 - 3 - 1
B 2 - 1 - 3
C 1 - 3 - 2
D 3 - 2 - 1
E 1 - 2 - 3

948 **Osservando la planimetria nell'immagine e tendendo conto dell'orientamento indicato, stabilire a quale momento della giornata sono relative le ombre evidenziate.**

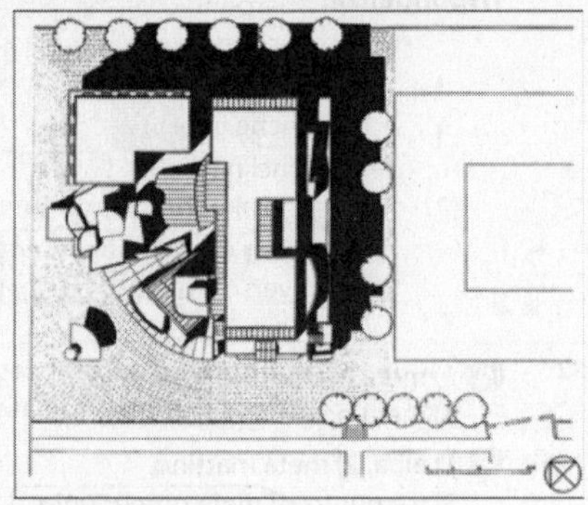

A Alba
B Metà mattina
C Primo pomeriggio
D Tramonto
E Mezzogiorno

949 **Seduti al vostro tavolo di studio, state osservando un cubo di 20 cm di lato poggiato sul piano orizzontale davanti a voi, in modo da mostrare completamente un suo vertice e il relativo angoloide. La visione vi consentirà di cogliere del cubo i seguenti elementi:**

A tre facce, dodici spigoli, sette vertici
B due facce, sette spigoli, sei vertici
C tre facce, nove spigoli, sette vertici
D due facce, sei spigoli, cinque vertici
E tre facce, nove spigoli, sei vertici

950 **Quale, tra le figure da 1 a 5, rappresenta correttamente in pianta la disposizione degli oggetti in assonometria?**

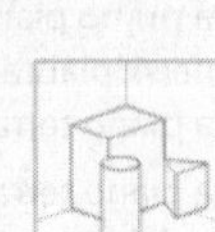

1 2 3 4 5

A Figura 1
B Figura 2
C Figura 3
D Figura 4
E Figura 5

951 **Quale tra le seguenti affermazioni non è corretta in riferimento alle prospettive:**

- **A** le dimensioni reali in prospettiva sono riportate esclusivamente sulla linea di terra
- **B** tutte le rette perpendicolari alla linea di terra corrono in prospettiva al punto P
- **C** tutte le rette parallele alla linea di terra restano tali anche in prospettiva
- **D** tutte le rette inclinate di 45° rispetto alla line di terra corrono ai punti di fuga D e D'
- **E** tutte gli altri fasci di rette, variamente inclinati, corrono verso il quadro prospettico

952 **Individuare la figura che rappresenta la sezione passante per il piano indicato.**

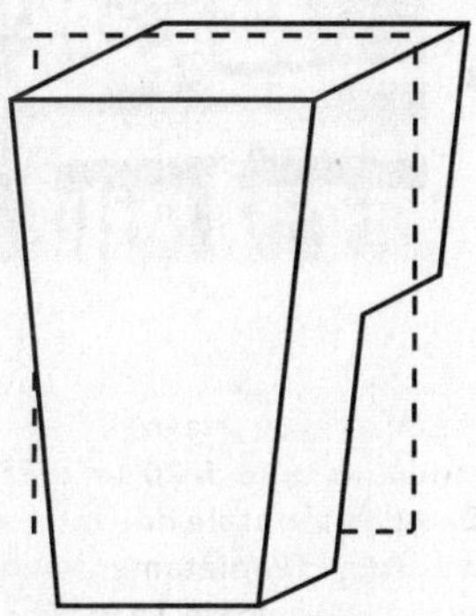

A 

B 

C 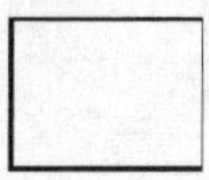

D 

E 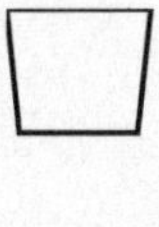

953 **Osservando i disegni sottostanti e valutando l'oggetto d'arredo che rappresentano, in quale unità di misura saranno espresse verosimilmente le misure?**

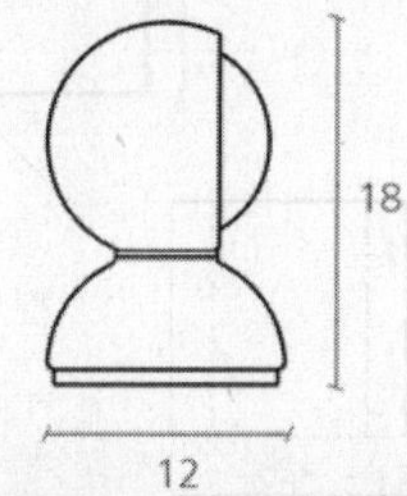

- **A** Chilometri
- **B** Metri
- **C** Millimetri
- **D** Pollici
- **E** Centimetri

954 **I disegni numerati da 1 a 5 rappresentano rispettivamente:**

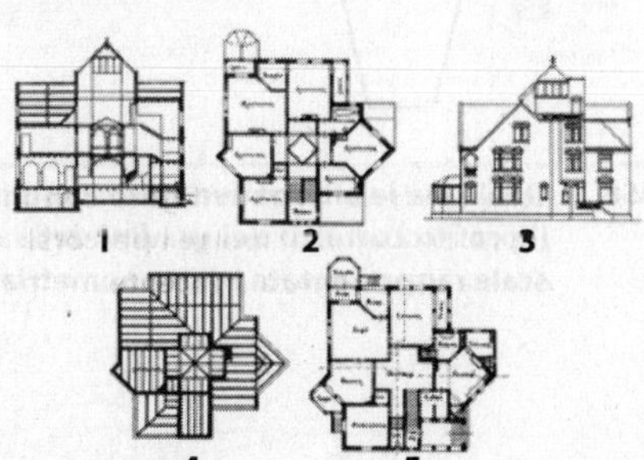

- **A** 1: pianta del tetto; 2: pianta primo piano; 3: prospetto; 4: sezione; 5: pianta piano terra
- **B** 1: prospetto; 2: pianta piano terra; 3: sezione; 4: pianta del tetto; 5: pianta primo piano
- **C** 1: sezione; 2: pianta piano terra; 3: prospetto; 4: pianta del tetto; 5: pianta primo piano
- **D** 1: sezione; 2: pianta primo piano; 3: prospetto; 4: pianta del tetto; 5: pianta piano terra
- **E** 1: sezione; 2: pianta del tetto; 3: spaccato; 4: prospetto; 5: pianta piano terra

955 Associare al prospetto ortogonale dato la pianta corrispondente.

A 

B 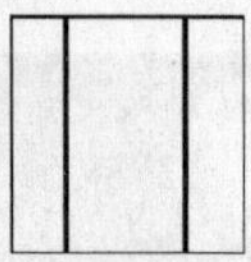

C 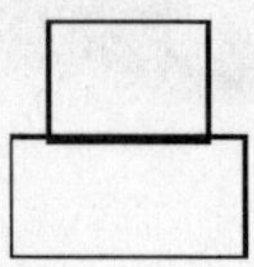

D 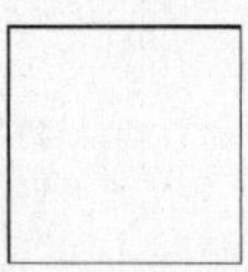

E 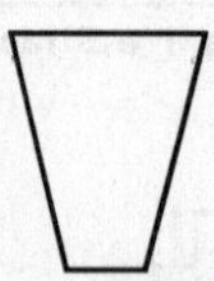

956 Quale tra le alternative sottostanti individua il profilo corretto dei gradini della rampa di scale rappresentata in assonometria?

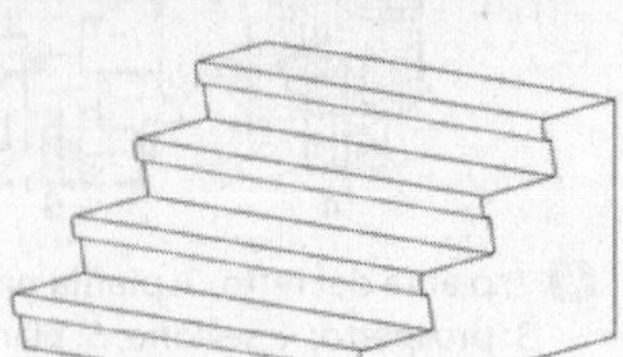

1 2 3 4 5

- A Figura 1
- B Figura 2
- C Figura 3
- D Figura 4
- E Figura 5

957 Completare l'abbinamento corretto:
1 Rendering
2 Prospettiva volo d'uccello
3 Planimetria
4 Planivolumetrico
5 Prospettiva accidentale

A 

B 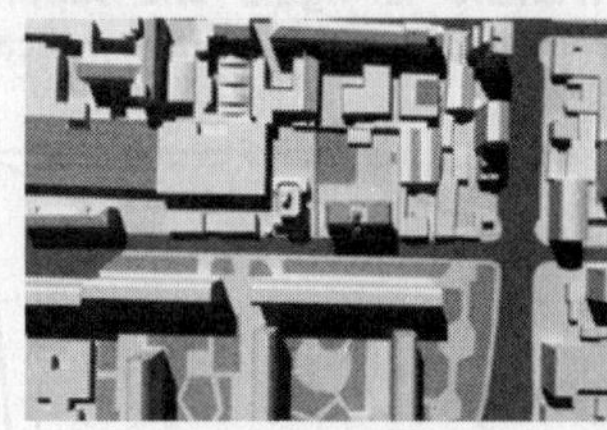

C 

D 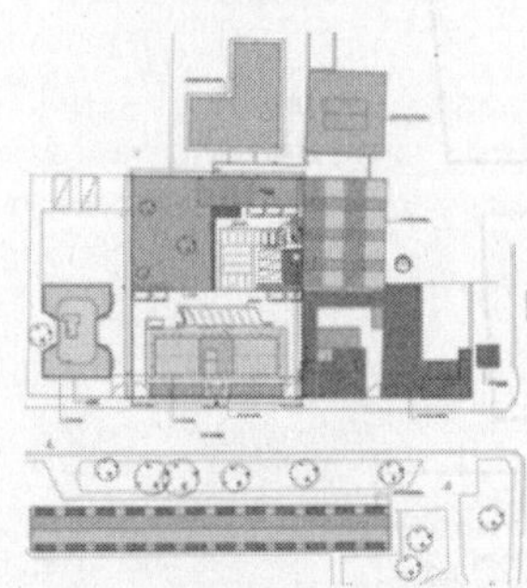

E 

- A 1E; 2C; 3D; 4B; 5A
- B 1B; 2C; 3D; 4E; 5A
- C 1C; 2A; 3B; 4D; 5E
- D 1E; 2A; 3D; 4B; 5C
- E 1E; 2C; 3B; 4D; 5A

958 **La pianta di seguito si riferisce al primo piano di una villa unifamiliare: lungo quale piano è stata eseguita la sezione rappresentata?**

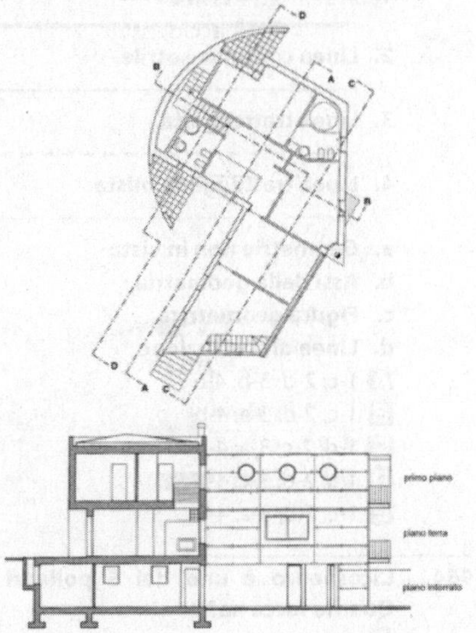

- **A** Linea AA
- **B** Linea BB
- **C** Linea CC
- **D** Linea DD
- **E** Da nessuna delle linee indicate

959 **Osservando la planimetria nell'immagine e tendendo conto dell'orientamento indicato, stabilire a quale momento della giornata sono relative le ombre evidenziate.**

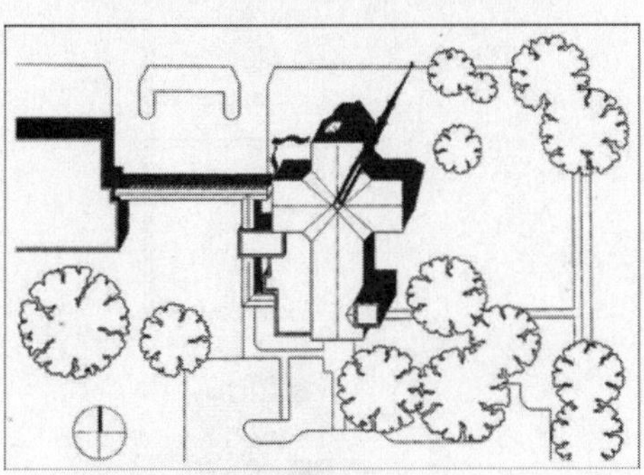

- **A** Alba
- **B** Metà mattina
- **C** Metà pomeriggio
- **D** Tramonto
- **E** Mezzogiorno

960 **Un foglio da disegno avente dimensioni doppie di un foglio A4 è in formato:**

- **A** A0
- **B** A2
- **C** A3
- **D** A5
- **E** A8

961 **Quale delle alternative contiene i pezzi che formano il puzzle seguente?**

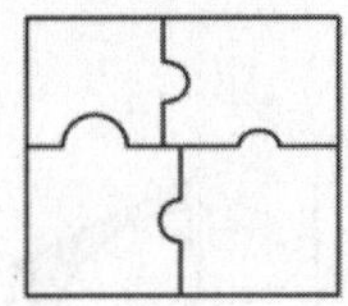

A 

B 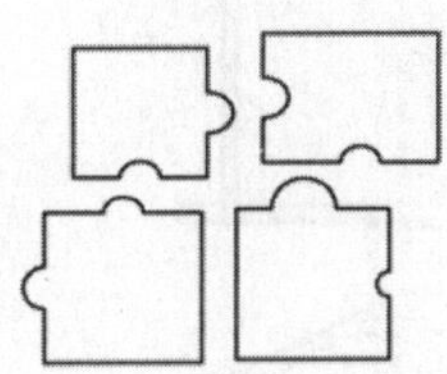

C 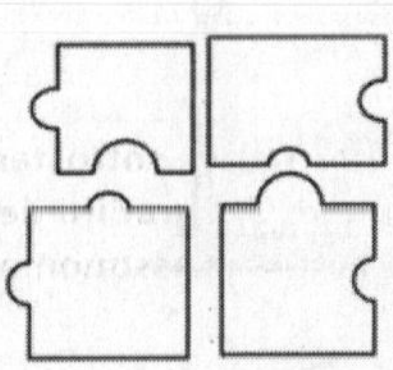

D 

E 

962 **Individuare, tra le alternative sotto riportate, quale rappresenta correttamente la sezione del tempio mostrato nello spaccato assonometrico.**

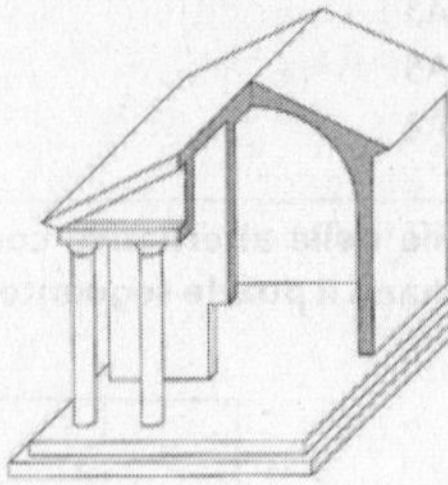

A
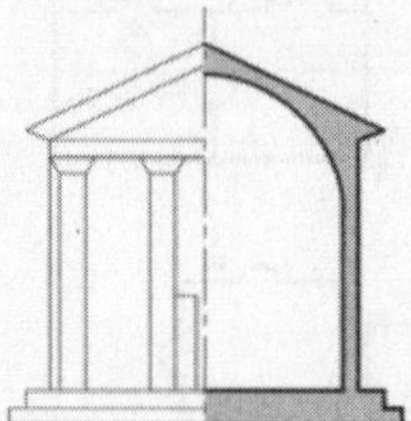

B

C

D
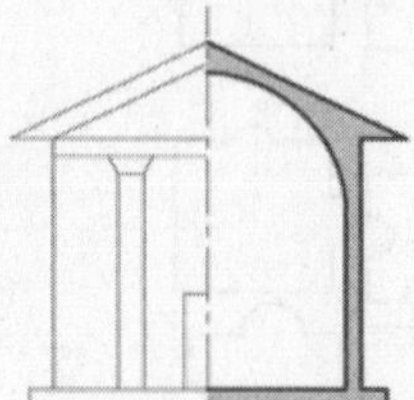

E
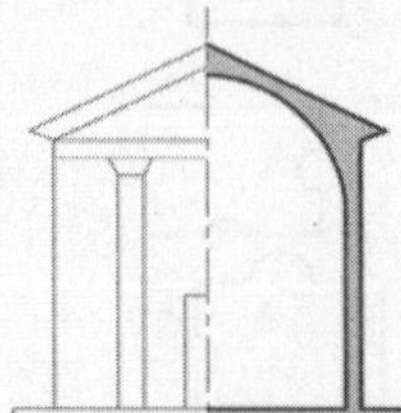

963 **Quando si disegna in proiezioni ortogonali, le linee vengono tracciate con tratti differenti. Associare a ogni tipologia di linea l'ambito per cui viene utilizzata.**

1. **Linea continua spessa**
2. **Linea continua sottile**
3. **Linea tratteggiata**
4. **Linea tratteggiata mista**

a. **Geometrie non in vista**
b. **Assi della geometria**
c. **Figura geometrica**
d. **Linee di costruzione**

A 1-c; 2-d; 3-b; 4-a
B 1-c; 2-d; 3-a; 4-b
C 1-d; 2-c; 3-a; 4-b
D 1-a; 2-d; 3-c; 4-b
E 1-c; 2-b; 3-a; 4-d

964 **L'icosaedro è uno dei 5 poliedri regolari. Quante facce ha?**

A 4
B 6
C 8
D 12
E 20

965 **Osservando i disegni sottostanti e valutando l'oggetto che rappresentano, in quale unità di misura saranno espresse verosimilmente le misure?**

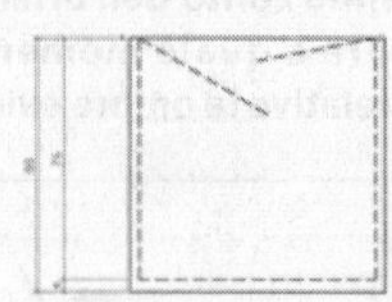

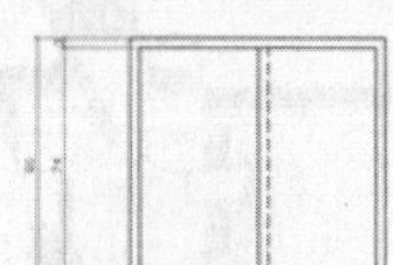

A Metri
B Chilometri
C Millimetri
D Centimetri
E Pollici

966 **La vista prospettica qui riportata rappresenta una composizione di solidi su di un piano. A quale distribuzione planimetrica corrisponde?**

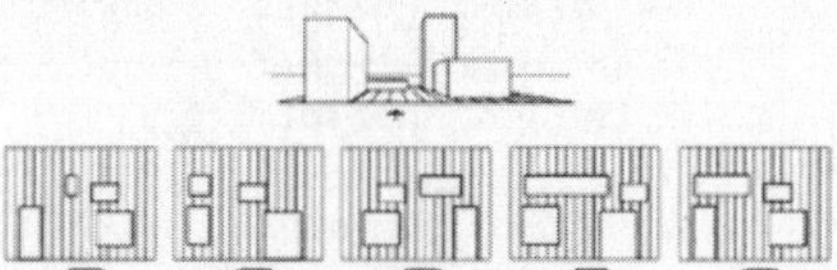

A B C D E

967 **Quale delle figure proposte corrisponde alla composizione volumetrica della figura data?**

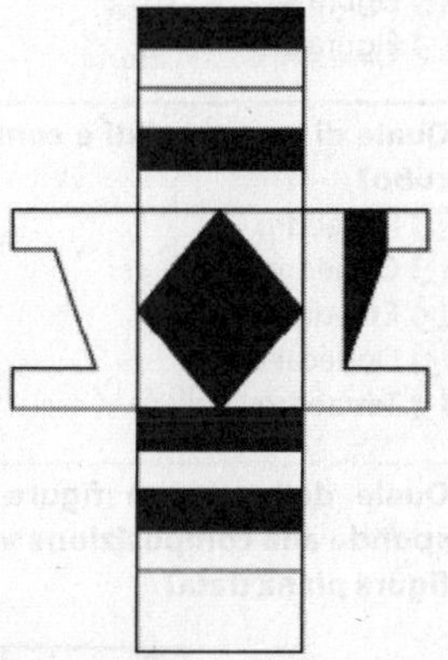

A

B

C

D

E Nessuna delle precedenti

968 **Che dimensione ha un foglio da disegno A1?**

A 1189 mm x 841 mm
B 841 mm x 594 mm
C 594 mm x 420 mm
D 420 mm x 297 mm
E 297 mm x 210 mm

969 **Nel disegno, le misure 5.20 / 7.12 / 9.96 / 16.17 indicano:**

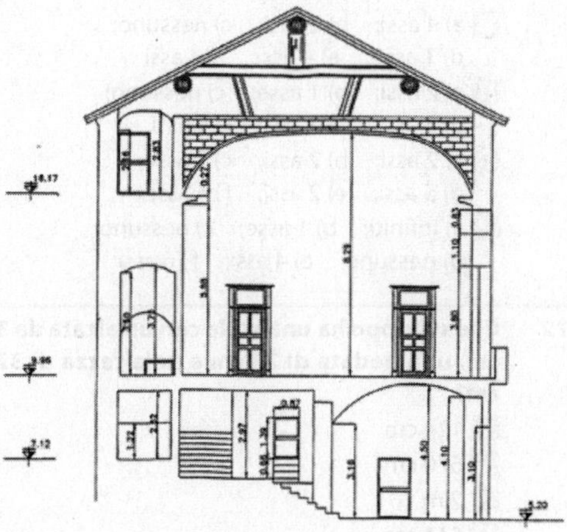

A L'altezza dei terreni
B La distanza dalle falde acquifere
C La distanza dalle tubature sotterranee
D I livelli della casa
E L'altezza dei solai all'interno dell'edificio

970 **Qual è la misura del raggio della *calotta* della seguente lampada?**

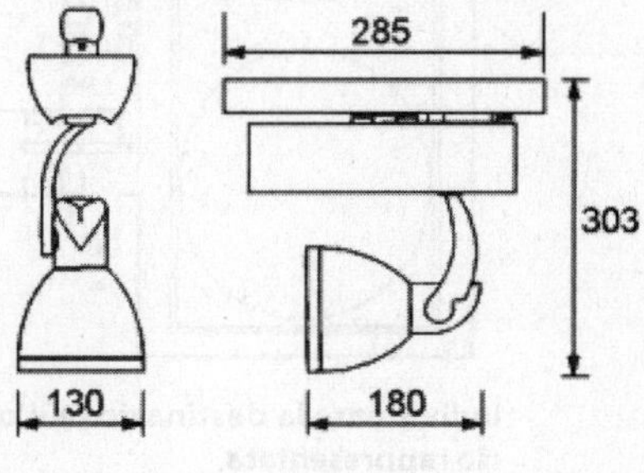

A 75
B 90
C 151.5
D 142.5
E 65

971 Quanti assi di simmetria hanno le seguenti figure piane?

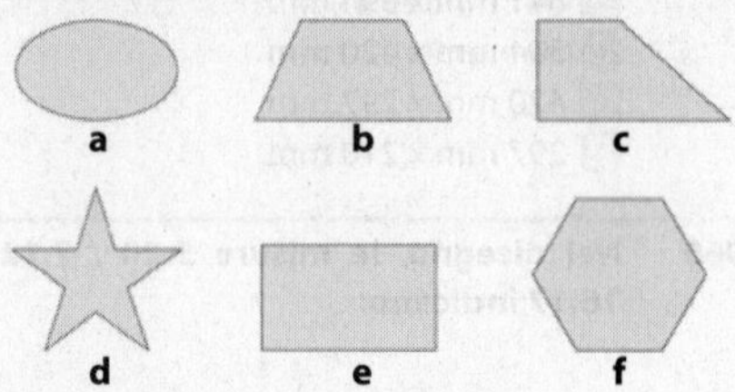

A a) infiniti; b) 4 assi; c) 1 asse; d) 5 assi; e) 4 assi; f) 2 assi
B a) 4 assi; b) 2 assi; c) nessuno; d) 1 asse; e) 4 assi; f) 4 assi
C a) 2 assi; b) 1 asse; c) nessuno; d) 5 assi; e) 2 assi; f) 6 assi
D a) 2 assi; b) 2 assi; c) 1 asse; d) 5 assi; e) 2 assi; f) 4 assi
E a) infiniti; b) 1 asse; c) nessuno; d) nessuno; e) 4 assi; f) 6 assi

972 Che sviluppo ha una scala con un'alzata da 17 cm, una pedata di 29 cm e un'altezza di 323 cm?

A 124 cm
B 670 cm
C 2 m
D 541 cm
E 522 cm

973 Data la seguente pianta:

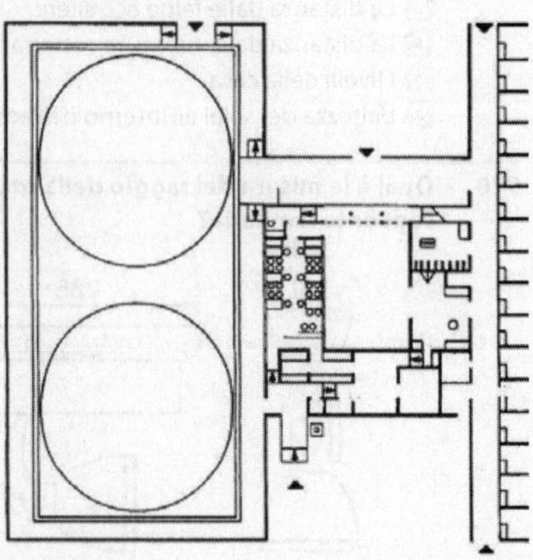

individuare la destinazione d'uso dell'edificio rappresentato.

A Stazione
B Maneggio
C Asilo nido
D Galleria d'arte
E Autofficina

974 Quale, tra le figure da 1 a 5, rappresenta correttamente in pianta la disposizione degli oggetti in assonometria?

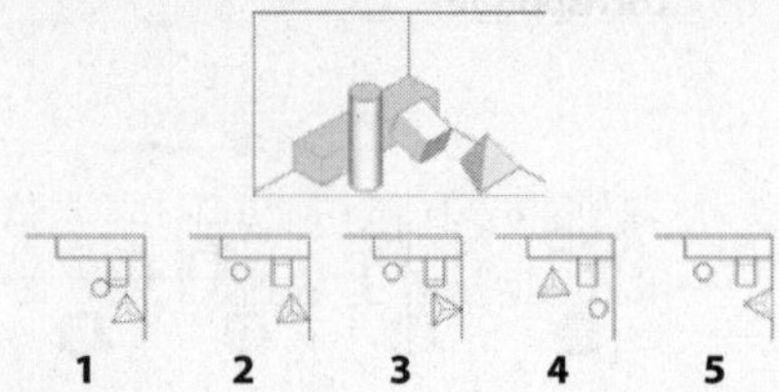

A Figura 1
B Figura 2
C Figura 3
D Figura 4
E Figura 5

975 Quale di questi solidi è comunemente detto cubo?

A Icosaedro
B Ottaedro
C Esaedro
D Dodecaedro
E Tetraedro

976 Quale delle cinque figure proposte corrisponde alla composizione volumetrica della figura piana data?

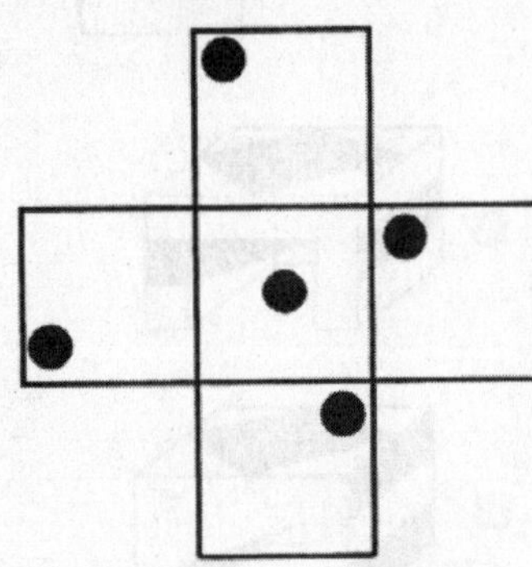

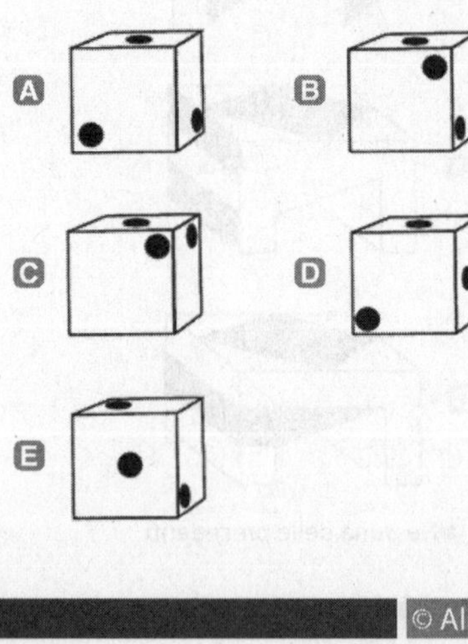

977 **Quanti solidi reali sono rappresentati *al massimo*, essendo la seguente figura la proiezione ortogonale sul P.O.?**

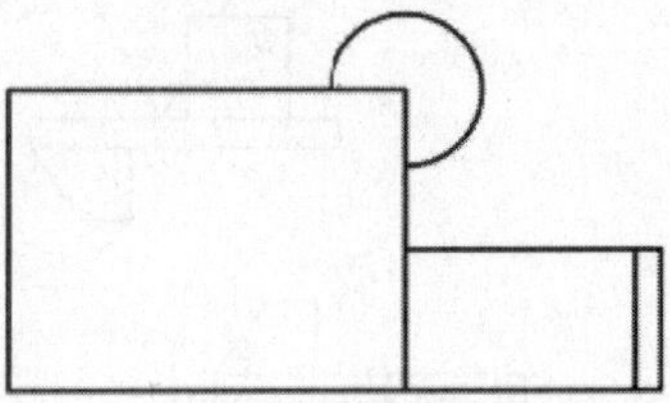

A 4

B 3

C 2

D 5

E Non è possibile stabilirlo solo con queste informazioni

978 **Quale di questi termini NON indica una sezione grafica?**

A Pianta

B Spaccato

C Spaccato assonometrico

D Prospetto

E Nessuno dei precedenti

979 **Il seguente disegno è:**

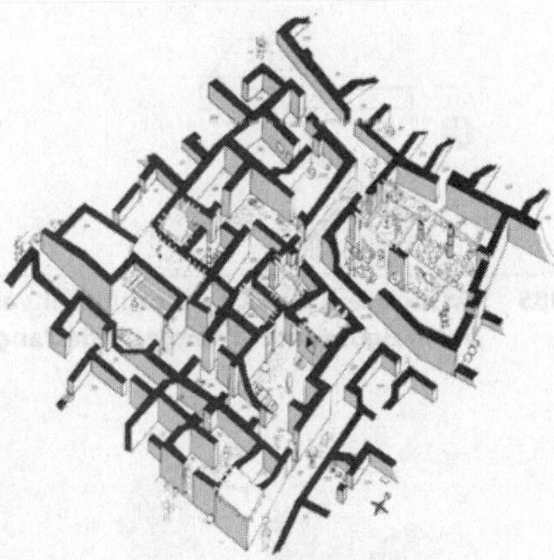

A una prospettiva ortogonale

B una prospettiva accidentale

C una restituzione assonometrica

D una prospettiva centrale

E un prospetto

980 **Individuare, tra le alternative sotto riportate, quale rappresenta correttamente la pianta del piano dell'abitazione qui mostrato sezionato in assonometria.**

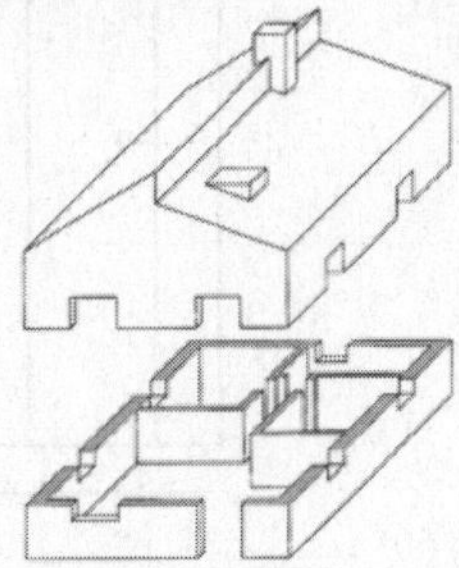

A 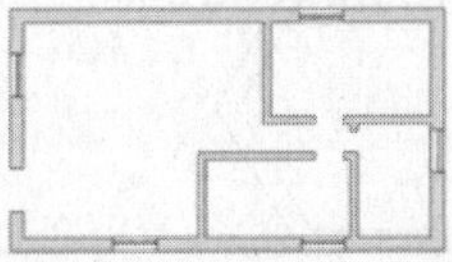

B 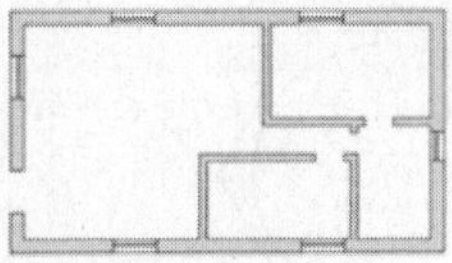

C 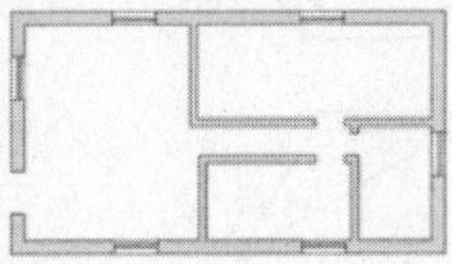

D 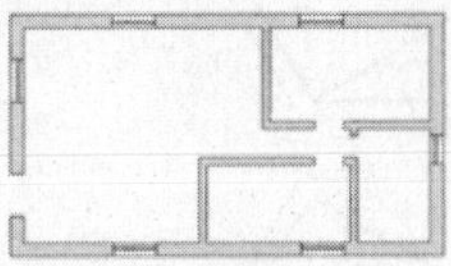

E 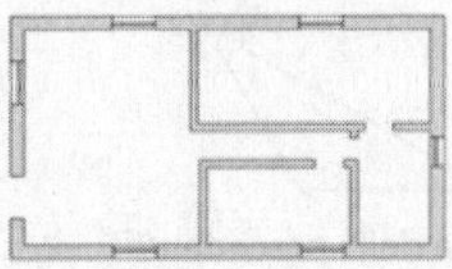

981 **Quali piante possono corrispondere al prospetto dato?**

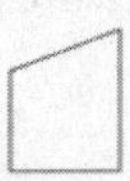

1 2 3 4 5

A Figura 4

B Figura 1

C Figure 2, 5

D Figure 1, 2

E Nessuna

982 Abbinare la seguente sezione alla pianta corrispondente.

Sezione

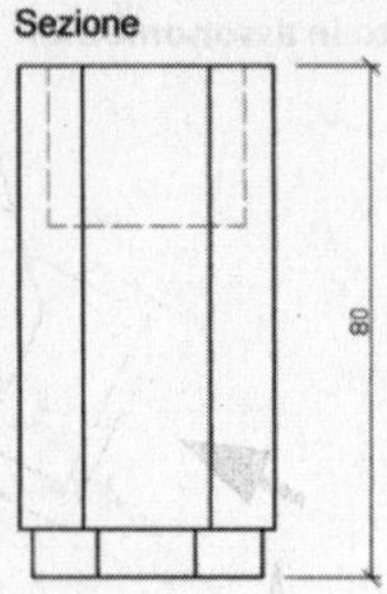

A 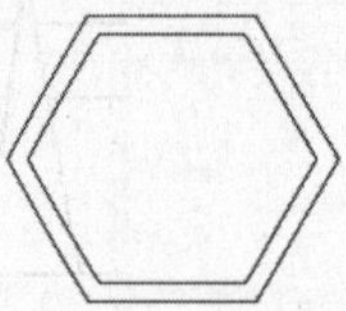

B 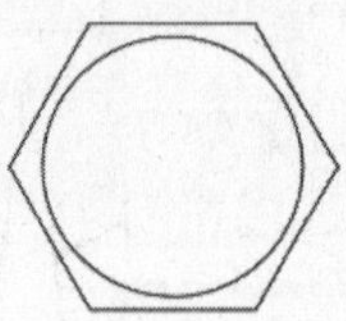

C 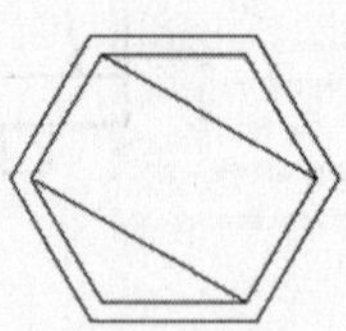

D 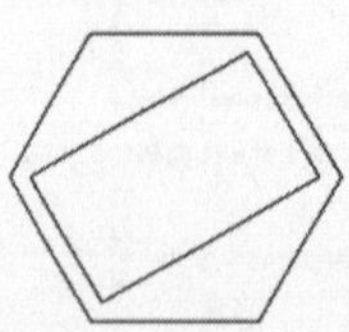

E Nessuna delle precedenti

983 Quali dei seguenti solidi in assonometria corrispondono alla pianta sotto riportata?

1 2 3 4 5

A Solidi 1, 3, 5
B Solido 2
C Solidi 2, 3, 4
D Solidi 1, 3, 4
E Solidi 3, 5

984 Quale delle cinque composizioni corrisponde alla seguente, specchiata rispetto ad un asse orizzontale?

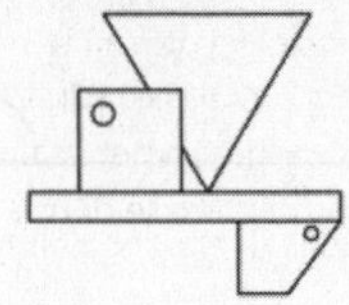

A 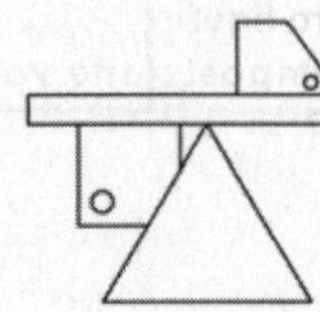

B 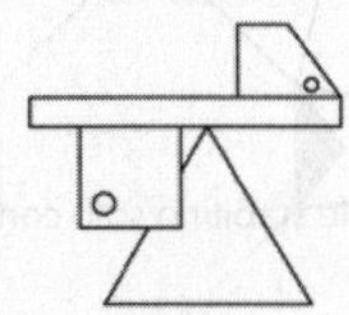

C 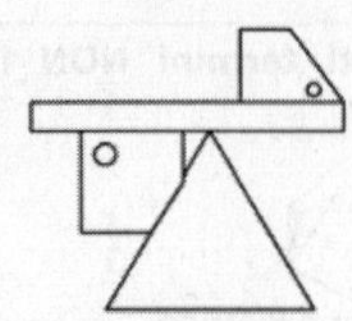

D 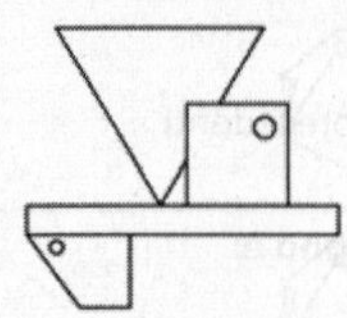

E 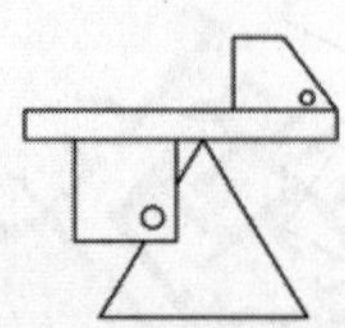

985 Associare a ciascuna incognita il valore corretto riguardante l'ampiezza dell'angolo.

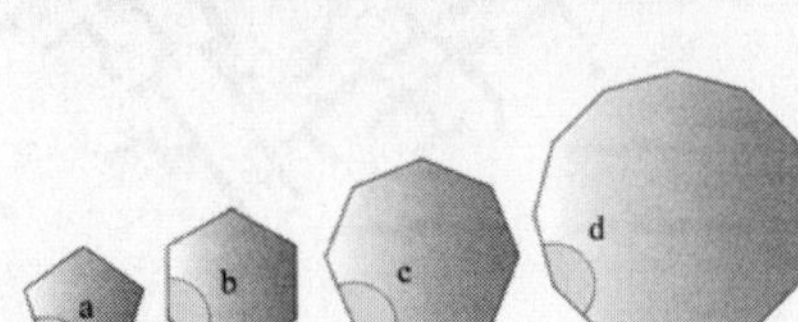

A a: 108°; b: 120°; c: 135°; d: 150°
B a: 125°; b: 135°; c: 120°; d: 108°
C a: 150°; b: 135°; c: 120°; d: 108°
D a: 125°; b: 108°; c: 270°; d: 150°
E a: 150°; b: 135°; c: 108°; d: 120°

986 Che cos'è una rampa?

- A Una serie ininterrotta di gradini di una scala
- B Un motivo ornamentale dipinto o scolpito a forma di grappolo
- C Una torre di forma tronco-conica costruita con grossi massi squadrati
- D Un corrimano per scale
- E L'elemento base di una copertura a falde inclinate

987 Quale delle quattro figure (A, B, C, D) corrisponde alla composizione volumetrica della figura piana?

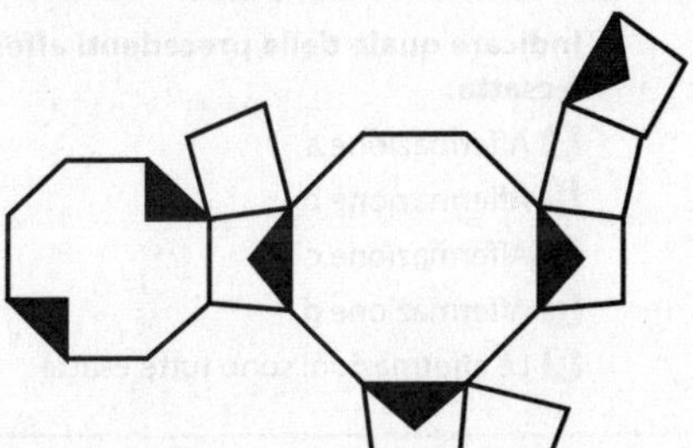

A
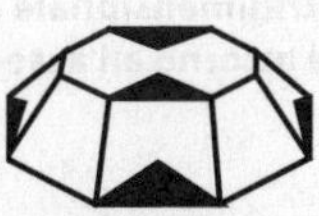

B

C

D

- E Nessuna delle precedenti

988 Che tipo di superficie genera la rotazione del segmento AB attorno all'asse verticale?

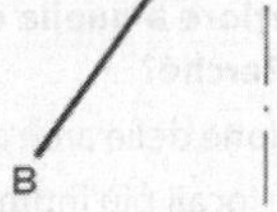

- A conica
- B piramidale
- C tronco-conica
- D cilindrica
- E tronco-piramidale

989 Associare alla vista assonometrica il prospetto corrispondente.

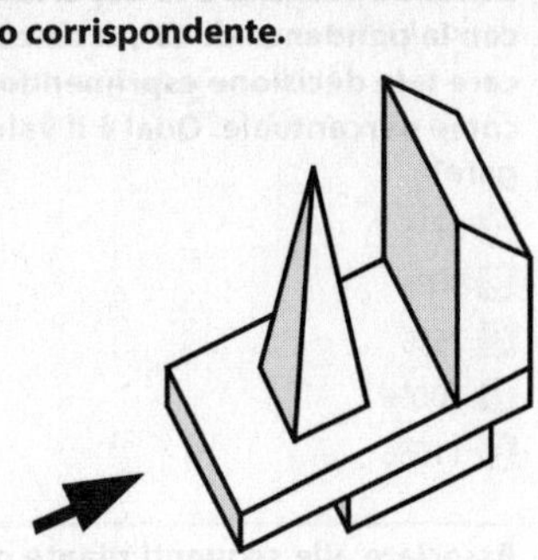

A
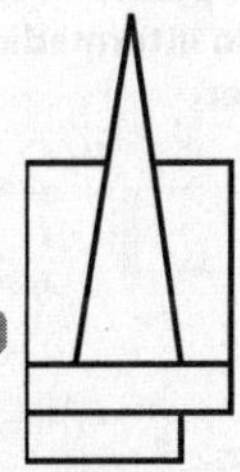

B
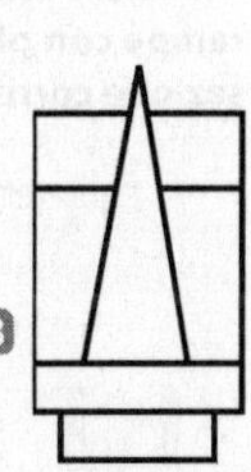

C
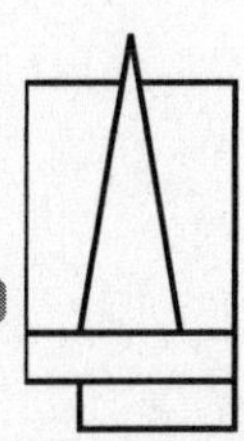

D

E
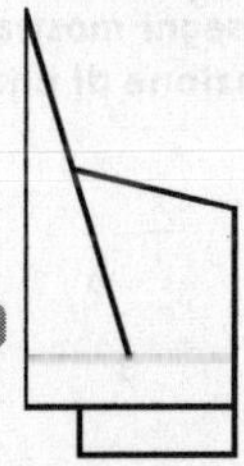

990 Quale delle immagini sotto riportate si otterrebbe piegando un foglio di carta quadrato e forandolo secondo le modalità indicate?

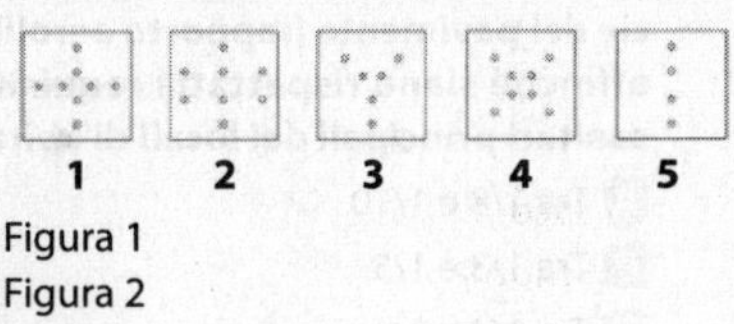

- A Figura 1
- B Figura 2
- C Figura 3
- D Figura 4
- E Figura 5

991 Dovendo realizzare la copertura di un tetto con la pendenza di 45°, si chiede di comunicare tale decisione esprimendo la pendenza come percentuale. Qual è il valore da impiegare?

A 87%
B 90%
C 75%
D 100%
E 115%

992 Associare alle seguenti piante di scale a due rampe con pianerottolo intermedio la giusta sezione corrispondente:

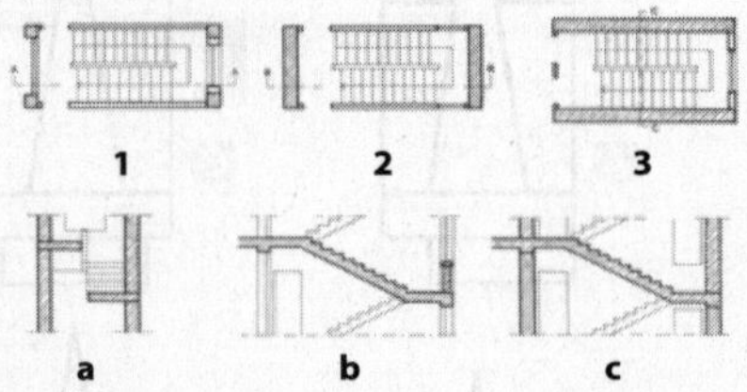

A a2 – b3 – c1
B a2 – b1 – c3
C a3 – b2 – c1
D a3 – b1 – c2
E a1 – b2 – c3

993 Quale dei seguenti disegni mostra in modo errato la rappresentazione di una porta in pianta?

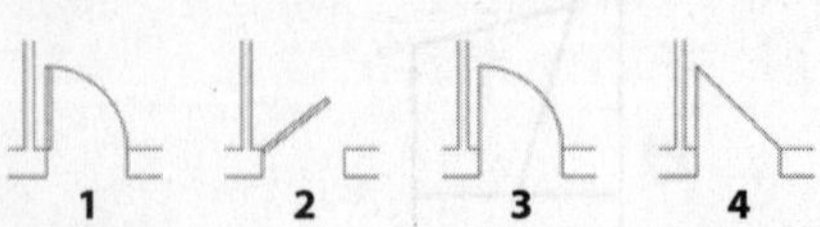

A Figura 1
B Figura 2
C Figura 3
D Figura 4
E Sono tutte rappresentazioni corrette

994 Quanto deve essere il rapporto tra superficie finestrata apribile di una stanza e la superficie del pavimento (rapporto aeroilluminante) affinché siano rispettati i requisiti igienico-sanitari principali dei locali di abitazione?

A Tra 1/8 e 1/10
B Tra 1/3 e 1/5
C Tra 1/4 e 1/6
D Almeno il doppio
E Almeno il triplo

995 Con il termine ergonomia si intende una disciplina che:

a mette l'uomo al centro del suo interesse, il suo benessere ne è l'obiettivo.
b si propone di adattare il lavoro all'uomo, e non l'uomo al lavoro.
c si occupa di analizzare e capire i meccanismi, i bisogni e le esigenze degli uomini affinché il progetto di ambienti e prodotti generi benessere per tutti.
d orienta la produzione di oggetti alla caratteristiche degli uomini reali, siano essi abili o meno abili.

Indicare quale delle precedenti affermazioni è esatta.

A Affermazione a
B Affermazione b
C Affermazione c
D Affermazione d
E Le affermazioni sono tutte esatte

996 Tra i profili sottostanti sul piano *xy*, quale genera l'oggetto tridimensionale rappresentato per rotazione attorno all'asse *y*?

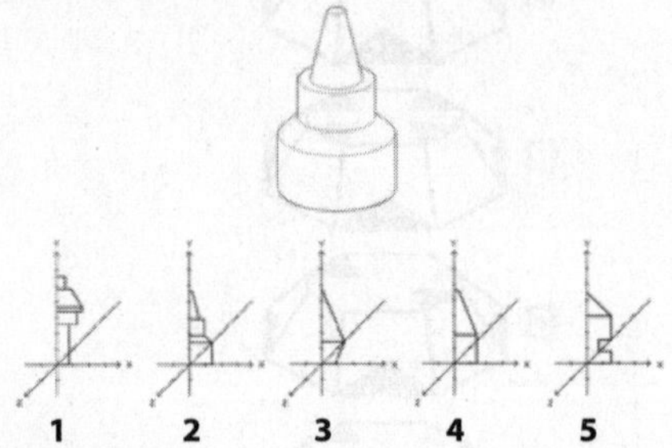

A Figura 1
B Figura 2
C Figura 3
D Figura 4
E Figura 5

997 Si riscontra che in alta montagna i locali residenziali, a parità di superficie, hanno un'altezza inferiore a quella dei locali costruiti in pianura. Perché?

A È una tradizione delle aree alpine
B Per ottenere locali più intimi
C Perché la temperatura favorisce la purezza dell'aria e i ricambi d'aria richiesti dalle norme igienico-sanitarie
D Per economia costruttiva
E Per un risparmio energetico

Osservare le piante e i prospetti seguenti e rispondere alle successive domande.

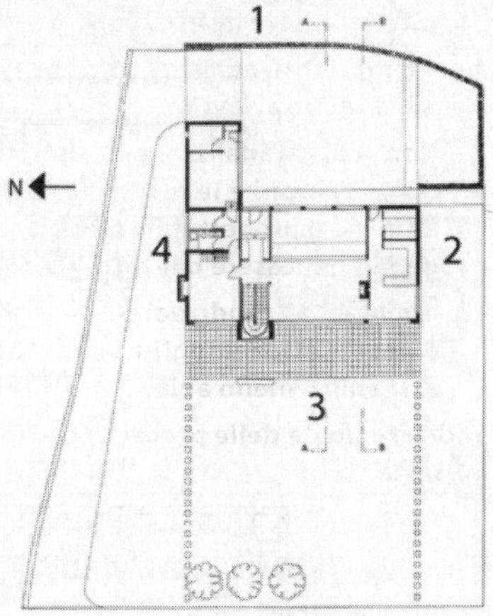

piano terra

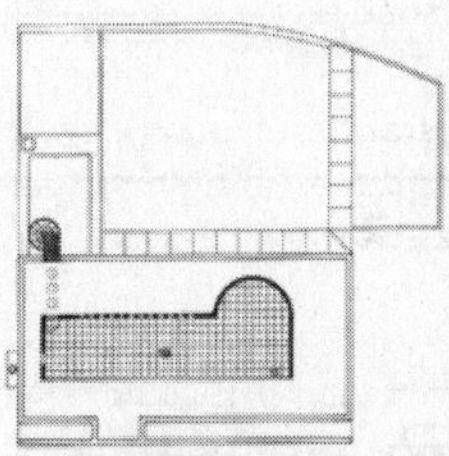

primo piano

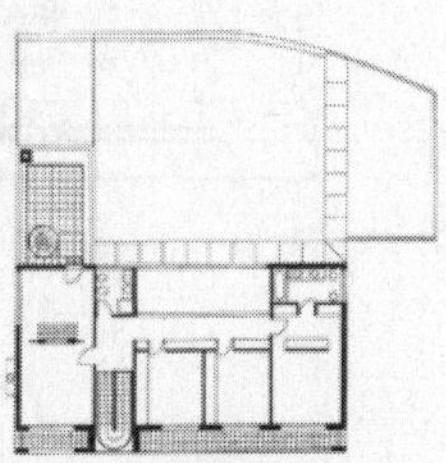

tetto

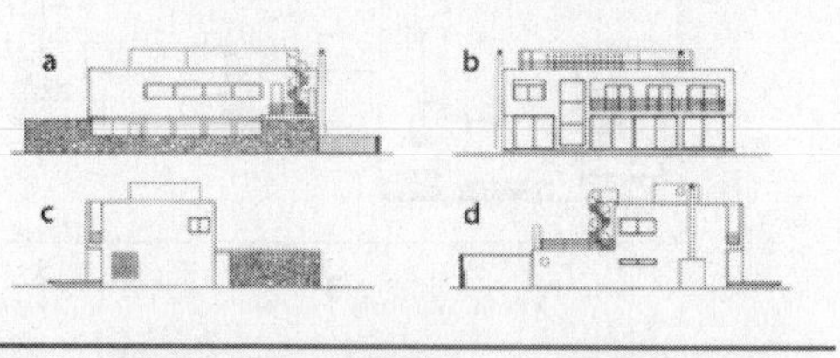

998 Indicare il corretto abbinamento tra le piante e i prospetti dell'edificio.

- A 1-a; 2-b; 3-c; 4-d;
- B 1-c; 2-d; 3-b; 4-a;
- C 1-c; 2-b; 3-a; 4-d;
- D 1-a; 2-c; 3-b; 4-d;
- E 1-d; 2-c; 3-b; 4-a;

999 Secondo l'orientamento indicato nella pianta, quale tra i prospetti riportati rappresenta il prospetto est?

- A Prospetto a
- B Prospetto b
- C Prospetto c
- D Prospetto d
- E Non è possibile stabilirlo

1000 Indicare la coppia di proiezioni ortogonali del solido modulare corrispondenti a quelle indicate dalle frecce:

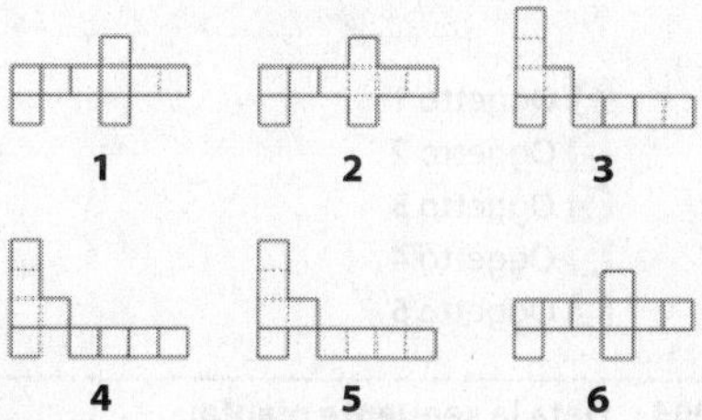

- A 2 – 3
- B 1 – 3
- C 6 – 4
- D 1 – 5
- E 2 – 4

1001 Indicare il corretto abbinamento tra le piante (piano terra e primo piano) e i prospetti dell'edificio di seguito riportato.

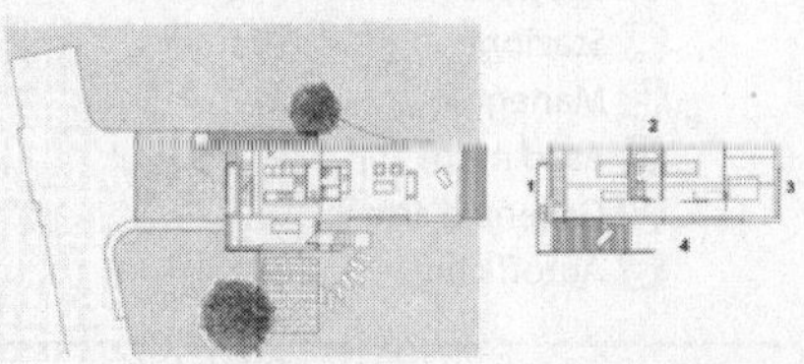

piano terra primo piano

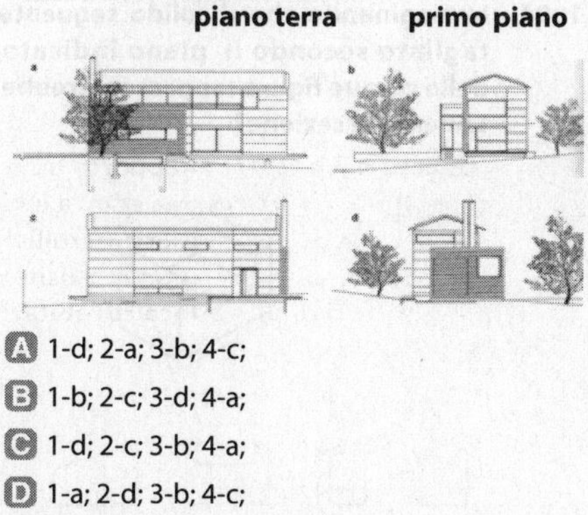

- A 1-d; 2-a; 3-b; 4-c;
- B 1-b; 2-c; 3-d; 4-a;
- C 1-d; 2-c; 3-b; 4-a;
- D 1-a; 2-d; 3-b; 4-c;
- E 1-b; 2-c; 3-a; 4-d;

1002 Quale tra gli oggetti qui riportati in assonometria corrisponde alle tre proiezioni ortogonali proposte?

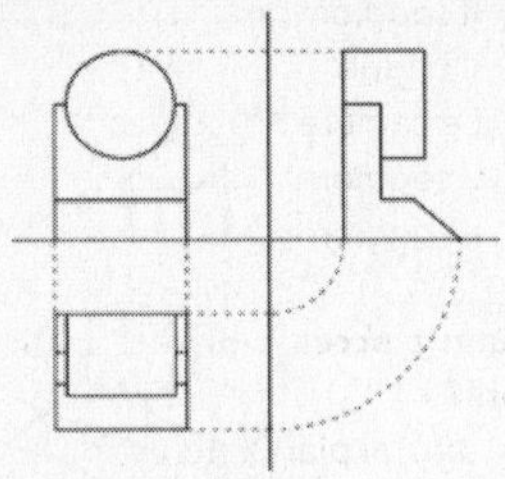

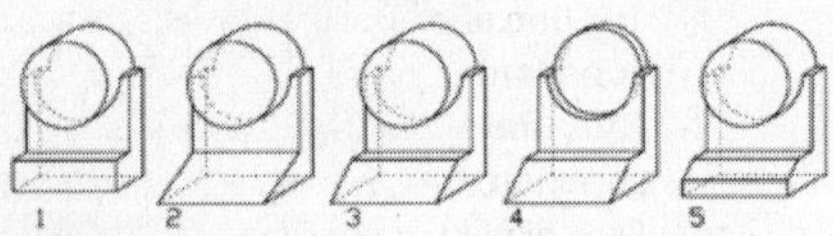

- **A** Oggetto 1
- **B** Oggetto 2
- **C** Oggetto 3
- **D** Oggetto 4
- **E** Oggetto 5

1003 Data la seguente pianta:

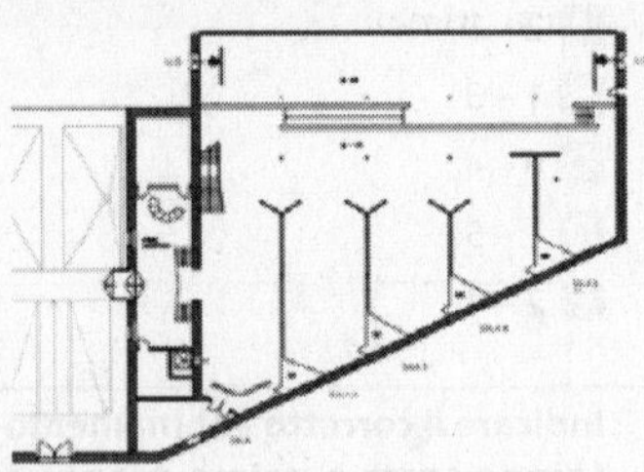

individuare la destinazione d'uso dell'edificio rappresentato.

- **A** Stazione
- **B** Maneggio
- **C** Asilo nido
- **D** Galleria d'arte
- **E** Autofficina

1004 Immaginando che il solido seguente venga tagliato secondo il piano indicato, quale delle cinque figure rappresenterebbe correttamente la sezione?

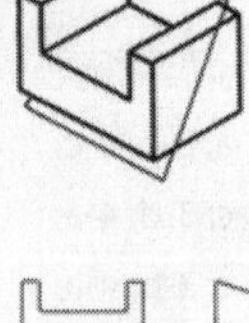

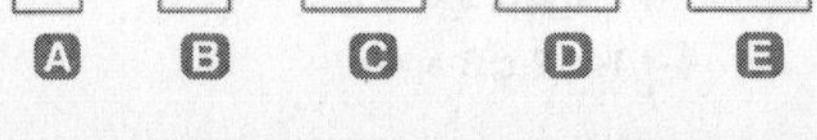

A B C D E

1005 Indicare la corretta sequenza dei piani dall'alto verso il basso del seguente edificio.

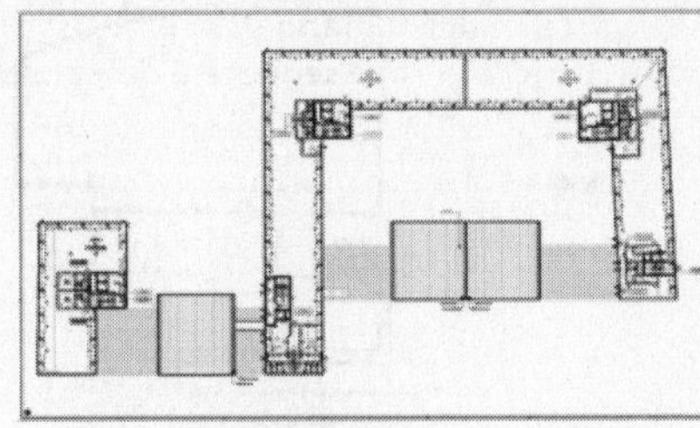

1

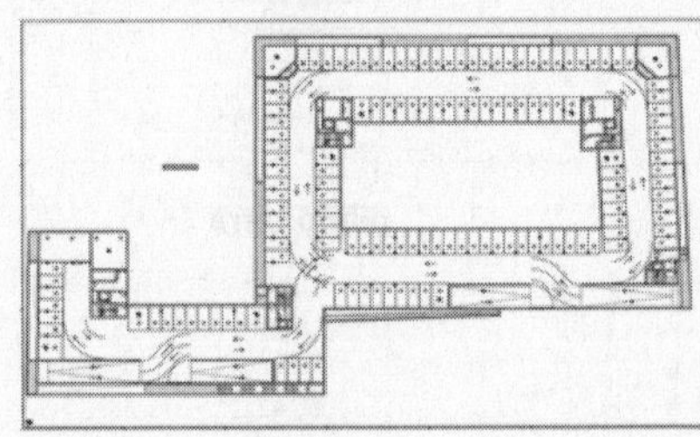

2

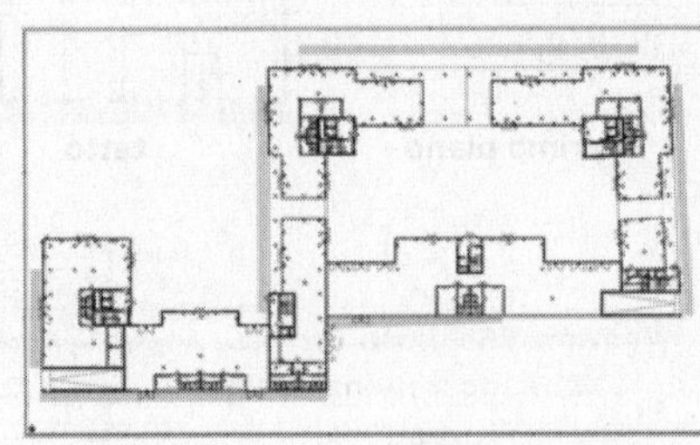

3

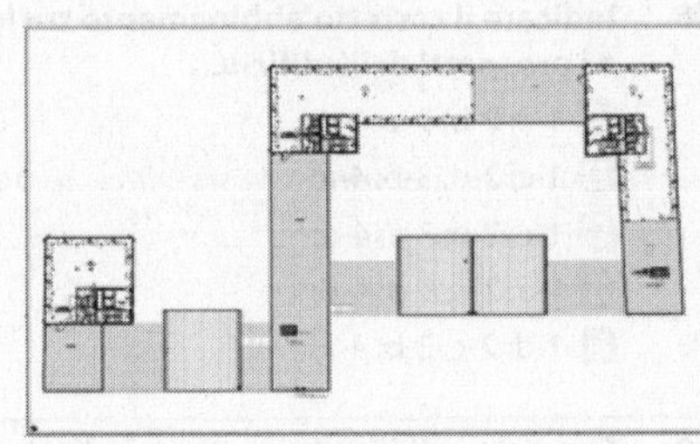

4

- **A** 4 – 3 – 1 – 2
- **B** 3 – 2 – 4 – 1
- **C** 4 – 1 – 2 – 3
- **D** 4 – 1 – 3 – 2
- **E** 3 – 4 – 2 – 1

Le piante rappresentate appartengono a un alloggio dell'Unité d'habitation di Le Corbusier, evidenziato nella sezione dello stabile. L'alloggio è su due livelli, con l'accesso al piano sottostante, su cui si affaccia nella parte destra il piano di sopra. Osservando i disegni, rispondere alle seguenti 5 domande.

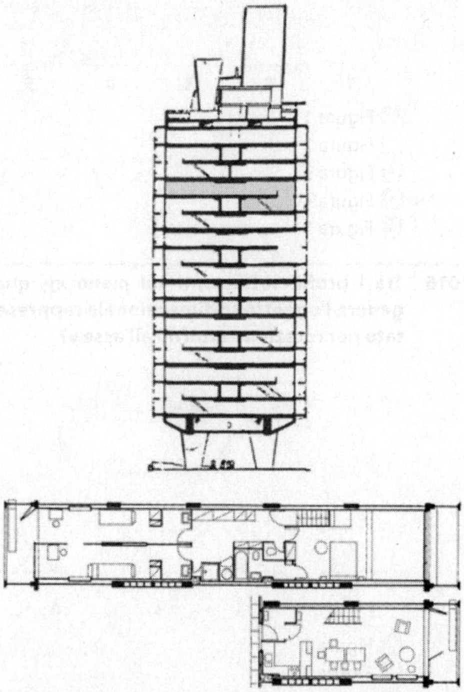

1006 Come si chiama un alloggio con le caratteristiche sopra menzionate?

- A Aballatoio
- B Aschiera
- C Bilocale
- D Duplex
- E Monolocale

1007 A quante persone al massimo è destinato l'alloggio?

- A 2 persone
- B 4 persone
- C 1 persona
- D 3 persone
- E 6 persone

1008 Le stanze dei ragazzi sono divise da:

- A una porta a soffietto
- B una parete scorrevole
- C una porta a libro
- D una porta a battente
- E una parete in vetrocemento

1009 Supponendo che il nord sia in alto nella pianta, quale parte dell'appartamento riceverà maggiormente luce di primo mattino?

- A Il soggiorno
- B Il bagno
- C Le camere dei ragazzi
- D Il soggiorno e la cucina
- E Il soggiorno e la camera dei genitori

1010 Quanti accessi offre l'appartamento ai balconi?

- A Uno, al piano inferiore
- B Tre, uno al piano inferiore e due a quello superiore
- C Due, uno al piano inferiore e uno a quello superiore
- D Due, al piano superiore
- E Uno, al piano superiore

1011 L'immagine rappresenta lo sviluppo delle facce interne di un cubo, ognuna caratterizzata da un motivo geometrico. Individuare la prospettiva che ne riporta esattamente l'interno (il punto di vista è con alle spalle la faccia grigia):

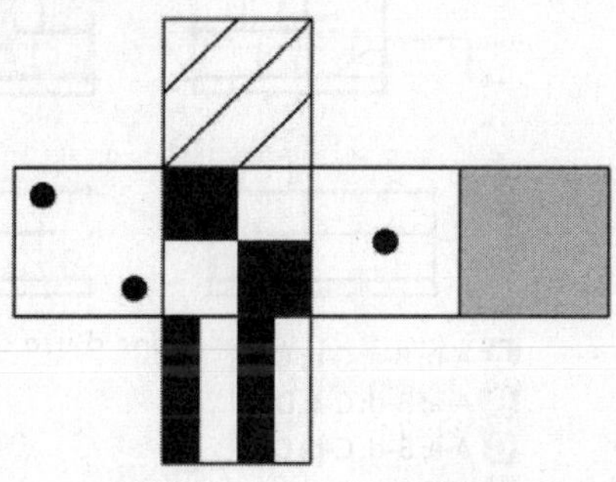

A 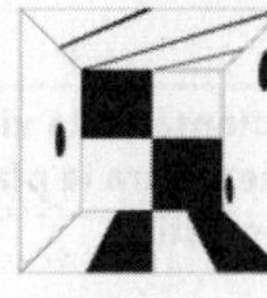

B 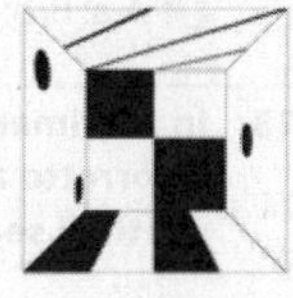

C 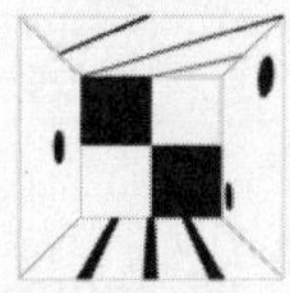

D 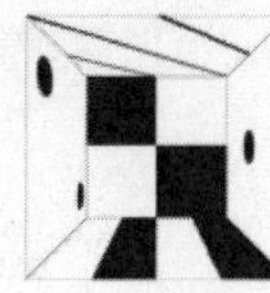

E 

Osservare il disegno seguente e rispondere alle successive domande.

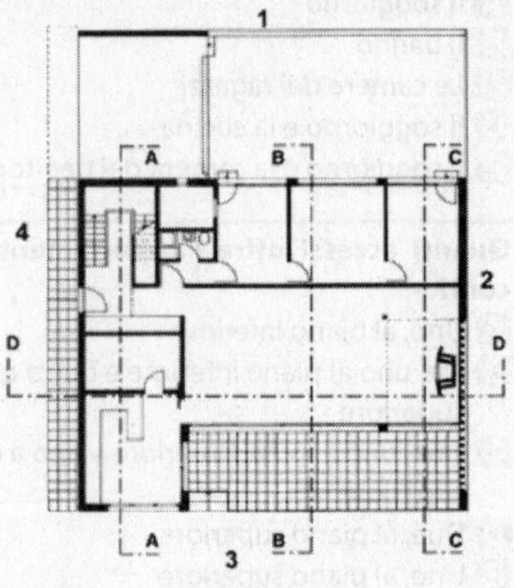

1012 La figura rappresenta la pianta del piano terra di una villa: individuare la corrispondenza esatta delle sezioni riportate di seguito rispetto alla pianta.

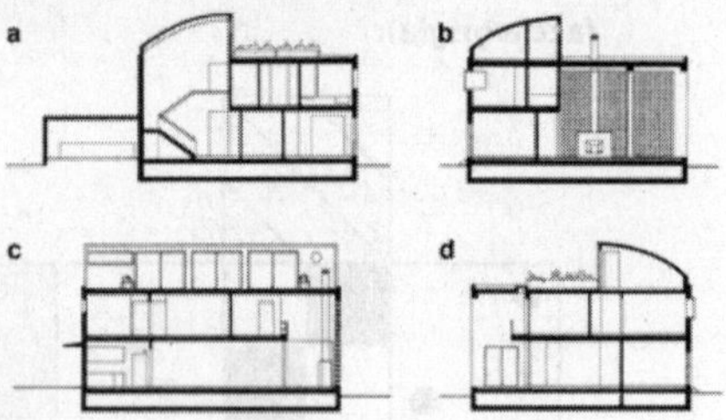

- **A** A-b; B-a; C-d; D-c;
- **B** A-a; B-d; C-c; D-b;
- **C** A-a; B-d; C-b; D-c;
- **D** A-d; B-b; C-a; D-c;
- **E** A-a; B-b; C-c; D-d;

1013 In riferimento alla pianta della villa, indicare il corretto abbinamento tra la pianta e i prospetti di seguito riportati.

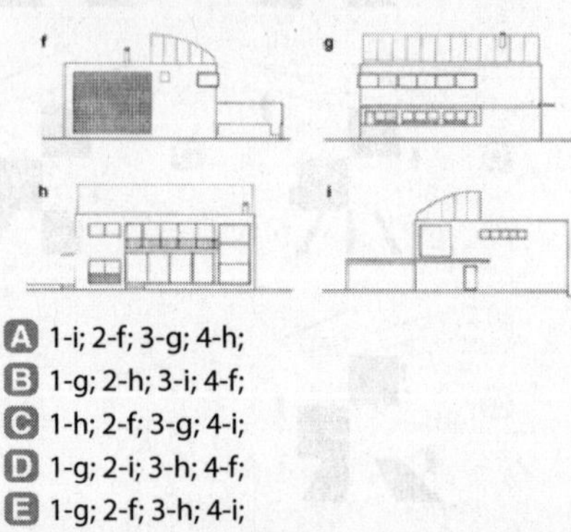

- **A** 1-i; 2-f; 3-g; 4-h;
- **B** 1-g; 2-h; 3-i; 4-f;
- **C** 1-h; 2-f; 3-g; 4-i;
- **D** 1-g; 2-i; 3-h; 4-f;
- **E** 1-g; 2-f; 3-h; 4-i;

1014 Quale delle immagini sotto riportate si otterrebbe piegando un foglio di carta quadrato e forandolo secondo le modalità indicate?

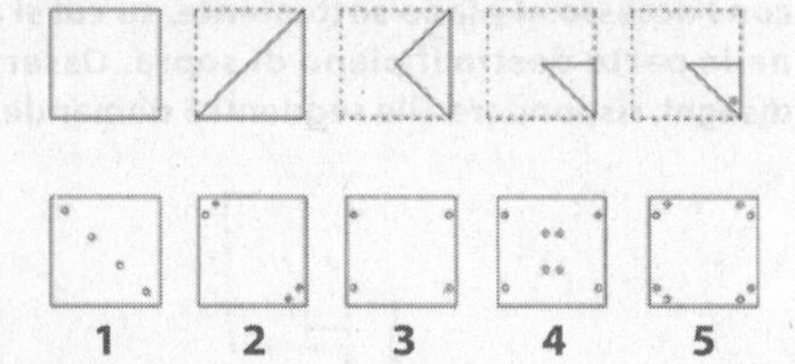

- **A** Figura 1
- **B** Figura 2
- **C** Figura 3
- **D** Figura 4
- **E** Figura 5

1015 Tra i profili sottostanti sul piano *xy*, quale genera l'oggetto tridimensionale rappresentato per rotazione attorno all'asse *y*?

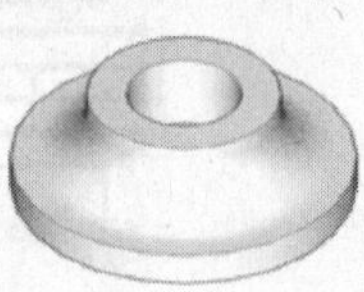

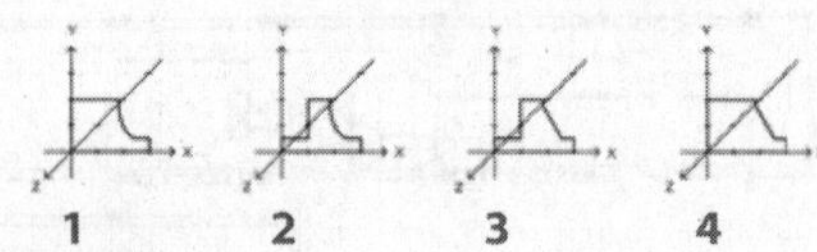

- **A** Figura 1
- **B** Figura 2
- **C** Figura 3
- **D** Figura 4
- **E** Figura 5

1016 In una scala, la pedata è sempre:

- **A** una in più dell'alzata
- **B** una in meno dell'alzata
- **C** in numero uguale all'alzata
- **D** lunga la metà dell'alzata
- **E** lunga il doppio dell'alzata

1017 Per realizzare l'isolamento termico di un locale in modo efficace dal punto di vista del risparmio energetico, si decide di proteggere le pareti con un materiale isolante. Qual è la posizione più efficace del materiale rispetto alla parete?

- **A** A 1/3 dello spessore del muro a partire dall'esterno
- **B** A metà dello spessore del muro
- **C** A 1/3 dello spessore del muro a partire dall'interno
- **D** Sulla faccia esterna del muro
- **E** Sulla faccia interna del muro

1018 Dato un cono circolare retto sezionato con un piano "α" inclinato come in figura, quale sezione piana si ottiene?

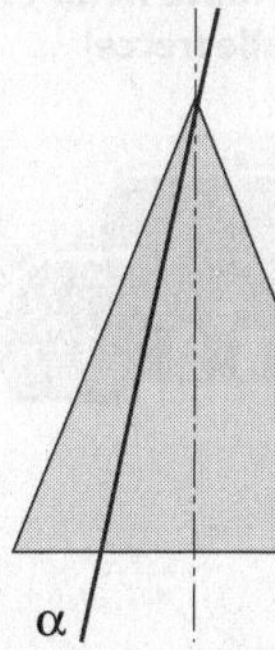

A Circonferenza
B Triangolo
C Ellisse
D Parabola
E Iperbole

1019 Con riferimento al profilo altimetrico, indicare la quota della curva di livello contraddistinta con XXXX.

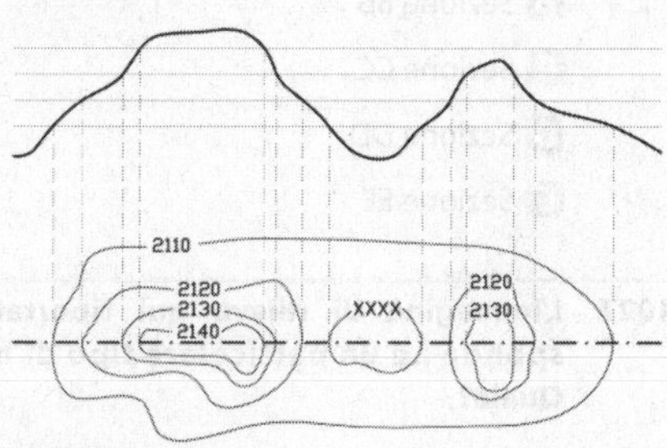

A 2000 metri s.l.m.
B 2110 metri s.l.m.
C 2120 metri s.l.m.
D 2130 metri s.l.m.
E 2140 metri s.l.m.

1020 Indicare la corretta posizione della luce nei tre casi in figura.

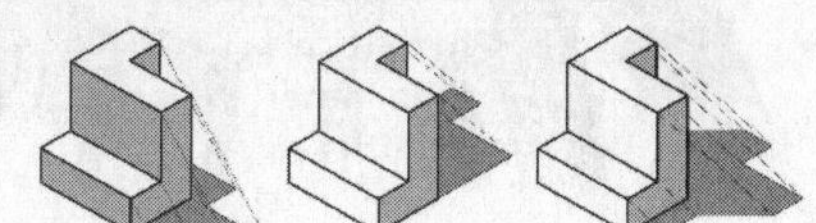

A 1 – Sud; 2 – Ovest; 3 – Nord/Ovest
B 1 – Ovest; 2 – Est; 3 – Sud/Est
C 1 – Nord; 2 – Ovest; 3 – Nord/Ovest
D 1 – Nord; 2 – Ovest; 3 – Nord/Est
E 1 – Est; 2 – Ovest; 3 – Nord/Ovest

1021 Date le piante di un fabbricato e il loro orientamento, associare a ciascun prospetto riportato in basso il corretto orientamento cardinale.

A 1-Est; 2-Sud; 3-Ovest; 4-Nord
B 1-Sud; 2-Ovest; 3-Nord; 4-Est
C 1-Nord; 2-Est; 3-Sud; 4-Ovest
D 1-Ovest; 2-Nord; 3-Est; 4-Sud
E 1-Sud; 2-Est; 3-Nord; 4-Ovest

1022 A quale solido appartiene lo sviluppo in figura?

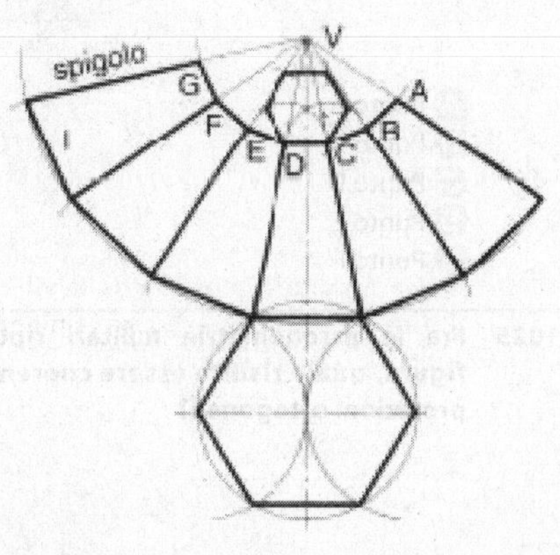

A Ad un prisma esagonale
B Ad un tronco di piramide a base ottagonale
C Ad un tronco di piramide a base esagonale regolare
D Ad una piramide a base esagonale regolare
E Ad un tronco di cono a base esagonale regolare

1023 **Data la curva policentrica continua rappresentata in figura, con centri C′ e C″, dove è situato il punto di flesso?**

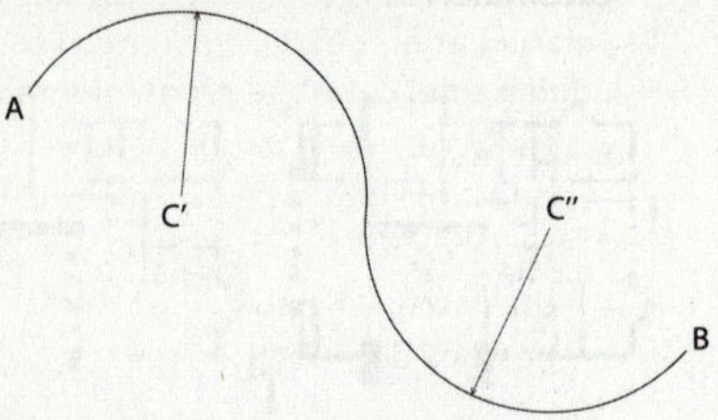

- **A** Sull'allineamento dei punti A - B
- **B** Sull'allineamento dei punti C″ - A
- **C** Sull'allineamento dei punti C′ - B
- **D** Sull'allineamento dei punti C″ - B
- **E** Sull'allineamento dei punti C′ - C″

1024 **In figura è rappresentata la vista dall'alto di un edificio con tetto a padiglione, con linea di gronda orizzontale (ABCD) e pendenza costante; quale sarà il punto più alto del tetto?**

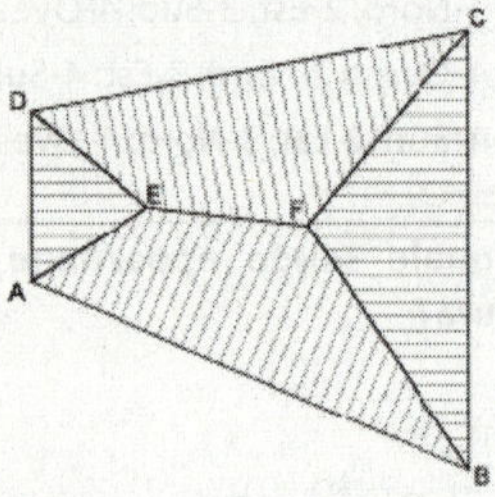

- **A** Punto A
- **B** Punto C
- **C** Punto D
- **D** Punto E
- **E** Punto F

1025 **Fra le assonometrie militari riportate in figura, quale risulta essere coerente con le proiezioni ortogonali?**

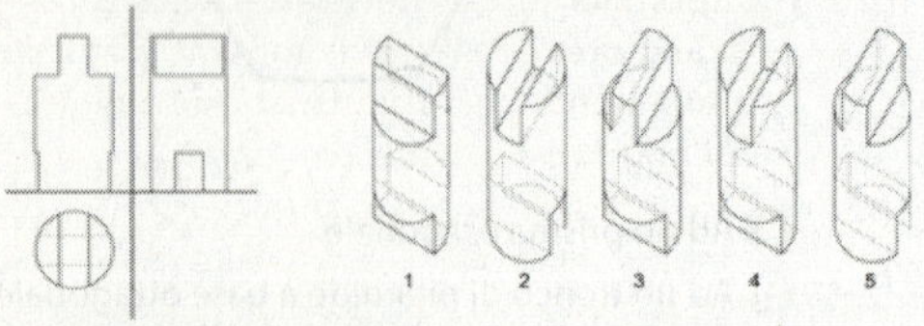

- **A** Assonometria 1
- **B** Assonometria 2
- **C** Assonometria 3
- **D** Assonometria 4
- **E** Assonometria 5

1026 **Tra le sezioni ottenibili con i piani indicati in pianta, individuare quella rappresentata nell'immagine. (Nella sezione le proiezioni sono effettuate nella direzione e nel verso indicato dalle frecce)**

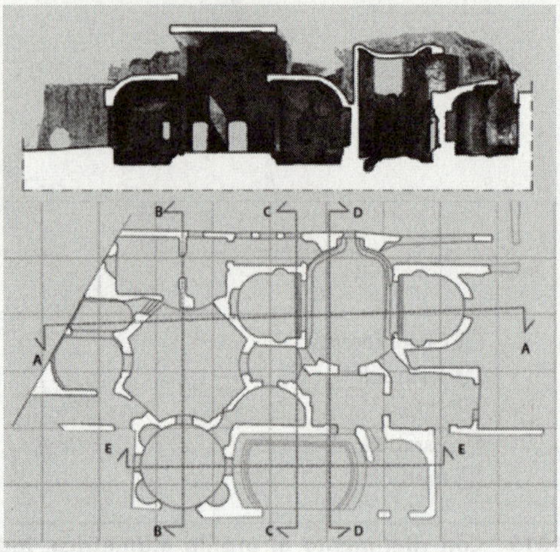

- **A** Sezione AA
- **B** Sezione BB
- **C** Sezione CC
- **D** Sezione DD
- **E** Sezione EE

1027 **L'immagine di rilievo qui riportata corrisponde ad un particolare tipo di modello. Quale?**

- **A** Un modello plastico
- **B** Un modello ligneo
- **C** Un modello digitale "a nuvola di punti"
- **D** Un modello digitale prospettico "a fil di ferro"
- **E** Un modello digitale assonometrico

1028 **La figura 1 rappresenta la pianta in scala 1:1000 della chiesa e del convento di S. Croce a Firenze. Al centro della pianta si nota la Cappella dei Pazzi. La medesima cappella è riprodotta, nella figura 2, in un'altra scala. Quale?**

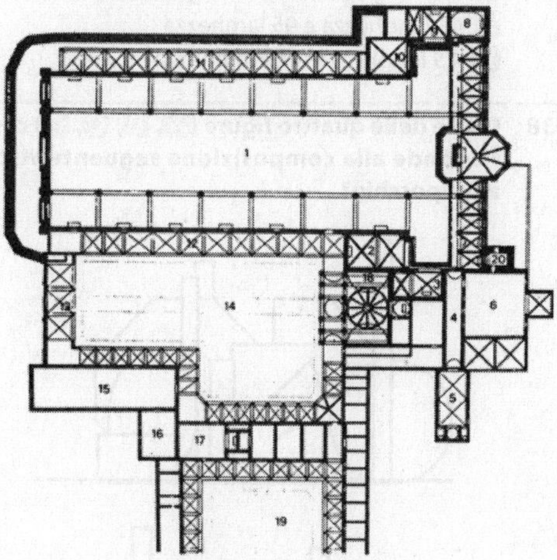

1.

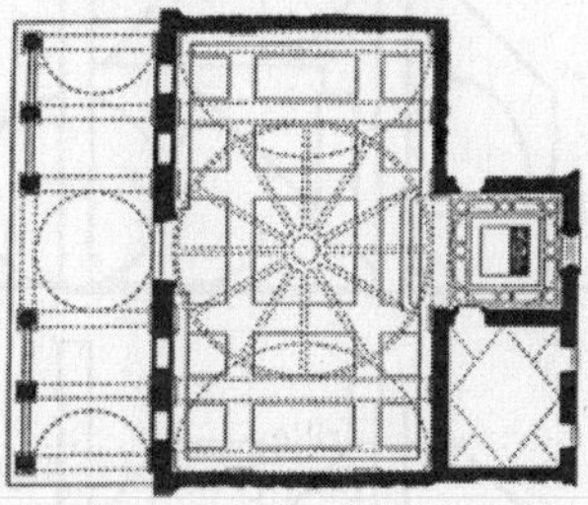

2.

- A 1:100
- B 1:50
- C 1:200
- D 1:250
- E 1:500

1029 **Quale materiale viene indicato dalla seguente illustrazione?**

- A Vetrocemento
- B Legno
- C Ferro
- D Vetro
- E Metallo

1030 **Seduti al vostro tavolo di studio, state osservando un cubo di 20 cm di lato poggiato sul piano orizzontale davanti a voi, in modo da mostrare completamente un suo vertice e il relativo angoloide. La visione vi consentirà di cogliere del cubo i seguenti elementi:**

- A tre facce, dodici spigoli, sette vertici
- B due facce, sette spigoli, sei vertici
- C tre facce, nove spigoli, sette vertici
- D due facce, nove spigoli, sei vertici
- E nessuna delle precedenti

1031 **L'altezza di rilievo terrestre viene rappresentata con "curve di livello"; esse sono tracciate secondo intervalli regolari. Perché nella cartografia esse si addensano di più o di meno?**

- A Per effetto estetico
- B Per la scelta del cartografo
- C Perché le tecniche di rilevamento sono diverse
- D Per rappresentare la pendenza maggiore o minore
- E Per permettere la rappresentazione di altri fenomeni

1032 **Considerate le proiezioni ortogonali date dell'oggetto, indicare la misura corrispondente allo spigolo evidenziato nell'assonometria.**

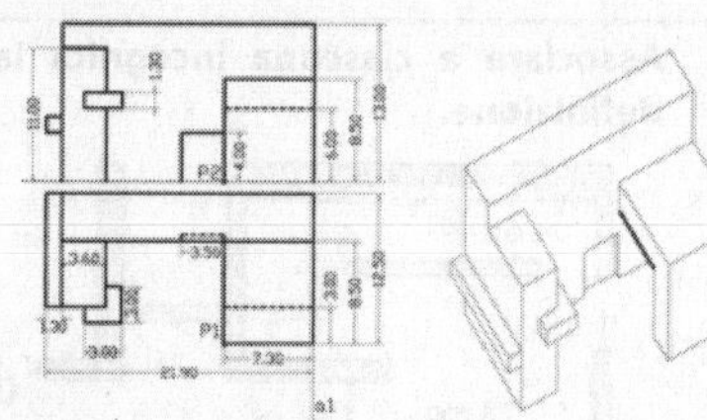

- A 3.00
- B 8.50
- C 5.50
- D 6.00
- E 3.50

1033 **La tipologia edilizia dei grattacieli in acciaio e cristallo prevede l'uso di impianti per il condizionamento dell'aria. Quale motivo giustifica l'adozione di tale tecnologia?**

- A La necessità, per motivi di sicurezza, di tenere chiuse le vetrate esterne
- B La facilitata canalizzazione degli impianti
- C L'alto tenore di vita dei Paesi nei quali tale tipologia edilizia è diffusa
- D Lo scarso isolamento termico tra ambiente interno e l'esterno
- E Nessuna delle precedenti

1034 Quale tra le cinque figure sottostanti è l'unica rappresentazione logica?

1 2 3 4 5

- A Figura 1
- B Figura 4
- C Figura 2
- D Figura 5
- E Figura 3

1035 Indicare la sequenza dal più basso al più alto dei cinque solidi rappresentati in prospettiva:

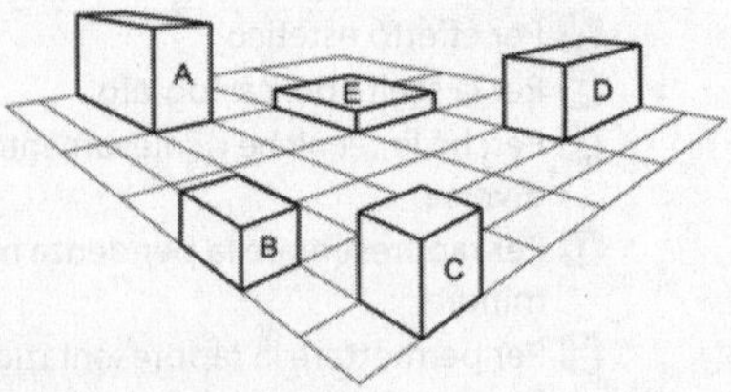

- A Sequenza: E B D C A
- B Sequenza: B E C D A
- C Sequenza: E B C D A
- D Sequenza: A D C B E
- E Sequenza: B C D E A

1036 Associare a ciascuna incognita la corretta definizione.

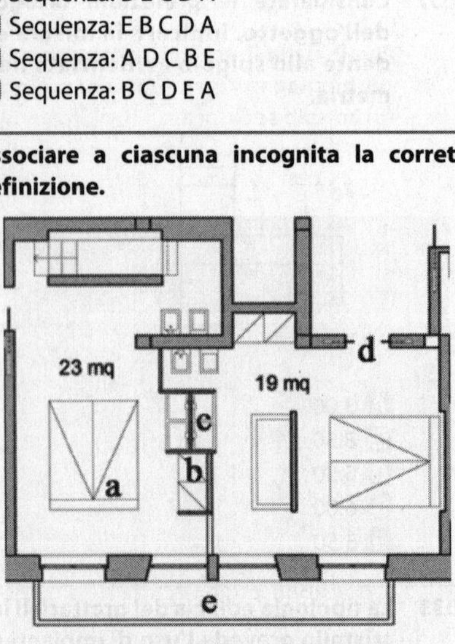

- A a: letto; b: armadio; c: vano dotato di porta scorrevole; d: lavabo; e: loggia
- B a: armadio; b: vano dotato di porta scorrevole; c: letto; d: lavabo; e: loggia
- C a: letto; b: vano dotato di porta scorrevole; c: lavabo; d: armadio; e: loggia
- D a: letto; b: armadio; c: lavabo; d: vano dotato di porta scorrevole; e: loggia
- E a: lavabo; b: vano dotato di porta scorrevole; c: letto; d: loggia; e: armadio

1037 Sapendo che un letto singolo per adulti misura generalmente 90 cm di larghezza e 190 cm di lunghezza, quanti millimetri misura in un disegno in pianta in scala 1:20?

- A 4,5 larghezza e 9,5 lunghezza
- B 45 larghezza e 95 lunghezza
- C 0,45 larghezza e 0,95 lunghezza
- D 45 lunghezza e 95 larghezza
- E 4,5 lunghezza e 9,5 larghezza

1038 Quale delle quattro figure (A, B, C, D) corrisponde alla composizione seguente vista allo specchio?

A

B

C

D

- E Nessuna delle precedenti

1039 Individuare l'assonometria corrispondente alla pianta raffigurata di seguito.

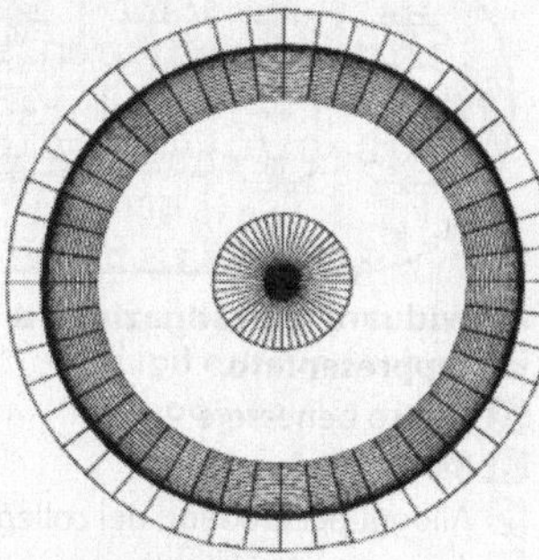

A 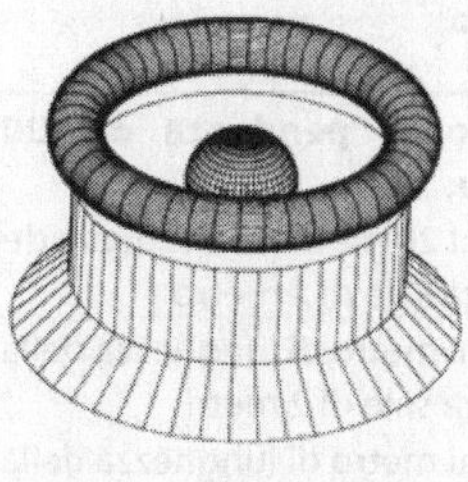

B 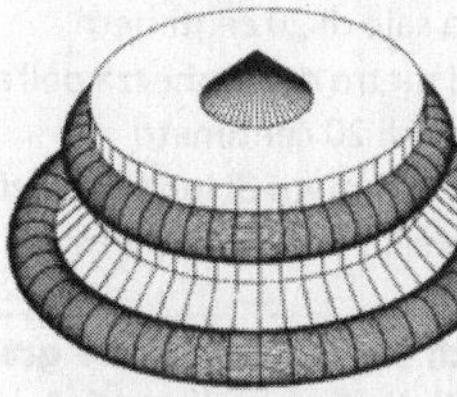

C 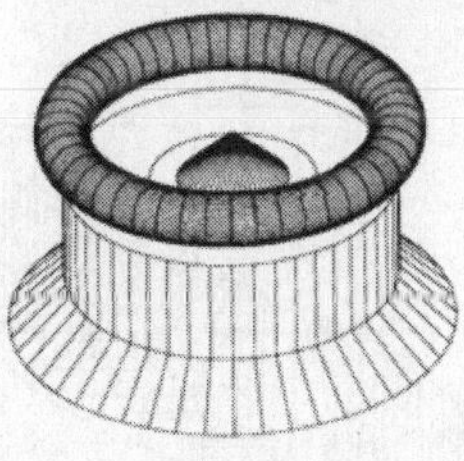

D 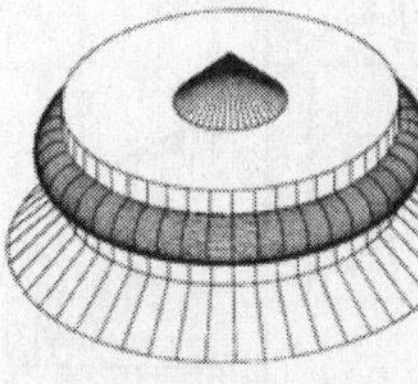

E 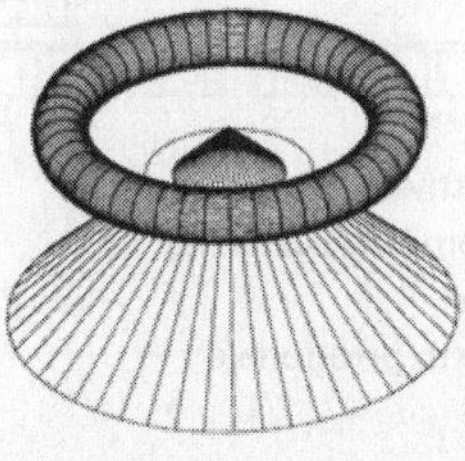

1040 Quante facce ha il solido rappresentato in figura attraverso la pianta e il prospetto?

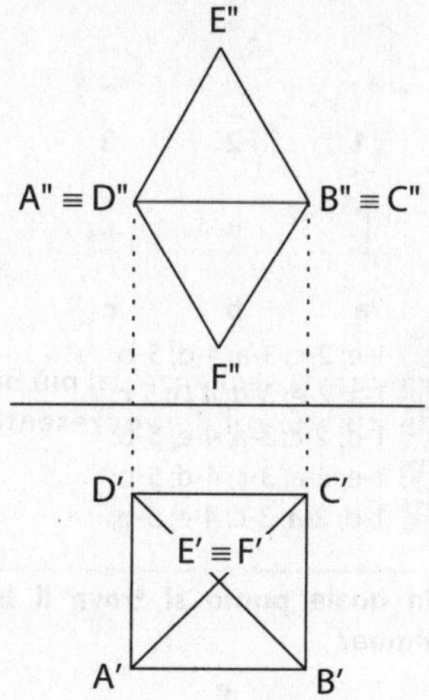

A 4
B 6
C 12
D 8
E 10

1041 Quale delle immagini sotto riportate si otterrebbe piegando un foglio di carta quadrato e forandolo secondo le modalità indicate?

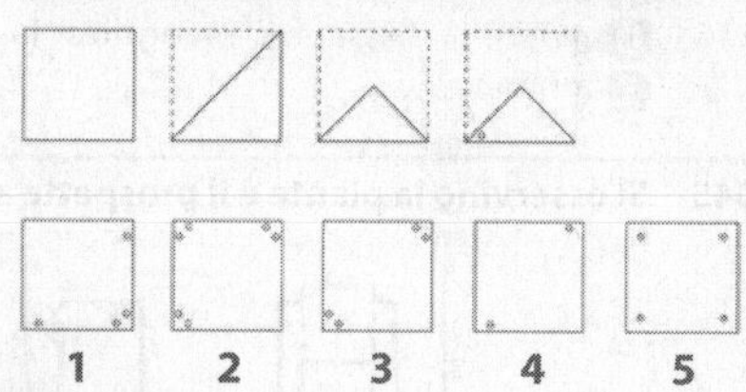

A Figura 1
B Figura 2
C Figura 3
D Figura 4
E Figura 5

1042 È possibile pavimentare una superficie con piastrelle di forma ottagonale regolare?

A Sì, sempre
B Sì, solo se gli ottagoni sono assolutamente regolari
C Sì, a patto che le si alternino a piastrelle di forma rettangolare
D No, poiché l'accostamento di due piastrelle crea un angolo retto, non compatibile con gli angoli interni dell'ottagono, necessariamente maggiori di 90°
E No, poiché è impossibile l'accostamento di tre ottagoni regolari

1043 Accoppiare i cinque differenti oggetti tridimensionali al profilo che li ha generati per rotazione attorno all'asse Y.

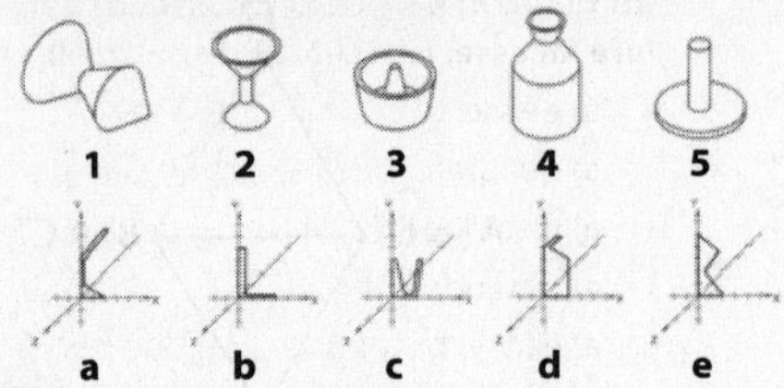

- A 1-e; 2-c; 3-a; 4-d; 5-b;
- B 1-a; 2-e; 3-d; 4-b; 5-c;
- C 1-d; 2-c; 3-a; 4-e; 5-b;
- D 1-e; 2-a; 3-c; 4-d; 5-b;
- E 1-d; 2-a; 3-c; 4-e; 5-b;

1044 In quale punto si trova il baricentro della figura?

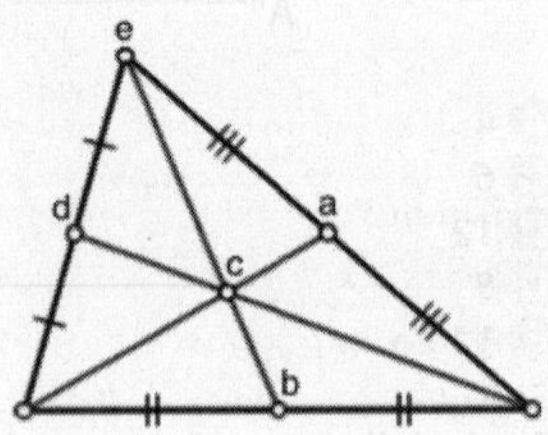

- A a
- B b
- C c
- D d
- E e

1045 Si osservino la piante e il prospetto seguenti.

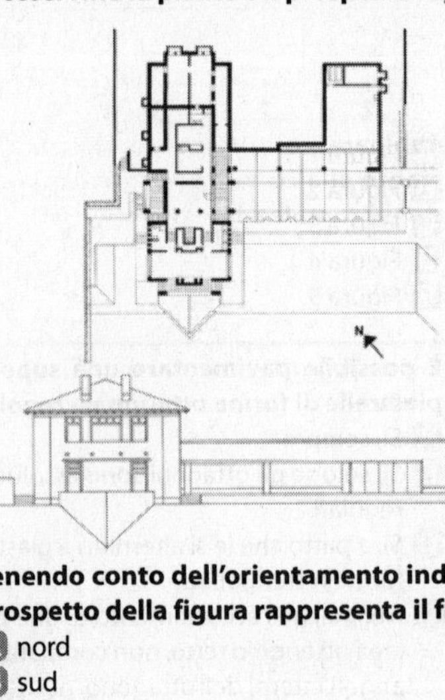

Tenendo conto dell'orientamento indicato, il prospetto della figura rappresenta il fronte:

- A nord
- B sud
- C sud-ovest
- D sud-ovest
- E sud-est

1046 Data la seguente pianta:

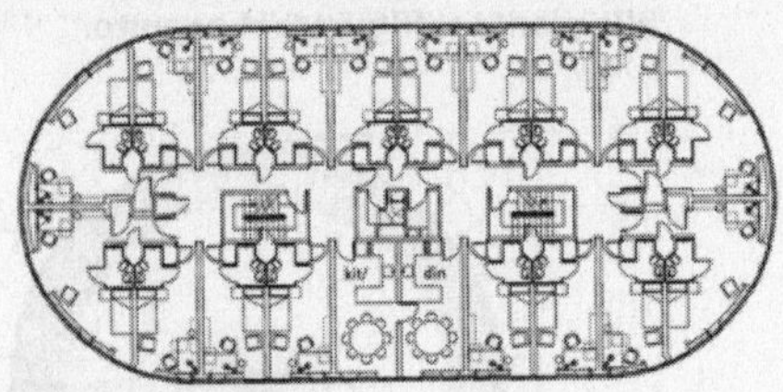

individuare la destinazione d'uso dell'edificio rappresentato.

- A Centro benessere
- B Bar
- C Alloggi per studenti del college
- D Appartamenti in palazzina
- E Cinema

1047 L'indicazione "pendenza del 20%" sottintende che:

- A ad ogni 20 metri di lunghezza della base, l'altezza sale di 1 metro
- B ad ogni metro di lunghezza della base, l'altezza sale di 2 metri
- C ad ogni metro di lunghezza della base, l'altezza sale di 20 centimetri
- D ad ogni metro di lunghezza dell'altezza, la base sale di 20 centimetri
- E ad ogni 100 metri di lunghezza della base, l'altezza sale di 20 centimetri

1048 Che tipo di rappresentazione grafica è stata usata per il disegno della scala?

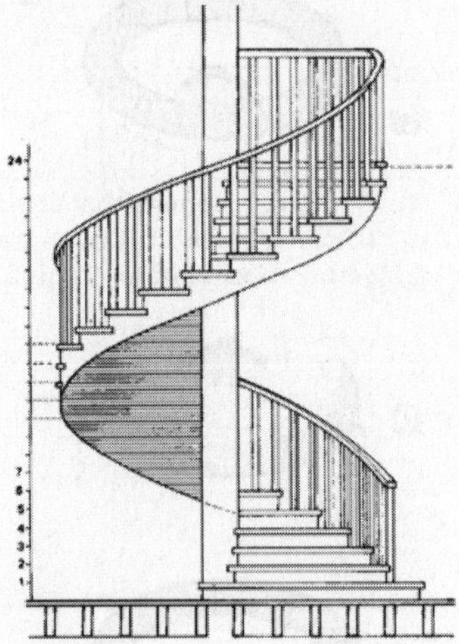

- A Prospettiva
- B Assonometria cavaliera
- C Sezione
- D Prospetto ortogonale
- E Pianta

1049 Quale delle cinque figure sottostanti si riferisce alla configurazione rappresentata in prospettiva?

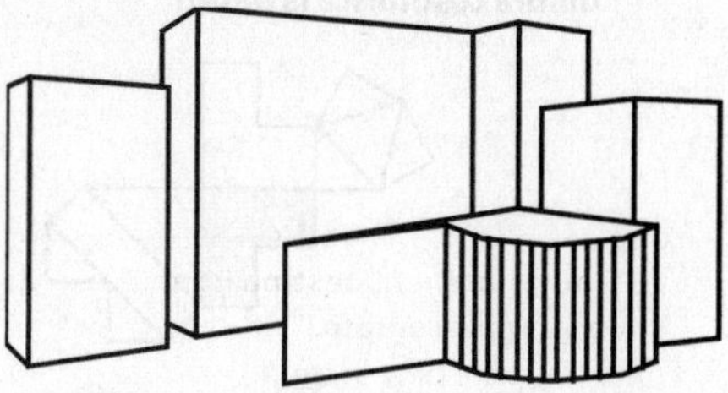

A
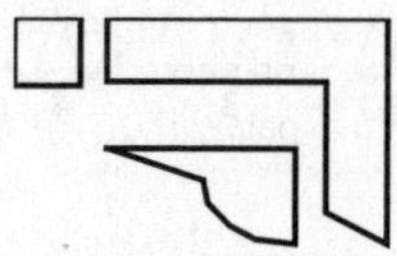

B
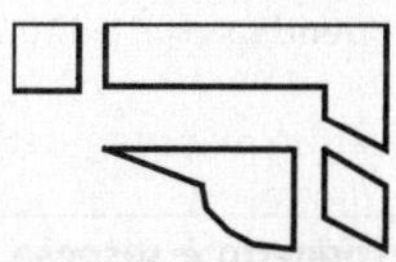

C
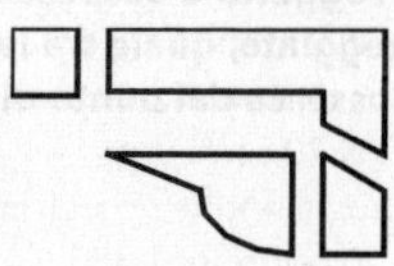

D
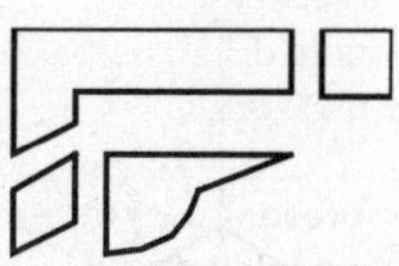

E
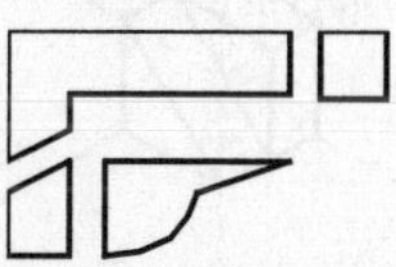

1050 Quali figure geometriche semplici, o loro parti, sono state utilizzate per costruire l'oggetto rappresentato in figura?

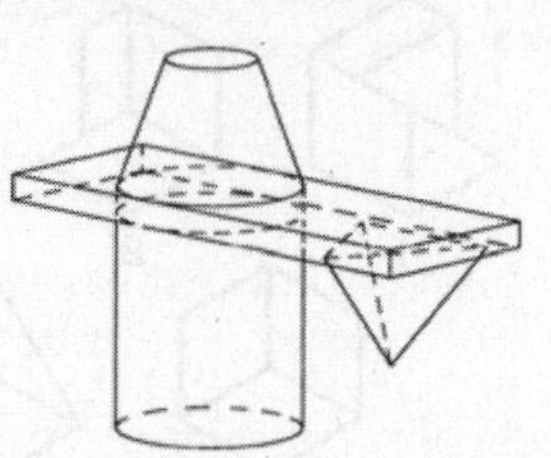

- A Cilindro; parallelepipedo; prisma; piramide
- B Cilindro; piramide; parallelepipedo; cono
- C Piramide; cono; cubo; cilindro
- D Prisma; parallelepipedo; toro; cilindro
- E Cono; parallelepipedo; cilindro; tetraedro

1051 Individuare l'alternativa che riporta correttamente le figure piane che si otterrebbero dalla sezione di un cilindro circolare retto con un piano a) parallelo all'asse; b) perpendicolare all'asse; c) inclinato rispetto all'asse.

- A a) ellisse; b) cerchio; c) ellisse
- B a) quadrato; b) ellisse; c) rettangolo
- C a) rettangolo; b) ellisse; c) cerchio
- D a) rettangolo; b) cerchio; c) ellisse
- E a) ellisse; b) cerchio c) cerchio

1052 Quale dei solidi, rappresentato in proiezione ortogonale sul p.o., appare come il rettangolo seguente?

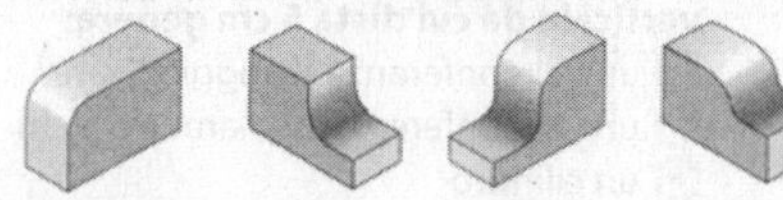

1 2 3 4

- A Figura 3
- B Figura 1 e figura 4
- C Figura 2 e figura 3
- D Figura 2
- E Figura 2, figura 3 e figura 4

1053 Quanti vertici presenta un cubo?

- A 8
- B 16
- C 6
- D 12
- E 4

1054 Abbinare correttamente ciascuna delle tre piante alla corrispondente coppia di proiezioni (frontale e laterale):

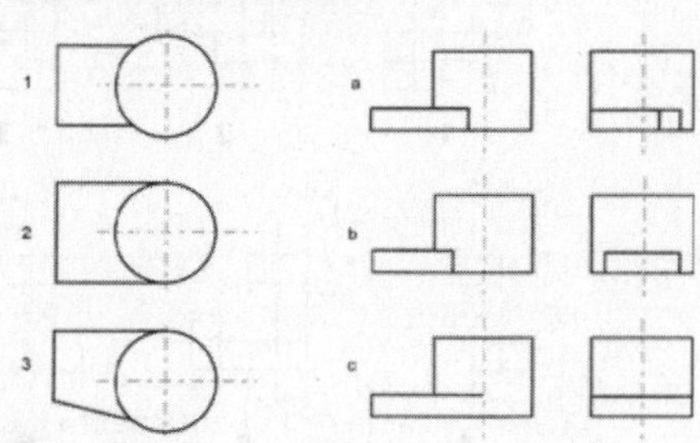

- A 1-b; 2-a; 3-c;
- B 1-a; 2-b; 3-c;
- C 1-a; 2-c; 3-b;
- D 1-b; 2-c; 3-a;
- E 1-c; 2-b; 3-a;

1055 Un'organizzazione urbana che prevede zone a destinazione mono-funzionale (un'unica attività: residenziale, produttiva, commerciale, di servizi ecc.) anziché zone polifunzionali:

- A induce un contenimento del pendolarismo dalla residenza ai luoghi di lavoro
- B induce un contenimento degli spostamenti residenza-servizi
- C non ha alcun effetto sul volume degli spostamenti nel territorio considerato
- D massimizza il volume degli spostamenti nel territorio considerato
- E induce un utilizzo bidirezionale equilibrato nel corso della giornata dei mezzi di trasporto pubblico

1056 La rotazione di un punto attorno ad un asse verticale da cui dista 5 cm genera:

- A una circonferenza di raggio 5 cm
- B una circonferenza di diametro 5 cm
- C un cilindro
- D una spirale
- E una circonferenza di raggio 10 cm

1057 Indicare la coppia di proiezioni ortogonali del solido modulare corrispondenti a quelle indicate dalle frecce:

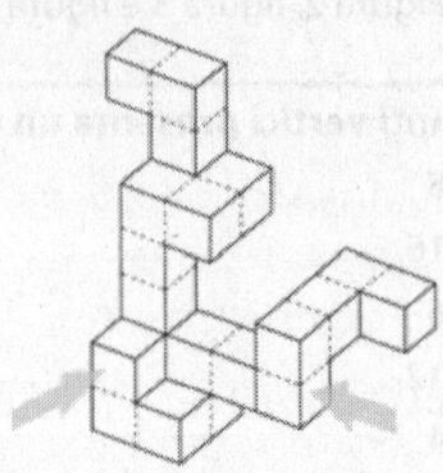

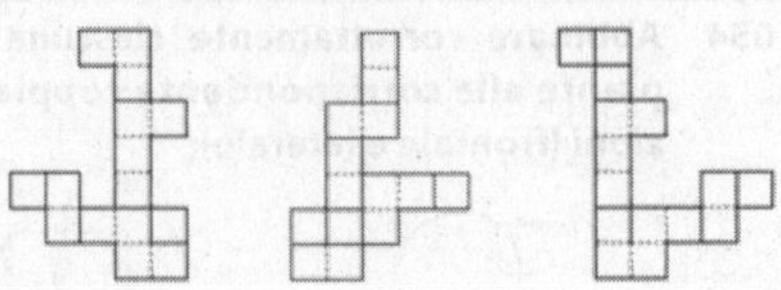

1 2 3

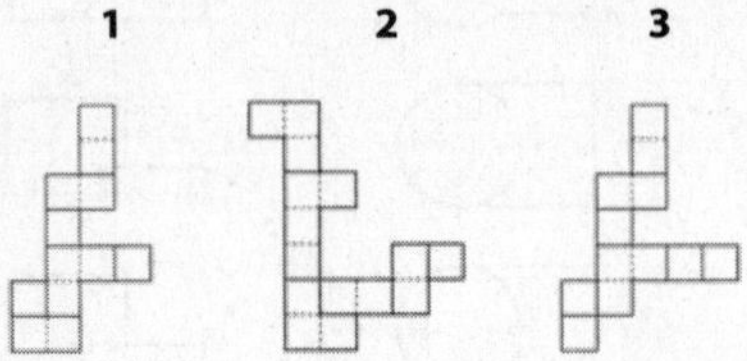

4 5 6

- A 2 – 5
- B 4 – 3
- C 4 – 5
- D 6 – 3
- E 2 – 1

1058 Quale, tra i seguenti solidi, costituisce il corretto sviluppo tridimensionale delle superfici interne qui rappresentate (la superficie in ombra costituisce la base)?

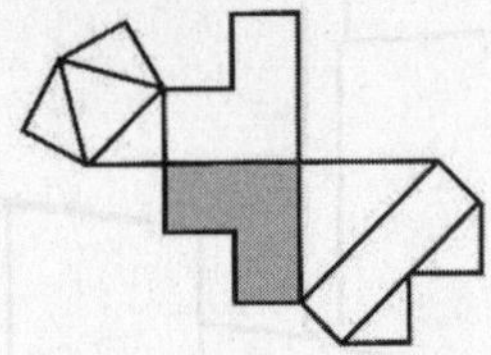

1 2 3 4 5

- A Figura 1
- B Figura 2
- C Figura 3
- D Figura 4
- E Figura 5

1059 Sapendo che l'oggetto è sospeso nel centro del cubo tratteggiato, quale tra le immagini sottostanti si osserva dal punto di vista indicato?

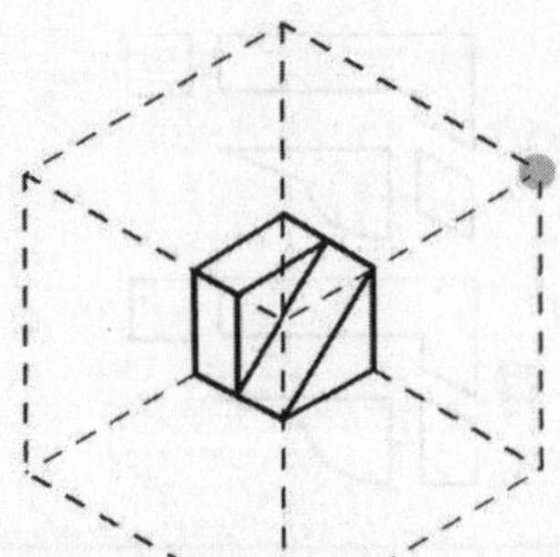

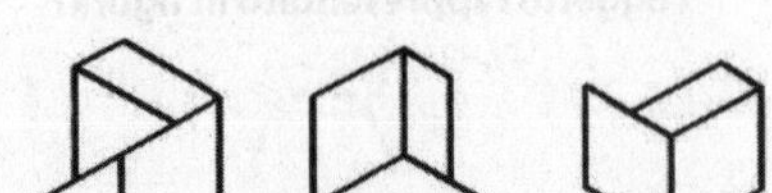

1 2 3

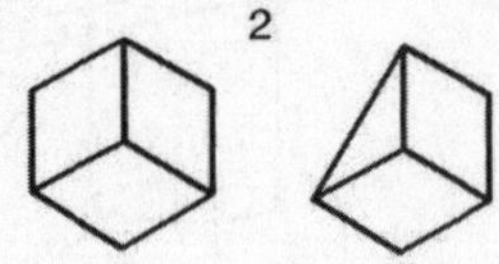

4 5

- A Figura 1
- B Figura 2
- C Figura 3
- D Figura 4
- E Figura 5

1060 A quale, fra le piante proposte sotto, corrisponde la seguente vista prospettica?

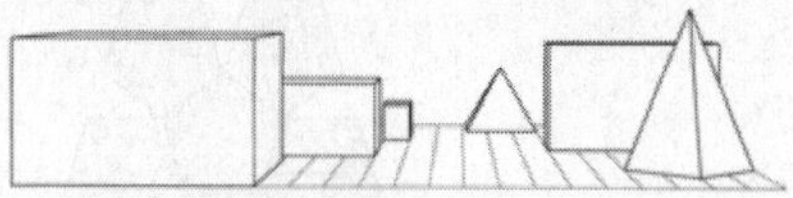

A B C D E

1061 Per proteggersi dal sole, quale tipologia costruttiva viene usata generalmente nel meridione?

- A Tetti piani
- B Uso di tende oscuranti
- C Costruzioni in cemento armato o murature molto spesse
- D Costruzioni affiancate con strade molto strette
- E Ampi loggiati

1062 Scegliere l'alternativa che presenta l'abbinamento corretto tra i solidi A e B e gli stessi ruotati nello spazio:

A B

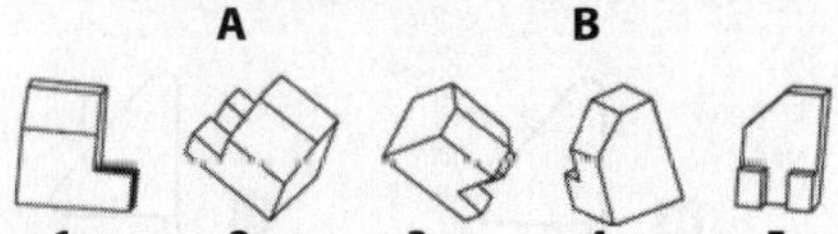

1 2 3 4 5

- A 1-B; 2-A; 3-A; 4-B; 5-A
- B 1-A; 2-B; 3-A; 4-B; 5-A
- C 1-A; 2-A; 3-B; 4-A; 5-B
- D 1-B; 2-B; 3-A; 4-B; 5-A
- E 1-B; 2-B; 3-B; 4-A; 5-A

1063 Risolvere la seguente proporzione.

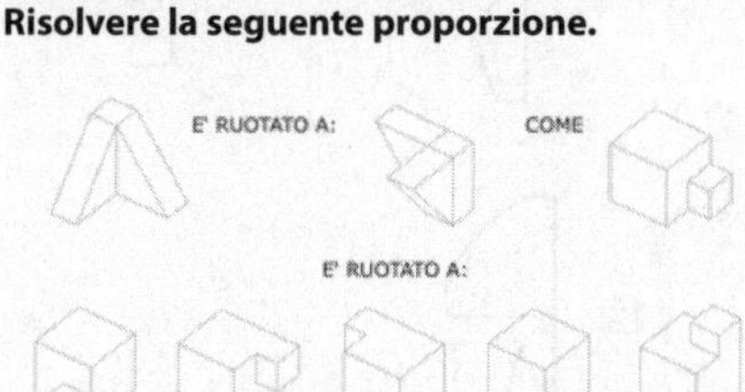

A B C D E

1064 Indicare la corretta corrispondenza delle scale di rappresentazione.

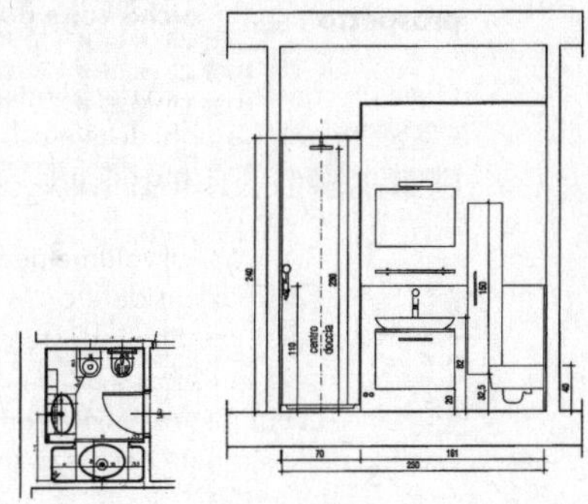

a b

- A a 1:100 b 1:50
- B a 1:1000 b 1:500
- C a 1:10 b 1:50
- D a 1:200 b 1:100
- E a 1:200 b 1:25

1065 Data la seguente pianta:

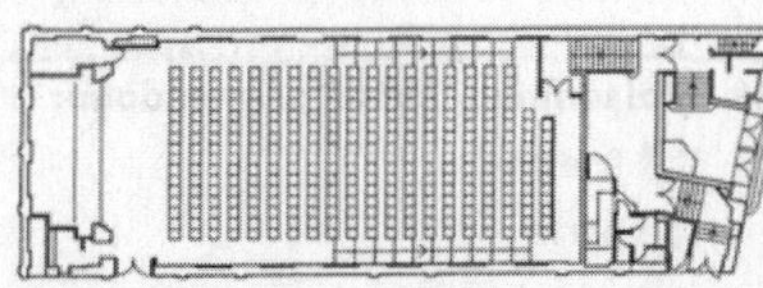

individuare la destinazione d'uso dell'edificio rappresentato.

- A Centro benessere
- B Bar
- C Alloggi per studenti del college
- D Appartamenti in palazzina
- E Cinema

1066 Nella figura è rappresentata una casa unifamiliare con giardino.

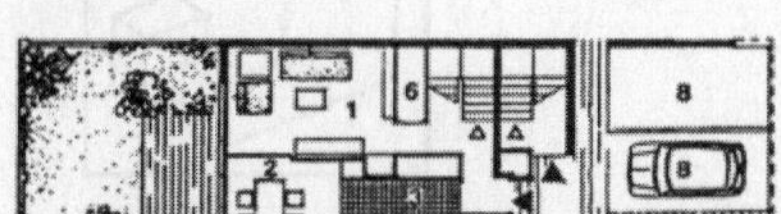

La superficie del lotto (casa + spazio all'aperto) è di circa:

- A 1000 m^2
- B 2000 m^2
- C 1 ha
- D 8000 m^2
- E 500 m^2

1067 Associare al prospetto rappresentato la pianta distributiva corrispondente.

prospetto

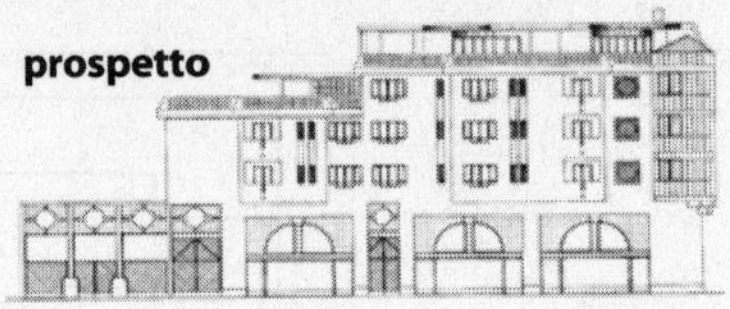

1

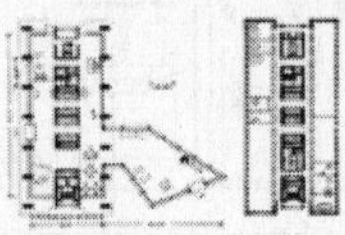

2

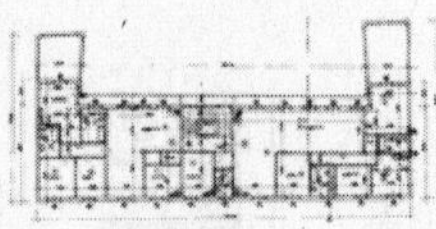

3

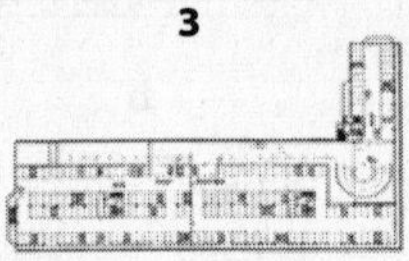

4

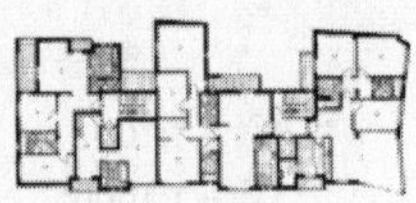

A 1
B 2
C 3
D 4
E Nessuna delle precedenti

1068 Col termine "*infissi*" si intendono:

A finestre
B porte
C serramenti
D finestre e porte
E cancelli

1069 Individuare quali tra i cinque solidi sottostanti corrisponde all'oggetto seguente, opportunamente ruotato nello spazio.

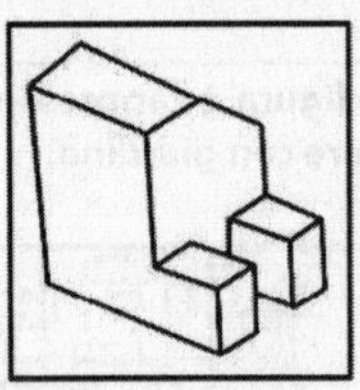

1 2 3 4 5

A Solidi 2, 5
B Solidi 1, 3, 5
C Solidi 1, 4
D Solidi 2, 3, 5
E Solidi 2, 4

1070 La seguente figura rappresenta lo sviluppo di un:

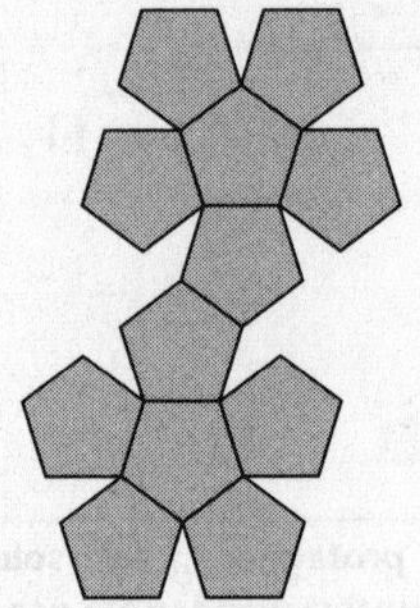

A esaedro
B tetraedro
C dodecaedro
D ottaedro
E icosaedro

1071 Individuare qual è il profilo, tra quelli sottostanti, che tramite una rotazione di 360° intorno all'asse *y* genera la lampada rappresentata in figura.

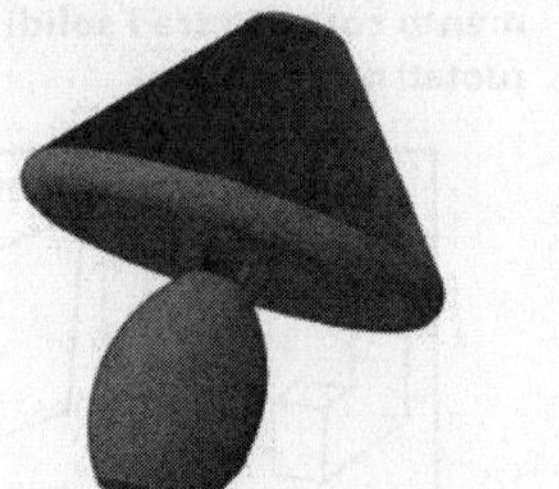

A 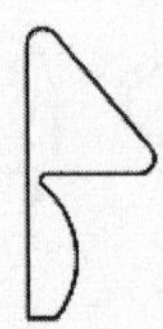

B 

C 

D 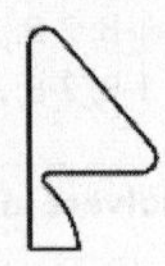

E 

1072 Quale barriera architettonica rende impossibile la fruizione della camera C ad una persona diversamente abile?

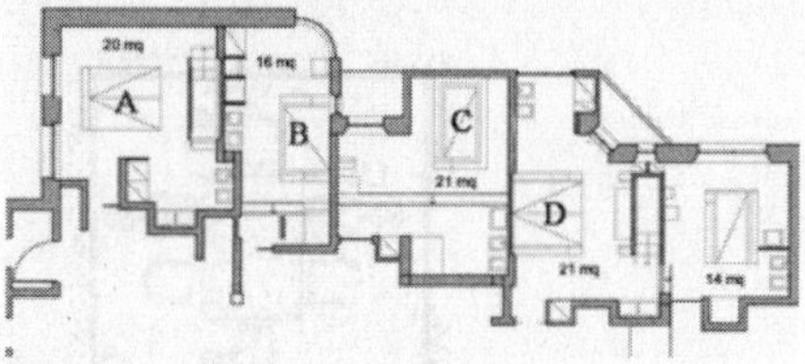

- **A** La mancanza della distanza minima tra wc e bidet
- **B** La mancanza della distanza minima tra bidet e lavabo
- **C** La dimensione ridotta del materasso
- **D** I due gradini necessari a provvedere al dislivello di 30 cm da una parte della stanza all'altra
- **E** La mancanza di pareti divisorie tra sala da bagno e camera da letto

1073 I disegni numerati da 1 a 5 rappresentano rispettivamente:

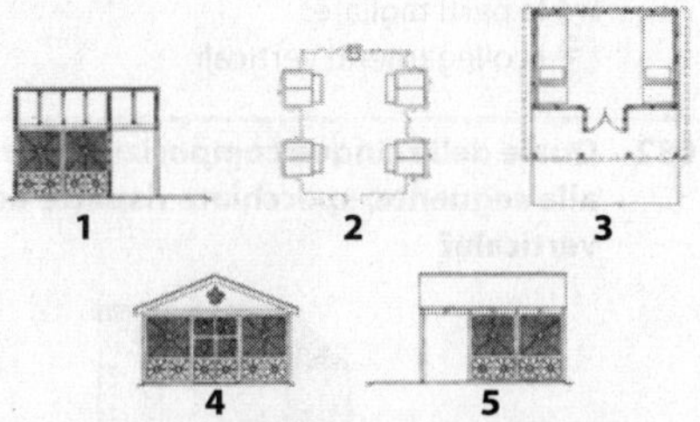

- **A** 1: prospetto laterale; 2: pianta dell'agglomerato; 3: pianta; 4: prospetto frontale; 5: sezione
- **B** 1: sezione; 2: pianta dell'agglomerato; 3: pianta; 4: prospetto laterale; 5: prospetto frontale
- **C** 1: sezione; 2: pianta dell'agglomerato; 3: pianta; 4: prospetto frontale; 5: prospetto laterale
- **D** 1: prospetto laterale; 2: pianta delle coperture; 3: sezione; 4: prospetto frontale; 5: pianta
- **E** 1: sezione; 2: pianta; 3: pianta dell'agglomerato; 4: prospetto laterale; 5: prospetto frontale

1074 La funzione della fondazione in una costruzione è quella di:

- **A** contenere il terreno
- **B** scaricare sul terreno il peso delle strutture
- **C** ripartire gli spazi
- **D** delimitare le cantine
- **E** nessuna delle precedenti

1075 Quale delle alternative contiene i pezzi che formano il puzzle seguente?

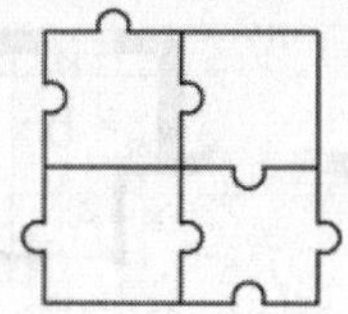

A 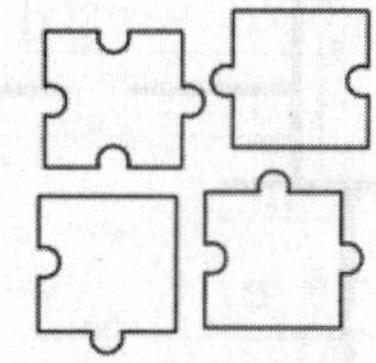

B 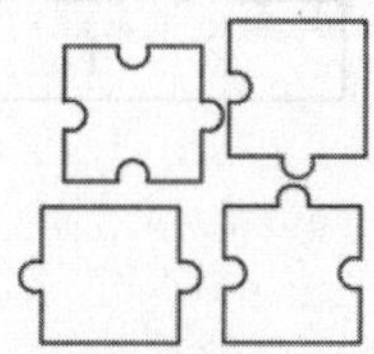

C 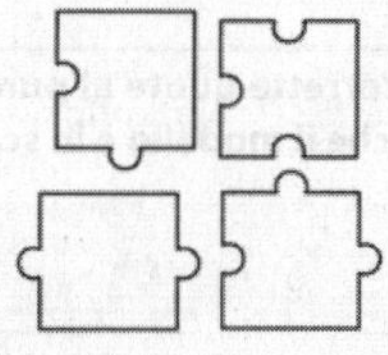

D 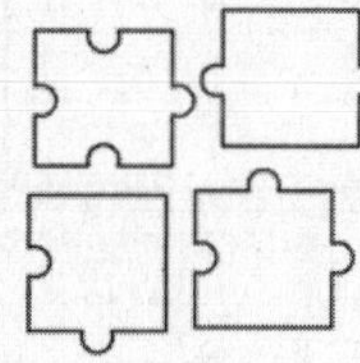

E 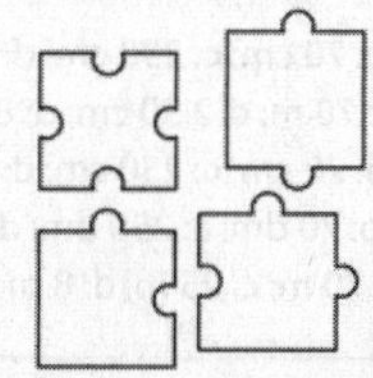

1076 Se in un disegno realizzato in scala 1:5 si rivela una dimensione avente valore 3,6 cm, a quanti mm reali corrisponderà?

- **A** 18 mm
- **B** 0,72 mm
- **C** 72 mm
- **D** 1,38 mm
- **E** 180 mm

1077 Data la seguente planimetria di un appartamento, individuare in quale locale (indicati ciascuno da una lettera) si trova l'ingresso.

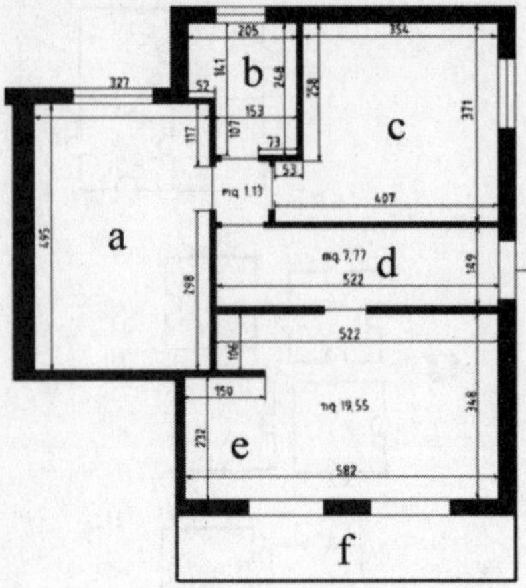

- A a
- B c
- C f
- D d
- E b

1078 Associare le corrette quote ai punti segnalati (considerare che il modello è in scala 1:200).

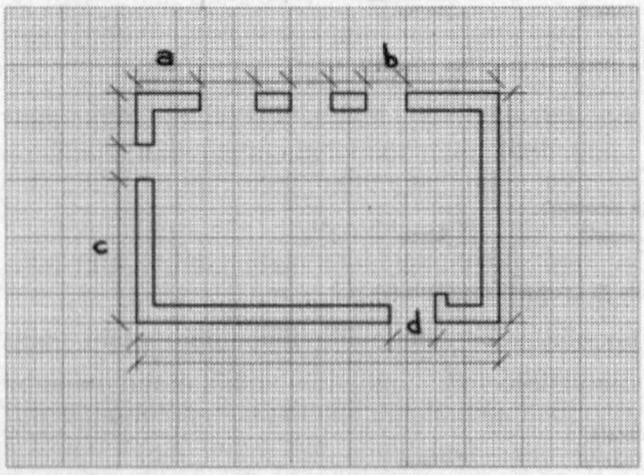

- A a: 110 cm; b: 70 cm; c: 250 cm; d: 80 cm
- B a: 1,10 m; b: 70 m; c: 2,50 cm; d: 80 m
- C a: 100 cm; b: 70 cm; c: 250 cm; d: 630 cm
- D a: 110 dm; b: 70 dm; c: 250 dm; d: 80 dm
- E a: 110 m; b: 70 m; c: 25 m; d: 8 m

1079 Un disegno *quotato* è:

- A un disegno famoso di un certo valore artistico ed economico
- B un disegno in cui vengono inserite le misure
- C un disegno in cui la dimensione dell'oggetto rappresentato è in scala
- D un disegno di tipo raffigurativo
- E un disegno tratteggiato, che indica un oggetto posto ad una quota diversa da quello rappresentato in primo piano

1080 Quanti metri quadrati sono necessari per organizzare una sala da pranzo che deve contenere un tavolo rettangolare per sei commensali?

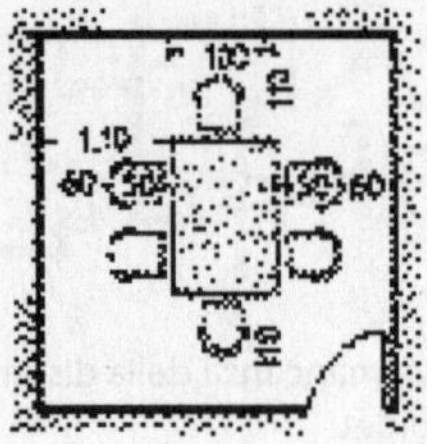

- A 14 m^2
- B 18 m^2
- C 22 m^2
- D 23,5 m^2
- E 25 m^2

1081 Nelle sezioni, in genere, si colorano di nero:

- A le parti in primo piano
- B le altezze interne
- C i vani tecnici per gli impianti
- D le parti tagliate
- E i collegamenti verticali

1082 Quale delle cinque composizioni corrisponde alla seguente, specchiata rispetto ad un asse verticale?

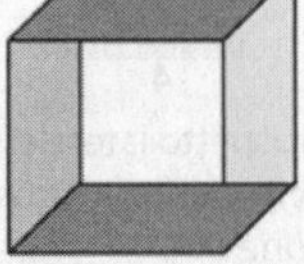

A
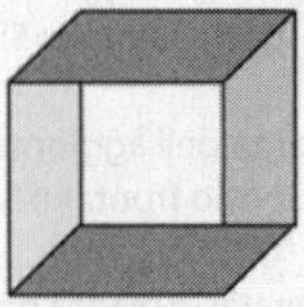

B
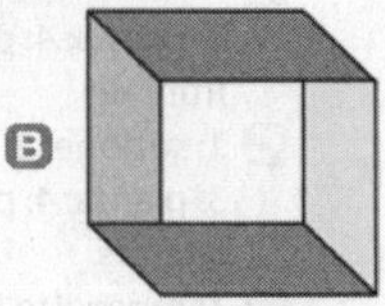

C
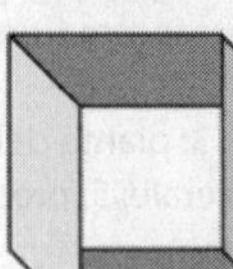

D
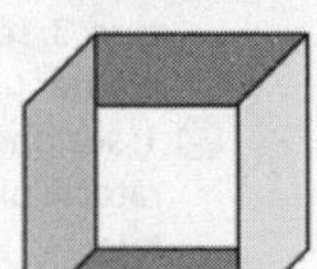

E
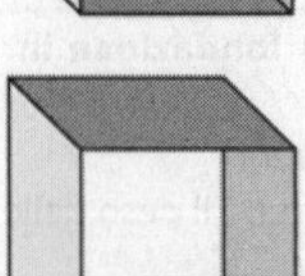

1083 Trovare la proiezione mancante del solido rappresentato.

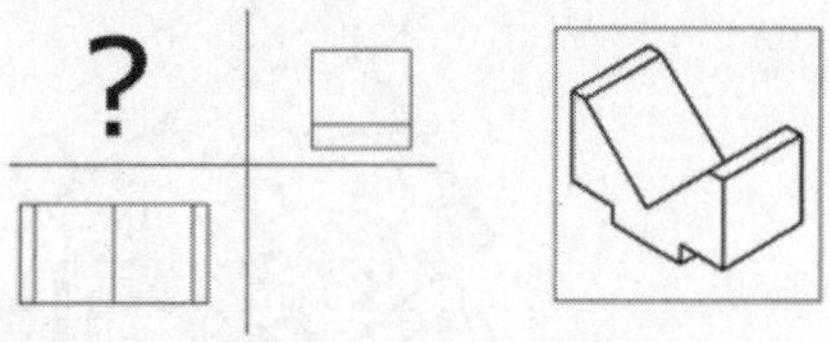

A 

B 

C 

D 

E 

1084 L'immagine rappresenta lo sviluppo delle facce interne di un cubo, ognuna caratterizzata da un motivo geometrico. Individuare la prospettiva che ne riporta esattamente l'interno (il punto di vista è con alle spalle la faccia grigia):

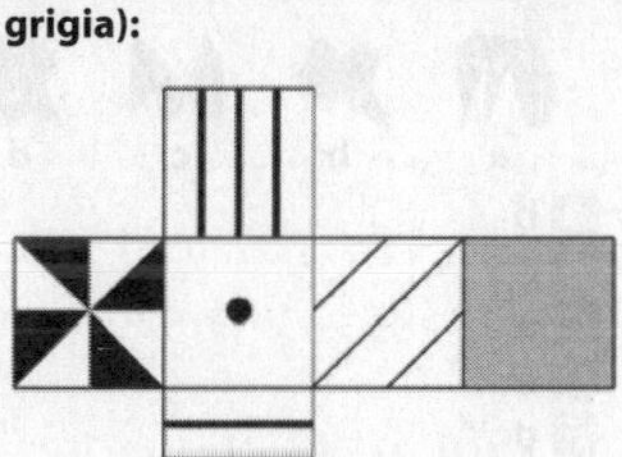

A 

B 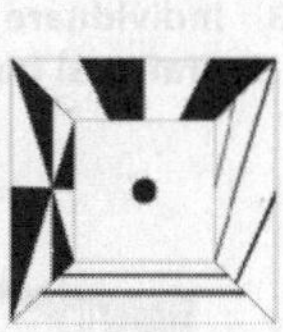

C 

D 

E 

1085 Quale, tra le immagini sottostanti, corrisponde al seguente oggetto opportunamente ruotato nello spazio?

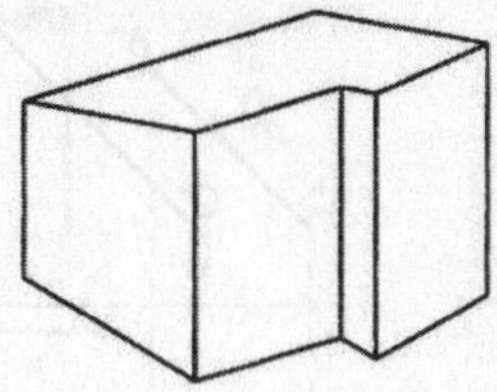

1 2 3 4 5

A Figura 1
B Figura 2
C Figura 3
D Figura 4
E Figura 5

1086 Quale delle quattro figure (A, B, C, D) corrisponde alla composizione volumetrica della figura piana?

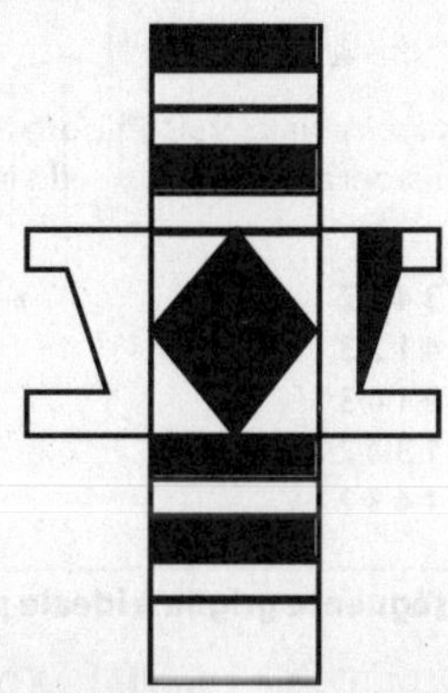

A 

B 

C 

D 

E Nessuna delle precedenti

1087 L'*esaedro* è:

A un generico solido regolare
B un generico poligono regolare
C un generico poligono irregolare
D un cubo
E un poliedro regolare a sette facce

1088 Il piano sul quale giacciono i due segmenti paralleli AB e CD è:

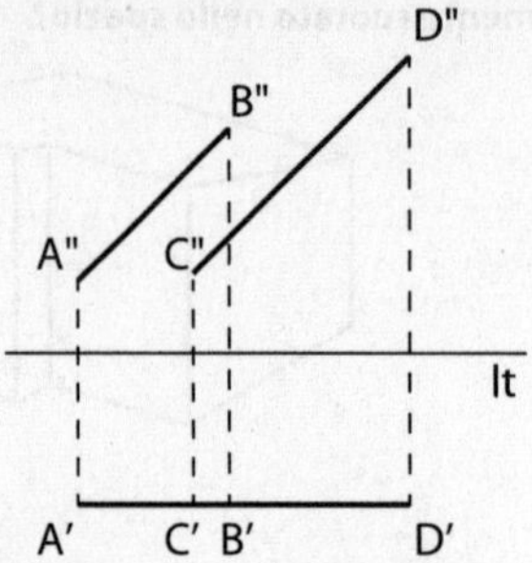

- **A** perpendicolare alla linea di terra
- **B** parallelo al piano orizzontale
- **C** perpendicolare al piano verticale
- **D** parallelo al piano verticale
- **E** nessuna delle precedenti

1089 Indicare la sequenza dal più alto al più basso dei solidi rappresentati in prospettiva.

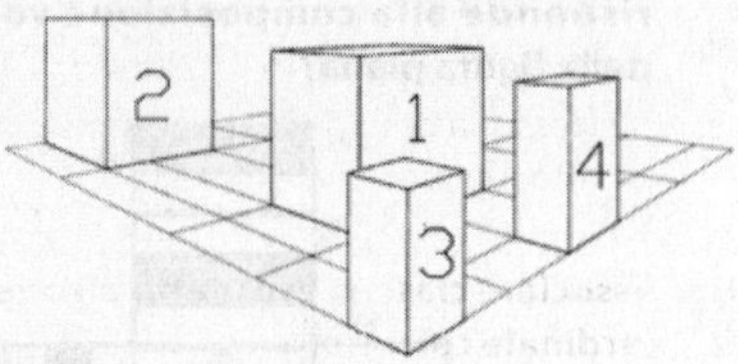

- **A** 3 4 1 2
- **B** 4 1 2 3
- **C** 2 1 4 3
- **D** 1 3 4 2
- **E** 1 4 3 2

1090 La seguente griglia è ideale per costruire:

- **A** deformazioni lineari
- **B** deformazioni curve
- **C** assonometrie cavaliere
- **D** assonometrie isometriche
- **E** assonometrie monometriche

1091 Data la seguente pianta:

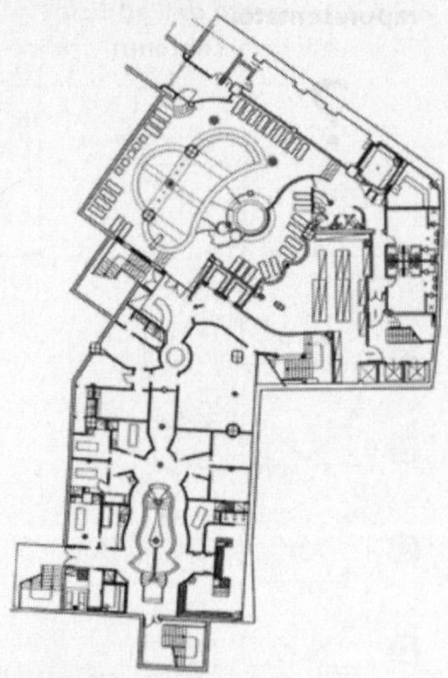

individuare la destinazione d'uso dell'edificio rappresentato.

- **A** Centro benessere
- **B** Bar
- **C** Alloggi per studenti del college
- **D** Appartamenti in palazzina
- **E** Cinema

1092 Individuare la figura da scartare.

- **A** b
- **B** c
- **C** a
- **D** e
- **E** d

1093 Individuare di che tipo di rappresentazione grafica si tratta.

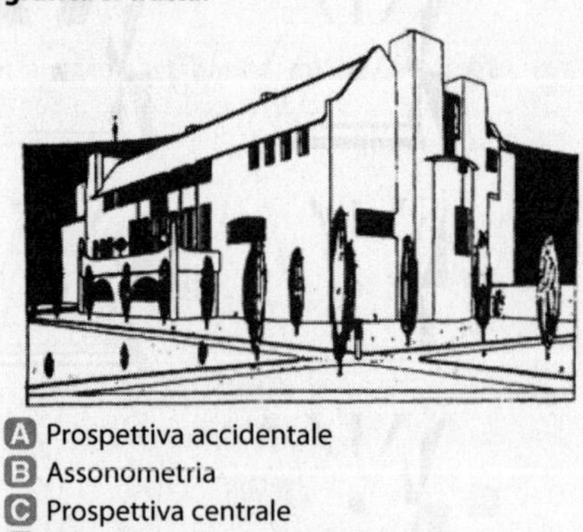

- **A** Prospettiva accidentale
- **B** Assonometria
- **C** Prospettiva centrale
- **D** Prospettiva a volo d'uccello
- **E** Prospetto

1094 Indicare in quale coppia di scale è rappresentato il prospetto dell'edificio, facendo riferimento anche ai contenuti grafici.

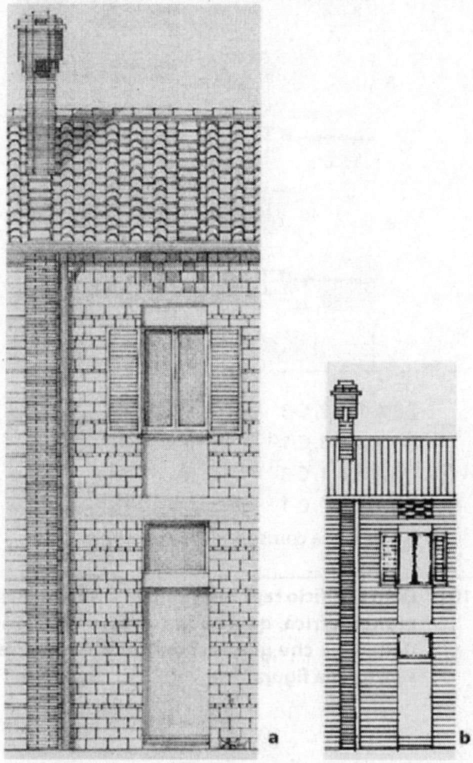

- **A** a 1:20 b 1:100
- **B** a 1:50 b 1:100
- **C** a 1:100 b 1:50
- **D** a 1:200 b 1:50
- **E** a 1:500 b 1:50

1095 Se questi solidi hanno lo stesso ingombro che altra caratteristica hanno in comune tra quelle proposte?

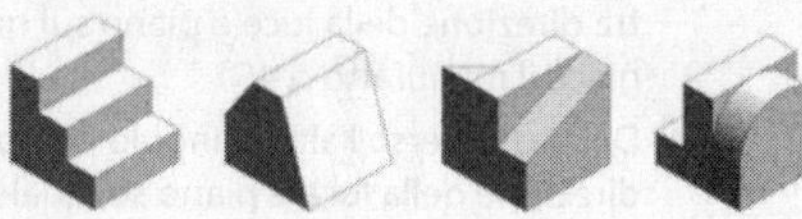

- **A** Stessa vista dall'alto
- **B** Stessa vista frontale
- **C** Stessa vista laterale
- **D** Tre viste uguali
- **E** Nessuna caratteristica

1096 Nel disegno è rappresentato un estratto della pianta di un appartamento.

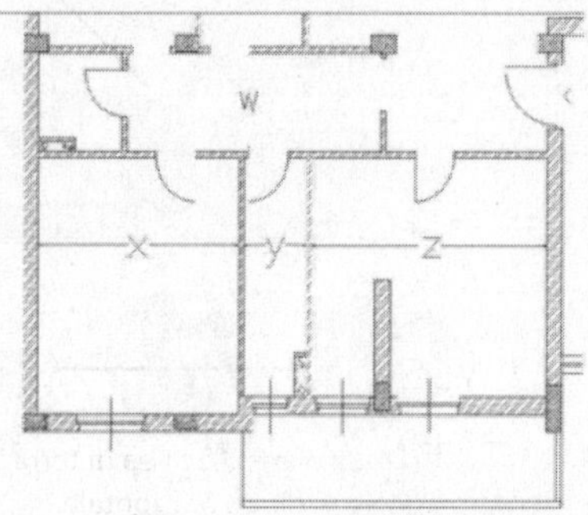

Le dimensioni dei locali, indicate con le lettere x, y, z, w (ed espresse in metri), sono rispettivamente:

- **A** x = 4,10 y = 1,30 z = 4,80 w = 1,70
- **B** x = 1,70 y = 1,30 z = 4,80 w = 4,10
- **C** x = 1,30 y = 4,10 z = 4,80 w = 1,70
- **D** x = 1,70 y = 1,30 z = 4,80 w = 4,10
- **E** Nessuna delle serie di misure rappresenta adeguatamente le dimensioni

1097 Associare ciascun prospetto all'orientamento cardinale corretto.

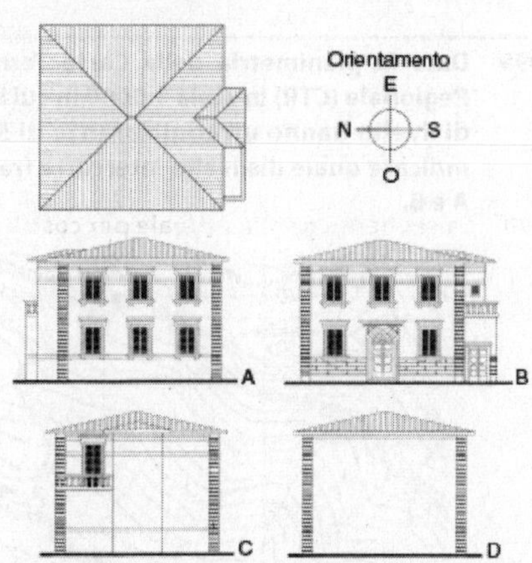

- **A** A-lato Sud, B-lato Est, C-lato Nord, D-lato Ovest
- **B** A-lato Nord, B-lato Est, C-lato Ovest, D-lato Sud
- **C** A-lato Est, B-lato Ovest, C-lato Sud, D-lato Nord
- **D** A-lato Est, B-lato Ovest, C-lato Nord, D-lato Sud
- **E** A-lato Ovest, B-lato Est, C-lato Nord, D-lato Sud

1098 La vista prospettica qui riportata rappresenta una composizione di solidi all'interno di un ambiente.

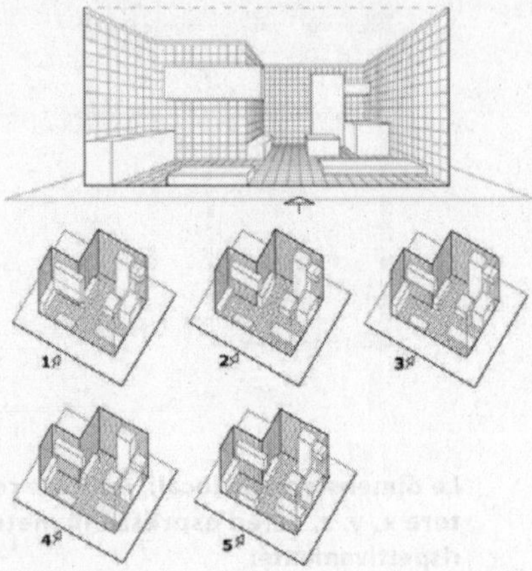

A quale distribuzione in assonometria corrisponde?

- **A** 1
- **B** 2
- **C** 3
- **D** 4
- **E** 5

1099 Data la planimetria della Carta Territoriale Regionale (CTR) in scala 1:5000 in cui le curve di livello hanno un'equidistanza di 5 metri, indicare quale dislivello intercorre fra i punti A e B.

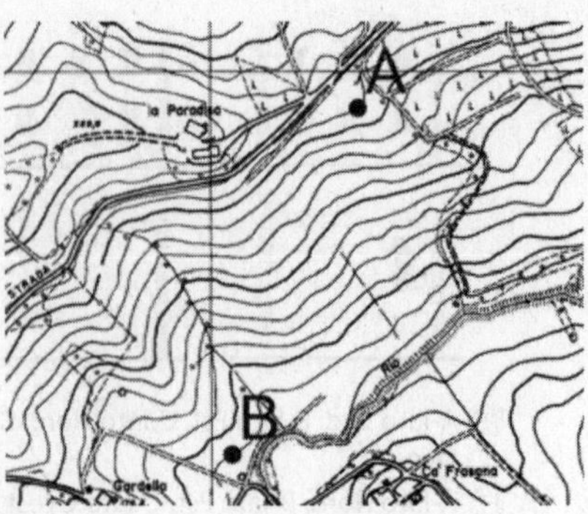

- **A** 24 m
- **B** 48 m
- **C** 50 m
- **D** 60 m
- **E** 120 m

1100 Indicare la corretta associazione tra pianta e rappresentazione assonometrica.

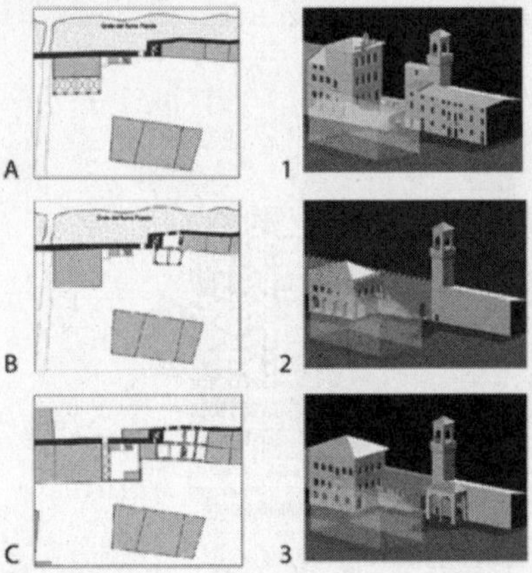

- **A** A-1, B-2, C-3
- **B** A-2, B-3, C-1
- **C** A-2, B-1, C-3
- **D** A-3, B-2, C-1
- **E** Nessuna corrispondenza possibile

1101 Dato l'edificio rappresentato in assonometria monometrica, quale è la corretta direzione della luce che genera l'ombra portata presente nella figura?

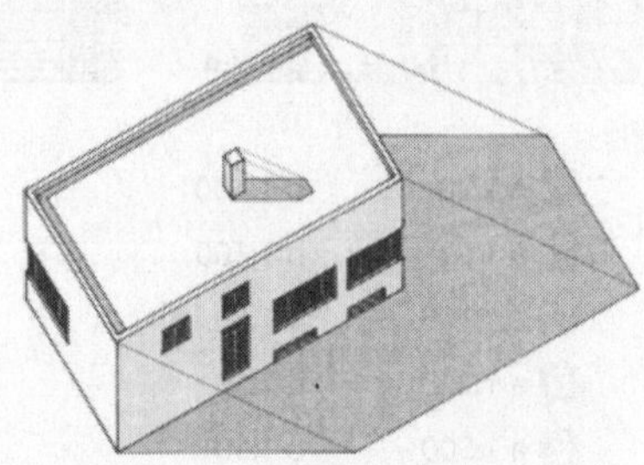

- **A** Da destra verso sinistra e angolo compreso tra direzione della luce e piano sul quale giace il manufatto > 45°
- **B** Da sinistra verso destra e angolo compreso tra direzione della luce e piano sul quale giace il manufatto > 45°
- **C** Dal basso verso l'alto e angolo compreso tra direzione della luce e piano sul quale giace il manufatto < 45°
- **D** Dal basso verso l'alto e angolo compreso tra direzione della luce e piano sul quale giace il manufatto > 45°
- **E** Da sinistra verso destra e angolo compreso tra direzione della luce e piano sul quale giace il manufatto < 45°

1102 Qual è la proporzione (in termini di area) delle piastrelle di marmo nero, bianco, grigio chiaro e grigio scuro richieste per realizzare una pavimentazione con il disegno seguente?

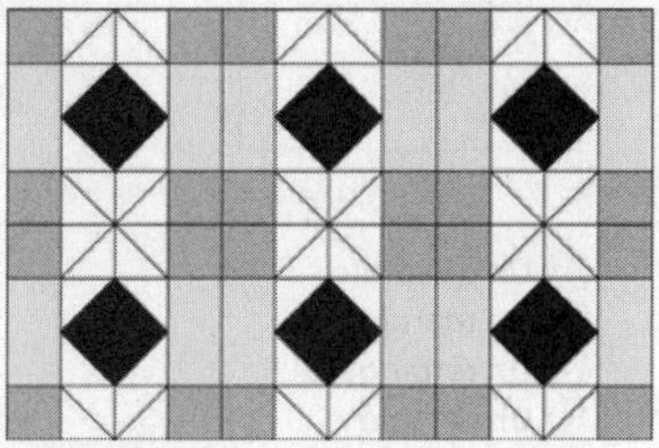

A Nero = 1; bianco = 4; grigio scuro = 3; grigio chiaro = 3
B Nero = 2; bianco = 2; grigio scuro = 3; grigio chiaro = 2
C Nero = 2; bianco = 3; grigio scuro = 1; grigio chiaro = 2
D Nero = 1; bianco = 3; grigio scuro = 2; grigio chiaro = 2
E Nero = 1; bianco = 3; grigio scuro = 1; grigio chiaro = 1

1103 In un disegno in assonometria dimetrica obliqua quale delle seguenti affermazioni è vera?

A Non esistono righe parallele
B Gli oggetti più lontani appaiono più piccoli
C Le misure lungo uno dei tre assi x, y, z sono ridotte della metà
D I cerchi diventano ellissi con distanza tra i fuochi uguale al diametro del cerchio reale
E Nessuna della precedenti

1104 Nel gergo corrente si parla di edifici realizzati con pilastri di cemento armato. Con quale dei seguenti materiali è realizzata l'armatura?

A rame
B acciaio
C alluminio
D bronzo
E nessuno dei materiali sopra indicati

1105 Quale tra le figure sottostanti è l'unica rappresentazione logica?

1 2 3 4

A Figura 1
B Figura 2
C Figura 3
D Figura 4
E Nessuna

1106 La planimetria seguente rappresenta Piazza San Marco a Venezia. Le frecce, contrassegnate da lettere minuscole, rappresentano i punti di vista dai quali sono state riprese le vedute indicate con numeri. Qual è la sequenza corretta?

A h/1, d/2, g/3, f/4, k/5
B h/1, f/2, k/3, d/4, g/5
C g/1, h/2, d/3, k/4, f/5
D g/1, d/2, k/3, f/4, h/5
E k/1, d/2, g/3, h/4, f/5

1107 Quale delle seguenti assonometrie è anche detta *monometrica*?

A cavaliera
B isometrica
C militare
D obliqua
E planometrica

1108 Nell'esecuzione di un disegno prospettico, quale delle seguenti indicazioni NON è corretta:

1. **tutte le rette perpendicolari alla linea di terra corrono in prospettiva al punto P**
2. **tutte le rette parallele alla linea di terra corrono verso i punti di fuga**
3. **tutte le rette inclinate di 45° rispetto alla line di terra corrono ai punti di fuga D e D'**
4. **tutte gli altri fasci di rette, variamente inclinati, restano tali anche in prospettiva**

A Solo le indicazioni 1 e 2 sono errate
B Sola le indicazioni 2 e 4 sono errate
C Solo le indicazioni 2 e 3 sono errate
D Tutte
E Nessuna

1109 A quale lato dell'edificio in piante corrisponde il fronte riprodotto nel disegno?

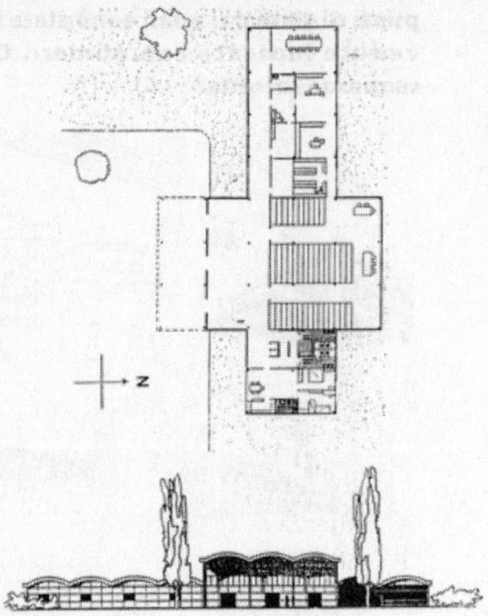

A nord
B sud
C est
D ovest
E nessuno

1110 Quando il piano di proiezione sul quale si rappresenta è quello orizzontale, si parla di:

A pianta
B planimetria
C prospetto
D sezione
E proiezione

1111 Qual è il numero minimo di tagli retti necessario per ricavare un tronco di cono dal seguente solido?

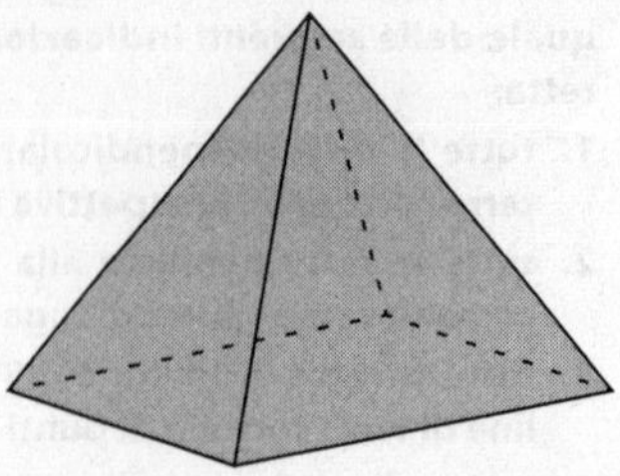

A 5
B 1
C 4
D 3
E Non è possibile ricavare un tronco di cono utilizzando solo tagli retti

1112 Che figura si ottiene dall'intersezione dei solidi sottostanti, di cui sono rappresentati la pianta e il prospetto verticale?

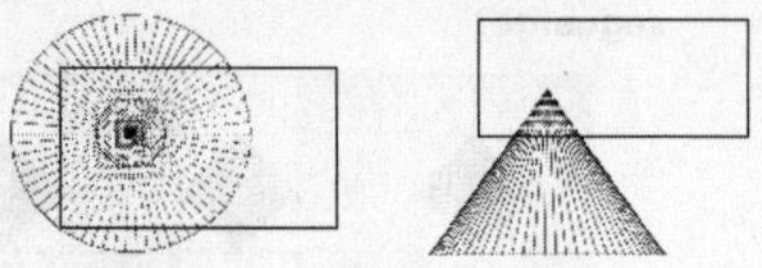

A Un quadrato
B Un triangolo
C Un rettangolo
D Un cerchio
E Una circonferenza

1113 Quadrato, rettangolo, cerchio, trapezio isoscele, ellisse, iperbole: quante di queste figure hanno 2 assi di simmetria?

A Due
B Tre
C Quattro
D Nessuna delle figure indicate
E Tutte le figure indicate

1114 Individuare la pianta corrispondente all'assonometria presentata di seguito.

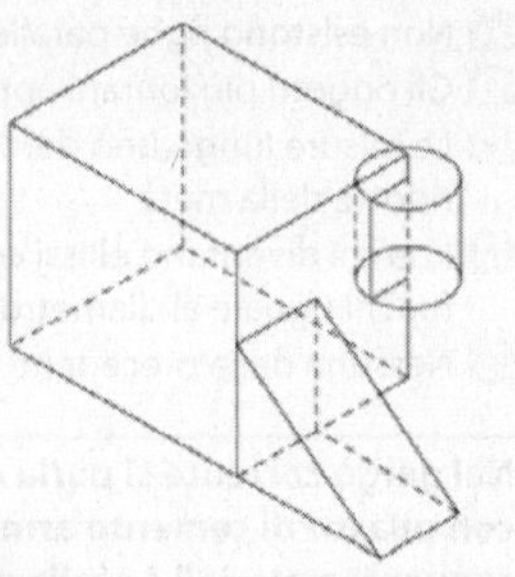

A 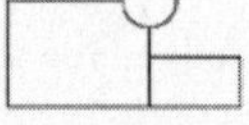

B 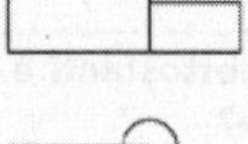

C 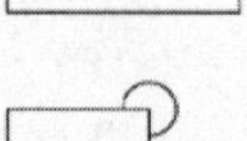

D 

E 

QUESITI

1115 Per ognuna delle tre piante, relative al locale cucina, associare la corrispondente vista prospettica:

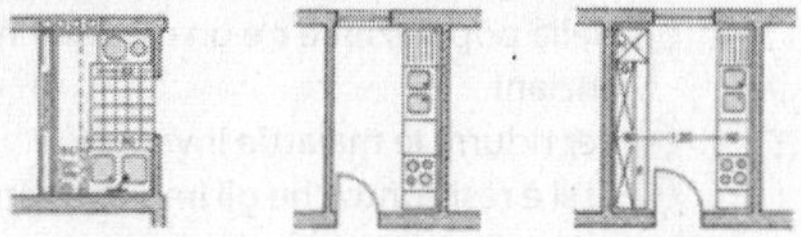

1 2 3

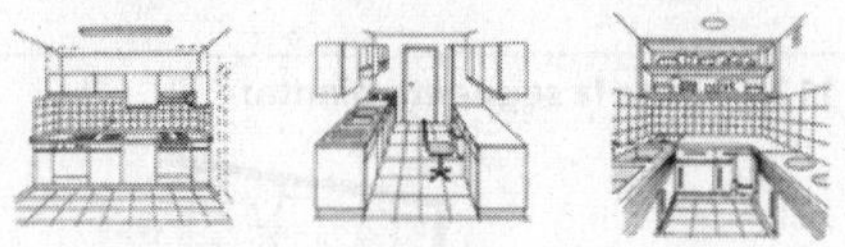

a b c

A a2 – b3 – c1
B a3 – b1 – c2
C a3 – b2 – c1
D a2 – b1 – c3
E a1 – b3 – c2

1116 Tenendo conto che l'alzata misura 17 cm, quale tra le scale rappresentate non è in grado di superare esattamente un dislivello di 2,75 metri?

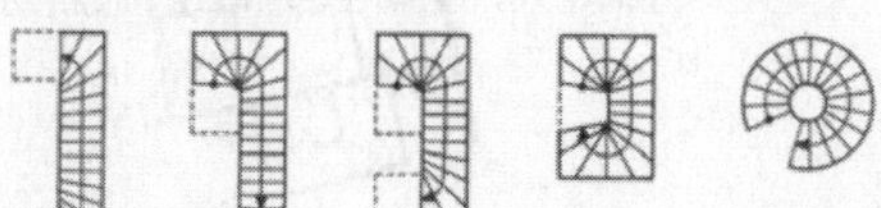

1 2 3 4 5

A Figura 1
B Figura 2
C Figura 3
D Figura 4
E Figura 5

1117 Quale foratura si ottiene piegando e forando un foglio di carta secondo le modalità indicate nella figura in alto?

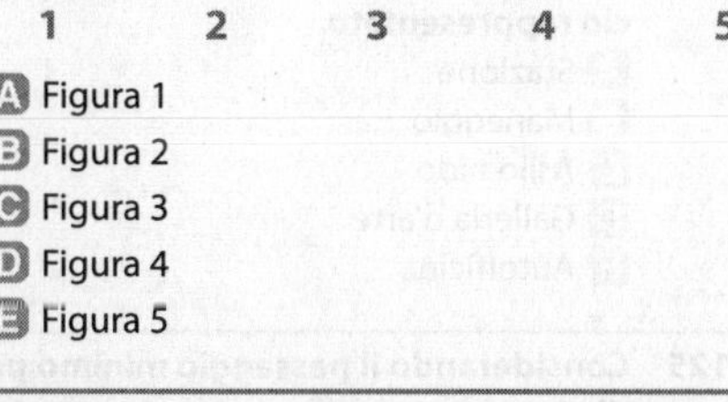

1 2 3 4 5

A Figura 1
B Figura 2
C Figura 3
D Figura 4
E Figura 5

1118 Le figure sottostanti rappresentano un uomo seduto e in posizione eretta; abbinare ai numeri da 1 a 5, che indicano alcune delle misure antropometriche riferite alla popolazione in generale, alla corrispondente misura in centimetri più plausibile:

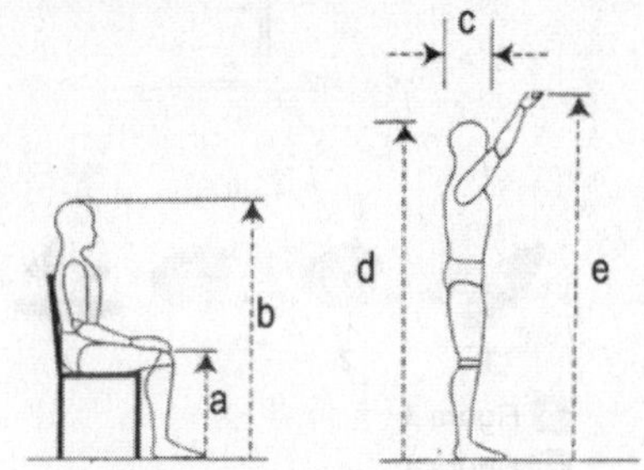

a altezza del ginocchio;
b altezza da seduto con busto eretto;
c profondità del corpo;
d statura;
e altezza di presa verticale.

A a = 45 b = 138 c = 33 d = 175 e = 217
B a = 45 b = 100 c = 45 d = 175 e = 175
C a = 33 b = 138 c = 45 d = 217 e = 175
D a = 33 b = 45 c = 138 d = 175 e = 217
E a = 10 b = 50 c = 5 d = 80 e = 120

1119 Quale, tra i seguenti solidi, costituisce il corretto sviluppo tridimensionale delle superfici interne qui rappresentate (la superficie in ombra costituisce la base)?

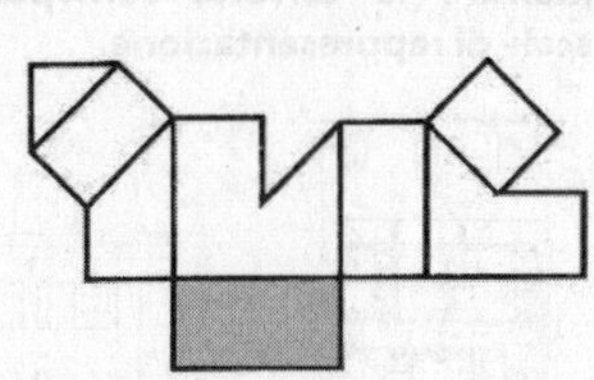

1 2 3 4 5

A Figura 1
B Figura 2
C Figura 3
D Figura 4
E Figura 5

1120 Quale oggetto genererebbe il seguente profilo se gli venisse imposta una rotazione di 360 gradi attorno all'asse *x*?

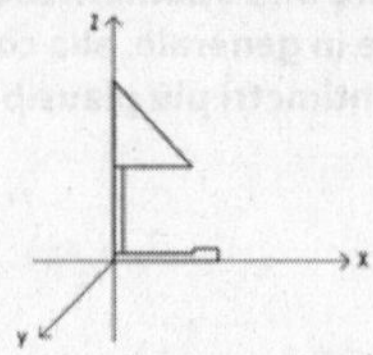

1 2 3 4 5

- **A** Figura 3
- **B** Figura 4
- **C** Figura 1
- **D** Figura 2
- **E** Figura 5

1121 Associare a ogni coppia di forme geometriche la figura che apparirebbe dopo la loro unione.

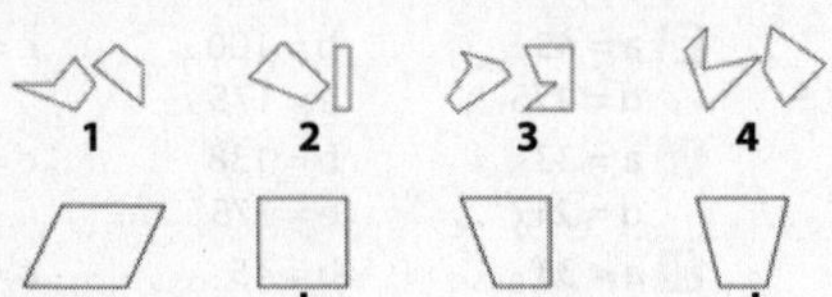

- **A** 1-d; 2-c; 3-a; 4-b
- **B** 1-c; 2-d; 3-b; 4-a
- **C** 1-d; 2-c; 3-b; 4-a
- **D** 1-a; 2-b; 3-c; 4-d
- **E** 1-a; 2-c; 3-b; 4-d

1122 Indicare la corretta corrispondenza delle scale di rappresentazione.

a b

- **A** a 1:250 b 1:100
- **B** a 1:500 b 1:50
- **C** a 1:500 b 1:200
- **D** a 1:100 b 1:250
- **E** a 1:200 b 1:100

1123 Negli ultimi anni l'isolamento termico degli edifici è oggetto di una grande attenzione da parte della legislazione. Perché?

- **A** Le stagioni sono diventate più fredde
- **B** Nella popolazione c'è un maggior numero di anziani
- **C** Per ridurre le malattie invernali
- **D** Ci si è resi conto che gli impianti termici sono sotto dimensionati
- **E** Per favorire il risparmio energetico

1124 Data la seguente pianta:

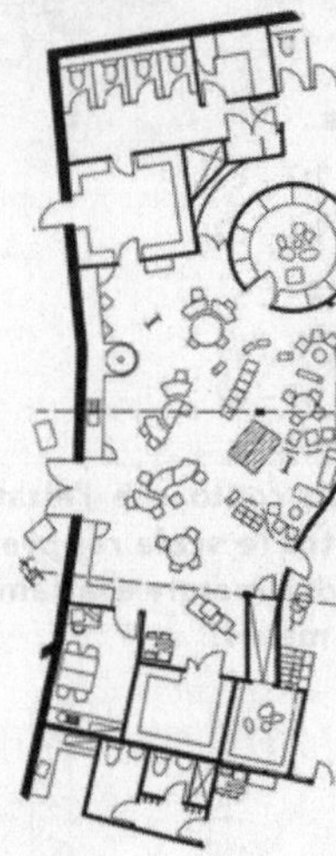

individuare la destinazione d'uso dell'edificio rappresentato.

- **A** Stazione
- **B** Maneggio
- **C** Asilo nido
- **D** Galleria d'arte
- **E** Autofficina

1125 Considerando il passaggio minimo per utenti diversamente abili e le barriere architettoniche, quale delle seguenti stanze è idonea all'attraversamento di persone su carrozzina?

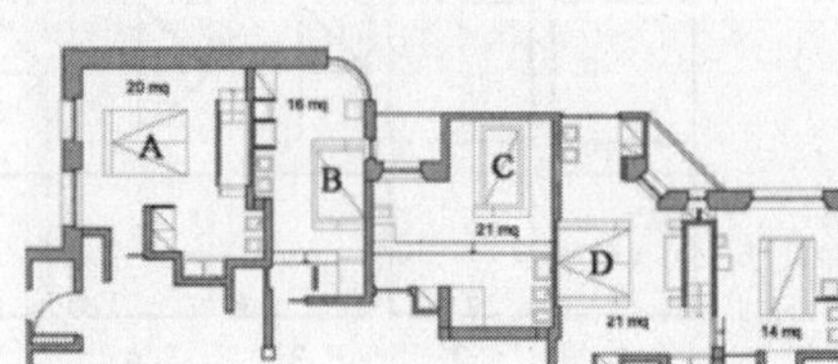

- **A** A
- **B** B – D
- **C** A – D
- **D** D
- **E** Nessuna

1126 **In quale orario del giorno è stata riprodotta questa "ortofoto" di Milano?**

- A Alba
- B Tramonto
- C Mezzogiorno
- D Pomeriggio
- E Non è possibile rispondere senza conoscere l'orientamento

1127 **Nella rappresentazione per proiezioni ortogonali, la linea che divide il Piano Orizzontale dal Piano Verticale è chiamata:**

- A Piano Laterale
- B Linea d'Orizzonte
- C Linea di Terra
- D Linea Direttrice
- E Terra

1128 **In riferimento alle immagini riportate, indicare l'esatta ubicazione della scala:**

- A 1 appartamento; 2 terrazzo; 3 ufficio; 4 loft
- B 1 ufficio; 2 terrazzo; 3 loft; 4 appartamento
- C 1 ufficio; 2 appartamento; 3 loft; 4 terrazzo
- D 1 appartamento; 2 ufficio; 3 terrazzo; 4 loft
- E 1 appartamento; 2 ufficio; 3 loft; 4 terrazzo

1129 **Considerando l'indicazione del Nord nella planimetria in figura, in che posizione si trova il sole nel cielo?**

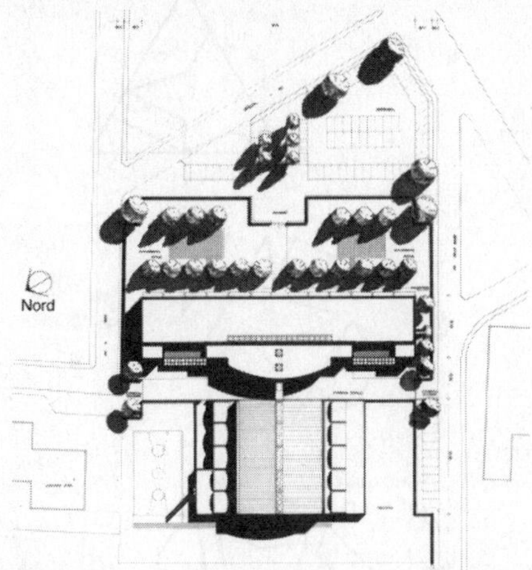

- A Nord
- B Sud
- C Est
- D Ovest
- E Sud-Ovest

1130 **Qual è lo schema planimetrico corrispondente all'assonometria sopra riprodotta con attenzione alle quote altimetriche?**

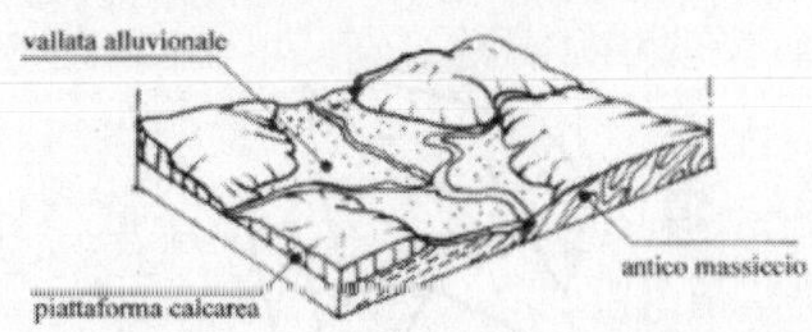

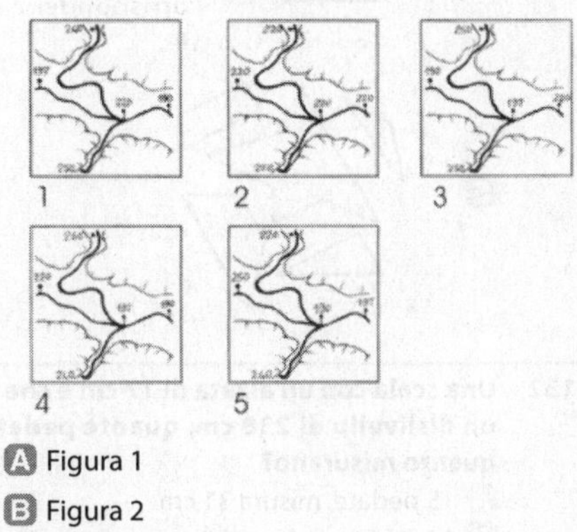

- A Figura 1
- B Figura 2
- C Figura 5
- D Figura 3
- E Figura 4

1131 Quale delle alternative contiene i pezzi che formano il disegno seguente?

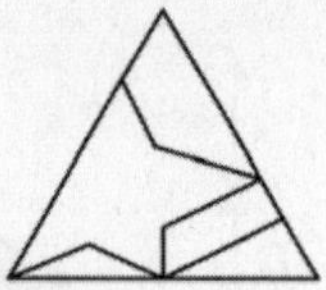

A 

B 

C 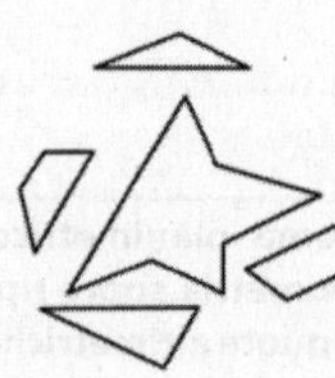

D 

E 

1132 Una scala con un'alzata di 17 cm e che supera un dislivello di 238 cm, quante pedate ha, e quanto misurano?

A 15 pedate, misura 31 cm
B 14 pedate, misura 27 cm
C 13 pedate, misura 27 cm
D 13 pedate, misura 29 cm
E 14 pedate, misura 29 cm

1133 La rotazione di un rettangolo intorno a un suo lato genera:

A un tronco di cono
B un cilindro
C un parallelepipedo
D un cono
E una sfera

1134 In quale materiale può essere realizzato il modellino tridimensionale in figura?

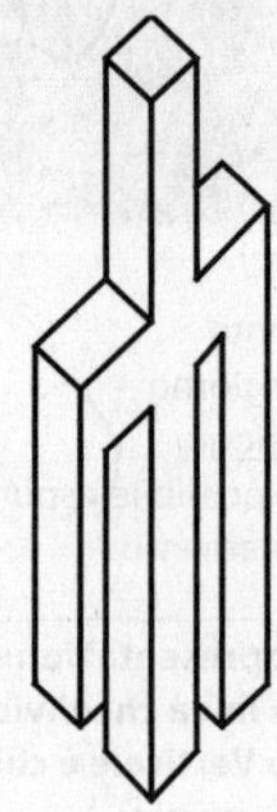

A Legno
B Cartone
C Sughero
D Acciaio
E Nessuno

1135 Osservando la seguente sezione di un'abitazione, individuare la corretta sequenza dei piani dall'alto verso il basso.

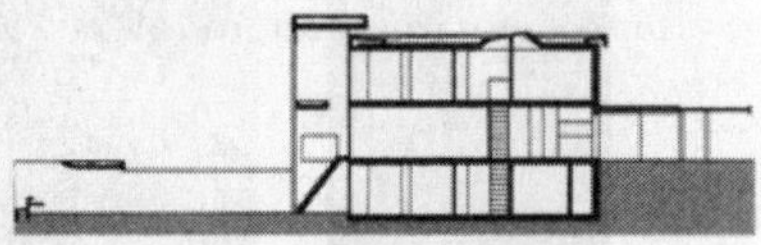

1 

2 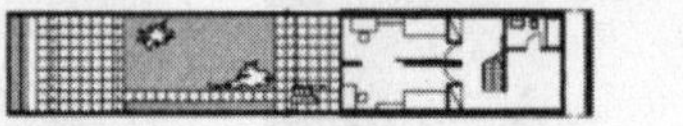

3 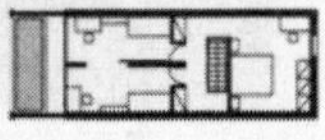

A 3; 1; 2
B 2; 1; 3
C 3; 2; 1
D 1; 2; 3
E 2; 3; 1

1136 Sapendo che l'oggetto è sospeso nel centro del cubo tratteggiato, quale tra le immagini sottostanti si osserva dal punto di vista indicato?

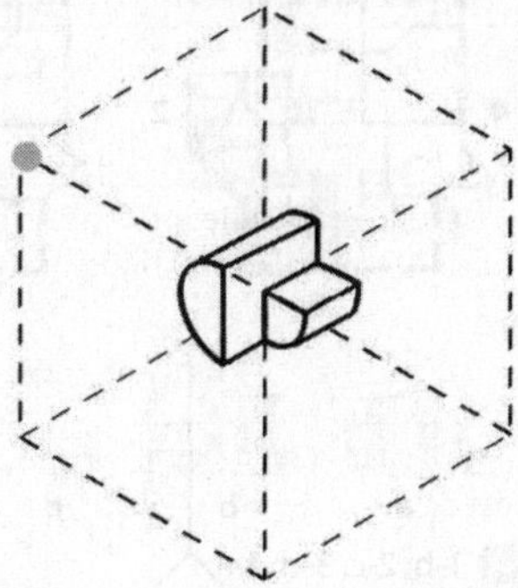

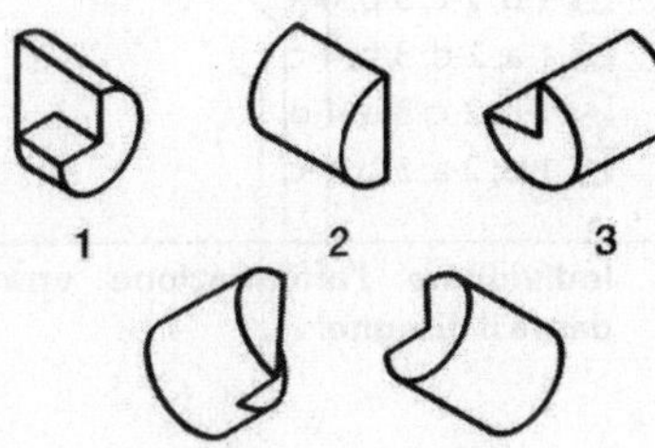

1 2 3 4 5

- A Figura 1
- B Figura 2
- C Figura 3
- D Figura 4
- E Figura 5

1137 Tra i profili sottostanti sul piano *xy*, quale genera l'oggetto tridimensionale rappresentato per rotazione attorno all'asse *y*?

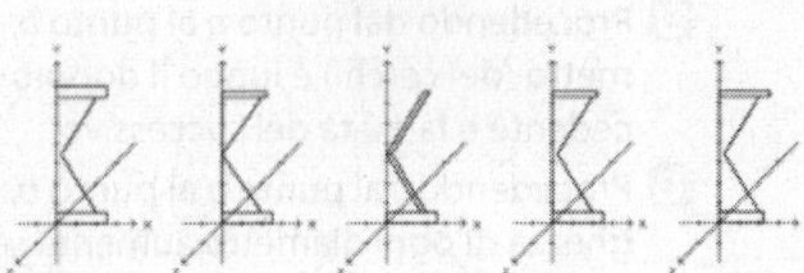

1 2 3 4 5

- A Figura 1
- B Figura 2
- C Figura 3
- D Figura 4
- E Figura 5

1138 Data la seguente pianta:

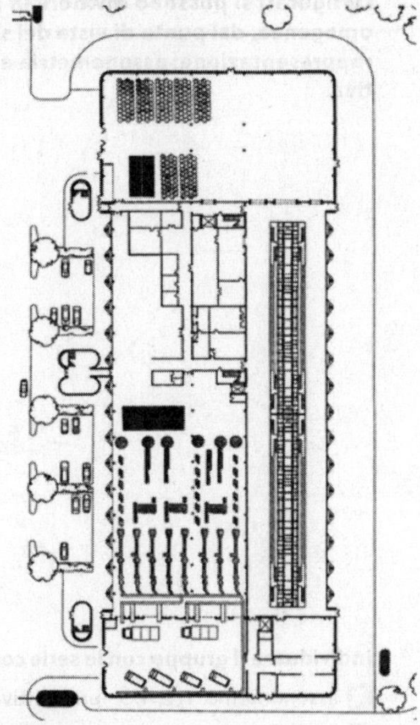

individuare la destinazione d'uso dell'edificio rappresentato.

- A Tipografia
- B Aeroporto
- C Piscina
- D Reparto degenza in ospedale
- E Scuola materna

1139 Associare le corrette quote ai punti segnalati (considerare che il modello è in scala 1:200).

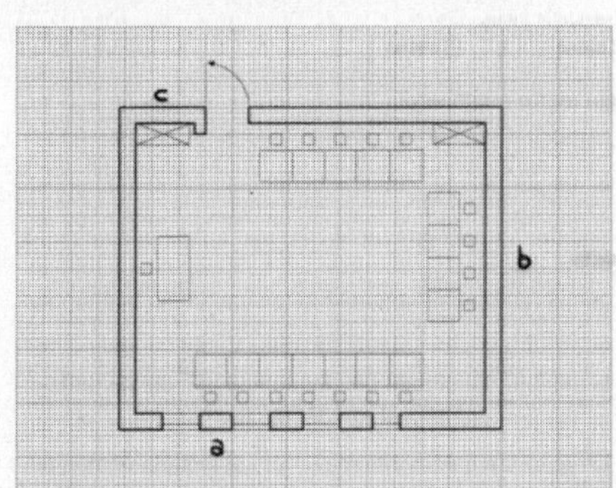

- A a: 60 cm; b: 600 cm; c: 160 cm
- B a: 120 cm; b: 1200 cm; c: 320 cm
- C a: 30 cm; b: 300 cm; c: 80 cm
- D a: 60 m; b: 600 m; c: 160 m
- E a: 1,2 m; b: 1,2 m; c: 3,2 m

1140 Gli studi per edifici museali di J. Stirling qui raffigurati si possono dividere in due serie omogenee, dal punto di vista del sistema di rappresentazione: assonometria e prospettiva.

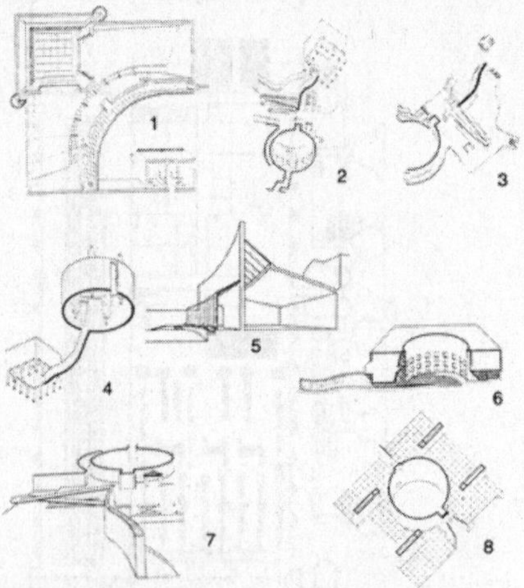

Individuare il gruppo con le serie corrette:

- **A** assonometria: 1, 2, 4, 5 - prospettiva: 3, 6, 7, 8
- **B** assonometria: 2, 3, 4, 8 - prospettiva: 1, 5, 6, 7
- **C** assonometria: 2, 4, 6, 7 - prospettiva: 1, 3, 5, 8
- **D** assonometria: 3, 6, 7, 8 - prospettiva: 1, 2, 4, 5
- **E** assonometria: 2, 4, 6, 8 - prospettiva: 1, 3, 5, 7

1141 Trovare la proiezione mancante del solido rappresentato.

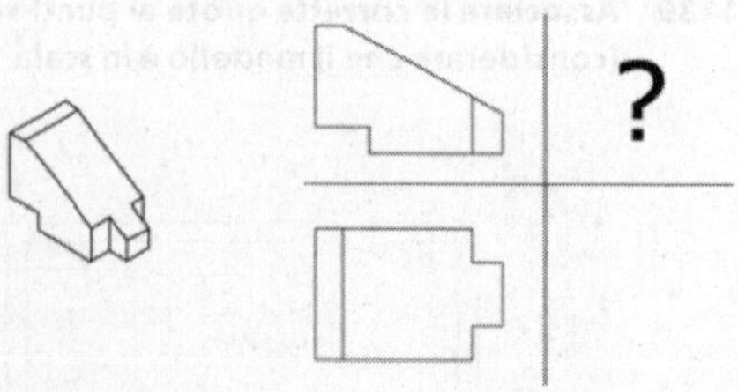

A 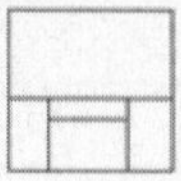

B 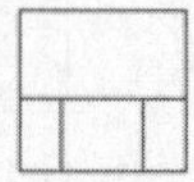

C 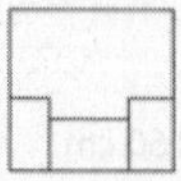

D 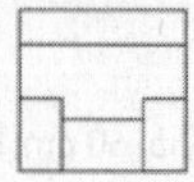

E 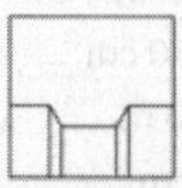

1142 Indicare il corretto abbinamento tra le piante (piano terra e primo piano) e i prospetti dell'edificio di seguito riportato.

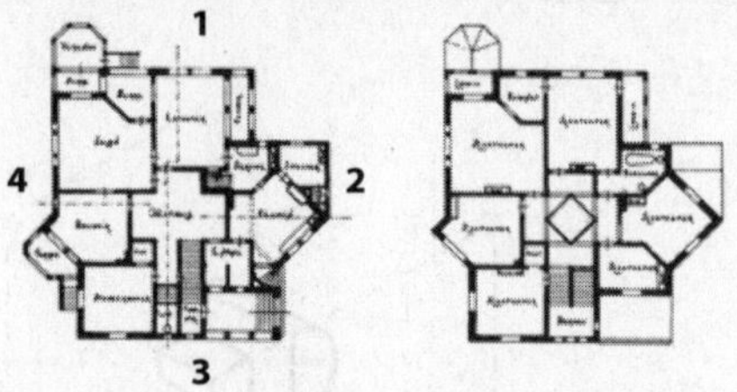

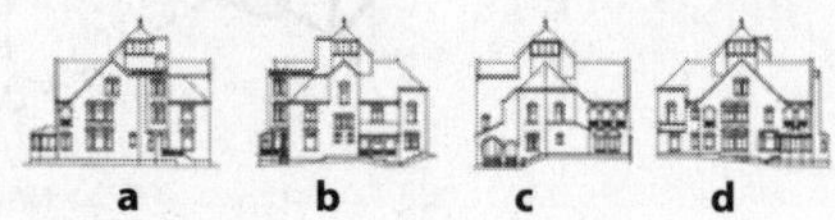

- **A** 1-b; 2-c; 3-d; 4-a;
- **B** 1-d; 2-c; 3-b; 4-a;
- **C** 1-a; 2-d; 3-b; 4-c;
- **D** 1-b; 2-c; 3-a; 4-d;
- **E** 1-d; 2-a; 3-b; 4-c;

1143 Individuare l'affermazione errata riguardante il disegno.

- **A** La figura è composta da più cerchi sovrapposti tra loro
- **B** Procedendo dal punto *a* al punto *b*, ogni diametro (dei cerchi) è lungo il doppio del precedente e la metà del successivo
- **C** Procedendo dal punto *a* al punto *b*, la lunghezza di ogni diametro aumenta sempre dello stesso valore rispetto al precedente
- **D** Procedendo dal punto *a* al punto *b*, la lunghezza di ogni diametro è uguale al diametro precedente aumentato di una costante
- **E** Il primo cerchio bianco che si incontra partendo dal punto *a*, ha area pari alla metà dell'area del cerchio successivo

1144 Data la seguente planimetria, individuare la possibile destinazione d'uso.

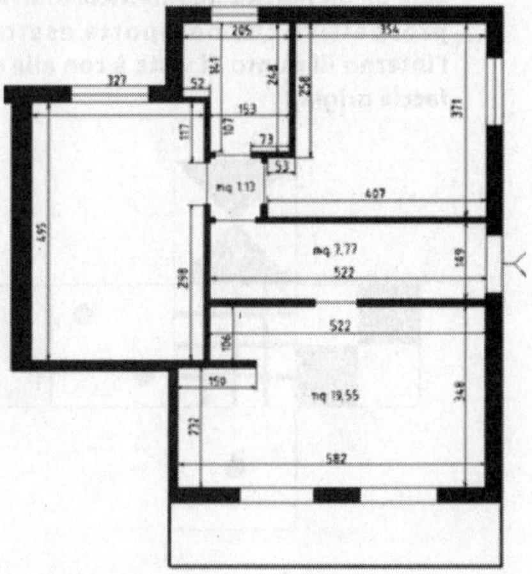

- **A** Appartamento
- **B** Hotel
- **C** Ristorante
- **D** Biblioteca
- **E** Locale ad uso commerciale

1145 La prima figura rappresenta una porzione della campagna fuori Roma, in cui si trova il borgo medievale riprodotto con maggior dettaglio nella seconda figura: qual è la scala delle due rappresentazioni?

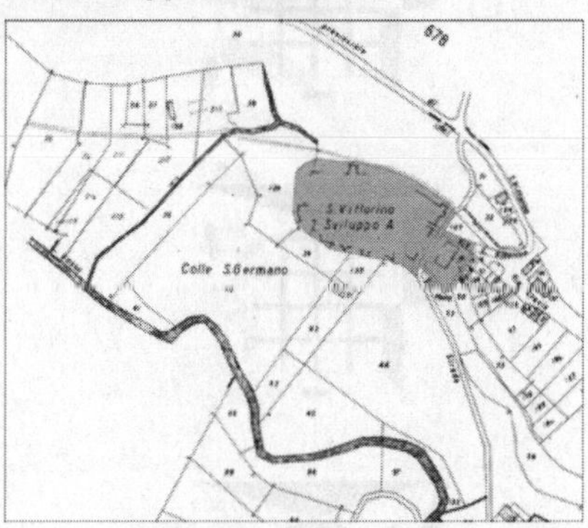

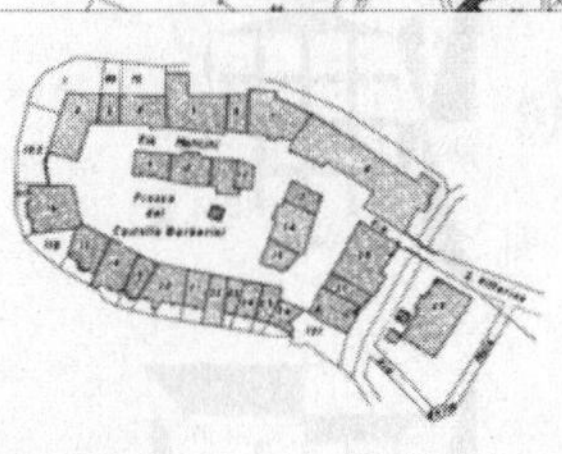

- **A** 1:4000 – 1:1000
- **B** 1:4000 – 1:8000
- **C** 1:8000 – 1:2000
- **D** 1:8000 – 1:4000
- **E** 1:200 – 1:2000

1146 Nella figura sono rappresentate quattro piante e un prospetto.

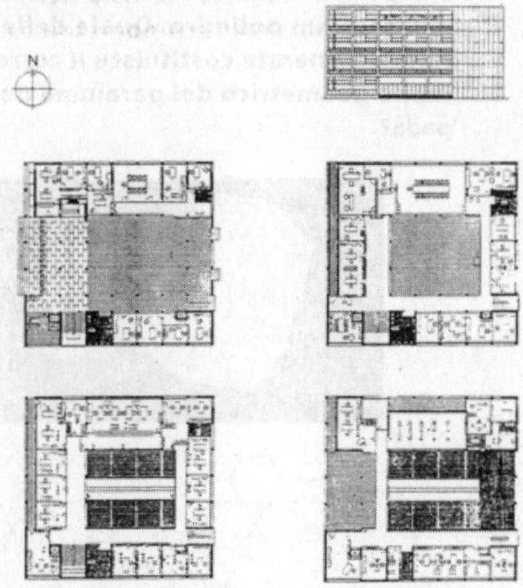

Tenendo conto dell'orientamento delle piante indicato, il prospetto rappresenta:

- **A** il fronte sud-ovest
- **B** il fronte nord
- **C** il fronte sud
- **D** il fronte est
- **E** il fronte ovest

1147 Associare alle seguenti piante di scale la giusta sezione corrispondente.

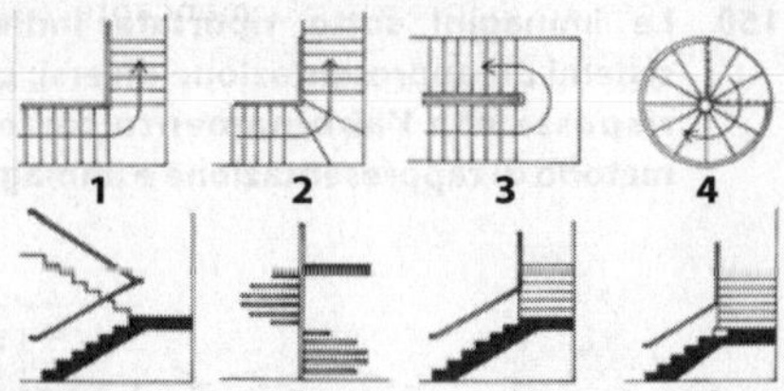

- **A** 1-c; 2-d; 3-a; 4-b;
- **B** 1-c; 2-d; 3-b; 4-a;
- **C** 1-d; 2-c; 3-a; 4-b;
- **D** 1-a; 2-c; 3-b; 4-b;
- **E** 1-d; 2-c; 3-b; 4-a;

1148 Alla latitudine di Milano una parete esposta a ovest è più soleggiata:

- **A** in estate
- **B** in autunno
- **C** in primavera
- **D** in inverno
- **E** in estate e in inverno

1149 La foto mostra la lampada Melancolía di Santa&Cole (2005), ispirata alla celebre incisione di Dürer del 1514, che propone la geometria di un poliedro. Quale delle cinque figure numerate costituisce il corretto sviluppo geometrico del paralume della lampada?

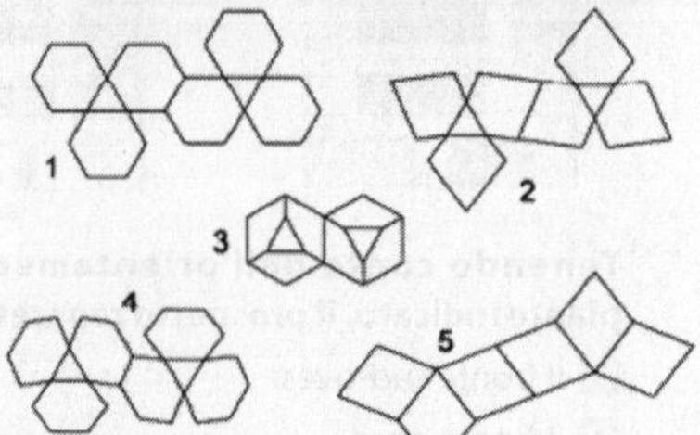

- A Figura 1
- B Figura 2
- C Figura 3
- D Figura 4
- E Figura 5

1150 Le immagini sotto riportate individuano sistemi di rappresentazione diversi; qual è la risposta con l'abbinamento corretto tra metodo di rappresentazione e immagine?

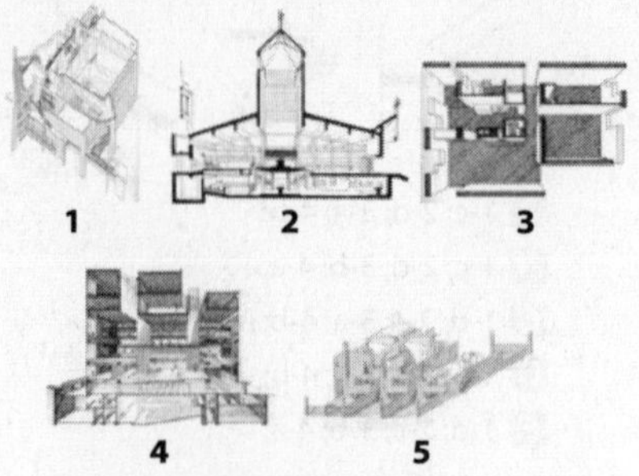

a **Spaccato assonometrico**
b **Sezione prospettica vista dal fronte**
c **Sezione prospettica vista dall'alto**

- A a-1-5; b-2-4; c-3
- B a-2-4; b-3; c-1-5
- C a-5; b-2-4; c-1-3
- D a-2-4; b-1-5; c-3
- E a-1-5; b-3; c-2-4

1151 L'immagine rappresenta lo sviluppo delle facce interne di un cubo, ognuna caratterizzata da un motivo geometrico. Individuare la prospettiva che ne riporta esattamente l'interno (il punto di vista è con alle spalle la faccia grigia):

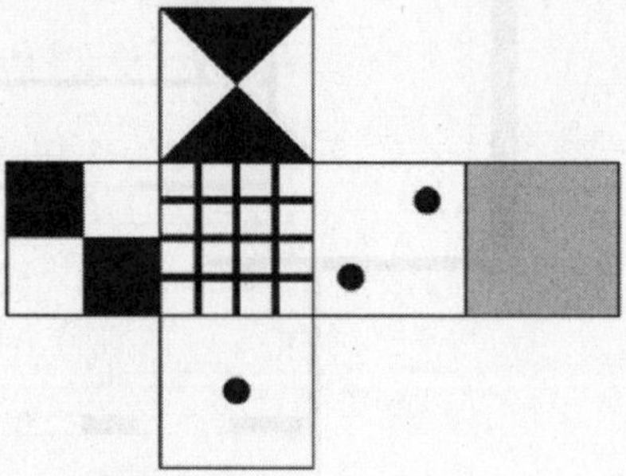

A
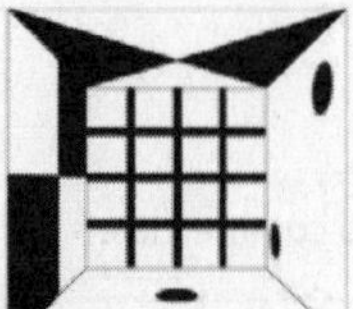

B
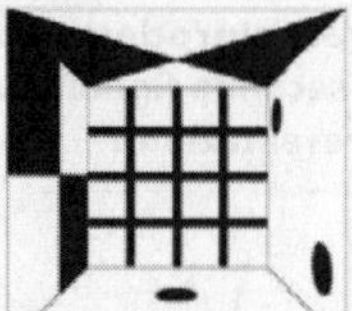

C
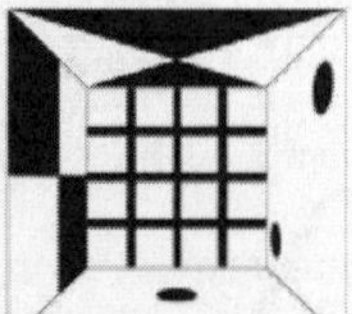

D

E

1152 Dato il seguente solido in assonometria, indicare la coppia di proiezioni ortogonali corrispondenti a quelle indicate dalle frecce.

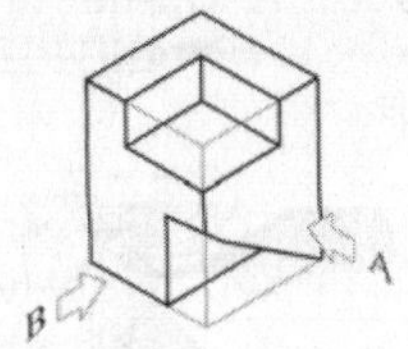

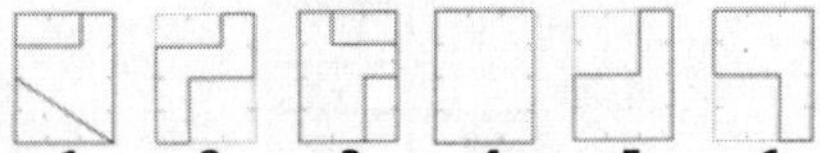

1 2 3 4 5 6

- **A** A – 3; B – 2
- **B** A – 4; B – 5
- **C** A – 5; B – 6
- **D** A – 1; B – 4
- **E** A – 1; B – 3

1153 Individuare i due disegni, tra i cinque sulla destra, che mostrano lo stesso oggetto riportato sulla sinistra.

1 2 3 4 5

- **A** Figura 2 e figura 3
- **B** Figura 2 e figura 4
- **C** Figura 3 e figura 4
- **D** Figura 1 e figura 3
- **E** Figura 4 e figura 5

1154 Risolvere la seguente proporzione.

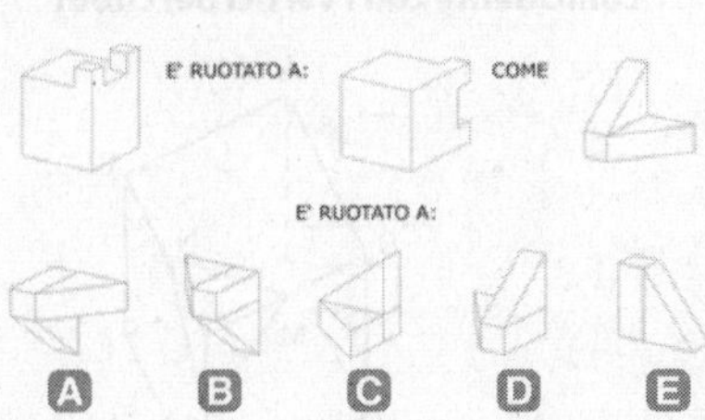

1155 Un solido archimedeo o semiregolare è:

- **A** un poliedro convesso
- **B** un poliedro le cui facce sono poligoni irregolari
- **C** un poliedro i cui vertici sono *disomogenei*
- **D** un solido platonico
- **E** un prisma

1156 In base all'ubicazione dell'edificio indicato nell'ortofoto, in quale periodo della giornata è stata realizzata la foto della facciata dell'edificio?

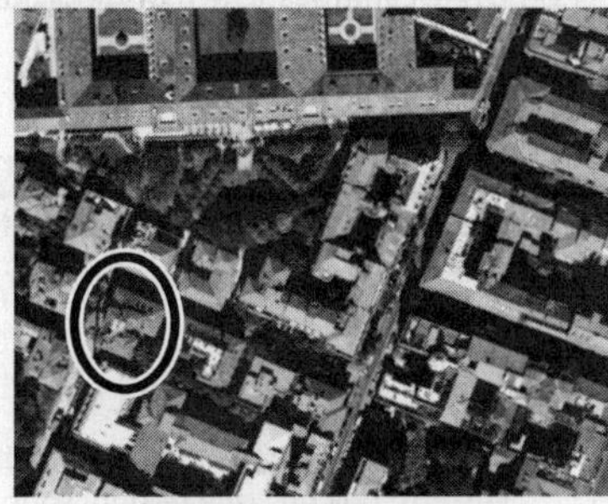

- **A** Alba
- **B** Tramonto
- **C** Mezzogiorno
- **D** Pomeriggio
- **E** Non è possibile rispondere senza conoscere l'orientamento

1157 La seguente griglia è ideale per costruire:

- **A** deformazioni lineari
- **B** deformazioni curve
- **C** assonometrie cavaliere
- **D** assonometrie isometriche
- **E** assonometrie monometriche

DISEGNO E RAPPRESENTAZIONE

1158 Le coperture in coppi o tegole sono inclinate:

- **A** per ragioni estetiche
- **B** per favorire il deflusso delle acque meteoriche
- **C** per le caratteristiche morfologiche del materiale usato per il manto
- **D** per ragioni statiche
- **E** per ragioni strutturali

1159 Il poliedro regolare a sei facce è definito:

- **A** esaedro
- **B** ottaedro
- **C** tetraedro
- **D** cubo
- **E** la risposta A e la risposta D sono entrambe corrette poiché i due termini sono sinonimi

1160 Quale delle cinque figure sottostanti si ottiene unendo i pezzi raffigurati?

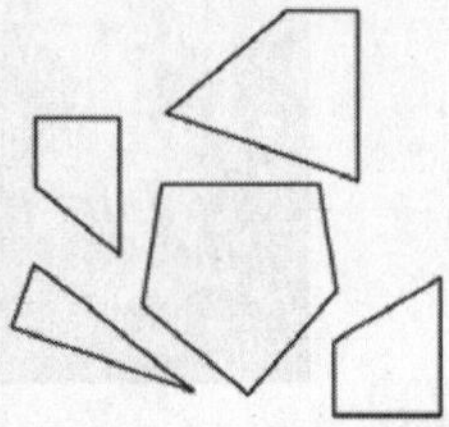

A

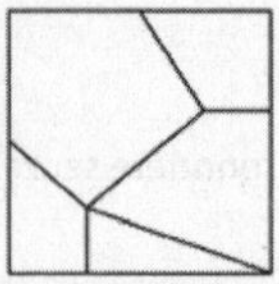

B

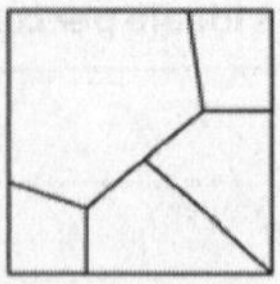

C

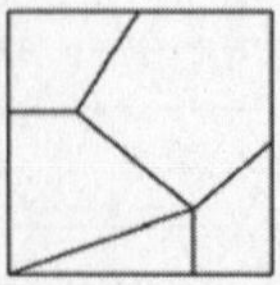

D

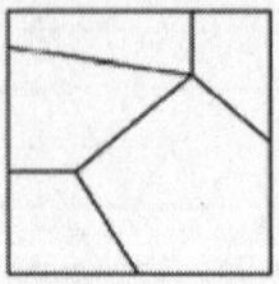

E

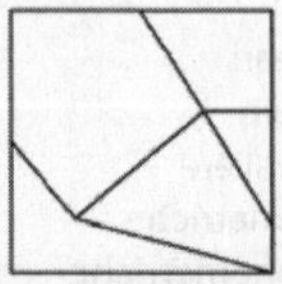

1161 Qual è il corretto rapporto di ingrandimento tra le due immagini?

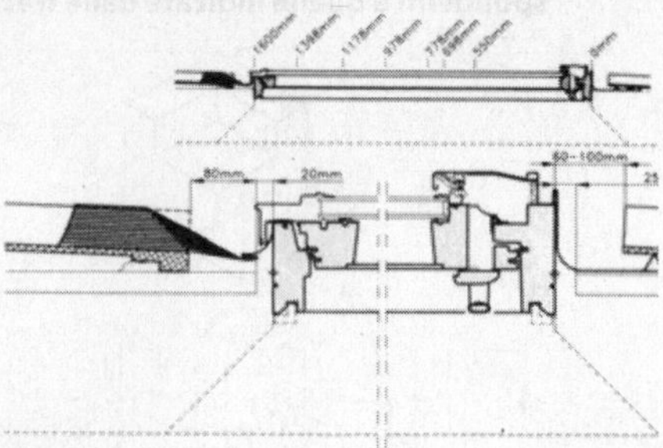

- **A** Uno a uno
- **B** Uno a due
- **C** Uno a tre
- **D** Uno a quattro
- **E** Uno a cinque

1162 Associare a ciascuna incognita la corretta misura di riferimento.

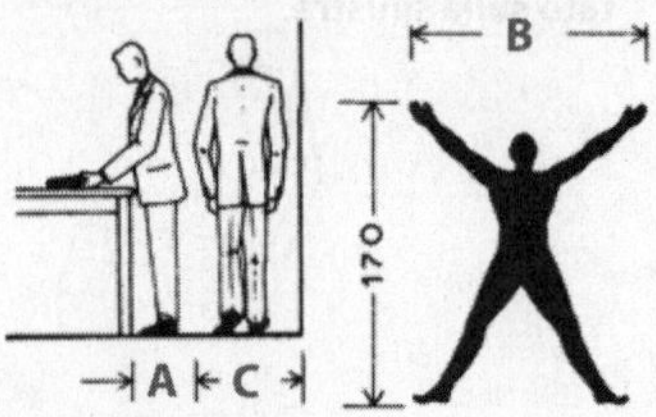

- **A** A: 40; B: 160; C: 60;
- **B** A: 60; B: 40; C: 160;
- **C** A: 160; B: 60; C: 40;
- **D** A: 40; B: 60; C: 160;
- **E** A: 60; B: 160; C: 40;

1163 Quante facce ha il solido che si ottiene togliendo dal cubo in figura tutte le piramidi uguali a quella disegnata che hanno il vertice coincidente con i vertici del cubo?

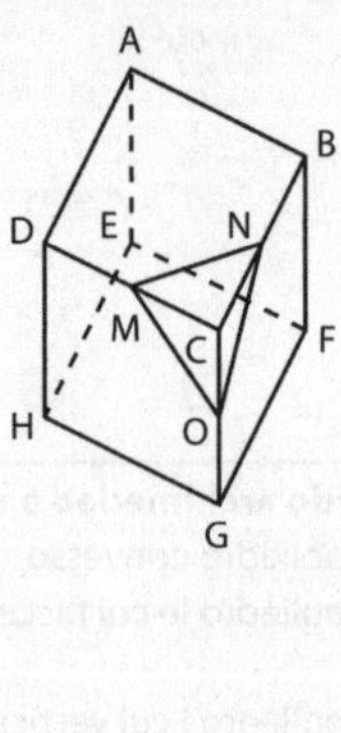

- **A** 10
- **B** 16
- **C** 12
- **D** 14
- **E** 8

1164 Nella prospettiva seguente due dei quattro solidi hanno uguale altezza, quali?

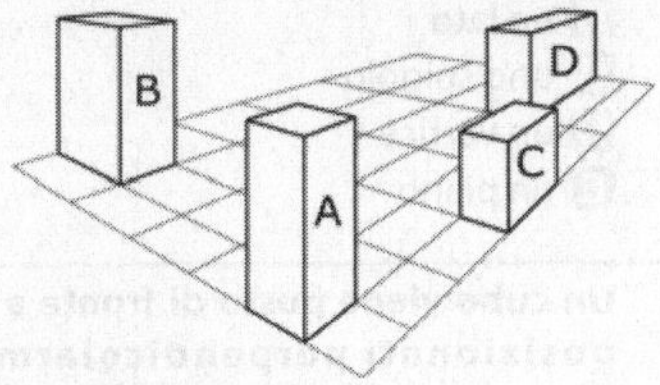

A solido A; solido B
B solido A; solido D
C solido C; solido D
D solido B; solido C
E solido B; solido D

1165 Data la seguente pianta:

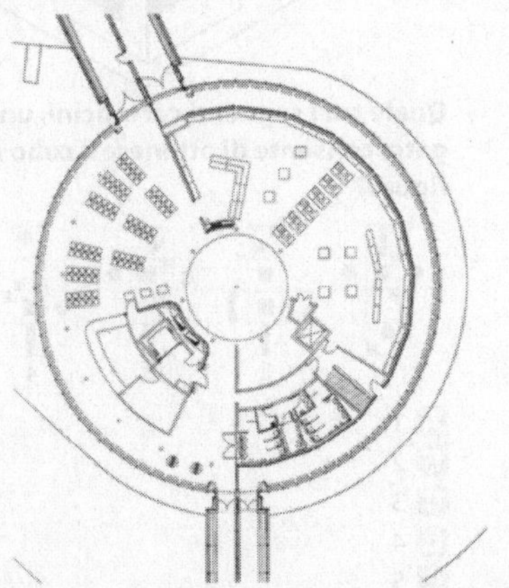

individuare la destinazione d'uso dell'edificio rappresentato.

A Tipografia
B Aeroporto
C Piscina
D Reparto degenza in ospedale
E Scuola materna

1166 Quali piante possono corrispondere al prospetto dato?

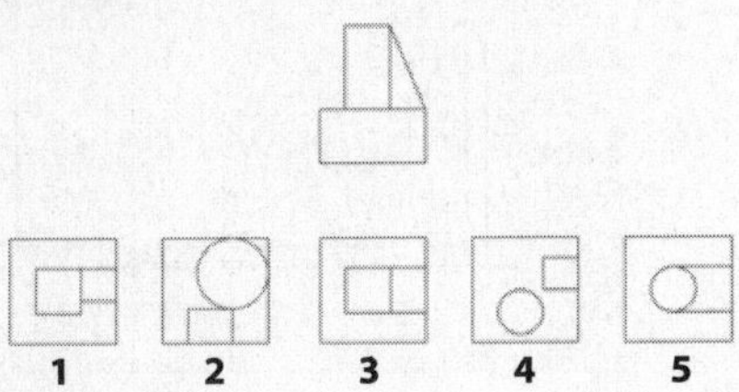

A Figure 1, 3, 4
B Figure 1, 2, 4
C Figure 1, 3
D Figure 2, 4, 5
E Tutte le piante

1167 Indicare il corretto abbinamento tra le piante e i prospetti dell'edificio di seguito riportato:

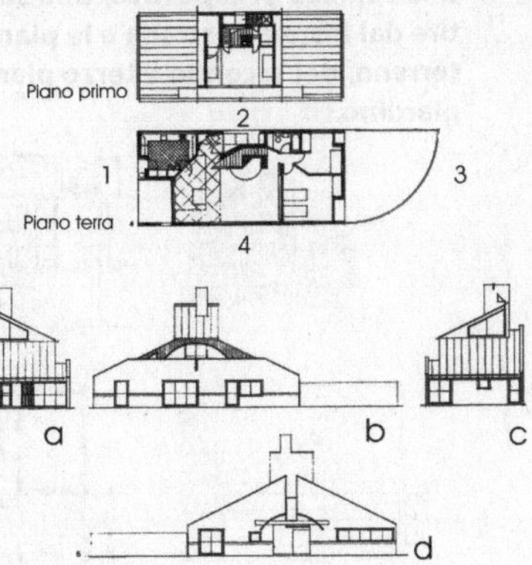

A 1-b; 2-d; 3-a; 4-c
B 1-a; 2-d; 3-c; 4-b
C 1-d; 2-a; 3-b; 4-c
D 1-d; 2-b; 3-c; 4-a
E 1-b; 2-c; 3-d; 4-a

1168 Considerando che le piastrelle usate per la pavimentazione dei terrazzi dell'appartamento hanno dimensioni 30 cm x 30 cm, indicare il rapporto nel quale si trova la superficie dell'appartamento interno rispetto all'area dei terrazzi.

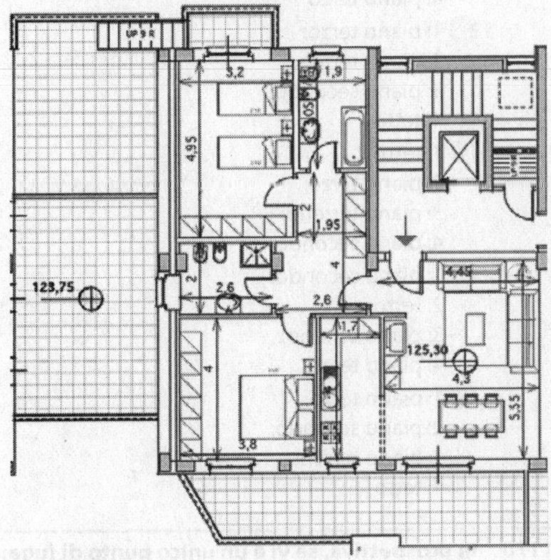

A 3/2
B 2/1
C 4/1
D 5/2
E Nessuna delle risposte precedenti è corretta

1169 I disegni rappresentano una casa d'affitto di C. Cattaneo (Cernobbio, 1938-39), mediante uno schizzo prospettico, una sezione a partire dal fronte su strada e le piante del piano terreno, del secondo e terzo piano, del tetto-giardino.

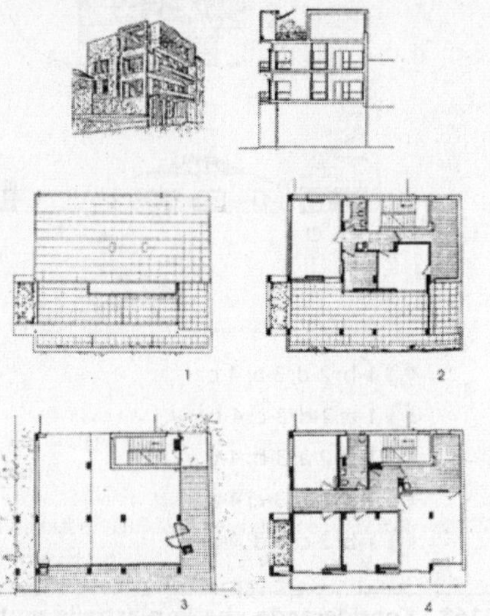

Individuare il gruppo che elenca correttamente le piante:

- **A** 1: piano terreno; 2: piano secondo; 3: tetto; 4: piano terzo
- **B** 1: piano terzo; 2: piano terreno; 3: piano secondo; 4: tetto
- **C** 1: tetto; 2: piano terzo; 3: piano terreno; 4; piano secondo
- **D** 1: piano secondo; 2: tetto; 3: piano terreno; 4: piano terzo
- **E** 1: piano terzo; 2: piano secondo; 3: piano terreno; 4: tetto

1170 In prospettiva, se vi è un unico punto di fuga, si ha:

- **A** la prospettiva assonometrica
- **B** la prospettiva accidentale
- **C** la prospettiva isometrica
- **D** la prospettiva centrale
- **E** la prospettiva aerea

1171 Tre facce contigue di un poligono regolare formano:

- **A** una retta
- **B** un lato
- **C** uno spigolo
- **D** un vertice
- **E** un piano

1172 Un cubo viene posto di fronte a due specchi posizionati perpendicolarmente l'uno rispetto all'altro, come mostrato in figura.

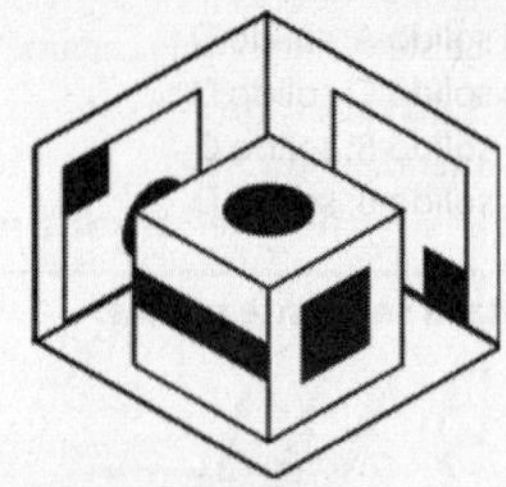

Quale tra i seguenti cartoncini, una volta piegato, consente di ottenere il cubo mostrato in figura?

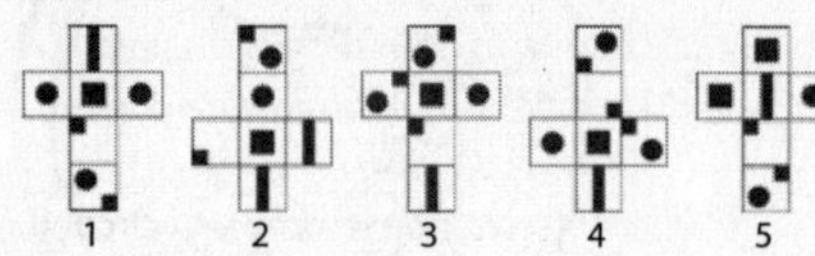

- **A** 1
- **B** 2
- **C** 3
- **D** 4
- **E** 5

1173 Qual è la misura esatta dei banchi nell'aula rappresentata nel disegno, essendo il modello in scala 1:200?

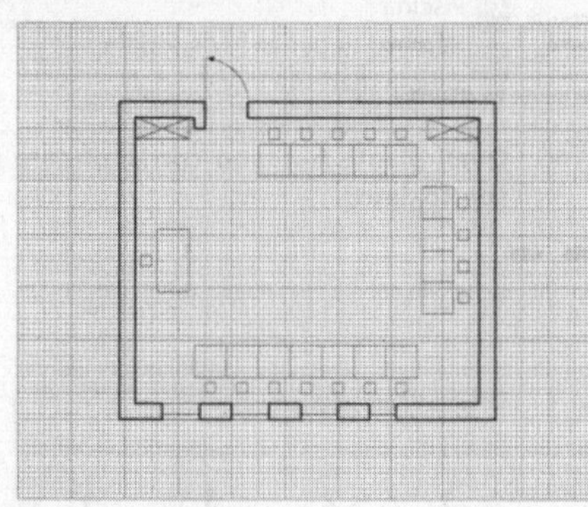

- **A** 60 cm x 60 cm
- **B** 20 cm x 20 cm
- **C** 40 cm x 40 cm
- **D** 60 cm x 120 cm
- **E** 40 cm x 60 cm

1174 Quale affermazione riguardante la sfera non è vera?

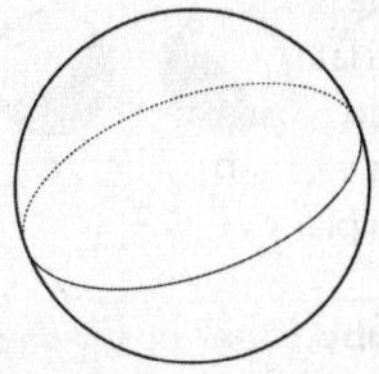

- **A** Sezionando la sfera con piani si ottengono cerchi ed ellissi
- **B** La sfera è una figura simmetrica
- **C** Sulla superficie della sfera sono identificabili meridiani e paralleli
- **D** La superficie sferica non è sviluppabile sul piano
- **E** La superficie sferica è una superficie di rotazione

1175 Consideriamo l'intersezione di un cilindro circolare con un piano secante. Allora:

- **A** l'intersezione può essere un'ellisse
- **B** l'intersezione è formata da un punto
- **C** l'intersezione è formata da due rette incidenti
- **D** l'intersezione è sempre una circonferenza
- **E** l'intersezione può essere una parabola

1176 Quale dei solidi rappresentati in assonometria corrisponde alla doppia proiezione ortogonale (Proiezione Orizzontale – PO – e Proiezione Verticale – PV) in figura?

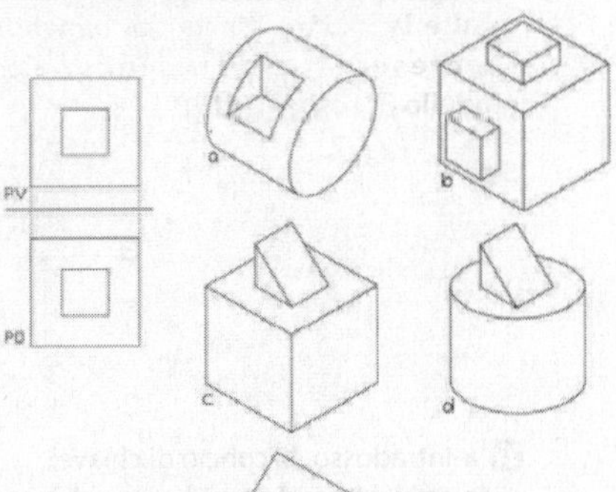

- **A** a
- **B** b
- **C** c
- **D** d
- **E** e

1177 A quale piano indicato in Pianta corrisponde la Sezione?

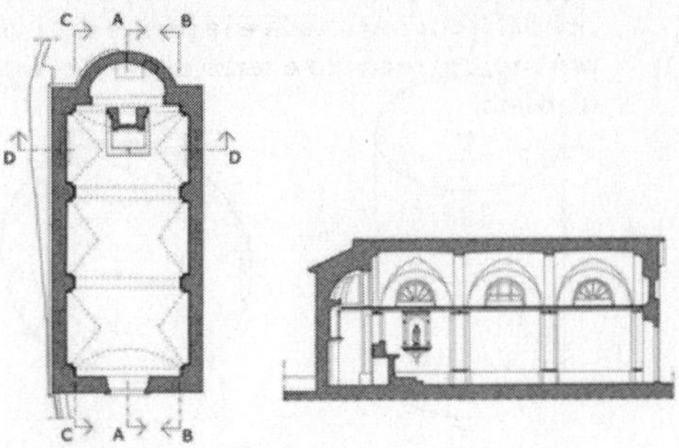

- **A** A – A
- **B** B – B
- **C** C – C
- **D** D – D
- **E** E – E

1178 Fra le prospettive riportate in basso in figura, quale risulta essere coerente con le proiezioni ortogonali?

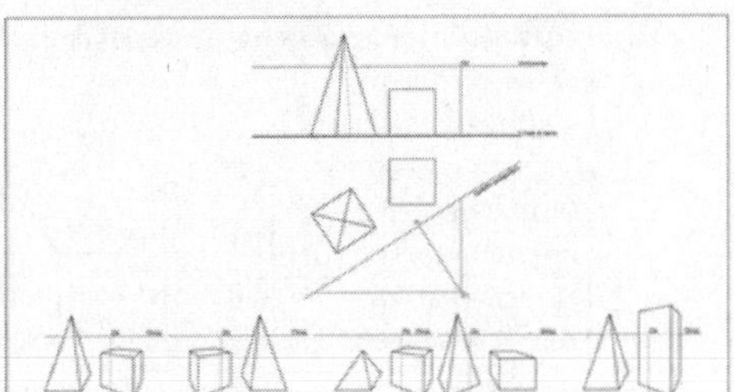

- **A** Prospettiva 1
- **B** Prospettiva 2
- **C** Prospettiva 3
- **D** Prospettiva 4
- **E** Prospettiva 5

1179 Una sola delle figure seguenti non può essere la prospettiva di un cubo. Quale?

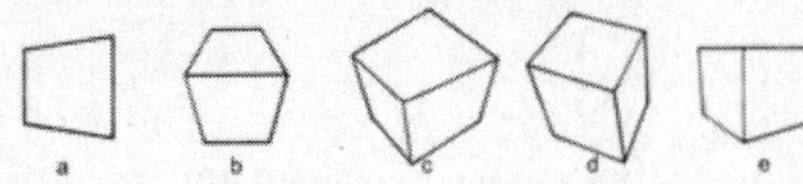

- **A** a
- **B** b
- **C** c
- **D** d
- **E** e

1180 Quale delle seguenti affermazioni è esatta in relazione alla superficie cilindrica e alla superficie sferica?

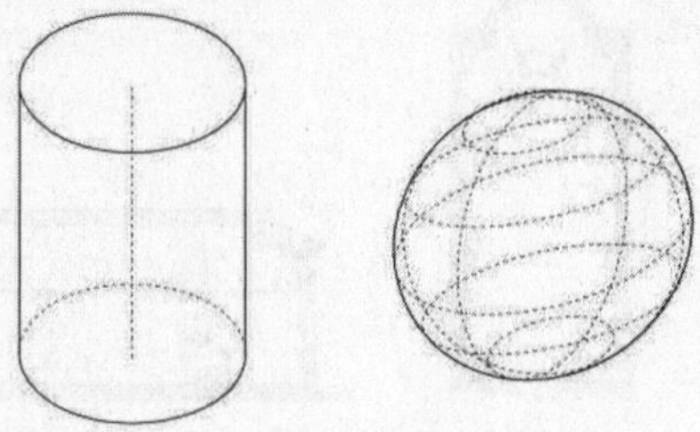

- **A** Sono superfici di traslazione di una figura piana di dimensioni costanti
- **B** La sezione di entrambe le superfici può generare anche un rettangolo
- **C** Sono superfici sviluppabili
- **D** Sono superfici di rotazione
- **E** Sono superfici rigate

1181 Associare le piante con indicati i punti di vista alle corrispondenti immagini prospettiche.

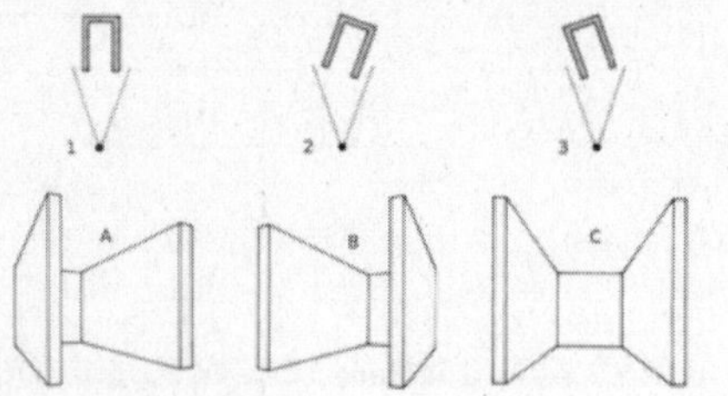

- **A** 1 – A; 2 – B; 3 – C
- **B** 1 – C; 2 – A; 3 – B
- **C** 1 – B; 2 – C; 3 – A
- **D** 1 – C; 2 – B; 3 – A
- **E** Nessuna corrispondenza

1182 Date le seguenti viste dall'alto di diverse coperture, tutte caratterizzate da linee di gronda orizzontali, indicare l'unica in cui NON TUTTE le falde hanno la stessa pendenza.

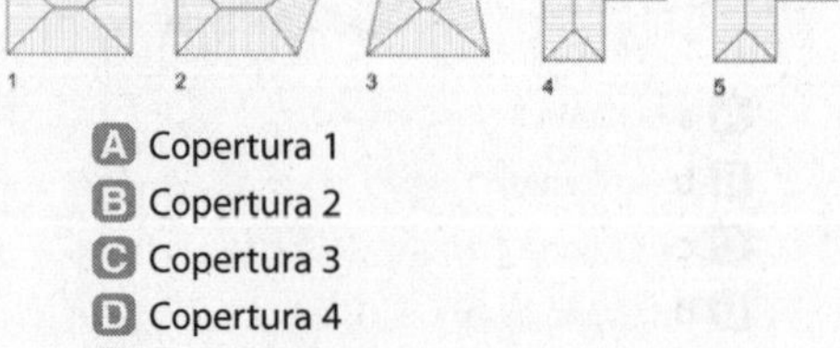

- **A** Copertura 1
- **B** Copertura 2
- **C** Copertura 3
- **D** Copertura 4
- **E** Copertura 5

1183 Una sfera esposta al sole non può mai avere una delle seguenti porzioni in ombra. Quale?

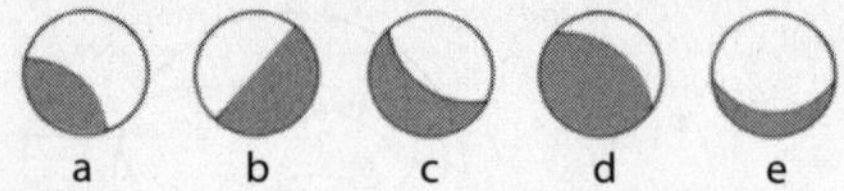

- **A** a
- **B** b
- **C** c
- **D** d
- **E** e

1184 La sequenza di tre immagini riportata in figura si completa con una delle cinque immagini proposte. Quale?

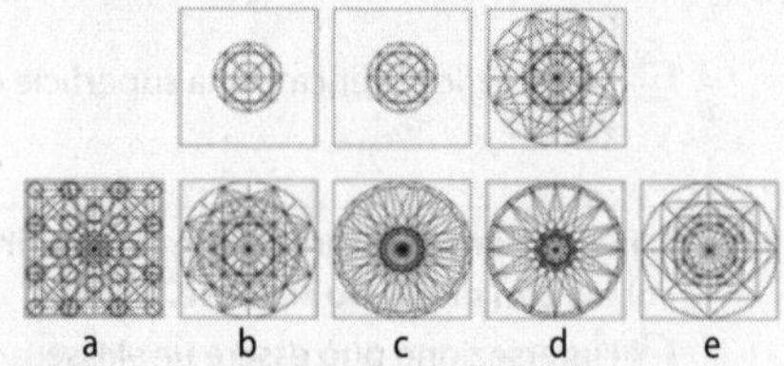

- **A** a
- **B** b
- **C** c
- **D** d
- **E** e

1185 Un arco è costituito da parti ben precise: indicarne l'esatta combinazione:

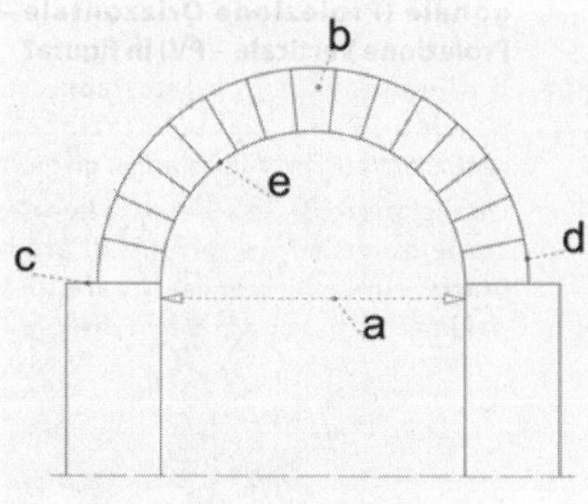

- **A** **a**-intradosso; **b**-concio di chiave; **c**-estradosso; **d**-luce; **e**-piano di imposta
- **B** **a**-luce; **b**-concio di chiave; **c**-piano di imposta; **d**-estradosso; **e**-intradosso
- **C** **a**-piano di imposta; **b**-luce; **c**-intradosso; **d**-estradosso; **e**-concio di chiave
- **D** **a**-luce; **b**-piano di imposta; **c**-estradosso; **d**-intradosso; **e**-concio di chiave
- **E** **a**-estradosso; **b**-luce; **c**-intradosso; **d**-concio di chiave; **e**-piano di imposta

1186 Fra le prospettive rappresentate quale risulta coerente con la pianta?

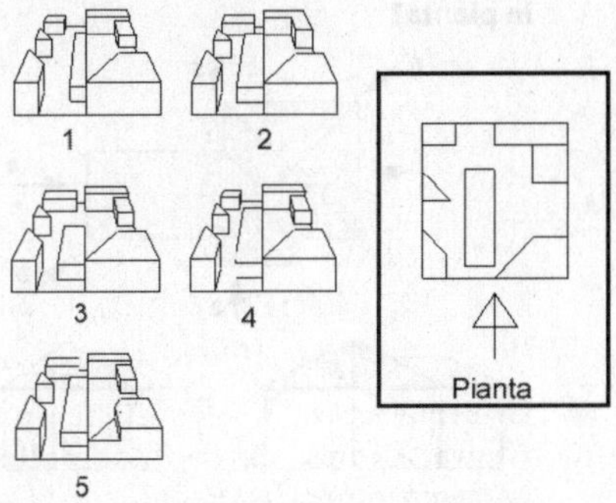

A 5
B 4
C 3
D 2
E 1

1187 Quale dei seguenti poliedri, se opportunamente sezionato da un piano, può generare tutte le seguenti figure: rettangolo, quadrato, esagono regolare e irregolare, pentagono, triangolo?

A Cono
B Cubo
C Prisma triangolare retto
D Cilindro
E Tetraedro

1188 Il disegno sotto riportato rappresenta una porzione di una pavimentazione regolare realizzata con marmo bianco, grigio e nero. Qual è approssimativamente la proporzione tra le quantità (in termini di area) dei tre marmi richieste per realizzare una grande pavimentazione con questo disegno?

A bianco = 2; grigio = 1; nero = 1
B bianco = 2; grigio = 1,41; nero = 1
C bianco = 1,41; grigio = 1,41; nero = 1
D bianco = 2; grigio = 2; nero = 1
E bianco = 1; grigio = 1; nero = 1

1189 Viene qui rappresentato un cosiddetto "spaccato assonometrico" di un edificio a più livelli. A quale delle sezioni qui riportate corrisponde?

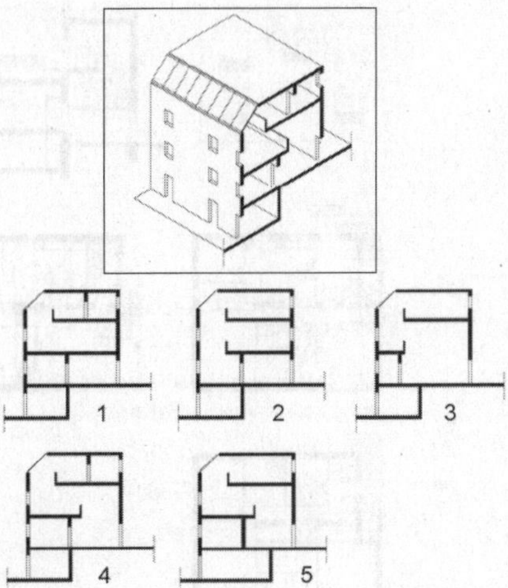

A 5
B 3
C 4
D 2
E 1

1190 Che particolare tipo di rappresentazione è quella riportata in figura?

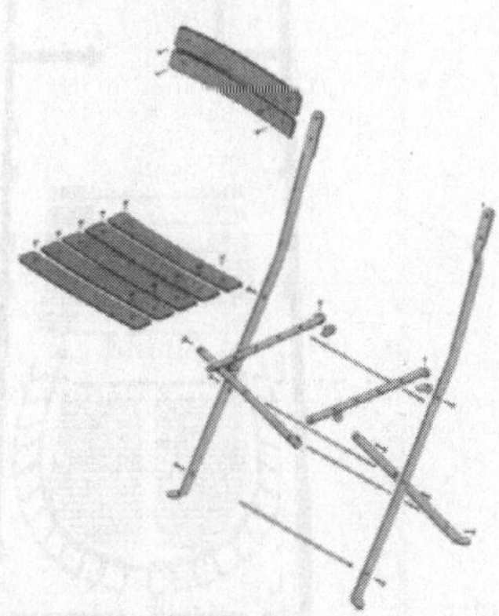

A Prospettiva accidentale
B Assonometria cavaliera
C Proiezione ortogonale esplosa
D Spaccato assonometrico
E Esploso assonometrico

1191 Dati il prospetto e la sezione in figura, individuare la sequenza dei livelli rappresentati nelle tre piante contrassegnate con le lettere a, b e c, andando dal basso verso l'alto dell'edificio.

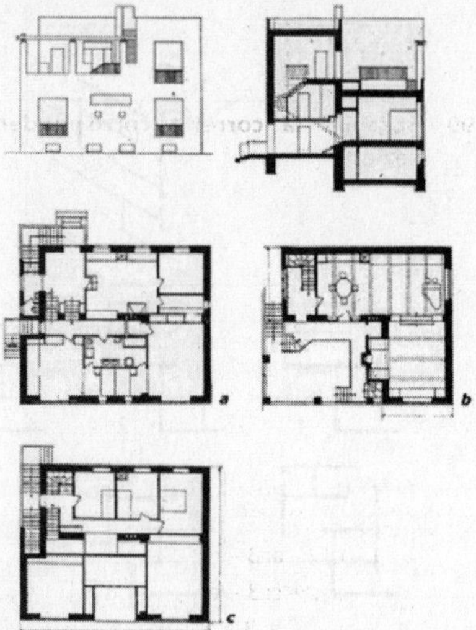

- **A** a, c, b
- **B** b, a, c
- **C** a, b, c
- **D** c, b, a
- **E** c, a, b

1192 Che funzione ha l'architettura raffigurata?

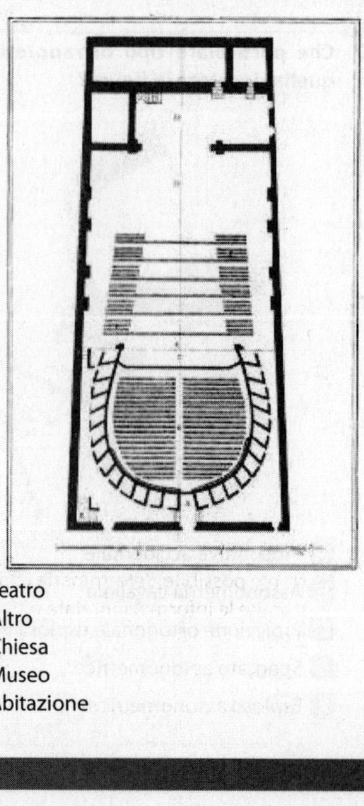

- **A** Teatro
- **B** Altro
- **C** Chiesa
- **D** Museo
- **E** Abitazione

1193 Viene qui rappresentata una casa coperta da tetti spioventi. Quale prospetto va associato a ciascuna direzione di proiezione riportata in pianta?

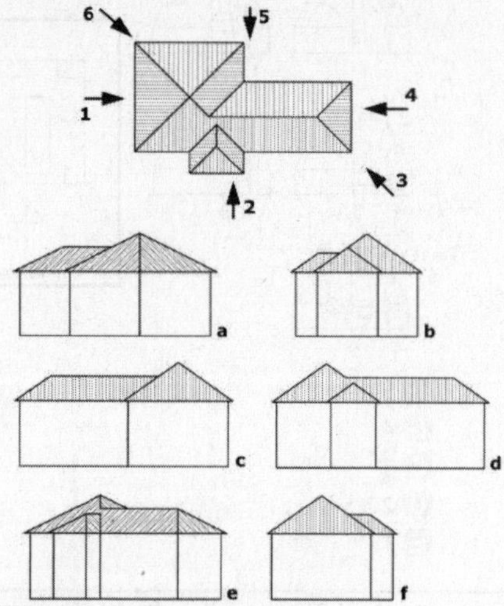

- **A** a-1 ; b-3 ; c-6 ; d-4 ; e-2 ; f-5
- **B** a-2 ; b-5 ; c-3 ; d-1 ; e-4 ; f-6
- **C** a-4 ; b-1 ; c-6 ; d-3 ; e-5 ; f-2
- **D** a-5 ; b-2 ; c-4 ; d-6 ; e-1 ; f-3
- **E** a-6 ; b-4 ; c-5 ; d-2 ; e-3 ; f-1

1194 Riproducendo un volume tridimensionale su un piano a due dimensioni, alcune facce del solido rimarranno necessariamente nascoste. Per rappresentarle, è convenzione che vengano indicate nel disegno tramite:

- **A** una linea continua più spessa
- **B** una linea continua più sottile
- **C** una linea composta da tratto-punto
- **D** una linea tratteggiata
- **E** una linea tratteggiata spessa il doppio

1195 Quale delle seguenti affermazioni sulla teoria delle ombre non è corretta:

- **A** si dice *linea separatrice* la linea che separa le zone illuminate da quelle in ombra
- **B** si dice *ombra propria* la zona d'ombra che il solido, impedendo alla luce di passare, proietta su altri solidi vicini o sui piani di proiezione
- **C** la luce naturale (del sole) è schematizzata come un punto collocato all'infinito, mentre la luce artificiale come un punto in posizione finita
- **D** i raggi luminosi provenienti da una sorgente naturale sono assimilati a rette parallele fra loro
- **E** l'*ombra propria* di un solido è l'insieme delle regioni in ombra sulle sue facce

1196 Stabilire la corrispondenza tra le piante in figura e la relativa destinazione d'uso.

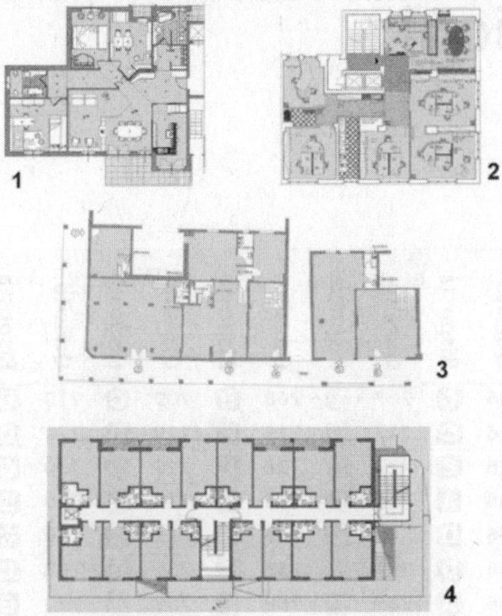

- **A** 1-Spazi commerciali, 2-Uffici, 3-Albergo, 4-Residenza
- **B** 1-Residenza, 2-Albergo, 3-Spazi commerciali, 4-Uffici
- **C** 1-Albergo, 2-Spazi commerciali, 3-Uffici, 4-Residenza
- **D** 1-Residenza, 2-Uffici, 3-Spazi commerciali, 4-Albergo
- **E** 1-Residenza, 2-Spazi commerciali, 3-Uffici, 4-Albergo

1197 La seguente figura rappresenta lo sviluppo di un:

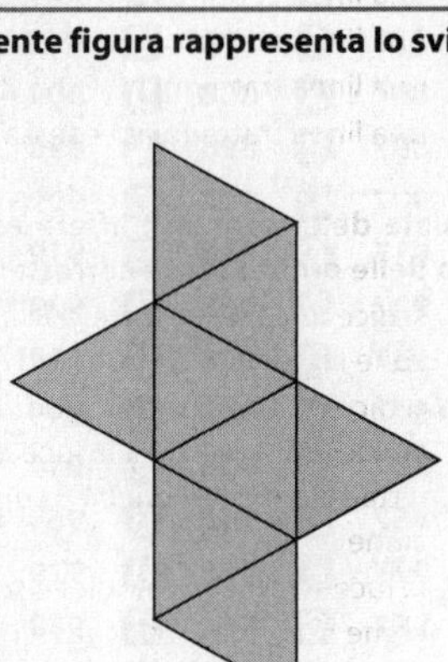

- **A** esaedro
- **B** tetraedro
- **C** dodecaedro
- **D** ottaedro
- **E** icosaedro

1198 Quante pedate ha una scala con un'alzata da 16,5 cm e che supera un dislivello di 231 cm?

- **A** 14
- **B** 13
- **C** 15
- **D** 23
- **E** 17

1199 Stabilire la corretta corrispondenza delle sezioni.

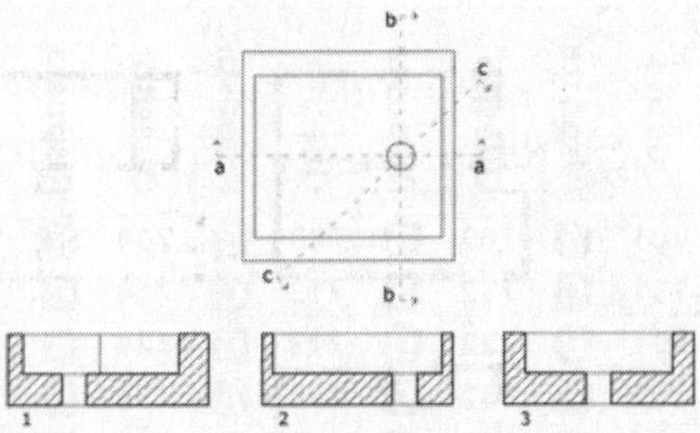

- **A** 1 – c; 2 – a; 3 – b
- **B** 1 – a; 2 – c; 3 – b
- **C** 1 – b; 2 – a; 3 – c
- **D** 1 – c; 2 – b; 3 – a
- **E** 1 – b; 2 – c; 3 – a

1200 Considerate le proiezioni ortogonali date dell'oggetto, indicare la misura corrispondente allo spigolo evidenziato nella prospettiva.

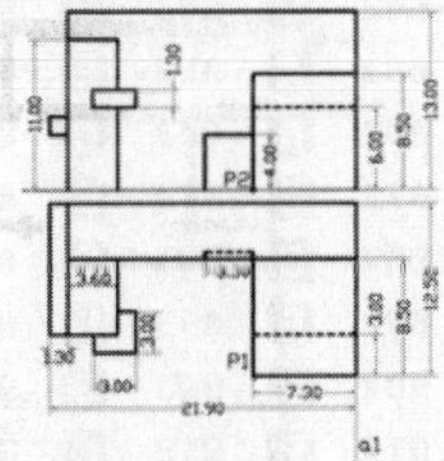

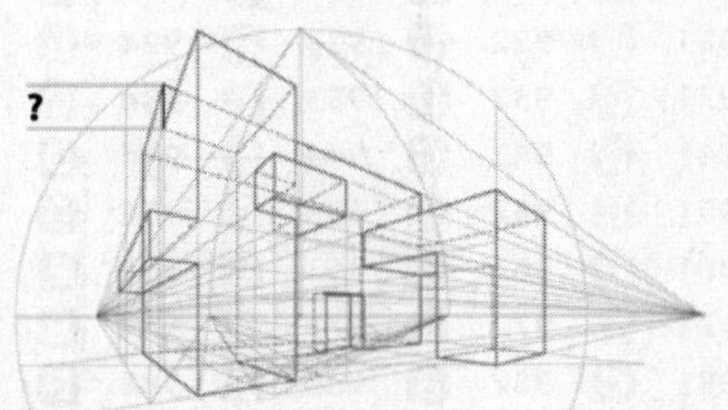

- **A** 3.00
- **B** Non è possibile determinarla con esattezza tramite le informazioni date
- **C** 2.00
- **D** 13.00
- **E** 1.20

Soluzioni

Quesito	Risposta	Quesito	Risposta	Quesito	Risposta	Quesito	Risposta	Quesito	Risposta	Quesito	Risposta	Quesito	Risposta	Quesito	Risposta	Quesito	Risposta	Quesito	Risposta
701	A	702	B	703	B	704	E	705	D	706	C	707	E	708	B	709	C	710	B
711	C	712	E	713	C	714	C	715	E	716	C	717	D	718	E	719	B	720	D
721	B	722	D	723	E	724	A	725	A	726	E	727	C	728	E	729	C	730	C
731	A	732	D	733	A	734	B	735	C	736	A	737	A	738	E	739	C	740	D
741	B	742	E	743	E	744	C	745	B	746	D	747	D	748	D	749	C	750	C
751	E	752	D	753	D	754	D	755	E	756	D	757	B	758	D	759	A	760	C
761	B	762	D	763	E	764	D	765	A	766	A	767	D	768	B	769	A	770	B
771	E	772	D	773	A	774	E	775	B	776	A	777	C	778	D	779	A	780	A
781	D	782	C	783	D	784	C	785	C	786	E	787	D	788	A	789	A	790	E
791	D	792	B	793	C	794	A	795	C	796	A	797	C	798	E	799	A	800	D
801	D	802	B	803	A	804	B	805	B	806	B	807	B	808	C	809	D	810	C
811	B	812	B	813	C	814	D	815	C	816	E	817	D	818	D	819	D	820	E
821	C	822	B	823	D	824	C	825	B	826	C	827	E	828	A	829	D	830	B
831	E	832	C	833	C	834	D	835	C	836	D	837	E	838	C	839	B	840	C
841	A	842	E	843	D	844	A	845	D	846	A	847	B	848	D	849	E	850	C
851	A	852	A	853	B	854	B	855	C	856	B	857	B	858	C	859	C	860	B
861	E	862	A	863	D	864	A	865	D	866	C	867	C	868	B	869	E	870	B
871	D	872	C	873	B	874	E	875	B	876	B	877	C	878	B	879	D	880	C
881	A	882	B	883	C	884	E	885	A	886	E	887	A	888	D	889	A	890	E
891	D	892	E	893	D	894	D	895	E	896	A	897	B	898	A	899	B	900	B
901	E	902	D	903	C	904	D	905	B	906	C	907	C	908	C	909	A	910	B
911	B	912	B	913	D	914	D	915	B	916	A	917	C	918	B	919	C	920	B
921	A	922	D	923	B	924	E	925	A	926	A	927	D	928	B	929	C	930	B
931	D	932	D	933	E	934	C	935	A	936	A	937	B	938	E	939	B	940	D
941	A	942	C	943	E	944	D	945	E	946	D	947	A	948	D	949	C	950	D
951	E	952	E	953	E	954	D	955	A	956	C	957	A	958	A	959	C	960	C
961	E	962	C	963	B	964	E	965	C	966	E	967	D	968	B	969	B	970	E
971	C	972	E	973	B	974	B	975	C	976	C	977	E	978	D	979	C	980	D
981	C	982	B	983	A	984	B	985	A	986	A	987	C	988	C	989	C	990	A
991	D	992	D	993	B	994	A	995	E	996	B	997	E	998	D	999	A	1000	B
1001	C	1002	C	1003	D	1004	C	1005	D	1006	D	1007	B	1008	B	1009	E	1010	C
1011	B	1012	C	1013	E	1014	E	1015	B	1016	B	1017	C	1018	B	1019	B	1020	C
1021	B	1022	C	1023	E	1024	E	1025	E	1026	A	1027	D	1028	D	1029	B	1030	C
1031	D	1032	C	1033	C	1034	C	1035	C	1036	D	1037	B	1038	C	1039	D	1040	D
1041	C	1042	D	1043	D	1044	C	1045	D	1046	C	1047	C	1048	D	1049	B	1050	E

Quesito	Risposta	Quesito	Risposta	Quesito	Risposta	Quesito	Risposta	Quesito	Risposta	Quesito	Risposta	Quesito	Risposta	Quesito	Risposta	Quesito	Risposta	Quesito	Risposta
1051	D	1052	C	1053	A	1054	D	1055	D	1056	A	1057	C	1058	E	1059	A	1060	B
1061	E	1062	B	1063	C	1064	D	1065	E	1066	E	1067	D	1068	D	1069	D	1070	C
1071	A	1072	D	1073	C	1074	B	1075	D	1076	E	1077	D	1078	A	1079	B	1080	A
1081	D	1082	E	1083	B	1084	E	1085	E	1086	A	1087	D	1088	D	1089	C	1090	E
1091	A	1092	C	1093	A	1094	B	1095	A	1096	A	1097	C	1098	C	1099	D	1100	B
1101	E	1102	D	1103	C	1104	B	1105	E	1106	B	1107	B	1108	B	1109	B	1110	A
1111	E	1112	D	1113	B	1114	B	1115	A	1116	E	1117	C	1118	A	1119	E	1120	D
1121	C	1122	C	1123	E	1124	C	1125	C	1126	A	1127	C	1128	A	1129	B	1130	E
1131	B	1132	D	1133	B	1134	E	1135	A	1136	B	1137	D	1138	A	1139	B	1140	B
1141	C	1142	B	1143	B	1144	A	1145	D	1146	E	1147	A	1148	A	1149	B	1150	A
1151	C	1152	E	1153	B	1154	E	1155	A	1156	D	1157	D	1158	B	1159	E	1160	A
1161	D	1162	A	1163	D	1164	B	1165	B	1166	B	1167	B	1168	A	1169	C	1170	D
1171	D	1172	A	1173	A	1174	A	1175	A	1176	E	1177	A	1178	A	1179	C	1180	D
1181	D	1182	E	1183	A	1184	B	1185	B	1186	B	1187	B	1188	A	1189	C	1190	E
1191	A	1192	A	1193	E	1194	D	1195	B	1196	D	1197	D	1198	B	1199	A	1200	C

parte terza

RAGIONAMENTO LOGICO e CULTURA GENERALE

Quesiti

1201 Quando esce di casa, la signora Pazzerelli porta con sé l'ombrello se splende il sole e gli occhiali da sole se nevica. Si può dedurre allora che:

- A se la signora Pazzerelli non porta con sé gli occhiali da sole, non nevica
- B se la signora Pazzerelli non porta con sé l'ombrello uscendo di casa, nevica
- C se la signora Pazzerelli porta con sé l'ombrello uscendo di casa, a llora splende il sole
- D se non splende il sole, la signora Pazzerelli non porta con sé l'ombrello uscendo di casa
- E se non splende il sole e non nevica, la signora Pazzerelli porta con sé ombrello ed occhiali da sole

1202 Il tasso di mortalità negli incidenti stradali tra i giovani neopatentati è molto più alto rispetto a quello tra gli automobilisti esperti. Statistiche condotte sugli automobilisti multati per eccesso di velocità dimostrano che i neopatentati guidano generalmente a una velocità più elevata rispetto agli altri automobilisti. Il governo dovrebbe varare una legge per tarare i veicoli dei neopatentati a un massimo di 80 km/h nei primi due anni dalla patente. Ciò porterebbe a una riduzione significativa di incidenti mortali tra i giovani automobilisti.

Su quale supposizione implicita si basa il brano precedente?

- A Gli automobilisti giovani hanno riflessi più pronti rispetto agli automobilisti anziani
- B Un'alta percentuale di incidenti stradali mortali tra i giovani neopatentati è causata dall'eccesso di velocità
- C Gli automobilisti anziani hanno una maggiore esperienza di guida rispetto agli automobilisti giovani
- D Nei controlli di velocità su strada la polizia prende di mira i neopatentati
- E Gli automobilisti giovani guidano generalmente automobili di grossa cilindrata

1203 Il volume dell'acqua si espande del 9% quando ghiaccia. Per ottenere un blocco di ghiaccio di 40 cm³ quale quantità d'acqua bisognerà mettere nel congelatore?

- A 40,0 cm³
- B 38,2 cm³
- C 38,0 cm³
- D 36,7 cm³
- E 37,0 cm³

1204 Qual è la successione cronologica esatta delle quattro più importanti raccolte poetiche di Eugenio Montale?

- A Ossi di seppia – Satura – La Bufera e altro – Le occasioni
- B Ossi di seppia – La Bufera e altro – Le occasioni – Satura
- C Ossi di seppia – Le occasioni – La Bufera e altro – Satura
- D Satura – Ossi di seppia – Le occasioni – La Bufera e altro
- E Satura – Le occasioni – Ossi di seppia – La Bufera e altro

1205 Quale tra le seguenti forme di energia non è considerata rinnovabile?

- A Geotermica
- B Solare
- C Eolica
- D Prodotta dallo sfruttamento dell'acqua
- E Prodotta dall'impiego del petrolio e dei suoi derivati

1206 Una maglia acquistata con il 30% di sconto è stata pagata 63€. Quale era il prezzo di listino della maglia?

- A 89,50
- B 90,00
- C 87,50
- D 83,00
- E 92,50

Brano 1 — Questo brano è seguito da alcuni quesiti riguardanti il suo contenuto. Per ciascun quesito, dovete scegliere, tra le alternative proposte, quella che ritenete corretta in base soltanto a ciò che risulta esplicito o implicito nel brano, cioè solo in base a quanto si ricava dal brano e non in base a quanto eventualmente sapete già sull'argomento.

Le pietre di Venezia

Da che il dominio degli uomini fu per la prima volta affermato sull'oceano, tre troni, di importanza superiore di gran lunga a tutti gli altri, furono imposti alle sue sabbie: i troni di Tiro, di Venezia e di Inghilterra. Della prima di queste grandi potenze rimane solo la memoria; della seconda, la rovina; la terza, che è erede della loro grandezza, se pure è dimentica del loro esempio, potrà esser tratta, attraverso una supremazia più superba, a una distruzione meno compianta. L'esaltazione, la colpa e la punizione di Tiro, sono state tramandate alla memoria, per noi, nelle parole forse più commoventi che mai pronunciarono i profeti di Israele contro le città dello straniero. Ma noi le leggiamo come una soave melodia e chiudiamo l'orecchio al rigore del loro ammonimento, perché proprio la profondità della caduta di Tiro ci ha resi ciechi alla sua realtà, e noi scordiamo, quando guardiamo le sue rocce che biancheggiano fra il sole e il mare, che esse furono un giorno "come nell'Eden, il giardino di Dio". Quella che le succedette, simile a lei in perfezione di bellezza, sebbene fu minore la durata del suo dominio, è ancora lasciata alla nostra contemplazione nell'ultimo periodo del suo declinare: uno spettro sulle sabbie del mare, così debole, così quieta, così spoglia di tutto, tranne che della sua grazia, che si potrebbe dubitare, nel riguardare il suo pallido riflesso nello specchio della laguna, quale sia la città e quale l'ombra. Io vorrei tentare di tracciar le linee di quest'immagine prima che vada per sempre perduta; e ricordare, per quanto io sappia, l'esortazione che mi sembra sia formulata da ognuna delle onde che salgono veloci e picchiano, come campane a morto, contro le Pietre di Venezia. Sarebbe difficile esagerare il valore delle lezioni che possono esser tratte da uno studio fedele della storia di questa città potente e strana: una storia che, nonostante la fatica di innumerevoli cronisti, rimane ancora in una linea vaga e discutibile, solcata di luce e ombra, come la sponda lontana del suo mare, dove i frangenti sui banchi di sabbia si confondono col cielo. Sarà difficile che le ricerche che dovremo iniziare rendano più chiara questa linea, ma i loro risultati ne altereranno in certa misura l'aspetto; e presentano un interesse di un grado assai maggiore di quello che normalmente si addica a ricerche architettoniche.

Io potrei, forse, fin da principio e in poche parole, rendere il lettore normale capace di formarsi un'idea dell'importanza di ogni espressione esistente del carattere veneziano attraverso l'arte veneziana, e dell'ampiezza di interesse compreso dalla vera storia di Venezia, assai più chiara di quella che egli potrebbe aver raggranellato dalle favole sul suo mistero e sulla sua magnificenza. Venezia è concepita solitamente come una oligarchia: essa fu tale durante un periodo minore di metà della sua esistenza, inclusi i giorni della decadenza; ed è una delle prime questioni che dobbiamo seriamente esaminare, se quella decadenza fosse dovuta in qualche modo al mutamento della sua forma di governo, o piuttosto – come certamente lo fu in gran parte – a mutamenti nel carattere delle persone che lo componevano. Lo Stato di Venezia esistette per milletrecentosettantasei anni, dalla prima fondazione di un governo consolare sull'isola di Rialto, al momento in cui il generale in capo dell'armata francese in Italia dichiarò la repubblica veneta cosa del passato. Di questo periodo, duecentosettantasei anni trascorsero in una soggezione nominale alle città dell'antica Venezia, specialmente a Padova, e in una agitata forma di democrazia, i cui poteri esecutivi pare siano stati affidati a tribuni, scelti ciascuno fra gli abitanti di ciascuna delle isole principali. Per seicento anni, durante i quali la potenza di Venezia era in continuo accrescimento, il suo governo fu una monarchia elettiva, poiché il suo re, o doge, possedeva, almeno nei primi tempi, altrettanta autorità indipendente quanto qualsiasi altro sovrano europeo, autorità che fu, però, gradatamente assoggettata a limitazioni, e ristretta quasi quotidianamente nelle sue prerogative, mentre cresceva in un'ombra di inetta magnificenza. L'ultimo governo dei nobili, sotto la parvenza di un re, durò per cinquecento anni, durante i quali Venezia maturò i frutti della sue energie precedenti, li consumò e spirò.

1207 La potenza di Tiro: *(vedi brano 1)*

- **A** non fu di esempio
- **B** è solo un ricordo
- **C** fu superiore a tutte le altre
- **D** è l'erede del trono di Venezia
- **E** è in stato di rovina

1208 La questione della decadenza di Venezia: *(vedi brano 1)*

- **A** dipende solo dal governo oligarchico
- **B** riguarda un periodo pari a quasi tutta la sua storia
- **C** è attribuibile in buona misura al carattere (mutato) dei governanti
- **D** è già stata ampiamente indagata
- **E** non deve essere chiarita

1209 L'autorità del doge: *(vedi brano 1)*

- **A** fu superiore a quella degli altri sovrani europei
- **B** non subì mai limitazioni
- **C** nel tempo vide una restrizione delle prerogative
- **D** crebbe costantemente e senza ombre
- **E** non era indipendente

1210 La storia di Venezia: *(vedi brano 1)*

A è stata scritta in modo esaustivo
B presenta ancora lati poco conosciuti
C non pone più alcun problema
D non è esauriente sulle origini
E è stata raccontata da pochi cronisti

1211 La "grazia" di Venezia: *(vedi brano 1)*

A è un'immagine spettrale
B non è un'ombra
C rappresenta la quieta bellezza della città
D è ciò che resta del suo declinare
E è un riflesso pallido della laguna

1212 Ritagliando lungo le linee non tratteggiate l'immagine qui riportata, per poi ripiegare i lati lungo le linee tratteggiate e incollarne gli angoli, un foglio di cartoncino può essere utilizzato per costruire una scatola priva di coperchio.

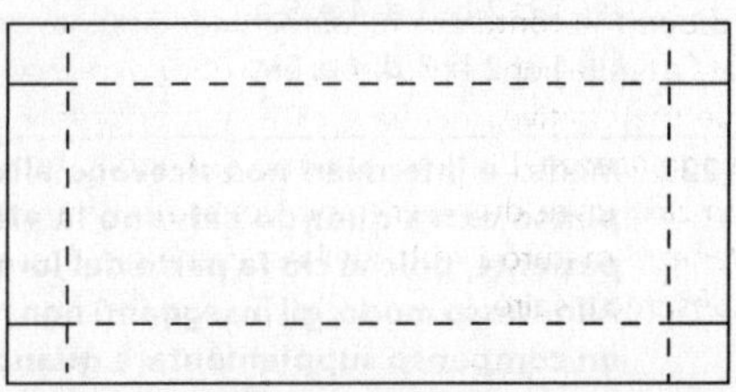

Il foglio di cartoncino misura circa 30 cm × 21 cm. Qual è la capienza approssimativa della scatola ottenuta da tale foglio di cartoncino, con una profondità di 5 cm?

A 1100 cm^3
B 2000 cm^3
C 2100 cm^3
D 2200 cm^3
E 3150 cm^3

1213 Tommaso ha ripartito del denaro fra i suoi tre figli secondo la proporzione 5:3:2. Successivamente ha dato altri 6 euro al figlio che inizialmente ne aveva ricevuti meno. Questo ha comportato che il denaro è stato ripartito in una quota maggiore e due quote inferiori di eguale ammontare. Quanto denaro Tommaso ha dato in totale ai suoi figli?

A Euro 36
B Euro 66
C Euro 60
D Euro 20
E Euro 26

1214 Il termine sponsor è una parola di origine:

A latina
B inglese
C greca
D tedesca
E francese

1215 La ghisa è:

A il ferro dolce temprato
B una lega di ferro contenente rame
C una lega di ferro e stagno
D una lega di ferro contenente piombo
E una lega di ferro e carbonio

1216 Nel Regno Unito la maggior parte degli adulti non utilizza mai per lavoro una lingua diversa dalla propria, cioè l'inglese. Pertanto molti sostengono che l'insegnamento delle lingue straniere in tutte le scuole britanniche sia inutile. Le aziende britanniche non risentono affatto di una carenza di personale con competenze linguistiche, ma piuttosto di una mancanza di diplomati che abbiano un buon livello in inglese e in matematica. Le scuole dovrebbero concentrarsi sull'insegnamento di materie utili agli studenti per le loro future carriere e che, al contempo, serviranno ad assicurare il benessere economico dell'intera nazione.
Quale delle seguenti affermazioni esprime il messaggio principale del brano precedente?

A Le scuole dovrebbero solo insegnare materie utili
B Il benessere economico della nazione dipende da ciò che si insegna nelle scuole
C Le lingue straniere non dovrebbero essere obbligatorie nelle scuole britanniche
D Sono poche le aziende che risentono di una carenza di personale con competenze linguistiche
E Per i diplomati le materie più importanti sono inglese e matematica

1217 Nell'harem del sultano Alì Babà i 4/5 delle odalische hanno i capelli neri ed i 3/4 hanno gli occhi neri. Si può concludere che:

A almeno 11/20 delle odalische hanno sia capelli che occhi neri
B 3/5 delle odalische hanno sia capelli che occhi neri
C al più 11/20 delle odalische hanno sia capelli che occhi neri
D 4/5 delle odalische hanno sia capelli che occhi neri
E 3/4 delle odalische hanno sia capelli che occhi neri

1218 Il prezzo del petrolio incide sul costo dei generi alimentari. Di recente il costo dei generi alimentari è aumentato notevolmente, quindi anche il prezzo del petrolio deve essere aumentato in maniera significativa.

Quale delle seguenti affermazioni ha la stessa struttura logica del suddetto ragionamento?

- A Si deve essere bravi in matematica per essere commercialista. Maria è brava in matematica, quindi deve essere una commercialista
- B Avere un alto quoziente intellettivo è essenziale per essere ammessi come soci del MENSA, "il club dei cervelloni". Pietro è un cervellone, quindi deve essere un socio del MENSA
- C Il signor De Rosa ha bisogno di usare la sedia a rotelle, quindi non è in grado di camminare. Se non avesse bisogno di usare la sedia a rotelle, sarebbe in grado di camminare
- D La mancanza di attività fisica è causa di sovrappeso. Al giorno d'oggi un numero crescente di persone è in sovrappeso, quindi praticare attività fisica deve essere meno comune di una volta
- E Quando si va in bicicletta, è essenziale indossare il casco per evitare un trauma cranico. Giovanni non indossa mai il casco quando va in bicicletta, quindi non eviterà un trauma cranico

1219 L'agenzia pubblicitaria *Beautiful Promotions* ha un nuovo logo. Il logo è stato inciso su vetro ed è stato esposto sulla vetrina principale in modo tale da essere visto dall'esterno come mostrato in questa figura:

bP

Sfortunatamente, il logo è stato appeso al contrario (ossia applicando una rotazione in senso orario di 180°). Quale delle seguenti immagini riproduce il logo visto dall'interno?

Pb	qd	Pd	bP	dq
1	2	3	4	5

- A 1
- B 2
- C 3
- D 4
- E 5

1220 Ho a disposizione tanti cubi quanti ne voglio e dipingo ogni loro faccia con i colori rosso o verde. Quanti cubi diversi posso ottenere?

- A 10
- B 6
- C 64
- D 36
- E 24

1221 Stabilire la corrispondenza tra i titoli di raccolte di poesie e i loro autori.

1. *Alcyone* a. Eugenio Montale
2. *Zibaldone* b. Gabriele d'Annunzio
3. *Ossi di seppia* c. Salvatore Quasimodo
4. *Myricae* d. Giacomo Leopardi
5. *Il falso e il vero verde* e. Giovanni Pascoli

- A 1-b; 2-d; 3-a; 4-e; 5-c
- B 1-b; 2-a; 3-e; 4-d; 5-c
- C 1-a; 2-e; 3-c; 4-b; 5-d
- D 1-c; 2-b; 3-d; 4-e; 5-a
- E 1-e; 2-b; 3-d; 4-a; 5-c

1222 Medici e infermieri non ricevono alcun compenso extra quando salvano la vita di un paziente, poiché ciò fa parte del loro lavoro. Allo stesso modo, gli insegnanti non ricevono un compenso supplementare quando i loro studenti superano gli esami in modo brillante. Tuttavia, nel Regno Unito è stato recentemente proposto di dare un compenso extra agli agenti di polizia, fino a un massimo di £1.000 annuali, in base al loro contributo nella lotta contro la criminalità. Tale proposta di incentivare gli agenti di polizia deve essere respinta poiché i dipendenti pubblici dovrebbero semplicemente svolgere bene il loro lavoro.

Quale delle seguenti affermazioni, se considerata vera, indebolisce l'argomentazione contro gli incentivi agli agenti di polizia?

- A Il compenso extra proposto per gli insegnanti sarebbe legato all'impegno dei loro studenti
- B Il Servizio Sanitario nazionale non sarebbe più sostenibile dalle finanze pubbliche qualora i dipendenti ricevessero compensi extra
- C L'opinione pubblica è generalmente molto critica nei confronti degli agenti di polizia
- D Nel Regno Unito c'è una forte carenza di organico tra gli agenti di polizia
- E Nel settore privato i datori di lavoro, a loro discrezione, possono elargire compensi extra ai dipendenti

1223 Tancredi e Nina sono due strani cugini. Tancredi mente il lunedì, il martedì ed il mercoledì e dice la verità tutti i rimanenti giorni della settimana. Nina invece mente il giovedì, il venerdì ed il sabato, ma dice la verità tutti gli altri giorni della settimana. Un giorno X Tancredi afferma: *Ieri era uno dei giorni in cui Nina diceva la verità*.

Che giorno della settimana è il giorno X?

- A Lunedì
- B Martedì
- C Mercoledì
- D Giovedì
- E Venerdì

1224 Dopo un lungo periodo di siccità, la cisterna d'acqua nel mio giardino conteneva solo il 28% della sua capacità complessiva. La pioggia della scorsa settimana ha tuttavia aumentato del 25% la quantità d'acqua presente nella cisterna e in base alle previsioni meteorologiche, la stessa quantità di pioggia è attesa questa settimana. Se, come dicono le previsioni, la cisterna questa settimana si riempirà della stessa quantità di acqua piovana ricevuta la scorsa settimana, in che percentuale della sua capacità sarà riempita?

- A 78,00%
- B 66,25%
- C 42,00%
- D 43,75%
- E 60,00%

1225 Il nuovo salone della contessa Viendalmare ha un pavimento quadrato di undici metri di lato. La contessa vuole piastrellarlo con piastrelle quadrate, bianche e nere, di un metro quadrato. Il disegno che ha commissionato al suo architetto ha tutte le piastrelle bianche tranne quelle sulla cornice e quelle sulle due diagonali, che sono nere. Quante piastrelle nere deve ordinare l'architetto?

- A 58
- B 66
- C 62
- D 61
- E 57

1226 Il capo della chiesa anglicana è:

- A il cardinale più anziano del sinodo
- B il patriarca di Edimburgo
- C il re d'Inghilterra
- D il papa
- E l'arcivescovo di Canterbury

1227 Alla nonna hanno rubato la crostata e lei sa che deve essere stato almeno uno dei suoi nipotini, Pim, Pom e Pam. Sa che se Pim è colpevole e Pom è innocente, allora Pam è colpevole. Che cosa si può dedurre?

- A C'è almeno un colpevole fra Pom e Pam
- B C'è almeno un colpevole fra Pim e Pom
- C C'è almeno un colpevole fra Pim e Pam
- D I colpevoli sono almeno due
- E Il colpevole è uno solo

1228 Il proprietario di una fabbrica di orecchini, in occasione della festa dell'8 marzo, vuole fare un regalo alle sue 100 dipendenti donne. Poiché sa che il 10% di esse porta un solo orecchino e che il rimanente si divide in parti uguali tra chi non ne porta affatto e chi ne porta due, quanti orecchini dovrà far preparare?

- A 45
- B 90
- C 100
- D 180
- E 200

1229 Incontro due persone nel paese dei cavalieri (che dicono sempre la verità) e dei furfanti (che mentono sempre).

Il primo dice: *Siamo entrambi ricchi*

Il secondo afferma: *Siamo entrambi furfanti*

Dunque necessariamente:

- A il primo è un cavaliere, il secondo è ricco
- B il secondo è un furfante, il primo non è ricco
- C il primo è un furfante, il secondo è ricco
- D il primo è un furfante, il secondo è un cavaliere
- E il primo è un cavaliere, il secondo non è ricco

1230 Antonio, Bianca, Carlo e Danilo possiedono complessivamente 166 quadri. Danilo ne ha il quadruplo di Carlo e Antonio ha 6 quadri in più rispetto a Carlo, che a sua volta ne ha la metà di Bianca. Quanti quadri possiede Antonio?

- A 20
- B 26
- C 40
- D 44
- E 60

1231 La galena è:

- A un minerale
- B un'imbarcazione
- C un medicinale
- D un abito
- E una rappresentazione

Brano 2 — In base alle informazioni contenute nel brano seguente, rispondere alle successive domande.

L'ideale della certezza

La scienza non è un sistema di asserzioni certe, o stabilite una volta per tutte, e non è neppure un sistema che avanzi costantemente verso uno stato definitivo. La nostra scienza non è conoscenza (episteme): non può mai pretendere di aver raggiunto la verità, e neppure un sostituto della verità, come la probabilità. Non sappiamo, possiamo solo tirare a indovinare. E i nostri tentativi di indovinare sono guidati dalla fede non scientifica, metafisica (se pur biologicamente spiegabile) nelle leggi, nelle regolarità che possiamo svelare, scoprire. Come Bacone, potremmo descrivere la nostra scienza contemporanea – il «metodo di ragionamento che oggi gli uomini applicano ordinariamente alla natura» – come consistente di «anticipazioni, affrettate e premature» e di «pregiudizi». Ma queste congetture meravigliosamente immaginative e ardite, o anticipazioni, sono controllate accuratamente e rigorosamente da controlli sistematici. Una volta avanzata, nessuna delle nostre «anticipazioni» viene sostenuta dogmaticamente. Il nostro metodo di ricerca non è quello che consiste nel difenderle, per provare quanta ragione avessimo. Al contrario, tentiamo di rovesciarle. Usando tutte le armi della nostra armeria logica, matematica e tecnica, tentiamo di provare che le nostre anticipazioni erano false, allo scopo di avanzare, in loro luogo, nuove anticipazioni ingiustificate e ingiustificabili, nuovi «pregiudizi affrettati e prematuri», per usare l'espressione denigratoria con cui li chiama Bacone. È possibile interpretare più prosaicamente le strade percorse dalla scienza. Si potrebbe dire che il progresso può «…aver luogo, solo in due modi: raccogliendo nuove esperienze percettive e organizzando meglio quelle già a nostra disposizione». Ma questa descrizione del progresso scientifico, pur non essendo di fatto falsa, sembra fuori bersaglio. Risente troppo di reminescenze dell'induzione baconiana: suggerisce troppo da vicino l'industriosa raccolta degli «innumerevoli grappoli, ubertosi e maturi», da cui Bacone si aspettava di veder fluire il vino della scienza: ricorda troppo il mito baconiano di un metodo scientifico che parte dall'osservazione e dall'esperimento e di qui procede alle teorie (tra l'altro, questo metodo leggendario ispira ancor oggi alcuni degli scienziati più moderni, che tentano di praticarlo, per via della credenza predominante secondo cui si tratterebbe del metodo della fisica sperimentale). Il progresso della scienza non è dovuto al fatto che, coll'andar del tempo, si accumulano esperienze percettive in numero sempre maggiore. E non è dovuto al fatto che facciamo un uso sempre migliore dei nostri sensi. Per quanto industriosamente le raccogliamo e le scegliamo, da esperienze sensibili non interpretate non potremo mai distillare la scienza. I soli mezzi a nostra disposizione per interpretare la natura sono le idee ardite, le anticipazioni ingiustificate e le speculazioni infondate: sono il solo organo, i soli strumenti di cui disponiamo. E per guadagnare il nostro premio dobbiamo azzardarci ad usarli. Quelli tra noi che non espongono volentieri le loro idee al rischio della confutazione non prendono parte al gioco della scienza. Anche il controllo sperimentale delle nostre idee, sobrio e accurato, è a sua volta ispirato da idee; l'esperimento è azione pianificata, ciascun passo della quale è guidato dalla teoria. Non per caso andiamo a inciampare nelle nostre esperienze; e neppure le lasciamo scorrer su di noi, come una corrente. Invece, dobbiamo essere attivi: dobbiamo «fare» le nostre esperienze. Siamo sempre noi a formulare le questioni da porre alla natura: siamo noi a tentare sempre di nuovo di porre queste questioni, in modo da ottenere un «sì» o un «no» ben chiari (perché la natura non ci dà una risposta, se non facciamo pressione per ottenerla). E alla fine, siamo ancora noi a dare la risposta: siamo noi che, dopo esami severi, decidiamo la risposta alla domanda che abbiamo posto alla natura, dopo lunghi e seri tentativi di ottenere dalla natura un «no» non equivoco. Il vecchio ideale scientifico dell'episteme – della conoscenza assolutamente certa, dimostrabile – si è rivelato un idolo. L'esigenza dell'oggettività scientifica rende ineluttabile che ogni asserzione della scienza rimanga necessariamente e per sempre allo stato di tentativo. È bensì vero che un'asserzione scientifica può essere corroborata, ma ogni corroborazione è relativa ad altre asserzioni che a loro volta hanno natura di tentativi. Possiamo essere «assolutamente certi» solo nelle nostre esperienze soggettive di convinzione, nella nostra fede soggettiva. Con l'idolo della certezza (compreso quello dei gradi di certezza imperfetta, o probabilità) crolla una delle linee di difesa dell'oscurantismo, che sbarrano la strada al progresso scientifico. Perché la venerazione che tributiamo a quest'idolo è d'impedimento non solo all'arditezza delle nostre questioni ma anche al rigore dei nostri controlli. La concezione sbagliata della scienza si tradisce proprio per il suo smodato desiderio di essere quella giusta. Perché non il possesso della conoscenza, della verità irrefutabile, fa l'uomo di scienza, ma la ricerca critica, persistente e inquieta, della verità.

1232 La funzione della scienza: *(vedi brano 2)*

- **A** si risolve nella sua utilità pratica
- **B** sta nel fornire assolute certezze
- **C** consiste nel registrare ciò che l'esperienza offre
- **D** è essenzialmente critica
- **E** è la difesa delle teorie

1233 Una passata concezione di episteme: *(vedi brano 2)*

- **A** non ha carattere scientifico ma metafisico
- **B** consiste nell'affermare una verità probabile
- **C** è sempre raggiungibile con un buon metodo
- **D** permette alla scienza di progredire
- **E** porta facilmente al dogmatismo

QUESITI

1234 Le teorie sono: *(vedi brano 2)*

A il frutto di anticipazioni e congetture
B l'esito di esperimenti
C il risultato di deduzione da assiomi
D il risultato di procedure induttive
E generalizzazioni improprie

1235 Il controllo sperimentale: *(vedi brano 2)*

A può soltanto confermare le teorie
B è una costruzione puramente soggettiva
C non è una passiva constatazione
D è sempre indipendente dalle idee
E raccoglie le risposte spontanee della natura

1236 L'accumulo di esperienze: *(vedi brano 2)*

A non è il vero motore del progresso scientifico
B vale senza bisogno di interpretazione
C costituisce la base delle deduzioni
D impedisce di fare ipotesi accettabili
E serve per individuare le soluzioni probabili

1237 Indicare quali parole, tra le cinque sequenze proposte, vanno sostituite ai numeri per dare un senso compiuto e logico alle frasi seguenti.
"Il cervello aveva ___(1)___ uguali alle nostre già negli uomini di 300.000 anni fa; anzi, sembra quasi avesse addirittura un ___(2)___ un po' superiore a quello odierno. Questo non implica che fosse di ___(3)___ interna uguale alla nostra".

A (1) funzioni, (2) peso, (3) specie
B (1) condizioni, (2) formato, (3) tipologia
C (1) dimensioni, (2) volume, (3) struttura
D (1) grandezze, (2) rilievo, (3) durezza
E (1) misure, (2) valore, (3) peculiarità

1238 "Recenti scoperte hanno respinto l'infondatezza della tesi secondo la quale non è vera l'impossibilità che lo stress sia alla base di alcune gravi malattie mentali". Qual è il corretto significato della precedente affermazione?

A Le malattie mentali sono causate da stress
B Lo stress può essere causa di alcune malattie mentali
C Non è possibile che lo stress sia la causa di alcune gravi malattie mentali
D Lo stress porta inevitabilmente alla malattia mentale
E Lo stress fa diventare matti

1239 Maddalena ha 40 caramelle al miele e 31 caramelle alla menta suddivise in 10 scatole. Quale delle seguenti affermazioni è sicuramente vera?

A Esiste almeno una scatola in cui ci sono almeno 5 caramelle al miele
B In tutte le scatole, il numero di caramelle al miele è maggiore o uguale a quello delle caramelle alla menta
C Esiste almeno una scatola in cui ci sono esattamente 4 caramelle alla menta
D In ogni scatola ci sono almeno 7 caramelle
E Esiste almeno una scatola in cui ci sono almeno 8 caramelle

1240 È andata via la luce, e Carletto deve vestirsi. Al buio apre il cassetto per estrarre dei calzini. Sa che nel cassetto vi sono 20 calzini blu, 8 calzini marroni, 14 calzini beige e 22 calzini neri. Qual è il numero minimo di calzini che deve prendere per essere sicuro di averne almeno due dello stesso colore?

A 9
B 23
C 3
D 22
E 5

1241 Laura dice a Danilo: "Se venerdì starò bene, giocherò la partita. Se starà bene anche Betty la porterò a giocare con me". È venerdì, Danilo va a vedere la partita e vede Laura in tribuna a guardare la partita. Allora sicuramente:

A Laura sta bene, ma Betty no
B Laura e Betty non stanno bene
C Laura sta bene, Betty non ha voluto giocare la partita con lei
D Betty non sta bene
E Laura non sta bene

1242 "Chi non frequenta tutte le lezioni viene bocciato all'esame". In base alla precedente affermazione, è necessariamente vero che:

A condizione necessaria per essere bocciato all'esame è quella di non frequentare tutte le lezioni
B chi non viene bocciato all'esame ha frequentato tutte le lezioni
C non è possibile che anche chi frequenta tutte le lezioni possa essere bocciato
D chi viene bocciato all'esame non ha frequentato tutte le lezioni
E chi frequenta tutte le lezioni verrà promosso

Brano 3 — Leggere il brano e rispondere alle relative domande

Allo stesso modo in cui contrattazione, baratto e acquisto sono i mezzi attraverso cui ci procuriamo gli uni dagli altri la maggior parte dei buoni uffici di cui abbiamo bisogno, è questa stessa disposizione a trafficare che dà origine alla divisione del lavoro. In una tribù di cacciatori o di pescatori, un individuo fa per esempio archi e frecce con più rapidità e destrezza degli altri e li dà spesso ai suoi compagni in cambio di selvaggina o bestiame. Alla fine si accorgerà che in questo modo può avere più bestiame e selvaggina di quanto ne avrebbe se fosse andato a caccia di persona, sicché in base al semplice interesse egoistico la fabbricazione di armi e frecce si trasformerà nella sua occupazione principale ed egli diventerà una specie di armaiolo. Un altro è il migliore nel fabbricare le strutture e le coperture delle loro piccole capanne o abitazioni mobili; si abitua a rendersi utile in questo modo ai suoi vicini, che dal canto loro lo ricambiano con bestiame e selvaggina; sicché alla fine trova il suo interesse nel dedicarsi completamente a questa occupazione, ed eccolo diventato una specie di carpentiere edile. Un terzo diventa allo stesso modo fabbro o calderaio, un quarto conciatore di cuoi o pelli, elemento principale dell'abbigliamento dei selvaggi. Così la certezza di avere la possibilità di scambiare tutto il sovrappiù del prodotto del proprio lavoro, che supera il consumo, col sovrappiù del prodotto del lavoro degli altri uomini di cui si ha bisogno, incoraggia ogni uomo a dedicarsi a una occupazione particolare, coltivando e portando alla perfezione il talento o l'inclinazione che si trova ad avere per un tipo particolare di attività. La differenza tra i talenti naturali degli uomini è in effetti molto minore di quel che si pensa; e, in molti casi, le diversissime inclinazioni che sembrano distinguere in età matura uomini di diverse professioni sono piuttosto effetto che causa della divisione del lavoro. Ma senza la disposizione a trafficare, barattare e scambiare, ogni uomo avrebbe dovuto procurarsi da solo tutte le cose necessarie e comode della vita di cui ha bisogno.

1243 Quale delle seguenti alternative potrebbe sostituire l'espressione "buoni uffici", sottolineata nel brano? *(vedi brano 3)*

A Benevolenza
B Beni e servizi
C Favori
D Alimenti
E Umana simpatia

1244 Lo scopo del brano è: *(vedi brano 3)*

A illustrare la genesi della divisione del lavoro
B illustrare i vantaggi della divisione del lavoro
C affermare l'uguaglianza tra gli uomini, negando la diversità dei talenti naturali
D affermare la superiorità degli europei sui selvaggi
E illustrare un aspetto della storia umana

1245 L'autore di questo brano è Adam Smith. Con quale dei seguenti personaggi egli avrebbe potuto discutere di questi temi? *(vedi brano 3)*

A Voltaire
B Mussolini
C Marx
D Mazzini
E Gandhi

1246 In un giorno di traffico intenso, una coda di automobili aumenta del 50% ogni ora. Dopo quante ore la lunghezza della coda è raddoppiata rispetto alla lunghezza iniziale?

A 2
B 1,5
C 1
D 3
E Non è possibile determinarlo con i dati a disposizione

1247 In Gran Bretagna recentemente si tende a pitturare di giallo tutti gli apparecchi rilevatori di velocità a postazione fissa (tipo autovelox) per renderli facilmente visibili. Questo è ritenuto un modo per invitare gli automobilisti a moderare l'andatura rispettando i limiti e prevenire così gli incidenti, anche se intuitivamente sembra essere l'esatto contrario di quanto si dovrebbe fare, ovvero nascondere gli autovelox. Se gli autovelox sono facilmente visibili, gli automobilisti tendono ad accelerare tra un autovelox e l'altro per poi rallentare bruscamente all'approssimarsi dello stesso. Questa abitudine è molto pericolosa. Se invece gli autovelox sono ben nascosti, gli automobilisti sono costretti a mantenersi entro i limiti di velocità per tutto il percorso per timore di essere multati a propria insaputa.
Quale delle seguenti affermazioni è totalmente sostenuta dal brano precedente?

A Se apparecchi rilevatori di velocità a postazione fissa fossero difficilmente visibili, gli automobilisti rispetterebbero i limiti di velocità
B Pitturare gli apparecchi rilevatori di velocità a postazione fissa (tipo autovelox) non serve da deterrente agli automobilisti che non rispettano i limiti di velocità
C Lo scopo di installare apparecchi rilevatori di velocità a postazione fissa è quello di incoraggiare gli automobilisti a ridurre la propria velocità
D Quando gli apparecchi rilevatori di velocità a postazione fissa sono ben visibili gli automobilisti guidano in maniera più pericolosa
E Rendere gli apparecchi rilevatori di velocità a postazione fissa facilmente visibili è l'esatto contrario di una buona prassi

1248 Credevo che tutti i medici avessero un rimedio per ogni male, ma l'esperienza mi ha costretto a ricredermi. Quale delle seguenti affermazioni consegue necessariamente dalla premessa?

- A Esiste un medico che non ha un rimedio per un certo male
- B Per ogni male, c'è un medico che non sa porvi rimedio
- C C'è un male per cui nessun medico ha un rimedio
- D I medici non hanno rimedio per nessun male
- E Ogni medico manca del rimedio per almeno un male

1249 Nel periodo "Non capisco di che cosa parlino" è presente una proposizione subordinata:

- A limitativa
- B dichiarativa
- C soggettiva
- D oggettiva
- E interrogativa indiretta

1250 Se ad un tavolo circolare siedono 30 persone ed ognuna stringe la mano ai suoi immediati vicini di posto, quante strette di mano si contano?

- A 60
- B 30
- C 15
- D 90
- E 29

1251 La maestra d'asilo mette in fila indiana sei bimbe, i cui nomi sono: Anna, Bianca, Claudia, Diana, Eva, Federica. Sapendo che Eva viene subito dopo Federica, che Bianca è la seconda della fila e che fra lei ed Anna vi è una sola bambina, si dica chi è l'ultima della fila.

- A Eva
- B Federica
- C Diana
- D Claudia
- E Anna

1252 Quale di queste nazioni non fa parte dell' "area Schengen"?

- A Finlandia
- B Islanda
- C Svizzera
- D Regno Unito
- E Norvegia

1253 Non si dovrebbero bocciare progetti per la costruzione di nuove centrali nucleari poiché sono più "verdi" rispetto alle centrali elettriche tradizionali alimentate a carbone. Tuttavia, ci si dovrebbe assicurare che le nuove centrali nucleari siano costruite in modo da minimizzare eventuali problemi ambientali. Ad esempio, in Francia le centrali nucleari in zone costiere, che usano acqua marina nei sistemi di raffreddamento, sono responsabili dello sterminio di miliardi di pesci e delle loro uova che ogni anno vengono risucchiati all'interno delle centrali. In quelle regioni della Francia l'impatto ambientale può essere così devastante che il tasso di mortalità tra alcune specie di pesci è equivalente alla metà della pesca commerciale.

Quale delle seguenti affermazioni, se considerate vere, rafforza l'argomentazione precedente?

- A L'energia nucleare genera minori gas inquinanti rispetto all'energia generata da combustibili fossili
- B La pesca eccessiva, che in passato è stata causa di un significativo declino nelle riserve di pesce, è ormai sotto controllo
- C La maggior parte delle uova di pesce non si schiude
- D Oggigiorno si pescano specie diverse che sono apprezzate dai consumatori
- E Il danno recato alla popolazione ittica può essere evitato facendo uso di sistemi di raffreddamento alternativi

1254 La lista degli ingredienti di una confezione di fagioli in scatola indica quanto segue (in ordine di peso decrescente):

- **Fagioli bianchi (51%)**
- **Acqua**
- **Zucchero**
- **Passata di pomodoro (4,5%)**
- **Amido di mais modificato**
- **Sale**
- **Aromi naturali**
- **Cipolla in polvere**
- **Paprika**

Qual è la percentuale massima di acqua che potrebbe essere contenuta nella scatola di fagioli?

- A 49,0%
- B 22,2%
- C 44,5%
- D 17,5%
- E 40,0%

RAGIONAMENTO LOGICO E CULTURA GENERALE

1255 La settimana scorsa, in seguito a un'abbondante nevicata, le scuole hanno dovuto decidere se rimanere chiuse o meno. Tale decisione è sempre difficile poiché vi sono numerosi fattori da prendere in considerazione. Da un lato, la chiusura imprevista delle scuole causa molti disagi, perché i genitori che lavorano hanno poco tempo per trovare qualcuno a cui affidare i propri bambini. Dall'altro lato, sarebbe opportuno limitare il traffico per questioni di viabilità. Tuttavia, se le scuole rimangono aperte quando nevica, il traffico aumenta perché un numero maggiore di genitori usa l'auto per accompagnare i figli a scuola. Quindi, la settimana scorsa tutte le scuole della città sarebbero dovute rimanere chiuse.

Su quale supposizione implicita si basa il brano precedente?

- **A** I genitori volevano che le scuole rimanessero aperte
- **B** I problemi derivanti dal traffico sono più gravi rispetto a quelli causati ai genitori dalla chiusura delle scuole
- **C** Gli insegnanti sarebbero stati in grado di arrivare a scuola
- **D** Le scuole che sono rimaste chiuse non hanno valutato abbastanza attentamente tutte le possibilità
- **E** I datori di lavoro dovrebbero prendere in considerazione le esigenze dei dipendenti con figli

1256 Inserisci la parola tra le parentesi che unita alle sillabe già fornite permetta di formare due parole di senso compiuto:

TON (...) NNO

- **A** chi
- **B** a
- **C** no
- **D** fo
- **E** ta

1257 Quale degli elenchi seguenti contiene solo opere scritte da Carlo Emilio Gadda?

- **A** La cognizione del dolore; La madonna dei filosofi; Quer pasticciaccio brutto de via Merulana
- **B** Quer pasticciaccio brutto de via Merulana; L'Adalgisa; Sorelle Materassi
- **C** Eros e Priapo; Novelle del Ducato in Fiamme; Le menzogne della notte
- **D** L'Adalgisa; Conversazione in Sicilia; La cognizione del dolore
- **E** La madonna dei filosofi; Dialoghi con Leucò; I sogni e la folgore

1258 In un suo recente comunicato stampa, l'Onorevole X ha dichiarato che avrebbe dato le dimissioni dal Parlamento se si fossero presentate prove a suo carico per aver "falsificato il proprio rimborso spese" e se avesse "perso la fiducia dei propri elettori". Il quotidiano A ha pubblicato accuse dettagliate riguardo ai suoi rimborsi spese sotto inchiesta della magistratura. Il quotidiano B ha condotto un sondaggio d'opinione tra gli elettori dell'Onorevole X e il 60% ha dichiarato di non avere più fiducia in lui. Il quotidiano C titola: "Si dimetta Onorevole X, si dimetta!"

Quale delle seguenti risposte mostra l'errore nel ragionamento alla base del titolo del quotidiano C?

- **A** L'Onorevole X non ha perso la fiducia di tutti i suoi elettori
- **B** I quotidiani non devono giudicare se un politico si deve dimettere o meno
- **C** I quotidiani A e B forniscono resoconti contraddittori
- **D** Le accuse e le indagini della magistratura non costituiscono prove sufficienti di colpevolezza
- **E** I sondaggi d'opinione non sono attendibili

1259 La richiesta di restituzione della *Gioconda* di Leonardo (attualmente al Louvre) avanzata dal governo italiano potrebbe avere conseguenze indesiderate sul prestito museale. Nel 2002 i direttori dei 18 musei più importanti al mondo hanno dichiarato che, in cambio del mantenimento dei tesori già in loro possesso, si sarebbero impegnati a renderli disponibili a tutti. Questo ha dato il via a nuove collaborazioni tra musei per formazione, restauro e prestito. Ogni anno si effettuano migliaia di prestiti intermuseali in tutti i continenti: ad esempio, il Louvre darà in prestito la statua di Ramses II all'Egitto. L'Italia dovrebbe dunque rinunciare alle sue pretese sulla *Gioconda*. L'insistenza italiana di restituzione della *Gioconda* metterebbe in crisi il sistema di prestito museale.

Quale delle seguenti affermazioni esprime il messaggio principale del brano precedente?

- **A** L'Italia dovrebbe rinunciare alla sua richiesta di restituzione della *Gioconda*
- **B** La richiesta italiana di restituzione della *Gioconda* non avrà alcun impatto sul prestito museale
- **C** La *Gioconda* appartiene al Louvre
- **D** Il Louvre non dovrebbe dare in prestito la statua di Ramses II all'Egitto
- **E** La cooperazione museale andrebbe incoraggiata

1260 Se una scarpa pesa 200 grammi, un ombrello pesa come una pipa più una scarpa, cinque pipe pesano come un ombrello più una scarpa e un casco pesa come un ombrello più una pipa, quanto pesa il casco?

A 100 grammi
B 200 grammi
C 300 grammi
D 400 grammi
E 500 grammi

1261 Quale delle seguenti parole è sinonimo di "schernire"?

A Scheggiare
B Schivare
C Riparare
D Canzonare
E Nascondere

1262 In un torneo di calcio a quattro squadre con 3 punti per la vittoria, 1 punto per il pareggio e 0 punti per la sconfitta, la prima classificata, dopo tre incontri, ha totalizzato 7 punti perché:

A non ha mai perso
B ha subito una sola sconfitta
C ha pareggiato 2 volte
D ha sempre vinto
E ha perso solo una volta

1263 Cinque persone si inviano messaggi con il telefono cellulare. Ciascuno invia un messaggio a tutti gli altri. Quanti sono i messaggi inviati in totale?

A 5
B 25
C 20
D 10
E 18

1264 Il traghetto da Termoli impiega 1 ora e 15 minuti in mare aperto per raggiungere l'Isola di San Domino e rimane attraccato per 30 minuti in entrambi i porti. Il servizio di hovercraft (veicolo a cuscino d'aria) che copre lo stesso tragitto tra i due porti impiega 45 minuti in mare aperto e rimane attraccato per 15 minuti in entrambi i porti.
Se entrambe le imbarcazioni partono da Termoli alle ore 8.00, a che ora saranno attraccati nello stesso porto simultaneamente?

A Alle ore 14.45
B Alle ore 12.45
C Alle ore 18.00
D Alle ore 9.45
E Alle ore 15.00

1265 Maria sta arredando la cucina e vorrebbe inserire dei mobili componibili lungo l'intera parete ed includere almeno due cassetti. La parete misura 3 metri e Maria ha intenzione di sfruttarne tutta la lunghezza. Nel catalogo di cucine componibili sono disponibili i seguenti modelli di mobili componibili:

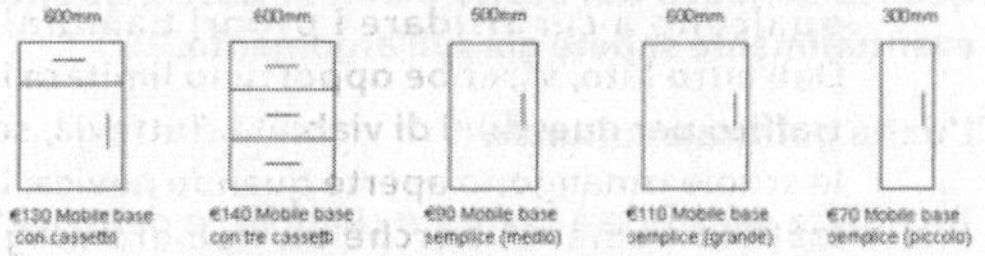

Qual è la combinazione più economica che si può montare lungo l'intera parete?

A € 540
B € 580
C € 590
D € 650
E € 680

1266 Quale dei seguenti elementi non rientra nella serie formata dagli altri?

A Aleutine
B Ande
C Andamane
D Caroline
E Maldive

1267 Nell'ultima ora la velocità di un aeroplano è passata da 800 a 1.000 km/h; la velocità di un razzo è passata da 10.000 a 12.000 miglia all'ora e la velocità di una bicicletta da 10 a 15 km/h. La velocità di quale mezzo ha subito il maggior incremento percentuale?

A Bicicletta
B Aeroplano
C Razzo
D Non è possibile determinarlo
E Non è possibile determinarlo a meno di non sapere a quanti chilometri equivale un miglio

1268 7 imbianchini iniziano a pitturare un gruppo di appartamenti e prevedono di completare il lavoro in 16 giorni. Due giorni dopo l'inizio del lavoro, altri 7 imbianchini vengono ad aggiungersi agli altri. In quanti giorni sarà finito il lavoro?

A 4
B 9
C 6
D 7
E 8

RAGIONAMENTO LOGICO E CULTURA GENERALE

Brano 4 — Questo brano è seguito da cinque quesiti riguardanti il suo contenuto. Per ogni quesito sono previste cinque risposte differenti, contrassegnate con le lettere A, B, C, D, E. Per ogni quesito scegliete fra le cinque risposte o affermazioni quella che ritenete corretta in base soltanto a ciò che risulta esplicito o implicito nel brano, cioè solo in base a quanto si ricava dal brano e non in base a quanto eventualmente sapete già sull'argomento.

L'unità politica e culturale

Tra questa varia opera pratica e culturale, e dei singoli non meno dello stato, si veniva svolgendo un processo di somma importanza, sebbene non avvertito, la formazione di una comune vita italiana, cioè il superamento delle vite regionali, chiuse ciascuna nel suo circolo e, tra loro, se non ostili, estranee e indifferenti. Si suol dire che l'Italia già esisteva prima che pervenisse a unità statale; e, certo, esistevano una lingua e letteratura italiana, talune comuni sebbene remote e in parte immaginarie origini storiche, e, assai recenti, alcune aspirazioni politiche simili o analoghe, che cercavano di appoggiarsi le une alle altre e prender forza dall'unione. Ma una vita sociale e culturale comune non è veramente effettiva senza la base dell'unità statale, con comuni interessi politici, comuni fortune e sfortune, con la collaborazione delle varie parti agli stessi fini; la quale unità statale non ha interesse ad ostacolare, ma anzi a promuovere la comunione in tutto il rimanente. Non è meraviglia che il processo unitario italiano facesse udire, al suo principio, qualche stridore di contrasti; e meraviglioso è piuttosto che quello stridore fosse così lieve e così presto svanisse, contro le attese e le speranze, all'interno, di coloro che avevano di mal grado subito l'unità e tenevano impossibile che i piemontesi e napoletani e toscani e siciliani se ne sarebbero stati in pace e in accordo, e di parecchi stranieri, che, innamorati della pittoresca varietà delle popolazioni italiane, e inferendo da essa radicali e insuperabili differenze, facevano non diverso prognostico. Quegli stessi piccoli contrasti vennero segnatamente da uomini che, per aver trascorso una parte dei loro anni migliori nei vecchi stati italiani, erano ricordevoli del passato, delicati nell'amor proprio regionale, corrivi a veder dappertutto offese di legittimi interessi e di cari e rispettabili sentimenti, e a giudicare superflui e dannosi, e fatti per cervellotica smania di uniformità, i mutamenti di leggi e di istituti; ma si dileguarono con quegli uomini o col rasserenarsi dei loro animi. Pure, anche quando il malessere economico del Mezzogiorno proruppe, non prese forma di rivolta o protesta regionale, ma di disfavore a un partito governante e di favore a un altro, che prometteva miglior governo e grandi benefici a tutti gli italiani; e le cattive condizioni di quelle provincie furono svelate e proposte alla discussione prima da italiani di altre parti d'Italia che da quelli del Mezzogiorno, e questi stessi trovarono ascolto e consenso più nella grande vita italiana che nelle loro particolari regioni. Il vero è che gli uffici esercitati dalle medesime persone nelle più varie parti d'Italia, gli agevoli e frequenti viaggi, l'amministrazione, il parlamento, la capitale, il commercio e i viaggiatori di commercio, i giornali, la letteratura rendevano di giorno in giorno più familiari gli affetti, le costumanze, la psicologia, le favelle di tutte le parti d'Italia a tutte le parti; e il servizio militare, come si è detto, non regionale, produceva simili effetti tra i popolani e i contadini. Riprese a fiorire la letteratura dialettale d'arte, che è, per l'appunto, un moto centripeto e non, come talvolta stortamente fu interpretato, centrifugo; e le commedie piemontesi del Bersezio, e quelle veneziane del Gallina e del Selvatico, e quelle milanesi del Ferravilla, e altre di altri dialetti, fecero ridere o lagrimare tutti i pubblici d'Italia, e le canzoni del Di Giacomo e degli altri canzonettisti napoletani furono cantate dappertutto, e i versi romaneschi del Belli e del Passarella dappertutto ripetuti e citati come motti e proverbi. La quale più stretta conoscenza reciproca non diminuì ma accrebbe le virtù e le attitudini di ciascuno, e la Toscana fu maestra di temperanza e di garbo, la Lombardia di operosità industriale e commerciale, l'Italia meridionale di un modo più robusto e filosofico d'intendere i problemi della teoria e della pratica, e via discorrendo. Non si disciolsero gli antichi centri di cultura, perché la capitale politica non era in grado di attirare a sé la vita spirituale della nazione, né tutta né nella sua maggiore e miglior parte: Milano (per la quale sorse allora la denominazione di "capitale morale" d'Italia), Torino, Bologna, Firenze, Napoli e le altre grandi città mantennero un loro proprio ufficio variamente specificato, che è di gran vantaggio per la più ricca vita culturale della nazione e che la troppo accentrata Francia soffre di non possedere; ma il loro chiuso carattere regionale venne grandemente scemando. Chi nacque ancora in tempo da vedere quelle città tra il vecchio e il nuovo, e conobbe quella generazione che era stata già suddita del re di Sardegna, del reale imperiale governo, del granduca di Toscana, del Papa e dei Borboni delle Due Sicilie, e godé gli ultimi strascichi di certe costumanze popolari, e ammirò la magnificenza dei palagi signorili e lo sfoggio dei cavalli e dei cocchi, e ricevette le parole dei vecchi dotti e letterati e magistrati e militari, i loro giudizi e i loro racconti, che recavano ancora le aure dei tempi napoleonici e delle restaurazioni e del ventuno, e perfino talvolta le più lontane e quasi leggendarie del '99, sente la dolcezza e insieme la malinconia del ricordo, ma prova nient'altro che quello che sempre si prova allo spettacolo dei tramonti, e, fuori di questa nostalgia del sentimento, deve giudicare che al passato che tramontava succedeva un presente più civile, più intelligente, più serio, e che al perduto fascino della vecchia Torino e della vecchia Napoli era buon compenso il largo respiro della vita italiana. Più attuali, e assai dolci, erano le conoscenze che si legavano con uomini di tutte le parti d'Italia, e nelle argute conversazioni il reciproco comunicarsi di notizie, e di quel che faceva il Carducci a Bologna, il Boito e il Giacosa a Milano, e il De Sanctis e il Morelli a Napoli, e il Verga in Sicilia, e simili, e di quel che si preparava dagli uni e dagli altri, e i disegni di opere comuni.

1269 L'unità politica: *(vedi brano 4)*
- A fu preceduta da manifestazioni di unità sul piano culturale
- B trovò la società impreparata
- C ebbe solo un carattere dinastico-militare
- D rispecchiò gli interessi delle classi meno abbienti
- E ebbe il suo centro nel Regno delle due Sicilie

1270 Il centralismo: *(vedi brano 4)*
- A fu analogo a quello francese
- B fece sparire le culture locali
- C non eliminò le funzioni dei centri regionali
- D inasprì la pressione fiscale
- E non fu sostenuto dai ceti borghesi

1271 Le difficoltà di ordine economico sofferte dal Mezzogiorno italiano: *(vedi brano 4)*
- A generarono reazioni violente fra la popolazione
- B furono l'effetto di speculazioni finanziarie
- C si esaurirono rapidamente
- D produssero una reazione diretta contro un certo fronte politico
- E penalizzarono soprattutto il proletariato industriale

1272 Il processo di unificazione: *(vedi brano 4)*
- A fu contrastato da un'ampia base sociale
- B non ebbe risvolti di carattere religioso
- C nacque da interessi particolari
- D si giovò di un compatto appoggio internazionale
- E fu accompagnato da sentimenti nostalgici

1273 Le letterature regionali: *(vedi brano 4)*
- A praticamente scomparvero
- B trovarono un pubblico più vasto
- C restarono un fenomeno chiuso
- D dettero voce a forme di opposizione
- E non subirono nessuna influenza

1274 Una imbarcazione con un prezzo di listino pari a 40.000 euro viene venduta con uno sconto del 30%. A quanto è ammontato lo sconto?
- A 13.333 euro
- B 1.200 euro
- C 12.000 euro
- D 3.000 euro
- E 28.000 euro

1275 Individuare la figura mancante.

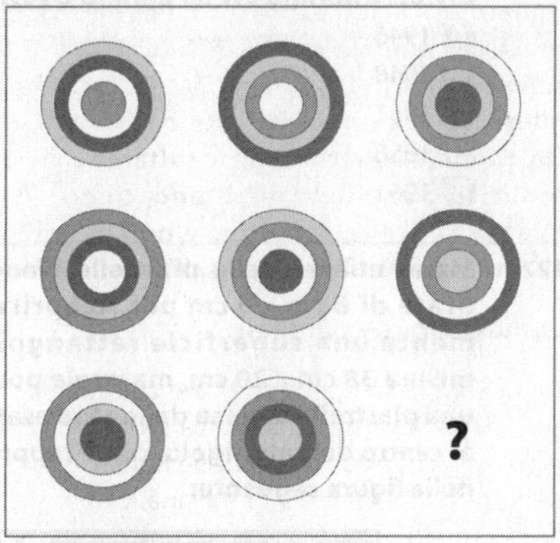

A 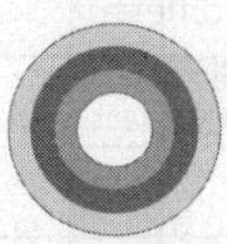

B 

C 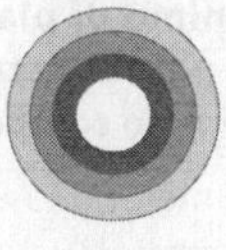

D 

E 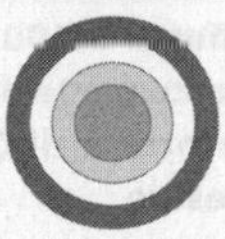

1276 Scartare uno dei dodici esagrammi.

- A L'esagramma da scartare ha una linea intera in meno
- B L'esagramma da scartare ha una linea spezzata in più
- C L'esagramma da scartare si trova fra i primi tre a sinistra
- D L'esagramma da scartare ha una linea spezzata in alto
- E Nella serie non vi è nessun esagramma da scartare

1277 In che anno fu costruito il Muro di Berlino, per dividere Berlino Est da Berlino Ovest?

A 1946
B 1948
C 1951
D 1956
E 1961

1278 Mario utilizza delle piastrelle bianche quadrate di 6 cm × 6 cm per ricoprire interamente una superficie rettangolare che misura 38 cm × 20 cm, ma vuole posizionare una piastrella diversa dalle altre esattamente al centro del rettangolo, come rappresentato nella figura seguente:

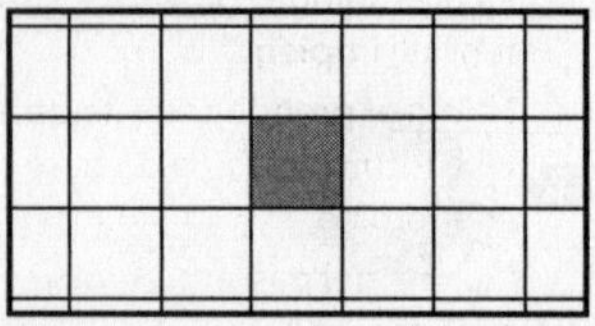

Mario sa tagliare perfettamente le piastrelle nel numero di pezzi necessari per realizzare il progetto, senza alcuno spreco, in modo che i bordi delle piastrelle tagliate combacino con quelli delle piastrelle intere.
Qual è il numero minimo di piastrelle che Mario dovrà tagliare per realizzare la parte perimetrale del rettangolo composta da piastrelle tagliate?

A 3
B 7
C 9
D 11
E 15

1279 Se in una gara di staffetta 4x100 Luigi parte prima di Giuseppe, Marco parte prima di Giuseppe, Cesare parte prima di Giuseppe e Luigi parte prima di Cesare :

A Luigi è il primo a partire
B Giuseppe non parte per ultimo
C Marco è il secondo a partire
D Cesare è il terzo a partire
E Non si sa chi parte per primo

1280 Se sono vere le seguenti affermazioni: "gli Italiani amano il calcio / il calcio è uno sport / chi ama il calcio adora il mare", l'unica deduzione plausibile è che:

A gli italiani amano tutti gli sport
B chi va al mare ama il calcio
C chi ama il basket detesta il mare
D i calciatori vanno raramente al mare
E gli italiani amano il mare

1281 Dieci anni fa a Pietro sono stati lasciati in eredità tre quadri antichi. Dopo averli fatti valutare da un antiquario una prima volta quando li ha ricevuti, ha deciso di farli valutare nuovamente ora, come mostrato da questa tabella:

Quadro	Valutazione 10 anni fa	Valutazione odierna
Le tre sorelle	€ 5000	€ 9000
Il dì di festa	€ 3600	€ 6300
La tempesta	€ 2000	€ 3200

Quale dei seguenti grafici a barre mette a confronto correttamente l'aumento PERCENTUALE del valore di ciascun quadro da quando è stato valutato dieci anni fa a oggi?

A
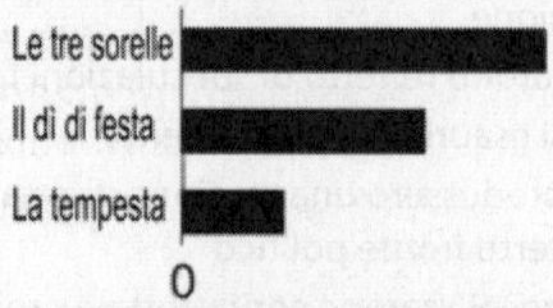

B
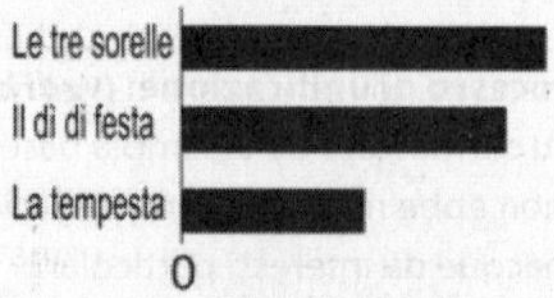

C
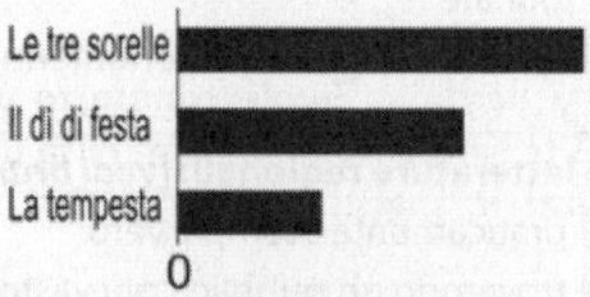

D
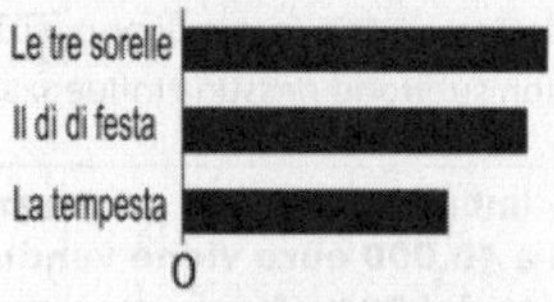

E
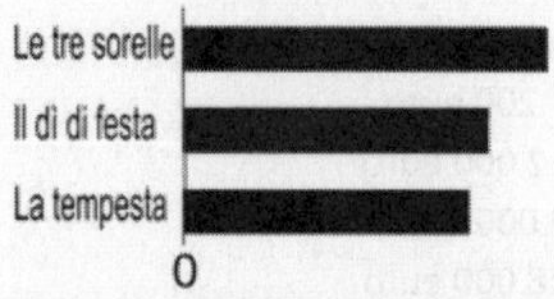

1282 **L'Assemblea generale dell'Onu:**

A è eletta democraticamente
B è un organo rappresentativo degli stati membri
C è la riunione dei primi ministri degli stati membri
D ha sostituito dal 1996 il Consiglio di Sicurezza
E si riunisce mensilmente in seduta ordinaria

1283 **Nei seguenti versi :**
E invece tante foglie chiacchierine parlano dell'autunno che ritorna
e che, sotto la pioggia fine fine, di pampini e di bacche agile s'orna
qual è il soggetto del verbo "*orna*"?

A che
B pioggia
C autunno
D s'
E foglie

1284 **Tancredi sostiene che non è vero che le macchine diesel consumano meno di quelle a benzina. Quindi Tancredi afferma che:**

A le macchine a benzina consumano meno di quelle diesel
B esiste una macchina diesel che non consuma meno di qualsiasi macchina a benzina
C esistono due macchine, una diesel e una a benzina, tali che quella diesel non consuma meno di quella a benzina
D esiste una macchina diesel che consuma più di qualsiasi macchina a benzina
E esiste una macchina a benzina che non consuma più di ogni macchina diesel

1285 **Una bambina vuole comporre un puzzle di sei tessere, ma ne ha smarrita una. I cinque pezzi rimanenti sono raffigurati qui sotto:**

Quale tra le seguenti tessere è quella che la bambina ha smarrito?

1 2 3 4 5

A 1
B 2
C 3
D 4
E 5

1286 **In Italia il servizio militare non è più obbligatorio da alcuni anni. Quando tale servizio era obbligatorio, i ragazzi cercavano le scuse più fantasiose per evitarlo. Oggi invece è un servizio volontario e pagato piuttosto bene, quindi, complice la crisi, moltissimi giovani vorrebbero farlo e per questo partecipano ai concorsi militari. Tuttavia, i posti disponibili sono inferiori al numero di domande da parte dei candidati e dunque molte richieste non vengono soddisfatte. Oggi quindi i giovani protestano per la scarsa possibilità di inserimento nell'ambiente militare.**
Quale delle seguenti alternative costituisce l'ipotesi implicita insita nel brano?

A La crisi spinge i giovani ad accettare un qualunque impiego
B I giovani prendono delle decisioni sul proprio futuro anche sulla base del tornaconto economico
C Più che nel passato, i giovani ambiscono a ruoli di responsabilità
D Le attività che comportano un alto rischio esercitano una forte attrazione sui giovani
E Il fascino della divisa è sempre molto alto

1287 **Alla piscina comunale di Bresso il prezzo del biglietto di entrata è di euro 2 a testa per gli adulti e di euro 1 a testa per i bambini. Le famiglie possono anche acquistare una "tessera famiglia" valida un anno per euro 50 che permette l'uso illimitato della piscina a 2 adulti ed ad un massimo di 3 bambini. Per famiglie più numerose ogni bambino in più paga ogni volta la metà del prezzo del biglietto di entrata. I coniugi Bianchi ed i loro 4 figli sono amanti del nuoto. L'anno scorso hanno usato la loro "tessera famiglia" ben 40 volte.**
Quanto hanno risparmiato i Bianchi lo scorso anno grazie alla "tessera famiglia"?

A euro 190
B euro 230
C euro 250
D euro 50
E euro 270

1288 **In letteratura quale fra i seguenti scrittori è noto per aver utilizzato la tecnica del "flusso di coscienza"?**

A Joyce
B Kafka
C Dostoevskij
D Camus
E De Beauvoir

Brano 5 — Questo brano è seguito da alcuni quesiti riguardanti il suo contenuto. Per ciascun quesito, dovete scegliere, tra le alternative proposte, quella che ritenete corretta in base soltanto a ciò che risulta esplicito o implicito nel brano, cioè solo in base a quanto si ricava dal brano e non in base a quanto eventualmente sapete già sull'argomento.

La storia del cavallo poliploide

Si dice che ancor oggi per gettare nell'imbarazzo i signori del premio Nobel basti menzionare i cavalli poliploidi. Vero o no, verso la fine degli Anni Ottanta il dottor P.U. Posif, il grande genetista erewhoniano, ricevette il premio per le sue manipolazioni del DNA del comune cavallo da tiro (Equus caballus). Si disse che egli aveva apportato un grande contributo all'ancor giovane scienza della trasportologia. In ogni caso vinse il premio per aver creato (nessun'altra parola potrebbe render giustizia a un'operazione di scienza applicata che quasi usurpava l'attività divina), creato, dico, un cavallo di dimensioni esattamente doppie di quelle del comune Clydesdale. Era lungo il doppio, alto e largo il doppio: era un poliploide, con un numero di cromosomi quadruplo del normale. Posif sostenne sempre che c'era stato un tempo in cui questo animale straordinario, quando era ancora un puledro, poteva reggersi sulle quattro zampe. Dovette certo essere uno spettacolo fantastico! Fatto sta che quando fu esposto al pubblico e ripreso e immortalato da tutti gli strumenti di comunicazione della civiltà moderna, il cavallo non si reggeva affatto in piedi. Per farla breve, era troppo pesante. Pesava, naturalmente, otto volte un normale Clydesdale. Per le sue comparse in pubblico o alla televisione, il dotto Posif faceva sempre chiudere gli idranti, che erano altrimenti costantemente necessari per mantenere l'animale alla normale temperatura di un mammifero; ma c'era sempre il timore che le parti più interne cominciassero a cuocere. Dopo tutto, la pelle e il pannicolo adiposo della povera bestia erano spessi il doppio del normale, mentre la sua superficie era solo quattro volte quella di un cavallo comune, sicché esso non si raffreddava adeguatamente. Ogni mattina il cavallo doveva essere sollevato sulle zampe con una piccola gru e infilato in una sorta di scatola a ruote dove poggiava su una serie di molle, calibrate per alleggerirlo di metà del suo peso. Il dotto Posif sosteneva che l'animale era straordinariamente intelligente. Aveva, naturalmente, otto volte più cervello (in peso) di qualsiasi altro cavallo, ma io non ebbi mai l'impressione che si occupasse di problemi più complessi di quelli che interessano gli altri cavalli. Aveva pochissimo tempo libero, tutto preso com'era sempre a sbuffare in parte per raffreddarsi, in parte per ossigenare il suo corpo ottuplo. Dopo tutto la sua trachea aveva una sezione soltanto quadrupla di quella normale. Poi c'era l'alimentazione. Ogni giorno doveva ingerire in qualche modo una quantità pari a otto volte quella sufficiente a un comune cavallo, e doveva far scendere tutto quel cibo lungo un esofago che aveva un calibro solo quadruplo del normale. Anche i vasi sanguigni avevano dimensioni relativamente ridotte, e ciò rendeva più difficile la circolazione e imponeva al cuore un lavoro supplementare. Una bestia infelice! Questo apologo mostra ciò che inevitabilmente accade quando interagiscono due o più variabili le cui curve siano discrepanti. Questo è ciò che produce l'interazione tra cambiamento e tolleranza. Ad esempio, la crescita graduale di una popolazione (di automobili o di persone) non ha effetti manifesti su un sistema di trasporto finché improvvisamente la soglia di tolleranza viene superata e il traffico s'ingorga. Il cambiamento di una delle variabili rivela un valore critico dell'altra. Nel caso del cavallo immaginario, lunghezza, superficie e volume (o massa) sono in discrepanza perché le loro curve di crescita hanno caratteristiche mutuamente non lineari. La superficie varia come quadrato della lunghezza e il volume come cubo della lunghezza, sicché la superficie varia come volume elevato alla potenza di 2/3. Per il cavallo (e per tutte le creature reali) la faccenda si fa più seria, poiché per rimanere in vita devono essere assicurate molte dinamiche interne. C'è una logistica interna del sangue, del cibo, dell'ossigeno e delle scorie, e una logistica dell'informazione, sotto forma di messaggi neurali e ormonali. Nelle cose viventi il fenomeno della crescita aggiunge un ulteriore ordine di complessità ai problemi della grandezza. La crescita altererà le proporzioni dell'organismo? I problemi relativi ai limiti della crescita sono risolti in modi assai diversi dalle diverse creature. Un caso semplice è quello delle palme, che non modificano la circonferenza per compensare l'altezza. Una quercia, che tra il legno e la corteccia ha un tessuto che cresce (il cambio), si sviluppa in altezza e in larghezza durante tutta la sua esistenza. Una palma del cocco, invece, dove il tessuto soggetto a crescita si trova solo all'apice del fusto (è la cosiddetta insalata dei miliardari, e ottenerla significa uccidere la palma), presenta solo uno sviluppo in altezza accompagnato da un lento ingrossamento alla base del tronco. Per quest'organismo la limitazione dell'altezza è semplicemente un normale aspetto dell'adattamento a una nicchia. È la pura e semplice instabilità meccanica provocata da un'altezza eccessiva non compensata da una circonferenza adeguata che normalmente la conduce alla morte.

1289 Il cavallo poliploide pesava otto volte un cavallo normale, e non riusciva a reggersi sulle zampe, perché: *(vedi brano 5)*

A la quantità di cibo necessaria a nutrire un corpo così grande era tale da appesantirlo eccessivamente

B il cavallo si debilitava per l'insufficiente smaltimento del calore corporeo

C il peso è proporzionale al volume, ed il volume è proporzionale al cubo della lunghezza

D il cavallo era troppo alto, e le zampe si flettevano per carico di punta

E le zampe del cavallo non avevano articolazioni adeguate

QUESITI

1290 Il cavallo poliploide, quando era ancora un puledro, riusciva a reggersi in piedi sulle proprie zampe, poiché: *(vedi brano 5)*

A aveva dimensioni adeguate a sopportare il peso corporeo
B aveva meno calorie da smaltire
C faceva meno fatica a respirare
D essendo giovane, aveva più energia
E da giovane, aveva una muscolatura più resistente

1291 Secondo quanto è affermato nel testo, a cosa si deve il limite della vita di una palma? *(vedi brano 5)*

A Al fatto che la chioma non si sviluppa a sufficienza per mantenerla in vita
B Al fatto che l'apparato radicale non si sviluppa adeguatamente
C Al deperimento organico delle funzioni vegetative
D All'indebolimento progressivo del legno
E Al fatto che la palma cresce più in altezza che in diametro del tronco

1292 Quale tra le seguenti cause concorre a determinare l'infelicità del cavallo? *(vedi brano 5)*

A Aveva dimensioni e peso simili a quelle di un cavallo normale
B Aveva sempre freddo
C Faticava ad ingoiare il cibo
D Non poteva riprodursi
E Non era amato dal suo padrone

1293 L'Autore del testo si propone di mostrare che: *(vedi brano 5)*

A quando, in un qualsiasi fenomeno, vi sono parametri legati da leggi non lineari, uno di questi non può variare a piacere, senza rendere impossibile la sussistenza del fenomeno stesso
B i parametri che legano tra loro i diversi aspetti di un fenomeno fisico sono sempre tra loro indipendenti
C le difficoltà di ossigenazione e di smaltimento del calore corporeo del cavallo poliploide derivavano da diverse natura e conformazione degli organi interni
D i processi di crescita di vegetali ed animali trovano un limite esclusivamente nel tempo di invecchiamento delle cellule
E il cavallo poliploide non riusciva a reggersi sulle proprie zampe perché il suo corpo aveva dimensioni eccessive rispetto a quelle delle zampe

1294 Un regolare servizio ferroviario unisce le località di Gianforte e Chiamone lungo un tragitto di 16 km che dura 19 minuti. Il treno viaggia alla velocità costante di 60 km all'ora in entrambe le direzioni eccetto che in galleria dove vige il limite di 20 km all'ora. I treni che viaggiano in direzione di Chiamone entrano in galleria dopo aver percorso 4 km dalla stazione di partenza di Gianforte. Quanto è lunga la galleria?

A 4,5 km
B 0,5 km
C 2,5 km
D 1,5 km
E 3,5 km

1295 Numerose campagne mediatiche di sensibilizzazione hanno promosso il consumo di prodotti ortofrutticoli di stagione "a chilometro zero" di provenienza locale. Tuttavia i consumatori si aspettano che i supermercati offrano qualsiasi tipo di frutta e ortaggi in ogni stagione. Il fatto che il cibo sia "a chilometro zero" non sembra un fattore rilevante per orientare le scelte dei consumatori.

Quale delle seguenti affermazioni è totalmente sostenuta dal brano precedente?

A Contrariamente a tutte le aspettative, le campagne mediatiche di sensibilizzazione hanno un basso impatto sui consumatori
B Le casalinghe hanno avuto l'imbarazzo della scelta per troppo tempo nei supermercati
C L'economia agricola locale continua a soffrire
D I consumatori sono diventati maggiormente esigenti nel richiedere gli alimenti che desiderano
E È improbabile che le emissioni di gas serra diminuiscano nell'immediato futuro

1296 Per passare l'esame è necessario ma non sufficiente avere o fortuna o una solida preparazione.

Determinare quale delle seguenti situazioni è NON compatibile con questa affermazione.

A Riccardo ha fortuna, ma non ha passato l'esame
B Riccardo non ha fortuna, ma ha passato l'esame
C Riccardo ha passato l'esame ma non ha una solida preparazione
D Riccardo ha una solida preparazione e fortuna, ma non ha passato l'esame
E Riccardo ha passato l'esame, ma non ha né fortuna né solida preparazione

1297 Si prenda un foglio di carta, lo si ripieghi a metà tre volte, e infine lo si fori al centro con la punta di una matita. Riaperto il foglio quanti fori ci saranno?

A 8
B 1
C 4
D 9
E 3

1298 Pierino (lo sbruffone) afferma: "Ogni volta che gioco a Tombola, vinco io!". Il suo amico Carletto ribatte che questo non è vero. Carletto ha ragione; dunque necessariamente:

A una volta ha giocato a tombola con Pierino e ha vinto Pierino
B ogni volta che ha giocato a tombola, Pierino ha perso
C qualche volta Carletto ha giocato a tombola con Pierino e altri amici, e non ha vinto Carletto
D ogni volta che non ha giocato a tombola con Pierino, ha vinto Carletto
E qualche volta Pierino ha giocato a tombola e non ha vinto

1299 Nel libero Stato di Burgundia tutti gli abitanti sono biondi oppure bruni. Inoltre NON È VERO che in ogni città di Burgundia c'è almeno una casa in cui tutti gli abitanti sono biondi. Allora necessariamente in Burgundia:

A in ogni città c'è almeno una casa in cui tutti gli abitanti sono bruni
B c'è almeno una città dove c'è almeno un bruno in ogni casa
C in ogni città c'è almeno un bruno in ogni casa
D c'è almeno una città dove ci sono dei biondi in ogni casa
E c'è almeno una città dove c'è almeno una casa in cui almeno un abitante è bruno

1300 Siamo in presenza di 4 militari aventi 4 gradi diversi (generale, maggiore, caporale e soldato semplice), che provengono da 4 regioni italiane diverse (Calabria, Lombardia, Piemonte e Sardegna). Si sa che Antonio è un generale lombardo, Bruno è piemontese, Donato è un soldato semplice, che il maggiore non è calabrese e che Carlo non è un caporale. Si può stabilire chi è il sardo?

A Carlo è il sardo
B Non lo sono né Bruno né Carlo
C Donato è il sardo
D Non lo sono né Antonio né Carlo
E I dati non sono sufficienti per stabilirlo

1301 Delle tre figlie di Giacomo – Alma, Beatrice e Chiara – almeno una è bionda. Sapendo che se Alma è bionda anche Beatrice lo è, che se Chiara è bionda lo è anche Alma, e che tra Beatrice e Chiara una non è bionda, si può dedurre con certezza che:

A Alma, Beatrice e Chiara sono bionde
B Beatrice non è bionda mentre Alma lo è
C Beatrice è bionda
D Chiara è bionda
E Almeno uno delle tre figlie di Giacomo è mora

1302 A casa degli amici Gino e Pino, il signor Barbatrucco propone un gioco con 6 carte, nascoste sotto 6 fogli di carta numerati da 1 a 6. Le carte riportano i seguenti valori: Re, Regina, Fante, dieci, nove e otto, tutti di cuori. Prima di invitare i due amici a indovinare il corretto abbinamento fra le sei carte e il numero riportato sul foglio che le copre, il signor Barbatrucco spiega le regole con cui nasconde le carte:

- **il dieci di cuori sta sotto un foglio con un numero inferiore rispetto al foglio che copre il Fante;**
- **il nove e la Regina di cuori sono nascosti sotto fogli che riportano due numeri consecutivi;**
- **il Re di cuori è nascosto sotto il foglio numero 5 (e ovviamente non si può scommettere su questa carta).**

Gino e Pino accettano di giocare con l'amico; Gino scommette che il Fante di cuori sta sotto il foglio numero 2 e vince. Ciò consente a Pino di affermare con assoluta certezza che:

A la sequenza delle carte nascoste è, dal foglio numero 1 al foglio numero 6: dieci, Fante, nove, Regina, Re, otto
B il nove e il Re di cuori non sono adiacenti
C la sequenza delle carte nascoste è, dal foglio numero 1 al foglio numero 6: dieci, Fante, Regina, nove, Re, otto
D il Re e il Fante di cuori sono adiacenti
E l'otto di cuori è nascosto sotto il foglio numero 6

1303 Individuare, tra i seguenti, un contrario di "traviare".

A Sviare
B Saldare
C Accompagnare
D Guidare
E Redimere

1304 Se si è costanti nell'esercitarsi con uno strumento musicale, le competenze musicali miglioreranno. Non mi sono esercitato molto al pianoforte, quindi le mie competenze musicali non sono migliorate. Dovrò sostenere un esame fra due mesi. Quindi devo esercitarmi ogni giorno per suonare nel modo migliore.

Quale delle seguenti affermazioni segue la stessa struttura logica del suddetto ragionamento?

A Se ci si allena nella corsa si diventa più veloci. Mi sono allenato per essere più veloce, e ho cominciato a vincere le gare. Si terrà una gara la settimana prossima. Se voglio vincerla devo continuare ad allenarmi

B Chi pratica un lavoro artigianale migliora le proprie capacità lavorative. Tutti i "mastri" artigiani hanno dedicato lunghe ore al lavoro artigianale. È impossibile diventare un esperto senza fare pratica

C Se ci si allena nello sport, si possono migliorare le proprie prestazioni. Non mi sono allenato al tappeto elastico, quindi non ho migliorato le mie prestazioni. Si terrà una gara il mese prossimo, quindi devo allenarmi se voglio ottenere un buon risultato

D La pratica rende perfetti. Mario si è esercitato molto con il violino quindi presto riuscirà a suonare in maniera perfetta. Si terrà presto una competizione musicale e lui è totalmente convinto di vincerla

E Se si è costanti nell'esercitarsi con il violoncello, le competenze musicali miglioreranno. Daniela non si è esercitata molto, ma le sue competenze sono migliorate quindi deve essersi esercitata a sufficienza. Potrebbe perfino riuscire a passare l'esame il mese prossimo

1305 Una segretaria deve scrivere tre lettere destinate a tre diverse persone, ma è arrabbiata con il suo capo. Decide di fare in modo che ciascuno dei destinatari riceva una lettera scritta per uno degli altri. In quanti modi diversi può inviare le tre differenti lettere per realizzare il suo obiettivo?

A 3

B 6

C 1

D 2

E 5

1306 La figura sottostante riporta lo sviluppo di un cubo:

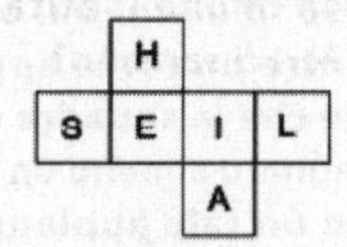

Le figure seguenti mostrano cinque prospettive del cubo. Soltanto due di queste sono possibili. Quali sono?

A 1 e 2

B 1 e 4

C 2 e 3

D 3 e 5

E 4 e 5

1307 In una grande matrioska ci sono 5 matrioske, ognuna delle quali contiene 6 matrioske più piccole e in ognuna di queste matrioske più piccole ci sono altre 2 minuscole matrioske. Quante sono in tutto la matrioske?

A 97

B 95

C 84

D 96

E 68

1308 Quali parole vanno sostituite ai numeri per dare un senso compiuto e logico alla frase seguente?

Un giovane roseo e biondo che ____(1)____ un mantello raggiante di ricami a forma di sole, e offriva con la mano protesa un dono come quelli dei Re Magi – il nostro commensale voleva probabilmente informarci della sua condizione ____(2)____, della sua inclinazione al lusso e alla ____(3)____ .

A (1) celava; (2) benestante; (3) cupidigia

B (1) cingeva; (2) disagiata; (3) magnanimità

C (1) occultava; (2) agevole ; (3) munificenza

D (1) ostentava; (2) indigente; (3) parsimonia

E (1) sfoggiava; (2) facoltosa; (3) prodigalità

1309 Individuare il numero mancante:

7 XXI 18 IX 27 XXIV 12 ?

A XXXVI

B 24

C 29

D 30

E 33

1310 Luca evita sempre di sapere i risultati delle partite di calcio prima di guardare la trasmissione *90° Minuto*. Dal bar sotto casa sente provenire un forte applauso e quindi ne deduce che la squadra della sua città deve aver segnato almeno un goal. Non si sarebbe sentito un tale applauso per nessun'altra ragione. Quale delle seguenti affermazioni ha la stessa struttura logica del suddetto ragionamento?

- A Ogni sera la famiglia Bianchi spegne tutte le luci prima di coricarsi. La scorsa notte la luce dell'ingresso era accesa. Deve esserci una ragione per questo. Probabilmente la famiglia Bianchi è andata in vacanza
- B Ogni sera la famiglia Bianchi spegne tutte le luci prima di coricarsi. La scorsa notte la luce del salotto era accesa. Il signor Bianchi ha detto a Laura di aver difficoltà a dormire e questo spiegherebbe il motivo per cui la luce era rimasta accesa
- C La famiglia Bianchi non spegne mai tutte le luci prima di coricarsi e lascia sempre accesa almeno la luce dell'ingresso. Laura non vede luci accese da tre notti e quindi ne deduce che la famiglia Bianchi deve essere andata in vacanza
- D La famiglia Bianchi lascia accese le luci durante la notte quando la loro bambina ha degli incubi. La bambina ha avuto incubi la scorsa notte, quindi hanno lasciato le luci accese
- E Ogni sera la famiglia Bianchi spegne tutte le luci prima di coricarsi. Laura vede che la loro luce in salotto è ancora accesa e quindi ne deduce che almeno uno dei componenti della famiglia Bianchi deve essere ancora alzato

1311 Il Sig. Rossi ha deciso di imbiancare le pareti del suo garage. Il locale misura 3 metri in altezza, 4 metri in larghezza e 9 metri in profondità. Non è necessario pitturare la porta automatica che copre una parete di 3 × 4 metri, né la finestra che è larga 2 metri e alta 1 metro e neppure la porta posteriore che è larga 1 metro e alta 2 metri. Con un litro di pittura si possono coprire 3 metri quadrati. Quante latte di pittura da 1 litro sono necessarie al Sig. Rossi per completare il lavoro?

- A 26
- B 18
- C 22
- D 25
- E 21

1312 I tre quadrati del disegno hanno lo stesso lato. I punti in grassetto sui lati dei quadrati sono i loro punti medi. In ogni quadrato si consideri l'area complessiva delle parti annerite.

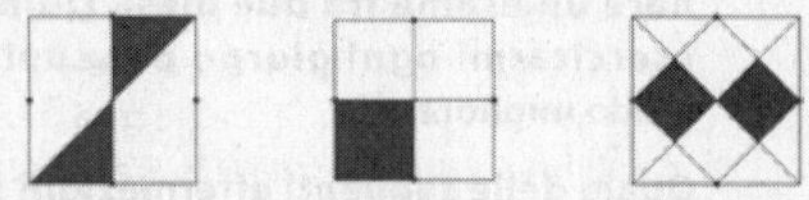

Quadrato 1 Quadrato 2 Quadrato 3

Che cosa si può affermare riguardo le aree delle parti annerite nei tre quadrati?

- A L'area delle parti annerite del quadrato 1 è maggiore di quelle degli altri due quadrati
- B L'area delle parti annerite del quadrato 3 è maggiore di quelle degli altri due
- C L'area delle parti annerite del quadrato 1 è uguale a quella delle parti annerite del quadrato 2 ed entrambe sono maggiori di quelle del quadrato 3
- D L'area delle parti annerite del quadrato 2 è maggiore di quelle degli altri due quadrati
- E Le tre aree sono uguali

1313 Quale delle seguenti invenzioni non è attribuita a Benjamin Franklin?

- A Il parafulmine
- B La glassarmonica
- C Il fonografo
- D Le lenti bifocali
- E L'ora legale

1314 Scartare uno dei dodici esagrammi.

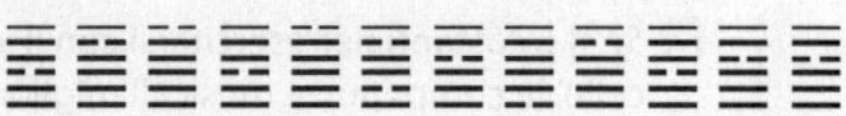

- A L'esagramma da scartare ha una linea spezzata in meno
- B L'esagramma da scartare ha una linea spezzata in più
- C L'esagramma da scartare si trova fra gli ultimi tre a destra
- D L'esagramma da scartare ha una linea spezzata in alto
- E Nella serie non vi è nessun esagramma da scartare

1315 Mauro compra un computer a 200 euro, lo vende a 210 euro, lo ricompra a 220 euro, e infine lo rivende a 230 euro. Quanto ha guadagnato?

- A 0 euro
- B 10 euro
- C 20 euro
- D 30 euro
- E 15 euro

1316 Nell'atrio di un hotel è stato appeso al soffitto un dado gigante che ruota in senso antiorario (visto dal basso) attorno a un asse verticale centrale. Su ogni faccia del dado i puntini sono in rilievo. Il dado in questione è un dado normale (vale a dire che la somma dei puntini sulle facce opposte è 7). Quando lo si guarda lateralmente da una determinata direzione il dado appare come mostrato nella figura sottostante:

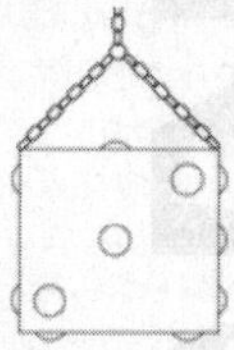

Quale delle seguenti immagini corrisponde a ciò che si vede dalla stessa direzione dopo che il dado ha compiuto una rotazione di un quarto?

A 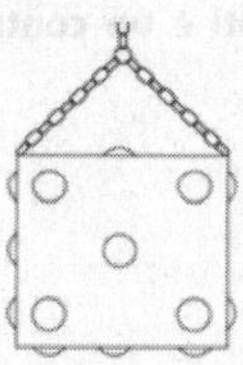

B 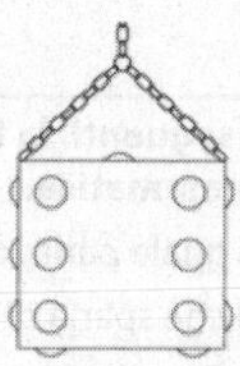

C 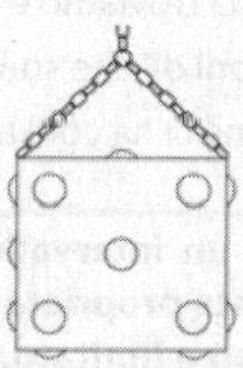

D 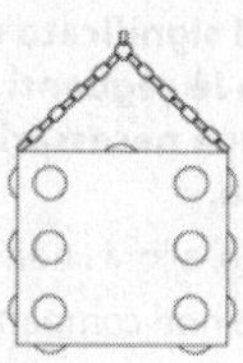

E 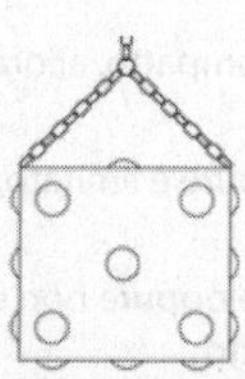

1317 Secondo un'indagine statistica, nel 1990 il 40% della popolazione adulta fumava. Sempre secondo tale indagine, nel 1991, a seguito di una campagna anti-fumo, solo il 30% della popolazione adulta continuava a fumare. L'indagine evidenziava quindi una diminuzione del 10% nel numero dei fumatori. Tuttavia, gli organizzatori della campagna anti-fumo, nella loro pubblicità, riportavano una diminuzione nel numero dei fumatori pari al 25%. La pubblicità degli organizzatori della campagna riflette:

A la variazione nel numero di fumatori espressa come percentuale dei fumatori nel 1990

B la variazione nel numero di fumatori espressa come percentuale dei fumatori nel 1991

C la variazione nel numero di fumatori espressa come percentuale della popolazione nel 1990

D la variazione nella dimensione della popolazione espressa come percentuale della popolazione nel 1990

E la variazione nel numero di fumatori espressa come percentuale della popolazione nel 1991

1318 Quale città marinara era governata dal Doge?

A Genova

B Amalfi

C Pisa

D Venezia

E Taranto

1319 Ho sette sfere che apparentemente sembrano tutte uguali ma in realtà una ha peso maggiore rispetto alle altre. Con una bilancia a due piatti, qual è il numero minimo di pesate necessario per individuare sicuramente la sfera più pesante?

A 2

B 3

C 1

D 4

E 5

1320 Un muratore costruisce 5/7 di un muro utilizzando 350 mattoni. Quanti mattoni verranno utilizzati per completare allo stesso modo la restante parte di muro?

A 50

B 490

C 25

D 70

E 140

1321 L'87% della popolazione mondiale è destrorsa. La società è organizzata in modo tale da permettere alla maggioranza delle persone di avere successo più facilmente. I mancini dovrebbero pertanto essere considerati dei disabili e quindi ricevere un supporto appropriato.

Se considerata vera, quale delle seguenti affermazioni rende meno forte l'argomentazione precedente?

- A Utensili, strumenti musicali e forbici sono progettati per essere usati dalla maggior parte delle persone
- B A scuola molti mancini sono stati obbligati a scrivere con la mano destra
- C I mancini hanno maggiori probabilità di avere problemi di salute come allergie, depressione, epilessia e disturbi del sonno
- D I mancini hanno abilità di orientamento ridotte che li rendono maggiormente a rischio di incidenti stradali e non solo
- E Tra i migliori scienziati, sportivi, attori, musicisti e politici la percentuale di mancini è più alta del 13%

1322 Gli alunni di una classe hanno classificato le lettere dell'alfabeto secondo il seguente criterio: le lettere sono equivalenti se hanno lo stesso numero di linee chiuse e diramazioni. Gli angoli sono ininfluenti. Per esempio, le lettere A e R dell'alfabeto riportato di seguito sono equivalenti poiché entrambe sono costituite da una linea chiusa con due diramazioni. Allo stesso modo, per esempio, C, J, M, S, V e Z, sono tutte equivalenti poiché sono costituite da una linea singola senza diramazioni o senza linee chiuse.

ABCDEFGHIJKLMNOPQRSTUVWXYZ

Quale delle seguenti lettere è equivalente a Y secondo le regole descritte sopra?

- A E
- B H
- C K
- D N
- E Q

1323 Quali fra i seguenti filosofi non appartiene all'età rinascimentale?

- A Pico della Mirandola
- B Ruggero Bacone
- C Marsilio Ficino
- D Giordano Bruno
- E Tommaso Campanella

1324 Individuare la figura che completa correttamente la seguente serie.

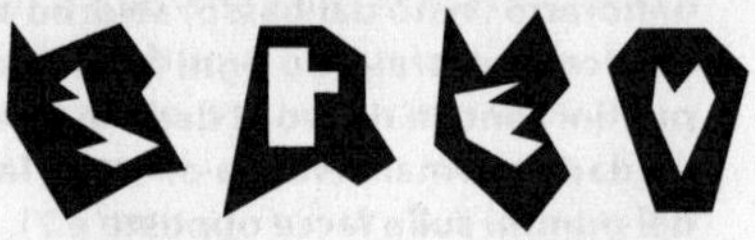

?

A 

B 

C 

D 

E 

1325 Quale tra i seguenti è un contrario di "placido"?

- A Malvagio
- B Perverso
- C Tranquillo
- D Flemmatico
- E Inquieto

1326 Si identifichi, tra le seguenti, la frase che contiene un errore di grammatica.

- A La ragazza con la quale parlavo è Rita
- B Guardati da colui che sparla di tutti
- C Il territorio in cui ci troviamo è brullo
- D A chiuncue telefoni di' che sono occupato
- E Il forte acquazzone ci ha colti alla sprovvista

1327 Imparerai che per un intervallo I di numeri reali vale la seguente proprietà: I è compatto se e solo se è chiuso e limitato. Senza che tu debba conoscere il significato dei termini in oggetto, scegli tra le seguenti affermazioni l'unica che consegue necessariamente dalla proprietà enunciata.

- A Se I non è limitato, allora I non è compatto
- B Se I è limitato ma non compatto, allora I è chiuso
- C Se I è chiuso e compatto, allora I non è limitato
- D Se I è chiuso oppure è limitato, allora I è compatto
- E Se I non è chiuso oppure non è limitato, allora I è compatto

1328 Tre persone controllano regolarmente un reattore nucleare. Ognuno dei tre effettua, rispettivamente, un controllo a intervalli regolari di 4 minuti, 7 minuti e 11 minuti. Se alle 9,00 di mattina si incontrano tutti e tre per il controllo, a che ora si incontreranno per la prima volta di nuovo insieme?

A Alle 15,00
B Alle 14,08
C Alle 14,18
D Alle 15,28
E Alle 17,05

1329 Quali fra le seguenti non è un'opera di Pirandello?

A La giara
B I miserabili
C Così è se vi pare
D Sei personaggi in cerca d'autore
E Liolà

1330 Individuare la figura che completa correttamente la seguente serie.

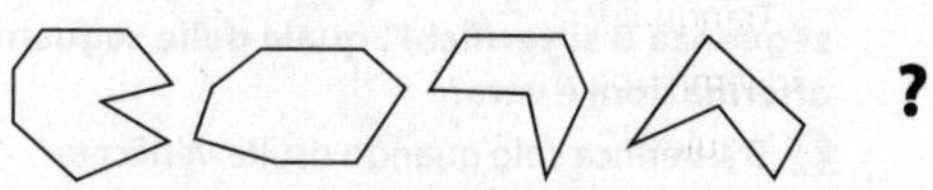

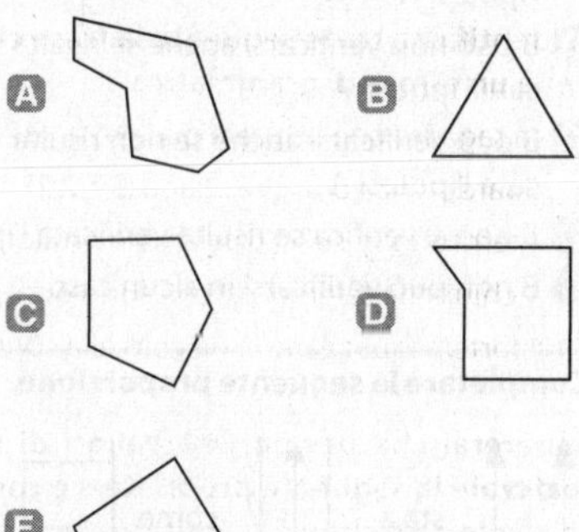

1331 Quale tra le coppie di termini proposti completa logicamente la seguente proporzione verbale?

x : individuo = instabile : y

A x = stabile; y = benzoato
B x = labile; y=gas
C x = inamovibile; y = soluzione
D x = sicuro; y = solvente
E x = introverso; y = aria

1332 Quale dei seguenti film è stato diretto da Pier Paolo Pasolini?

A *Roma città aperta*
B *Germania anno zero*
C *La ricotta*
D *Il muro di gomma*
E I vitelloni

1333 Cartesio è considerato padre della filosofia moderna per aver proposto un nuovo metodo di ricerca. Quale fra le seguenti non è una regola del metodo di ricerca per Cartesio?

A Evidenza
B Analisi
C Sintesi
D Enumerazione e revisione
E Verosimiglianza

1334 Nella moderna società americana il successo viene spesso correlato alla quantità di beni materiali posseduti. La carenza di beni materiali viene reputata come una mancanza di successo personale. Coloro che possiedono scarsi beni materiali, quindi, devono avvertire un grosso senso di fallimento.
Su quale supposizione implicita si basa il brano precedente?

A Il successo può essere misurato precisamente
B In America coloro i quali possiedono pochi beni materiali desiderano essere considerate persone di successo
C L'eccessiva attenzione data ai beni materiali crea tensioni sociali
D La maggioranza degli americani ha successo
E Il desiderio eccessivo per i beni materiali crea problemi psicologici

1335 Marco ha quattro carte e le dispone sul tavolo una di fianco all'altra in questo modo:

- **il re è di fianco all'asso;**
- **la carta di cuori è di fianco a quella di quadri ma non a quella di picche;**
- **la dama di picche è la prima carta, la seconda è una carta rossa;**
- **la carta di fiori è di fianco all'asso, ma non al fante.**

Qual è la terza carta?

A Il fante di fiori
B Il re di quadri
C L'asso di quadri
D L'asso di cuori
E Il fante di cuori

1336 **Il parallelepipedo retto a base quadrata in figura è costituito interamente da cubi tra loro identici, tranne per il fatto che alcuni sono bianchi e altri neri.**

Qual è il numero massimo di cubi neri presenti nel parallelepipedo?

- A 51
- B 56
- C 64
- D 66
- E 69

1337 **Carletto ha alcune bottigliette di bibite, sui tappi delle quali all'esterno compaiono le scritte Kuka, oppure Finta, oppure Spruzz, mentre all'interno appare una scritta, che dice Hai vinto! oppure Non hai vinto. Carletto ne offre sei ad alcuni suoi amici, le stappa, guarda i tappi sui due lati, poi posa i sei tappi sul tavolo: tre di essi mostrano la scritta Kuka, Finta, Spruzz, mentre gli altri tre, capovolti rispetto ai primi, mostrano le scritte Hai vinto!, Hai vinto!, Non hai vinto. Carletto afferma che chi ha bevuto Kuka ha vinto.**
Qual è il minor numero di tappi che bisogna girare per verificare l'affermazione di Carletto?

- A Due
- B Quattro
- C Cinque
- D Tre
- E Tutti e sei

1338 **Quale dei seguenti personaggi non poté incontrare gli altri?**

- A Dante Alighieri
- B Niccolò Machiavelli
- C Giotto di Bondone
- D Francesco Petrarca
- E Sono tutti contemporanei

1339 **La figura retorica con cui si rimanda ad un concetto per mezzo di immagini o contenuti della realtà del tutto diversi e autonomi si chiama:**

- A metafora
- B iperbole
- C allegoria
- D zeugma
- E analogia

1340 **Un'urna contiene 14 palline rosse, 17 bianche e 15 nere. Qual è la probabilità di pescare una pallina nera alla seconda estrazione, sapendo che nella prima estrazione viene pescata una pallina bianca (che non viene reimmessa nell'urna) e che nella terza estrazione viene pescata un'altra pallina bianca?**

- A 0,32
- B 88%
- C 1,5
- D 1/3
- E 0,66

1341 **Data l'affermazione "l'ipotesi A è condizione necessaria e sufficiente perché una data conseguenza B si verifichi", quale delle seguenti affermazioni è vera?**

- A B si verifica solo quando risulta verificata l'ipotesi A
- B B può non verificarsi anche se risulta verificata l'ipotesi A
- C B può verificarsi anche se non risulta verificata l'ipotesi A
- D B non si verifica se risulta verificata l'ipotesi A
- E B non può verificarsi in alcun caso

1342 **Completare la seguente proporzione.**

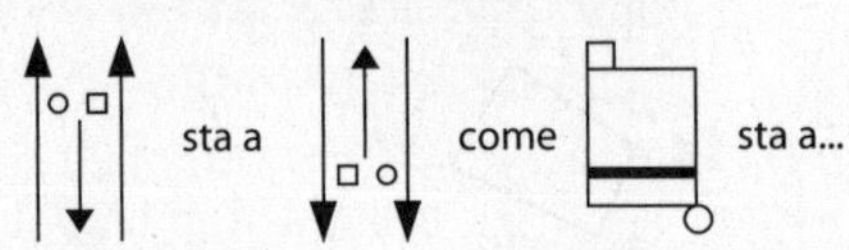

A 

B 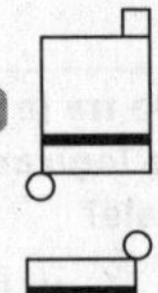

C 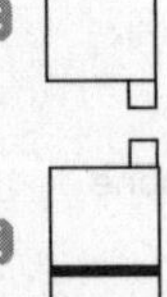

D 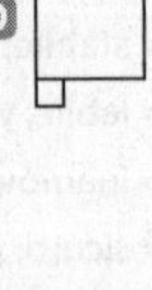

E 

1343 Durante uno spettacolo un prestigiatore ha ripiegato un pezzo di carta sottilissimo in modo tale da farlo apparire al pubblico come un triangolo rettangolo con il lato maggiore lungo il doppio del lato minore.

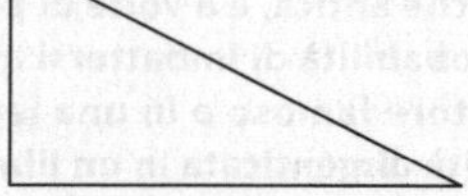

Quale delle seguenti figure è l'unica che NON può essere tale triangolo rettangolo quando il pezzo di carta viene aperto?

A 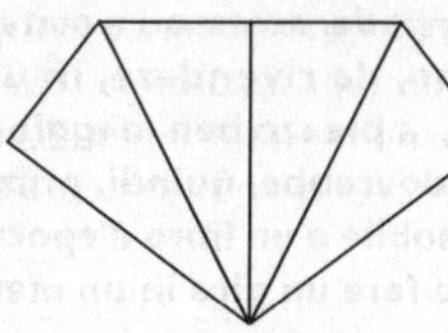

B 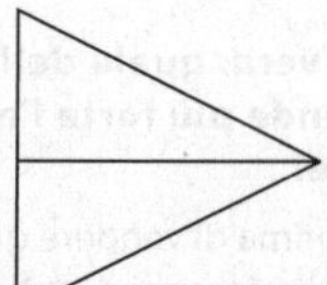

C 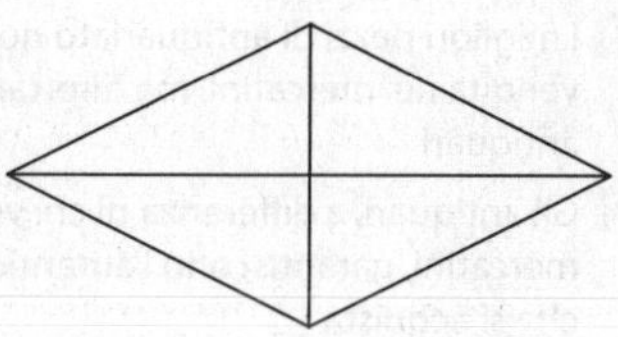

D 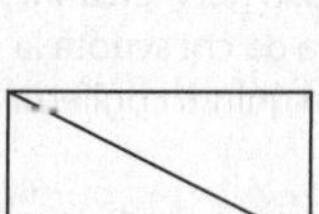

E 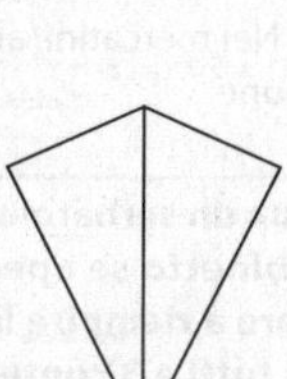

1344 Il Joule è l'unità di misura per:

A lavoro
B resistenza elettrica
C potenza
D conduttanza elettrica
E velocità

1345 "Il momento migliore per potare un albero o travasare una pianta è sempre all'inizio della primavera, appena prima della fioritura". Quale delle seguenti affermazioni, se vera, indebolirebbe l'argomentazione precedente?

A Non è mai consigliabile effettuare un travaso o una potatura quando si avvicina la stagione fredda e le piante perdono le foglie
B Dopo il "letargo" invernale le piante riacquistano energia grazie al progressivo allungamento delle giornate e sono quindi in grado di resistere ai lievi traumi causati da potature o travasi
C La fioritura normalmente avviene in aprile
D La potatura di un albero da frutta è in genere più complessa del travaso di una pianta
E Per molte piante tropicali la fioritura avviene alla fine dell'estate

1346 Alla festa di compleanno di Marika sono stati invitati tutti gli amici di infanzia, tutti i compagni di scuola e tutti i colleghi del conservatorio. Gli amici di infanzia sono la metà più uno dei compagni di scuola e il numero di colleghi del conservatorio è uguale a quello degli amici di infanzia meno tre. Sapendo che Marika ha fatto stampare 47 inviti e che non vi sono elementi comuni ai tre gruppi di persone, quanti sono i suoi compagni di scuola?

A 13
B 24
C 20
D 26
E 10

1347 Se l'affermazione "Tutti gli atleti corrono velocemente" è falsa, allora necessariamente:

A almeno un atleta corre velocemente
B nessun atleta corre velocemente
C tutti gli atleti corrono a passo lento
D esiste almeno un atleta che non corre velocemente
E tutti i calciatori sono più veloci dei corridori

1348 La teoria eliocentrica di Galileo Galilei fu condannata:

A dall'Ordine dei Medici
B dal Senato Romano
C dal Sant'Uffizio
D dall'Onu
E dalla Geographic Society of London

1349 Lo scorso sabato 40 bambini, 100 adulti e 60 anziani sono andati in piscina. Per stabilire quanto tempo ciascun utente è rimasto in acqua è stato effettuato un sondaggio, i cui risultati sono riportati nei seguenti grafici:

Quale tra i seguenti diagrammi a torta illustra il risultato complessivo calcolato sulla totalità degli utenti?

A 

B 

C 

D 

E 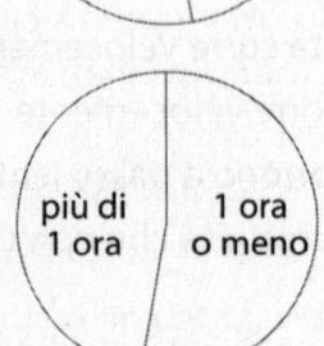

1350 Chi dipinse la Cappella degli Scrovegni a Padova?

- A Piero della Francesca
- B Tintoretto
- C Paolo Veneziano
- D Giotto
- E Cimabue

1351 Girare per i mercatini di antiquariato è una pratica sempre più diffusa. Ogni quartiere storico delle grandi città, ogni borgo più o meno caratteristico d'Italia ospita, in una determinata domenica del mese, un mercatino spesso intrigante e ricco di oggettistica, anche antica, e a volte di piccoli tesori. Se le probabilità di imbattersi in un quadro di un autore famoso o in una lettera di una celebrità dimenticata in un libro sono obiettivamente basse, la possibilità di incappare in un bel ritratto ad olio o in un mobile di valore è tutt'altro che ridotta. Anche gli antiquari sono soliti bazzicare i mercatini a caccia di mobili, lampade, accessori e materiale di uso quotidiano, da rivendere, in un secondo momento, a prezzo ben maggiore ai propri clienti. Si dovrebbe, quindi, prima di acquistare un mobile o un libro d'epoca presso un antiquario fare un giro in un mercatino per risparmiare e avere maggiore possibilità di scelta.

Se considerata vera, quale delle seguenti affermazioni rende più forte l'argomentazione precedente?

- A Gli antiquari, prima di vendere gli oggetti provenienti dai mercatini di antiquariato, provvedono a restaurarli
- B I migliori pezzi di antiquariato non sono in vendita nei mercatini, ma direttamente dagli antiquari
- C Gli antiquari, a differenza di chi vende nei mercatini, garantiscono l'autenticità di ciò che si acquista
- D Gli oggetti esposti nei mercatini spesso sono messi in vendita da chi svuota la cantina o il garage e non sa quindi coglierne il reale valore
- E Chi si reca in un negozio di un antiquario ha la possibilità di osservare con calma il pezzo che gli interessa. Nei mercatini, al contrario, c'è molta confusione

1352 Per riempire d'acqua un serbatoio ci sono tre rubinetti. Ogni rubinetto se aperto da solo impiegherebbe 2 ore a riempire il serbatoio. Se vengono aperti tutti e 3 contemporaneamente, quanto tempo impiegano a riempire il serbatoio?

- A 33 minuti
- B 80 minuti
- C 40 minuti
- D 60 minuti
- E 120 minuti

1353 **Individuate il termine etimologicamente anomalo:**

- **A** panlogismo
- **B** paneuropeo
- **C** panpsichismo
- **D** panflettista
- **E** panteista

1354 **Il numero degli esercizi commerciali risulta da un paio di anni in aumento. Tra questi, ve ne sono molti legati al gioco d'azzardo come videolottery e piccoli casinò. Sono soprattutto i ragazzi, specialmente i più giovani, e le persone meno scolarizzate a frequentare questi luoghi, dilapidando cifre davvero ingenti. I genitori, inconsapevolmente, dando la paghetta ai propri figli contribuiscono allo sviluppo di questo settore. Mentre questo tipo di economia cresce, alcune persone si rovinano economicamente.**

Quale delle seguenti alternative esprime il messaggio principale del brano?

- **A** Il giro d'affari delle videolottery fa aumentare il PIL del Paese
- **B** Videolottery e casinò possono rovinare economicamente le persone
- **C** I gestori di videolottery fanno molta pubblicità nei luoghi frequentati dai giovani
- **D** Il desiderio di giocare è più forte di tutti i freni inibitori
- **E** Proibire l'apertura di nuove videolottery è il modo migliore per educare i ragazzi

1355 **Un bruco deve arrivare a una mela che è posta in cima a un albero alto 10 metri. Di giorno sale per 2 metri, ma di notte quando riposa scivola giù di 1 metro. Quanti giorni impiegherà il bruco per arrivare alla mela?**

- **A** 10
- **B** 9
- **C** 11
- **D** 8
- **E** 7

1356 **Se lo spazio di tempo tra adesso e le 20 è il triplo dello spazio di tempo tra adesso e il momento nel quale mancherà esattamente un'ora e mezzo all'ora che è esattamente a metà strada tra adesso e le 20, che ora è adesso?**

- **A** le 9
- **B** le 10
- **C** le 11
- **D** le 12
- **E** le 13

1357 **Individuare la figura mancante.**

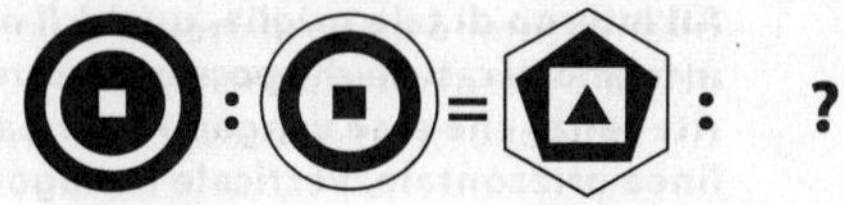

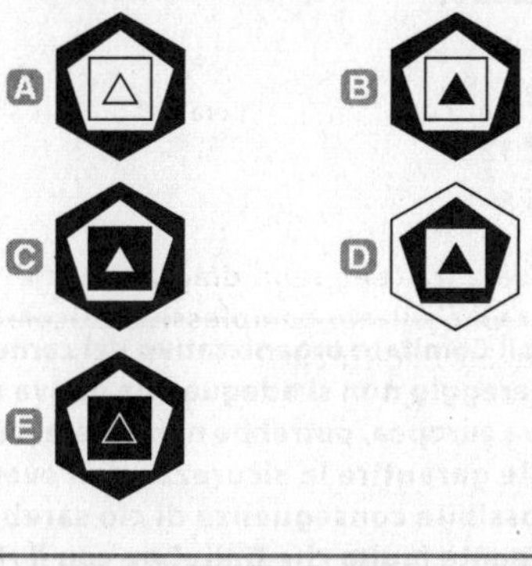

1358 **Un vecchio disco di vinile a 33 giri è inciso nella zona compresa tra i diametri di 20 e 10 cm. Il suo ascolto dura 2 minuti primi e 30 secondi. Quanti è lungo il percorso compiuto dalla puntina del giradischi dall'inizio alla fine dell'ascolto?**

- **A** 20 cm
- **B** 10 cm
- **C** 8 cm
- **D** 6 cm
- **E** 5 cm

1359 **Ogni anno si verificano circa 25.000 incendi di automobili e si stima che solo il 5% degli automobilisti viaggia con un estintore nella propria auto. Se più automobilisti fossero incoraggiati a viaggiare con un estintore a bordo, allora il numero di incendi di automobili verrebbe considerevolmente ridotto.**

Quale delle seguenti risposte costituisce il passaggio logico errato nel brano precedente?

- **A** Si presuppone che il verificarsi di incendi alle auto sia legato alla mancanza di un estintore
- **B** Non si considera il fatto che milioni di automobilisti non hanno mai subito un incendio della loro auto
- **C** Non viene presa in considerazione la possibilità che gli incendi non possano essere spenti con un estintore
- **D** Non si considera il fatto che vi sono diversi estintori per diversi tipi di incendi
- **E** Si assume che portare con sé un estintore consenta di spegnere gli incendi

1360 Si consideri una griglia quadrata composta da quattro righe e quattro colonne. All'interno di tale griglia, qual è il numero massimo di caselle che possono essere annerite senza che esse vengano a formare una linea orizzontale, verticale o diagonale di quattro?

A 11
B 4
C 12
D 8
E 9

1361 Se il Comitato organizzativo del carnevale di Viareggio non si adegua alla nuova normativa europea, potrebbe non essere più possibile garantire la sicurezza dell'evento. La possibile conseguenza di ciò sarebbe una ingente multa che finirebbe con il ridurre i fondi per il carnevale e potrebbe risultare disastrosa per per le finanze del comitato. Al comitato non resta dunque che seguire la normativa sulla sicurezza per non mettere a rischio il futuro del carnevale.

Quale delle seguenti affermazioni esprime il messaggio principale del brano precedente?

A Il pagamento di una multa ingente potrebbe significare il disastro finanziario per il carnevale di Viareggio
B Se non si adegua alla normativa europea, il carnevale di Viareggio potrebbe non sopravvivere
C Se non si riesce ad innalzare il livello di sicurezza vi è il rischio di incorrere in una multa ingente
D Se le norme vengono seguite allora il carnevale di Viareggio avrà luogo anche l'anno prossimo
E La sicurezza durante il carnevale di Viareggio ha raggiunto livelli pericolosamente bassi

1362 Un editore pubblica delle riviste che hanno tutte un numero di pagine che è un multiplo di 32. Pertanto, una rivista può avere 32 pagine, 64, 96 e così via. La copertina viene sempre contata come la pagina numero 1. Le pagine centrali della rivista possono essere numerate:

A 30 e 31
B 50 e 51
C 63 e 64
D 96 e 97
E 15 e 16

1363 Giacomo è convinto che se partisse per la Francia, troverebbe un lavoro come ingegnere aerospaziale.

In quale dei seguenti casi si sarebbe sicuri che Giacomo ha torto?

A Giacomo rimane in Italia e trova lavoro come ingegnere aerospaziale
B Giacomo rimane in Italia e non trova lavoro come ingegnere aerospaziale
C Giacomo parte per la Francia e dopo diversi mesi trova un lavoro come ingegnere aerospaziale
D Giacomo parte per la Francia ma non trova un lavoro come ingegnere aerospaziale
E Giacomo rimane in Italia e solo dopo un anno trova lavoro come ingegnere aerospaziale

1364 Individuare la versione in negativo della figura data.

A

B

C

D

E

1365 Se è vero che «l'erba del vicino è sempre più verde», allora è necessariamente vera anche una delle affermazioni seguenti. Quale?

A Il vicino usa un fertilizzante migliore
B Non esiste un vicino che non abbia l'erba più verde
C Il vicino innaffia moltissimo il suo giardino
D Deve esistere almeno un vicino che ha l'erba meno verde della mia
E Nessun vicino ha l'erba alta in giardino

1366 Individuare il termine sinonimo della parola "omologia".

A Differenziamento
B Opposizione
C Generalizzazione
D Discriminazione
E Corrispondenza

1367 Il 31 di marzo due persone si fermano davanti al numero 36 di via del Corso. Il più giovane dei due chiede informazioni al più anziano circa l'età delle sue tre figlie. Quest'ultimo risponde, alzando gli occhi, che tra la più grande e la più piccola esiste una differenza di età pari a 1/6 del valore del numero civico sotto cui sono e la somma delle età delle tre figlie è proprio uguale al numero del giorno in cui si trovano.
Quali sono le età delle tre figlie della persona più anziana?

A 14, 8, 9
B 18, 10, 3
C 16, 10, 6
D 18, 14, 12
E 10, 4, 16

1368 Con quale dei seguenti Stati non confina l'Iraq?

A Turchia
B Iran
C Kuwait
D Israele
E Giordania

1369 32 operaie attaccano le etichette a 256 capi di vestiario in 20 minuti. Lavorando allo stesso ritmo, quante ore saranno necessarie affinché 4 operaie attacchino 128 etichette?

A 5 ore e 20 minuti
B 1 ora e 40 minuti
C 1 ora e mezza
D 1 ora e 20 minuti
E 1 ora e 10 minuti

1370 Tre mesi fa, Giovanna aveva 5 volte più DVD di Donato. Da allora entrambi hanno acquistato altri 12 DVD. Giovanna ora ha il doppio dei DVD di Donato. Quanti DVD ha Giovanna, adesso?

A 72
B 52
C 62
D 42
E 32

1371 I tre supermercati situati nella stessa zona attualmente propongono tutti offerte sui cereali preferiti da Mario per la colazione. Tali offerte sono così strutturate:

1 Acquista una confezione a prezzo pieno e prendi la seconda a metà prezzo.

2 Prezzo di una confezione ridotto di 1/3.

3 Acquista una confezione contenente il 25% di prodotto in più al prezzo della confezione normale.

Quali offerte sono equivalenti in termini di prezzo pagato per la medesima quantità di cereali?

A 1 e 2
B 1, 2 e 3
C 2 e 3
D 1 e 3
E Nessuna

1372 Individuare la versione in negativo della figura data.

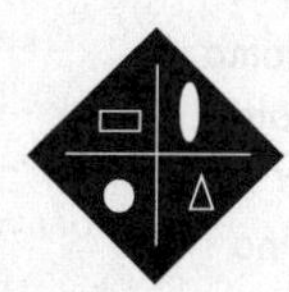

A 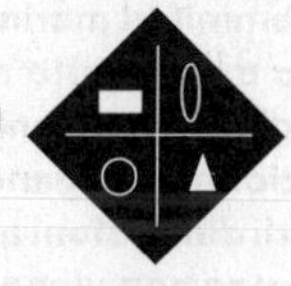

B 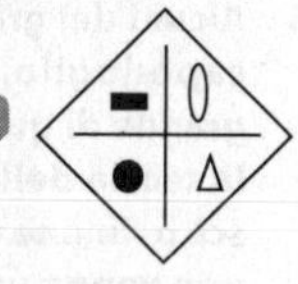

C 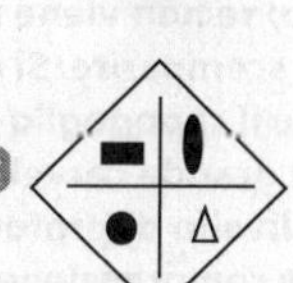

D 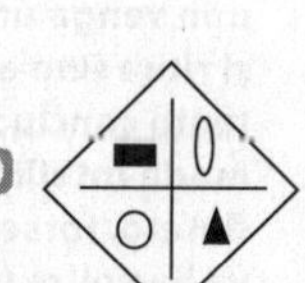

E 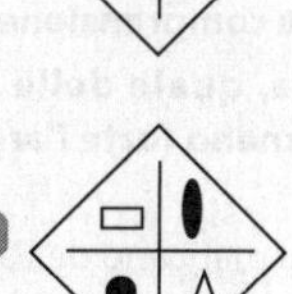

1373 Il glaucoma è una malattia che colpisce quale organo del corpo?

A Cuore
B Orecchio
C Fegato
D Occhio
E Stomaco

1374 Scartare una delle otto terne di simboli.

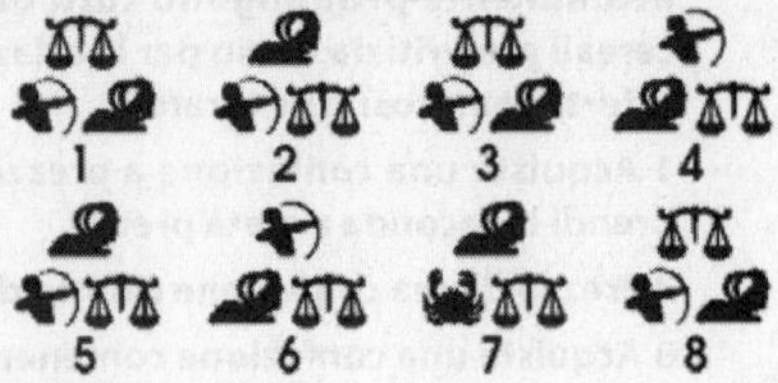

- Ⓐ Terna 1
- Ⓑ Terna 3
- Ⓒ Terna 7
- Ⓓ Terna 5
- Ⓔ Terna 6

1375 Matteo e Luisa sono sposati da 30 anni, hanno 3 figli, Marta di 27 anni, Gigi di 25 anni e Marco di 18 anni. Marta è sposata con Antonio e hanno un bimbo di 12 mesi che si chiama Roberto, Gigi è fidanzato con Giorgia e Marco è ancora single. Se tu sei Antonio, chi sei per Marco?

- Ⓐ Il genero
- Ⓑ Il cognato
- Ⓒ Il nipote
- Ⓓ Lo zio
- Ⓔ Il nonno

1376 Alcuni dei grandi mammiferi marini, tra cui il capodoglio, hanno un cervello molto più grande di quello degli esseri umani. Secondo la teoria dell'evoluzione un organo non cresce o rimane di grandi dimensioni a meno che non venga utilizzato; se non viene utilizzato si ritira fino anche a scomparire. Si deve pertanto concludere che il capodoglio sfrutta in modo intelligente il grande cervello di cui è dotato, forse ad un livello di profondità che va ben oltre la nostra comprensione.

Se considerata vera, quale delle seguenti affermazioni rende meno forte l'argomentazione precedente?

- Ⓐ I mammiferi marini mancano dell'abilità di comunicazione linguistica
- Ⓑ Il cervello dei mammiferi marini potrebbe essere di un tipo che gli esseri umani non riconoscono
- Ⓒ Gli esseri umani hanno sviluppato l'intelligenza anche se dotati di un cervello più piccolo di quello dei mammiferi marini
- Ⓓ Non c'è correlazione tra la dimensione dell'animale e quella del suo cervello
- Ⓔ Un cervello di grandi dimensioni può avere un uso che non coinvolge l'intelligenza

1377 Una gru a braccio fisso che opera nella banchina di un porto si muove lungo un binario semicircolare. Essa può ruotare descrivendo un cerchio completo, scorrere lungo il binario e muovere il suo gancio di sollevamento verso l'interno o l'esterno. Nei diagrammi sotto riportati, la linea interna descrive il percorso effettuato dalla gru, mentre la linea esterna ne rappresenta il raggio d'azione. In quale dei seguenti diagrammi la linea esterna rappresenta il raggio d'azione della gru?

Ⓐ 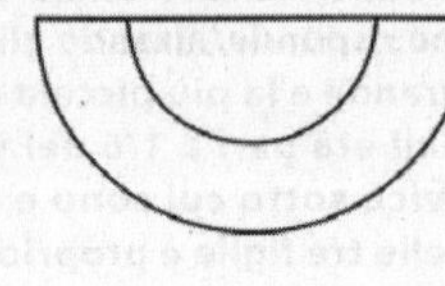

Ⓑ 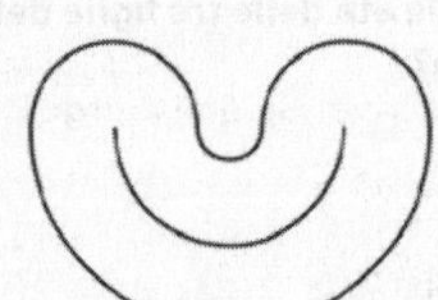

Ⓒ 

Ⓓ 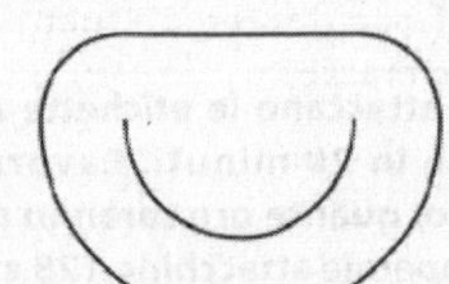

Ⓔ 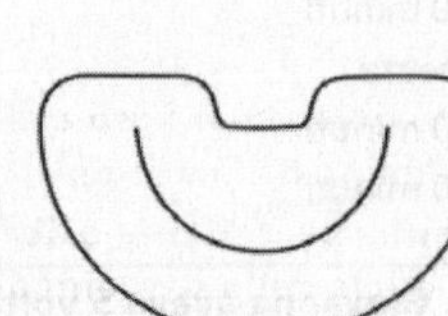

1378 I colori primari sono:

- Ⓐ bianco, rosso e nero
- Ⓑ rosso, giallo e blu
- Ⓒ rosso, blu e bianco
- Ⓓ bianco e nero
- Ⓔ ciano, verde e magenta

1379 Quale tra le seguenti alternative presenta in sequenza un'isola, una penisola e uno stretto?

A Sicilia, Italia, Dardanelli
B Caprera, Gibilterra, Danimarca
C Peloponneso, Rodi, Manica
D Elba, Bocche di Bonifacio, Ustica
E Gibilterra, Italia, Sicilia

1380 Marco ha tre dischi più di Flavio e la metà di Andrea; Flavio ne ha 10 meno di Guido, mentre i quattro amici insieme hanno 169 dischi. Quanti dischi possiede Guido?

A 65
B 33
C 66
D 40
E 30

1381 Il Festival estivo di Salisburgo (Austria) è dedicato:

A alla musica
B alla poesia
C al cinema
D all'atletica
E alla gastronomia

1382 Un fiorista ha a disposizione 672 rose, 816 margherite e 624 garofani. Vuole confezionare mazzi tutti uguali in modo da esaurire tutti i fiori a disposizione e in modo che ciascun mazzo contenga il massimo numero di fiori della stessa tipologia. Quanti fiori conterrà ciascun mazzo?

A 48
B 17
C 96
D 44
E 13

1383 È sbagliato negare che è falso che il quadro non è stato dipinto da Cimabue.
Basandosi sulla precedente affermazione, individuare quale delle seguenti alternative è esatta.

A Il quadro non è stato dipinto da Cimabue
B Il quadro è stato dipinto da un pittore sconosciuto
C Il quadro è stato dipinto da Cimabue
D Non si può riconoscere quale pittore ha dipinto il quadro
E Nessuna delle precedenti alternative è corretta

1384 Indicate quale dei seguenti termini ha significato opposto a "esposto".

A Nascosto
B Esibito
C Inibito
D Disposto
E Riposto

1385 I sistemi di allarme antifurto nelle abitazioni vengono installati presumibilmente perché il costo dell'allarme è inferiore ai benefici che ci si aspetta di trarne. Il costo di un furto con scasso, se e quando avviene, è potenzialmente molto più elevato del costo di installazione di un allarme antifurto. Una scatola chiaramente visibile fissata al muro esterno di un'abitazione dotata di sistema di allarme antifurto scoraggia possibili scassinatori. Il fatto che un'abitazione fornita di allarme antifurto sia meno a rischio, rende le abitazioni dei vicini potenzialmente più vulnerabili ai furti. Quindi, nonostante potrebbe esserci un lieve impatto sui livelli di criminalità generali, l'installazione di costosi dispositivi di sicurezza riduce i crimini contro coloro che hanno installato tali dispositivi, ma aumenta il livello di crimini commessi contro chi non li ha installati.
Se considerata vera, quale delle seguenti affermazioni rende meno forte l'argomentazione precedente?

A Solamente il 60% delle abitazioni che hanno installato allarmi antifurto lo attiva quotidianamente
B Gli scassinatori sanno che il 25% di tutte le scatole visibili di allarmi antifurto sono contraffatte, ma non possono distinguere quali siano quelle autentiche e quali siano quelle contraffatte
C Così come la percentuale di case con allarmi antifurto è aumentata dal 40% al 90%, la percentuale di furti con scasso è scesa del 60% e la percentuale degli scippi e' aumentata del 100%
D Gli scassinatori percepiscono la presenza di un allarme antifurto come un segnale che ci sono oggetti di grande valore in casa, mentre l'assenza di un allarme antifurto viene interpretata come una casa con minori contenuti di valore
E Per abitazioni simili, una più alta percentuale di case senza allarmi antifurto viene scassinata rispetto alle case che hanno istallato allarmi antifurto.

RAGIONAMENTO LOGICO E CULTURA GENERALE

1386 Qual è la formula metrica propria del poema epico italiano?

A Il sonetto
B La terzina di endecasillabi
C L'ottava
D L'ode
E La canzone

1387 Quattro amici si ritrovano dopo l'estate e si scambiano le opinioni sulle rispettive vacanze. Antonio, che ha 30 anni ed è il più anziano, ha viaggiato in auto attraverso l'Europa; Bernardo ha attraversato gli Stati Uniti in treno; Carlo, essendo più giovane di Bernardo, ha preferito un villaggio vacanze; infine Diego ha viaggiato con la famiglia in Africa. È dunque evidente che i più giovani preferiscono passare le proprie vacanze estive in un villaggio turistico piuttosto che viaggiare.

Su quale ipotesi implicita si basa il brano precedente?

A Passare le vacanze in un villaggio turistico è meno costoso che viaggiare
B Diego ha più anni di Carlo
C Il mezzo di trasporto più utilizzato per effettuare viaggi lunghi è il treno
D I villaggi turistici ospitano molti giovani
E Bernardo è più giovane di Antonio

1388 Quale accoppiata di termini completa la seguente frase: *"Non abbiamo una ____ possibilità per fare una ____ impressione"*. (R. Frank)

A grande / bella
B vera / buona
C seconda / prima
D ultima / finale
E corposa / entusiastica

1389 La Sila si trova in:

A Puglia
B Campania
C Sicilia
D Calabria
E Sardegna

1390 Quale dei seguenti strumenti musicali non appartiene allo stesso gruppo degli altri?

A Tromba
B Violino
C Viola
D Violoncello
E Chitarra

1391 Elio è nato prima di Franco, il quale è nato prima di Giorgio. Anche Italo è nato prima di Giorgio. Pertanto...

A È certo che Elio sia il più anziano
B Franco ha il doppio dell'età di Giorgio
C Italo e Franco hanno la stessa età
D Elio e Franco hanno sicuramente età diverse
E Italo è sicuramente il più anziano

1392 Quali parole vanno sostituite ai numeri per dare un senso compiuto e logico alla frase seguente?

Si __(1)__ alla mia sottolineatura del fatto che nessuno mi __(2)__ cercato in occasione della candidatura.

A (1) deduce; (2) avessero
B (1) vince; (2) avrebbe
C (1) evince; (2) avesse
D (1) irride; (2) abbia
E (1) addice; (2) abbiano

1393 Nel 2005, l'età di Pietro era esattamente quattro volte quella di suo figlio Cesare. Nel 2021, Pietro avrà esattamente il doppio dell'età di Cesare. Quanti anni di differenza hanno fra loro?

A 16
B 24
C 28
D 36
E 20

1394 Quali parole vanno sostituite ai numeri per dare un senso compiuto e logico alla seguente frase?

«[...] Tanto perde colui il quale ...(1)... vecchissimo che colui il quale muore giovanissimo, perché è soltanto ...(2)... che ci può esser tolto, dato che soltanto questo possediamo e nessuno può perdere ciò che non possiede.»

A (1) procede; (2) l'eterno
B (1) perisce; (2) passato
C (1) deperisce; (2) il futuro
D (1) decede; (2) il divino
E (1) muore; (2) il presente

1395 La fama di Sigmund Freud deriva dal suo essere stato:

A un premio Nobel
B l'iniziatore della 'New Age'
C il principale esponente della Riforma protestante
D un protagonista della Rivoluzione francese
E il padre della psicoanalisi

1396 Indicate quale delle seguenti coppie di termini è anomala.

A Plebaglia - Aristocrazia
B Sensibile - Distaccato
C Incontrovertibile - Dubbioso
D Convulso - Concitato
E Esuberante - Calmo

1397 Scartare una delle otto coppie di simboli.

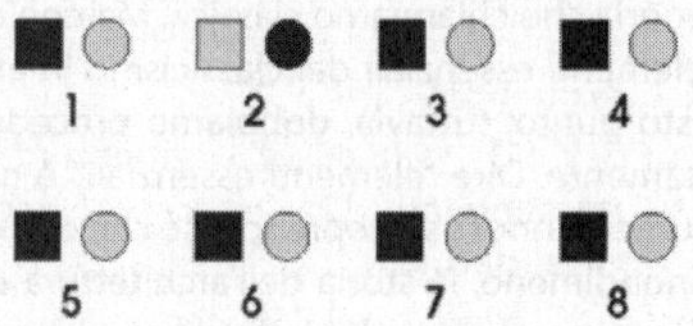

A Coppia 1
B Coppia 8
C Coppia 6
D Coppia 2
E Coppia 5

1398 Quale tra i seguenti scrittori è l'autore del romanzo *Mastro don Gesualdo*?

A Alessandro Manzoni
B Luigi Pirandello
C Leonardo Sciascia
D Giovanni Verga
E Ignazio Silone

1399 Massimiliano dice la verità solo in un giorno della settimana. Un giorno dice: "Sono bugiardo il venerdì e il martedì". Il giorno successivo dice: "Oggi è giovedì, oppure sabato oppure domenica". Il giorno ancora successivo dice: "Sono bugiardo il mercoledì e il venerdì". In quale giorno della settimana Massimiliano dice la verità?

A Lunedì
B Martedì
C Mercoledì
D Venerdì
E Giovedì

1400 Da un'indagine condotta in un certo quartiere, è risultato che su 100 famiglie, 60 posseggono un gatto, 40 un cane e 20 non hanno né un cane né un gatto. Quante famiglie hanno un gatto ma non un cane?

A 30
B 40
C 50
D 20
E 10

1401 Solo se lavoro il sabato, riesco a completare la relazione.
In base alla precedente affermazione, è necessariamente vero che:

A nessuna delle altre alternative è corretta
B condizione sufficiente perché io riesca a completare la relazione è che io lavori il sabato
C se lavoro il sabato, sicuramente riesco a completare la relazione
D se non riesco a completare la relazione, significa che non ho lavorato il sabato
E se non lavoro il sabato, non riesco completare la relazione

1402 In Italia, la durata in carica dei parlamentari è di:

A tanti anni quanti dura il governo in carica
B quattro anni per entrambe le Camere
C sette anni per entrambe le Camere
D quattro anni per i senatori e cinque per i deputati
E cinque anni per entrambe le Camere

1403 L'immagine sotto riportata mostra la sezione di uno dei piatti di Barbara:

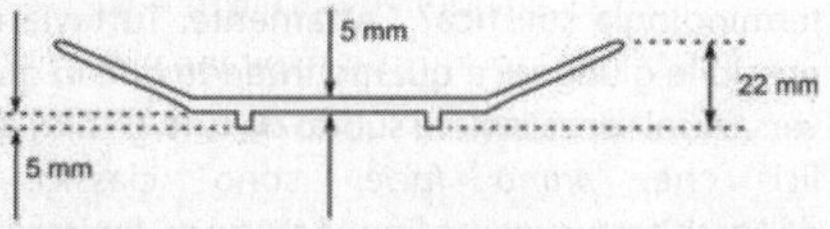

Barbara intende aggiungere un ripiano all'interno della sua credenza. Prima di aggiungerlo, vuole assicurarsi che, sotto questo nuovo ripiano, vi sia spazio sufficiente per riporre uno sopra l'altro 8 piatti (come quello mostrato in figura) e inoltre vuole assicurarsi che rimangano 5 mm di spazio tra l'ultimo piatto e il ripiano. Quale tra i seguenti indica il valore minimo dello spazio che Barbara deve lasciare sotto il ripiano?

A 87mm
B 92 mm
C 97 mm
D 106 mm
E 111 mm

1404 Individuare la coppia di termini che completa correttamente la proporzione seguente:

Circonferenza : X = Y : cubo

A X = cilindro, Y = rombo
B X = cono, Y = prisma
C X = sfera, Y = quadrato
D X = cerchio, Y = rettangolo
E X = ellisse, Y = quadrilatero

RAGIONAMENTO LOGICO E CULTURA GENERALE

Brano 6 — Questo brano è seguito da cinque quesiti riguardanti il suo contenuto. Per ogni quesito sono previste cinque risposte differenti, contrassegnate con le lettere A, B, C, D, E. Per ogni quesito scegliete fra le cinque risposte o affermazioni quella che ritenete corretta in base soltanto a ciò che risulta esplicito o implicito nel brano, cioè solo in base a quanto si ricava dal brano e non in base a quanto eventualmente sapete già sull'argomento.

Il linguaggio architettonico

Parto dal presupposto di una conoscenza generale dell'argomento: per esempio, che si sappia che la cattedrale di St Paul a Londra è un edificio classico, mentre l'abbazia di Westminster non lo è; che il British Museum è un edificio classico, mentre il Natural History Museum a South Kensington non lo è; che tutti gli edifici intorno a Trafalgar Square, cioè la National Gallery, la chiesa di St Martin-in-the-Fields, la Canada House e anche South Africa House sono classici; che tutti gli edifici pubblici nella Whitehall sono classici, ma che non lo è il palazzo del parlamento. Si tratta di distinzioni elementari, tanto che sulle prime mi si potrebbe accusare di perdere tempo in cose scontate. Quand'è che un edificio classico non è tale? E ciò ha davvero importanza? Le principali caratteristiche architettoniche non hanno forse un rilievo maggiore e non sono forse indipendenti da una simile terminologia stilistica? Certamente. Tuttavia non mi è possibile giungere a quanto intendo dire in queste conversazioni senza isolare subito da tutti gli altri quegli edifici che, *prima facie*, sono classici. Tratterò dell'architettura come linguaggio e mi limiterò per il momento a presumere che il mio pubblico riconoscerà il latino dell'architettura quando se lo troverà di fronte. Il latino dell'architettura: ecco ciò che mi induce a un altro presupposto di carattere generale. L'architettura classica affonda le sue radici nell'antichità, nel mondo greco e in quello romano, nell'architettura dei templi del mondo greco e nell'architettura religiosa, militare e civile dei romani. Ma questa serie di conversazioni non è destinata all'architettura greca e romana, non è destinata allo sviluppo e all'elaborazione del linguaggio classico dell'architettura, ma verte sulla natura e il suo uso: il suo uso come linguaggio architettonico comune, ereditato da Roma, da parte di quasi tutto il mondo civile nei cinque secoli che intercorrono fra il Rinascimento e l'epoca attuale. Dunque, d'ora in poi potremo essere più precisi. Consideriamo il termine "classico" applicato all'architettura. È un errore cercare di definire il classicismo. Esso assume ogni sorta di significati utili in contesti differenti e io propongo di considerarne soltanto due che saranno entrambi utili nel corso di queste conversazioni. Il primo significato è il più evidente. Un edificio classico è quello i cui elementi decorativi derivano direttamente o indirettamente dal vocabolario architettonico del mondo antico: il mondo "classico", come è spesso chiamato. Questi elementi sono facilmente identificabili: per esempio, le colonne di cinque tipi determinati, usate in determinati modi; modi determinati di trattare porte e finestre e le estremità del frontone, e determinati tipi di modanature applicabili a tutte queste cose. Benché spesso si prescinda da questi "elementi determinati", essi sono ancora riconoscibili come tali in ogni parte di tutti gli edifici che possono essere considerati classici in questo senso. Quanto precede costituisce, mi sembra, una schematizzazione esatta, benché superficiale, di ciò che è l'architettura classica; essa consente di riconoscere l'"uniforme" indossata da una certa categoria di edifici, la categoria che chiamiamo classica. Ma non dice nulla sugli elementi essenziali del classicismo in architettura. A questo punto, tuttavia, dobbiamo procedere piuttosto cautamente. Dire "elementi essenziali" è molto vago e, documentandosi, si scopre spesso che essi non esistono. Ciò nondimeno, la storia dell'architettura classica è costellata da una serie di giudizi sugli elementi essenziali dell'architettura, e tali giudizi sono concordi per un lungo periodo di tempo, al punto che possiamo affermare che lo scopo dell'architettura classica è stato sempre quello di ottenere un'armonia delle parti suscettibile di dimostrazione. Si è sempre ritenuto che questa armonia fosse propria degli edifici dell'antichità e fosse in gran parte "incorporata" negli elementi principali antichi, particolarmente nei cinque "ordini" di cui ora parleremo. Ma tale armonia è stata anche teorizzata da una serie di trattatisti, i quali hanno dimostrato che in una costruzione si raggiunge un'armonia analoga a quella musicale mediante la proporzione, garantendo cioè che i rapporti di un edificio abbiano soltanto funzioni aritmetiche e che i rapporti di tutte le sue parti siano quei rapporti stessi o si ricolleghino ad essi in modo diretto. Molte pretenziose inesattezze sono state scritte sulla proporzione e non intendo soffermarmici. Il concetto rinascimentale di proporzione è molto semplice. Scopo della proporzione è di ottenere l'armonia attraverso una struttura: un'armonia resa intelligibile mediante l'uso manifesto di uno o più ordini come componente dominante, oppure soltanto mediante l'uso di dimensioni che implicano la replica di semplici rapporti. Questo è sufficiente per consentirci di proseguire. Vi è tuttavia un punto, in questa teorizzazione di ciò che è classico, che costituisce un problema. È possibile, ci si può chiedere, che un edificio non presenti alcuna delle caratteristiche proprie dell'architettura classica, eppure si qualifichi come edificio "classico" soltanto in virtù della proporzione? Ritengo che la risposta debba essere negativa. Si può dire, descrivendo un edificio simile, che le sue proporzioni sono classiche, ma sostenere che è classico non farebbe che disorientare e costituirebbe un abuso di terminologia.

1405 Un edificio classico: *(vedi brano 6)*

A non si distingue esteriormente dagli altri
B ha dimensioni contenute
C è elementare
D presenta caratteri ereditati dal contesto
E è riconoscibile facilmente a prima vista

1406 Gli elementi decorativi dell'architettura classica: *(vedi brano 6)*

A non esistono
B costituiscono la categoria dell'edificio
C rappresentano lo scopo dell'edificio
D non sono facilmente identificabili
E è un errore cercare di definirli

1407 Il "latino" dell'architettura indica: *(vedi brano 6)*

A la patina di antichità vera o presunta
B una particolare schematizzazione
C una struttura di difficile interpretazione
D un linguaggio ereditato dal mondo classico
E la destinazione ad un suo uso ufficiale e pubblico

1408 L'armonia di un edificio dipende da: *(vedi brano 6)*

A i rapporti di proporzionalità tra le parti
B un aspetto esteriore piacevole
C la coerenza stilistica con l'ambiente
D la coerenza con la finalità di uso
E l'accordo tra struttura e decorazione

1409 La presenza della proporzione: *(vedi brano 6)*

A è sufficiente per qualificare classico un edificio
B può esistere con un insieme disarmonico
C da sola non consente la qualifica di classico
D è importante solo se riguarda la struttura
E è suscettibile ai diversi ordini architettonici

1410 Due giocatori a turno depongono una tessera su una tabella di 8 caselle:

1	2	3	4	5	6	7	8

Ogni tessera deve occupare esattamente due intere caselle. Perde la partita quel giocatore che non trova due caselle consecutive ove sistemare la propria tessera. Allora:

A qualsiasi mossa effettui il primo giocatore il secondo può garantirsi la vittoria
B qualsiasi mossa permette sempre al primo giocatore di garantirsi la vittoria
C il primo giocatore per garantirsi la vittoria può depositare la sua prima tessera nelle caselle centrali, cioè quelle di posto 4 e 5
D il primo giocatore per garantirsi la vittoria può depositare la sua prima tessera nelle estremità
E esiste una sola mossa che permette al primo giocatore di garantirsi sempre la vittoria

1411 Vi è stato un momento storico in cui la situazione economica impose al Governo italiano di sostenere direttamente la Lira nei mercati valutari o, altrimenti, di innalzare i tassi d'interesse. Tuttavia, il Governo non potè alzare il tasso di interesse in quanto questo avrebbe significato un suicidio politico. Il Governo, pertanto, dovette sostenere la Lira, sebbene l'operazione si sia rivelata costosa.

Quale delle seguenti affermazioni segue la stessa struttura logica del suddetto ragionamento?

A Questo farmaco è disponibile sia con prescrizione medica che direttamente al banco in farmacia. Tuttavia, è meno costoso acquistare il farmaco con prescrizione medica perciò dovrò andare dal medico
B Carolina aveva bisogno di prendere un antidolorifico e potevano darle paracetamolo o aspirina. Essendo allergica all'aspirina, dovette prendere il paracetamolo
C Nell'ambulatorio sono presenti due dottori, un uomo e una donna. La dottoressa è sempre gentile mentre il dottore talvolta è scortese, quindi spero di essere visitato dalla dottoressa
D Mario ha l'allergia o ha contratto un'infezione virale. Se si tratta di un virus, non vi è alcuna cura che possa aiutarlo quindi potrebbe comunque sottoporsi ad una cura per l'allergia
E Se Marco avesse seguito i consigli del medico e fosse rimasto a casa, adesso sarebbe già guarito completamente. Tuttavia, non ha potuto assentarsi dal lavoro, quindi sta ancora poco bene

1412 Un'indagine, condotta dall'ufficio del personale di una grande azienda (in cui ci sono almeno tre dirigenti) sui propri dipendenti maschi, ha mostrato che:

- **almeno un dipendente non è calvo**
- **tutti i dirigenti sono calvi**
- **non è vero che almeno un dipendente non è laureato.**

A questo punto, solo una delle seguenti proposizioni è deducibile per l'azienda in questione. Quale?

A Tutti i calvi sono dirigenti
B Nessun laureato è calvo
C Tutti i dipendenti, tranne uno, sono calvi
D Almeno un calvo non è laureato
E Almeno un laureato non è calvo

1413 L'Associazione nazionale degli insegnanti ha lanciato un allarme: i bambini della "generazione smartphone" sanno usare il tablet prima ancora di parlare, ma di fronte alle "vecchie" costruzioni dimostrano abilità manipolative scarse o nulle: non sanno cosa fare. Secondo l'associazione, l'abitudine all'uso del computer da parte dei bambini piccoli ha effetti negativi anche sulla loro capacità di concentrazione e di socializzazione. In attesa di studi approfonditi sugli effetti di tali strumenti sui bambini piccoli, l'associazione ha emanato delle linee guida per i genitori, sconsigliando l'esposizione a smartphone e tablet per i bambini di età inferiore ai 4 anni.
Se considerata vera, quale delle seguenti affermazioni rende meno forte l'argomentazione precedente?

- A Molti genitori parlano con orgoglio di come i loro figli piccoli sanno maneggiare smartphone e tablet
- B Il numero di bambini della "generazione smartphone" è destinato a crescere
- C Circa la metà del personale docente aderisce all'Associazione nazionale degli insegnanti
- D Una recente indagine ha rilevato che l'80% degli studenti delle scuole medie dispone di un proprio telefono cellulare o smartphone
- E L'uso di adeguati software didattici consente di sviluppare la capacità di attenzione nei bambini di età inferiore a 6 anni

1414 La superficie dell'orto di Saul supera di 33 metri quadri il triplo della superficie complessiva degli orti di Pasqualino e Gaspare. Se indichiamo con S, G e P le superfici in metri quadrati degli orti di Saul, Gaspare e Pasqualino, quale delle seguenti eguaglianze formalizza l'affermazione precedente?

- A $S + 33 = 2(G + P$
- B $S = 3(33 + G + P)$
- C $S + 66 = G + P$
- D $S = 33 + 3(G + P)$
- E $S = G + P + 33$

1415 Gli abitanti di Timbuctu sono 420.000 e i 4/7 sono di sesso femminile. Se ogni 250 abitanti di sesso maschile ci sono 200 persone minorenni di sesso femminile, qual è il rapporto tra abitanti di sesso femminile maggiorenni e non?

- A 3/2
- B 5/3
- C 2/5
- D 40%
- E 2/3

1416 Si consideri il famoso detto popolare: *Non tutte le ciambelle riescono col buco.* Quale delle seguenti proposizioni è la NEGAZIONE di questo asserto?

- A In alcune ciambelle non è presente alcun buco
- B In tutte le ciambelle non è presente alcun buco
- C In tutte le ciambelle è presente almeno un buco
- D Non tutti i dolci in cui non è presente un buco sono ciambelle
- E Non tutti i dolci in cui è presente un buco sono ciambelle

1417 Negli ultimi vent'anni la popolazione della città A è aumentata di circa il 5%, arrivando a 340.000 abitanti; la città B ha visto invece una leggera riduzione, scendendo sotto i 700.000, mentre la città C ha triplicato i suoi abitanti, arrivando a 42.000.
Sulla base di questi dati qual era la popolazione delle tre città vent'anni prima?

- A A 323.000; B 702.000; C 14.000
- B A 300.000; B 702.000; C 22.000
- C A 323.000; B 695.000; C 44.000
- D A 255.000; B 695.000; C 22.000
- E A 357.000; B 715.000; C 14.000

1418 La perizia balistica non ha escluso l'impossibilità che il colpo non sia stato sparato dalla casa di fronte.
La precedente affermazione è logicamente equivalente a:

- A il colpo non è stato sicuramente sparato dalla casa di fronte
- B il colpo deve essere stato sparato dalla casa di fronte
- C il colpo potrebbe essere stato sparato dalla casa di fronte
- D dalla casa di fronte si sparano sempre colpi
- E la perizia non è riuscita a certificare, dopo molte ricerche, che il colpo sia stato sparato dalla finestra

1419 La maestra dice a Pierino: "Se risolvi correttamente due esercizi su cinque, ti darò la sufficienza". Pierino non prende la sufficienza. Dunque, necessariamente Pierino:

- A ha risolto correttamente un esercizio
- B ha risolto correttamente un esercizio e ne ha sbagliato un altro
- C non ha risolto correttamente nessun esercizio
- D ha risolto due esercizi, ma con errori
- E ha risolto correttamente al più un esercizio

1420 Appio e Beppo mangiano a più non posso (e allo stesso ritmo) e svuotano tutta la loro dispensa in 90 minuti. Se avessero invitato anche Cecco, mangiando tutti ugualmente allo stesso ritmo di prima, quanto tempo avrebbero impiegato ad esaurire le stesse scorte alimentari?

- A 45 minuti
- B 50 minuti
- C 40 minuti
- D 1 ora
- E 30 minuti

1421 Quale tra le coppie di termini proposti completa logicamente la seguente proporzione verbale:

x : alfa = terminale : y

- A x = principale; y = delta
- B x = introduttivo; y = gamma
- C x = preliminare; y = conclusivo
- D x = induttivo; y = finale
- E x = iniziale; y = omega

1422 Date le seguenti affermazioni:
"Tutti gli avvocati hanno intelligenza acuta.
Luca ama leggere libri gialli.
Tutte le persone che amano leggere libri gialli hanno intelligenza acuta".
Se tali affermazioni sono vere, quale tra le asserzioni sotto elencate è necessariamente vera?

- A Luca è un avvocato
- B Luca ha intelligenza acuta
- C Luca non ha intelligenza acuta
- D Tutte le persone con intelligenza acuta sono avvocati
- E Luca avrebbe voluto essere avvocato

1423 Marco è un atleta bravo quanto Mario. Mario è più bravo della media degli atleti. Questo significa che?

- A Mario è più bravo di Marco
- B Mario è sotto la media
- C Marco è più bravo di Mario
- D Marco è il migliore fra gli atleti
- E Marco non è inferiore alla media degli atleti

1424 Individuare la coppia di termini che completa correttamente la proporzione seguente:

Barrire : nitrire = X : Y

- A X = elefante, Y = cavallo
- B X = asino, Y = passero
- C X = puledro, Y = elefante
- D X = topo, Y = guaire
- E X = barriera, Y = nitrito

1425 Dividendo 30 per 1/2 e aggiungendo 10 si ottiene:

- A 30
- B 45
- C 50
- D 70
- E 60

1426 Individuare la figura da scartare.

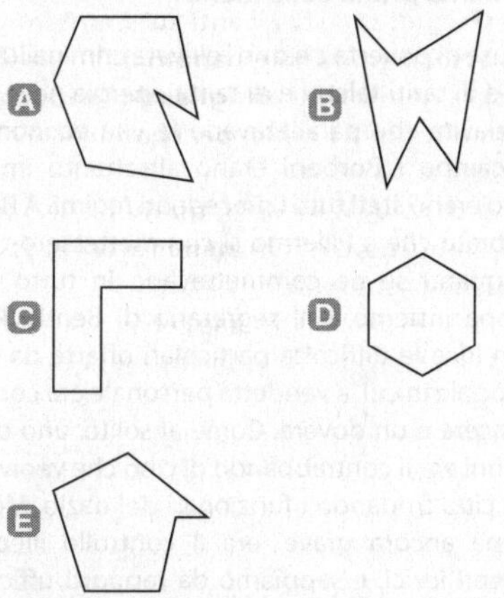

1427 Quali parole vanno sostituite ai numeri per dare un senso compiuto e logico alla seguente frase?
«Le leggi sono promulgate per ____(1)____ non perché non facciano ____(2)____, ma perché non sia loro fatta.»

- A (1) i forti; (2) equità
- B (1) gli altri; (2) ingiuria
- C (1) i padri; (2) giustizia
- D (1) i saggi; (2) ingiustizia
- E (1) vecchi; (2) imparzialità

1428 La distanza tra la città A e la città B è di 200 km. Alle nove di mattina un treno parte da A diretto a B e, viceversa, un treno parte da B diretto ad A. Un'ora dopo, il primo treno ha percorso metà del tragitto. Sapendo che il secondo viaggia a 2/5 della velocità del primo, quanto sono distanti i due treni alle 10 del mattino?

- A Non è possibile determinarlo univocamente con i dati a disposizione
- B Alle 10 del mattino i due treni si sono già incontrati
- C 60 km
- D 100 km
- E 40 km

Brano 7 — Questo brano è seguito da cinque quesiti riguardanti il suo contenuto. Per ogni quesito sono previste cinque risposte differenti, contrassegnate con le lettere A, B, C, D, E. Per ogni quesito scegliete fra le cinque risposte o affermazioni quella che ritenete corretta in base soltanto a ciò che risulta esplicito o implicito nel brano, cioè solo in base a quanto si ricava dal brano e non in base a quanto eventualmente sapete già sull'argomento.

La criminalità prima della mafia

Tra le cause di povertà c'erano l'elevata criminalità e la dispersione di tanti talenti e di tanta energia nelle attività della malavita che paralizzavano la vita economica. In questo campo i Borboni erano altrettanto impotenti quanto lo erano stati tutti i precedenti regimi. A Bentinck era sembrato che a Palermo si commettessero tanti assassinii quanti se ne commettevano in tutto il resto dell'Europa insieme, e il segretario di Bentinck aveva messo in luce le difficoltà particolari offerte da un ambiente sociale in cui la vendetta personale era considerata un piacere e un dovere. Come al solito, uno dei reati più comuni era il contrabbando di cibo che veniva introdotto in città frodando i funzionari del dazio. Meno comune, ma ancora grave, era il controllo illecito dei rifornimenti idrici, e sappiamo da rapporti ufficiali che l'inaridirsi della superficie freatica a sud di Palermo aveva reso questa pratica molto lucrativa intorno al 1840. Al primo posto per la frequenza era l'abigeato o furto di animali, che era reso facile dal sistema seminomade di allevamento nelle zone dell'interno prive di strade. La minaccia di rubare il bestiame o di appiccare il fuoco allo zolfo nelle miniere era un mezzo comunemente usato per estorcere denaro ai proprietari terrieri in cambio di protezione; e i latifondisti venivano poi sottoposti a forti pressioni perché assumessero dei criminali come guardiani sui loro terreni. Queste antiche forme di organizzazione clandestina per imporre la protezione furono largamente responsabili dell'influenza dominante assunta dalle bande nell'interno. Il sequestro di persona era frequente e anche qui i preti, che non erano analfabeti ed erano in grado di scrivere le lettere per il riscatto, erano talvolta usati come intermediari. Sappiamo che una volta, per qualche controversia locale, un intero villaggio si mosse con fucili e falci all'attacco di un villaggio vicino. Tutti gli ingredienti della mafia erano già presenti, tranne la parola. All'inizio del secolo le truppe britanniche si erano trovate di fronte delle associazioni segrete che godevano fama di coraggio, di senso dell'onore, di crudeltà e di completa irriverenza verso la legge. Circolavano molte voci di proprietari terrieri che davano asilo a gruppi di banditi, di altri che talvolta li guidavano, ma più spesso essi si limitavano ad assumerli come guardie del corpo. Esistevano anche altri gruppi del genere, composti, sembra, da contadini che si difendevano contro le usurpazioni feudali, e sappiamo di uno che era comandato dall'arciprete locale. Non tutte le loro attività erano illegali. A volte svolgevano un'attività politica o in favore dei Borboni o contro di loro. In un modo o nell'altro, i gruppi che avevano maggior successo si procuravano i mezzi per corrompere i testimoni e i funzionari o, in caso di necessità, per ottenere la condanna di vittime innocenti. Un tema dominante nelle campagne erano gli sforzi di una banda per eliminare le altre e stabilire il dominio di un notabile su una certa zona, ma talvolta molte lavoravano insieme cosicché un gregge di pecore poteva scomparire ed essere subito venduto in una città lontana. Esistevano dei mediatori che potevano ottenere la restituzione dei beni rubati in cambio di una somma, e i visitatori stranieri imparavano presto a chi dovevano rivolgersi per comprarsi la protezione. L'unica cosa che mancava a questo complicato e illegale mondo clandestino era un nome, e questo fu coniato dopo il 1860. Era impossibile controllare una criminalità di questa natura su così larga scala. Venticinque compagnie d'armi pattugliavano la campagna, ma in totale c'erano generalmente meno di 350 poliziotti per tutta l'isola. Due o tre volte all'anno una compagnia di armati arrivava in ogni villaggio e circondava un piccolo gruppo di malfattori, ma a questo facevano seguito altri mesi di completa impunità. I poliziotti onesti ed efficienti suscitavano l'odio universale. L'avversione per la polizia, infatti, fu uno degli elementi più importanti nello sviluppo di un'opposizione al regime borbonico. Le compagnie d'armi erano gruppi reclutati privatamente che stipulavano un contratto col governo in base al quale ricevevano un salario e potevano essere costretti a rispondere dei furti: talvolta erano dipendenti feudali di un proprietario e continuavano ad agire nel suo interesse; a volte estorcevano denaro in cambio di protezione a somiglianza di quanto facevano le altre bande e agivano in collusione con i criminali in modo da poter scoprire i beni rubali e restituirli in cambio di denaro. Nella peggiore delle ipotesi, le compagnie di polizia erano bande di briganti vere e proprie. Non stupisce, dunque, che in questo mondo di omertà vi fossero proporzionalmente meno arresti e ancora meno condanne che a Napoli, e il problema era piuttosto come convivere con la malavita che come dominarla. Il re promise il perdono a ogni brigante che ne denunciasse un altro, e se uno riusciva ad uccidere il capo di una banda otteneva anche una ricompensa in denaro; ma gli altri rimedi erano in genere una pia illusione. Il governo una volta fece delle trattative con il Portogallo per deportate alcuni banditi siciliani nell'Africa meridionale, ma non se ne fece nulla.

1429 L'imposizione di taglie: *(vedi brano 7)*

- A era tipica di governi forti
- B costituiva uno strumento di repressione di poca efficacia
- C esprimeva un decisa volontà di controllo
- D segnalava il primato della giustizia e delle legge
- E servì a pacificare le campagne siciliane

1430 Il limite tra legalità ed illegalità: ***(vedi brano 7)***

A era delimitato dalle norme e dalla giurisdizione
B era stabilito dagli usi e dalla tradizione
C era stabile nel tempo
D appariva confuso ed incerto
E era lo stesso per i signori e per le classi inferiori

1431 Per "protezione", si intendeva: ***(vedi brano 7)***

A la sicurezza pagata col denaro o con altri benefici
B il perpetuarsi dell'omertà
C l'intervento delle forze di polizia
D la certezza dell'impunità
E la certezza dell'intervento della giustizia

1432 Le diverse realtà criminali: ***(vedi brano 7)***

A miravano ad assumere l'egemonia sui rispettivi territori
B non entravano in conflittualità tra di loro
C erano sempre in lotta l'una con l'altra
D cercavano la legittimazione da parte delle Istituzioni
E difendevano gli interessi di tutti

1433 Il ricorso alla giustizia privata: ***(vedi brano 7)***

A non prevedeva l'uso della vendetta personale
B coesisteva con una giustizia pubblica efficiente
C consentiva agli strati sociali inferiori di ottenere giustizia nei confronti dei potenti
D era più frequente nei periodi di stabilità economica e politica
E aveva origine dall'inefficienza e dalla frammentazione delle Istituzioni

1434 Il distributore automatico del nostro ufficio permette di selezionare tra una vasta gamma di caffè: caffè espresso o caffè decaffeinato; caffè ristretto o caffè macchiato con uno di tre tipi di latte (intero, parzialmente scremato, scremato); e, per coloro che lo vogliono zuccherato, permette di selezionare l'aggiunta automatica di uno o due cucchiaini di zucchero oppure uno o due cucchiaini di dolcificante.
Quanti tipi di caffè è possibile selezionare nel distributore automatico?

A 48
B 24
C 40
D 32
E 11

1435 Un rappresentante ha percorso la strada dalla città A alla città B in *x* ore. Nel viaggio di ritorno, lungo la stessa strada, la sua velocità media è raddoppiata.
Quale delle seguenti espressioni rappresenta il numero totale di ore impiegate dal rappresentante per effettuare l'intero viaggio?

A $2/3\ x$
B $3/2\ x$
C $5/3\ x$
D $2x$
E $3x$

1436 A è una quantità minore di B, e B è maggiore o uguale a C. Quale delle seguenti affermazioni è sempre vera?

A A è maggiore o uguale a C
B A è minore o uguale a C
C A è uguale a C
D A è minore a C
E Non si può stabilire una relazione tra A e C sempre valida

1437 Una colonia di batteri vive sulla superficie di uno stagno, dove una volta al giorno ogni batterio si riproduce per scissione, cioè ogni giorno ogni batterio si divide in due dando origine a due batteri uguali.
Se un biologo inizia la sua osservazione all'alba del 1° aprile 2010 e conta un solo batterio, mentre all'alba del 30 aprile 2010 osserva che un ottavo della superficie dello stagno è ricoperta dai batteri, in quale data la superficie dello stesso stagno sarà per la prima volta completamente ricoperta dai batteri?

A Dopo il 1° dicembre 2010
B All'alba del 3 maggio 2010
C Dipende dalla superficie dello stagno
D All'alba del 29 luglio 2010
E All'alba del 7 maggio 2010

1438 In un'aula vi sono 85 studenti. Prendendone due a caso, non si troveranno mai due studenti che non hanno entrambi almeno un telefonino.
Quanti studenti nell'aula hanno certamente almeno un telefonino?

A 1
B 42
C 49
D 84
E 82

RAGIONAMENTO LOGICO E CULTURA GENERALE

1439 Se lancio il sasso, il vetro si rompe. Se l'argomentazione precedente è corretta, quale delle seguenti è certamente vera?

- A Se il vetro è intatto, ciò vuol dire che non ho lanciato il sasso
- B Se non lancio il sasso, il vetro non si rompe
- C Se il vetro è rotto, questo indica che ho sicuramente lanciato il sasso
- D Se il vetro è intatto, non vuol dire che non ho lanciato il sasso
- E La rottura del vetro è da associare ad un atto vandalico

1440 Indicare quali parole, tra le cinque sequenze proposte, vanno sostituite ai numeri per dare un senso compiuto e logico alla seguente frase.

"I soci ordinari possono deliberare di ____(1)____ all'Accademia venti ____(2)____ italiani e altrettanti stranieri."

- A (1) promulgare; (2) saccenti
- B (1) segregare; (2) docenti
- C (1) aggregare; (2) accademici
- D (1) disgregare; (2) membri
- E (1) prodigare; (2) discenti

1441 A una riunione di partito partecipano 150 delegati. Ognuno di loro è a favore o contro l'elezione di Piero come presidente del partito. Si sa inoltre che: almeno uno dei delegati è contro l'elezione di Piero come presidente; presi due delegati qualsiasi, almeno uno dei due è a favore dell'elezione di Piero come presidente. Quanti sono i delegati a favore dell'elezione di Piero come presidente?

- A 101
- B 49
- C 149
- D 148
- E Non è possibile conoscere con certezza il numero di delegati a favore dell'elezione di Piero

1442 Un istruttore di karate ha sei allievi e, in vista delle prossime gare, vuole che ognuno di essi combatta una sola volta con ognuno degli altri 5. Quanti combattimenti è possibile combinare in tutto fra i sei allievi?

- A 15
- B 21
- C 14
- D 12
- E 20

1443 Per accendere un fuoco occorrono dei ramoscelli secchi e un accendino. Purtroppo i ramoscelli secchi sono rimasti fuori sotto la pioggia. Dunque, pur avendo un accendino, non è possibile accendere il fuoco.

Quale delle seguenti affermazioni segue la stessa struttura logica del suddetto ragionamento?

- A Per colazione Marco preferisce del pane tostato o dei cereali. Purtroppo oggi non c'è pane e Riccardo ha appena terminato l'ultima confezione di cereali. Pertanto, Marco non potrà fare colazione
- B La macchina di Daniele è bloccata nella sabbia e al di sotto del livello di alta marea. La marea raggiungerà il suo livello massimo tra 30 minuti ed il carro attrezzi non arriverà prima di 45 minuti. Dunque, Daniele non sarà in grado di salvare la sua macchina dall'arrivo della marea
- C Per superare l'esame serve che Luigi sia studioso ed intelligente. Luigi ha ripassato molto poco e il suo punteggio nel test di intelligenza è stato molto basso. Dunque, Luigi non supererà l'esame
- D Per andare a Napoli si può prendere l'autostrada o ci si può arrivare in treno. L'autostrada è chiusa a causa di un incidente e non verrà riaperta prima di alcune ore. Dunque, bisogna prendere il treno
- E Per essere sicuro di prendere il treno dalla stazione ferroviaria di Roma Termini, Mario avrebbe dovuto considerare il tempo necessario per arrivare alla stazione e trovare il binario. Potrebbe anche arrivare in tempo alla stazione, ma Roma Termini è molto grande per cui non troverà il binario in tempo. Dunque, perderà il treno

1444 Del numero intero n sappiamo che è compreso tra 2 e 6 (precisamente $2 \leq n \leq 6$) e che rende vera una e una sola delle seguenti affermazioni:

- **n è divisibile per 4**
- **n è divisibile per 6**
- **n è divisibile per 2**
- **n è un divisore proprio di 6.**

Qual è il valore di n?

- A 3
- B 6
- C 5
- D 4
- E 2

QUESITI

1445 Individuare la spiegazione NON corretta dei seguenti "modi di dire":

A "scritto a caratteri di sangue": evento costato perdite umane

B "farsi sangue amaro": provare invidia o rancore

C "piangere lacrime di sangue": piangere amaramente

D "la voce del sangue": l'aggressività innata

E "aborrire il sangue": detestare ogni forma di violenza

1446 Trovare l'alternativa che completa correttamente la seguente proporzione tra parole:

quatto : appariscente = x : y

A x = attesa; y = treno

B x = errato; y = giusto

C x = lento; y = velocemente

D x = disguido; y = equivoco

E x = ovvio; y = evidente

1447 Si pescano tre carte da due mazzi e si voltano su un tavolo. C'è un re alla destra di un asso; c'è un re alla sinistra di un re; c'è una carta di quadri alla sinistra di una carta di fiori; c'è una carta di quadri alla destra di una carta di quadri. Quali sono nell'ordine le tre carte?

A Re di fiori, re di quadri, asso di quadri

B Re di quadri, re di quadri, asso di fiori

C Asso di quadri, re di quadri, re di fiori

D Asso di quadri, re di fiori, re di quadri

E Con i dati a disposizione non si può determinare

1448 Individuare la figura mancante.

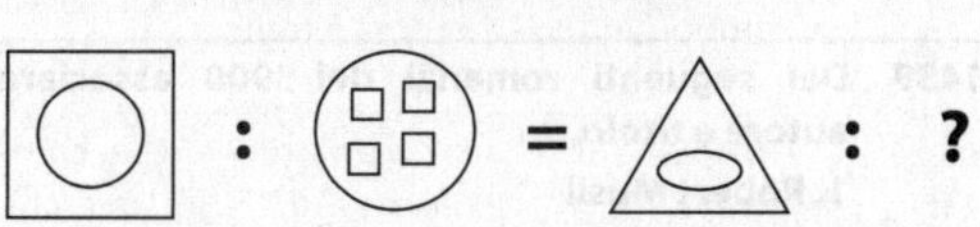

A 

B 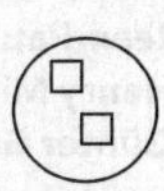

C 

D 

E 

1449 L'immagine sottostante rappresenta la progettazione per il giardino "Rosa Scarlatta".

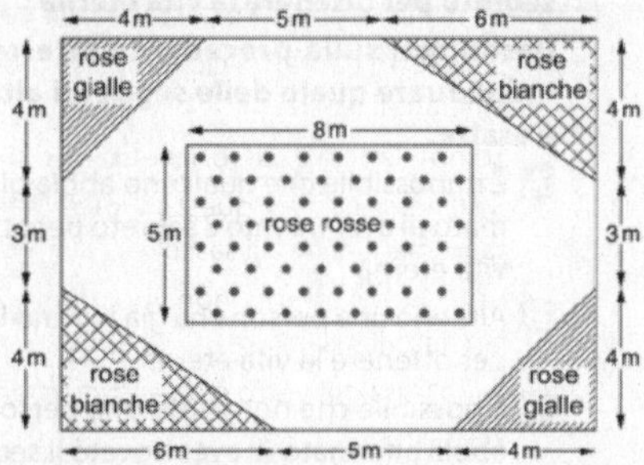

Nelle aiuole è stato piantato un cespuglio di rose per ogni metro quadrato. Stando all'immagine sopra, qual è la percentuale dei cespugli da cui sbocciano rose bianche rispetto all'insieme di tutti i cespugli di rose?

A 16%

B 20%

C 24%

D 30%

E 40%

1450 Gli Irlandesi sono persone disponibili; Alessandra è una persona disponibile; gli irlandesi sono persone tranquille.
Se le precedenti affermazioni sono vere, allora è sicuramente vero che:

A Alessandra è irlandese

B tutte le persone disponibili sono irlandesi

C tutte le persone tranquille sono anche disponibili

D solo gli irlandesi sono persone tranquille

E non è certo che Alessandra sia una persona tranquilla

1451 I coniugi Bianchi hanno 3 figli maschi e ciascuno di loro ha 4 nipoti (figli di fratelli o sorelle). Sapendo che non vi sono altri parenti nella famiglia Bianchi, quanti sono in tutto i nipoti (figli dei figli) dei coniugi Bianchi?

A 3

B 4

C 8

D 6

E Non è possibile stabilirlo

1452 Individuare il termine la cui etimologia NON segue la stessa "logica" degli altri:

A Mimetico

B Mimesi

C Nemesi

D Biomimesi

E Pantomima

1453 **"Non è impossibile che non esista una persona che non abbia negato di aver trovato il segreto per ottenere la vita eterna".**

Basandosi sulla precedente affermazione, individuare quale delle seguenti alternative è esatta.

- A È impossibile che qualcuno abbia già affermato di aver trovato il segreto per ottenere la vita eterna
- B Almeno una persona ha già trovato il segreto per ottenere la vita eterna
- C È possibile che non esista una persona che abbia affermato di aver trovato il segreto per ottenere la vita eterna
- D È escluso che esista una persona che abbia negato di aver trovato il segreto per ottenere la vita eterna
- E Nessuna delle precedenti alternative è corretta

1454 **Gli studenti delle scuole statunitensi hanno proposto di poter scegliere da soli il proprio curriculum di studi. Consentire ciò sarebbe tanto disastroso quanto permettere ai bambini di tre anni di decidere da soli la propria dieta. Gli studenti in questione non hanno né la maturità né l'esperienza per poter sostituire i professionisti che attualmente svolgono questa funzione.**

Quale delle seguenti affermazioni rafforzerebbe l'argomentazione sopra riportata?

- A Gli studenti statunitensi hanno un livello di istruzione inferiore a quello dei professionisti che attualmente delineano i curricula
- B I bambini di tre anni non sono in grado di scegliere da soli diete sane ed equilibrate
- C Gli studenti statunitensi sono meno intelligenti della media dei loro coetanei di altri Paesi
- D I curricula individuali sono meglio di quelli standardizzati
- E La capacità di scegliere in modo appropriato un buon curriculum di studi si sviluppa solo dopo anni di esperienza nelle istituzioni scolastiche e dopo essere diventati adulti

1455 **Che cos'è l'*outsourcing*?**

- A La finanziarizzazione dell'attività di un'impresa
- B La cartolarizzazione dei crediti
- C Il ricorso alla manodopera occasionale
- D Il trasferimento di attività, già svolte dalla propria organizzazione, a imprese esterne
- E Il massiccio ricorso al credito nello svolgimento di un'attività produttiva

1456 **Quale delle seguenti affermazioni è logicamente equivalente a: "Le canzoni italiane non hanno sempre testi belli"?**

- A Le canzoni italiane hanno sempre brutti testi
- B Almeno una canzone italiana non ha un bel testo
- C Tutte le canzoni con un bel testo non sono italiane
- D Tutte le canzoni con un bel testo sono straniere
- E Almeno una canzone straniera è più bella di una canzone italiana

1457 **Due guardie addette alla sicurezza, Davide e Giovanni, fanno la ronda in una base aerea. Davide passa davanti all'ingresso principale ogni 8 minuti. Giovanni passa davanti all'ingresso principale ogni 15 minuti. Ciascuno ha iniziato il proprio giro all'inizio del turno.**

Quanto tempo passerà prima che si incontrino nuovamente davanti al cancello principale?

- A 1 ora e 0 minuti
- B 2 ore e 0 minuti
- C 2 ore e 30 minuti
- D 1 ora e 30 minuti
- E 3 ore e 0 minuti

1458 **Quale coppia di nazioni è entrata più di recente (2007) nell'Unione europea?**

- A Bulgaria e Romania
- B Slovacchia e Repubblica Ceca
- C Turchia e Albania
- D Montenegro e Malta
- E Lussemburgo e Slovenia

1459 **Dei seguenti romanzi del '900 associare autore e titolo.**

1. Robert Musil
2. Franz Kafka
3. Jean-Paul Sartre
4. Henry Miller
5. Günter Grass
a. La nausea
b. Il tamburo di latta
c. Tropico del cancro
d. Il processo
e. I turbamenti del giovane Törless

- A 3 - a; 1 - e; 5 - b; 2 - c; 4 - d
- B 4 - c; 2 - a; 1 - e; 3 - d; 5 - b
- C 5 - d; 1 - e; 2 - a; 3 - c; 4 - b
- D 1 - c; 3 - a; 5 - e; 2 - b; 4 - d
- E 2 - d; 4 - c; 1 - e; 5 - b; 3 - a

1460 Se Antonio abitasse in città potrebbe andare spesso al cinema. Tuttavia, se comprasse una casa in campagna potrebbe coltivare un proprio orto. Antonio preferisce avere un proprio orto rispetto alla possibilità di andare spesso al cinema, quindi acquisterà una casa in campagna.
Quale delle seguenti affermazioni segue la stessa struttura logica del suddetto ragionamento?

- A Se Piera facesse imbiancare il soggiorno, il suo appartamento sarebbe in ordine. Se andasse in vacanza, invece, sarebbe riposata e più serena. Piera preferisce essere riposata e più serena piuttosto che avere un appartamento in ordine, quindi andrà in vacanza
- B Alberto salta la scuola solamente se i genitori gli danno il permesso. Tuttavia, se Alberto perde un giorno di scuola deve recuperare le lezioni studiando sugli appunti dei compagni. Domani Alberto non andrà a scuola e quindi dovrà recuperare le lezioni perse
- C Se Pietro superasse l'esame otterrebbe il diploma. Se preparasse una buona lettera di presentazione potrebbe trovare facilmente lavoro. Senza diploma è destinato a un lungo periodo di disoccupazione
- D Se Matteo avesse una bicicletta attraverserebbe velocemente il centro città e ciò gli consentirebbe di arrivare a scuola sempre in orario. Matteo non possiede una bicicletta e dunque spesso giunge a scuola in ritardo
- E Se oggi Ilaria leggesse quel romanzo di sicuro lo apprezzerebbe molto ma se non lo leggesse potrebbe uscire a fare shopping. Ilaria desidera fare shopping, quindi leggerà quel romanzo

1461 Abbinare correttamente Stati e capitali.
1. Boliviaa. La Paz
2. Colombiab. Quito
3. Paraguayc. Asuncion
4. Ecuadord. Bogotà

- A 1c, 2b, 3,a 4d
- B 1d, 2a, 3b, 4c
- C 1b, 2c, 3d, 4a
- D 1b, 2a, 3c, 4d
- E 1a, 2d, 3c, 4b

1462 Individuare fra i seguenti un sinonimo di "fittizio".

- A Replicato
- B Trafitto
- C Irrigidito
- D Simulato
- E Inalterato

1463 Individuare la figura mancante.

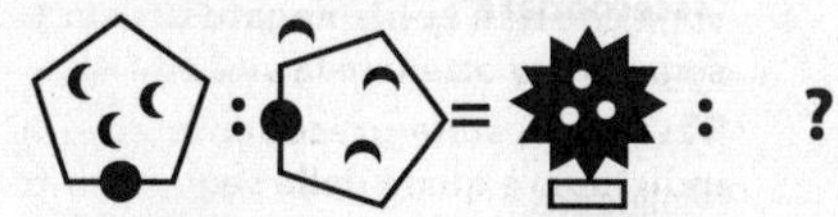

A 

B 

C 

D 

E 

1464 La criminalità nelle strade ha ormai raggiunto livelli preoccupanti. Gran parte della responsabilità di questa situazione è da attribuire ai giudici, che hanno severamente limitato l'azione della nostra polizia. La criminalità non sarà eliminata fino a quando alla polizia sarà impedito di intraprendere le azioni che quest'ultima ritiene necessarie per individuare i colpevoli dei reati.
Se le affermazioni sopra riportate sono vere, ne segue che:
I)la criminalità sarà eliminata quando saranno rimossi i limiti imposti alla polizia;
II)i giudici non hanno alcun diritto di limitare le azioni della polizia;
III)i giudici non si preoccupano del diritto dei cittadini di essere difesi dalla criminalità

- A La I
- B La II
- C La I e la II
- D La II e la III
- E Né la I, né la II, né la III.

1465 Delle seguenti 4 affermazioni, quale affermazione è vera se una sola delle 4 affermazioni è vera?
Affermazione A: L'affermazione D è vera;
Affermazione B: L'affermazione C è vera;
Affermazione C: L'affermazione A è vera;
Affermazione D: L'affermazione B è falsa.

- A Affermazione A
- B Affermazione B
- C Affermazione C
- D Affermazione D
- E Nessuna delle quattro può essere vera

1466 Individuare tra i seguenti il contrario di "assecondare":

A ascoltare
B vincere
C illudere
D avversare
E travisare

1467 Se Sara è andata al mare, allora Guido ha lavorato anche nel fine settimana.

Se è vera questa affermazione, allora è anche vero che:

A Se Sara non è andata al mare Guido non ha lavorato nel fine settimana
B Se Guido non ha lavorato nel fine settimana allora Sara non è andata al mare
C Se Sara non va al mare, Guido lavora tutta la settimana
D Se Guido ha lavorato fino a tardi allora non ha potuto raggiungere Sara al mare
E Se Guido ha lavorato nel fine settimana Sara è sicuramente andata al mare

1468 Individuare, tra le alternative proposte, la versione in negativo della seguente figura.

A 

B 

C 

D 

E 

1469 Individuare, tra le alternative proposte, la versione in negativo della seguente figura.

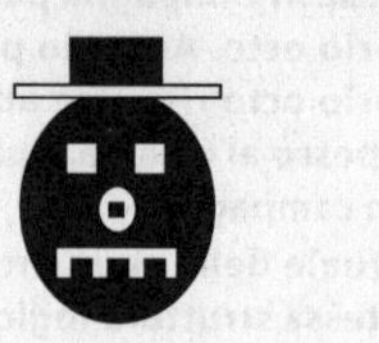

A 

B 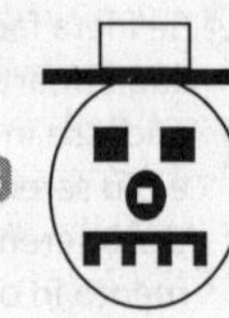

C 

D 

E 

1470 Se la seguente figura venisse ruotata di 180° in senso orario e poi riflessa su uno specchio, quale sarebbe il suo riflesso?

A 

B 

C 

D 

E 

1471 Sostituire il verbo "dare" con uno più appropriato nella frase: "Ci sono funghi che danno la morte".

A Ratificano
B Producono
C Risolvono
D Portano
E Procurano

1472 Alcuni disabili trovano difficile l'accesso ad alcuni tra gli edifici pubblici più antichi a causa della presenza di gradini all'ingresso. Molto spesso il problema viene risolto grazie all'installazione di rampe d'accesso. Tutti gli edifici pubblici devono essere accessibili a tutti, pertanto tutti devono essere provvisti di rampe d'accesso.

Quale delle seguenti risposte costituisce il passaggio logico errato nel brano precedente?

A L'installazione di rampe in tutti gli edifici pubblici sarebbe estremamente costosa
B Gli edifici pubblici inaccessibili dovrebbero essere sostituiti con edifici accessibili a tutti
C Alcuni edifici pubblici antichi possono risultare accessibili ai disabili anche senza rampe d'accesso
D È irragionevole suggerire che i disabili possano accedere a tutti gli edifici pubblici
E I disabili devono aver accesso a tutti gli edifici, non solo a quelli pubblici, pertanto tutti gli edifici dovrebbero avere rampe d'accesso

1473 La scala Richter viene comunemente utilizzata per misurare l'intensità dei terremoti. Un aumento di un'unità nella scala Richter corrisponde a un aumento dieci volte superiore nell'intensità del terremoto. Tre recenti terremoti hanno avuto i seguenti valori nella scala Richter:

X: 2,0

Y: 3,0

Z: 4,0

Quale affermazione relativa all'intensità dei tre terremoti corrisponde al vero?

A X è un decimo dell'intensità di Y e un centesimo dell'intensità di Z
B X è un decimo dell'intensità di Y e un millesimo dell'intensità di Z
C Z è il doppio dell'intensità di X e Y è una volta e mezzo l'intensità di X
D Z è un decimo più intenso di Y, il quale Y è un decimo più intenso di X
E X è un decimo dell'intensità di Y e un ventesimo dell'intensità di Z

1474 Un gruppo di studenti sostiene due test, uno di storia dell'arte e l'altro di matematica. Per entrambi i test i punteggi sono calcolati in centesimi. Nel grafico sottostante ogni punto rappresenta i risultati di ciascuno studente per entrambi i test.

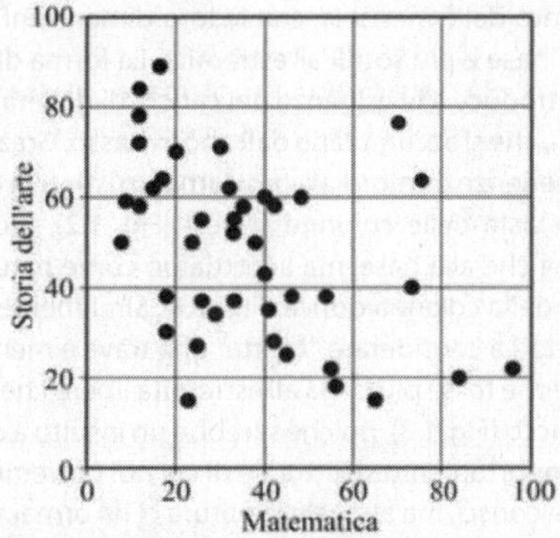

Quale tra le seguenti affermazioni può essere dedotta dal grafico sopra?

A Pochi studenti hanno ottenuto un risultato sopra la media in entrambe le materie
B In generale gli studenti hanno ottenuto risultati simili in entrambe le materie
C Uno studente che ha ottenuto un buon punteggio in storia dell'arte ha generalmente ottenuto un buon punteggio anche in matematica
D Uno studente che ha ottenuto un buon punteggio in matematica ha generalmente ottenuto un buon punteggio anche in storia dell'arte
E Gli studenti hanno trovato il test di matematica più facile di quello di storia dell'arte

1475 Nell'ufficio di Silvia ci sono diversi scaffali con libri di storia e di matematica. Negli scaffali dove ci sono almeno due libri ce ne è almeno uno di matematica.

Se la precedente affermazione è vera, allora è vero che:

A se in uno scaffale c'è un solo libro questo è di matematica
B uno scaffale che contiene tre libri ne ha sempre due di storia
C il numero dei libri di storia in uno scaffale è sempre inferiore o pari al numero di libri di matematica
D in uno scaffale che contiene due libri potrebbero non esserci libri di storia
E uno scaffale non può contenere un solo libro

RAGIONAMENTO LOGICO E CULTURA GENERALE

Brano 8 — Il messaggio della struttura

La percezione visiva di strutture naturali ha svolto un ruolo fondamentale nell'estendere la nostra comprensione intuitiva delle strutture artificiali. I rami di un albero (Fig. 1.1), sollecitati dal proprio peso e da quello della neve o del vento, suggeriscono la forma e il comportamento delle mensole, con le loro dimensioni più grandi alla base e più sottili all'estremità. La forma di un tronco c'introduce alle esigenze dei carichi di gravità nei grattacieli, che si accumulano dall'alto in basso. Grazie a queste esperienze primordiali, proviamo un'istintiva perplessità alla vista delle colonne cretesi (Fig. 1.2), più larghe in cima che alla base, ma accettiamo come naturale la forma della colonna dorica (Fig. 1.2). Similmente, saremmo portati a considerare "brutta" una trave a mensola, la cui sezione fosse più larga all'estremità libera che non al suo attacco (Fig. 1.3), poiché sarebbe un insulto a quel tipo di comportamento strutturale di cui noi potremmo non essere consci, ma al quale la natura ci ha ormai abituati. Simili reazioni di fastidio avvengono ogni qualvolta ci troviamo di fronte a una grande massa rovesciata. Le montagne, per l'azione della gravità, hanno preso la forma di piramidi. Le piramidi egizie hanno una forma geometricamente idealizzata, ma fondamentalmente identica a quella di tutte le montagne che conosciamo. Ma un edificio moderno a forma di piramide rovesciata (Fig. 1.4) non "dice" a noi come e perché sta in piedi, ma ci dice che per conseguire questo risultato "innaturale" è stato usato qualche "trucco". Questa non-naturalità evoca in noi un senso di sorpreso disagio, piuttosto che una sensazione d'equilibrio legato a un "onesto" comportamento strutturale. Gli archi naturali ci hanno insegnato che, quando si usa la pietra per coprire un vuoto, è indispensabile curvarla verso il basso. Basti pensare alle grotte naturali, le cui superfici curve ci danno la sensazione di un'azione d'arco nello spazio. Le conchiglie (Fig. 1.5) sono un simbolo di protezione, ma hanno anche un forte contenuto estetico, specie quando sono rinforzate da nervature. Sembra, dunque, che il messaggio della struttura ci raggiunga attraverso una serie di intuizioni primitive e che l'accumulo di tali intuizioni abbia come risultato un insieme di reazioni estetiche. Questa è la ragione per cui noi consideriamo "bella" una trave a sbalzo correttamente progettata e "brutta" una mensola le cui dimensioni strutturali siano scorrette.

Fig. 1.1 LA STRUTTURA DI UN ALBERO

Fig. 1.2. COLONNA CRETESE/COLONNA DORICA

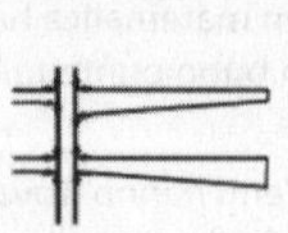

Fig. 1.3 TRAVE A SBALZO CORRETTA E "SCORRETTA"

Fig. 1.4 EDIFICIO A PIRAMIDE CAPOVOLTA

Fig. 1.5 CONCHIGLIA CON NERVATURE

1476 Dalle informazioni ricavabili dal testo, che cosa ci permette di comprendere intuitivamente le strutture artificiali? *(vedi brano 8)*

- **A** La percezione della differenza tra strutture naturali e artificiali
- **B** L'esperienza visiva di strutture naturali
- **C** L'assenza del legame tra forma e funzione
- **D** La mancata coincidenza di forma e funzione
- **E** L'esclusiva esperienza empirica di strutture artificiali

1477 Secondo l'autore dal testo, perché accettiamo come naturale il profilo della colonna dorica? *(vedi brano 8)*

- **A** Perché la base è mancante e il fusto della colonna poggia direttamente sul pavimento
- **B** Perché il baricentro è spostato verso l'alto
- **C** Perché la colonna è più larga in cima che alla base
- **D** Perché il fusto della colonna va restringendosi verso l'alto
- **E** Perché il capitello non è come quello delle colonne cretesi

1478 Dalle informazioni ricavabili dal testo, per quale ragione le mensole hanno dimensioni più grandi alla base rispetto all'estremità? *(vedi brano 8)*

A Per essere esteticamente sorprendenti
B Perché in questo modo la sezione più larga all'estremità può sopportare i carichi
C Perché è un tipo di comportamento strutturale innaturale e controintuitivo
D Per emulare le colonne cretesi
E Per sopportare meglio i carichi e il proprio peso

1479 Secondo l'autore dal testo, qual è la motivazione per cui abbiamo reazioni di fastidio di fronte a un edificio moderno a forma di piramide rovesciata? *(vedi brano 8)*

A Perché ha una forma geometricamente idealizzata simile ai tronchi e alle montagne
B Perché ci spiega le ragioni per le quali "sta in piedi"
C Perché ha una forma geometrica simile alle piramidi
D Perché non riproduce esattamente le corrispondenti strutture naturali
E Perché genera una sensazione di equilibrio legato a un "onesto" comportamento strutturale

1480 Il testo sostiene che: *(vedi brano 8)*

A la percezione visiva non è utile per capire l'architettura
B la reazione estetica è indipendente dalle intuizioni primitive
C la nostra comprensione delle strutture artificiali è fortemente basata su intuizioni primitive
D l'intuizione delle forme della natura non favorisce una buona lettura dell'architettura
E la "naturalità" evoca in noi un senso di sorpreso disagio

1481 Nel paese di Belpoggio tutti i ragazzi praticano qualche sport. Se

- **chi gioca a calcio fa anche nuoto;**
- **chi gioca a tennis non fa nuoto;**
- **chi gioca a pallavolo gioca anche a calcio;**

si può concludere che:

A chi fa nuoto gioca anche a calcio
B chi fa nuoto e gioca a pallavolo, gioca anche a tennis
C chi gioca a tennis gioca anche a calcio
D chi non gioca a calcio non fa nuoto
E chi gioca a pallavolo fa anche nuoto

1482 In un gruppo di 100 signori riuniti a convegno, non tutti portano la cravatta. Però, comunque se ne scelgano due, uno almeno di essi la porta. In quanti hanno la cravatta?

A 49
B 50
C 51
D 98
E 99

1483 Individuare la figura mancante.

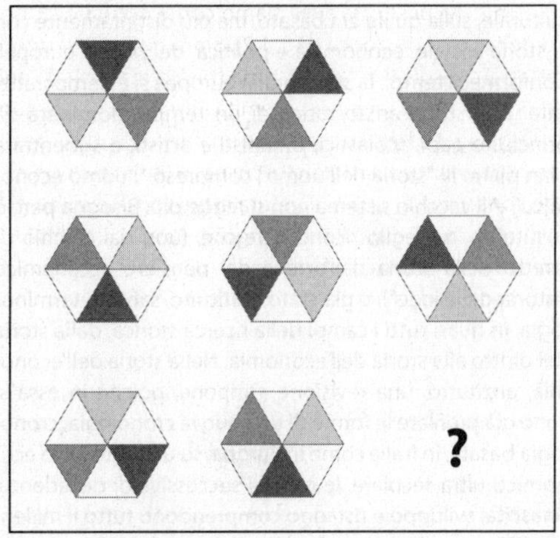

A 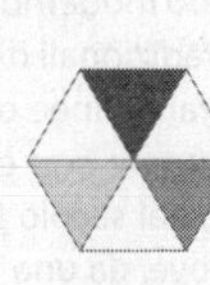

B 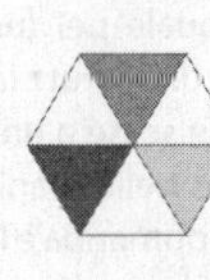

C 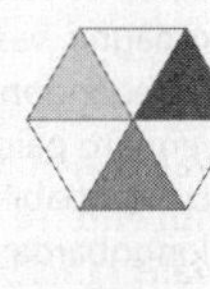

D 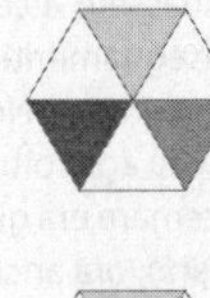

E 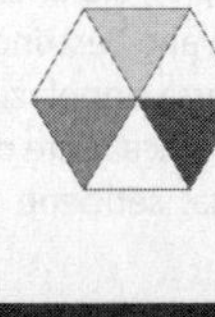

RAGIONAMENTO LOGICO E CULTURA GENERALE

Brano 9 — In base alle informazioni contenute nel brano seguente, rispondere alle successive domande.

Nella storia agraria, come nella storia generale d'Italia e d'Europa, primo problema per il "medievalista" è disfarsi del "Medioevo".

Concetto negativo, polemico e impreciso, che, come testimoniano diverse recenti discussioni, si concilia male con le pretese scientifiche della "scienza storica", il "Medioevo" forma parte radicale di uno schema cronologico o di "periodizzazione" che, già dal suo inizio ambiguo e incerto, con il progresso e l'allargamento degli studi storiografici si è dimostrato sempre più discorde, non solo con la storia culturale, sulla quale era basato, ma più distintamente con la storia sociale, economica e politica, dei popoli europei. Conforme ai tempi, la storiografia europea si è democratizzata. Alla storia aristocratica di un tempo, dominata da principi e papi, scolastici, umanisti e artisti, è subentrata pian piano la "storia dell'uomo", compreso "l'uomo economico", e il vecchio sistema non si regge più. Bisogna perciò sostituirlo, o meglio riconoscere che, fuori dal cerchio ristretto della storia dell'arte e del pensiero accademico ("storia delle idee"), è già stato sostituito, salvo la terminologia, in quasi tutti i campi della ricerca storica, dalla storia del diritto alla storia dell'economia. Nella storia dell'economia, anzitutto, una revisione s'impone, poiché in essa si sono già profilate le forme di una nuova cronologia, cronologia basata, in Italia come in Europa, su un vasto ciclo economico ultra secolare, le cui fasi successive di decadenza, rinascita, sviluppo e ristagno comprendono tutto il millennio fra il "mondo romano" e il "mondo moderno", ma hanno poco a che vedere colle divisioni tradizionali di "Antichità", "Medioevo" e "Rinascimento". Le grandi linee di questo ciclo evolutivo sono già ben conosciute e non è quindi necessario rielaborarle. La prima fase, dal secolo III al X circa, fu caratterizzata, in Italia come altrove, da uno stato di devastazione e spopolamento, dal quale per lungo tempo non fu possibile risollevarsi a causa di ripetute invasioni, disordini ed epidemie. La produzione scese a un livello bassissimo e il reddito era concentrato nelle mani di pochi; il traffico divenne fiacco, deficienti la domanda e l'offerta della moneta, mentre gli scambi venivano effettuati in larga misura per via di baratto. Nelle campagne, vasti tratti decaddero a bosco e macchia o, con l'abbandono dei lavori antichi di regolazione idraulica, divennero paludosi. Con il dilagare degli agri deserti la pastorizia probabilmente guadagnò terreno, almeno nell'Italia longobarda; e sebbene negli scriptoria monastici si continuassero a copiare i manuali latini di agricoltura, i loro insegnamenti non erano forse stati mai più lontani dalla realtà pratica. Non vi era ormai bisogno dei metodi intensivi della agricoltura romana. Il mercato dei prodotti italiani d'oltremare era già in declino fin dai primi secoli dell'impero romano; ora anche i mercati interregionali e quelli locali andavano restringendosi. La maggior parte della sempre più scarsa popolazione lavorava la terra, che era divenuta quasi l'unica fonte di sussistenza, guadagno e ricchezza. Le città, sebbene con poche eccezioni, sfuggite alla totale distruzione, erano in maggioranza ancora più in decadimento della campagna. Sopravvivevano più che altro come centri di governo provinciale o diocesano, e la loro popolazione si componeva principalmente di proprietari, chierici e funzionari, con beni *tam in civitate quam extra civitate* quali mezzi di sussistenza. Non che tutti i *possessores* si riunissero nella città; molti preferivano stabilirsi nei villaggi, *curtes* o *castella* i quali, durante questo periodo, cominciarono a distinguersi sempre più quali centri rivali di amministrazione pubblica o signorile, distruggendo l'antica unità fra città e *territorium*. Andava diminuendo la divisione funzionale tra città e contado. Nelle città gli abitanti producevano viveri, nei campi e pascoli comuni; nelle campagne i contadini fabbricavano oggetti e arnesi, e i proprietari mantenevano gruppi di artigiani servili o esigevano prodotti di industria domestica da famiglie coloniche. In condizioni simili c'era ben poco incentivo al miglioramento o alla specializzazione dell'agricoltura; i proprietari cercavano piuttosto di diversificare i loro possedimenti e i prodotti delle loro terre. Da quando Roma aveva unificato l'Italia non era mai stata sentita così urgente l'esigenza o la pratica dell'autosufficienza.

1484 Secondo l'autore il concetto tradizionale del "Medioevo" è: *(vedi brano 9)*

- A ambiguo
- B impreciso
- C radicale
- D cronologico
- E storico

1485 La democratizzazione avvenuta nel tempo ha comportato: *(vedi brano 9)*

- A una analoga democratizzazione nel modo di studiare la storia
- B una evoluzione del pensiero accademico
- C uno sviluppo della storiografia
- D uno sviluppo degli studi economici
- E una involuzione storica

1486 La prima fase storica delineata dall'autore: *(vedi brano 9)*

- A durò dieci secoli
- B fu caratterizzata dal fenomeno degli agri deserti
- C fu caratterizzata da fenomeni di devastazione e spopolamento
- D fu caratterizzata dal dilagare della pastorizia
- E iniziò nel X secolo

1487 Dalla lettura del brano si può dedurre che l'autore verosimilmente è: *(vedi brano 9)*

- A un filosofo
- B uno storiografo
- C un contadino
- D un professore universitario
- E uno scienziato

QUESITI

1488 Quali parole vanno sostituite ai numeri per dare un senso compiuto e logico alla seguente frase?

E fin qui, ____(1)____ a parlare sia il direttore di un festival culturale che si annuncia ____(2)____, al punto da coinvolgere l'intero Nordest d'Italia, potrebbe sembrare d'essere ancora immersi nella tradizionale filosofia ____(3)____ "made in Veneto".

A (1) poiché (2) sconfinato (3) remunerativa
B (1) cosicché (2) importante (3) proficua
C (1) finché (2) smisurato (3) redditizia
D (1) affinché (2) impotente (3) industriale
E (1) benché (2) imponente (3) produttiva

1489 Individuare, tra le alternative proposte, la versione in negativo della seguente figura.

A

B
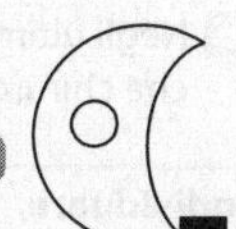

C
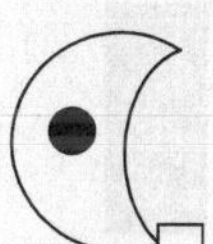

D
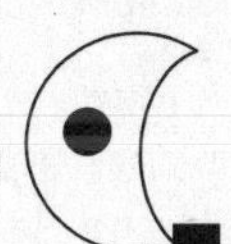

E

1490 Abbinare correttamente Stati e capitali.

1. Californiaa. Nashville

2. Tennesseeb. Phoenix

3. Indianac. Sacramento

4. Arizonad. Indianapolis

A 1a, 2b, 3c, 4d
B 1b, 2c, 3d, 4a
C 1c, 2a, 3d, 4b
D 1a, 2b, 3d, 4c
E 1d, 2a, 3c, 4b

1491 S'individui il termine che NON APPARTIENE allo stesso campo semantico degli altri quattro:

A abbarbagliare
B abbagliare
C accecare
D abbrumare
E abbacinare

1492 Quale dei seguenti primati è il più grande dell'Africa centrale?

A Orangutan
B Scimpanzé
C Gorilla
D Gibbone
E Babbuino

1493 Chiara e Ilaria vanno a correre regolarmente seguendo due percorsi circolari in un parco. Chiara (X) corre lungo il percorso circolare interno, mentre Ilaria (Y) corre nella direzione opposta seguendo il percorso circolare esterno, il quale è lungo il doppio di quello interno. Chiara corre a una velocità di 3 m/s e Ilaria a una velocità di 4 m/s.

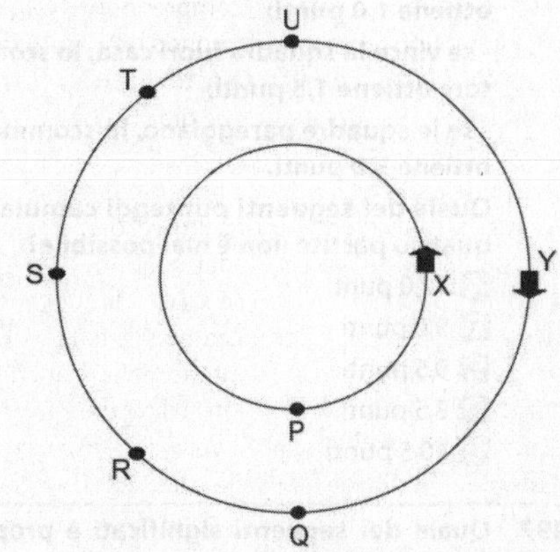

Se entrambe iniziano a correre nei punti indicati nell'immagine qui sopra e, se Chiara ha raggiunto il punto P nel suo primo giro, quale punto ha raggiunto Ilaria?

A Punto Q
B Punto S
C Punto R
D Punto T
E Punto U

1494 **Se il rosso è spento l'azzurro è acceso. Se il rosa è acceso il verde brilla. Inoltre o il rosso è spento o il rosa è acceso.**

In base alle precedenti affermazioni è sicuramente vero che:

A l'azzurro è acceso o il verde brilla
B il verde brilla
C l'azzurro e il rosa sono accesi
D l'azzurro è acceso e il verde brilla
E Nessuna delle precedenti alternative è corretta

1495 **Quale delle seguenti parole è errata ortograficamente?**

A Grigie
B Superficie
C Coscenza
D Pesce
E Guance

1496 **Per partecipare alle scommesse calcistiche in Gran Bretagna (note come "football pool") gli scommettitori devono selezionare quattro partite dalle cinquanta presenti sulla schedina. Il punteggio finale viene assegnato a seconda del risultato di ogni partita come segue:**

- se vince la squadra in casa, lo scommettitore ottiene 1,0 punti;

- se vince la squadra fuori casa, lo scommettitore ottiene 1,5 punti;

- se le squadre pareggiano, lo scommettitore ottiene 3,0 punti.

Quale dei seguenti punteggi cumulativi per quattro partite non è mai possibile?

A 10,0 punti
B 9,0 punti
C 9,5 punti
D 8,5 punti
E 10,5 punti

1497 **Quale dei seguenti significati è proprio del termine "domotica"?**

A Scienza applicata alle tecniche costruttive
B Scienza applicata che studia macchine, strumenti e ambienti di lavoro per renderli massimamente funzionali
C Studio delle misurazioni compiute con il domografo
D Studio e applicazione delle tecnologie per migliorare la qualità della vita negli ambienti antropizzati
E Studio della storia della cultura materiale relativa alle abitazioni

1498 **Quando i giovani studenti di medicina iniziano a interessarsi alla chirurgia, molte tecniche chirurgiche attualmente utilizzate risultano loro molto complicate o addirittura incomprensibili. È solo dopo aver studiato a fondo l'anatomia umana che è possibile apprezzare la sofisticazione tecnica di molti interventi chirurgici. Dunque, lo studio all'università delle tecniche chirurgiche deve sempre essere preceduto dallo studio approfondito dell'anatomia.**

Quale delle seguenti affermazioni esprime il messaggio principale del brano precedente?

A Per comprendere a fondo l'anatomia, è necessario studiare prima le principali tecniche chirurgiche
B I giovani studenti di medicina non sono in grado di apprezzare pienamente la complessità delle tecniche chirurgiche
C La comprensione dell'anatomia è essenziale per comprendere le attuali tecniche chirurgiche
D Per comprendere le attuali tecniche chirurgiche, gli studenti devono prima studiare a fondo l'anatomia umana
E Negli ultimi anni la complessità delle tecniche chirurgiche è aumentata

1499 **Individuare, tra le alternative proposte, la versione in negativo della seguente figura.**

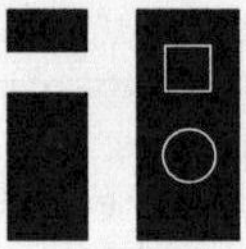

A 

B 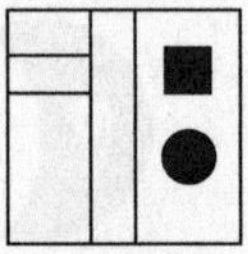

C 

D 

E 

1500 Alla domanda: "Quanti cugini hai?" Luca risponde: "Se il numero dei miei cugini è divisibile per sei, allora è pari". Basandosi sulla precedente proposizione, individuare quale delle seguenti alternative è esatta.

A Il numero dei cugini di Luca è un multiplo di sei
B Il numero dei cugini di Luca è un numero pari
C Se il numero dei cugini di Luca non è divisibile per sei, è un numero dispari
D Il numero dei cugini di Luca è un numero dispari
E Non è possibile aggiungere alcuna informazione certa sul numero dei cugini di Luca

1501 Alla scuola elementare se i bambini in un'aula sono seduti ai loro banchi disposti per file singole, la maestra riesce facilmente a guardarli tutti negli occhi mentre spiega alla lavagna. Cosa che, invece, non è sempre possibile se i bambini sono seduti attorno a tavoli rotondi in gruppi separati. Inoltre, i bambini seduti ai loro banchi disposti per file singole, quando alzano lo sguardo invece di avere contatto visivo con il bambino di fronte e voler chiacchierare, vedono la maestra. Quindi, essere seduti ai propri banchi disposti per file singole aiuta i bambini a rimanere concentrati meglio sul proprio lavoro e questa dovrebbe dunque essere la disposizione standard dei banchi in ogni aula elementare. Se considerata vera, quale delle seguenti affermazioni rende più forte l'argomentazione precedente?

A Se i banchi sono disposti in file singole, i bambini riescono a vedere meglio la lavagna
B Essere seduti in gruppi di 4-7 bambini rende più facile la discussione in classe
C I banchi disposti in fila non occupano più spazio dei tavoli rotondi
D Alcuni bambini si distraggono facilmente sia che siano seduti in banchi disposti per file singole sia che siano seduti in gruppi
E I fautori dei metodi tradizionalisti reputano la disposizione in banchi in file singole come la migliore per insegnare

1502 Individuare la figura da scartare:

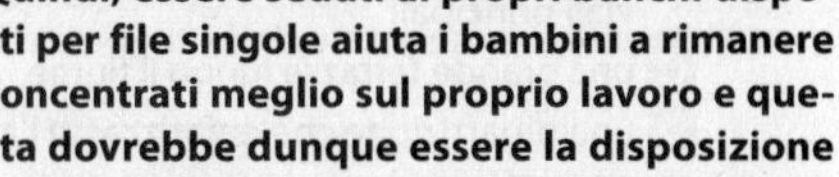

A B C D E

1503 I 400 seggi di un parlamento sono ripartiti fra cinque partiti politici. Non ci sono due partiti con uno stesso numero di seggi e ciascun partito ha almeno 20 seggi. Qual è il più alto numero di seggi che il terzo partito più grande può avere?

A 119
B 120
C 22
D 121
E 118

1504 In una classe su 30 alunni 21 non portano gli occhiali. Qual è la percentuale di alunni che portano gli occhiali in quella classe?

A 30
B 70
C 79
D 21
E 9

1505 Quale delle seguenti parole è un *nome proprio*?

A Lieto
B Fausto
C Ameno
D Piacevole
E Allegro

1506 Individuare la figura da scartare.

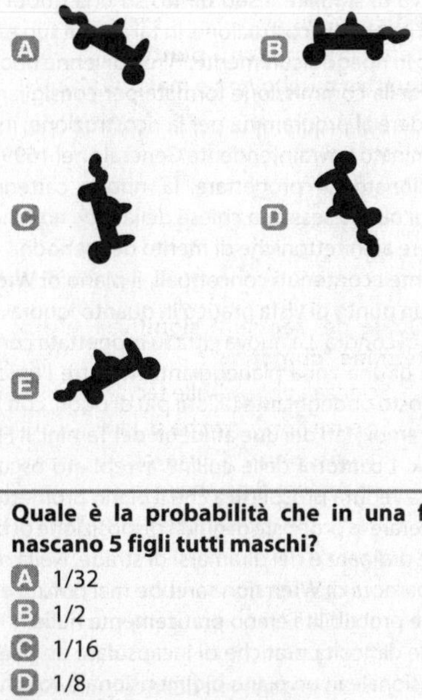

1507 Quale è la probabilità che in una famiglia nascano 5 figli tutti maschi?

A 1/32
B 1/2
C 1/16
D 1/8
E Nessuna delle precedenti

Brano 10 — La visione barocca di Wren

Innanzi tutto, la città barocca, con i suoi edifici monumentali, magnifici palazzi e prospettiva usata per centrare l'attenzione su vedute maestose lungo viali ampi e rettilinei, fu concepita con l'obiettivo di stupire. La simmetria, con un senso classico di equilibrio e armonia, era la sua caratteristica fondamentale.

Anche se le espressioni più stravaganti della corrente barocca furono messe a punto più tardi – a Versailles, per esempio, Karlsruhe e San Pietroburgo – i suoi principi erano ormai ben stabiliti ai tempi del viaggio studio francese di Wren, e la volontà di stupire è certamente evidente nel piano per la ricostruzione di Londra che Wren presentò a Carlo II.

Il piano urbanistico in sostanza divideva Londra in due sezioni: una sezione occidentale costituita da blocchi rettangolari, e una sezione orientale di piazze poligonali unite da strade che si diramavano da ciascuna sezione. Queste due sezioni sostanzialmente diverse erano unite da due grandi arterie, che si univano a freccia per convergere a Saint Paul. C'erano diverse piazze, banchine della marina mercantile, e anche una Grande Terrazza lungo il Tamigi con adiacenti sale pubbliche.

Su carta, il piano urbanistico per Londra di Wren offriva una città impressionante – degna di un re anche se mancava il palazzo. Wren stesso avrebbe dovuto però sapere che il suo schema non era appropriato alle esigenze della City. A.E.J. Morris lo descrive come un "esercizio notturno basato su un uso superficiale dei *planmotifs* del Rinascimento continentale". Forse sembra un po' scortese, ma rafforza l'impressione di Morris che il piano non era inteso a tutti, ma era semplicemente un attacco preventivo da parte di un architetto non collaudato ma ambizioso, che si premurava di stabilire il suo diritto su una quota importante del lavoro di ricostruzione. In tal caso, il suo esercizio notturno lo ripagò sicuramente. Wren divenne uno dei sei membri della commissione formata per consigliare e sovraintendere al programma per la ricostruzione; in seguito fu nominato Sovraintendente Generale nel 1699 e gli fu commissionato di progettare la nuova cattedrale di Saint Paul oltre a sessanta chiese della City, nonché tante altre opere architettoniche di merito del periodo.

Nonostante i contenuti concettuali, il piano di Wren peccava da un punto di vista pratico in quanto ignorava la topografia di Londra. La nuova città fu progettata come se si trattasse di una zona pianeggiante, mentre l'ubicazione era piuttosto ondeggiante (allora più di oggi), con le colline a entrambi i lati dei due affluenti del Tamigi, il Fleet e il Walbrook. I contorni delle colline avrebbero oscurato la magnifica veduta prospettica che il piano prometteva, oltre ad alterare la proposta di nitida disposizione di blocchi, di piazze ordinate e del diramarsi di strade. Nella realtà la visione barocca di Wren non sarebbe mai potuta esistere. Di fatto le probabilità erano praticamente nulle.

A parte le difficoltà pratiche di incapsulare un paesaggio tridimensionale in un piano bidimensionale, lo schema di Wren prevedeva una quasi totale riorganizzazione di strade ed edifici all'interno della City. Molti proprietari sarebbero stati costretti a ricostruire su siti diversi e ciò senza che nessuno avesse l'autorità di decidere a riguardo – neanche il Re, dato il successo di Londra nel limitare il coinvolgimento reale nelle questioni riguardanti la City. Wren presentò il progetto al re Carlo II, il quale però non poteva fare niente senza l'accordo unanime del Parlamento e di tutti i proprietari e le istituzioni di Londra. Tale consenso sarebbe stato difficile da ottenere anche sulla questione più banale; impossibile quando tutte le parti coinvolte volevano andare avanti con l'urgente compito di ricostruire le loro vite e le loro attività di sussistenza – di conseguenza, Londra sarebbe potuta fallire o prosperare.

Il Re a ogni modo era "tutt'uno" con la città. Il 13 settembre pubblicò un proclama reale sulle procedure di ricostruzione, si impegnò per la tempestiva ricostruzione della Custom House, e rinunciò alle proprietà della corona nella City laddove sarebbe stato di comune beneficio. Entro la fine di settembre, si venne a un accordo generale nell'accettare le linee di strade e i confini di proprietà già esistenti, e all'inizio di ottobre furono nominati sei commissari incaricati della sovraintendenza e l'efficace controllo di tutti gli aspetti tecnici dei lavori di ricostruzione. Tre furono nominati dal Re e tre dalla City. Wren fu tra quelli nominati dal Re; Hooke tra quelli della City.

1508 Al centro del piano urbanistico di Wren per Londra, vi era: *(vedi brano 10)*

- **A** il luogo della nuova Cattedrale di Saint Paul
- **B** il collegamento tra quartieri attraverso due viali principali
- **C** una grande terrazza lungo il fiume
- **D** una bipartizione che enfatizzasse l'armonia classica
- **E** un rinnovamento totale del vecchio piano urbanistico della città

1509 La descrizione di A.E.J. Morris suggerisce che Wren: *(vedi brano 10)*

- **A** volesse ottenere la direzione di alcuni lavori
- **B** non fosse interessato alla commissione
- **C** non capisse i principi del barocco
- **D** non fosse un architetto innovativo
- **E** facesse un uso approfondito dei *planmotifs* rinascimentali

1510 Il piano di Wren era poco pratico perché: *(vedi brano 10)*

- **A** i fiumi Fleet e Walbrook intralciavano l'armonia della pianta
- **B** le colline avrebbero oscurato la veduta
- **C** non era adatto alla topografia del luogo
- **D** l'architettura barocca era eccessivamente innovativa
- **E** coloro i quali avevano proprietà preferivano il vecchio piano urbanistico

QUESITI

1511 Il Re non poté portare avanti il piano perché: *(vedi brano 10)*

A non lo riteneva idoneo

B l'approvazione era una prerogativa del Parlamento

C l'approvazione doveva venire da fazioni opposte

D preferì nominare dei commissari tecnici

E non aveva l'autorità necessaria

1512 La prima conseguenza della proposta di Wren fu che: *(vedi brano 10)*

A fu nominato come uno dei sei commissari

B fu incaricato di progettare la Cattedrale di Saint Paul

C fu incaricato di ricostruire Londra come prima

D fu nominato sovraintendente generale

E fu costretto ad abbandonare la sua visione barocca

1513 La conoscenza aumenta sicuramente nel corso degli studi scolastici medi, mentre dopo il diploma della Scuola Media Superiore sono possibili sia un aumento che una diminuzione delle nozioni non utilizzate nella vita. In ogni caso, la conoscenza si modifica sostanzialmente quando lo studente entra nell'Università.
Quale delle seguenti affermazioni NON può essere dedotta dalla lettura del brano precedente?

A Le nozioni acquisite durante gli studi medi vanno perdute all'Università

B Una parte di quanto appreso durante gli studi può andare perduta dopo il diploma

C Gli studenti aumentano sempre le loro conoscenze durante gli studi scolastici medi

D È possibile che alcuni studenti aumentino le loro conoscenze dopo il diploma

E A contatto con il mondo accademico si verificano cambiamenti della conoscenza

1514 In un negozio di articoli sportivi vi sono pattini da ghiaccio e pattini a rotelle, per un totale di 62 lame e 120 rotelle. Sapendo che ogni pattino da ghiaccio è dotato di una lama e ogni pattino a rotelle è dotato di 4 ruote, quante paia di pattini sono presenti nel negozio?

A 91

B 38

C 46

D 52

E 54

1515 Individuare la figura che completa correttamente la seguente serie.

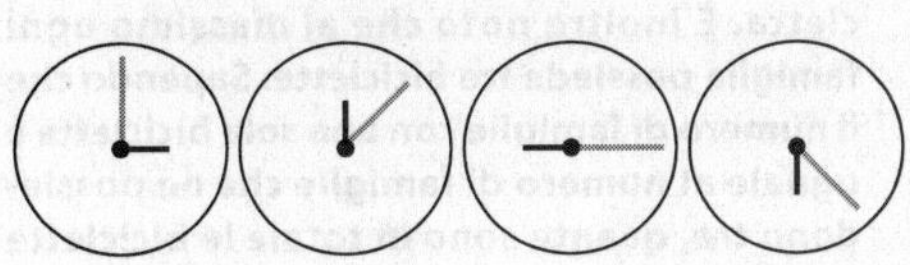

?

A 

B 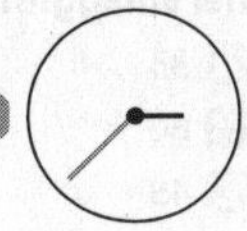

C 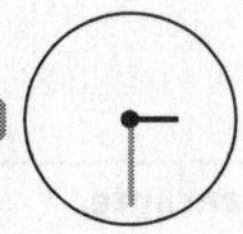

D 

E 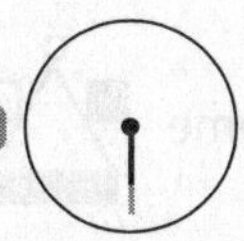

1516 Se si attraversa un'aiuola rettangolare lungo la diagonale, anziché percorrerne i due lati, quanta parte del percorso si risparmia al massimo?

A Non più del 20%

B Circa il 30%

C Circa il 40%

D Il 50%

E Più del 60%

1517 A un'asta pubblica sono in vendita 3 vasi. Il primo ha una base d'asta di 1000 euro, il secondo di 1200 euro e il terzo di 3000 euro. Il primo vaso è molto conteso e viene aggiudicato al doppio del valore del secondo che, invece, viene ceduto al valore della propria base d'asta. Il terzo vaso rimane invenduto.
Alla fine dell'asta, quale dei seguenti eventi non si è certamente verificato?

A Rossi, che acquista il primo e secondo vaso, paga complessivamente meno della base d'asta del terzo vaso

B Verdi che acquista il secondo vaso paga meno di Rossi che acquista il primo vaso

C Il primo e il secondo vaso vengono aggiudicati a prezzi diversi

D Il primo vaso viene venduto a un prezzo superiore al doppio della propria base d'asta

E In ordine di prezzo, gli incassi realmente prodotti dalla vendita all'asta di ciascun vaso sono inversamente proporzionali alle proprie basi d'asta

1518 In un villaggio cinese vivono 33 famiglie, ognuna delle quali possiede almeno una bicicletta. È inoltre noto che al massimo ogni famiglia possiede tre biciclette. Sapendo che il numero di famiglie con una sola bicicletta è uguale al numero di famiglie che ne possiedono tre, quante sono in totale le biciclette nel villaggio?

A 33
B 66
C 45
D 64
E 56

1519 Individuare la figura mancante.

A 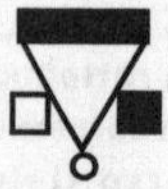

B 

C 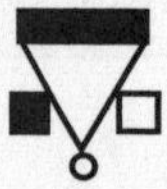

D 

E 

1520 In alcuni pazienti, un elevato consumo di sodio aumenta la probabilità di avere scompensi cardiaci. Per mantenere il cuore in buona salute senza diminuire il consumo di sodio, tali pazienti devono assumere frutta e verdura fresca anziché surgelata, poiché il potassio contenuto in questi cibi aiuta a prevenire gli effetti negativi del sodio.
Quale delle seguenti affermazioni è alla base dell'argomentazione precedente?

A Frutta e verdura fresche contengono più potassio che sodio
B Le aziende alimentari spesso aggiungono sodio agli alimenti congelati
C Il potassio è l'unico minerale che aiuta a prevenire gli effetti negativi del sodio
D Frutta e verdura fresche contengono più potassio rispetto a quelli surgelati
E Il potassio contenuto nella frutta e nella verdura ha meno effetti collaterali

1521 Il partito guidato dall'onorevole Rossi riscuote particolare successo tra gli imprenditori e i lavoratori autonomi e assai meno presso i lavoratori dipendenti. È invece debole presso i lavoratori dipendenti. In vista delle prossime elezioni politiche, sarebbe dunque opportuno che l'onorevole Rossi proponesse misure economiche a favore dei lavoratori dipendenti.
Tutte le seguenti affermazioni indeboliscono l'argomentazione sopra riportata tranne una. Quale?

A Le proposte dell'onorevole Rossi non sono mai apprezzate dai lavoratori dipendenti
B Le misure economiche a favore dei lavoratori dipendenti sono inevitabilmente sfavorevoli per i lavoratori autonomi e per gli imprenditori
C Le misure economiche a favore dei lavoratori dipendenti sono inconciliabili con un programma di risanamento della finanza pubblica
D Le ragioni per le quali l'onorevole Rossi non è gradito ai lavoratori dipendenti non riguardano il programma economico di quest'ultimo
E Nessuna delle precedenti alternative è corretta

1522 Non è impossibile che Stefano non sia il fratello di Alessandro.
La precedente affermazione è logicamente equivalente a:

A è impossibile che Stefano sia il fratello di Alessandro
B Stefano e Alessandro sono sicuramente fratelli
C non è possibile che Stefano non sia il fratello di Alessandro
D Stefano e Alessandro potrebbero non essere fratelli
E Stefano è fratello del padre di Alessandro

1523 Un tassista addebita euro 1,00 al chilometro per i primi 3 chilometri percorsi e euro 0,70 al chilometro per il resto del viaggio. Per andare da casa alla stazione ferroviaria il Sig. Luigi prende il taxi pagando al tassista la somma di euro 10,00, compresa una mancia di euro 0,70. Quanto dista la casa del Sig. Luigi dalla stazione?

A 13 chilometri
B 9 chilometri
C 10 chilometri
D 12 chilometri
E 14 chilometri

QUESITI

1524 Carlo ha a disposizione una grossa somma di denaro e dove scegliere quale tipo di investimento finanziario effettuare. La conoscenza di un software di analisi statistica dei dati è necessaria per poter confrontare i diversi prodotti finanziari e individuare quello più idoneo. Poiché Carlo non sa utilizzare il computer e non conosce i programmi di analisi statistica, dovrà rivolgersi a un promotore finanziario.

Su quale ipotesi implicita si basa il brano precedente?

- A Carlo può imparare l'utilizzo di software di analisi statistica
- B Carlo non sa utilizzare il computer
- C Carlo dovrebbe valutare la possibilità di un investimento immobiliare
- D Tutti i promotori finanziari sanno utilizzare almeno un software di analisi statistica
- E Carlo intende investire una grossa somma di denaro

1525 Individuare la figura mancante.

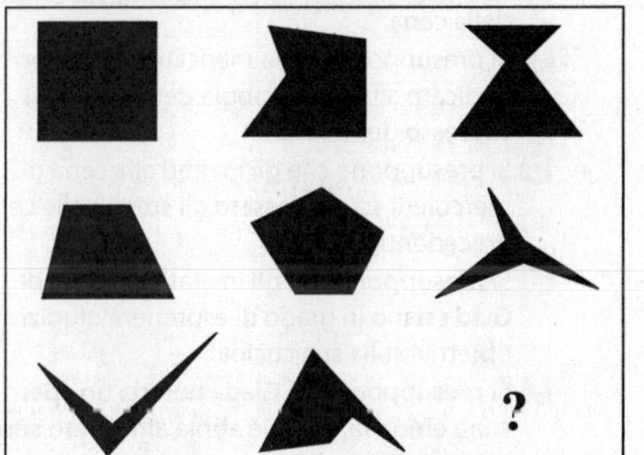

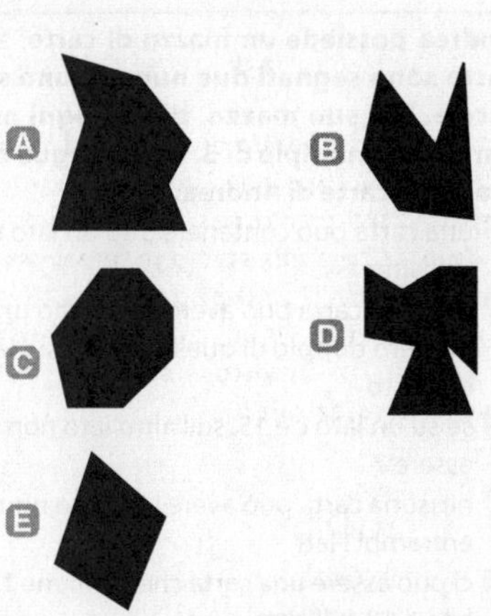

1526 L'autore dei *Buddenbrook* è:

- A Lord Byron
- B Molière
- C T. Mann
- D J. W. Goethe
- E F. Dostoevskij

1527 Se X è il numero mancante nella seguente sequenza

1, 1; 9, 3; 25, 5; 49, 7; X, 9; . . .

dire quante tra le seguenti conclusioni sono corrette:

- **X > 9**
- **X > 98**
- **X < 100**
- **X < 50**

- A 2
- B 4
- C 3
- D 1
- E 0

1528 Un tale compra un oggetto a 20 Euro e lo vende a 25 Euro; lo ricompra a 30 Euro e lo rivende a 35 Euro. Quanti Euro guadagna?

- A 0
- B 5
- C 10
- D 15
- E 20

1529 "Se Davide dorme al pomeriggio, allora Erica va al cinema con le amiche". Se l'argomentazione precedente è vera, quale delle seguenti è certamente vera?

- A Se Davide non dorme al pomeriggio, allora Erica non va al cinema con le amiche
- B È impossibile che al pomeriggio Davide ed Erica vadano al cinema insieme
- C Se Erica va al cinema con le amiche significa che Davide dorme al pomeriggio
- D Se Erica non va al cinema con le amiche vuol dire che Davide non dorme al pomeriggio
- E Erica esce di casa nel pomeriggio solo se Davide dorme

1530 Il sito archeologico messicano noto come "Chichen Itza" è stato costruito dalla civiltà:

- A Azteca
- B Maya
- C Inca
- D Quechua
- E Guaraní

1531 Un uomo ha l'età doppia di suo figlio, ed il prodotto delle loro età è 20 volte la somma delle loro età. Che età ha il padre?

A 70 anni
B 50 anni
C 40 anni
D 60 anni
E 80 anni

1532 Scartare uno dei dodici esagrammi.

A L'esagramma da scartare ha una linea spezzata in meno
B L'esagramma da scartare ha una linea spezzata in più
C L'esagramma da scartare si trova fra gli ultimi tre a destra
D L'esagramma da scartare ha una linea spezzata in alto
E Nella serie non vi è nessun esagramma da scartare

1533 In una gara ciclistica è presente un tratto di strada in discesa. Un ciclista raddoppia il tratto di strada percorso ogni secondo; in 20 secondi arriva a percorrere tutto il tratto. Quanti secondi impiega per percorrere la metà?

A 10
B 19
C 2
D 11
E Dipende dalla lunghezza del tratto in discesa

1534 Marco e Loredana sono sposati da 28 anni, hanno 3 figli Luisa di 26 anni, Giorgio di 24 anni e Francesca di 20 anni. Luisa è sposata con Massimo e hanno una bimba di 24 mesi che si chiama Federica, Giorgio è fidanzato con Caterina e Francesca è ancora single. Se tu sei Massimo, chi sei per Francesca?

A Il cognato
B Il genero
C Il nipote
D Lo zio
E Il nonno

1535 Esercita il controllo sulla Commissione europea:

A il Consiglio europeo
B il Parlamento europeo
C la Corte europea
D ogni singolo Stato membro
E nessun organo

1536 Giada ha la passione della cucina. Ogni mercoledì sera invita i suoi amici a cena e si sbizzarrisce nel preparare una girandola di antipasti, un primo e poi carne o pesce, a settimane alterne, come nemmeno nei migliori ristoranti. Per preparare la cena Giada comincia a cucinare alle ore 15. Mercoledì scorso, a causa di un impegno nel pomeriggio di cui si era dimenticata, Giada ha potuto iniziare a preparare la cena solo alle ore 18. Per provare a salvare la situazione Giada si è affidata a cibi precotti, che di regola detesta, a prodotti surgelati, che in genere utilizza il meno possibile, e ha privilegiato piatti più semplici e di minore effetto. Contrariamente a quanto Giada temeva, la cena di mercoledì scorso è stata un gran successo con continui e ripetuti apprezzamenti da parte degli amici, certamente la migliore cena degli ultimi mesi. Quindi meno tempo Giada dedica a cucinare, maggiore sarà il successo riscosso dalle sue cene.
Quale delle seguenti risposte costituisce il passaggio logico errato nel brano precedente?

A Si presuppone che l'impiego di cibi precotti o surgelati abbia determinato il successo della cena
B Si presuppone che la mancanza di tempo da dedicare alla cucina abbia determinato il successo della cena
C Si presuppone che gli invitati alla cena di mercoledì scorso fossero gli stessi delle cene precedenti
D Si presuppone che gli invitati alle cene di Giada siano in grado di esprimere giudizi obiettivi sulla sua cucina
E Si presuppone che Giada non sia una persona emotiva, ma che abbia affrontato con calma e razionalità una situazione difficile

1537 Andrea possiede un mazzo di carte: su ogni carta sono segnati due numeri, uno su ogni faccia. Nel suo mazzo, dietro ogni numero pari c'è un multiplo di 3. Ne consegue che, nel mazzo di carte di Andrea:

A una carta può contenere 3 su un lato e 5 sull'altro
B nessuna carta può avere su un lato un numero doppio di quello che c'è sul lato opposto
C se su un lato c'è 15, sull'altro lato non ci può essere 7
D nessuna carta può avere lo stesso numero su entrambi i lati
E ci può essere una carta che contiene 11 su un lato e 18 sull'altro

1538 Gigi ha nove volte gli anni di Carlo. Fra cinque anni ne avrà quattro volte. Quanti anni ha attualmente Gigi?

A 36
B 24
C 27
D 18
E 30

1539 In una scuola elementare, composta da 215 alunni, sono stati attivati due corsi pomeridiani. Si sa che 134 alunni frequentano il corso di spagnolo, 121 il corso di nuoto, 22 nessuno dei due corsi. Quanti alunni frequentano entrambi i corsi?

A 59
B 72
C Non si può stabilire perché i dati sono insufficienti
D 62
E 193

1540 Qual è, tra i seguenti, un sinonimo di "stigmatizzare"?

A Incitare
B Approvare
C Condannare
D Recidere
E Assoggettare

1541 Il "fordismo" indica un periodo storico in cui furono introdotti processi produttivi che facevano largo uso:

A della catena di montaggio
B di una limitata divisione del lavoro
C di nuove tecnologie
D di un'ampia specializzazione del lavoro
E di nuovi strumenti della produzione

1542 Un chimico mescola l'argento con l'oro così che per 10 grammi di lega vi sono 90% d'oro puro e 10% di argento. Un giorno aggiunge altro argento fino ad ottenere una lega ancora meno pura. Se l'orefice era partito con 10 grammi di lega fatta per il 90% di oro puro e il 10% di argento, quanto argento ha dovuto aggiungere per arrivare ad una lega con il 50% di argento?

A 8 grammi
B 6 grammi
C 22 grammi
D 50 grammi
E 10 grammi

1543 A una riunione del fan club di un noto cantante partecipano 130 persone. Si sa inoltre che: almeno uno dei partecipanti è donna; presi due partecipanti qualsiasi, almeno uno è uomo.
Quanti sono i partecipanti donne in totale?

A 66
B 129
C 1
D 2
E con i dati a disposizione non si può determinare

1544 "Bere acqua può favorire la circolazione. Lucia beve molta acqua. Sua cugina Tiziana ne beve pochissima".
Se ne deduce che:

A Tiziana ha una pessima circolazione
B la circolazione di Tiziana è migliore di quella di Lucia
C Lucia ha sicuramente un'ottima circolazione
D Lucia ha più probabilità di Tiziana di avere una buona circolazione
E nessuna delle precedenti alternative è corretta

1545 L'affermazione: "a nessuno dei presenti piace il teatro o il cinema a meno che non abbia compiuto 20 anni e abbia il diploma di maturità" è falsa se, tra i presenti:

A esiste un diplomato di 18 anni a cui piace il cinema
B non esiste un diplomato di 18 anni a cui piace il teatro
C esiste un diplomato di 40 anni a cui piace il teatro
D esiste un diplomato di 40 anni a cui non piace né il teatro né il cinema
E non esiste un ventunenne a cui piace il cinema

1546 Sofia ha 14 anni, Chiara ha un anno meno di Davide e tre anni più di Simone il quale ha quattro anni più di Giacomo e un anno in più di Sofia, Francesco è il più piccolo e ha un anno meno di Giacomo. Quanti anni ha Davide?

A 17
B 19
C 29
D 18
E 16

Brano 11 — Roma: centro di diffusione della cultura mediterranea

Roma fu un grande centro di diffusione culturale, certo non il solo, ma sicuramente il più importante. All'inizio del XVI secolo, Roma non era ancora una città degna di nota. In questo modo è stata vista da Rabelais nel suo primo viaggio nel 1532 e così viene descritta nella *Topographie* di Marliano e in numerose altre guide. Era una piccola città al centro di un'economia pastorale; disseminata e contornata da monumenti antichi, spesso semidistrutti, terribilmente sfigurati, più spesso ancora seppelliti sino alle fondamenta sotto la terra e le macerie. Nella parte abitata della città si trovavano case di mattoni, viuzze strette e sordide e vasti spazi vuoti.

Tuttavia nel XVI secolo la città si trasformò, si riempì di vita e vennero costruiti palazzi e chiese; la popolazione crebbe, conservandosi anche nel XVII secolo, un'epoca generalmente tutt'altro che favorevole alle città mediterranee. Roma divenne, dunque, un immenso cantiere. Ogni artista vi trovava lavoro, a partire da un esercito di architetti: Baldassare Peruzzi di Siena (morto nel 1536), Sanmicheli di Verona (m. 1559), Jacopo Sansovino di Firenze (m. 1570), il Vignola (m. 1573) originario del nord della penisola (da cui sono venuti quasi tutti i grandi architetti italiani), Ligorio di Napoli (m. 1583), Andrea Palladio di Vicenza (m. 1580), Pellegrini di Bologna (m. 1596). L'Olivieri, un'eccezione, era romano (m. 1599). Al seguito di questi artigiani, architetti e scalpellini, si affrettava l'esercito dei pittori: esercito necessario in un'epoca in cui la pittura ornamentale raggiunse il suo apogeo. Volte e soffitti offrivano ai pittori uno spazio illimitato, sebbene venissero talvolta loro imposti temi strettamente definiti. La pittura sacra del barocco non è altro che la conseguenza logica della sua architettura.

In quest'epoca venne terminata la basilica di San Pietro e fu edificata la chiesa del Gesù, tra il 1568 e il 1575, da Jacopo Vignola, che morì nel 1573, senza aver avuto il tempo di vedere compiuta la sua opera. Era stata edificata la prima chiesa gesuitica, che spesso doveva servire da modello in tutta la Cristianità. Ogni ordine avrebbe voluto possedere le sue chiese a Roma e fuori Roma, con decorazioni uniche e con le immagini delle loro devozioni particolari. Così nella città eterna, poi in tutto il mondo cristiano, vennero erette le prime chiese a cupole e ornate a volute, di una geometria sobria, e di cui il Val-de-Grâce, in Francia, è un esempio più tardo, ma ugualmente tipico.

Il prodigioso sviluppo di Roma richiese spese ingenti. Stendhal comprese correttamente il problema quando notò che "solo quei paesi che non dovettero temere per la loro autorità commissionarono le più grandi opere di pittura, di scultura, di architettura dei tempi moderni". Ciò ci riporta alla storia delle finanze pontificie. È un fatto accertato che i papi seppero trarre grandi risorse dal loro stato ricorrendo utilmente al credito pubblico. Le loro politiche religiose e la loro politica in genere furono, nella Cristianità, sostenute solitamente più a loro vantaggio che a quello delle chiese nazionali; le chiese di Francia e di Spagna furono abbandonate alle cupidigie e alle esigenze finanziarie del Cristianissimo Re francese e del Re Cattolico di Spagna. Durante il mezzo secolo di cui ci stiamo occupando, lo Stato Pontificio fece grosse spese militari solo raramente (nel 1557 e negli ultimi tre anni della Lega Santa). Il papato poté, dunque, destinare una ricca somma alle Belle Arti. L'invasione del Mediterraneo da parte dell'argento americano facilitò questi ingenti investimenti. Dopo il 1560-1570 venne realizzato tutto ciò che Leone X e Giulio II avevano ideato. D'altro canto, gli ordini religiosi, il cui numero era stato notevolmente incrementato dall'onda della pietà cattolica, unirono i loro sforzi a quelli del papato. Dato che Roma era anche la capitale di questi piccoli stati dentro lo stato, vale a dire la loro vetrina, gesuiti, domenicani, carmelitani, francescani apportarono ciascuno il loro contributo finanziario e di emulazione artistica e copiarono, fuori da Roma, i risultati raggiunti nella capitale. Se vi fu un'espansione artistica e religiosa del barocco, fu grazie a questi ordini, in particolare di quello di Sant'Ignazio. Fu per questa ragione che l'aggettivo "gesuitico" sembra più appropriato di "barocco" per designare questa espansione, nonostante le riserve che sono state avanzate al riguardo.

1547 All'inizio del XVI secolo Roma non era ancora una città degna di nota principalmente perché: *(vedi brano 11)*

- A gli edifici erano costruiti in mattoni
- B era descritta come una città insignificante in alcune guide dell'epoca
- C il commercio non era sviluppato
- D i monumenti erano danneggiati o parzialmente sepolti
- E alcune zone dentro le mura erano disabitate

1548 Le trasformazioni che Roma subì avvennero principalmente perché: *(vedi brano 11)*

- A c'erano molti artigiani disponibili a realizzare i vari progetti
- B ci fu un incremento notevole della popolazione
- C il papato e gli ordini religiosi finanziarono la costruzione di nuove chiese
- D molti architetti risiedevano in questa città
- E i nuovi elementi architettonici definirono i dipinti che li decoravano

1549 Il maggior contributo dell'espansione artistica e religiosa barocca deriva: *(vedi brano 11)*

- A dagli ordini dei frati
- B dall'attività culturale dei gesuiti
- C dal trasferimento a Roma di architetti e pittori
- D dal papato della fine del XVI secolo
- E dall'influenza di Leone X e di Giulio II

QUESITI

1550 Il maggior contributo che gli ordini religiosi diedero all'affermazione del Barocco fu il fatto che: *(vedi brano 11)*

A diffusero i modelli realizzati a Roma nell'intero Stato Pontificio
B erano impegnati a diffondere la pietà cristiana
C la competizione tra gli ordini produsse molteplici stili architettonici
D utilizzavano dei nuovi elementi architettonici nelle chiese
E le loro chiese avevano un sobrio stile geometrico

1551 I soldi necessari alla ricostruzione di Roma furono disponibili per le seguenti ragioni tranne una. Quale? *(vedi brano 11)*

A Lo Stato Pontificio era stato impegnato in poche guerre alla fine del XVI secolo
B L'argento americano stava entrando nell'economia europea
C Il Papa utilizzava prevalentemente a Roma le risorse dell'intero Stato Pontificio
D Il credito pubblico era disponibile
E I Re di Spagna e Francia si appropriavano delle finanze delle chiese nazionali

1552 Scartare uno dei dodici esagrammi.

A L'esagramma da scartare ha un quadratino nero in meno
B L'esagramma da scartare ha un quadratino bianco in più
C L'esagramma da scartare si trova fra gli ultimi tre a destra
D L'esagramma da scartare è il terzo da sinistra
E Nella serie non vi è nessun esagramma da scartare

1553 Le opere liriche *Don Giovanni* e *Il flauto magico* sono state entrambe composte da:

A Puccini
B Verdi
C Wagner
D Donizetti
E Mozart

1554 Non si trova nell'emisfero boreale:

A Città del Messico
B Lima
C Santo Domingo
D Port au Prince
E L'Avana

1555 Se il bar ha più clienti della pizzeria, la pizzeria ha più clienti dell'albergo, l'albergo ha più clienti del cinema e il locale di Fabrizio ha un numero di clienti uguali a quelli dell'albergo allora ...

A il locale di Fabrizio ha meno clienti del cinema
B la pizzeria ha più clienti del bar
C il bar ha meno clienti del cinema
D l'albergo ha meno clienti del bar
E nessuna delle precedenti

1556 Soltanto chi possiede un computer può navigare in Internet.
Se l'affermazione appena riportata è vera, quale delle seguenti conclusioni risulta corretta?

A Chi possiede un computer naviga in Internet
B Chi naviga in Internet possiede un computer
C Chi non naviga in Internet non possiede un computer
D I computer servono per scrivere documenti
E Possedere un computer è condizione sufficiente, ma non ecessaria per navigare in Internet

1557 Qual è la probabilità che in una famiglia i primi 4 figli siano tutti maschi?

A 1/16
B 1/3
C 1/8
D 1/12
E Nessuna delle altre alternative è corretta

1558 Scartare una delle cinque rappresentazioni grafiche.

A 

B 

C 

D 

E 

1559 Delle risposte date a un questionario, 12 sono sbagliate e il 60% sono esatte. Quante risposte sono state date?

A 24
B 42
C 18
D 30
E 20

1560 Individuare la figura mancante.

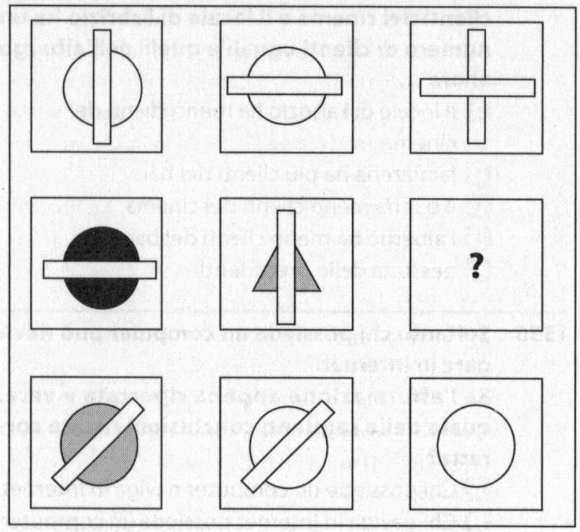

A 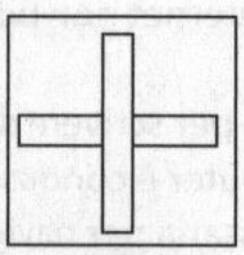

B 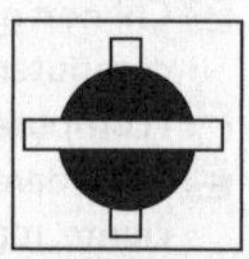

C 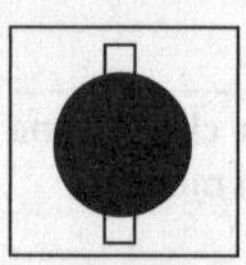

D 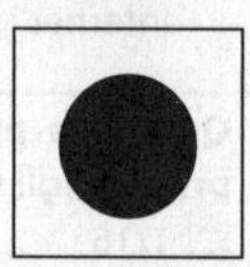

E 

1561 In un viale lungo 600 metri c'è una panchina ogni 120 metri da un lato e una panchina ogni 100 metri dall'altro lato. Quante panchine ci sono in totale su entrambi i lati?

- A 12
- B 11
- C 13
- D 14
- E 15

1562 "Ciò che è reale e razionale; e ciò che è razionale è reale". Questa affermazione è di un filosofo che è anche l'autore di *Fenomenologia dello spirito*. Si tratta di:

- A Schopenauer
- B Fichte
- C Aristotele
- D Vico
- E Hegel

1563 Il numero di parlamentari a favore delle forme alternative di energia non è mai stato così esiguo come in questo momento. Un'indagine condotta intervistando 50 parlamentari ha evidenziato che solo 5 sono effettivamente attivi per promuovere una nuova legislazione che agevoli l'utilizzo di fonti energetiche alternative. Ciò accade in tempi in cui l'interesse e la sensibilità della popolazione verso le tematiche energetiche sta crescendo esponenzialmente.
Quale delle seguenti conclusioni è meglio supportata dalle precedenti affermazioni?

- A Per sviluppare il settore delle energie alternative è necessario un maggiore numero di parlamentari
- B I parlamentari hanno perso il contatto con i loro elettori
- C I 5 parlamentari attivi in favore delle energie rinnovabili dovrebbero essere premiati
- D Affinché vi siano dei benefici sull'ambiente, i parlamentari dovrebbero incentivare l'uso di energie alternative
- E Se è vero che i parlamentari rappresentano i loro elettori, molti di essi dovrebbero incrementare il loro impegno legislativo per favorire l'uso delle energie alternative

1564 Un'associazione di pesca vuole inviare della posta ai suoi 1000 iscritti. A tutti viene inviata una rivista (peso: 100 g). Ai 50 membri della commissione vengono inviati dei verbali (peso: 50 g). A 100 soci viene inviato un questionario (peso: 75 g). Il questionario non viene inviato ai membri della commissione. Le buste utilizzate per l'invio pesano 10 g ciascuna. Le tariffe postali sono le seguenti:
Fino a 120 g: 20 centesimi
Fino a 160 g: 30 centesimi
Fino a 250 g: 35 centesimi
Qual è il costo minimo di questa spedizione postale?

- A Euro 350,00
- B Euro 230,00
- C Euro 220,00
- D Euro 215,00
- E Euro 67,00

1565 Indicare quale numero prosegue la sequenza:

7, 20, 46, 98, 202, 410, ...

- A 826
- B 820
- C 612
- D 814
- E 938

Brano 12 — Lo spazio, protagonista dell'architettura

Il carattere per cui l'architettura si distingue dalle altre attività artistiche sta nel suo agire con un vocabolario tridimensionale che include l'uomo. La pittura agisce su due dimensioni, anche se può suggerirne tre o quattro. La scultura agisce su tre dimensioni, ma l'uomo ne resta all'esterno, separato, guarda dal di fuori le tre dimensioni. L'architettura invece è come una grande scultura scavata nel cui interno l'uomo penetra e cammina.

La scoperta della prospettiva, cioè della rappresentazione grafica delle tre dimensioni – altezza, profondità e larghezza – poteva far credere agli artisti del XV secolo di possedere finalmente le dimensioni dell'architettura e il metodo di rappresentarle. Tuttavia, nell'ultimo decennio del XIX secolo, la mente dell'uomo scoprì che, oltre le tre dimensioni prospettiche, ne esisteva una quarta. E fu la rivoluzione dimensionale cubista. Un pittore nel 1912 fece questo ragionamento: io vedo e rappresento un oggetto, per esempio una scatola o un tavolo, lo vedo da un punto di vista. Ma se giro tra le mani la scatola, o vado attorno al tavolo, ad ogni passo cambio il mio punto di vista e per rappresentare l'oggetto da quel punto devo fare una nuova prospettiva. La realtà dell'oggetto dunque non si esaurisce nelle tre dimensioni prospettiche; per possederla integralmente, dovrei fare un numero infinito di prospettive dagli infiniti punti di vista. C'è dunque un altro elemento oltre alle tre dimensioni tradizionali, ed è appunto lo spostamento successivo dell'angolo visuale. Fu così battezzato il tempo, "quarta dimensione".

La quarta dimensione sembrò rispondere esaurientemente al quesito delle dimensioni dell'architettura. Ogni opera di architettura, per essere compresa e vissuta, richiede il tempo del nostro cammino, la quarta dimensione.

Senonché una dimensione che è comune a tutte le arti non può essere evidentemente caratteristica di nessuna, e perciò lo spazio architettonico non si esaurisce nelle quattro dimensioni. Questo nuovo fattore "tempo" ha poi due significati antitetici in architettura e in pittura. In pittura, la quarta dimensione è una qualità rappresentativa di un oggetto, è un elemento della realtà dell'oggetto che un pittore può scegliere di proiettare sul piano, e che non richiede nessuna partecipazione fisica dell'osservatore. Nella scultura avviene la stessa cosa: il "moto" di una forma di Boccioni è una qualità propria della statua che contempliamo e che dobbiamo rivivere psicologicamente e visivamente. Ma in architettura il fenomeno è totalmente diverso e concreto: qui è l'uomo che muovendosi nell'edificio, studiandolo dai successivi punti di vista, crea, per così dire, la quarta dimensione, dona allo spazio la sua realtà integrale.

Per essere più precisi, la quarta dimensione è sufficiente a definire il volume architettonico, cioè la scatola muraria che racchiude lo spazio. Ma lo spazio in sé – l'essenza dell'architettura – trascende i limiti della quarta dimensione.

Allora quante dimensioni ha questo "vuoto" architettonico, lo spazio? Cinque, dieci. Infinite, forse. Ma, ai nostri fini, basta stabilire che lo spazio architettonico non è definibile nei termini delle dimensioni della pittura e della scultura. È un fenomeno che si concreta solo in architettura, e che di questa costituisce perciò il carattere specifico.

1566 Dalle informazioni ricavabili dal testo, che cosa indusse gli artisti del XV secolo a credere di possedere le dimensioni dell'architettura? *(vedi brano 12)*

A Il rinnovato interesse per l'arte e la cultura umanistica proprio dell'epoca
B La collaborazione tra architetti e pittori
C La scoperta della quarta dimensione
D La nascita di nuovi stili architettonici
E La scoperta della prospettiva

1567 Dalle informazioni ricavabili dal testo, la rivoluzione dimensionale cubista ha introdotto:*(vedi brano 12)*

A il ritratto di un oggetto nelle sue tre dimensioni (altezza, profondità e larghezza)
B la rappresentazione di oggetti di uso quotidiano quali scatole e tavoli
C l'uso della prospettiva in pittura e in scultura
D il tempo, ovvero la "quarta dimensione"
E un vocabolario tridimensionale che include l'uomo

1568 Secondo l'autore del brano, la partecipazione fisica dell'osservatore è indispensabile: *(vedi brano 12)*

A solo nella pittura
B solo nella scultura
C solo nell'architettura
D nella scultura e nella pittura
E nella scultura e nell'architettura

1569 Dalle informazioni ricavabili dal testo, in architettura la quarta dimensione è sufficiente a definire: *(vedi brano 12)*

A il moto di una forma che dobbiamo rivivere psicologicamente e visivamente
B il volume architettonico che racchiude lo spazio
C una qualità rappresentativa di un oggetto
D una tecnica che consente la rappresentazione prospettica
E la realtà totale di un oggetto

1570 Secondo l'autore, qual è l'essenza dell'architettura? *(vedi brano 12)*

A Il punto di vista prospettico
B La quarta dimensione
C Il tempo
D Lo spazio
E La coesistenza delle quattro dimensioni

1571 Individuare il termine la cui etimologia NON segue la stessa "logica" degli altri:

- A antidemocratico
- B antiorario
- C anticamera
- D antipodi
- E antipatico

1572 Il direttore di un progetto edilizio sa che, per realizzare il lavoro di cui è responsabile, se impiegherà tutti i muratori che ha attualmente a disposizione saranno necessari 8 mesi. Inoltre, se potesse avere altri due muratori, il lavoro verrebbe compiuto in 7 mesi. Nel frattempo la cooperativa vince l'appalto per un progetto edilizio più importante, lasciando al direttore del progetto un solo muratore. Quanti mesi impiegherà il muratore rimasto a realizzare il progetto, nell'ipotesi che tutti avessero lo stesso ritmo di lavoro?

- A 72
- B 112
- C 56
- D 87
- E 135

1573 Una favola per bambini ha come protagonisti tre tipi di mostri: i Bonghi, i Cranni e i Dervi. Alcuni Bonghi, ma non tutti, sono Cranni e tutti i Cranni sono Dervi.
Quale delle seguenti affermazioni è decisamente NON vera?

- A Alcuni Dervi non sono né Bonghi né Cranni
- B Nessuno dei Dervi fa parte dei Bonghi
- C Alcuni Dervi sono sia Bonghi che Cranni
- D Tutti i Cranni sono o Bonghi o Dervi o entrambe le cose
- E Alcuni Bonghi sono Dervi

1574 Qual è l'ordine cronologico corretto?

- A Marx - Kant - Rousseau
- B Rousseau - Kant - Marx
- C Marx - Rousseau - Kant
- D Kant - Marx - Rousseau
- E Rousseau - Marx - Kant

1575 Una pizza piccola del diametro di 8 cm costa € 3,99. Una pizza grande del diametro di 14 cm viene venduta in offerta a € 10,39. Di quanto è scontata in percentuale la pizza grande (arrotondare)?

- A 10%
- B 12%
- C 15%
- D 18%
- E 20%

1576 7 muratori iniziano a ristrutturare un gruppo di appartamenti e prevedono di completare il lavoro in 16 giorni. Due giorni dopo l'inizio del lavoro, altri 7 muratori vengono ad aggiungersi agli altri. In quanti giorni sarà finito il lavoro?

- A 3
- B 10
- C 5
- D 7
- E 9

1577 Individuare la versione in negativo della figura data.

A 

B 

C 

D 

E 

1578 Chi dorme è riposato e tranquillo. Lavorare bene caratterizza tutte le persone che sono tranquille, mentre essere sereni è caratteristica di tutti coloro che sono riposati.

Se le precedenti affermazioni sono vere, quale delle seguenti non è deducibile con certezza?

- A Chi dorme lavora bene
- B Chi dorme è sereno
- C Chi è sereno lavora bene
- D Non tutte le persone serene sono necessariamente riposate
- E Non tutte le persone che lavorano bene sono necessariamente tranquille

1579 Individuare la figura mancante.

A 

B 

C 

D 

E 

1580 L'aggettivo *magiaro* si riferisce agli abitanti di quale nazione?

A India
B Ungheria
C Cina
D Corea
E Russia

1581 Individuare, tra le alternative proposte, la versione in negativo della seguente figura.

A 

B 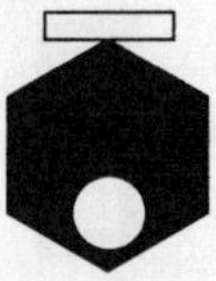

C 

D 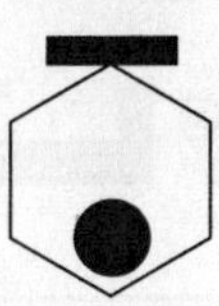

E 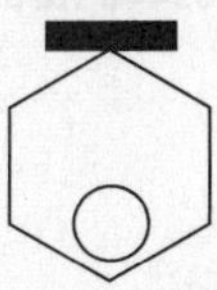

1582 Uno studente, per andare dalla propria abitazione all'università, percorre 1/5 del tragitto a piedi, 2/3 in autobus e i rimanenti 8 chilometri in bicicletta. Qual è la distanza, espressa in chilometri, tra l'abitazione dello studente e l'università?

A 90
B 120
C 60
D 30
E 45

1583 Indicare quali parole, tra le cinque sequenze proposte, vanno sostituite ai numeri per dare un senso compiuto e logico alle frasi seguenti.
"Il primo biologo che parlò chiaramente di origine delle ___(1)___ animali e vegetali per evoluzione da tipi precedenti, Jean-Baptiste Lamarck, ___(2)___ che il motore dell'evoluzione fosse l'___(3)___ di ogni individuo alle condizioni ambientali".

A (1) tipologie, (2) sosteneva, (3) assorbimento
B (1) creature, (2) negava, (3) arrangiamento
C (1) componenti, (2) ipotizzava, (3) incompatibilità
D (1) specie, (2) riteneva, (3) adattamento
E (1) classi, (2) ricordava, (3) interazione

1584 Un insetto è rimasto intrappolato in una vasca da bagno profonda 40 cm. Di giorno risale pian piano di 10 cm, ma di notte quando prende sonno scivola giù di 8 cm. In quanti giorni riuscirà a risalire la vasca?

A 9
B 21
C 13
D 16
E 18

1585 Barbara e Giosuè sono due amici. Giosuè mangia spaghetti, gioca in borsa e nel tempo libero fa atletica. Barbara non ama l'atletica ma gioca in borsa e ascolta musica.
Ammesso che:
- **chi gioca in borsa è ricco;**
- **chi fa atletica mangia spaghetti;**
- **chi fa atletica o ascolta musica è giovane e simpatico**

quale delle seguenti affermazioni è sicuramente vera?

A Barbara è giovane e mangia spaghetti
B Giosuè ascolta musica ed è simpatico
C Barbara e Giosuè ascoltano musica
D Barbara è ricca e simpatica
E Giosuè è ricco e ascolta musica

1586 Individuare la figura che completa correttamente la seguente serie.

A 

B 

C 

D 

E 

1587 “Quale particolare privilegio ha questa piccola agitazione del cervello che chiamiamo pensiero, perché debba essere presa a modello dell’universo intero? La nostra parzialità verso noi stessi ce lo pone di fronte in ogni occasione. Ma una sana filosofia dovrebbe guardarsi scrupolosamente da un’illusione così naturale”. Questo passaggio è preso dall’opera *Dialoghi sulla religione naturale* del filosofo empirista:

A Pierre Bayle
B David Hume
C René Descarts
D John Stuart Mill
E Karl Marx

1588 In un gruppo di 12 persone, ognuna può studiare, lavorare o fare entrambe le cose. Se 9 persone studiano e 7 lavorano, quante sono le persone che contemporaneamente svolgono entrambe le attività?

A 12
B 7
C 3
D 2
E 4

1589 Scartare uno dei dodici esagrammi.

A L’esagramma da scartare ha un quadratino nero in meno
B L’esagramma da scartare ha un quadratino nero in più
C L’esagramma da scartare si trova fra gli ultimi tre a destra
D L’esagramma da scartare è il terzo da sinistra
E Nella serie non vi è nessun esagramma da scartare

1590 Individuare la figura mancante.

A 

B 

C 

D 

E 

1591 Latte sta a Lotto come 65440 sta a:

A 75440
B 66441
C 67447
D 68558
E 66449

1592 Partecipi a una gara ciclistica. A un certo punto superi il secondo. In quale posizione ti trovi?

A Primo
B Secondo
C Terzo
D Penultimo
E Dipende dal numero dei partecipanti

1593 È opportuno scegliere con cura la quantità e la tipologia di nutrienti in maniera appropriata in ogni fase della vita. Si consiglia per i bambini una dieta varia, ricca, da una parte con un alto contenuto di frutta e ortaggi e dall'altra con un basso contenuto di alimenti come salumi, cioccolata e patatine fritte. Nell'alimentazione dei più piccoli è infatti fondamentale l'assunzione di vitamine (soprattutto la C, la D e il complesso B) e sali minerali (soprattutto calcio, ferro e iodio, quest'ultimo anche mediante l'uso di sale iodato). L'assunzione di tali sostanze associata a un esercizio fisico di almeno un'ora al giorno aiuta l'organismo dei più piccoli a crescere in modo equilibrato e a prevenire malattie croniche.
Quale delle seguenti affermazioni è alla base dell'argomentazione precedente?

A Frutta e ortaggi sono gli unici alimenti che contengono sali minerali e vitamine
B Frutta e ortaggi da soli sono sempre sufficienti a prevenire malattie croniche
C Negli adolescenti non è necessario seguire una dieta ricca di frutta e ortaggi
D Frutta e ortaggi contengono più sali minerali e vitamine di salumi, cioccolata e patatine fritte
E Tra i gruppi vitaminici è soprattutto il complesso B a essere contenuto negli ortaggi

1594 Cosa si intende con l'espressione premio di maggioranza?

A La coalizione che ha vinto le elezioni ottiene un numero di seggi parlamentari superiore a quello che le spetterebbe se si usassero semplici criteri proporzionali
B Gli eletti della coalizione che ha vinto le elezioni ottengono un premio in denaro
C La coalizone che ha vinto le elezioni ottiene un premio in denaro
D La coalizione che ha vinto le elezioni governa
E La coalizione che raggruppa il maggior numero di partiti ottiene almeno il 51% dei seggi parlamentari disponibili

1595 La frase "Non garantisco che sia insostenibile negare il contrario della veridicità delle mie affermazioni" significa:

A io non so mentire
B io non conosco la verità
C io posso dire il vero
D io dico sempre il vero
E io mento

1596 Si considerino le seguenti affermazioni:
1 Ci sono meno topi che persone.
2 Non ci sono più persone che topi.
3 Ci sono almeno tanti topi quante persone.
4 Non ci sono più topi che persone.
Quali affermazioni sono fra loro equivalenti?

A 3 e 4
B 2 e 4
C 1 e 4
D 2 e 3
E 1 e 3

1597 Se un maglione pesa come una calcolatrice più una borsa, cinque calcolatrici pesano come un maglione più una borsa, un vaso pesa come un maglione più una calcolatrice e una borsa pesa 300 grammi, quanto pesa il vaso?

A 300 grammi
B 150 grammi
C 200 grammi
D 600 grammi
E 450 grammi

1598 Nella classe di Asdrubale ci sono 37 allievi. Tutti si sono iscritti ad almeno una delle due attività extracurriculari (musica e pallavolo). Alla fine 15 fanno musica e 28 fanno pallavolo.
Quanti allievi, frequentando entrambe le attività, hanno la necessità di programmare gli orari per evitare sovrapposizioni?

A 13
B 9
C 16
D 22
E 6

1599 Sei operaie confezionano centoventi paia di guanti in venti giorni. Quanti giorni occorrono a tre operaie per confezionare trenta paia di guanti dello stesso tipo?

A Dodici
B Venti
C Diciotto
D Trenta
E Dieci

RAGIONAMENTO LOGICO E CULTURA GENERALE

1600 Un falegname deve fissare con chiodi una lastra a forma di ettagono regolare con lato di 25 cm. Per fissarla bene il carpentiere mette 26 chiodi per lato. Quanti chiodi sono necessari in tutto?

A 189
B 180
C 170
D 175
E 182

1601 Una lumaca deve superare un muro alto 12 metri. Di giorno sale per 4 metri, ma di notte quando dorme scivola giù di 3 metri. Quanti giorni impiegherà il ragno ad arrivare in cima al muro?

A 5
B 9
C 12
D 10
E 7

1602 Leonardo e Tommaso si trovano distanti fra loro 55 km e decidono di incontrarsi. Leonardo corre ad 8 km/h verso Tommaso; Tommaso cammina a 3 km/h verso Leonardo. Se partono allo stesso momento, quanti km percorrerà Leonardo prima di incontrare Tommaso?

A 38
B 37
C 35
D 42
E 40

1603 Qual è l'esatta sequenza cronologica degli artisti sotto elencati?

A Mantegna, Delacroix, Mirò, Renoir
B Mantegna, Delacroix, Renoir, Mirò
C Renoir, Delacroix, Mantegna, Mirò
D Delacroix, Mirò, Mantegna, Renoir
E Mantegna, Renoir, Delacroix, Mirò

1604 Un viaggiatore intende recarsi dalla città A alle città B, C e D e fare ritorno ad A dopo essersi recato in ogni città una sola volta. In quanti modi diversi può organizzare il viaggio?

A 6
B 4
C 3
D 12
E 5

1605 L'affermazione: "Tutti gli svedesi sono biondi" è falsa. Questo significa che:

A nessuno svedese è biondo
B nessuno svedese è scuro
C esiste almeno uno svedese che non è biondo
D almeno uno svedese è biondo
E tutti i biondi sono svedesi

1606 Andrea afferma che tutte le città toscane sono affascinanti.
Quale delle seguenti condizioni è necessario che si verifichi affinché l'affermazione di Andrea risulti falsa?

A Deve esistere almeno una città toscana non affascinante
B Deve esistere almeno una città ligure affascinante
C Nessuna città toscana deve essere affascinante
D Deve esistere almeno una città affascinante non toscana
E Tutte le città non toscane devono essere affascinanti

1607 Il significato di anoressia è:

A impossibilità di alimentarsi
B impossibilità di trattenere il cibo mangiato
C mancanza o riduzione dell'appetito
D magrezza
E aspirazione a somigliare a un modello, di solito costituito da persone famose

1608 Su ognuna delle quattro carte che ho in mano è disegnata una figura geometrica (poligoni o cerchi): 3 hanno lati e angoli, 2 hanno 4 angoli e sono disegnate in rosso. Se ne deduce che:

A c'è un solo cerchio
B i 2 quadrati e l'altra figura non circolare possono essere neri o rossi
C ci sono sicuramente 2 quadrati rossi
D le figure non circolari sono 3, una nera e due rosse
E nessuna delle risposte precedenti è deducibile dal testo

1609 Se Carlo ha la stessa età di Luigi, Luigi è più piccolo di Giacomo e Diego è più grande di Giacomo, allora:

A Carlo > Giacomo
B Carlo < Diego
C Luigi > Diego
D Giacomo < Carlo
E Diego < Carlo

QUESITI

1610 Due biciclette si muovono una verso l'altra con velocità media rispettivamente pari a 9 km/h e 11 km/h. Se la distanza iniziale è di 2 km, dopo quanti secondi i due mezzi si incontrano?

A 6
B 30
C 25
D 360
E 200

1611 In una comunità di 5000 persone il 5% dei membri viene colpito da una malattia infettiva, che richiede il ricovero nel 50% dei casi; quanti ricoveri sono avvenuti?

A 50
B 100
C 125
D 150
E 200

1612 A sia l'insieme dei cuochi di un ristorante, B l'insieme degli addetti alle pulizie. Il fatto che nessun addetto alle pulizie possa fare il cuoco comporta che:

A A è incluso in B
B B è il complementare di A
C A intersezione B è vuoto
D A intersezione B non è vuoto
E A è subordinato a B

1613 A un concorso 8 candidati furono ammessi alle prove orali, l'80% fu eliminato allo scritto. Quanti erano i candidati?

A 20
B 130
C 40
D 50
E 80

1614 L'espressione *acqua e sapone* riferita a una persona, intende designarla come:

A sprovveduta
B sincera
C ingenua
D meschina
E avara

1615 Tre mercoledì di un dato mese cadono in un giorno pari. Quale giorno della settimana cade nel 18° giorno di quel mese?

A Lunedì
B Martedì
C Giovedì
D Venerdì
E Sabato

1616 Stefano compra da un amico un maglione scontato del 30%. L'amico gli fa un ulteriore sconto sul prezzo scontato del 20%. Di qale sconto totale sul prezzo iniziale ha beneficiato Stefano?

A 50%
B 72%
C 36%
D 66%
E 44%

1617 Giuseppe dipinge una parete in 6 ore; Francesco lavora con un ritmo doppio di Giuseppe; Dario dipinge la stessa parete in 12 ore. Lavorando insieme, quanti minuti impiegano a dipingere la parete?

A 91
B 103
C 108
D 112
E 117

1618 Tre architetti devono completare insieme un progetto. Sapendo che, lavorando singolarmente, ciascuno di loro impiegherebbe rispettivamente 10, 8 e 9 giorni per terminare il progetto, in quanto tempo lo porteranno a termine lavorando insieme?

A Circa 2 giorni
B Circa 1 giorno
C Circa 4 giorni
D Circa 8 giorni
E Circa 3 giorni

1619 Una maglia acquistata con il 20% di sconto è stata pagata 128 euro. Qual era il prezzo di listino della maglia?

A 169
B 148
C 160
D 153
E 108

1620 Si leggano le seguenti affermazioni. Tutti i ragazzi solitari amano leggere libri. Francesco è silenzioso.
Tutte le persone silenziose amano leggere libri. Se le precedenti affermazioni sono vere, quale delle seguenti alternative è necessariamente vera?

A Tutte le persone silenziose sono solitarie
B Francesco ama leggere libri
C Tutte le persone solitarie sono silenziose
D Francesco è un ragazzo solitario
E Tutte le persone che amano leggere libri sono solitarie

1621 "Mirco ama il cioccolato; Il cioccolato è un dolce; Chi ama i dolci è un bravo sciatore". Allora è certo che:

- A Mirco non ama sciare
- B Mirco ama tutti i dolci
- C Mirco sa sciare
- D Tutti coloro che sciano mangiano cioccolato
- E Tutti i bravi sciatori amano i dolci

1622 Nel liceo di Fausto ogni ragazzo gioca a calcio e a pallavolo.
Se la precedente affermazione è falsa allora è sicuramente vero che:

- A esiste almeno un ragazzo del liceo di Fausto che non gioca né a calcio né a pallavolo
- B esiste almeno un ragazzo del liceo di Fausto che non gioca a calcio
- C esiste almeno un ragazzo del liceo di Fausto che non gioca a pallavolo
- D esiste almeno un ragazzo del liceo di Fausto che non gioca a calcio o a pallavolo
- E nessun ragazzo del liceo di Fausto gioca a calcio o a pallavolo

1623 Tutti gli alberi hanno le foglie. La quercia è un albero, quindi la quercia ha le foglie.
Quale delle seguenti affermazioni segue la stessa struttura logica del suddetto ragionamento?

- A Tutte le piante hanno le foglie. Quella foglia è una foglia di quercia, quindi tutte le piante sono querce
- B Tutte le foglie crescono sugli alberi. Quella pianta ha le foglie, quindi quella pianta è un albero
- C Tutti gli alberi hanno le foglie. Quella pianta non è un albero, quindi quella pianta non ha le foglie
- D Tutte le querce hanno le foglie. Quell'albero ha le foglie, quindi quell'albero è una quercia
- E Tutti gli alberi hanno le foglie. Quella pianta ha le foglie, quindi quella pianta è un albero

1624 Una indagine su un campione di 200 studenti ha rivelato che il 65% degli intervistati pratica attivamente uno sport nel tempo libero. Di questi il 40% preferisce il calcio. Quale è il numero di studenti intervistati che preferisce praticare uno sport diverso dal calcio?

- A 84
- B 56
- C 78
- D 52
- E 64

1625 Un armadio costa 1.100.000 lire IVA esclusa. Viene venduto con uno sconto del 10%. Qual è il prezzo di vendita IVA inclusa, sapendo che l'aliquota IVA è del 20%:

- A 1.188.000
- B 1.210.000
- C 1.200.000
- D 1.120.000
- E 1.118.000

1626 In una lavanderia, quattro impiegati stirano 8 giacche in 16 minuti. Se due impiegati vanno in ferie, quanti minuti occorreranno agli impiegati rimasti per stirare quattro giacche?

- A 16
- B 13
- C 32
- D 36
- E 64

1627 Le nuove indagini non hanno confermato l'impossibilità che il freddo non sia la causa della rottura dei tubi.
Il significato di questa affermazione è:

- A il freddo non può essere in alcun modo causa della rottura dei tubi
- B il freddo è certamente la causa della rottura dei tubi
- C il freddo potrebbe non essere la causa della rottura dei tubi
- D il freddo causa sempre problemi
- E il caldo è probabilmente la causa della rottura dei tubi

1628 Un'urna contiene 50 gettoni, bianchi e neri. Sapendo che la probabilità di estrarre un gettone bianco è il 40%, il numero di gettoni neri contenuti nell'urna è

- A 10
- B 30
- C 20
- D 15
- E 25

1629 L'azienda ALPHA ha fatto registrare un fatturato (in migliaia di euro) pari rispettivamente a 400 nell'anno 2004 ed a 440 nell'anno 2005. L'incremento percentuale del fatturato registrato nel passaggio dall'esercizio 2004 a quello 2005 è stato pari al:

- A 24%
- B 10%
- C 12%
- D 4%
- E 14%

1630 Un grande teorico dei numeri ha scoperto i numeri troppobelli, e, avendo osservato che tutti quelli che ha scoperto sono pari, congettura che esistano solo numeri troppobelli pari. Un suo allievo, studiando con cura questi numeri, afferma che la congettura del maestro è falsa. Dunque l'allievo sostiene che:

- A nessun numero pari è troppobello
- B c'è almeno un numero pari che non è troppobello
- C c'è almeno un numero troppobello dispari
- D esiste solo un numero finito di troppobelli pari
- E tutti i numeri troppobelli sono dispari

1631 Tre amici vanno a lezione di Logica dallo stesso insegnante. Non potendosi permettere lezioni individuali, essi prendono lezioni di gruppo da un'ora ciascuna, con due soli allievi per volta. Qual è il numero minimo di lezioni da predisporre, se ognuno dei tre amici vuole partecipare ad almeno due lezioni da un'ora ciascuna?

- A Tre
- B Due
- C Quattro
- D Cinque
- E Sei

1632 Lavorando del ferro si ha una perdita del 30%. Da due tonnellate di ferro quanti kg di manufatti si ottengono?

- A 6 kg
- B 60 kg
- C 200 kg
- D 1400 kg
- E 9000 kg

1633 Tre amici, Antonio, Davide e Susanna si dividono un sacchetto di biglie di vetro. Per compiere l'operazione più velocemente, prendono a turno 10 biglie alla volta e ripetono l'operazione fino a quando il sacchetto è vuoto. All'ultimo turno, a Susanna mancano delle biglie per arrivare a 10. Allora, Antonio e Davide le danno 2 biglie ciascuno in modo tale che tutti abbiano lo stesso numero di biglie. Quante biglie ha preso Susanna all'ultimo turno?

- A 6
- B 2
- C 3
- D 8
- E 4

1634 Individuare la figura mancante.

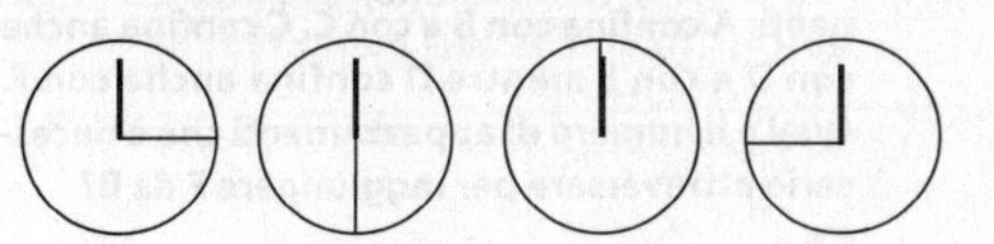

A 

B 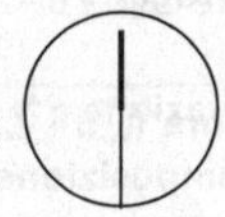

C 

D 

E 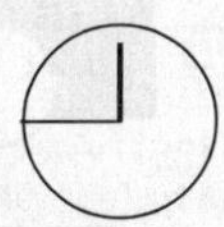

1635 Scartare l'intruso.

- A Apologia di Socrate
- B Logica
- C Metafisica
- D Fisica
- E Etica

1636 In una scuola milanese gli studenti studiano l'inglese e/o il francese. Il 70% studia l'inglese e il 60% studia il francese. Quale percentuale di studenti studia entrambe le lingue?

- A 65%
- B 10%
- C 30%
- D 40%
- E I dati del problema sono insufficienti per rispondere

1637 Ognuna delle parole che seguono, tranne una, è legata alle altre da un legame logico. Individuare la parola da scartare:

- A Carrozza
- B Automobile
- C Slitta
- D Vagone
- E Autobus

1638 Ci sono sei appezzamenti di terreno confinanti: A confina con B e con C, C confina anche con D e con E mentre D confina anche con F. Qual è il numero di appezzamenti che è necessario attraversare per raggiungere F da B?

- A 2
- B 5
- C 4
- D 6
- E Non è possibile andare da F a B

1639 Quale delle cinque figure (A, B, C, D ed E) corrisponde alla composizione seguente vista allo specchio?

A 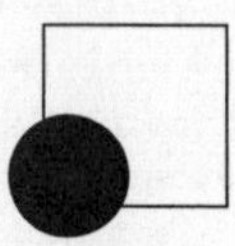

B 

C 

D 

E 

1640 Una cassaforte ha le seguenti dimensioni esterne:

- **larghezza = 48 cm**
- **profondità = 44 cm**
- **altezza = 52 cm**

La cassaforte è composta interamente di acciaio e le pareti misurano 4 cm di spessore, esclusa la base che ne misura 8 cm.

Quali sono le dimensioni interne della base della cassaforte?

- A 40 cm × 40 cm
- B 40 cm × 32 cm
- C 36 cm × 36 cm
- D 44 cm × 40 cm
- E 40 cm × 36 cm

1641 Individuare la parola da scartare tra le seguenti:

- A aborigeno
- B curante
- C devolution
- D notazione
- E tumulto

1642 Un sarto, in ritardo nella consegna di una giacca fantasia per un cliente, ha bisogno di una serie di quattro bottoni uguali. Dà incarico al figlio di recarsi in solaio e portargli quattro bottoni dello stesso colore scelti in un cassetto contenente 84 bottoni blu, 32 turchesi, 28 celesti e 4 verdi, tutti della stessa forma e grandezza. Poiché il figlio del sarto nella penombra non riesce a distinguere i colori, quanti bottoni dovrà prendere come minimo per averne sicuramente quattro dello stesso colore?

- A 8
- B 4
- C 13
- D 16
- E 12

1643 A quale delle seguenti proposizioni risulta equivalente l'affermazione: "se la luce è spenta allora Marco non è a casa".

- A Marco è a casa e la luce è spenta
- B Se Marco è a casa non è detto che la luce sia spenta
- C Se Marco è a casa non è detto che la luce sia accesa
- D Se Marco è a casa allora la luce è accesa
- E Se Marco è a casa allora la luce è spenta

1644 Individuare la figura da scartare.

A B C D E

1645 Data l'affermazione "l'ipotesi A è condizione sufficiente e non necessaria perché una data conseguenza B si verifichi", quale delle seguenti affermazioni è vera?

- A B si verifica solo quando risulta verificata l'ipotesi A
- B B può non verificarsi anche se risulta verificata l'ipotesi A
- C B può verificarsi anche se non risulta verificata l'ipotesi A
- D B non si verifica se risulta verificata l'ipotesi A
- E B non può verificarsi in alcun caso

1646 Max vorrebbe acquistare un biglietto aereo per Parigi ma non ha una disponibilità sufficiente sul suo conto corrente. Un biglietto aereo per New York è addirittura più costoso, ne consegue quindi che Max non potrà permettersi neppure questo acquisto.
Quale delle seguenti affermazioni segue la stessa struttura logica del suddetto ragionamento?

- A Max è più giovane di Giuseppe e più basso di Alberto. Ne consegue quindi che Alberto è più giovane di Giuseppe, il quale è più alto di Max
- B Max ritiene che il ristorante vicino al suo ufficio sia molto caro. Il bar della via adiacente prepara ottimi panini a prezzi modici, ne consegue quindi che Max pranzerà al bar
- C Se Max potesse andare in vacanza sceglierebbe una meta lontana. Poiché l'Africa è lontana, la prossima meta di Max sarà certamente un paese africano
- D A Max non piacciono i film violenti. Quel film con Harrison Ford è violento, ne consegue quindi che a Max non piacerà
- E Max vuole dimagrire e ha deciso di eliminare dalla propria dieta le bevande alcoliche perché contengono troppe calorie. I dolci contengono più calorie delle bevande alcoliche, ne consegue quindi che Max eliminerà dalla dieta anche i dolci

1647 Alcuni recenti studi hanno negato l'impossibilità dell'esistenza di una correlazione negativa fra numero di figli e grado di felicità dei genitori.
Individuare quale delle seguenti affermazioni corrisponde alla conclusione degli studi menzionati:

- A la felicità di una coppia dipende esclusivamente dalla presenza di figli
- B le coppie con più figli sono più felici
- C non esiste un legame diretto fra numero di figli e grado di felicità dei genitori
- D le coppie con meno figli sono più felici
- E è possibile che le coppie con più figli siano meno felici

1648 Individuare la coppia di termini che completa correttamente la proporzione seguente:
Unire : X = costruire : Y

- A X = pezzi, Y = mattone
- B X = separare, Y = demolire
- C X = incollare, Y = rammendare
- D X = tagliare, Y = edificio
- E X = sposare, Y = abbattere

1649 Bisogna creare un libretto di otto pagine a partire da un singolo foglio di carta su cui è stato precedentemente stampato il contenuto di ogni pagina. Come mostrato in figura, inizialmente il foglio viene tagliato a metà (figura 1) e la parte inferiore del foglio, senza modificarne l'orientamento, viene sovrapposta a quella superiore. I due foglietti sovrapposti vengono poi piegati (figure 2 e 3) in modo tale che il foglietto sovrastante risulti essere all'interno del libretto.

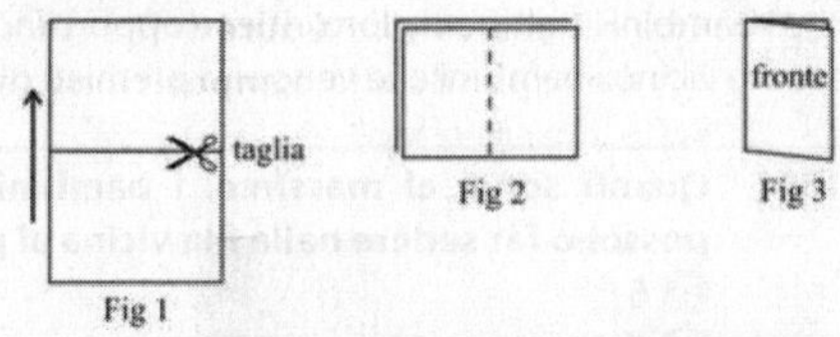

Le prima pagina del libretto viene contrassegnata con una F (fronte), le pagine successive vengono numerate da 1 a 6 e l'ultima viene contrassegnata con una R (retro). Quale tra le figure proposte mostra l'ordine corretto di lettere e/o numeri che dovrebbe apparire sul foglio prima che venga tagliato e ripiegato?

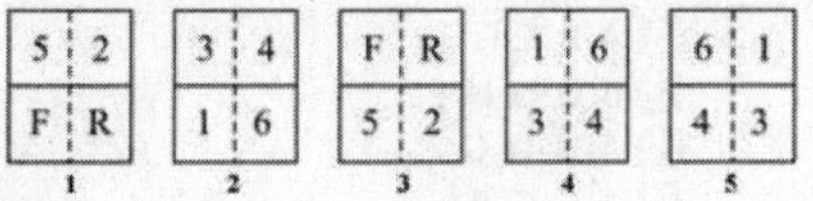

- A 1
- B 2
- C 3
- D 4
- E 5

1650 Quale tra le alternative proposte corrisponde alla seguente figura riflessa in uno specchio e in negativo?

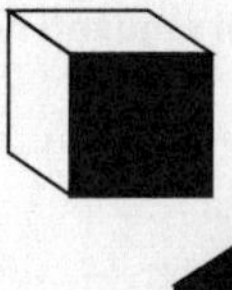

A 

B 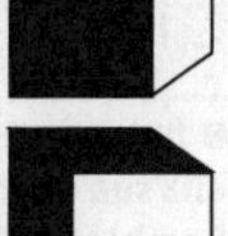

C 

D 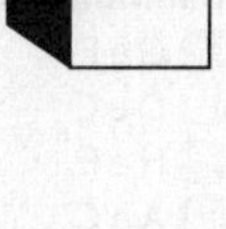

E 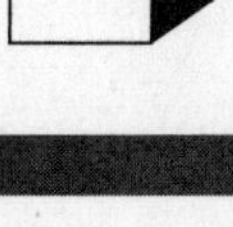

Leggere il seguente problema e rispondere alle relative domande.

In una scuola elementare, al termine dell'anno scolastico, si premiano otto bambini che si sono distinti per le loro capacità artistiche. I bambini vengono indicati con le prime otto lettere dell'alfabeto: A, B, C, D, E, F, G e H. I bambini B, E e F verranno premiati anche per le loro abilità musicali così come i bambini A e H verranno premiati anche per le poesie che hanno composto.

La direttrice della scuola decide di mettere alcuni dei bambini premiati in una speciale fila di sedie vicina al palco della sala in cui si tiene la cerimonia e, per evitare che i bambini litighino tra loro, ritiene opportuno non far sedere vicino i bambini che vengono premiati due volte.

1651 Quanti sono, al massimo, i bambini che si possono far sedere nella fila vicina al palco?

A 6
B 5
C 8
D 7
E 4

1652 Quale delle seguenti successioni ordinate di bambini rispetta le condizioni poste dalla direttrice?

A A, B, E, F, H
B B, D, G, H, E
C A, H, D, G
D A, C, G, B
E E, H, F, B, A

1653 Se si rispettano le condizioni, fra quale delle seguenti coppie di bambini può sedersi F?

A D e C
B B e G
C A e H
D E e C
E B ed E

1654 Quale dei seguenti non si può sedere vicino a B?

A C
B D
C G
D E
E H

1655 B ha un posto vuoto alla sua sinistra e uno alla sua destra; quale delle seguenti coppie di bambini può occupare questi posti?

A G e F
B D e C
C H e E
D A e C
E G e C

1656 Fausto è in moto ed è fermo a un incrocio. Se svolta a sinistra o a destra non raggiungerà il prossimo distributore e rimarrà senza benzina. Stessa cosa gli accadrebbe tornando indietro. Guardando dritto davanti a sé non vede alcun distributore. Data questa situazione, quale delle seguenti deduzioni è valida?

A Deve svoltare a destra per non rimanere senza benzina
B Deve svoltare a sinistra per non rimanere senza benzina
C Potrebbe rimanere senza benzina
D Rimarrà certamente senza benzina
E Raggiungerà certamente il distributore di benzina

1657 Due colleghi sono stati assunti nello stesso giorno: uno aveva il doppio dell'età dell'altro. Anni dopo la Ditta fallisce: in quel momento il maggiore ha 20 anni più del minore. A quale età è stato assunto il minore?

A 35 anni
B 20 anni
C 30 anni
D 25 anni
E 15 anni

1658 Oggigiorno molti zoo hanno abbandonato l'idea di dover ospitare un numero elevato di animali in favore di programmi per la conservazione di alcuni esemplari di specie in via di estinzione. Tuttavia, l'unico modo per uno zoo di attrarre dei visitatori è quello di ospitare molti animali interessanti, quelli che il pubblico vuole vedere, sia che si tratti di specie in via di estinzione o meno. Se gli zoo non attraggono visitatori è improbabile che siano redditizi.
Quale delle seguenti affermazioni è totalmente sostenuta dal brano precedente?

A Gli zoo che hanno scelto di concentrarsi soltanto sulla conservazione e tutela di alcune specie in via di estinzione è improbabile che siano redditizi
B Gli zoo famosi sono gli unici che possono permettersi programmi di conservazione delle specie in via di estinzione
C L'interesse generale per i programmi di conservazione e tutela delle specie in via di estinzione è molto limitato
D Gli animali in via di estinzione non attraggono visitatori
E Gli zoo che hanno molti animali interessanti sono redditizi

QUESITI

1659 Non si può negare che quando la luna è piena non c'è sufficiente oscurità per vedere al meglio le stelle. La precedente affermazione significa che:

A) la luminosità delle stelle è maggiore quando la luna non è piena
B) quando la luna è piena c'è sufficiente luminosità per osservare le stelle
C) le stelle si osservano al meglio quando la luna non è piena
D) le stelle si possono osservare soltanto al buio
E) è innegabile la luminosità delle stelle, anche quando la luna non è piena

1660 Individuare la figura da scartare.

A) 
B) 
C) 
D) 
E) 

1661 Il termine *galaverna* sta a indicare:

A) il deposito di minuscoli cristallini di ghiaccio che si forma sugli oggetti immersi in una atmosfera nebbiosa quando la temperatura è sotto zero
B) la massa di ghiaccio che si muove lentamente lungo una valle, da sopra il limite delle nevi verso il mare, per azione della gravità
C) la frattura sulla crosta terrestre, lungo la quale ha avuto luogo un movimento e dove perciò gli strati rocciosi delle due sponde non si corrispondono
D) la linea che, su una carta geografica, unisce i luoghi aventi uguale nebulosità media in un certo periodo di tempo
E) la caverna il cui interno riporta numerosi formazioni di stalattiti e stalagmiti

1662 Quale dei seguenti artisti NON è un architetto?

A) Claude Nicolas Ledoux
B) Alvar Aalto
C) Giovanni Michelucci
D) Ignazio Gardella
E) Egon Schiele

1663 Se l'area del quadratino scuro è 2 cm^2, quanto vale l'area del quadrato più grande?

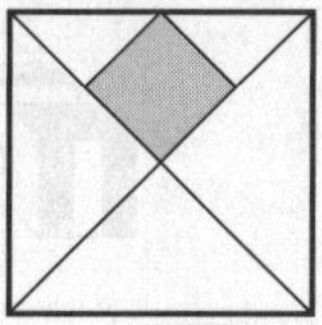

A) 18 cm^2
B) 12 cm^2
C) 16 cm^2
D) $8\sqrt{2}$ cm^2
E) 8 cm^2

1664 Indicare la definizione corrispondente per significato alla parola *limitrofo*.

A) Affetto da malattia contagiosa
B) Persona limitata
C) Operaio che usa la lima
D) Arnese edile
E) Confinante

1665 Una favola per bambini ha come protagonisti tre tipi di mostri: i Bonghi, i Cranni e i Dervi. Alcuni Bonghi, ma non tutti, sono Cranni e tutti i Cranni sono Dervi. Quale delle seguenti affermazioni è decisamente NON vera?

A) Alcuni Dervi non sono né Bonghi né Cranni
B) Nessuno dei Dervi fa parte dei Bonghi
C) Alcuni Dervi sono sia Bonghi che Cranni
D) Tutti i Cranni sono o Bonghi o Dervi o entrambe le cose
E) Alcuni Bonghi sono Dervi

1666 Il romanzo "Guerra e Pace" è stato scritto da Lev Tolstoj. Di quale nazionalità era l'autore?

A) Svizzera
B) Polacca
C) Ungherese
D) Russa
E) Cecena

1667 Se è vero che "tutti i fiori che ho comprato sono rose eccetto tre, tutti i fiori che ho comprato sono gladioli eccetto tre, tutti i fiori che ho comprato sono orchidee eccetto tre e che tutti i fiori che ho comprato sono primule eccetto tre", quanti fiori ho?

A) Uno
B) Due
C) Tre
D) Quattro
E) Cinque

1668 Quale tra le alternative proposte corrisponde alla seguente figura in negativo?

A

B

C

D

E

1669 Franco, Gianni e Bruno fanno rispettivamente l'idraulico, l'elettricista e l'imbianchino. Spesso i tre lavorano nello stesso cantiere. Tutti e tre accettano contratti che richiedono tutte e tre le diverse attività, non soltanto la loro, e alla fine del mese fanno i conti e si pagano a vicenda per il lavoro svolto da ciascuno. Alla fine di marzo Bruno deve ricevere euro 300 da Franco e euro 200 da Gianni. Gianni deve ricevere euro 100 da Franco e euro 250 da Bruno, mentre Franco euro150 da Gianni e euro 200 da Bruno. Quali dei seguenti pagamenti pareggerà i conti tra i tre per il mese di marzo?

A Gianni deve euro150 a Bruno e euro 50 a Franco
B Franco deve euro 50 a Bruno
C Bruno deve a Franco e a Gianni euro 100 ciascuno
D Bruno e Gianni devono euro 25 a Franco
E Franco e Gianni devono euro 75 a Bruno

1670 "Tutti i filosofi sono antipatici – qualche filosofo è italiano – dunque ... è antipatico". S'individui il CORRETTO COMPLETAMENTO del sillogismo:

A qualche italiano
B qualche filosofo
C qualche antipatico
D ogni italiano
E ogni filosofo

1671 Individuare la figura da scartare.

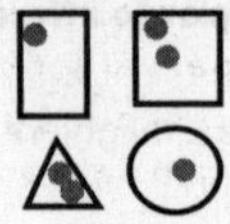
A
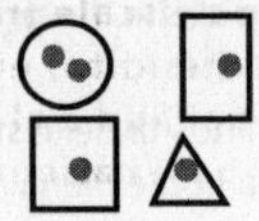
B
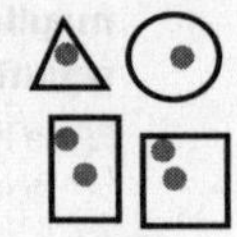
C
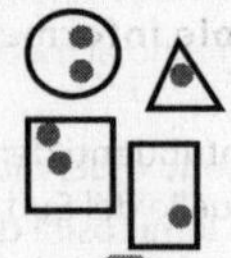
D
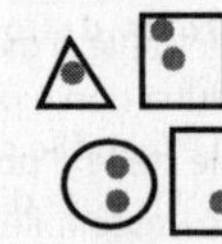
E

1672 A quale affermazione risulta equivalente l'affermazione "se piove, allora non vado al cinema"?

A Se vado al cinema può darsi che piova
B Piove o non vado al cinema
C Se vado al cinema allora non piove
D Se vado al cinema non è detto che piova
E Vado al cinema e non piove

1673 Non è vero che "Almeno due studenti in quest'aula sono milanisti". Ciò equivale a dire che:

A Nessuno è milanista
B In quest'aula non ci sono due studenti milanisti
C In quest'aula, se uno studente è milanista anche un altro lo è
D Più di due studenti di quest'aula sono milanisti
E Al più due studenti di quest'aula sono milanisti

1674 "I grandi magazzini generalmente sono costituiti da un numero di piani che va da 2 a 8. Se un magazzino ha più di tre piani ha l'ascensore per tutti i piani". Se le precedenti affermazioni sono vere, quali delle seguenti deve ugualmente essere vera?

A Solo i piani al di sopra del terzo sono serviti da ascensori
B Nei magazzini a due piani non ci sono ascensori
C Per andare al settimo piano si può sempre prendere un ascensore
D Per andare al terzo piano si può sempre usare l'ascensore
E Per andare al secondo piano non si può usare l'ascensore

1675 Secondo un dossier pubblicato dall'ISTAT sui conti regionali delle famiglie, nel 1999 la pressione fiscale (rapporto tra imposte pagate e reddito) era pari al 9,6% per le regioni del Sud e al 13,7% per quelle del Nord. Su base nazionale tale dato era pari al 12,4%.
Quale delle seguenti conclusioni può essere dedotta dalle sole informazioni riportate sopra?

A Le famiglie contribuenti del Nord sono più numerose di quelle del Sud
B Il reddito disponibile (cioè al netto delle imposte) delle famiglie del Sud è superiore a quello delle famiglie del Nord
C Le famiglie del Sud riescono a evadere le tasse
D Le famiglie del Nord sono più ricche di quelle del Sud
E La pressione fiscale è in aumento in tutti i Paesi europei

1676 In un certo mese dell'anno per 3 volte il martedì cade in una data pari del mese. In che giorno cade il 19 di quel determinato mese?

A Martedì
B Mercoledì
C Giovedì
D Venerdì
E Sabato

1677 La vera cotoletta alla milanese deve essere fritta nel burro e avere anche l'osso, perché vicino all'osso si trova la carne più tenera. Sono moltissimi a Milano i ristoranti e le trattorie che propongono tale piatto e tutti seguono la ricetta tradizionale. Quindi se Vincenzo vuole mangiare la cotoletta alla milanese preparata con la ricetta tradizionale deve andare a mangiarla a Milano.
Quale delle seguenti risposte costituisce il passaggio logico errato nel brano precedente?

A Una vera cotoletta alla milanese può essere preparata anche al di fuori di Milano
B Anche il risotto alla milanese è un piatto tipico del capoluogo lombardo
C In tutto il mondo esistono ristoranti che propongono la cotoletta alla milanese
D La cotoletta è un piatto di origine povera e i ristoranti di alto livello non la propongono
E Non è più possibile gustare la cotoletta alla milanese della ricetta tradizionale

1678 Nell'Ottocento nell'America del Nord le discussioni venivano spesso risolte in un duello a fuoco, il quale prevedeva che due contendenti si disponessero in piedi uno di fronte all'altro tenendosi ad una certa distanza e sparassero con la propria pistola cercando di colpire l'altro. Recenti esperimenti sui tempi di reazione degli esseri umani hanno mostrato che le persone sono più veloci quando devono reagire a un'azione che quando devono agire per primi. Ciò supporta l'opinione che il cervello umano, per inviare messaggi, usa percorsi differenti del sistema nervoso nel caso di azioni intenzionali rispetto a quando è chiamato a rispondere ad un'azione.

A **Quale delle seguenti affermazioni può essere logicamente ricavata del brano precedente?**Gli esperimenti scientifici producono risultati interessanti
B Il cervello non può controllare le nostre azioni di risposta
C Il miglior consiglio per i pistoleri è quello di attendere che il proprio avversario faccia fuoco per primo
D Gli essere umani possono venire allenati a reagire più velocemente
E I pistoleri che attendono che il proprio avversario faccia fuoco per primo vincono sempre

1679 In base ai risultati di uno studio condotto nel 2013, il 25% dei cittadini brasiliani con età superiore ai 17 anni è risultato analfabeta. Dunque, se è corretta la previsione in base alla quale nel 2025 i cittadini brasiliani con età superiore ai 17 anni saranno 150 milioni, si può stimare che 37,5 milioni di cittadini saranno analfabeti.
Quale delle seguenti affermazioni, se considerata vera, indebolisce quanto sostenuto dal brano?

A Dal 2008 al 2013 vi è stata una riduzione del 5% del tasso di analfabetismo dei cittadini brasiliani
B Tutti gli studi demografici concordano nel prevedere un progressivo invecchiamento della popolazione brasiliana
C Gli studi sovente conducono a risultati impropri
D Numerosi cittadini brasiliani inclusi nello studio del 2013 sarebbero inclusi anche in uno studio del 2025
E L'istituto di statistica brasiliano prevede per il prossimo trentennio una riduzione costante del tasso di analfabetismo

Brano 13 — In base alle informazioni contenute nel brano seguente, rispondere alle successive domande.

«Durkheim considerava gli uomini creature dai desideri illimitati, per i quali, a differenza di altri animali, la soddisfazione dei bisogni biologici non era motivo di appagamento. "Più si ha e più si vorrebbe avere, e le soddisfazioni ottenute non fanno che stimolare anziché appagare i bisogni". La naturale insaziabilità dell'essere umano, comporta che i suoi desideri non possano essere contenuti se non tramite un'azione limitativa esterna, costituita appunto dal controllo sociale. La società impone dei limiti ai desideri umani, e costituisce "una potenza regolatrice [che ha] sui bisogni morali la funzione che l'organismo svolge su quelli fisici".

Nelle società ben regolate, il controllo sociale pone dei limiti alle inclinazioni individuali in modo tale che ognuno tende, nella sua sfera, a rendersi conto del punto estremo cui possono giungere le aspirazioni e non aspira a nulla che lo oltrepassi ... segnando così un termine e uno scopo alle passioni. Quando i vincoli sociali si indeboliscono, l'influenza esercitata dalla società per contenere le inclinazioni individuali viene meno e gli individui sono lasciati in balia delle loro passioni. Un tale stato di cose viene definito da Durkheim anomia, termine che si riferisce a quella condizione di relativa assenza di norme che può caratterizzare una società nel suo complesso o alcuni suoi gruppi componenti. L'anomia non si riferisce a uno stato mentale, ma a una proprietà della struttura sociale; è specifica di una condizione in cui i desideri individuali non trovano più una regolamentazione nelle norme comuni e dove, pertanto, gli individui sono lasciati senza una guida morale nel perseguimento dei loro obiettivi.

Sebbene una situazione di completa anomia, o di totale assenza di norme, sia empiricamente impossibile, le società possono essere caratterizzate da un grado maggiore o minore di regolamentazione normativa. Inoltre, all'interno di qualsiasi specifica società, i gruppi possono differire tra loro in relazione al grado di anomia che li contraddistingue. Il mutamento sociale può produrre anomia sia nell'intera società sia in alcune parti di essa. Le crisi economiche, per esempio, possono avere conseguenze più rilevanti su coloro che occupano gli strati più elevati della piramide sociale che sulla popolazione sottostante. Quando un disastro economico spinge bruscamente certi individui verso una situazione inferiore a quella occupata sino allora, quanti ne sono colpiti sperimentano nella loro esistenza una perdita di quei parametri normativi, di quelle certezze morali e di quelle aspettative abituali non più vivificate dal gruppo cui essi appartenevano. Analogamente, un improvviso accrescimento di potenza e di fortuna, comportando per taluni individui un subitaneo processo di mobilità ascensionale, li priva, nel loro nuovo stile di vita, del necessario sostegno sociale. Qualsiasi rapido mutamento nella struttura sociale, che sconvolga la precedente rete di rapporti di cui gli stili di vita sono intessuti, porta con sé una possibilità di anomia.

Durkheim sosteneva che il benessere economico, eccitando i desideri umani, reca con sé un pericolo di condizioni anomiche perché "ci dà l'illusione di far capo solamente a noi stessi", mentre "la povertà protegge dal suicidio [in quanto] è di per sé un freno". Poiché la soddisfazione dei desideri umani dipende dalle risorse di cui si dispone, i poveri, possedendo soltanto mezzi limitati, sono costretti ad autoregolarsi e sono quindi meno soggetti all'anomia. "Meno si possiede meno si è portati ad allargare senza limiti la cerchia dei bisogni".

Spiegando la diversa propensione dell'anomia in termini di processo sociale, cioè sulla base dei rapporti interindividuali piuttosto che delle inclinazioni dei singoli individui, Durkheim propose una teoria propriamente sociologica del comportamento deviante anche se non riuscì a indicare le implicazioni generali di tale decisiva intuizione. Robert K. Merton, che fu il primo a individuare le implicazioni generali del pensiero di Durkheim a tale riguardo e a svilupparle in modo metodico, precisò come "le strutture sociali esercitino una pressione ben definita su certi membri della società, tanto da indurli a una condotta non conformista anziché a una conformista".

Durkheim, in tutto il suo programma di studio, in tutta la sua opera, ebbe come problema dominante quello di ricercare le origini dell'ordine e del disordine sociale, alla costituzione di una salda normativa o al venir meno di essa. La sua opera sul suicidio, di cui una parte è dedicata alla discussione e all'analisi dell'anomia, deve essere letta in tale ottica. Dopo aver scoperto che certi tipi di suicidio possono essere spiegati con il ricorso al concetto di anomia, Durkheim fu in grado di utilizzare il suicidio anomico come indice del grado di integrazione sociale altrimenti non misurabile. Non si è trattato di un ragionamento circolare, come si potrebbe sostenere, ma di una ulteriore applicazione del suo metodo di analisi. Egli infatti ha così proceduto nel suo ragionamento: non esistono società in cui il suicidio non si verifichi; inoltre molte società mostrano, nel lungo periodo, tassi di suicidio sostanzialmente costanti. Ciò indica che i suicidi possono essere considerati un fatto "normale", cioè un evento non patologico. Tuttavia, improvvisi aumenti in taluni gruppi o in talune società globali, dei tassi di suicidio sono "anormali", e rivelano l'esistenza di taluni elementi perturbatori non presenti in precedenza. Da ciò deriva che percentuali di suicidi patologicamente elevate in gruppi o categorie sociali specifiche o in società globali, possono essere considerate come un indice dell'azione di forze disgreganti all'interno di una struttura sociale.

Durkheim sulla base del rapporto tra il suicida e la società, distinse vari tipi di suicidio. Quando gli uomini diventano "distaccati dalla società", quando essi sono abbandonati ai loro impulsi e liberati dai vincoli per mezzo dei quali precedentemente erano legati ai loro simili, tendono al suicidio egoistico o individualistico. Quando le regole sociali che guidano la condotta individuale si affievoliscono, non riuscendo così a reprimere e a condizionare le inclinazioni umane, si è esposti al suicidio anomico.»

1680 L'autore del brano riconosce quale nucleo principale del pensiero di Durkheim: *(vedi brano 13)*

- A l'identificazione nella povertà dello stato di miglior sanità morale
- B la distinzione fra due differenti tipologie di suicidio: quello anomico e quello egoistico
- C l'identificazione nella ricchezza delle cause del suicidio
- D l'analisi sociologica che conduce alla formulazione del concetto di anomia
- E il riconoscimento del suicidio come stato non patologico della società

1681 Il brano potrebbe verosimilmente essere parte di: *(vedi brano 13)*

- A un volume di storia del pensiero sociologico
- B un volume di storia politica
- C un'enciclopedia generale
- D un articolo di un settimanale
- E un articolo di fondo di un quotidiano

1682 Secondo l'autore del brano, il suicidio anomico è indice: *(vedi brano 13)*

- A dell'incapacità di adattamento degli individui
- B del grado di disintegrazione civica
- C del grado di povertà di valori di una società
- D del grado di povertà economica di una società
- E del grado di integrazione sociale

1683 Qual è la differenza fondamentale fra suicidio anomico e suicidio egoistico? *(vedi brano 13)*

- A Il primo è la conseguenza di regole sociali ammorbidite e il secondo è la conseguenza della rottura dei vincoli che tengono legati gli uomini fra loro
- B Il suicidio egoistico è determinata dalla mancanza di leggi ferree, mentre quello anomico è causato dalla mancanza di valori personali
- C Il suicidio anomico si può verificare solo in società in decadenza, mentre il suicidio egoistico è prodotto solo da momenti di crisi personali di ogni suicida
- D Sono la stessa cosa, varia solo il modo in cui vengono considerati in relazione ai parenti dei suicidi
- E Il suicidio egoistico riguarda gli individui che vivono da soli, quello anomico riguarda gli individui che non rispettano nessuna legge

1684 Vi è qualche elemento nel brano che lascia trasparire la posizione dell'autore nei confronti dell'analisi sociologica di Durkheim? *(vedi brano 13)*

- A Sì, può sembrare che l'autore condivida l'analisi sulle cause che generano il suicidio
- B Sì, in relazione alla condanna dell'esasperata ricerca di ricchezza come generatrice di continui bisogni e quindi di infelicità
- C No, il tono del brano è oggettivo e distaccato e si limita a riportare una teoria senza esprimere giudizi a tal proposito
- D No, perché il tono del brano è divulgativo e non si vuole influenzare i lettori che ignorano i fondamenti della sociologia
- E Sì, l'autore condivide la necessità che la società imponga rigide e invasive leggi per evitare fasi di decadenza

1685 Una clessidra in un'ora lascia cadere 1 hg di sabbia. Quanto tempo è passato se sono caduti 45 gr di sabbia?

- A Un giorno e 21 h
- B 2 h e 13 min
- C 3 min
- D 4 h e 30 min
- E 27 min

1686 L'avvento del digitale ha cambiato molti aspetti e dinamiche all'interno del mondo della fotografia. Nonostante alcuni critichino questa rivoluzione e ne mettano in evidenza i limiti, è innegabile che molte più persone si sono improvvisamente affacciate a un universo prima di allora piuttosto elitario. Si assiste così a un numero sempre maggiore di fotografi amatoriali che acquistano attrezzature costose, questo perché è ormai assodato che si possono fare belle foto solo utilizzando apparecchiature costose.
Quale delle seguenti affermazioni, se considerata vera, rafforza quanto sostenuto dal brano precedente?

- A Se non si è capaci di utilizzarle, anche con apparecchiature costose le foto possono essere di bassa qualità
- B Con l'avvento del digitale si possono fare molte più foto di prima ma la qualità media si è abbassata
- C La vera differenza, nel campo della fotografia digitale, la fanno la postproduzione e il fotoritocco
- D I fotografi professionisti, per i quali fare belle foto è fondamentale, utilizzano apparecchiature costose
- E Il digitale non ha rivoluzionato solo la fotografia, ma anche la fruizione della musica

RAGIONAMENTO LOGICO E CULTURA GENERALE

Nei 2 esercizi seguenti, indicare il diagramma che soddisfa la relazione insiemistica esistente tra i 3 termini dati.

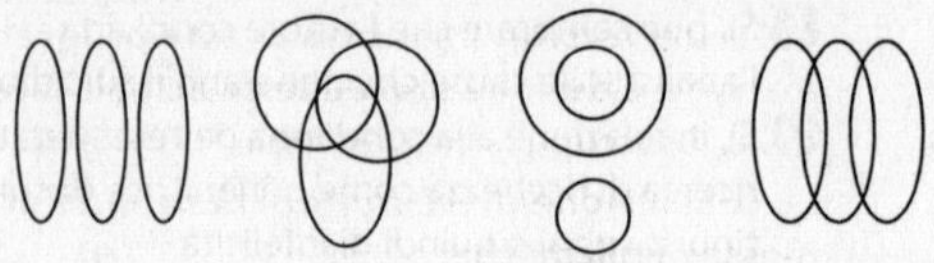

Diagramma 1 Diagramma 2 Diagramma 3 Diagramma 4

1687 AMERICANI, SCRITTORI, ANZIANI.

A Diagramma 1
B Diagramma 2
C Diagramma 3
D Diagramma 4
E Nessuno dei diagrammi proposti

1688 MEDICI, LAUREATI, UNIVERSITÀ.

A Diagramma 1
B Diagramma 2
C Diagramma 3
D Diagramma 4
E Nessuno dei diagrammi proposti

1689 Gli uccelli migratori che non sono in grado di volare per distanze molto lunghe senza riposarsi sfruttano i tratti di mare dove le coste sono più vicine tra di loro. Gli uccelli che migrano da e verso l'Africa, passano per lo stretto di Gibilterra. Per questi uccelli, alcuni dei quali sono molto rari, è essenziale che questo passaggio rimanga aperto. Per questo motivo, è importante che il piano per la costruzione di pale eoliche sulle colline intorno allo stretto di Gibilterra venga bloccato.

Su quale supposizione implicita si basa il brano precedente?

A Non ci sono piani per la costruzione di pale eoliche in altre località lungo la costa
B Le pale eoliche che potrebbero venire costruite renderebbero pericoloso l'utilizzo di questo passaggio per gli uccelli migratori
C Altre specie di uccelli possono volare più a lungo e quindi utilizzare altri passaggi per la loro migrazione
D Gli uccelli che migrano passando per lo stretto di Gibilterra sono a rischio di estinzione
E Le pale eoliche per la generazione di energia elettrica devono essere costruite sulle colline

1690 Un partito politico ha una percentuale di votanti, omogenea su scala nazionale, pari al 25%. Quanti elettori di quel partito vi sono in una città di 1.500.000 abitanti?

A 375.000
B 37.000
C 381.250
D 250.000
E 300.000

1691 Claudio costruisce un puzzle riuscendo a posizionare ogni giorno 1/3 dei pezzi rimasti e, dopo tre giorni, gli rimangono 80 tasselli. Da quanti pezzi è composto il puzzle complessivamente?

A 2160
B 27/8
C 250
D 270
E 800

1692 A quanto ammonta l'incremento percentuale del prezzo di un deodorante da uomo che passa da 5 Euro al flacone a 72 Euro la dozzina di flaconi?

A 10%
B 20%
C 5%
D 15%
E 25%

1693 L'attrezzatura di 3 carabinieri sommozzatori costa 21.000 Euro, di 5 carabinieri paracadutisti costa 25.000 Euro e di 6 carabinieri scelti costa 18.000 Euro. Quanto costa fornire l'attrezzatura a un Gruppo antiterroristico formato da 10 sommozzatori, 25 paracadutisti e 50 carabinieri scelti?

A 345.000 Euro
B 450.000 Euro
C 255.000 Euro
D 155.000 Euro
E 500.000 Euro

1694 In una scatola ci sono tre carte. Una è rossa da entrambi i lati, una è bianca da entrambi i lati e la terza è rossa da un lato e bianca dall'altro. Dalla scatola viene estratta una carta e messa sul tavolo. La faccia che compare è rossa. Qual è la probabilità che anche la faccia nascosta sia rossa?

A 1/3
B 2/3
C 1/6
D 1/12
E 2/8

QUESITI

1695 Se 4 dattilografe scrivono 24 pagine in 10 minuti, quante dattilografe sarebbero teoricamente necessarie per scrivere 240 pagine in 6000 secondi?

A 24
B 12
C 8
D 6
E 4

1696 Chi rimase vittima della "strage di Capaci"?

A Borsellino
B Falcone
C Dalla Chiesa
D Fava
E Mattarella

1697 Individuare il numero che completa correttamente la sequenza data:

3, 9, 15, 21, ...?

A 27
B 23
C 34
D 31
E 35

1698 Individuare il numero che completa correttamente la sequenza data:

14, 11, 17, 8, 20, ...?

A 5
B 25
C 16
D 22
E 12

1699 Non è assolutamente impossibile astenersi dall'evitare di copiare dal vicino di banco. Qual è il corretto significato della precedente affermazione?

A È assolutamente vietato copiare dal vicino di banco
B Si può copiare dal vicino di banco
C Non si dovrebbe copiare dal vicino di banco
D Nessuno può copiare dal vicino di banco
E Si deve necessariamente copiare dal vicino di banco

1700 Se l'affermazione "tutti i ristoranti di Milano sono cari" è vera, allora necessariamente:

A almeno un ristorante di Milano non è caro
B a Milano non esiste un ristorante economico
C Milano è la città con i ristoranti più cari
D non può esistere un ristorante di Roma più caro di un ristorante di Milano
E a Milano i ristoranti cinesi sono meno cari degli altri

1701 È stato dimostrato che l'elevato numero di studenti che abbandonano gli studi è in parte determinato dall'assenza di un sistema di programmazione del numero degli iscritti nelle università. L'assenza di tale programmazione è dunque una delle principali cause della disoccupazione giovanile.
La conclusione precedente si basa sulla premessa implicita che:

A gli studenti che abbandonano gli studi sono disoccupati
B gli studenti che abbandonano gli studi sono poco preparati
C la programmazione del numero degli iscritti risolverebbe il problema della disoccupazione giovanile
D i giovani che concludono gli studi trovano sempre lavoro
E la disoccupazione giovanile dipende esclusivamente dall'assenza di un sistema di programmazione del numero degli iscritti nelle università

1702 Aldo è titolare di una azienda casearia, e in un dato giorno può produrre formaggio se e solo se ha a disposizione sia latte che caglio. Determinare quale delle seguenti deduzioni è corretta.

A Aldo oggi possiede caglio, quindi può produrre formaggio
B Aldo oggi non può produrre formaggio, quindi non possiede caglio
C Aldo oggi possiede latte ma non può produrre formaggio, quindi non ha caglio
D Aldo oggi non può produrre formaggio, quindi non possiede né latte né caglio
E Aldo oggi non può produrre formaggio, quindi non possiede latte

1703 L'opposto del doppio dell'opposto dell'inverso della metà di 4 è uguale a:

A – 1
B – 4
C 1
D 2
E 4

1704 Che cosa significa *compitare*?

A Calcolare mediante conteggio
B Angustiare, affliggere
C Valutare in base a dati conosciuti o facilmente intuibili
D Mortificarsi
E Pronunciare le parole intervallando le singole sillabe con pause

RAGIONAMENTO LOGICO E CULTURA GENERALE

Brano 14 — In base alle informazioni contenute nel brano seguente, rispondere alle successive domande.

«I primi psicologi sperimentali del diciannovesimo secolo non si interessavano, generalmente, della misurazione delle differenze individuali. Il fine ultimo degli psicologi in questo periodo consisteva nella formulazione di descrizioni generali del comportamento umano. Erano le uniformità nel comportamento umano piuttosto che le differenze a richiamare la loro attenzione. Le differenze individuali venivano ignorate oppure accettate come un male necessario, che limitava però la possibilità di applicazione pratica delle leggi generali. Di modo che il fatto che una persona reagisse in modo diverso da un'altra in condizioni identiche veniva considerato come una specie di errore. La presenza di questo errore - e cioè della variabilità individuale - faceva sì che le generalizzazioni fossero approssimate piuttosto che esatte. Era questo l'atteggiamento prevalente nei confronti delle differenze individuali nei laboratori come quello fondato da Wundt a Lipsia nel 1879, nel quale si formarono i primi psicologi sperimentali. Nella scelta degli argomenti, come in molte altre fasi del lavoro, i fondatori della psicologia sperimentale rivelavano l'influenza che su di essi esercitava la loro preparazione in fisiologia e nelle scienze fisiche. I problemi studiati nei loro laboratori erano soprattutto connessi con la sensibilità agli stimoli visivi, uditivi e altri stimoli sensoriali e con il tempo di reazione semplice. Un tale rilievo dato ai fenomeni sensoriali si riflesse a sua volta sulla natura dei primi test psicologici.»

1705 Secondo quanto affermato nel brano, gli psicologi sperimentali consideravano le differenze individuali come: *(vedi brano 14)*

A una fonte di errore per le leggi generali

B un problema al quale dedicare particolare attenzione

C una fonte di imprecisione nella diagnosi delle malattie mentali

D misurabili con il ricorso a strumenti propri delle scienze fisiche

E nessuna delle altre alternative è corretta

1706 Con quale finalità l'autore menziona il gruppo guidato da Wundt? *(vedi brano 14)*

A Per evidenziare gli importanti risultati che il gruppo di ricercatori ha conseguito

B Per dimostrare come la psicologia sia in realtà una scienza esatta

C Per evidenziare come i primi psicologi sperimentali si concetrassero sull'analisi dei fenomeni sensoriali

D Per fornire un esempio del metodo di lavoro dei primi psicologi sperimentali

E nessuna delle altre alternative è corretta

1707 Secondo quanto affermato nel brano, la psicologia sperimentale è nata: *(vedi brano 14)*

A nei primi del novecento

B in Germania

C in Austria

D nel diciottesimo secolo

E nessuna delle altre alternative è corretta

1708 Dal brano si può dedurre che l'autore verosimilmente è: *(vedi brano 14)*

A un esperto di storia della psicologia

B un giornalista

C uno psicologo tedesco

D uno storico

E nessuna delle altre alternative propone un autore verosimile del brano

1709 Per quale motivo, secondo l'autore, gli psicologi sperimentali attribuivano particolare rilevanza all'analisi dei fenomeni sensoriali? *(vedi brano 14)*

A Perché si trattava degli unici fenomeni all'epoca analizzabili

B Perché il loro interesse erano concentrato sulle uniformità dei comportamenti più che sulle differenze individuali

C Perché erano influenzati dalla loro preparazione in fisiologia

D Perché i fenomeni sensoriali sono più facili da analizzare dei fenomeni emotivi

E Nessuna delle altre alternative è corretta

1710 Si considerino le seguenti affermazioni:
1 Ci sono meno topi che persone.
2 Non ci sono più persone che topi.
3 Ci sono almeno tanti topi quante persone.
4 Non ci sono più topi che persone.
Quali affermazioni sono fra loro equivalenti?

A 3 e 4

B 2 e 4

C 1 e 4

D 2 e 3

E 1 e 3

1711 Con il termine "protezionismo" si intende:

A un inasprimento del controllo delle persone che circolano tra i Paesi dell'area Schengen

B una politica per lo sviluppo delle forze dell'ordine di uno stato

C una politica economica in opposizione a quella di libero scambio

D un aumento delle forze militari stanziate presso le frontiere

E la proibizione della produzione, vendita e trasporto di alcolici

QUESITI

1712 La società WWW, per fornire un incentivo ai propri tre dipendenti, decide di conferire a ognuno di loro un premio pari all'1% del fatturato per la quota compresa tra 20 e 25 miliardi e uno pari al 2% per l'eventuale quota eccedente i 25 miliardi. Quale sarà l'esborso complessivo della società WWW per i premi ai dipendenti se il fatturato risulterà di 27 miliardi?

- A 40.000.000.000
- B 270 milioni
- C 1,62 miliardi
- D 420.000.000
- E 0,9 miliardi

1713 Cosa indica il termine "palinsesto"?

- A Un insieme simultaneo di più combinazioni di suoni, eseguite da voci o strumenti, che svolgono ciascuno un proprio disegno melodico distinto
- B Un blocco per appunti quadrettato, dotato di portamatite
- C Un arco di particolare ampiezza, tipico dell'architettura tardo-antica
- D Un antico testo manoscritto su una pergamena, dalla quale è stato cancellato per raschiatura uno scritto precedente
- E In uno spettacolo teatrale, un breve intermezzo musicale con palesi o dissimulate finalità pubblicitarie

1714 Se è vero che tutte le matite che ho sono rosse eccetto due, tutte le matite che ho sono blu eccetto due, tutte le matite che ho sono nere eccetto due. Quante matite ho?

- A Uno
- B Due
- C Tre
- D Quattro
- E Cinque

1715 Quale delle seguenti deduzioni logiche NON è corretta?

- A Nessun maiale abbaia. Gruff è un maiale; quindi Gruff non abbaia
- B I macachi sono scimmie. In Sud Africa ci sono scimmie; dunque in Sud Africa ci sono macachi
- C Se Gruff è un maiale, allora non abbaia. Gruff abbaia; dunque Gruff non è un maiale
- D Ogni cetaceo è un mammifero. Le balene sono cetacei; pertanto le balene sono mammiferi
- E Nessun L è P. Ogni T è P. Allora nessun L è T

1716 Sono al buio; estraggo (senza reinserirle) alcune scarpe da una scarpiera disordinata contenente 5 paia diverse di scarpe. Qual è il minimo numero di scarpe che devo estrarre per essere sicuro di trovarne un paio utilizzabile, cioè una destra e una sinistra dello stesso paio?

- A 3 scarpe
- B 6 scarpe
- C 5 scarpe
- D 4 scarpe
- E 9 scarpe

1717 Recenti scoperte scientifiche hanno mostrato che il farmaco AZT è in grado di ritardare di almeno due anni l'insorgere della malattia nel 55% dei pazienti sieropositivi che lo assumono e non ha effetti collaterali. È dunque opportuno che tale farmaco venga somministrato a tutti i pazienti.
Tutte le seguenti affermazioni indeboliscono l'argomentazione sopra riportata tranne una. Quale?

- A Il farmaco AZT è particolarmente costoso
- B Il farmaco AZT provoca la perdita della vista
- C Altri farmaci hanno ritardato di almeno due anni l'insorgere della malattia in più di metà dei pazienti sottoposti a trattamento
- D I pazienti trattati con AZT hanno successivamente subito un decorso molto più rapido della malattia verso la morte
- E Nessuna delle precedenti alternative è corretta

1718 Un tappezziere acquista 2 rotoli di carta da parati rispettivamente di 32 e 38 metri. Da essi taglia alcuni pezzi, tutti della stessa lunghezza, per cui gli avanzano 4 metri dal primo rotolo e 6 metri dal secondo. Quanti pezzi ha tagliato in tutto?

- A 15
- B 12
- C 8
- D 13
- E 17

1719 Sul pianeta Illogico esistono solo monete da 1 centesimo, 7 centesimi e 8 centesimi. Qual è il numero minimo di monete da utilizzare per pagare esattamente 60 centesimi?

- A 7 monete
- B 8 monete
- C 9 monete
- D 11 monete
- E 12 monete

1720 Quest'anno Tancredi ha provato a imparare francese, inglese e tedesco. Sapendo che:

- **se ha imparato il tedesco, allora ha imparato anche francese e inglese;**
- **se ha imparato il francese, allora ha imparato anche un'altra lingua tra inglese e tedesco;**
- **se ha imparato l'inglese, allora ha imparato il tedesco ma non il francese;**

quante di tali lingue ha imparato Tancredi?

A Nessuna
B Una
C Due
D Tre
E Non si può determinarlo

1721 Se è vero che:

- **tutte le persone generose sono serene;**
- **Lisa è generosa;**
- **Sara è serena;**

si può dedurre che:

A le persone non generose non sono serene
B Sara non è generosa
C Lisa è serena
D Le persone serene sono generose
E Sara è generosa

1722 Di tre amici – Aldo, Bruno e Cesare – almeno una è grasso. Sapendo che se Aldo è grasso anche Bruno lo è, che se Cesare è grasso lo è anche Aldo, e che tra Bruno e Cesare uno non è grasso, si può dedurre con certezza che:

A Cesare è grasso
B Bruno è grasso
C Aldo e Bruno sono entrambi grassi
D Bruno non è grasso mentre Aldo lo è
E Aldo, Bruno e Cesare sono grassi

1723 Il cartello promozionale di un negozio recita: *Ogni 200 euro spesi, vi diamo un buono da 20 euro, spendibile al prossimo acquisto.*

Tancredi, passando, riflette su quanto sia lo sconto effettivo praticato dal negozio. Quale osservazione è quella corretta?

A Il massimo sconto ottenibile mediante questa promozione è del 20 %
B Il massimo sconto ottenibile mediante questa promozione è del 10 %
C Il massimo sconto ottenibile mediante questa promozione è minore del 10 %
D Il massimo sconto ottenibile mediante questa promozione è maggiore del 10 %
E Il massimo sconto ottenibile mediante questa promozione è minore del 2 %

1724 Nello stato di Burgundia, una norma di circolazione stabilisce che ogni automobile, se non è verniciata di rosso, deve avere gomme chiodate e vetri oscurati. Poiché questa norma viene rigorosamente rispettata, possiamo affermare con sicurezza che:

A ogni automobile è rossa oppure ha vetri oscurati
B non ci sono automobili rosse con gomme chiodate e vetri oscurati
C ogni automobile verniciata di rosso ha gomme chiodate e vetri oscurati
D c'è almeno un'automobile che ha vetri oscurati oppure non è verniciata di rosso
E ogni automobile che ha gomme chiodate e vetri oscurati è rossa

1725 Roberto ha a disposizione due colori, il giallo e il verde, con cui dipingere dei cubi in modo che essi risultino differenti. Ogni cubo deve avere tre facce di un colore e tre di un'altra. Quanti cubi differenti potrà ottenere con i due colori a disposizione?

A 8
B 6
C 4
D 3
E 2

1726 Un negozio di giocattoli ordina al fornitore una partita di cubetti, chiedendo che tre facce siano colorate di nero e tre di bianco. Il padrone del negozio immaginava, erroneamente, che questa indicazione fosse sufficiente ad avere cubetti identici. Il fornitore, invece, si presenta con tutti i diversi tipi di cubetti che soddisfano i requisiti del negoziante. Quanti sono i tipi diversi?

A 20
B 6
C 3
D 2
E 12

1727 Con il termine "sincretismo" si identifica:

A la creazione di situazioni atte al miglioramento della vita sociale
B la tendenza a conciliare elementi culturali, filosofici o religiosi eterogenei appartenenti a più culture diverse
C il potenziamento dell'effetto di un'azione
D la necessità di superare il carattere aleatorio della visione
E la credenza secondo cui tutto quello che l'individuo percepisce venga creato dalla propria conoscenza

1728 Si può diventare dei bravi pianisti se si inizia a suonare da piccoli. Giorgio ha iniziato a suonare il pianoforte in età adulta, quindi non può diventare un bravo pianista.
Quale delle seguenti affermazioni segue la stessa struttura logica del suddetto ragionamento?

A I bambini possono imparare a parlare correntemente due lingue se iniziano ad apprenderle da piccoli. I miei figli hanno appreso due lingue da piccoli, quindi le parlano correntemente
B Si può evitare di essere in sovrappeso facendo abbastanza attività fisica. Paolo fa abbastanza attività fisica, quindi non sarà in sovrappeso
C Si può diventare dei bravi cantanti se si ha una perfetta intonazione vocale. Marina è una brava cantante quindi deve avere un'intonazione vocale perfetta
D Il mal di testa può essere curato se si accetta di provare l'agopuntura. Alessandro rifiuta di provare l'agopuntura quindi non potrà curare il suo mal di testa
E I bambini sono meno soggetti ad infezioni auricolari se prendono l'olio di fegato di merluzzo. I bambini di Alessio raramente hanno infezioni auricolari quindi non hanno bisogno di prendere l'olio di fegato di merluzzo

1729 Individuare il termine la cui etimologia NON segue la stessa "logica" degli altri:

A ambivalente
B ambidestro
C ambizioso
D ambigenere
E ambisessuale

1730 Matteo afferma che tutte le moto in vendita nel negozio di Alberto provengono da produttori giapponesi. Quale delle seguenti affermazioni è equivalente alla precedente?

A Esistono moto provenienti da produttori giapponesi che sono vendute al di fuori del negozio di Alberto
B Tutte le moto provenienti da produttori giapponesi sono vendute nel negozio di Alberto
C Tutte le moto che sono vendute al di fuori del negozio di Alberto non provengono da produttori giapponesi
D Tutte le moto che non provengono da produttori giapponesi non vengono vendute nel negozio di Alberto
E Esistono moto provenienti da produttori non giapponesi che vengono vendute nel negozio di Alberto

1731 Dipingiamo le quattro facce di un tetraedro regolare con quattro colori diversi: rosso, bianco, giallo, azzurro. Quanti diversi tetraedri possiamo ottenere?
N.B.: si considerino uguali due tetraedri se coincidono in seguito a opportuni movimenti rigidi di rotazione e traslazione

A 1
B 2
C 6
D 16
E 24

1732 Quale film, in una sequenza famosa, utilizza il brano *"La Cavalcata delle Valchirie"* di Richard Wagner?

A Il Cacciatore
B Good Morning, Vietnam
C Platoon
D Apocalypse Now
E Full Metal Jacket

1733 Ad un ricevimento la contessa Viendalmare vuole sistemare i 40 invitati in tavoli da 4. Purtroppo la contessa si rende conto che comunque si dispongano gli invitati c'è sempre almeno un tavolo di sole donne. Quante sono almeno le donne invitate?

A 9
B 10
C 21
D 31
E 39

1734 Se sono necessarie quattro persone e un giorno per trovare un ago in un pagliaio, quanti giorni sarebbero necessari a otto persone per trovare gli aghi di sei pagliai?

A 2
B 3
C 3,5
D 1,5
E 4

1735 Cecilia, Dario ed Eleonora partecipano a una corsa campestre lunga un chilometro. In tre minuti Cecilia completa la sua fatica, Dario vi impiega un terzo di Cecilia, mentre a Eleonora occorre un tempo pari alla differenza tra quello di Cecilia e quello di Dario. Quanti secondi impiegano a tagliare il traguardo tutti e tre?

A 360
B 100
C 180
D 6
E 300

1736 **Rosini editore ha appena pubblicato un cofanetto contenente due volumi, revisionati uno Doriana e l'altro da Ilaria. Il volume revisionato da Ilaria contiene 60 di pagine in più rispetto a quello revisionato da Doriana. Se il totale delle pagine dei due volumi è complessivamente di 340, e se per ogni pagina revisionata il compenso è stato di 0,50 euro, quanti euro ha guadagnato Doriana?**

A 200
B 70
C 140
D 100
E 120

1737 **Stefano ha a sua disposizione due combinazioni di mezzi pubblici per raggiungere il posto di lavoro. Può prendere il tram che va a 15 km/h per i 5/6 del tragitto e poi l'autobus che va a 25 km/h, oppure può prendere il tram per 1/3 del tragitto, la metropolitana che va a 60 km/h per metà percorso e poi l'autobus. Supponendo (per assurdo) che non vi siano tempi d'attesa per i vari cambi di mezzo e sapendo che, con la seconda alternativa, Stefano può partire un quarto d'ora dopo, quanto dista la sua casa dal lavoro?**

A 15 km
B 1.000 m
C 12 km
D 49 min
E 10 km

1738 **Individuare la coppia di termini che completa correttamente la proporzione seguente:**

Orrido : X = Y : abbiente

A X = bello, Y = brutto
B X = burrone, Y = ricco
C X = ricco, Y = povero
D X = ambiente, Y = ossido
E X = torrone, Y = brutto

1739 **Indicare quali parole, tra le cinque sequenze proposte, vanno sostituite ai numeri per dare un senso compiuto e logico alla seguente frase.**
"Il ferro si lega a una proteina, la transferrina, che viene sintetizzata dal fegato ed è ___(1)___ al trasporto degli ioni __(2)__ nel circolo sanguigno."

A (1) proposta; (2) solforici
B (1) imposta; (2) magnetici
C (1) supposta; (2) solforosi
D (1) anteposta; (2) numerici
E (1) preposta; (2) ferrici

1740 **Mentre i benefici dell'esercizio fisico cardiovascolare sono ben noti, studi medici recenti hanno dimostrato che un esercizio fisico eccessivo può provocare in realtà danni al sistema immunitario. È stato riscontrato che gli atleti, ritenuti chiaramente in perfetta forma fisica, sono notevolmente più predisposti a contrarre raffreddori e influenze. Inoltre, molti atleti sono vittime dei tumori in giovane età, nonostante seguano una dieta equilibrata e svolgano alti livelli di esercizio fisico. I medici hanno dichiarato che il miglior modo per prevenire i tumori è quello di mantenere un sistema immunitario sano. Si deduce quindi che, per aumentare le possibilità di una vita longeva, non è consigliabile svolgere alti livelli di esercizio fisico.**
Quale delle seguenti risposte costituisce il passaggio logico errato nel brano precedente?

A Ci sono scarse prove a favore di una qualsivoglia correlazione tra l'esercizio fisico eccessivo e il sistema immunitario
B Esistono molti altri fattori di gran lunga più dannosi per il sistema immunitario che non un eccessivo esercizio fisico
C Non c'è alcuna garanzia che un sano sistema immunitario possa prevenire i tumori
D È più probabile che più vite vengano prolungate per merito di alti livelli di esercizio fisico, piuttosto che accorciate da tumori in giovane età
E Esistono probabilmente altre ragioni per le incidenze di tumori tra i giovani sportivi - ad esempio l'uso di sostanze per il miglioramento delle prestazioni, quale l'uso di steroidi

1741 **Cinque stati sono tra loro confinanti. A confina solo con B, B confina con C e con D, inoltre D confina anche con E. Qual è il numero minimo di stati da attraversare per una persona che voglia recarsi da A ad E?**

A 4
B 2
C 3
D 1
E 5

1742 **Individuare il numero mancante:**

5, 9, 27, 25, 25, 29, ..., 85, 85, 89?

A 87
B 32
C 58
D 33
E 47

1743 Individuare la coppia di termini che completa correttamente la proporzione seguente:

Pungente : X = graffiante : Y

A X = dormiente, Y = montante
B X = acuto, Y = ottuso
C X = arguto, Y = ordinario
D X = irritante, Y = spinoso
E X = aculeo, Y = unghia

1744 Indicare la parola da scartare.

A Telegrafo
B Walkie-talkie
C Telefono
D Fotocopiatrice
E Fax

1745 Indicare la parola da scartare.

A Mar Ligure
B Mare Mediterraneo
C Mar Nero
D Mar Baltico
E Mar Caspio

1746 Individuare il termine la cui etimologia NON segue la stessa "logica" degli altri:

A paragone
B paraffina
C paradosso
D parallelo
E parallasse

1747 La numerazione delle case in una strada comincia, da un lato, con i numeri 1, 2, 3, 4... Alla fine della strada la numerazione prosegue sul lato opposto in direzione inversa, cosicché il numero più alto si trova di fronte al numero 1. Le case sono di identica larghezza, quindi ciascun edificio ne ha uno esattamente di fronte. Se il numero 17 è di fronte al numero 56, quante case ci sono nella strada?

A 39
B 37
C 73
D 72
E 36

1748 Quale tra le coppie di termini proposti completa logicamente la seguente proporzione verbale:

X : Grande = Poco : Y

A X = Gallina, Y = Uovo
B X =Ieri, Y = Oggi
C X = Piccolo, Y = Molto
D X = Vuoto, Y = Pieno
E X = Abbastanza, Y = Sufficiente

1749 Secondo la legge la sospensione di individui o gruppi da alcuni contesti avviene solo quando vengono assunti o si mantengono comportamenti contrari alla comune e civile convivenza. Aldo ha ricevuto la sospensione della patente di guida quindi deve aver commesso una pesante infrazione ai sensi del codice della strada.
Quale delle seguenti affermazioni segue la stessa struttura logica del suddetto ragionamento?

A Se Carlo vuole entrare a medicina deve prendere parte a specifici corsi di preparazione. Carlo non vuole impegnare i suoi pomeriggi nello studio e quindi non entrerà a medicina
B Nel diritto canonico la sospensione *a divinis* impedisce a un vescovo di celebrare i sacramenti. Don Matteo sta celebrando l'eucarestia quindi non è stato sospeso
C La sospensione scolastica può avere una durata massima di quindici giorni. Luca è rientrato a scuola dopo sedici giorni quindi non può esser stato sospeso
D Per partecipare agli europei di atletica Martina deve qualificarsi nella sua specialità, il salto in alto, con un risultato uguale o superiore a 1,80 m. Martina è in partenza con il pullman della nazionale di atletica per Dusseldorf dove si terranno gli europei, quindi deve aver superato l'obiettivo stabilito
E Nello sport un atleta che sogna di arrivare a importanti competizioni attraverso l'uso di doping sta compiendo una grave scorrettezza. In questi casi la pena più pesante può essere la squalifica

1750 Luca vuole acquistare un sistema di condizionamento per la casa. Il sistema a unità singole da sistemare nelle 3 stanze della casa prevede un costo di 900 euro a unità più 700 euro totali per l'installazione. Il sistema centralizzato con un'unica unità nel corridoio e tubi che corrono nel controsoffitto costa in totale 4.000 euro più 1.100 per il lavoro di installazione e di costruzione della controsoffittatura nel corridoio. La manutenzione del sistema a più unità costa 100 euro a unità e va fatto ogni anno, mentre il costo per il sistema con un'unica unità costa 150 euro e va fatto ogni 3 anni.
Se Luca istalla un impianto a più unità, dopo tre revisioni, quanto avrà speso in tutto?

A 3.700 euro
B 4.300 euro
C 5.200 euro
D 4.600 euro
E 5.400 euro

Brano 15 — In base alle informazioni contenute nel brano seguente, rispondere alle successive domande.

«Il buddismo zen è una pratica e una visione della vita che non appartengono a nessuna categoria formale del moderno pensiero occidentale. Non è religione o filosofia; non è una psicologia o un tipo di scienza. È un esempio di ciò che è noto in India o in Cina come una "via di liberazione", ed è analogo sotto questo aspetto al taoismo, al vedanta e allo yoga. Come sarà presto evidente, una via di liberazione non può avere nessuna definizione positiva. Dev'essere suggerita dicendo ciò che essa non è, un po' come uno scultore rivela una figura rimuovendo le schegge da un blocco.

Storicamente, lo zen può considerarsi come il compimento di lunghe tradizioni di cultura indiane e cinesi, sebbene sia in realtà molto più cinese che indiano e, dal XII secolo, si sia profondamente radicato (e molto costruttivamente) nella cultura del Giappone. Come fruizione di queste grandi culture, e come esempio unico e particolarmente istruttivo di via di liberazione, lo zen è uno dei più preziosi doni dell'Asia al mondo.

Le origini dello zen sono sia taoiste che buddiste, e poiché il suo profumo è così tipicamente cinese, è forse meglio iniziare indagando sui suoi antecedenti cinesi, e illustrando al tempo stesso mediante l'esempio del taoismo ciò che si intende per via di liberazione.

Gran parte della difficoltà e delle mistificazioni che lo zen presenta allo studioso occidentale è il risultato della sua scarsa familiarità con i modi di pensiero cinesi; modi che differiscono sostanzialmente dai nostri e che sono, proprio per questa ragione, di particolare valore per noi nella ricerca di una prospettiva critica delle nostre idee. Il problema non è qui semplicemente di padroneggiare idee diverse, che differiscono dalle nostre come, diciamo, le idee di Kant differiscono da quelle di Descartes, o quelle dei calvinisti da quelle dei cattolici. Il problema è di tenere in dovuto conto le differenze nelle premesse fondamentali del pensiero e nei veri e propri metodi del pensare; differenze così facilmente trascurate, che le nostre interpretazioni della filosofia cinese tendono a essere una proiezione, nella terminologia cinese, di idee tipicamente occidentali. Questo è l'inevitabile svantaggio di chi studia la filosofia asiatica coi metodi puramente letterari della cultura occidentale, poiché le parole possono essere comunicative solo tra coloro che dividono esperienze analoghe.

Ciò non significa che una lingua così ricca e articolata come l'inglese sia semplicemente inetta a esprimere idee cinesi. Al contrario, essa è in condizione di esprimere assai più di quanto abbiano creduto possibile taluni studiosi cinesi e giapponesi dello zen e del taoismo, la cui dimestichezza con l'inglese lascia alquanto a desiderare. La difficoltà risiede non tanto nel linguaggio quanto nei modelli di pensiero che sono finora sembrati inseparabili dal modo accademico e scientifico di affrontare un argomento. L'inadeguatezza di questi modelli per argomenti come il taoismo e lo zen è largamente responsabile dell'impressione che lo "spirito orientale" sia misterioso, irrazionale e imperscrutabile. Inoltre, non bisogna credere che questi soggetti siano così tipicamente cinesi e giapponesi da mancare di qualsiasi punto di contatto con la nostra cultura. Mentre è vero che nessuna delle suddivisioni formali della scienza e del pensiero occidentali corrisponde a una via di liberazione, il mirabile studio di R. H. Blyth sullo zen ha mostrato molto chiaramente che le intuizioni essenziali dello zen sono universali. Le ragioni per cui a prima vista il taoismo e lo zen rappresentano un tale enigma per la mente occidentale sta nel fatto che noi abbiamo una visione ristretta del sapere umano. Per noi quasi tutto il sapere consiste in ciò che un taoista chiamerebbe conoscenza convenzionale, poiché noi non sentiamo di sapere veramente qualcosa se non possiamo rappresentarcelo con parole, o con qualche sistema di segni convenzionali come le notazioni della matematica e della musica. Tale conoscenza è detta convenzionale poiché è un fatto di convenzione sociale né più ne meno che i codici del linguaggio. Proprio come la medesima gente che parla il medesimo linguaggio ha taciti accordi riguardo le parole da usare per indicare determinate cose, così i membri di ogni società e di ogni cultura sono tenuti uniti da vincoli di comunicazione che poggiano su ogni specie di accordo riguardo la classificazione e la valutazione di azioni e di cose.»

1751 Secondo quanto riportato nel brano, il buddismo zen è: *(vedi brano 15)*

A una filosofia
B una religione
C una psicologia
D analogo al taoismo
E un'arte cinese

1752 Secondo quanto riportato nel brano, lo zen: *(vedi brano 15)*

A nacque in Cina
B nacque in India
C nacque in Giappone
D si diffuse in Giappone
E si diffuse in tutta l'Asia

1753 Lo studioso occidentale ha difficoltà ad avvicinarsi allo zen perché: *(vedi brano 15)*

A il pensiero occidentale è pervaso di razionalismo kantiano
B non riesce a padroneggiare idee diverse dalle sue
C non riesce a tenere conto delle differenze nelle premesse fondamentali del pensiero
D non riesce a capire la terminologia cinese
E le parole riescono a essere comunicative solo tra chi studia le stesse materie

1754 Lo "spirito orientale" rimane misterioso perché: *(vedi brano 15)*

A i modelli di pensiero occidentali non sono adeguati
B è irrazionale e imperscrutabile
C la lingua cinese è troppo diversa dalla lingua inglese
D non ci sono punti di contatto tra la cultura occidentale e quella orientale
E nessuna delle suddivisioni formali della scienza occidentale corrisponde a una via di liberazione

1755 La "conoscenza convenzionale" per un taoista è: *(vedi brano 15)*

A tutto quello che viene rappresentato con notazioni matematiche
B tutto quello che gli occidentali chiamano sapere
C lo studio dei simboli convenzionali
D l'insieme delle convenzioni sociali
E la classificazione e la valutazione di azioni o cose

1756 Antonio ha due cugini. Uno è nato l'anno prima di lui, il 3 giugno. L'altro è nato l'anno successivo, il 28 aprile. Il compleanno di Antonio è il 15 maggio. Per quanti giorni dell'anno Antonio ha la stessa età di uno dei suoi cugini?

A 39
B 35
C 37
D 36
E 38

1757 Indicare la parola da scartare.

A Appropriato
B Omogeneo
C Adatto
D Idoneo
E Consono

1758 *Stadera* significa:

A bilancia
B graffatrice
C vivace
D irriverente
E questa parola non esiste

1759 *Maestranza* significa:

A dominio
B insieme di operai
C insegnamento
D abilità
E lamentela

1760 Quale delle cinque figure (A, B, C, D ed E) corrisponde alla figura seguente vista allo specchio?

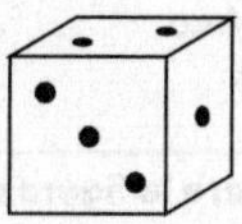

A
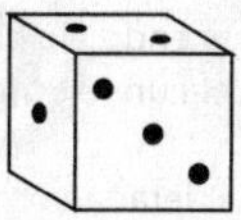

B
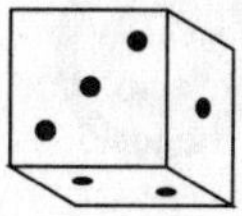

C

D
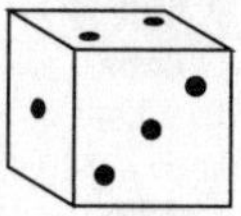

E
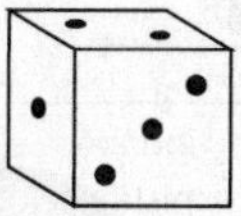

1761 Solamente dopo la firma si può chiudere il contratto.
Se la precedente informazione è corretta, quale delle seguenti affermazioni NON rappresenta una conclusione corretta?

A Se il contratto non è stato chiuso allora non è stato firmato
B Se il contratto è stato firmato allora può essere chiuso
C Se il contratto è stato chiuso allora è stato firmato
D Se il contratto non è stato firmato allora non può essere chiuso
E Anche se il contratto è stato firmato, potrebbe non essere chiuso

1762 Da un mazzo di 52 carte da gioco vengono estratte contemporaneamente due carte. Qual è la probabilità che siano entrambe di cuori?

A 3/51
B 1/4
C 13/204
D 1/16
E 1/8

1763 Indicare la parola da scartare.

- A Rodrigo
- B Beatrice
- C Lucia
- D Cristoforo
- E Renzo

1764 Individuare la figura mancante.

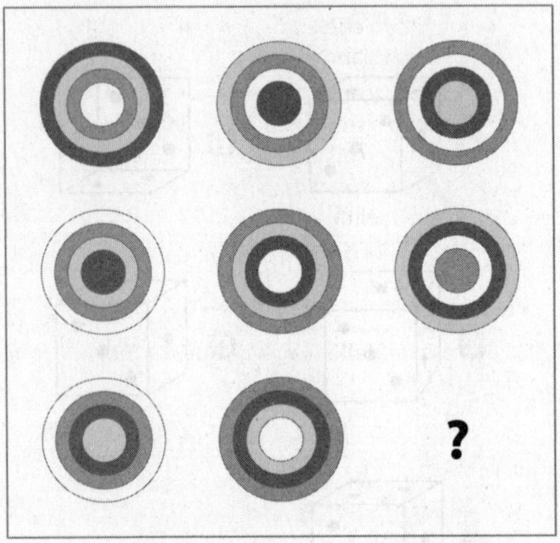

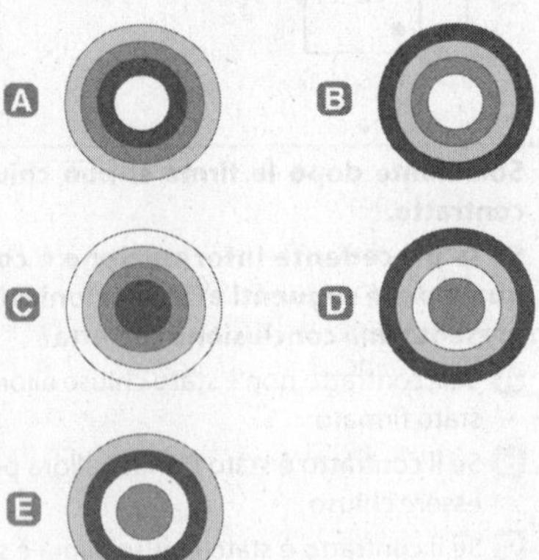

1765 Scartare uno dei dodici esagrammi.

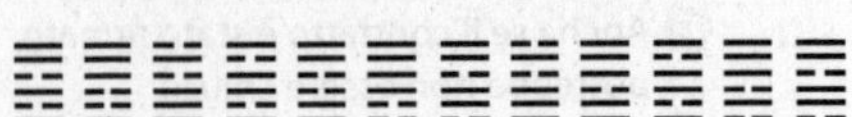

- A L'esagramma da scartare ha una linea spezzata in meno
- B L'esagramma da scartare ha una linea spezzata in più
- C L'esagramma da scartare si trova fra gli ultimi tre a destra
- D L'esagramma da scartare ha una linea spezzata in alto
- E Nella serie non vi è nessun esagramma da scartare

1766 Lupo ha venduto parte della sua società a un gruppo bancario che negli ultimi anni ha acquistato solamente aziende con delle ottime prospettive di crescita. Lupo ha presentato i bilanci dell'azienda e poiché questi sono ottimi, il gruppo bancario ha comprato parte dell'azienda di Lupo. Il gruppo bancario ha quindi fatto di sicuro un buon affare. Quale delle seguenti risposte costituisce il passaggio logico errato nel brano precedente?

- A Lupo si è fatto pagare troppo dal gruppo di investitori
- B Lupo ha mostrato un bilancio che corrisponde al reale andamento dell'azienda
- C Il mercato in cui opera la società di Lupo in futuro potrebbe variare
- D La società di Lupo opera con conti correnti aperti presso il medesimo gruppo bancario che ha acquistato parte della società
- E Il gruppo bancario ha recentemente acquisito una società concorrente a quella di Lupo

1767 Indicare la definizione corrispondente per significato alla parola *matricolato*.

- A Chi possiede un'abilità quasi professionale, ai danni del prossimo o della morale
- B Ordinato
- C Responsabile delle immatricolazioni
- D Dai caratteri somatici preoccupanti o inquietanti
- E Religioso che ha preso i voti

Brano 16 — In base alle informazioni contenute nel brano seguente, rispondere alle successive domande.

«Un passo avanti molto importante della teoria della personalità negli ultimi venticinque anni è stato, secondo me, la progressiva consapevolezza che nessuno può essere compreso adeguatamente se isolato dal suo contesto sociale. L'esperienza e il comportamento di ognuno, sia egli considerato sano o pazzo, sono comprensibili, almeno in parte, come risposte al comportamento passato o presente di altri verso di lui e intorno a lui.

Ciò nonostante, il linguaggio e le etichette usati dagli psichiatri sono ancora orientati verso la definizione di individui malati o devianti. La nosologia psichiatrica classifica i pazienti degli psichiatri come disturbati, ma non possiede categorie per etichettare le situazioni interpersonali che possono disturbarli. Abbiamo bisogno di linguaggi appropriati, di schemi e di modelli con cui pensare agli effetti causati sulle persone dal contesto sociale - famiglie, scuole, chiese, fabbriche e circoli - e alle relazioni fra piccoli gruppi microsociali e relativo contesto macrosociale: la Società nel suo insieme.

La psicoanalisi presuppone, almeno in teoria, che il senso di persecuzione di una persona sia in parte o totalmente causato da fantasie determinate dall'istinto o filogeneticamente. Certo molti psicanalisti sanno che le storie di persecuzione infantile raccontate dai loro pazienti sono vere. Ma questo, sebbene valido, non è soddisfacente, se essi non hanno una teoria con cui spiegare come la persecuzione avvenuta nel passato possa in seguito dare origine a certe strane esperienze.

Si consideri un individuo che ritenga certi eventi verificatisi nella sua mente (pensieri, sentimenti, percezioni, ricordi ecc.) come cattivi, pazzi, osceni, impuri, sporchi o pericolosi. Se egli desidera considerarsi buono, sano, decente, puro, pulito e sicuro, ha bisogno di adottare certe tattiche mediante le quali affrontare quegli eventi, quando gli appaiono alla coscienza o prima del loro apparire. Si possono sfuggire i pericoli o gli elementi "cattivi" del mondo che ci circonda; basta allontanarsene. Ma in questo caso la fuga non è attuabile, non si può ritirare la nostra mente da se stessa.

C'è una scappatoia possibile e spesso usata: fingere che certi eventi non si verifichino nella nostra mente, cioè escluderli dal campo della coscienza. Ma fuori dalla coscienza non significa fuori dalla mente; è solo un'apparenza. Come gli oggetti del mondo esterno non scompaiono quando voltiamo loro la schiena, così gli eventi della nostra mente non cessano di verificarsi per il fatto che ci distogliamo da loro. E, anche fuori dalla consapevolezza, essi sono spesso sottoposti a mutamenti.

Freud usava parecchi termini per indicare le operazioni con cui allontaniamo o manteniamo lontani dalla consapevolezza determinati eventi, per esempio rimuovere (***verdrangen***), rinnegare (***verleugnen***) e rifiutare (***verwerfen***); e alcuni per indicare una inconsapevolezza parziale, per esempio condannare (***verurteilen***) e negare (***verneinen***). René Laforgue, psicanalista francese, usò un termine tradotto in italiano con scotomizzare, cioè rendere qualcuno cieco a qualcosa; molti psicanalisti parlano di ripudio o negazione di eventi. Tutti questi termini rappresentano dei mezzi mediante i quali ci si priva di alcune possibilità della nostra mente. Uso questi termini in modo intercambiabile, dal momento che trovo difficile distinguere in pratica le singole operazioni a cui si riferiscono. Qui, per comodità, mi riferisco a uno di questi, alla rimozione. Attraverso lo strumento della rimozione la mente cerca di espropriare da se stessa degli elementi che ritiene inappropriati; cambia cioè il "me-cattivo" nel "non-me".»

1768 Il carattere del brano è: *(vedi brano 16)*

A critico
B pessimistico
C descrittivo
D narrativo
E giornalistico

1769 Qual è, secondo l'autore, il limite principale della psicoanalisi? *(vedi brano 16)*

A L'incapacità di riconoscere il legame tra personalità di un individuo e ambiente in cui quest'ultimo è cresciuto
B L'incapacità di associare ai diversi eventi interpersonali che caratterizzano la vita di un individuo gli effetti da essi prodotti sulla personalità dello stesso individuo
C Il rifiuto che certi eventi di tipo interpersonale si siano verificati
D La mancanza di una teoria che spieghi in modo sistematico come determinati eventi interpersonali del passato possano dare origine a esperienze successive nel campo della personalità
E Non è in grado di spiegare il senso di persecuzione

1770 L'intento dell'autore di questo brano è: *(vedi brano 16)*

A mostrare le connessioni fra eventi che si verificano nell'intimo di una persona e fatti che avvengono nelle relazioni fra persone
B chiarire il significato di alcuni termini utilizzati dalla nosografia psichiatrica
C analizzare l'influenza del contesto sociale sulla personalità di un individuo
D affermare che non tutti gli individui definiti "malati" o "devianti" dalla psicoanalisi sono effettivamente tali
E mostrare che non è possibile allontanare dalla mente di un individuo determinati eventi prescindendo dalle influenze sociali che li hanno determinati

1771 Il termine *"verurteilen"*: *(vedi brano 16)*

A indica una inconsapevolezza parziale di determinati eventi
B è sinonimo di *verdrangen*
C è un termine della psichiatria degli ultimi 25 anni
D significa negare
E era usato da Jung

1772 In una pasticceria, due pasticceri farciscono 12 bignè in un minuto. Raddoppiando il personale, quanti minuti occorreranno per farcire 48 bignè?

A 1
B 2
C 4
D 6
E Non abbiamo sufficienti dati per stabilirlo

RAGIONAMENTO LOGICO E CULTURA GENERALE

1773 Se più persone lavorassero soltanto 4 giorni alla settimana ci sarebbero meno pendolari e quindi meno ingorghi legati al traffico e meno inquinamento. Inoltre, meno persone sarebbero disoccupate perché ci sarebbe più lavoro a disposizione. È stato dimostrato, infatti, che i lavoratori part-time si assentano dal lavoro meno di quelli a tempo pieno, così una persona che lavora 4 giorni alla settimana sarebbe più produttiva. Meno lavoro implica meno pressione, che significa meno stress e le persone sarebbero più felici.

Quale delle seguenti affermazioni esprime il messaggio principale del brano precedente?

- **A** Ci sarebbero molti vantaggi se si lavorasse 4 giorni a settimana
- **B** I lavoratori che scelgono di lavorare 4 giorni a settimana riceverebbero un taglio dello stipendio del 20%
- **C** Il governo dovrebbe sostenere una settimana lavorativa di 4 giorni
- **D** L'economia sarebbe più competitiva se i lavoratori fossero più produttivi
- **E** Ci sarebbe meno pressione sul servizio sanitario se la maggior parte dei lavoratori lavorasse 4 giorni a settimana

1774 In un certo anno, il mese di gennaio (che ha 31 giorni) contiene cinque venerdì.

Quale delle seguenti affermazioni NON può essere considerata vera?

- **A** Il primo venerdì del mese cade prima del giorno 4
- **B** Il 1° gennaio è un mercoledì
- **C** Ci sono solo 4 giovedì
- **D** Ci sono anche 5 domeniche
- **E** Il 31 gennaio è un lunedì

1775 In una piscina di 25 metri, Alessandra è impegnata in tre serie di 10 vasche a stile libero. A causa dello scarso allenamento, il tempo impiegato nella seconda serie risulta superiore del 25%. Sapendo che la differenza tra la prima e la seconda serie è di 50 secondi, a quale velocità media Alessandra affronta l'ultima serie che, rispetto alla precedente, registra un'ulteriore diminuzione della velocità pari al 50%?

- **A** 2,4 km/h
- **B** 6'40"
- **C** 1,25 m/sec
- **D** 50 cm/sec
- **E** 3,6 km/h

1776 Una figura a forma di T è stata ritagliata da un foglio di carta quadrato che misura 20 cm × 20 cm. I due restanti rettangoli misurano 10 cm × 5 cm.

Qual è il perimetro della figura a forma di T?

- **A** 80 cm
- **B** 75 cm
- **C** 85 cm
- **D** 90 cm
- **E** 95 cm

1777 Individuare, tra le alternative proposte, la versione in negativo della seguente figura.

A 

B 

C 

D 

E 

1778 Qual è la percentuale di sconto applicata a un articolo che viene venduto a 20.090,00 Euro a fronte di un prezzo originario di 24.500,00 Euro?

- **A** 20%
- **B** – 4.410,00
- **C** 18%
- **D** 41/50
- **E** 4,41%

1779 Uno tra Guido, Enrica e Pietro è una spia. Interrogati dalla polizia rilasciano rispettivamente le seguenti dichiarazioni: «Non sono io»; «La spia è Pietro»; «La spia è Guido». Se due di essi mentono e uno solo dice il vero, cosa si può dedurre con certezza?

- **A** Enrica è la spia
- **B** Guido è la spia
- **C** Pietro non è la spia
- **D** Enrica non è la spia
- **E** Guido non è la spia

1780 Per raggiungere l'obiettivo che l'azienda ha definito, Fausto deve riuscire a vendere oltre 1000 pezzi del prodotto Gamma o, in alternativa, ridurre del 50% rispetto all'anno passato le spese della sua divisione. In realtà, riuscire a vendere oltre 1000 pezzi del prodotto Gamma è irrealistico e dunque Fausto dovrà dimezzare le spese della sua divisione.

Quale delle seguenti affermazioni segue la stessa struttura logica del suddetto ragionamento?

- A Se piove oppure se nevica mi devo ricordare di prendere l'ombrello. Se invece non prendo l'ombrello, significa che non piove (ma potrebbe nevicare)
- B Nel negozio sono presenti due commessi, un ragazzo e una ragazza. La ragazza è sempre gentile mentre il ragazzo talvolta è scortese, quindi mi rivolgerò alla ragazza
- C Per completare il programma previsto, il professore di matematica deve essere sempre presente in classe o programmare lezioni al pomeriggio. Poiché sarà assente da scuola per alcune visite mediche, il professore dovrà recuperare alcune lezioni al pomeriggio
- D Alberto ha seguito i consigli del professore e ha recuperato le insufficienze del primo quadrimestre. La promozione, tuttavia, non è ancora certa
- E Il film di Spielberg è disponibile sia in DVD, sia effettuando un download via internet. Quest'ultima modalità di acquisto è meno costosa e dunque è più conveniente

1781 Quale tra i seguenti abbinamenti NON è corretto?

- A Giovanni Falcone Magistrato
- B Aldo Moro – Politico
- C Piersanti Mattarella – Politico
- D Luigi Calabresi – Commissario di Polizia
- E Carlo Alberto dalla Chiesa – Magistrato

1782 Un'amaca costa 100 Euro se acquistata a prezzo intero e viene scontata del 10% se acquistata insieme a una tenda che costa tre volte il prezzo dell'amaca (non scontato). Quanto spende chi, approfittando dell'offerta, acquista sia la tenda sia l'amaca?

- A 390 Euro
- B 400 Euro
- C 360 Euro
- D 440 Euro
- E 500 Euro

1783 Se in una classe composta da 30 ragazzi sono 10 i ragazzi interessati a un seminario sull'orientamento, quanti sono in media gli studenti interessati in un liceo composto da 15 classi, ciascuna formata da 25 ragazzi?

- A 375
- B 300
- C 250
- D 125
- E 180

1784 Nicola e Tommaso pelano 27 patate in dieci minuti. Sapendo che Tommaso pela un quinto in meno di patate rispetto a Nicola e che quest'ultimo ne pela 12 in più di Simona in un'ora, quante patate riuscirebbero a sbucciare i tre lavorando insieme per due ore?

- A 40
- B 240
- C 480
- D 520
- E 460

1785 Se Andrea non legge non è contento. Se quanto affermato è vero, quale delle seguenti affermazioni è vera?

- A Solo se Andrea legge allora è contento
- B Se Andrea non è contento significa che non ha letto
- C Se Andrea è contento significa che ha letto
- D Leggere è l'attività preferita da Andrea
- E Se Andrea non è contento significa che ha letto

1786 Giocando tre distinte colonne al Totocalcio (in cui lo scopo è indovinare la giusta sequenza di 13 segni scelti tra 1, X e 2), qual è la probabilità di fare 13?

- A 1/169
- B $(1/3)^{13}$
- C $(1/3)^{12}$
- D $(3/13)^{3}$
- E $(1/3)^{6}$

1787 Quale tra le coppie di termini proposti completa logicamente la seguente proporzione verbale:

x : filosofia = biochimica : y

- A x = ermeneutica y = chimica
- B x = logistica y = scienze naturali
- C x = grafologia y = biologia
- D x = criminologia y = biofisica
- E x = epistemologia y = biotecnologia

RAGIONAMENTO LOGICO E CULTURA GENERALE

Brano 17 — Questo brano è seguito da cinque quesiti riguardanti il suo contenuto. Per ogni quesito sono previste cinque risposte differenti, contrassegnate con le lettere A, B, C, D, E. Per ogni quesito sceglie te fra le cinque risposte o affermazioni quella che ritenete corretta in base soltanto a ciò che risulta esplicito o implicito nel brano, cioè solo in base a quanto si ricava dal brano e non in base a quanto eventualmente sapete già sull'argomento.

I generi letterari

L'idea di genere implica immediatamente diversi interrogativi: per fortuna taluni svaniscono non appena siano stati formulati in maniera esplicita. Ecco il primo: abbiamo il diritto di discutere un genere senza aver studiato (o almeno letto) tutte le opere che lo costituiscono? Ma una delle prime caratteristiche dell'indagine scientifica è che essa non esige, per descrivere un fenomeno, l'osservazione di tutte le sue istanze, e procede molto più per deduzione. In pratica, si rileva un numero molto limitato di circostanze, se ne trae un'ipotesi generale e la si verifica su altre ipotesi, correggendola (o rigettandola). Qualunque sia il numero dei fenomeni studiati (nel nostro caso, delle opere), non saremo pertanto maggiormente autorizzati a dedurne leggi universali: non è la quantità delle osservazioni ad essere pertinente, ma soltanto la coerenza logica della teoria. Il piano di generalità sul quale viene a trovarsi questo o quel genere pone un secondo interrogativo. Vi è soltanto qualche genere (ad esempio poetico, epico, drammatico), o ve ne sono molti di più? I generi sono in numero finito o infinito? Un terzo problema è tipico dell'estetica. Ci dicono: parlare di generi (tragedia, commedia ecc.) è vano, poiché l'opera è essenzialmente unica, singolare. L'opera vale per quanto ha di inimitabile, di diverso da tutte le altre, e non per le somiglianze che ha con esse. Una posizione simile non è sbagliata nel vero senso del termine: è semplicemente fuori luogo. Un'opera può benissimo piacere per una ragione o per un'altra: non è questo che la definisce come oggetto di studio. Lo scopo che si prefigge un'attività di conoscenza non deve presiedere alla forma che in seguito essa assume. Il concetto di genere (o di specie) è derivato dalle scienze naturali; ora, esiste una differenza qualitativa quanto al senso dei termini «genere» ed «esemplare» a seconda che vengano applicati agli esseri naturali o alle creazioni dello spirito. Nel primo caso, la comparsa di un nuovo tipo non modifica necessariamente le caratteristiche della specie; di conseguenza le sue proprietà sono interamente deducibili a partire della formula della detta specie. Sapendo che si tratta della specie tigre, noi possiamo dedurne le proprietà di ogni tigre in particolare; la nascita di una nuova tigre non modifica la specie nella sua definizione. L'azione dell'organismo individuale sull'evoluzione della specie è così lenta, che nella pratica possiamo farne astrazione. Lo stesso vale per gli enunciati di una lingua (benché a un grado inferiore): una frase individuale non modifica la grammatica e la grammatica deve permettere di dedurre le proprietà della frase. Lo stesso non vale nel campo dell'arte o della scienza. Qui l'evoluzione segue un ritmo del tutto diverso: ogni opera modifica l'insieme dei possibili, ogni nuovo esempio cambia la specie. Potremmo dire che ci troviamo di fronte a una lingua di cui ogni enunciato è agrammaticale nel momento della sua enunciazione. Più esattamente, noi non riconosciamo a un testo il diritto di figurare nella storia della letteratura o in quella della scienza se non in quanto introduca un cambiamento nell'idea che ci facevamo fino a quel momento dell'una o dell'altra attività. I testi che non soddisfano a questa condizione passano automaticamente in un'altra categoria: in quella della letteratura detta «popolare», «di massa» nel primo caso; in quella dell'esercizio scolastico, nel secondo. Ma per tornare alla materia che è la nostra, solo la letteratura di massa (romanzi gialli, di appendice, di fantascienza ecc.) dovrebbe evocare la nozione di genere che invece sarebbe inapplicabile ai testi propriamente letterari. Una posizione simile ci obbliga a esplicitare i nostri fondamenti teorici. Davanti a ogni testo che appartenga alla «letteratura», dovremo tener conto di una duplice esigenza. In primo luogo non dobbiamo ignorare che esso manifesta proprietà comuni all'insieme dei testi letterari o ad uno dei sottoinsiemi della letteratura (che viene appunto chiamato un genere). Oggi è difficilmente immaginabile che si possa difendere la tesi secondo la quale tutto, nell'opera, è individuale, prodotto inedito di una ispirazione personale, fatto senza alcun rapporto con le opere del passato. In secondo luogo, un testo non è soltanto il prodotto di un procedimento combinatorio preesistente (costituito dalle proprietà letterarie virtuali): è anche una trasformazione di questo procedimento. Possiamo quindi già affermare che ogni studio della letteratura, che lo voglia o meno, parteciperà a questo duplice movimento: dell'opera verso la letteratura (o il genere), e della letteratura (del genere) verso l'opera; privilegiare provvisoriamente l'una o l'altra direzione, la differenza o la somiglianza, è un modo di procedere perfettamente legittimo. Perché allora sollevare questi problemi superati? Gerard Genette ha risposto in maniera pertinente: «Il discorso letterario si produce e si sviluppa secondo strutture che non può trasgredire se non perché le trova ancora oggi nel campo del suo linguaggio e della sua scrittura». Perché vi sia trasgressione, occorre che la norma sia sensibile. D'altra parte è dubbio che la letteratura contemporanea sia del tutto esente da distinzioni generiche; caso mai, dette distinzioni non corrispondono più alle nozioni ereditate dal passato. È evidente che attualmente non abbiamo l'obbligo di seguirle. Si manifesta anzi la necessita di elaborare categorie astratte che possano applicarsi alle opere odierne. Più in generale, non riconoscere l'esistenza dei generi equivale a sostenere che l'opera letteraria non mantiene le proprie relazioni con le opere già esistenti. I generi rappresentano appunto quel tramite, in virtù del quale l'opera si mette in rapporto con l'universo della letteratura.

1788 Cosa intende l'autore per "genere"? *(vedi brano 17)*

A L'insieme delle proprietà artistiche di un'opera
B Una delle possibili sottocategorie di una manifestazione artistica
C Il processo combinatorio delle tecniche artistiche in un'opera
D Le specificità linguistiche e stilistiche di un'opera
E L'insieme dei fondamenti teorici di una disciplina artistica

1789 L'autore è favorevole al mantenimento del concetto di genere letterario?*(vedi brano 17)*

A Sì
B No, salvo adattando le categorie alle opere contemporanee
C No, salvo per le opere antiche
D Sì, solo per le opere scientifiche
E No

1790 Un'indagine scientifica volta a definire le caratteristiche di un genere: *(vedi brano 17)*

A implica la formulazione di una teoria generale basata sulle caratteristiche di tutte le opere di uno scrittore
B implica la coerenza di una teoria generale che si basa sulla lettura di tutte le opere di un genere
C implica la coerenza logica di una teoria che si basa su correzioni successive dell'ipotesi di partenza
D risulta parziale perché non si possono dedurre teorie generali muovendo da concetti particolari
E implica la formulazione di una teoria mediante un procedimento induttivo dall'universale al particolare

1791 È utile cercare di definire le caratteristiche del genere a cui un'opera appartiene? *(vedi brano 17)*

A No, perché i generi esistono sotto forma di articolazioni diverse che non si lasciano definire
B Sì, perché un'opera non trova strutture definite nel suo campo di appartenenza
C Sì, perché è grazie all'esistenza di caratteristiche del genere che un'opera può trasgredire le caratteristiche del genere stesso
D No, perché un'opera è tale per la sua individualità specifica
E Sì, perché le caratteristiche di un genere servono a chiarire lo stile di un singolo autore

1792 Che relazione esiste tra un'opera singola e il genere a cui appartiene? *(vedi brano 17)*

A Sono nulle le azioni di modifica al genere cui appartiene
B Appartiene alla letteratura di massa perché modifica le caratteristiche del genere in cui rientra
C Non appartiene alla storia della letteratura perché cambia le caratteristiche del genere in cui rientra
D Se è un'opera letteraria, introduce dei mutamenti nel genere in cui rientra
E Le sue caratteristiche sono definibili totalmente in base al genere cui appartiene

1793 Le spese pubblicitarie incidono fortemente sui costi di produzione e quindi sui costi finali dei prodotti quando questi vengono venduti al pubblico. Le associazioni di consumatori detestano le campagne pubblicitarie, specialmente quelle tra grandi marche rivali, come tra i produttori di carburante o tra i produttori di detersivi. Tali prodotti, infatti, sono talmente simili da essere praticamente indistinguibili tranne per il marchio e il confezionamento.
La maggior parte del denaro destinato alle spese pubblicitarie potrebbe piuttosto essere investita per abbassare i prezzi dei prodotti. Detto questo, si può dedurre che le campagne pubblicitarie siano svantaggiose per i consumatori.
Se considerata vera, quale delle seguenti affermazioni rende meno forte l'argomentazione precedente?

A L'industria pubblicitaria riesce ad assumere personale che altrimenti sarebbe disoccupato
B I produttori non spenderebbero in campagne pubblicitarie se non ritenessero che queste fossero di beneficio per i consumatori
C Le pubblicità spesso presentano la qualità dei prodotti in maniera fuorviante
D La pubblicità non influenza in alcun modo la scelta dei consumatori
E Aumentando la concorrenza, le campagne pubblicitarie migliorano la qualità generale dei prodotti sul mercato

1794 Individuare il termine la cui etimologia NON segue la stessa "logica" degli altri:

A Sindrome
B Sinistro
C Sinedrio
D Sincrono
E Sinfonia

RAGIONAMENTO LOGICO E CULTURA GENERALE

Brano 18 — Questo brano è seguito da cinque quesiti riguardanti il suo contenuto. Per ogni quesito sono previste cinque risposte differenti, contrassegnate con le lettere A, B, C, D, E. Per ogni quesito scegliete fra le cinque risposte o affermazioni quella che ritenete corretta in base soltanto a ciò che risulta esplicito o implicito nel brano, cioè solo in base a quanto si ricava dal brano e non in base a quanto eventualmente sapete già sull'argomento.

Altre forme di vita

L'origine della vita è uno dei grandi interrogativi della scienza. Nessuno sa dove o quando sia nata esattamente; l'unica cosa certa è che la vita microbica era presente sulla Terra almeno tre miliardi e mezzo di anni fa. In mancanza di prove su ciò che c'era prima, c'è ampio margine di discussione. Trent'anni fa era opinione condivisa che la vita avesse avuto origine in seguito a un evento chimico così improbabile che difficilmente avrebbe potuto verificarsi due volte nell'universo. Questa posizione fu sostenuta, tra gli altri, dal biologo e premio Nobel Jacques Monod, che nel 1970 scrisse: "L'uomo sa di essere solo nell'arida immensità dell'universo, da cui egli stesso è emerso per puro caso". Negli ultimi anni, però, l'atmosfera è cambiata radicalmente. Nel 1995 il biochimico belga Christian de Duve ha definito la vita "un imperativo cosmico", e ha dichiarato che "è sostanzialmente destinata a svilupparsi" su qualsiasi pianeta simile alla Terra. La dichiarazione di De Duve ha rafforzato la convinzione degli astrobiologi che l'universo sia brulicante di vita. Definita "determinismo biologico" da Robert Shapiro dell'Università di New York, questa teoria è sintetizzata dalla frase "la vita è scritta nelle leggi della natura". Come si fa a stabilire qual è il punto di vista corretto? Il modo più diretto è cercare prove dell'esistenza di vita su un altro pianeta, per esempio Marte. Se la vita ha avuto origine partendo da zero su due corpi dello stesso sistema planetario, l'ipotesi del determinismo biologico sarebbe definitivamente confermata. Tuttavia potrebbe passare molto tempo prima che le missioni sul Pianeta Rosso siano abbastanza sofisticate da andare a caccia di forme di vita marziane e, se esistessero, da studiarle in dettaglio.

Forse però c'è una strada più semplice per verificare il determinismo biologico. Nessun pianeta è più simile alla terra della Terra stessa: se la vita mostra la tendenza a svilupparsi in condizioni terrestri, allora forse si è sviluppata più volte anche qui. Per esplorare questa affascinante ipotesi, gli scienziati hanno concentrato l'attenzione su deserti, laghi e caverne alla ricerca di indizi di forme di vita "aliene": organismi profondamente diversi da ogni altro essere vivente conosciuto perché sviluppatisi in modo indipendente. Non c'è ancora accordo su una definizione univoca di "vita", ma la maggior parte degli scienziati concorda che due delle caratteristiche principali di ciò che chiamiamo vita sono la capacità di metabolizzare (ricavare nutrienti dall'ambiente, convertirli in energia ed espellere gli scarti) e di riprodursi. La posizione ortodossa sulla genesi della vita sostiene che se la vita sulla Terra avesse avuto origine più di una volta una forma vivente avrebbe rapidamente preso il sopravvento ed eliminato le altre. Questa "epurazione" sarebbe avvenuta, per esempio, se una delle forme si fosse rapidamente appropriata di tutte le risorse disponibili o si fosse "coalizzata" contro una forma di vita più debole scambiando i geni di successo esclusivamente all'interno della propria specie. Ma è una tesi debole. Batteri e archea, due tipi molto diversi di microrganismi il cui antenato comune risale a più di tre miliardi di anni fa, coesistono pacificamente da allora. Inoltre non è detto che le forme di vita alternative siano entrate in competizione diretta con gli organismi noti: forse gli alieni occupavano ambienti estremi in cui i microrganismi a noi familiari non potevano sopravvivere, o forse avevano bisogno di risorse differenti. Anche se la vita alternativa non esistesse più, può darsi che sia fiorita in un lontano passato per poi estinguersi. In questo caso, forse è possibile individuarne le tracce nel registro geologico. Per esempio, se avesse avuto un metabolismo spiccatamente diverso, potrebbe aver alterato le rocce o creato depositi minerali in modi non riconducibili nell'attività degli organismi noti. È persino possibile che i biomarcatori, sottoforma di molecole organiche che non potrebbero essere state create dalla vita a noi familiare, siano celati in antichi microfossili, come quelli scoperti in rocce che risalgono all'Archeano (oltre 2,5 miliardi di anni fa). Un'eventualità più avvincente, ma anche più speculativa, è che forme di vita alternative siano ancora presenti nell'ambiente, formando una sorta di "biosfera ombra". A prima vista l'idea può apparire assurda: se organismi alieni prosperassero sotto il nostro naso (o magari dentro il nostro naso!) non li avremmo già scoperti? Non è detto. Gran parte degli organismi è costituita da microbi, ed è quasi impossibile dire che cosa siano con una semplice osservazione al microscopio. Bisogna analizzare le sequenze genetiche di un organismo per determinarne la posizione sull'albero della vita – la categorizzazione filogenetica di tutte le creature conosciute – ed è stata classificata soltanto una minuscola frazione di tutti i microrganismi osservati.

1795 Si parla di vita quando: *(vedi brano 18)*

A il cervello è sufficientemente articolato
B si verifica un processo di crescita
C viene utilizzata l'acqua
D sono presenti metabolizzazione e riproduzione
E esiste un minimo di sensibilità

1796 Per organismi alieni si intendono: *(vedi brano 18)*

A forme di vita anaerobica
B organismi provenienti da altri corpi celesti
C tutti i microrganismi sconosciuti
D gli organismi viventi in atmosfera senza ossigeno
E forme di vita nate da evoluzioni diverse

QUESITI

1797 Gli studi sugli strati geologici più antichi: ***(vedi brano 18)***

A potrebbero conservare tracce metaboliche diverse

B hanno già dato reperti sicuri

C non possono in nessun caso essere considerati decisivi

D non distinguono forme diverse di vita

E evidenziano solo biomarcatori già conosciuti

1798 Secondo il determinismo biologico la vita: ***(vedi brano 18)***

A richiede un ambiente di tipo terrestre

B è frutto di una sintesi eccezionale

C sorge da un'evoluzione naturale

D è limitata al sistema solare

E ha origini extra-galattiche

1799 Forme di vita aliene potrebbero sussistere: ***(vedi brano 18)***

A in colonie di microrganismi sconosciuti

B nell'ambiente urbano

C nella foresta pluviale

D in ambienti inadatti a forme note

E nelle zone temperate

1800 In una scuola lavorano Amilcare, Basilio e Concetto, come bidello, professore e segretario (non necessariamente in quest'ordine). Amilcare è figlio di Concetto, ed è più basso di statura del professore. Il bidello è il più alto di statura, e non ha figli. Quale delle seguenti affermazioni è compatibile con le premesse?

A Non è possibile attribuire esattamente a ciascuna persona il proprio ruolo

B Concetto è il segretario, Basilio è il bidello, Amilcare è il professore

C Amilcare è il segretario, Basilio è il bidello, Concetto è il professore

D Amilcare è il segretario, Basilio è il professore

E Basilio è il segretario, Amilcare è il bidello, Concetto è il professore

1801 Se per terminare un trasloco Aldo, Giovanni e Giacomo impiegano 2 ore, quanto tempo impiegherebbero con l'aiuto di Marina, ammettendo che lavorino tutti egualmente sodo?

A 1 ora e 30 minuti

B 30 minuti

C 2 ore

D 1 ora

E 40 minuti

1802 Tutte le figure seguenti, tranne una, sono immagini di uno stesso dado.

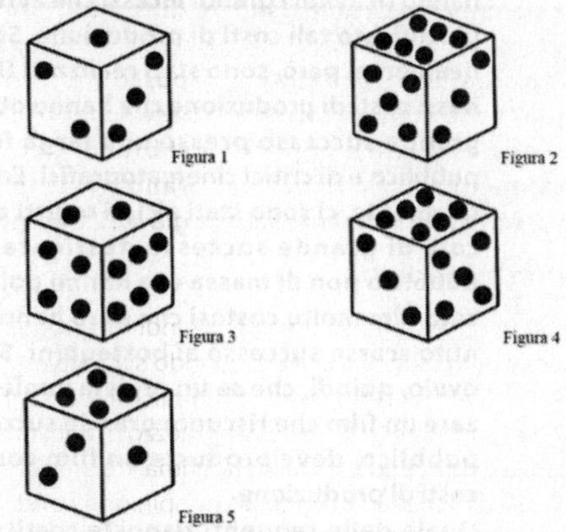

Quale di queste cinque figure NON si riferisce allo stesso dado?

A La Figura 1

B La Figura 2

C La Figura 3

D La Figura 4

E La Figura 5

1803 Quanti lunedì possono esserci, al massimo, in 45 giorni consecutivi?

A 8

B Dipende dai mesi

C 5

D 7

E 6

1804 Recenti ricerche hanno mostrato che le università che hanno introdotto il numero programmato sono riuscite a conseguire una significativa riduzione del numero di studenti che abbandonano gli studi prima della laurea. È dunque opportuno che tutte le università introducano il numero programmato.

L'argomentazione sopra riportata presuppone che:

A vi è una percentuale elevata di studenti che abbandonano gli studi prima della laurea

B le università che hanno introdotto il numero programmato sono ancora poche

C la riduzione del numero di studenti che abbandonano gli studi prima della laurea è una ragione sufficiente per l'introduzione del numero programmato

D il numero programmato consente di migliorare la didattica

E Nessuna delle precedenti alternative è corretta

1805 Di recente, molti film hollywoodiani si sono rivelati molto costosi da produrre, ma non hanno ricavato i grandi incassi che avrebbero giustificato tali costi di produzione. Simultaneamente, però, sono stati realizzati film con bassi costi di produzione che hanno ottenuto grande successo presso una larga fetta di pubblico e di critici cinematografici. Ed, effettivamente, ci sono stati alcuni registi di pellicole di grande successo destinate ad un pubblico non di massa che hanno poi realizzato film molto costosi che però hanno ottenuto scarso successo ai botteghini. Sembra ovvio, quindi, che se un regista vuole realizzare un film che riscuote grande successo di pubblico, deve produrre un film con bassi costi di produzione.
Quale delle seguenti risposte costituisce il passaggio logico errato nel brano precedente?

- A Il successo di pubblico di un film giustificherebbe / giustifica l'alto costo di spesa nel farlo
- B I costi di produzione dei film sono generalmente maggiori di quanto inizialmente preventivato
- C I costi di produzione dei film non sono necessariamente il fattore decisivo che determina il successo di pubblico dei film
- D Il pubblico non necessariamente è al corrente se i costi di produzione di un film sono stati elevati o meno
- E La critica cinematografica spesso fa previsioni erronee riguardo al successo di pubblico dei film

1806 In un magazzino all'ingrosso un paio di scarpe del prezzo di 120 euro viene venduto in saldo con uno sconto del 25%. Alla cassa viene successivamente applicata una tassa del 20%. Quanto spende il cliente per il paio di scarpe?

- A 116 euro
- B 108 euro
- C 104 euro
- D 118 euro
- E 90 euro

1807 Alessio è più alto di Donato, Enzo è più basso di Donato, Chiara è più bassa di Bruno ma è più alta di Alessio. Chi è la persona che occupa il posto intermedio in altezza?

- A Donato
- B Alessio
- C Chiara
- D Bruno
- E Enzo

1808 Luciana e Ruggero costruiscono insieme una casa in tre anni. Paola e Ruggero riescono a costruirla in due mesi. Quante case costruirebbero i tre insieme in un anno?

- A 6
- B 4
- C 2
- D Non ci sono dati sufficienti per rispondere al quesito
- E 3

1809 Una scavatrice deve perforare il terreno per 50 metri. Il primo giorno riesce a perforare il terreno di 1/5 di quanto dovuto. Il secondo giorno riesce a perforare 1/8 di quanto resta ancora da perforare, il terzo giorno 1/3 di quanto ha già perforato. Quanti metri dovrà ancora perforare per raggiungere i 50 metri prestabiliti?

- A 35
- B 30
- C 25
- D 20
- E 15

1810 Per il compleanno di Paolo, Elena, sua moglie, decide di fare una cena con gli amici e invita Stefano con sua moglie Loredana, Alessandro, con sua moglie Claudia e Michele con sua moglie Franca.
Affinché possa essere rispettata la regola che ogni uomo deve essere seduto tra due donne e ogni donna tra due uomini, quale delle seguenti condizioni deve necessariamente verificarsi?

- A Ai due capotavola devono sedersi due donne o due uomini
- B Ai due capotavola devono sedersi un uomo e una donna
- C Paolo deve sedersi vicino a sua moglie
- D Michele deve sedersi vicino a Claudia
- E Stefano e sua moglie devono essere seduti uno di fronte all'altra

1811 Ci sono N persone (con N > 1) disposte in circolo, che sono o Menzogneri (dicono sempre il falso) o Veritieri (dicono sempre il vero). Ciascuno accusa la persona alla sua destra di essere un Menzognero.
Ciò è possibile SOLO SE:

- A N è un numero primo
- B N = 3
- C N è un numero dispari
- D N = 2
- E N è un numero pari

QUESITI

1812 Al *Festival di San Romolo* la canzone di *Malva* riceve più voti di quella dei *Dromedari*, che a sua volta riceve più voti di quella di *Tito Acciaio*. La canzone di *Fred Fedeli* riceve più voti sia di quella dei *Dromedari* che di quella dei *Cognati Simili*. Quale delle seguenti affermazioni è sicuramente corretta?

A La canzone di *Malva* riceve più voti di quella di *Fred Fedeli*
B La canzone dei *Dromedari* riceve più voti di quella dei *Cognati Simili*
C La canzone di *Malva* riceve più voti di quella dei *Cognati Simili*
D La canzone di *Fred Fedeli* riceve più voti di quella di *Tito Acciaio*
E La canzone dei *Cognati Simili* riceve più voti di quella dei *Dromedari*

1813 In alcuni edifici si registrano molti furti a causa della presenza di piante sul retro dell'immobile; i ladri riescono infatti ad arrampicarsi agevolmente sugli alberi fino a raggiungere l'appartamento scelto come obiettivo. Molto spesso il problema viene risolto grazie all'installazione di telecamere a circuito chiuso opportunamente posizionate. Pertanto, per ridurre il numero di furti è necessario che in tutti gli edifici venga installato un sistema di video sorveglianza.
Quale delle seguenti risposte costituisce il passaggio logico errato nel brano precedente?

A L'installazione di telecamere in tutti gli edifici risulterebbe estremamente costosa
B Le piante in prossimità degli edifici dovrebbero essere abbattute
C Alcuni edifici possono risultare sicuri anche senza un sistema di video sorveglianza
D È irragionevole pensare che i furti negli edifici possano essere ridotti
E Tutti gli edifici dovrebbero essere sicuri e quindi dotati di un sistema di video sorveglianza

1814 Quali sono i quattro grandi italiani sepolti nella chiesa di Santa Croce a Firenze, che Foscolo ricorda nel carme *Dei Sepolcri*, per celebrare la grandezza dell'Italia?

A Machiavelli – Michelangelo – Dante – Petrarca
B Machiavelli – Michelangelo – Galileo – Alfieri
C Dante – Petrarca – Alfieri – Galileo
D Michelangelo – Galileo – Petrarca – Alfieri
E Michelangelo – Alfieri – Petrarca – Dante

1815 Aldo, Bruno, Carlo, Donato e Eugenio durante una gita pernottano in una locanda dove hanno a disposizione tre camere singole e una doppia. Nessuno vuol dormire con Eugenio, perché russa troppo sonoramente. Aldo accetta di dividere la camera doppia solo con Carlo o con Bruno. Bruno dice che andrà nella doppia solo con Donato. Se ne deduce, necessariamente, che:

A Aldo e Bruno dormiranno nella camera doppia
B Eugenio, Carlo e Donato dormiranno nelle camere singole
C Eugenio, Aldo e Bruno dormiranno nelle camere singole
D nella camera doppia dormirà Aldo oppure Donato
E uno dei due, tra Aldo e Bruno, dormirà sicuramente nella camera doppia

1816 Individuare la coppia di termini che completa correttamente la proporzione seguente:
Spiga : grano = X : Y

A X = albero, Y = bosco
B X = farina, Y = pane
C X = chicco, Y = cereale
D X = bacca, Y = frumento
E X = pannocchia, Y = mais

1817 Individuare il termine la cui etimologia NON segue la stessa "logica" degli altri:

A Tribordo
B Tridente
C Triangolo
D Trilogia
E Trittico

1818 Individuare la coppia di termini che completa correttamente la proporzione seguente:
Circondare : X = screditare : Y

A X = assedio, Y = debito
B X = accerchiare, Y = denigrare
C X = assediare, Y = elogiare
D X = circocentro, Y = ereditare
E X = scappare, Y = accreditare

1819 Antonella è onesta. Tutti gli impiegati sono onesti. Tutte le persone oneste sono ordinate.
Se le precedenti affermazioni sono vere, quale delle seguenti è necessariamente vera?

A Antonella è un'impiegata
B Antonella è ordinata
C Antonella è disonesta
D Solo alcuni impiegati sono ordinati
E Tutte le persone ordinate sono oneste

RAGIONAMENTO LOGICO E CULTURA GENERALE

1820 Un contrario di *oculatamente* è:

A sconsideratamente
B lascivamente
C avvedutamente
D parsimoniosamente
E violentemente

1821 È chiaro che la Terra si sta surriscaldando. L'unico fattore che potrebbe rallentare il processo di surriscaldamento climatico e prevenire un disastro ecologico, sarebbe il passaggio immediato alla tecnologia ecologica (conosciuta anche come "tecnologie verdi" o "green technologies"). Se il surriscaldamento climatico proseguirà ai ritmi attuali, alcune specie animali non saranno in grado di sopravvivere in condizioni climatiche più calde. Dovranno spostarsi in luoghi più freddi di quelli che occupano correntemente, ad esempio in aree più vicino ai poli, oppure in alte zone di montagna. Non tutte queste specie saranno in grado di raggiungere climi più freddi, a causa delle grandi distanze che dovrebbero coprire. Alcune di quelle specie che riuscirebbero a spostarsi, si ritroverebbero in habitat sovrappopolati, il che ne renderebbe impossibile la riproduzione. Quale delle seguenti affermazioni è totalmente sostenuta dal brano precedente?

A Molte specie saranno in grado di adattarsi a climi più caldi
B Non è possibile prevenire il disastro ecologico causato dal surriscaldamento climatico
C Le specie in via di estinzione sopravvivranno se si adotteranno le cosiddette "tecnologie verdi"
D La maggior parte delle specie animali richiedono habitat freddi per riprodursi
E A meno che non si adottino immediatamente le cosiddette "tecnologie verdi", alcune specie non sopravvivranno

1822 Francesca è alta. Le bionde sono tutte carine. Le persone alte sono agili. Se le precedenti informazioni sono corrette, quale delle seguenti informazioni addizionali non consentirebbe di concludere che Francesca è carina?

A Francesca è agile
B Francesca è bionda
C Le persone alte sono bionde
D Le persone agili sono bionde
E Nessuna delle altre alternative proposte

1823 Prima di decidere di andare a Milano, Nicoletta deve trovare un alloggio. Se l'affermazione precedente è vera, quale delle seguenti deve essere vera?

A Se Nicoletta trova un alloggio, allora andrà a Milano
B Se Nicoletta va a Milano, allora ha trovato un alloggio
C Se Nicoletta non va a Milano, allora non ha trovato un alloggio
D Se Nicoletta va a Milano, allora non ha trovato un alloggio
E Se Nicoletta va a Milano, è bene che si informi presso un'agenzia turistica

1824 Quale delle seguenti frasi è logicamente equivalente a: "il riso abbonda sulla bocca degli sciocchi"?

A I furbi non ridono mai
B Gli sciocchi ridono sempre
C Gli sciocchi ridono spesso
D I furbi sono spesso tristi
E Nessuna delle altre alternative proposte

1825 Quale delle seguenti frasi è logicamente equivalente a: "cane che abbaia, non morde"?

A Se un cane non abbaia, allora morde
B Se un cane non morde, allora abbaia
C Se un cane abbaia, allora non morde
D Attenti al cane!
E Un cane che morde fa meglio la guardia di uno che abbaia

1826 Quale delle seguenti è una definizione corretta del verbo *avallare*?

A Volgere a terra
B Presentare una depressione
C Umiliare
D Giovarsi
E Mettere la firma come garanzia

1827 Quale dei seguenti non è un significato di *caustico*?

A Corrosivo
B Di modi rudi
C Perentorio
D Mordace
E Sarcastico

1828 Cos'è il *matricidio*?

A L'insieme dei diritti dotali ed ereditari della madre
B Lo scioglimento del matrimonio
C La tassa sul macinato
D L'uccisione della madre
E Una norma per la quale i figli prendono il cognome della madre

1829 Individuare la versione in negativo della figura data.

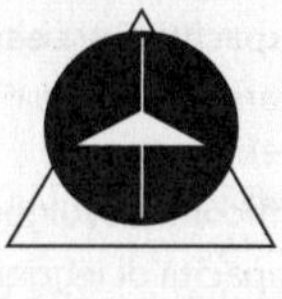

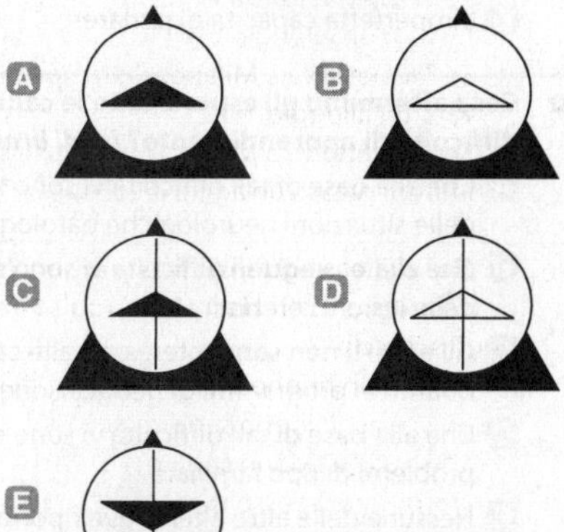

1830 Con il termine *pedologia* si intende:

- A la scienza che studia la natura dei suoli
- B lo studio dei transiti pedonali nelle correnti di traffico
- C lo studio delle variazioni del clima nella ionosfera
- D una specializzazione medica per le malattie degli arti
- E la scienza che studia l'apprendimento

1831 Indicare la definizione corrispondente per significato alla parola *editare*.

- A Digitare
- B Pubblicare
- C Scrivere editoriali
- D Indicare
- E Affermare

1832 Quale delle seguenti affermazioni equivale a dire: "Non tutti i laureati in Architettura fanno l'architetto"?

- A Nessun laureato in Architettura fa l'architetto
- B Tutti i laureati in Architettura fanno l'architetto
- C Non esiste un laureato in Architettura che non faccia l'architetto
- D Vi è almeno un laureato in Architettura che non fa l'architetto
- E Tutti i laureati in Architettura fanno un lavoro diverso dall'architetto

1833 Un sinonimo di *inane* è:

- A precoce
- B vuoto
- C inetto
- D esanime
- E ingenito

1834 Individuare la figura da scartare.

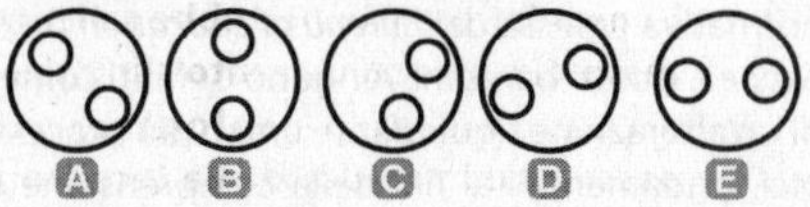

1835 In quale museo straniero è stata allestita nel corso del 2013 un'importante mostra sui reperti archeologici provenienti da Pompei ed Ercolano?

- A British Museum
- B Museo Archeologico di Francoforte
- C Louvre
- D National Palace Museum di Tapei
- E Metropolitan Museum of Art

1836 Scartare una delle otto terne di simboli.

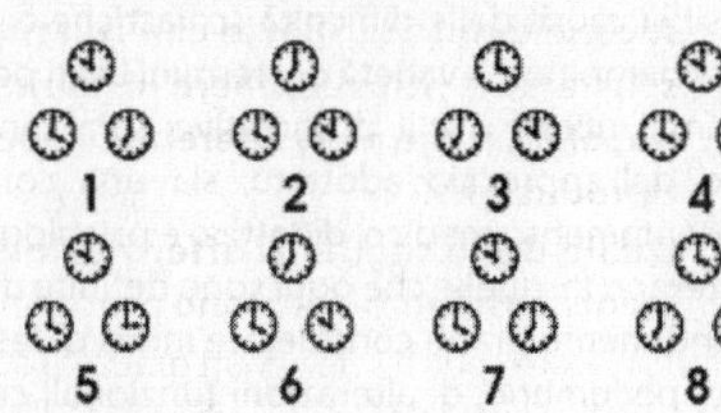

- A Terna 1
- B Terna 4
- C Terna 6
- D Terna 5
- E Terna 3

1837 Sara ha davanti a sé una piramide composta interamente da triangoli equilateri e un cubo il cui lato misura 6,25 cm, esattamente come lo spigolo della piramide. Entrambi i solidi sono stati creati unendo con la colla vinilica le estremità di alcune barrette di legno, in modo che ogni lato coincidesse con una singola barretta. Se Sara smontasse i due solidi e mettesse in fila le barrette di legno utilizzate, a quanti centimetri ammonterebbe la distanza coperta?

- A 122,5 cm
- B 118,5 cm
- C 114,5 cm
- D 112,5 cm
- E 130,5 cm

Brano 19 — In base alle informazioni contenute nel brano seguente, rispondere alle successive domande.

«Gli anni Settanta hanno visto fiorire innumerevoli programmi speciali per la diagnosi e la cura delle difficoltà di apprendimento. Gli educatori hanno acquisito una sempre maggiore consapevolezza dell'elevata incidenza di questo tipo di handicap tra i bambini in età scolare. Nella normativa emessa dal *Bureau of Education for the Handicapped,* questi bambini vengono definiti come portatori di un'alterazione riguardante uno o più processi psicologici fondamentali ai fini della comprensione e dell'uso della lingua, scritta o parlata, e tale da tradursi in un'imperfetta capacità di ascolto, pensiero, parola, lettura, scrittura, sillabazione o calcolo matematico. Rientrano in questo tipo di alterazione: gli handicap di natura percettiva, le lesioni cerebrali, le alterazioni mentali di minima entità, la dislessia e l'afasia. In questa definizione non vanno inclusi i bambini che abbiano problemi di apprendimento principalmente dovuti a difetti visivi, uditivi o motori, oppure a ritardo mentale, a turbe emotive, o a particolari condizioni sfavorevoli dell'ambiente in cui vivono. Da questa definizione consegue che il termine incapacità di apprendere non dovrebbe essere impiegato se non dopo aver escluso parecchie altre condizioni quali possibili cause delle difficoltà scolastiche o psicologiche del bambino. La varietà dei termini usati per indicare casi simili riflette sia il progressivo cambiamento nel tempo dell'approccio adottato, sia una convergenza dell'orientamento medico, didattico e psicologico. Fino a poco tempo fa, quelle che oggi sono definite difficoltà di apprendimento erano considerate indici di lesioni cerebrali o, perlomeno, di alterazioni funzionali cerebrali di lieve entità. Attualmente, invece, si ritiene che alla base dell'incapacità di apprendere ci possa essere una situazione neurologica patologica, di cui però non si può presumere la presenza in tutti i casi. Inoltre, gli esperti di questo tipo di difficoltà insistono in maniera caratteristica nell'affermare che essi non sono affatto interessati all'eziologia, ma hanno bisogno di puntualizzare il quadro specifico delle incapacità comportamentali di ciascun caso per poter predisporre un opportuno programma di rieducazione.»

1838 Con riferimento alle difficoltà di apprendimento, l'autore è interessato a: *(vedi brano 19)*

- **A** identificarne le cause e le corrette terapie
- **B** identificarne i metodi di diagnosi
- **C** definirne con precisione i confini
- **D** evidenziarne la diffusione fra i bambini in età scolare
- **E** ribadire che si tratta di lesioni celebrali

1839 Secondo quanto affermato nel brano, quale dei seguenti non rappresenta un sintomo di difficoltà di apprendimento? *(vedi brano 19)*

- **A** L'incapacità di ascolto
- **B** La scarsa creatività nell'affrontare problemi numerici
- **C** La difficoltà a svolgere calcoli matematici
- **D** L'incapacità di leggere
- **E** L'imperfetta capacità di parlare

1840 Cosa affermano gli esperti circa le cause delle difficoltà di apprendimento? *(vedi brano 19)*

- **A** Che alla base di tali difficoltà vi sono sempre delle situazioni neurologiche patologiche
- **B** Che alla base di tali difficoltà vi sono sempre delle lesioni cerebrali
- **C** Gli esperti non sono interessati alle cause quanto ai programmi di rieducazione
- **D** Che alla base di tali difficoltà vi sono spesso problemi di tipo familiare
- **E** Nessuna delle altre alternative riporta quanto affermato dagli esperti circa le cause delle difficoltà di apprendimento

1841 Secondo l'autore del brano, un bambino che soffre di un difetto visivo: *(vedi brano 19)*

- **A** non deve considerarsi un soggetto con difficoltà di apprendimento
- **B** deve essere considerato un soggetto portatore di handicap, seppure di lieve entità
- **C** è un soggetto con potenziali difficoltà di apprendimento che occorre seguire con particolare cura
- **D** non rappresenta un problema per la medicina
- **E** deve essere considerato un soggetto portatore di handicap di grave entità

1842 Dal brano è possibile dedurre che, prima degli anni Settanta: *(vedi brano 19)*

- **A** si sottostimava la reale diffusione delle difficoltà di apprendimento fra i bambini in età scolare
- **B** non era ancora stata chiarita la distinzione fra difficoltà di apprendimento e lesione cerebrale
- **C** si riteneva che le difficoltà di apprendimento fossero legate prevalentemente a problemi di natura ambientale
- **D** non si prestava sufficiente attenzione alla ricerca in tema di prevenzione delle difficoltà di apprendimento
- **E** nessuna delle altre alternative è correttamente deducibile

QUESITI

1843 La disoccupazione è cresciuta del 3,5% nel corso dell'anno passato.
L'affermazione sopra riportata rappresenta:

- A un'informazione previsiva
- B un'informazione attuale
- C un'argomentazione di tipo induttivo
- D un'argomentazione di tipo deduttivo
- E un'informazione consuntiva

1844 Tutti gli artisti hanno molta fantasia. I pittori sono artisti, quindi i pittori hanno molta fantasia.
Quale delle seguenti affermazioni segue la stessa struttura logica del suddetto ragionamento?

- A Gli architetti sono tutti laureati. Tutti i laureati sono diplomati, quindi tutti i diplomati sono architetti
- B Ogni Alfa è Beta. Tutti i Gamma sono Alfa, quindi ogni Gamma è Beta
- C Tutte le auto hanno quattro ruote; la cassettiera di Massimo ha quattro ruote quindi la cassettiera di Massimo è un'auto
- D Chi lavora all'aria aperta si abbronza; Marco è abbronzato quindi lavora all'aria aperta
- E Tutti i pasticcieri amano i dolci. Fausto ama i dolci, quindi Fausto è un pasticciere

1845 Otto giocatori di tennis: M, N, O, P, Q, R, S, T si scontrano in un torneo a eliminazione diretta. Al primo si incontrano come segue: M contro N; O contro P; Q contro R; S contro T. Sapendo che:

- **al primo turno vincono i primi in ordine alfabetico;**
- **al secondo turno perdono gli estremi in ordine alfabetico;**
- **in finale vince il secondo in ordine alfabetico;**

chi vince il torneo?

- A O
- B P
- C Q
- D R
- E S

1846 Una mondina raccoglie 2 chili di riso ogni 30 minuti. Quante mondine ci vogliono per raccogliere 12 chili di riso in un'ora?

- A 2
- B 3
- C 6
- D 20
- E 5

1847 Più della metà degli amici di Marco studia fisica e la maggioranza studia chimica. Deve, perciò, esserci almeno qualche amico di Marco che studia sia fisica che chimica.
Quale delle seguenti affermazioni segue la stessa struttura logica del suddetto ragionamento?

- A In un mazzo di 52 carte da gioco, metà delle carte sono rosse, quindi se viene servita una mano di 13 carte è possibile avere una combinazione di carte rosse e di carte nere
- B Circa la metà della popolazione è di genere femminile. Dato che una parte considerevole della popolazione fuma, allora alcune donne devono essere fumatrici
- C La maggior parte del prosciutto venduto in una salumeria è cotto. Più della metà delle vendite consiste in prosciutto già affettato. Una parte del prosciutto venduto deve essere cotto già affettato
- D La maggior parte delle scarpe che vengono vendute ha i lacci ed il colore di scarpe più comune è il marrone, pertanto alcune scarpe marroni devono avere i lacci
- E Si vendono più automobili di colore blu rispetto a tutti gli altri colori. La Ford sono le auto più diffuse, quindi le Ford blu sono la combinazione più comune di casa auto e di colore

1848 Gli incidenti più gravi in autostrada sono spesso quelli causati dalla curiosità degli automobilisti che procedono nella carreggiata opposta a quella in cui si è già verificato un primo incidente. Il fatto che alcuni vogliano capire cosa è successo crea rallentamenti e tamponamenti, con conseguenze a catena su tutte le automobili che seguono. Appare quindi logico consigliare a tutti gli automobilisti di non distrarsi alla guida e procedere qualsiasi cosa accada intorno a loro. Quale delle seguenti affermazioni, se considerata vera, indebolisce quanto sostenuto dal brano precedente?

- A Da un punto di vista statistico, il numero di incidenti è in costante calo negli ultimi dieci anni
- B Il consiglio di non distrarsi, a maggior ragione, andrebbe dato a tutti i motociclisti
- C Le prime automobili che rimangono coinvolte in un incidente stradale sono di solito quelle che riportano i danni maggiori
- D Gli incidenti stradali sono nella maggior parte dei casi del tutto imprevedibili
- E Capire cosa accade attorno alla propria automobile può essere utile per evitare pericoli o per prestare soccorso a chi ne ha bisogno

RAGIONAMENTO LOGICO E CULTURA GENERALE

Brano 20 — In base alle informazioni contenute nel brano seguente, rispondere alle successive domande.

Per ogni essere umano, fin dalle prime ore di vita, i fatti linguistici sono legati profondamente agli affetti, alle esperienze quotidiane, alla maturazione delle capacità di socializzazione e di elaborazione conoscitiva. Pervadono il nostro privato in tutte le sue forme più concrete. Per il profano risulta quindi sempre faticoso capire che a questa concretezza grondante di materialità, affettività e quotidianità possa essere e sia vantaggioso guardare anche da un punto di vista molto astratto, non per negare la concretezza, ma per intenderne meglio la sottile trama, una trama logica, matematica, che la innerva.Alcuni grandi teorici del Novecento, anche se non consenzienti in tutto tra loro, hanno messo in luce questi vantaggi, da Saussure, all'inizio del secolo, fino a Chomsky, al termine.Guardare al linguaggio, alle lingue e all'esprimersi da questo punto di vista molto astratto vuol dire accostarsi (cercare di accostarsi) al modo in cui un matematico guarda a un calcolo o a una figura. Che usiate carta e penna, gesso e lavagna, tastiere e video, o la vostra voce e le parole della vostra o di un'altra lingua, e cifre arabe o romane o cinesi e sistemi di numerazione in base due, o dieci o dodici, o pietruzze e sabbia e bastoncini, tutto questo non ha alcun interesse. Il suo occhio coglie invarianti e relazioni tra invarianti, queste le cose interessanti.Lunghezze o spazi e quantità numeriche, così diverse nella concreta esperienza e così diversamente rappresentate, gli appaiono proiezioni di entità concettualmente identiche: saturazioni diverse di identiche relazioni astratte. Se si guarda al linguaggio in questo modo, parlare e scrivere appaiono solo saturazioni diverse del costruire segni valendosi delle unità e regole di una lingua. E del resto le lingue stesse, nella loro immensa varietà, appaiono proiezioni accidentalmente diverse, ma concettualmente equivalenti, di un'unica capacità di identificare, differenziare e associare ciò che vogliamo dire e ciò che ci permette di esprimerlo. Nell'atmosfera remota e rarefatta della pura teoria parlare e scrivere sono equivalenti. Ma se mettiamo le due attività in rapporto con le concrete capacità dei singoli, in un contesto storico e culturale determinato, le cose cambiano. (Cambia anche, e come, fare calcoli con pietruzze o con carta e penna, a memoria o su una calcolatrice...) Almeno oggi e per ora, ben poco di ciò che chiamiamo scrittura è davvero, in via di fatto, soltanto una diversa saturazione di un parlare e il parlato lo è di uno scrivere.La scrittura si avvicina a equivalere al parlare quando qualcosa viene scritto sotto dettatura. Sarà ancora meglio equivalente se e quando saranno assai più perfetti, cioè ben più aderenti a qualunque dettaglio di qualunque realizzazione parlata, i sistemi di dettatura automatica, cioè di registrazione e trascrizione automatica della voce parlante. Ma nel comune scrivere e anche nell'attuale dettatura automatica (che, per ora, è però un parlato orientato al suo dover essere scritto) le cose stanno assai diversamente. Una frase scritta equivale a una frase parlata e viceversa, solo in quanto vi è tra le due un buon grado di sinonimia, cioè una più o meno estesa comunanza di sensi attribuibili indifferentemente all'una e all'altra. Ma molte sono le differenze formalmente e sostanzialmente rilevanti. Il parlato non può sottrarsi mai del tutto all'integrazione con riferimenti evidenti a chi parla, allo stato in cui si trova, alle circostanze presenti nell'immediato e a gesti, toni, pause che accompagnano e colorano il dire e orientano chi ascolta nella comprensione del senso concreto, più vero, perfino contro la volontà, a volte, di chi sta parlando. Tutto ciò è forzatamente semplificato in ogni usuale sistema di scrittura. Ciò che scriviamo qui e ora verrà letto (forse) un giorno lontano altrove, da chi per afferrare il senso di ciò che vogliamo dire non ha altro indizio che la nuda forma delle nostre frasi o parole.Guai se queste fanno troppo affidamento sui toni o sulla mimica con cui le pronunceremmo parlando o sulle evidenze materiali che ci circondano mentre scriviamo. Di conseguenza la redazione di un testo scritto, per modesto che sia, obbliga chi scrive a una riflessione preliminare sulle forme linguistiche da impiegare perché il testo, privo di sussidi che accompagnano il parlato, risulti accessibile a destinatari lontani nello spazio e nel tempo e, forse, nella cultura e negli affetti. La scrittura è un'impietosa spoliazione di tutto ciò che informalmente ed estemporaneamente ci aiuta a esprimerci nel parlare. Ci aiuta e deve aiutarci.Un buon parlatore sa che, per quanto abbia progettato con cura e fissato in mente ciò che deve dire, il dire effettivo è mortifero se non tiene conto delle necessità o delle possibilità che un concreto interlocutore o un determinato pubblico e una specifica situazione presentano. D'altra parte, proprio per questa spoliazione, la scrittura deve rendere esplicito tutto ciò che nel parlare può e deve rimanere implicito. L'implicito del parlato va portato nella forma delle parole e delle frasi scritte, va formalizzato.

1849 La considerazione astratta del linguaggio riguarda: *(vedi brano 20)*

- A l'evoluzione storica
- B il solo aspetto fonologico
- C il lessico preso per sé
- D il parlato effettivo
- E le sue strutture

1850 Per saturazione di una struttura si intende: *(vedi brano 20)*

- A il completamento della sua evoluzione
- B l'atto esplicito del discorso
- C la sua realizzazione con un contenuto concreto
- D il passaggio dal dialetto alla lingua
- E la sua conformità con le regole morfo-sintattiche

1851 Tra saturazione orale e scritta di un messaggio: *(vedi brano 20)*

A cambiano sia la forma che il contenuto
B la diversità è radicale
C cambia la regolarità grammaticale
D sono diversi i registri espressivi
E non esistono equivalenze di significato

1852 Il senso di un messaggio orale è accompagnato da: *(vedi brano 20)*

A un inferiore controllo sintattico
B un accentuato livello di spontaneità
C fattori fonologici, gestuali e mimici
D una esatta determinazione dei destinatari
E una conoscibilità immediata della ricezione

1853 La saturazione scritta di un messaggio deve: *(vedi brano 20)*

A corrispondere esattamente alle sue finalità
B riprodurre esattamente il contenuto del parlato
C essere totalmente autonoma rispetto al parlato
D prevedere le modalità di ricezione
E rendere espliciti i fattori impliciti nell'orale

1854 La frase "alcuni giornalisti sono bene informati" è logicamente equivalente a:

A non tutti i giornalisti sono male informati
B alcuni giornalisti dovrebbero informarsi meglio
C non bisognerebbe mai fidarsi dei giornalisti
D chi è bene informato è giornalista
E i giornalisti bene informati sono pochi

1855 Non esiste alcun elemento probatorio che consenta di eliminare la possibilità che l'imputato sia estraneo al fatto.
Dalla precedente affermazione si deduce che:

A è possibile che l'imputato sia estraneo al fatto
B è impossibile che l'imputato sia estraneo al fatto
C l'imputato è estraneo al fatto
D l'imputato non è estraneo al fatto
E nessuna delle precedenti

1856 S'individui il termine che NON APPARTIENE allo stesso campo semantico degli altri quattro:

A avaro
B pitocco
C tirchio
D ticcoso
E taccagno

1857 Individuare la parola da scartare.

A Faro
B Minareto
C Traforo
D Campanile
E Torre

1858 Per quanto riguarda l'allevamento dei suini in Italia, l'ISTAT ha censito nel 1990 circa 8 milioni 400 mila capi e poco meno di 360 mila aziende, e nel 2000 circa 8 milioni 600 mila capi e poco più di 195 mila aziende. Quale delle seguenti affermazioni è possibile dedurre da questa frase?

A Tra il 1990 e il 2000 i suini allevati sono diminuiti
B Il consumo di carne in Italia tra il 1990 e il 2000 è diminuito
C L'allevamento dei suini ha registrato una contrazione tra il 1990 e il 2000
D In media, i suini per azienda sono quasi raddoppiati in 10 anni
E Il numero delle aziende è più che dimezzato tra il 1990 e il 2000

1859 Quale delle seguenti alternative riporta gli autori secondo il corretto ordine cronologico?

A Virgilio, Pirandello, Leopardi, Boccaccio, Goldoni
B Boccaccio, Leopardi, Pirandello, Goldoni, Virgilio
C Virgilio, Boccaccio, Goldoni, Leopardi, Pirandello
D Virgilio, Goldoni, Boccaccio, Pirandello, Leopardi
E Boccaccio, Virgilio, Pirandello, Leopardi, Goldoni

1860 Carlo, Dario, Paolo e Ugo sono quattro atleti che partecipano a una gara di velocità su pista. Se:
- Paolo arriva prima di Carlo;
- Carlo arriva prima di Dario;
- Ugo arriva prima di Carlo;
- la corsa non è stata vinta da Ugo;
quale, tra le seguenti affermazioni, NON è corretta?

A Paolo è il vincitore della corsa
B Ugo non è arrivato per ultimo
C Ugo è arrivato dopo Dario
D Ugo è arrivato prima di Dario
E L'ordine di arrivo non è alfabetico

1861 Per dimagrire occorre ridurre le calorie ingerite e aumentare l'attività fisica in modo da incrementare il dispendio energetico. Purtroppo Mauro non riesce a ridurre la quantità di calorie che assume giornalmente e quindi, pur avendo aumentato l'attività fisica, non dimagrisce.
Quale delle seguenti affermazioni segue la stessa struttura logica del suddetto ragionamento?

- A Se Lorenzo torna a casa tardi significa che ha fatto gli straordinari. Oggi Lorenzo non ha fatto gli straordinari quindi non arriverà a casa tardi
- B Solo se ha fatto il pieno di benzina all'auto Elena potrà arrivare a Roma. Prima di partire Elena ha fatto il pieno di benzina, dunque arriverà a Roma
- C Se l'allenatore vuole vincere la prossima partita deve far giocare Aldo o Mauro. Aldo è infortunato, quindi giocherà Mauro
- D Alessandro indossa l'impermeabile solo se è inverno e piove. Domani è il primo giorno di primavera e quindi anche se piove Alessandro non indosserà l'impermeabile
- E Per cena Luisa preferisce una minestra o un piatto di verdure. Purtroppo oggi non c'è la minestra e Silvia ha appena mangiato le ultime verdure disponibili. Pertanto, Luisa non potrà cenare

1862 Individuare la parola da scartare.

- A Ingegnere
- B Geometra
- C Notaio
- D Architetto
- E Avvocato

1863 Individuare la parola da scartare.

- A Grillo
- B Cimice
- C Colibrì
- D Libellula
- E Zanzara

1864 Che cosa si intende per *Walfare State* (Stato Sociale)?

- A Una condizione generale di benessere collettivo
- B L'intervento dello Stato nell'economia
- C La forma di governo sperimentata nei Paesi socialisti
- D Un sistema in cui lo Stato garantisce salari minimi, assistenza e servizi
- E Uno Stato in cui i mezzi di produzione sono socializzati

1865 Le "carte fedeltà" dei supermercati sono state ideate per incoraggiare il cliente a fare sempre la spesa nello stesso supermercato. Tuttavia, oggigiorno tutte le grandi catene di supermercati offrono tali "carte fedeltà". La maggioranza dei clienti possiede una "carta fedeltà" per ciascuno dei supermercati della zona in cui risiede. È, quindi, inutile per i supermercati continuare ad offrire indiscriminatamente simili "carte fedeltà" e sembrebbe invece più opportuno smettere di offrirle. Dalla situazione appena descritta si potrebbe desumere che le "carte fedeltà" non sono per nulla la ragione principale per cui i clienti scelgono di fare la spesa in un determinato supermercato.
Quale delle seguenti affermazioni è totalmente sostenuta dal brano / dal ragionamento precedente?

- A Le "carte fedeltà" sono troppo costose per i supermercati
- B La gente ha ormai "carte fedeltà" per tutti i supermercati della zona in cui risiedono
- C I supermercati dovrebbero smettere di offrire le "carte fedeltà"
- D Le "carte fedeltà" sono state ideate per incoraggiare il cliente a fare la spesa nello stesso supermercato
- E Le "carte fedeltà" non sono la ragione principale per cui la gente sceglie di fare la spesa in un determinato supermercato

Per ciascuno degli esercizi seguenti, indicare il diagramma che soddisfa la relazione insiemistica esistente tra i 3 termini dati.

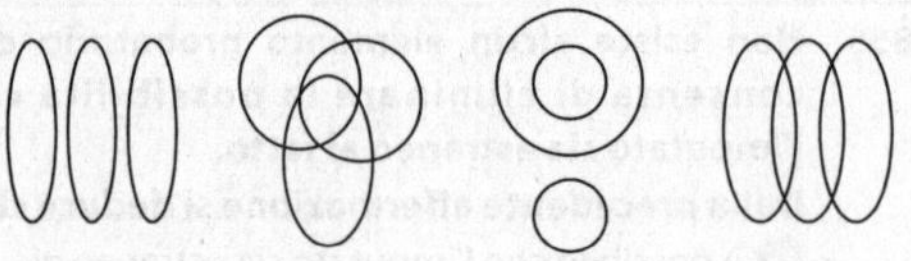

Diagramma 1 Diagramma 2 Diagramma 3 Diagramma 4

1866 Cani, gatti, felini

- A Diagramma 1
- B Diagramma 2
- C Diagramma 3
- D Diagramma 4
- E Nessuno dei diagrammi proposti

1867 Europa, America, Pechino

- A Diagramma 1
- B Diagramma 2
- C Diagramma 3
- D Diagramma 4
- E Nessuno dei diagrammi proposti

QUESITI

1868 Gli scienziati dell'industria alimentare stanno cercando di sviluppare piante geneticamente modificate in grado di produrre i propri pesticidi. Tuttavia i pesticidi sono efficaci soltanto se non se ne abusa. Se vengono utilizzati continuamente per lunghi periodi, non eliminano più i parassiti in quanto questi ultimi sviluppano una resistenza ai pesticidi. Dunque i pesticidi rimangono efficaci contro i parassiti solo se in alcuni periodi non vengono utilizzati. Le piante geneticamente modificate produrranno pesticidi continuamente.
Quale delle seguenti affermazioni è totalmente sostenuta dal brano precedente?

- A La modificazione genetica delle piante renderà il cibo derivante da tali piante non commestibile in quanto sarà contaminato da pesticidi
- B Lo sviluppo di piante geneticamente modificate permetterà un uso più efficace dei pesticidi, poiché vi saranno dei periodi in cui non verranno utilizzati
- C I pesticidi prodotti dalle piante geneticamente modificate non hanno effetti sui parassiti
- D Lo sviluppo di piante geneticamente modificate eviterà che i pesticidi vengano spruzzati sui campi
- E Le piante geneticamente modificate aiuteranno a prevenire l'abuso di pesticidi

1869 Soltanto se la mia automobile ha benzina nel serbatoio può funzionare.
Se quanto affermato sopra è vero, allora quale delle seguenti affermazioni è vera?
a) Se la mia automobile ha benzina nel serbatoio, allora funziona
b) Se la mia automobile non funziona, allora non ha benzina nel serbatoio
c) Se la mia automobile funziona, allora ha benzina nel serbatoio

- A a)
- B b)
- C c)
- D a) e b)
- E b) e c)

1870 Quale tra le coppie di termini proposti completa logicamente la seguente proporzione verbale:
X : Onorevole = Conclave : Y

- A X = Stato, Y = Chiesa
- B X = Italia, Y = Vaticano
- C X = Primo Ministro, Y = Papa
- D X = Senato, Y = San Pietro
- E X = Parlamento, Y = Eminenza

1871 In una libreria è attualmente in corso la seguente promozione:

- **ogni libro sul bancone: 7 euro;**
- **se acquisti più di un libro, ricevi in omaggio uno zainetto.**

Quale delle seguenti affermazioni ha la stessa struttura logica della suddetta offerta?

- A La lezione di sci individuale costa 40 euro; se si è in coppia il costo complessivo è pari a 60 euro
- B L'iscrizione al centro culturale ha un costo di 10 euro e dà diritto ad assistere ai film al prezzo di 5 euro ciascuno
- C Ogni corso costa 100 euro; l'iscrizione a più corsi dà diritto a un'ora di consulenza gratuita
- D Tutti i panini del bar Bianco costano 5 euro; con ogni panino si riceve in omaggio una bibita
- E Il biglietto di ingresso al museo costa 10 euro; ai gruppi composti da almeno 10 persone viene applicato uno sconto del 40%

1872 Fernando possiede 30 scatole di scarpe e le appoggia tutte per terra in modo che formino un parallelogramma con 6 righe e 5 colonne. I suoi amici Angelo, Luca e Alessio possiedono anche loro 30 scatole di scarpe ognuno e decidono di posizionarle sopra la 30 scatole di Fernando in modo da formare in tutto 4 file una sopra all'altra. Alessio, che studia matematica, chiede agli altri tre: "Sapete dirmi quante sono le scatole di scarpe escluse quelle che si trovano in ognuna delle 6 facce esterne di questo parallelogramma che abbiamo costruito?" Cosa dovrebbero rispondere i tre amici?

- A 24
- B 96
- C 52
- D 68
- E 48

1873 A un ricevimento la padrona di casa vuole sistemare i 56 invitati in tavoli da 7. Purtroppo la contessa si rende conto che, comunque si dispongano gli invitati, c'è sempre almeno un tavolo di sole donne. Quante sono almeno le donne invitate?

- A 24
- B 52
- C 55
- D 49
- E 46

RAGIONAMENTO LOGICO E CULTURA GENERALE

Brano 21 — Scegliere la risposta che ritenete corretta in base soltanto a ciò che risulta esplicito o implicito nel brano, cioè solo in base a quanto si ricava dal brano e non in base a quanto eventualmente sapete già sull'argomento.

La realtà del Caravaggio

Della fondamentale motivazione stilistica della luce del Caravaggio si è largamente parlato, e se ne sono cercate le fonti nella cultura lombarda dove in parte si trovano; ma l'insorgenza del luminismo caravaggesco risulterebbe inspiegabile senza lo stimolo e l'urgenza di comunicare un contenuto simbolico. Intendo simbolico in senso intenzionale, programmatico. Da questo intento simbolico può essere infine considerata distinta ma comunicante la componente espressiva ed "emozionale": tutto ciò che il luminismo caravaggesco dice ed esprime anche al di là delle più immediate intenzioni. Non hanno dunque un messaggio univoco ma un coacervo di messaggi, nel quale certo hanno la loro parte gli stessi connotati psichici dell'intensità religiosa ed umana di Caravaggio, della sua passionalità, come e soprattutto, in stretta connessione di trauma, l'eco delle inquinanti novità del pensiero post-copernicano in una nuova immaginazione esistenziale e cosmica. Finché al centro anche topografico dell'universo restavano la terra e l'uomo, era naturale relazionare questo mondo-ombelico ad un Dio-testa che lo osservava dall'alto. Quando i mondi e i centri diventano plurimi e sfuggenti, o solo si insinua il sospetto che lo siano, anche il luogo di Dio fluttua nell'universo, e se Dio un luogo ha, non può essere che dentro di noi e dentro alle cose. Non è certo un caso che il Caravaggio, al chiaro e ordinato disegno dello spazio rinascimentale che ha un centro e un perimetro, e che è misurabile attraverso la prospettiva, sostituisca fondali ciechi, uno spazio d'ombra insondabile, dove la luce, bucando, crea uno o più centri irrelati ad un qualsiasi perimetro o ad una distinta periferia («Iddio è spera intelligente, il cui centro è in ogni loco, la circumferentia in nessuno», secondo la proposizione ermetica e neo platonica che Bruno rilanciò con più drastico significato). Né par dubbio che l'angoscia e il disorientamento siano i connotati espressivi delle grandi ombre divoranti, delle luci consunte nelle opere estreme: le vicende umane lo confermano.

Ma se tutto ciò esiste nell'opera di Caravaggio a livello globalmente espressivo, sarei cauto nel riconoscere questi stessi ingredienti nella ricetta simbolica, in quello che ritengo sia cioè il significato programmatico del luminismo caravaggesco. Non credo infatti che la sua luce-ombra voglia alludere al Dio e all'universo bruniani; tanto meno ci può soccorrere, in questo senso, la dottrina della luce del Patrizi, che forse è più estranea di quella bruniana (con cui ha tuttavia in comune la componente neoplatonica ed ermetica) al pathos espressivo di Caravaggio, e neanch'essa potrà interessare il livello simbolico delle sue intenzioni rappresentative. E' solo, la dottrina del Patrizi, un documento dell'importanza e dell'attenzione che si votava alla luce nella speculazione neo-platonica del tempo. Tanto vale, allora, rifarci ancora ai neo-platonici Dialoghi d'Amore dove si attribuisce alla luce una decisa preminenza anche formale ed estetica nell'analisi della bellezza, contestando le classiche proporzioni.

Risalendo tuttavia all'indietro, la tesi neo-platonica della luce come "sostanza", essenza delle cose corporee e «corpo incorporeo» rimanda alla matrice agostiniana, che è quella, credo, realmente operante in presa diretta sull'immaginazione luministica del Caravaggio. In sant'Agostino, la valutazione della luce come sostanza è inestricabilmente connessa alla luce come metafora e al suo significato morale di estrazione gnostica: la luce è attributo di Dio e come tale è anche principio di bene, oltre che "lume" ovvero guida, illuminazione: assunto centrale nel pensiero di Agostino è l'assoluta dipendenza dell'intelletto umano da Dio in quanto luce di verità. Per san Tommaso, vanto della mente umana sarà il «lume naturale», che rende capace l'uomo di conoscere, ben distinto dal *lumen gloriae* e dal *lumen gratiae*: premessa questa, in qualche modo, del razionalismo umanistico. Invece per sant'Agostino la conoscenza è pura «visione di Dio», perpetua
illuminazione: questa posizione era evidentemente più consona al clima dogmatico della
Controriforma. La luce della conoscenza e la luce della grazia sono tutt'uno, dono che scende dall'alto.

Se allora un significato simbolico nella luce di Caravaggio sussiste, questo va ricercato in qualcosa di più basico ed elementarmente religioso, nella vecchia simbologia gnostica (ma anche alchemica, secondo il modello del Genesi) del male come tenebra, e nella sua contrapposizione al bene, come la morte si contrappone alla vita.

1874 Nella pittura del Caravaggio, la luce: *(vedi brano 21)*

- **A** è una eredità delle tecniche pittoriche precedenti
- **B** serve solo a creare uno sfondo
- **C** ha solo un significato simbolico
- **D** ha solo un significato stilistico
- **E** ha due significati distinti ma correlati

1875 La visione del Caravaggio è influenzata da: *(vedi brano 21)*

- **A** le idee estetiche del razionalismo
- **B** la filosofia della tarda scolastica
- **C** la concezione tolemaica del mondo
- **D** la nuova cosmologia copernicana
- **E** fattori esclusivamente tecnici

1876 Nella teoria di sant'Agostino la luce: *(vedi brano 21)*

- **A** deriva dalla creazione del sole
- **B** non ha alcun significato mistico
- **C** è solo un fenomeno naturale
- **D** è principio della conoscenza e della grazia
- **E** è simbolo del lumen naturale

1877 I fondali del Caravaggio: *(vedi brano 21)*

A rivelano una certa fretta compositiva
B creano uno spazio d'ombra
C mettono in rilievo i primi piani
D sono ricchi di molteplici colori
E stabiliscono una razionale prospettiva

1878 Nel luminismo caravaggesco il contrasto luce/ombra: *(vedi brano 21)*

A riflette l'antitesi bene/male
B serve a creare l'illusione della profondità
C è sempre molto sfumato
D ha una funzione puramente tecnica
E serve a definire meglio le figure

1879 Tutti coloro che hanno un computer possono utilizzare la posta elettronica; Alessandra è una giornalista; tutti i giornalisti hanno un computer.
Se le precedenti informazioni sono corrette, quale delle seguenti affermazioni non rappresenta una conclusione corretta?

A Alessandra può utilizzare la posta elettronica
B Coloro che possono usare la posta elettronica sono giornalisti
C Non esiste nemmeno un giornalista senza computer
D Alessandra ha un computer
E Tutti i giornalisti possono usare la posta elettronica

1880 Un supermercato occupa una superficie rettangolare e ha al suo interno tre linee di scaffali. Calcolare, sulla base della piantina riportata in figura, la superficie calpestabile del supermercato.

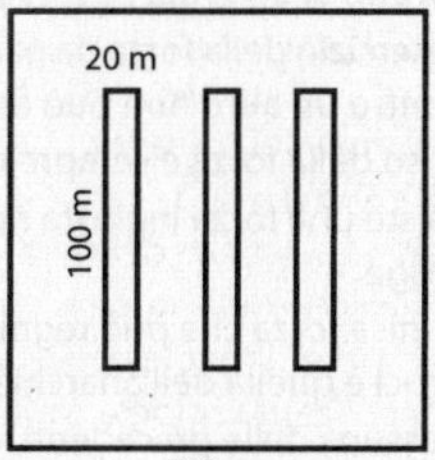

A $20.000\ m^2$
B $24.000\ m^2$
C $16.000\ m^2$
D $30.000\ m^2$
E $36.000\ m^2$

Leggere il testo del seguente esercizio e rispondere alle relative domande.

Cinque città (A, B, C, D, E) sono tra loro collegate da alcune autostrade. Tali autostrade collegano direttamente:
- la città A con la città B;
- la città B con la città C;
- la città B con la città D;
- la città D con la città C;
- la città D con la città E.

1881 Quante possibili vie vi sono per viaggiare dalla città A alla città E senza mai passare due volte dalla stessa città?

A Una
B Due
C Tre
D Quattro
E Nove

1882 Quale dei seguenti tragitti comporta la minore distanza?

A Dalla città A alla città C
B Dalla città A alla città E
C Dalla città B alla città E
D Dalla città C alla città D
E Non è possibile rispondere sulla base delle informazioni fornite

1883 Quale dei seguenti tragitti necessita di percorrere più di una autostrada?

A Dalla città D alla città C
B Dalla città E alla città C
C Dalla città C alla città B
D Dalla città E alla città D
E Dalla città E alla città A

1884 Se l'autostrada che collega le città A e B è lunga 80 chilometri e tutte le altre autostrade indicate sono lunghe 125 chilometri, allora per spostarsi dalla città A alla città E occorrerà percorrere almeno:

A 330 chilometri
B 375 chilometri
C 455 chilometri
D 355 chilometri
E 275 chilometri

1885 Stai partecipando ad una gara di go-kart, all'ultima curva superi la macchina che si trovava al quarto posto. In quale posizione ti trovi sotto la bandiera a scacchi?

A Terzo
B Secondo
C Ultimo
D Quarto
E Primo

RAGIONAMENTO LOGICO E CULTURA GENERALE

Brano 22 — In base alle informazioni contenute nel brano seguente, rispondere alle successive domande.

«La maggior parte degli impulsi umani si può dividere in due classi, quelli che sono possessivi e quelli che sono costruttivi o creativi. Le istituzioni sociali sono i rivestimenti o le personificazioni degli impulsi e si possono classificare approssimativamente secondo gli impulsi che rappresentano. La proprietà è l'espressione diretta del possesso; scienza e arte stanno tra le più dirette espressioni della creatività. Il desiderio di possesso può essere aggressivo o difensivo: cerca di trattenere quanto si possiede o di togliere ad altri. Nei due casi, l'atteggiamento di ostilità verso gli altri fa parte della sua essenza. Sarebbe un errore supporre che l'impulso di possesso difensivo sia sempre giustificabile, mentre quello offensivo sia sempre biasimevole; quando nello *status quo* esiste una grande ingiustizia, può essere l'esatto opposto e di solito nessuno dei due casi è giustificabile. L'interferenza dello Stato nelle azioni degli individui è resa necessaria dall'impulso del possesso. Alcuni beni possono essere acquistati o mantenuti con la forza, mentre altri no. Si può ottenere una moglie con la forza, come hanno fatto i Romani con le donne sabine; ma l'affetto di una moglie non può essere acquistato in questo modo. Non si sa però se i Romani desiderassero l'affetto delle donne sabine. Coloro nei quali gli impulsi di possesso sono forti, tendono a preoccuparsi soprattutto dei beni che la forza può ottenere. Tutti i beni materiali appartengono a questa categoria. La libertà nei confronti di questi beni, se fosse illimitata, tenderebbe a rendere ricchi i forti e poveri i deboli. Una società capitalista, a causa degli impedimenti parziali imposti dalla legge, rende ricchi gli uomini astuti e poveri gli uomini onesti, perché la forza dello Stato è messa a disposizione degli uomini, non secondo un principio giusto o razionale, ma secondo una serie di massime tradizionali la cui spiegazione è puramente storica. Per tutto quel che riguarda il possesso e l'uso della forza, la libertà illimitata porta anarchia e ingiustizia. La libertà di uccidere, la libertà di rubare, la libertà di defraudare, non appartengono più agli individui, però appartengono ancora ai grandi Stati e vengono da essi esercitate in nome del patriottismo. Tanto gli individui, quanto gli Stati, non dovrebbero essere liberi di esercitare la forza secondo la loro iniziativa, se non nei casi di improvvisa emergenza, come verrà in seguito stabilito a giustificazione davanti a un tribunale. La ragione è che l'esercizio della forza da parte di un individuo contro un altro è sempre male, da ambedue le parti, e può essere tollerato soltanto quando viene compensato da un preponderante bene che ne consegue. Allo scopo di rendere minima la quantità di forza esercitata attualmente nel Mondo, è necessaria l'esistenza di una autorità pubblica, depositaria di una forza praticamente irresistibile la cui funzione dovrebbe essere soprattutto quella di reprimere l'uso privato della forza. L'uso della forza è *privato* quando viene esercitato da una delle parti interessate, o dai suoi amici o complici, e non da una autorità pubblica neutrale, secondo una determinata regola intesa nel pubblico interesse. Il regime della proprietà privata sotto il quale viviamo fa ben poco per impedire l'uso privato della forza. Quando un tale è proprietario di un pezzo di terra, ad esempio, può usare la forza contro coloro che vi transitano abusivamente, che però non devono usare la forza contro di lui. È chiaro che sono necessarie restrizioni alla libertà di transito, perché la terra possa essere coltivata. Ma se questo potere deve appartenere all'individuo, lo Stato dovrebbe assicurarsi che non occupi più terra di quanta gli spetti, nell'interesse pubblico, e che la parte dei prodotti che ne ricava non sia più di un giusto compenso per la sua fatica. I possessori di terre e di capitali oggi possono, con la pressione economica, usare la forza contro quelli che non posseggono niente. Questa forza è sanzionata dalla legge, mentre la forza esercitata dai poveri contro i ricchi è illegale. Questo stato di cose è ingiusto e non impedisce l'uso della forza privata come dovrebbe. L'intero campo degli impulsi possessivi, e dell'uso della forza che producono, ha bisogno di un controllo da parte di un'autorità neutrale pubblica, nell'interesse tanto della giustizia, quanto della libertà. Nell'interno di una nazione, quest'autorità pubblica sarà naturalmente lo Stato; nei rapporti tra le nazioni, se l'attuale anarchia deve cessare, dovrà essere un parlamento internazionale.»

1886 Secondo l'autore del brano: *(vedi brano 22)*

- **A** la scienza è espressione del desiderio di possesso
- **B** non si sa se i Romani ottenessero le mogli con la forza
- **C** nel desiderio di possesso di tipo difensivo c'è un'essenza di ostilità
- **D** non gli individui, ma gli Stati devono essere liberi di esercitare la forza secondo la loro iniziativa
- **E** nessuna delle precedenti

1887 Nel brano si afferma che: *(vedi brano 22)*

- **A** l'esercizio della forza da parte di un individuo contro un altro non può essere mai tollerato
- **B** l'uso della forza è sempre illegale
- **C** esiste una forza ingiusta riconosciuta dalla legge
- **D** l'unica forza che può regolare i rapporti reciproci è quella dell'anarchia
- **E** nessuna delle precedenti

1888 Il titolo del brano potrebbe essere: *(vedi brano 22)*

- **A** Natura degli impulsi umani
- **B** Libertà individuale e pubblico controllo
- **C** Proprietà e giustizia
- **D** Libertà e impulsi individuali
- **E** Pubblico e privato dai Romani a oggi

QUESITI

1889 Il contenuto del brano è: *(vedi brano 22)*

A storico
B etico
C civico
D scientifico
E didascalico

1890 Interrogato dal magistrato, Francesco negò fermamente di non aver rifiutato di affermare il falso.
Basandosi sulla precedente affermazione, individuare quale delle seguenti alternative è esatta.

A Francesco ha affermato il falso
B Francesco si è rifiutato di dire il falso
C Francesco ha detto la verità
D Francesco si è dichiarato colpevole
E Nessuna delle precedenti alternative è corretta

1891 Il 40% degli studenti di una scuola sono ragazze. Di queste, l'80% sono brune. Sapendo che le ragazze non brune sono 160, quanti sono in totale gli studenti della scuola?

A 200
B 400
C 5000
D 2000
E 150

1892 Se venisse aperta una nuova autostrada dalla città B alla città E, quante possibili vie vi sarebbero per viaggiare dalla città A alla città D senza mai passare due volte dalla stessa città?

A Una
B Due
C Tre
D Quattro
E Non è possibile rispondere sulla base delle informazioni fornite

1893 Se all'esame di Stato viene ammesso il 90% degli studenti e di questi solo il 20% prende un voto pari o superiore a 90/100, qual è la percentuale sul totale di studenti che passa l'esame con un voto inferiore a 90/100?

A 18%
B 20%
C 82%
D 68%
E 72%

1894 Marco ha quattro carte e le dispone sul tavolo una di fianco all'altra in questo modo:
- il re è di fianco all'asso;
- la carta di cuori è di fianco a quella di quadri ma non a quella di picche;
- la dama di picche è la prima carta, la seconda è una carta rossa;
- la carta di fiori è di fianco all'asso, ma non al fante.
Qual è la terza carta?

A Il fante di fiori
B Il re di quadri
C L'asso di quadri
D L'asso di cuori
E Il fante di cuori

1895 Individuare fra le cinque alternative proposte quella che completa il quadro:

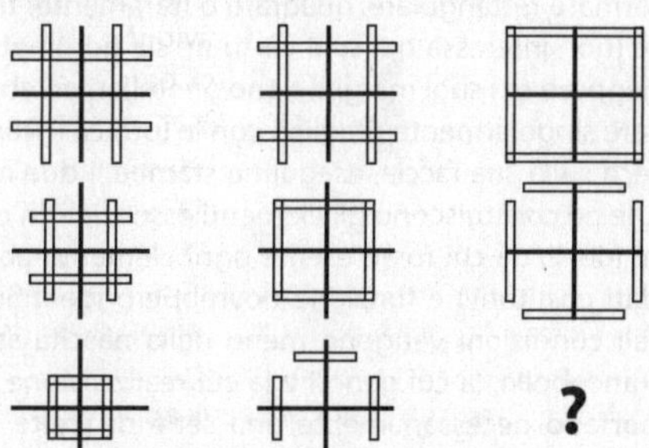

A
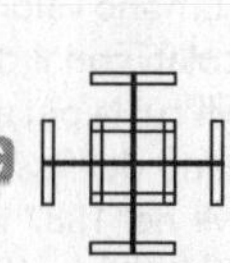
B
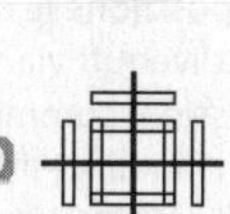
C
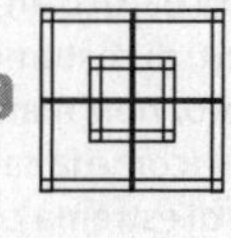
D

E
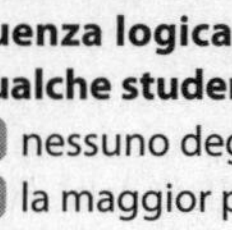

1896 Individuare l'affermazione che è conseguenza logica della seguente affermazione: qualche studente ha 18 anni. Dunque:

A nessuno degli studenti ha 18 anni
B la maggior parte degli studenti non ha 18 anni
C la maggior parte degli studenti ha più di 18 anni
D la maggior parte degli studenti ha meno di 18 anni
E tutti gli studenti hanno 18 anni

RAGIONAMENTO LOGICO E CULTURA GENERALE

Brano 23 — Scegliere la risposta che ritenete corretta in base soltanto a ciò che risulta esplicito o implicito nel brano, cioè solo in base a quanto si ricava dal brano e non in base a quanto eventualmente sapete già sull'argomento.

I francobolli italiani

La funzione del francobollo è di affrancare la corrispondenza al fine di inoltrarla al destinatario, attraverso i servizi postali, pubblici o privati. Affinché possa espletare questa funzione è indispensabile che il francobollo rechi l'indicazione dell'autorità che lo ha emesso (indicazione che denota anche l'origine della corrispondenza affrancata) includendo anche una cifra relativa al suo valore facciale. In altre parole, il francobollo è un mezzo di comunicazione grafica latore di due messaggi, l'uno relativo all'autorità emittente, l'altro riguardante il suo costo, che è anche il costo della funzione cui è destinato. Costituito da un piccolo pezzo di carta dai contorni regolari, di formato rettangolare, quadrato o (raramente) triangolare (non interessa qui se il verso ne sia gommato o no e neppure se i suoi margini siano dentellati o debbano essere singolarmente ritagliati con le forbici) il francobollo reca sulla sua faccia, eseguiti a stampa, i due messaggi che ne costituiscono gli elementi essenziali. In condizioni ideali, da cui fosse esente ogni elemento accessorio, dati costitutivi e funzione dovrebbero identificarsi. Ma tali condizioni vengono meno nella nascita stessa del francobollo, la cui genesi e la cui realizzazione ne comportano necessariamente una serie di scelte grafiche, tecniche e simboliche. Il tipo della stampa, i caratteri delle scritte e delle cifre, l'immagine con cui l'autorità emittente si dichiara, sono tutti dati da cui il bollo postale deriva una precisa posizione storica, ben più complessa di quel che sia implicito nel suo semplice atto di nascita. Ed è una posizione le cui radici assumono valori e legami culturali, divenuti via via più articolati con il diffondersi delle emissioni commemorative (di cui la più antica, dedicata al cinquantesimo anniversario dell'assunzione al trono della regina Vittoria, apparve nel 1887 nel Regno Unito d'Inghilterra) seguite poi da altri tipi, celebrativi di speciali occasioni, di avvenimenti di particolare significato politico, oppure relativi ad aspetti di costume e di arte, della fauna o della flora. Beninteso, non mancheranno certo occasioni in cui il francobollo (come la carta moneta) potrà presentarsi sotto aspetti di estrema concisione, con le indicazioni indispensabili ridotte al minimo; ma anche in casi siffatti (e infrequenti) saranno il tipo della carta, l'anonimità generica dei caratteri di stampa, la rozzezza dell'esecuzione a costituire le precipue componenti di stile e di connotati, denunciando anormali circostanze di crisi sociale o politica, dalle quali è stata preclusa la necessaria gestazione preliminare, la rosa delle scelte e la cura nel realizzarle.

Provvisto di connotati così vari e complessi, di una carica semantica talmente ampia e di radici storiche e figurative tanto profonde e articolate, il francobollo può anche venire considerato e giudicato sotto il semplice profilo estetico, alla stregua cioè di un'incisione o di una stampa più o meno d'arte. Una lettura del genere non terrà in alcun conto la sua ricca (e praticamente infinita) serie di allusioni, simboli, riferimenti, né si preoccuperà di rilevare quello che è il suo significato primario: di essere un indicatore assai preciso di situazioni politiche e culturali. Ma un'interpretazione delle opere figurative maggiori, siano esse dipinti o sculture, architetture o incisioni, risulta parziale, quando venga condotta sotto il solo ed esclusivo aspetto formale (senza tenere cioè in alcun conto i connotati iconografici o iconologici, e gli aspetti socio-culturali) risultandone una successione di testi figurativi avulsi dalla realtà storica e legati tra di loro da una astratta rete di rapporti di stile e di evoluzione delle forme; così la lettura del francobollo, se condotta in modo unilaterale sotto l'esclusivo aspetto grafico, rimane sorda e cieca ai suoi connotati più validi e significativi. In realtà, il francobollo è oggi il mezzo figurativo più stringato e concentrato di propaganda, quasi un manifesto murale ridotto ai minimi termini, dal quale il substrato sociale e politico si rivela con estrema chiarezza e pregnanza. Ed è anche il mezzo figurativo di propaganda più capillarmente diffuso, sia nei diversi strati della società, cioè a livello locale, sia, in senso orizzontale, per i suoi destinatari situati in un sistema terminale che ignora distanze e frontiere.

1897 Il valore facciale è: *(vedi brano 23)*

- **A** il costo del trasporto
- **B** il prezzo convenzionale unico
- **C** il costo effettivo del servizio postale
- **D** il costo di produzione del francobollo
- **E** il prezzo di acquisto del francobollo

1898 La lettura del francobollo sotto l'aspetto estetico: *(vedi brano 23)*

- **A** serve per stabilirne l'origine
- **B** costituisce una lettura parziale
- **C** ignora il valore simbolico
- **D** è completamente fuorviante
- **E** ne mette in risalto il valore funzionale

1899 La "posizione storica" del francobollo indica: *(vedi brano 23)*

- **A** i suoi elementi figurativi e culturali
- **B** il territorio per cui è valido
- **C** la durata della sua validità
- **D** l'ente emittente
- **E** l'anno di emissione

1900 Un francobollo di aspetto rozzo e con indicazioni estremamente concise indica: *(vedi brano 23)*

- **A** la provenienza dal terzo mondo
- **B** la sua rarità
- **C** il suo minor pregio
- **D** la sua antichità
- **E** una crisi sociale o politica

1901 Una emissione speciale: ***(vedi brano 23)***

A ha validità limitata
B vale solo per certi territori
C è fatta per scopi commemorativi o celebrativi
D ha finalità filateliche
E serve per corrispondenze particolari

1902 Se sono corrette le seguenti affermazioni: "Tutti i pompieri sono coraggiosi. Tutti i piloti sono coraggiosi. Tutti i piloti amano il cielo", quale delle seguenti ulteriori affermazioni potrebbe far concludere che tutti i pompieri amano il cielo?

A Tutti i pompieri sanno volare
B Tutti i piloti sono anche pompieri
C Chi ama il cielo è un pompiere
D Tutte le persone coraggiose amano il cielo
E Non ci sono pompieri che siano anche piloti

1903 Quale tra le coppie di termini proposti completa logicamente la seguente proporzione verbale:

X : Acquistare = Oggetto : Y

A X = Denaro, Y = Barattare
B X = Comprare, Y = Vendere
C X = Acquirente, Y = Comprare
D X= Euro, Y=Lira
E X = Valore, Y = Scambio

1904 Un terzo delle specie animali che vivono in Africa è a rischio estinzione. Di questi, due terzi rischiano l'estinzione a causa dell'Uomo. Quale parte del totale delle specie animali che vivono in Africa rischia l'estinzione, ma non a causa dell'uomo?

A 1/27
B 2/3
C 2/9
D 1/3
E 1/9

1905 Se Giovanna sta leggendo, allora Matteo è fuori casa.
Se la precedente affermazione è vera, allora è anche vero che:

A se Matteo è fuori casa, allora Giovanna sta leggendo
B se Matteo è in casa, allora Giovanna non sta leggendo
C Matteo e Giovanna amano leggere insieme
D Matteo è fuori casa solo quando Giovanna legge
E Giovanna non sta leggendo e Matteo non è fuori casa

1906 Nel 1997 il governo britannico ha approvato il divieto di detenzione di pistole automatiche a seguito di un'efferata strage commessa da un uomo in possesso di una collezione privata di armi da fuoco legalmente ottenuta. Da questo momento in poi, il numero di crimini a mano armata è aumentato. Il numero di armi da fuoco possedute legalmente ha subìto un aumento dello 0,1% paragonato all'aumento generale del 5% di tutti i crimini a mano armata.
Quale delle seguenti affermazioni è totalmente sostenuta dal brano precedente?

A Il numero di crimini commessi usando pistole automatiche è rimasto invariato
B In generale il numero di armi da fuoco legalmente possedute è diminuito
C Nel corso degli anni è diventato sempre più semplice procurarsi armi da fuoco illegalmente
D Il divieto di detenzione di pistole automatiche ha aumentato il numero di crimini a mano armata
E La legislazione introdotta nel 1997 non ha ottenuto il risultato di ridurre i crimini a mano armata

1907 Indicare l'alternativa che completa correttamente la seguente frase: "Quando l'assunzione di cibo da parte del bambino non è adeguata per la sua crescita si parla di ..., che rappresenta una delle principali cause di scarso accrescimento".

A anoressia
B astenia
C disidratazione
D ipovitaminosi
E ipoalimentazione

1908 Di un gruppo di persone si sa che "tutti i maschi sono minorenni". Se ne può dedurre che certamente, nel gruppo, tutte le:

A femmine sono maggiorenni
B persone minorenni sono maschi
C persone minorenni sono femmine
D femmine sono minorenni
E persone maggiorenni possono solo essere femmine

1909 Quali delle seguenti coppie autore/opera NON è corretta?

A Baldassarre Castiglione / "Il Cortegiano"
B Carlo Goldoni / "Il campiello"
C Luigi Pirandello / "Gente in Aspromonte"
D Giosué Carducci / "Rime nuove"
E Vasco Pratolini / "Cronache di poveri amanti"

RAGIONAMENTO LOGICO E CULTURA GENERALE

1910 Si è notato che da quando alcune aziende hanno spontaneamente ridotto le immissioni nell'atmosfera di idrocarburi, l'inquinamento nella zona dove hanno sede tali aziende è comunque aumentato. Sono dunque inutili, se non dannose, le normative che intendono ridurre le immissioni nell'atmosfera di idrocarburi da parte delle aziende.

Quale delle seguenti affermazioni, se considerata vera, indebolisce quanto sostenuto dal brano?

A La riduzione delle immissioni nell'atmosfera di idrocarburi comporta un costo elevato per le aziende. Per questo motivo le normative richiedono una serie di finanziamenti da parte dello Stato per sostenere questi costi

B L'inquinamento atmosferico è aumentato ovunque. Ma nelle zone in cui le aziende hanno spontaneamente ridotto le immissioni nell'atmosfera di idrocarburi è aumentato in misura minore

C Le normative tese a ridurre le immissioni di idrocarburi hanno come fine principale l'aumento del consenso elettorale di chi le propone

D Le prime aziende che hanno ridotto le immissioni nell'atmosfera di idrocarburi hanno cominciato due anni fa. Gli effetti misurabili sull'inquinamento sono registrabili solo dopo tre anni dal momento della riduzione delle immissioni

E I responsabili dell'inquinamento andrebbero processati invece che godere della prescrizione dei reati commessi

1911 Cinquanta famosi matematici sono riuniti a congresso. Non tutti sono distratti. Però, presi a caso due matematici, almeno uno dei due è distratto. Dunque necessariamente i congressisti distratti sono:

A almeno 2, ma possono essere meno di 25

B più di 25, ma non si può dire quanti

C 50

D 49

E 25

1912 Qual è il numero da inserire nella terza riga al posto di *x*?

... 16 8 4 2 1 2 ...

... 24 12 6 3 6 3 ...

... 112 56 28 14 7 *x* ...

A $x = 4$

B $x = 7$

C $x = 14$

D $x = 3$

E $x = 2$

1913 Sempre più famiglie approfittano delle vacanze estive per mandare i propri figli a studiare le lingue e praticare sport all'estero. Una ricerca organizzata da una équipe di psicologi all'interno di una casa-vacanza in Svizzera ha studiato la reazione di un gruppo di bambini, di età compresa tra 7 e 9 anni, tenuti distanti per tre settimane dai propri genitori, con la possibilità di fare loro una sola telefonata al giorno. Il risultato è stato sorprendente: circa il 90% di questi bambini non ha dimostrato alcuna nostalgia nei confronti della famiglia ed è entrato facilmente in rapporto con gli altri bambini e gli educatori della casa-vacanza. Si è dimostrato, quindi, che la nostalgia dei genitori è un sentimento che si verifica soprattutto in situazioni di disagio e solitudine dei bambini, ma non emerge in condizioni piacevoli per il bambino.

Su quale supposizione implicita si basa il brano precedente?

A I genitori non dovrebbero mandare bambini così piccoli in vacanza da soli

B Si suppone che i bambini stiano bene in compagnia

C A quell'età una telefonata non può in alcun modo alleviare la nostalgia dei genitori

D Le attività all'interno della casa-vacanza svizzera sono organizzate in modo tale da rendere piacevole il soggiorno dei bambini ospitati

E L'assenza da parte di alcuni genitori è causa di gravi disagi per i bambini nella vita di tutti i giorni

1914 L'auto del sig. Rossi, viaggiando ai tre quinti della sua velocità massima, raggiunge la velocità di novanta chilometri all'ora. Qual è la velocità massima dell'auto?

A 1 km/h

B 54 km/h

C 120 km/h

D 150 km/h

E 15 km/h

1915 Per costruire un armadio Antonio impiega dodici giorni, Luca ne impiega quattro e Gianni sei. Quanto tempo impiegano i tre insieme a costruire l'armadio?

A 2 giorni

B 3 giorni

C 36 ore

D 4 giorni

E 5 giorni

1916 Il 30% di 120 è:

A 1
B 60
C 36
D 84
E 44

1917 Individuare la coppia di termini che completa correttamente la proporzione seguente:

Anello : X = Y : pasto

A X = catena, Y = portata
B X = cena, Y = brillante
C X = collana, Y = pranzo
D X = spaghetti, Y = gioia
E X = pane, Y = oro

1918 Ci sono due persone di sesso diverso, una francese e una inglese. La persona inglese dice: "Io sono un uomo", mentre la francese dice: "Io sono una donna". Se almeno uno dei due mente, quale delle seguenti affermazioni risulta necessariamente vera?

A La donna è francese e l'uomo è inglese
B La donna è inglese e l'uomo è francese
C Solo l'uomo mente
D Solo la donna mente
E Nessuna delle precedenti alternative è corretta

1919 In Scozia ogni anno avvengono oltre 8000 infortuni sui campi da golf e, nonostante questo, si stima che meno del 5% dei golfisti si procurano una copertura assicurativa infortunistica. Se il numero di golfisti coperti da tale polizza assicurativa fosse superiore, il numero di infortuni sui campi da golf diminuirebbe drasticamente.

Quale delle seguenti risposte costituisce il passaggio logico errato nel brano precedente?

A Si dà per scontato che tutte le polizze assicurative coprano adeguatamente tutti i sinistri
B Non si prende in considerazione la possibilità che alcuni infortuni non sono coperti dalle polizze assicurative
C Si ignorano i milioni di golfisti che non hanno mai subito un infortunio sui campi da golf
D Non si discute del fatto che ci sono diversi tipi di polizze assicurative per diversi tipi di attività ricreative
E Si implica un rapporto di causa-effetto tra la mancanza di polizza assicurativa da parte dei golfisti e gli infortuni sui campi da golf

1920 Individuare la coppia di termini che completa correttamente la proporzione seguente:

Sciame : ape = X : Y

A X = lupo, Y = branco
B X = poco, Y = molto
C X = marmellata, Y = miele
D X = folla, Y = individuo
E X = pagina, Y = libro

1921 Individuare il numero mancante:

7, 9, 12, 16, ...?

A 1
B 18
C 21
D 38
E 25

1922 Individuare il numero mancante.

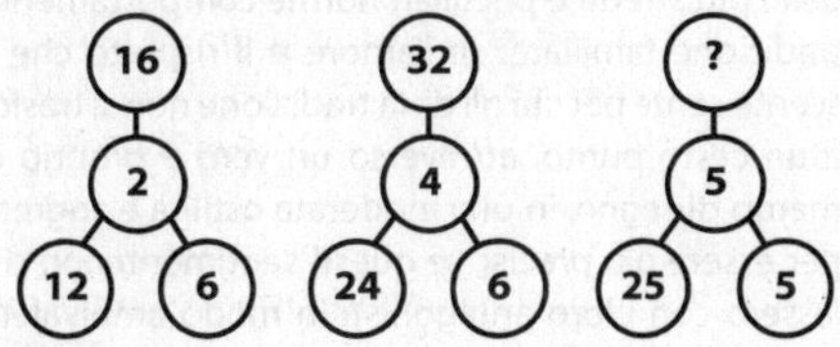

A 20
B 34
C 40
D 5
E 12

1923 All'interno di un parco di forma rettangolare che ha un lato pari alla metà dell'altro, una superficie di forma triangolare è stata attrezzata come parco giochi per bambini. Sulla base delle informazioni contenute nella figura seguente determinare l'area della zona giochi.

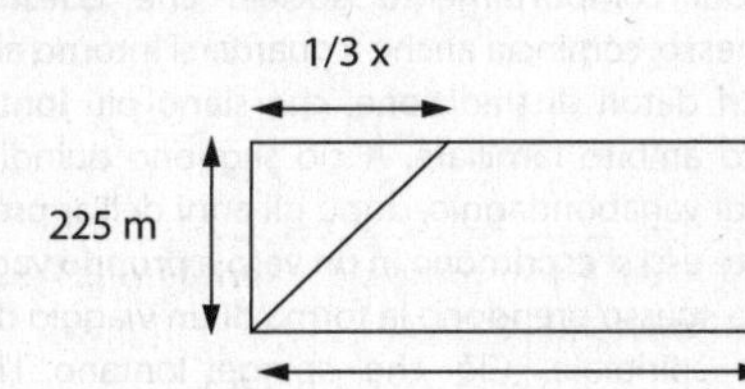

A 16.875 m^2
B 18.000 m^2
C 13.275 m^2
D 16.250 m^2
E 16.750 m^2

Brano 24 — In base alle informazioni contenute nel brano seguente, rispondere alle successive domande.

«La fedeltà con cui l'uomo culturale si attiene alle norme tramandate del comportamento è assicurata in larga misura dal fatto che egli traspone quei sentimenti che aveva avuto per il datore della tradizione su tutto ciò che da questi gli veniva trasmesso. La persona che, in condizioni normali, esercita maggiormente questo influsso sul giovane è molto probabilmente il padre. Nelle grandi famiglie primitive questo ruolo poteva però essere assunto nello stesso modo anche da un fratello maggiore, da uno zio o dal nonno, ma in ogni caso da un membro della stessa famiglia. In questa sede io ho parlato sempre al singolare di datore di tradizione perché volevo esprimere con ciò la mia opinione che nella maggior parte dei casi è una persona singola ad assumersi il ruolo paterno di datore di tradizione; col che non voglio dire naturalmente che anche l'azione di massa di molti portatori di cultura non sia in grado di trasmettere la tradizione. Non sarebbe possibile svincolarsi dalle più strette e peculiari norme comportamentali della tradizione familiare, se l'amore e il rispetto che l'adolescente sente per chi gli dà la tradizione non si trasformasse a un certo punto, attraverso un vero e proprio cambiamento di segno, in una moderata ostilità e aggressività o, per essere più precisi, se questi sentimenti non si mescolassero con i loro antagonisti in modo ambivalente. L'intensità di questo rovesciamento dipende da molti fattori collaterali. Se il datore di tradizione è una persona tirannica e severa, che ha imposto con la violenza all'adolescente le norme comportamentali della famiglia, la ribellione sarà più violenta e accompagnata da più forti sentimenti di odio che nei confronti di un educatore più mite e "democratico". In ogni caso, però, probabilmente non è possibile che il distacco del giovane dalla famiglia avvenga senza che intervengano in qualche modo sentimenti di ostilità. Questo distacco, comunque, è altrettanto necessario per lo sviluppo della cultura umana quanto lo è l'impollinazione per certe piante e l'esogamia per molte specie animali. Appena l'adolescente ha cominciato a contrapporsi criticamente e quasi ostilmente alla figura paterna e alle norme del comportamento sociale che questa gli ha trasmesso, comincia anche a guardarsi intorno alla ricerca di altri datori di tradizione, che siano più lontani dallo stretto ambito familiare. A ciò seguono quindi i famosi anni di vagabondaggio, dopo gli anni dell'apprendistato. A volte essi si esprimono in un vero e proprio vagabondare, ma spesso prendono la forma di un viaggio di ricognizione spirituale. Ciò che spinge lontano l'individuo giovane è la nostalgia per qualcosa di ineffabile ed elevato, che si differenzi sostanzialmente dagli avvenimenti quotidiani della vita familiare. Non è difficile indicare quale sia il vero scopo, utile alla cultura e alla conservazione della specie, di questo comportamento appetitivo: esso sta nella ricerca di un gruppo culturale le cui norme sociali tradizionali si differenzino da quelle della società dei genitori, ma che nello stesso tempo abbiano sufficienti somiglianze con esse, in modo da permettere all'individuo di identificarsi con queste nuove norme. Così l'adolescente si trova spesso ad "adottare" un maestro, un amico più anziano, a volte addirittura un'intera famiglia amica, che agiscono per lui come nuovi datori di tradizione.»

1924 Secondo l'autore, il distacco del giovane dalla propria famiglia: *(vedi brano 24)*

- A riveste un ruolo marginale nello sviluppo della cultura umana
- B avviene senza sentimenti di ostilità
- C non può avvenire senza sentimenti di ostilità
- D difficilmente avviene senza sentimenti di ostilità
- E nessuna delle altre alternative è corretta

1925 Il contenuto del brano è: *(vedi brano 24)*

- A religioso
- B etico
- C filosofico
- D psicologico
- E didattico

1926 Il comportamento appetitivo del giovane: *(vedi brano 24)*

- A si esprime spesso in un vero e proprio vagabondare
- B ha come oggetto norme sociali tradizionali totalmente diverse da quelle della società dei genitori
- C presuppone una posizione critica nei confronti del datore di tradizione
- D ha come unico fine quello di rovesciare le convinzioni del datore di tradizione
- E nessuna delle altre alternative è corretta

1927 Nel brano si afferma che il datore di tradizione: *(vedi brano 24)*

- A è sempre il padre
- B è sempre un membro della famiglia del giovane
- C è sempre una persona singola
- D non esiste
- E nessuna delle altre alternative è corretta

1928 Individuare, tra le seguenti, l'affermazione che non concorda con quanto espresso nel brano: *(vedi brano 24)*

- A gli anni dell'apprendistato precedono quelli del vagabondaggio
- B sentimenti di odio e di amore non possono coesistere tra loro nella fase di distacco del giovane dalla famiglia
- C un individuo, nel corso della vita, può avere più datori di tradizione
- D "viaggio di ricognizione spirituale" non è necessariamente sinonimo di vagabondare
- E nessuna delle altre alternative è corretta

QUESITI

1929 **Individuare la parola da scartare.**

A Brasile
B Perù
C Argentina
D Messico
E Bolivia

1930 **La linea estiva femminile della catena di abbigliamento M&H è pronta per essere spedita ai magazzini per la distribuzione nei negozi. Il famoso stilista newyorchese che l'ha curata ha scelto di puntare sul minimal sia nella definizione dei prodotti sia nell'offerta. La linea infatti comprende: una maglietta, un vestito, un paio di pantaloni e una gonna. Tutti i capi hanno taglie XS, S, M, L, con l'eccezione del vestito che viene fornito anche in versione premaman con taglie XL e XXL.**
Magliette e gonne sono disponibili in azzurro, verde e rosa, mentre vestiti e pantaloni solo in nero e beige.
Da quanti capi diversi è composta la linea estiva femminile di M&H?

A 36
B 12
C 32
D 44
E 40

1931 **Un sinonimo di *florido* è:**

A flemmatico
B simpatico
C freddo
D prosperoso
E luminoso

1932 **Un sinonimo di *dissuadere* è:**

A distogliere
B eliminare
C dire
D comprendere
E esortare

1933 **"Giuseppe è sardo; tutte le persone con i capelli neri sono italiane; tutti i sardi sono italiani."**
Se le precedenti informazioni sono vere, quale delle seguenti è necessariamente vera?

A Tutte le persone con i capelli neri sono sardi
B Giuseppe è italiano
C Tutte le persone che si chiamano Giuseppe sono sarde
D Tutti i sardi hanno i capelli neri
E Giuseppe ha i capelli neri

1934 **L'ispettore Poirot afferma: "Se il ladro non ha usato i guanti, allora o l'ispettore trova le impronte sul tavolo o è un incapace; inoltre tutti, anche i ladri che usano i guanti, lasciano qualche impronta con le scarpe." L'ispettore trova solo impronte di scarpe per terra. Se l'affermazione di Poirot è vera, una sola delle seguenti conclusioni è assolutamente certa. Quale?**

A Non è detto che le impronte di scarpe siano del ladro
B Il ladro usava i guanti
C L'ispettore è un incapace
D Non è vero che l'ispettore non sia un incapace
E Nessuna delle precedenti

1935 **"Giulia ama i biscotti"**
"I biscotti sono un dolce"
"Chi ama i biscotti adora la montagna"
Sulla base di queste considerazioni, individuate quale tra seguenti conclusioni è vera.

A Giulia ama tutti i dolci
B Giulia ama tutti i dolci che mangia in montagna
C Chi ama i biscotti ama tutti i dolci
D Giulia ama la montagna
E Giulia adora la montagna solo quando mangia biscotti

1936 **Individuare fra le cinque alternative proposte quella che completa il quadro.**

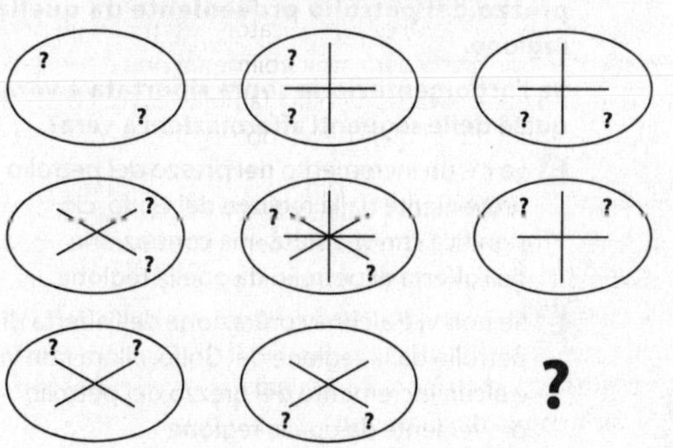

A 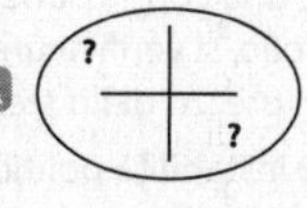
B 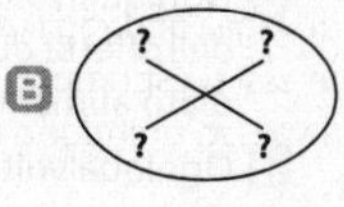
C 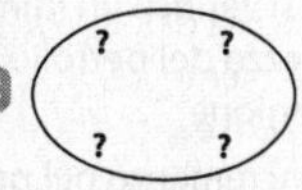
D 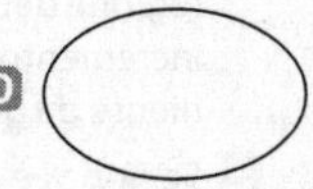
E 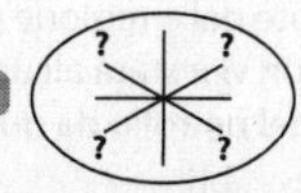

1937 Alcune recenti ricerche hanno respinto l'impossibilità della non veridicità della tesi secondo la quale non esiste una correlazione negativa tra età media delle persone e quantità media di sigarette che tali persone hanno fumato.

Se quanto sopra riportato è vero, quale delle seguenti affermazioni è vera?

A Il fumo accorcia la vita media delle persone

B Non vi è correlazione negativa tra quantità di sigarette fumate e vita media delle persone

C Il fumo allunga la vita media delle persone

D È impossibile che vi sia una correlazione negativa tra quantità di sigarette fumate e vita media delle persone

E È possibile che vi sia una correlazione negativa tra quantità di sigarette fumate e vita media delle persone.

1938 Individuare la parola da scartare.

A Gentile

B Fedele

C Grotta

D Giovane

E Simpatico

1939 Ogni qualvolta si verifica una contrazione dell'offerta di petrolio dalla regione del Golfo, si registra un immediato aumento del prezzo del petrolio proveniente da quella regione.

Se l'argomentazione sopra riportata è vera, quale delle seguenti affermazioni è vera?

A Se c'è un incremento del prezzo del petrolio proveniente dalla regione del Golfo, ciò significa che vi è stata una contrazione dell'offerta di petrolio da quella regione

B Se non vi è alcuna contrazione dell'offerta di petrolio dalla regione del Golfo, allora non vi è alcun incremento del prezzo del petrolio proveniente da quella regione

C Ogniqualvolta vi è una contrazione dell'offerta di petrolio, si verifica un immediato aumento del prezzo dello stesso

D Ogniqualvolta vi è instabilità politica nella regione del Golfo, si verifica un immediato incremento del prezzo del petrolio proveniente da quella regione

E Se non vi è alcun incremento nel prezzo del petrolio proveniente dalla regione del golfo, ciò significa che non vi è stata alcuna contrazione dell'offerta del petrolio da quella regione

1940 In Africa esistono Paesi estremamente poveri. Alcuni, seppur molto ricchi di risorse naturali, non assicurano il benessere economico alle loro popolazioni dal momento che le loro ricchezze naturali sono sfruttate quasi totalmente da grandi compagnie occidentali o cinesi. Altri Paesi africani, invece, non possiedono nemmeno le risorse naturali da sfruttare: l'unica fonte di ricchezza potrebbe essere l'energia solare ma solo i Paesi occidentali e quelli cinesi possiedono la tecnologia necessaria per sfruttare tale tipo di energia. La condizione socio-economica delle popolazioni di questi Paesi africani è quindi segnata in maniera irrimediabilmente negativa.

Quale tra le seguenti alternative rappresenta l'ipotesi implicita del brano?

A I Paesi che possiedono la tecnologia per sfruttare l'energia solare costruirebbero i loro impianti solo a patto di ricavarne la quasi totalità dei profitti

B I Paesi africani sono i più poveri del mondo

C La mancanza di investimenti in campo tecnologico rappresenta la condanna dei Paesi africani

D Alcune malattie e disastri naturali hanno falcidiato le popolazioni africane

E Le popolazioni africane saranno sempre più costrette a emigrare verso altri continenti

1941 A quale dei seguenti sostantivi o aggettivi corrisponde la definizione *analisi critica di un testo, specialmente sacro o giuridico*?

A Sintassi

B Prosopopea

C Enciclica

D Esegesi

E Arringa

1942 Il trattato che, per gli Stati firmatari rende impossibile importare merci dall'estero, da oggi non è più valido.

La precedente affermazione implica che:

A è possibile che venga proibito ad alcuni Stati firmatari di importare merci dall'estero

B tutti gli Stati firmatari possono importare merci dall'estero

C nessun trattato può essere imposto alla sovranità nazionale

D alcuni Stati firmatari possono importare merci dall'estero

E ogni Stato firmatario deve importare merci dall'estero

1943 **Quale tra le coppie di termini proposti completa logicamente la seguente proporzione verbale:**

X : Intonso = Territorio : Y

A X = Intatto, Y = Selvaggio
B X = Capitolo, Y = Regione
C X = Libraio, Y = Mappa
D X = Cultura, Y = Geografia
E X = Libro, Y = Inesplorato

1944 **Indicare la definizione corrispondente per significato alla parola *sentina*.**

A Componente di una radio
B Frase sussurrata
C Luogo più profondo di una nave
D Postazione di una sentinella
E Tipo di armadio

1945 **Indicare la definizione corrispondente per significato alla parola *nemesi*.**

A Vendetta
B Sporcizia
C Ilarità
D Bruttezza
E Miseria

1946 **Una coppia di amici parte per un viaggio in macchina. La loro velocità di crociera sarebbe costantemente pari a 120 km/h, senonché una coda li costringe a procedere a 10 km/h per un tratto lungo 4 km. Quale ritardo accuserà la macchina all'arrivo a causa della coda?**

A 24 min
B 26 min
C 2 min
D 22 min
E 5 min

1947 **Capo di Buona Speranza vede l'incontro tra:**

A Oceano Atlantico e Oceano Artico
B Oceano Pacifico e Oceano Atlantico
C Oceano Indiano e Oceano Pacifico
D Oceano Indiano e Oceano Atlantico
E Oceano Pacifico e Oceano Artico

1948 **"Gli italiani sono sciatori. Gli sciatori possono essere tennisti". Indicare con quale delle seguenti conclusioni può essere logicamente completato il sillogismo proposto.**

A Il sillogismo non può essere completato
B Gli italiani sono tennisti
C Gli italiani possono essere tennisti
D Alcuni tennisti sono italiani
E Alcuni italiani sono tennisti

1949 **È cosa comune immaginare che nel diciottesimo secolo le grandi residenze aristocratiche di campagna avessero prati a erba corta. In realtà, invece, in quel tempo non era possibile estirpare erbacce e piante selvatiche e, non esistendo ancora il tagliaerba elettrico, il compito di tagliare l'erba del prato veniva affidato a una squadra di giardinieri con le falci a mano; il taglio perfettamente rasato di oggigiorno era allora semplicemente inimmaginabile. Detto questo, i prati una volta dovevano assomigliare piuttosto a pascoli fioriti.**

Quale delle seguenti affermazioni esprime il messaggio principale del brano precedente?

A I prati odierni apparirebbero alquanto noiosi agli occhi di una persona del diciottesimo secolo
B Nel diciottesimo secolo i prati non erano a erba corta bensì assomigliavano a pascoli fioriti
C È di gran lunga più naturale avere un prato simile a un pascolo fiorito che uno mantenuto ad erba corta
D Al giorno d'oggi i prati sono mantenuti a erba corta grazie all'uso costante di prodotti estirpanti e di tagliaerba elettrici
E Nel diciottesimo secolo la manutenzione dei prati richiedeva un ampio numero di giardinieri

1950 **Quale delle soluzioni proposte completa meglio la seguente proporzione:**

Ardente : infiammabile = X : Y

A X = spento; Y = incombustibile
B X = freddo; Y = arso
C X = caldo; Y = incombustibile
D X = arso; Y = refrattario
E X = freddo; Y = spento

1951 **Scartare uno dei dodici esagrammi.**

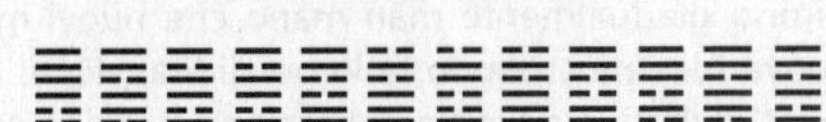

A L'esagramma da scartare ha una linea spezzata in meno
B L'esagramma da scartare ha una linea spezzata in più
C L'esagramma da scartare si trova fra i primi tre a sinistra
D L'esagramma da scartare ha una linea spezzata in basso
E Nella serie non vi è nessun esagramma da scartare

Brano 25 — In base alle informazioni contenute nel brano seguente, rispondere alle successive domande.

«La critica storica ha ormai confutato l'opinione un tempo comune secondo la quale non vi sarebbe stato alcun reale progresso scientifico e tecnologico nell'età medievale. Il periodo successivo al secolo XII fu infatti caratterizzato da uno sviluppo rapido e pressoché ininterrotto che non si esaurì neppure con il sopraggiungere della grande crisi economica e demografica dovuta alla peste nera. Sul piano culturale, col sorgere delle università si crearono dei centri per lo studio delle scienze naturali, studio che si basava in gran parte (ma non esclusivamente) sulle opere degli antichi greci. La tecnologia ricevette un forte impulso dallo sfruttamento di forze naturali quali l'acqua e il vento, dall'adozione di macchinari tessili e di una metallurgia più efficiente, nonché dal diffondersi di invenzioni più recenti come l'orologio meccanico, la bussola e la polvere da sparo, che aprirono una nuova era nella produzione, nel commercio e nella strategia militare. Naturalmente, si può obiettare che era ancora necessario smantellare buona parte delle dottrine elaborate nell'alto Medioevo perché le nuove idee e i nuovi metodi si potessero affermare nel campo della scienza e della medicina, e inoltre, che bisognava rivoluzionare le pratiche dell'artigianato medievale perché si potesse sviluppare una società moderna. Ciò nonostante, le conquiste raggiunte in ciascun campo verso la fine del XV secolo costituirono un salto di qualità rispetto agli standard prevalenti all'epoca di Carlo Magno, paragonabile soltanto a quello provocato dall'avvento della scienza e della tecnologia nel secolo XIX. Senza questo stadio intermedio, non avremmo avuto né la rivoluzione scientifica del secolo XVII, né la rivoluzione industriale del secolo XVIII.

Il riconoscimento di questi progressi è determinante per l'impostazione iniziale del nostro lavoro, in quanto sarebbe un errore attribuire tutti i mutamenti fondamentali della scienza e della tecnologia sia all'originalità senza precedenti del pensiero moderno, sia esclusivamente al gioco deterministico dei fattori economici. Nessuno di questi campi conobbe mai un momento di profonda e violenta transizione; al contrario, i cambiamenti si verificarono gradualmente man mano che nuovi metodi e nuove idee mostrarono la loro validità; alcuni orientamenti dell'età medievale ebbero applicazione concreta, mentre altri vennero abbandonati.

Contrariamente a quel che si può credere, neppure il fenomeno delle nuove invenzioni, che pure fu un attributo fondamentale della scienza e della tecnologia dell'Europa occidentale durante la prima fase dell'età moderna, produsse se non raramente dei mutamenti repentini nella vita economica o scientifica. Un aspetto basilare della progressiva differenziazione tra il mondo medievale e quello moderno forma il tema centrale di questo capitolo. Si tratta del rapporto tra il filosofo e l'artigiano, o, in termini moderni, tra lo scienziato e il tecnico. Troppo spesso si è ritenuto, in maniera alquanto sbrigativa, che la frattura esistente nella società medievale tra le due rispettive funzioni fosse essa stessa, in gran parte, la causa sia della sterilità della scienza che del livello rudimentale della tecnica. Si è finito in tal modo con il concludere che un duplice progresso ha avuto origine in tempi moderni dalla consapevolezza dei forti legami e della comunanza di interessi tra queste due funzioni: la scienza ha smesso di essere speculativa e la tecnologia è divenuta oggetto di analisi più serie. Di qui, il luogo comune che lo sviluppo tecnologico richieda un parallelo incoraggiamento della scienza "pura" e costituisca il requisito essenziale di una produzione efficiente. Il pericolo implicito in questa concezione è l'idea che la tecnologia si sviluppi sempre e soltanto se "guidata" dalla scienza, e, per converso, che la scienza avanzi soltanto se stimolata dai bisogni tecnici.

Ma, nel passato, le cose andarono ben diversamente. Nel Medioevo e nel Rinascimento, tale relazione tra lo studio della Natura e il controllo della Natura a scopi umani venne riconosciuta solo in alcuni casi particolari, tra cui quello dell'utilità di appurare le proprietà delle erbe nella cura delle malattie. Tuttavia questa connessione non venne ignorata per mera ottusità mentale, ma perché le condizioni oggettive le toglievano ogni reale valore. In effetti, le forme di ricerca scientifica allora in voga e i confusi processi di un artigiano tradizionale avevano così poco in comune che certamente nessun vantaggio sarebbe risultato da una più stretta collaborazione. Solo in alcuni casi molto limitati, la ricerca scientifica si rivelava utile a scopi pratici, come ad esempio nell'applicazione dell'astronomia alla navigazione oceanica nel secolo XV, oppure determinati bisogni pratici suggerivano ai filosofi "naturali" concreti problemi da risolvere. Benché la descrizione sistematica dei procedimenti commerciali sia cominciata soltanto nel corso del secolo XVII, buona parte delle nostre conoscenze in fatto di tecnologia dell'età medievale e della prima fase dell'età moderna risale ai resoconti dei mestieri dell'epoca redatti da uomini di cultura. Che tali scrittori, malgrado l'interesse che portavano per questo argomento, non siano stati in grado di fornire un'analisi esauriente delle tecniche degli artigiani, ci dà la misura della frattura esistente tra la teoria e la pratica.

Era dunque necessaria una lunga serie di mutamenti indipendenti e interi stadi di sviluppo sia nella scienza che nella tecnologia perché queste due discipline potessero completarsi a vicenda. Lo scienziato doveva ancora imparare l'importanza di un esame rigoroso dei fatti, del metodo sperimentale e della prudenza nella formulazione di teorie generali. Soltanto dopo aver acquisito una rigorosa base sperimentale, meccanica, fisica e chimica egli poté chiarire i relativi procedimenti tecnici. D'altra parte, perché la scienza trovasse pratica applicazione era pur sempre necessario un certo livello di organizzazione tecnica ed economica. Lo sviluppo di una produzione su larga scala, la ricerca di nuove fonti energetiche, di macchinari più elaborati, e di procedimenti chimici più complessi, gli effetti della competizione e la ricerca di

QUESITI

un'autosufficienza nazionale, tutte queste cose messe insieme contribuirono a suscitare l'esigenza dell'analisi scientifica e di tecniche più sistematiche. Durante il periodo in questione la scienza si sviluppò in modo del tutto indipendente dalla tecnologia; solo negli ultimi anni la figura dello scienziato sperimentale fu finalmente in grado, in alcuni casi, di assumersi l'iniziativa di nuove invenzioni. Verso la fine del secolo XVIII questa grave frattura tra scienza e tecnologia cominciò a colmarsi, e tra le due discipline ebbe inizio una fase reale di collaborazione; ma fino a quel momento i loro rispettivi problemi e il loro autonomo sviluppo erano stati più importanti di qualsiasi occasionale interconnessione.»

1952 Qual è il titolo che meglio esprime le idee del brano? *(vedi brano 25)*

- A Il progresso scientifico nel Medioevo
- B Il rapporto tra scienza e tecnologia nell'Età Moderna
- C Scienza e tecnologia dall'epoca medievale all'epoca moderna
- D Le scoperte scientifiche dal Medioevo all'Età Moderna
- E Il rapporto tra filosofia e artigianato nel Medioevo

1953 Nel brano si affermano tutte le seguenti idee tranne una. Quale? *(vedi brano 25)*

- A Sono rari i casi in cui, nel Medioevo e nel Rinascimento, la ricerca scientifica si è rivelata utile a scopi pratici
- B La connessione tra scienza e tecnica nel periodo medievale e rinascimentale venne ignorata a causa della scarsa comunanza dei processi utilizzati nei due rami
- C Le nostre conoscenze relative alla tecnologia medievale derivano da scritti di intellettuali dell'epoca
- D L'utilizzo delle erbe nella cura delle malattie è un esempio efficace delle frequenti applicazioni concrete della ricerca scientifica medievale
- E La descrizione sistematica dei procedimenti commerciali delle età medievale e rinascimentale è iniziata nel secolo XVII

1954 Secondo quanto riportato dal brano, la frattura tra scienza e tecnologia: *(vedi brano 25)*

- A cominciò a colmarsi soltanto verso la fine del 1800
- B necessitava di organizzazione tecnica ed economica per essere superata
- C era caratteristica del secolo XIX
- D era imputabile alle scarse relazioni tra scienziati e tecnici
- E era stata evidenziata dai resoconti degli uomini di cultura dell'epoca

1955 Il carattere del brano è: *(vedi brano 25)*

- A colloquiale
- B polemico
- C tecnico-scientifico
- D descrittivo
- E economico

1956 L'autore ritiene che: *(vedi brano 25)*

- A le nuove invenzioni della prima fase dell'età moderna contribuirono a migliorare rapidamente la vita economica e scientifica dell'Europa Occidentale
- B il progresso scientifico e tecnologico avanza rapidamente in corrispondenza delle scoperte più rilevanti, per poi attenuare il proprio sviluppo e attraversare fasi statiche durante le quali i progressi vengono assimilati e pienamente utilizzati
- C il periodo dal Medioevo all'epoca moderna rappresenta uno stadio intermedio, in termini di sviluppo scientifico e tecnologico, che ha favorito la rivoluzione scientifica del secolo XVII e quella industriale del secolo XVIII
- D la frattura tra scienza e tecnica nel Medioevo rappresenta la causa dell'astrattezza della ricerca scientifica e della rudimentalità dei processi tecnologici del periodo
- E una collaborazione più intensa tra scienza e tecnica nel periodo medievale avrebbe sensibilmente beneficiato entrambe

1957 Andrea è più alto di Donato, Fausto è più basso di Donato, Chiara è più bassa di Biagio ma è più alta di Andrea. Chi è la persona che occupa il posto intermedio in altezza?

- A Donato
- B Andrea
- C Chiara
- D Biagio
- E Fausto

1958 Se l'affermazione "tutte le partite di basket sono faticose" è vera, allora necessariamente:

- A alcune partite di basket non sono faticose
- B è impossibile negare che nel basket esista almeno una partita non faticosa
- C è impossibile negare che nel basket esista almeno una partita faticosa
- D le partite di basket sono più faticose di quelle di pallavolo
- E è impossibile asserire che vi sia almeno una partita di basket faticosa

1959 Indicare la parola da scartare.

- A Celermente
- B Mediante
- C Facilmente
- D Infine
- E Lentamente

1960 Nella classe di Alessia, lo scorso anno, il numero dei maschi era doppio rispetto a quello delle femmine. Il numero totale degli studenti della classe era 24. Al termine dell'anno sono stati bocciati solo maschi nella classe di Alessia, in numero tale che il numero di femmine è diventato doppio rispetto a quello dei maschi. Quanti maschi, quindi, sono stati bocciati?

- A 6
- B 8
- C 16
- D 12
- E 4

1961 Indicare la parola da scartare.

- A Disquisire
- B Discutere
- C Dibattere
- D Dirimere
- E Dissertare

1962 Individuare la figura mancante.

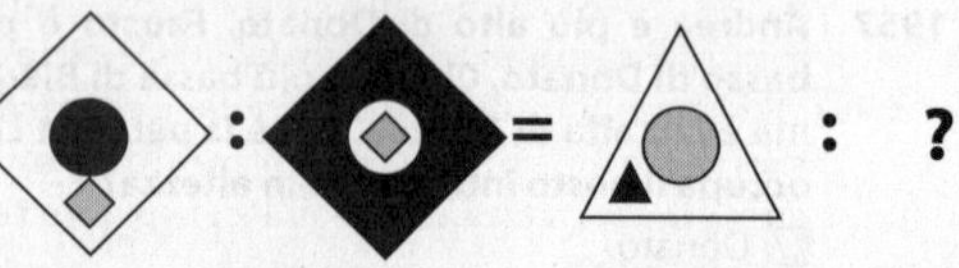

A 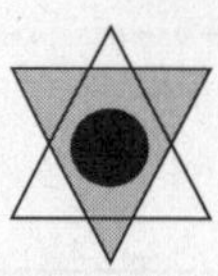

B 

C 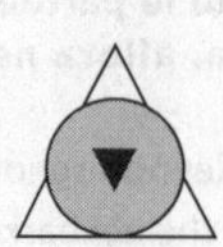

D 

E 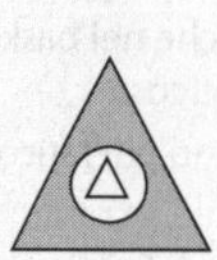

1963 Quale, tra le cinque figure seguenti, è speculare rispetto a quella proposta?

A 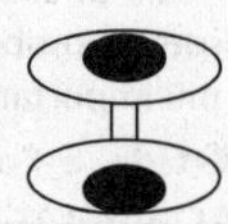

B 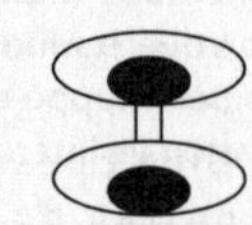

C 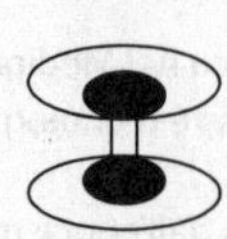

D 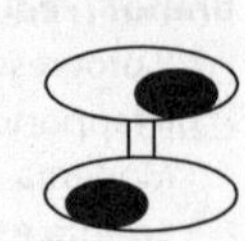

E 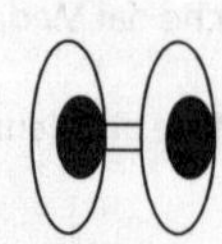

1964 Indicare la parola da scartare.

- A Piano
- B Wright
- C Gaudì
- D Mirò
- E Le Corbusier

1965 Indicare la parola da scartare.

- A Falco
- B Ala
- C Osso
- D Radar
- E Otto

1966 Eliminare l'intruso.

- A Danubio
- B Reno
- C Eufrate
- D Senna
- E Volga

1967 A quale filosofo si può attribuire il detto "Conosci te stesso"?

- A A Freud
- B A Kant
- C A nessuno filosofo in particolare, perché si tratta solo di una incisione sul frontone del tempio di Delfi
- D A Socrate
- E A Epicuro

1968 Piera ha quattro pretendenti, Aristide, Basilio, Carlo e Donato, e, dovendo sceglierne uno, decide di consigliarsi con le sue quattro amiche Letizia, Marina, Nives e Olga.

Letizia consiglia decisamente Aristide (e solo lui).

Marina pensa che sia Basilio che Carlo siano degli ottimi ragazzi, mentre gli altri due sono poco affidabili.

Nives non ha dubbi: Carlo è la persona giusta per Piera.

Olga pensa che Aristide e Carlo siano entrambi molto raccomandabili, ma sospende il suo giudizio sugli altri due, che non conosce bene.

Dopo aver meditato a lungo, alla fine Piera decide, consapevole del fatto che:

- A se sceglie Basilio la maggioranza delle sue amiche la criticherà
- B Carlo è l'unico approvato dalla maggioranza delle sue amiche
- C qualunque persona lei scelga, non riuscirà mai a seguire i consigli di più di due amiche
- D se non sceglie Carlo, la maggioranza delle sue amiche la criticherà
- E la persona da lei scelta non piace a nessuna sua amica

1969 Se voi siete una donna e se la figlia di Maria è la madre di vostra figlia, chi siete voi per Maria?

- A La madre
- B La zia
- C Voi siete Maria
- D La figlia
- E La nonna

1970 Se il costo medio di produzione di un serramento passa da 1250 euro a 1075 euro, qual è il decremento percentuale?

- A 10%
- B 11,5%
- C 15%
- D 14%
- E 18%

1971 Una bottiglia piena di vino costa 10 euro. Il vino costa 9 euro più della bottiglia vuota. Il vuoto della bottiglia costa:

- A quanto il vino
- B 9 euro
- C solo 1 euro
- D 50 centesimi
- E nulla

1972 La bachelite è:

- A una infiammazione dell'articolazione del ginocchio
- B una cassetta con coperchio di cristallo
- C un sistema di rinforzo dei pilastri
- D il luogo della macellazione degli animali
- E un materiale artificiale

1973 Indicare l'alternativa che completa correttamente la seguente frase: "Grazie all'uso delle vaccinazioni, la malattia del vaiolo è stata ...".

- A eradicata
- B estirpata
- C esacerbata
- D allontanata
- E escissa

1974 La buona notizia è che il tema delle energie rinnovabili è posto al centro delle politiche energetiche dei governi europei da più di venti anni. La cattiva notizia è che di fatto la quota di energia realmente prodotta senza il consumo diretto di materie prime (gas, carbone, petrolio e materiale radioattivo) è rimasta marginale.

Vincoli tecnologici, economici e politici hanno impedito di sostituire, anche solo in parte, l'energia prodotta da materie prime con quella prodotta da fonti rinnovabili. Questa situazione, destinata a protrarsi di certo nel breve-medio termine e forse anche nel lungo, porta con sé due conseguenze tanto ineludibili quanto temibili: un deterioramento ambientale oltre la soglia della reversibilità e lo spettro di un mondo senza energia una volta che le materie prime fossero esaurite.

Quale delle seguenti affermazioni, se considerata vera, rafforza quanto sostenuto dal brano?

- A L'energia rinnovabile ha costi di produzione inferiori a quelli da sostenere per produrre energia da materie prime
- B Non tutti i Paesi europei dispongono di materie prime energetiche
- C L'energia rinnovabile è impiegata principalmente nel settore industriale
- D Sul tavolo dei governanti europei ci sono temi di maggiore attualità rispetto a quello energetico
- E Produrre in quantità maggiore energia rinnovabile comporta costi economici e sociali che i politici europei non intendono sostenere nel timore di perdere consenso

Brano 26 — In base alle informazioni contenute nel brano seguente, rispondere alle successive domande.

«Le disuguaglianze di reddito tra Paesi sono ampie, né hanno accennato a diminuire negli ultimi decenni. Anche la distribuzione del reddito internazionale è molto squilibrata, poichè un piccolo numero di Paesi controlla gran parte del reddito mondiale. Ciò significa che rispetto al tenore di vita dei Paesi industrializzati la maggioranza della popolazione mondiale versa in condizioni di grave povertà.

Un altro dato poco incoraggiante è che globalmente, dagli anni cinquanta in poi, le economie dei Paesi poveri non sono cresciute più rapidamente di quelle dei Paesi ricchi; al contrario, è proprio nei Paesi industrializzati che si è manifestata una leggera tendenza a una maggiore velocità di crescita. Tuttavia, malgrado le tendenze siano globalmente sfavorevoli, l'esperienza dei Paesi che componevano il "Sud" del pianeta quarant'anni fa è ben lungi dall'essere uniforme: alcuni sono usciti dalla spirale della povertà, guadagnando lo status di "Paesi di recente industrializzazione", altri hanno accumulato un ritardo sempre maggiore.

Vi è una grande quantità di dati accumulata negli ultimi anni sul progresso economico di oltre cento Paesi. Di fronte a questi dati, che dimostrano come il sottosviluppo non sia una trappola senza uscita, gli economisti hanno cercato di individuare i fattori principali che hanno determinato lo sviluppo economico dei Paesi più poveri, aiutandolo o ostacolandolo. La ricerca economica è di recente riuscita a individuare alcuni di questi fattori anche se, purtroppo, molto resta ancora da scoprire.

La buona notizia che emerge dai nostri studi, comunque, è che lo sviluppo economico dei Paesi più poveri, non è completamente assoggettato a forze che sfuggono al loro controllo, quali per esempio un cambiamento delle ragioni di scambio internazionali o l'aiuto dei Paesi sviluppati; operando scelte adeguate, i Paesi più poveri possono influire in modo significativo sul proprio futuro. Gli strumenti efficaci sono molteplici ma in questa sede mi soffermerò solo su due di essi: gli investimenti volti a potenziare il sistema scolastico e altre fonti di sapere e formazione, e l'adozione di politiche e programmi pubblici adeguati. Qui di seguito affronterò rapidamente ciascuno di questi argomenti...

Per il profano, il termine capitale designa per lo più il denaro depositato in un conto bancario, i macchinari che fanno funzionare un'industria, le fornaci di un'acciaieria. Queste realtà costituiscono del capitale in quanto generano reddito e prodotti su un lungo periodo di tempo.

Secondo tale definizione, tuttavia, anche la scuola, un corso di informatica o le vaccinazioni sono "capitale", poiché accrescono il reddito, la produttività, o la salute di un individuo durante la sua esistenza. Il prodotto di tali investimenti è definito capitale umano, giacché salute, sapere, capacità e abitudini sono qualità inscindibili dagli esseri umani che le posseggono.

Prima del XIX secolo, nessun Paese operava investimenti sistematici in capitale umano, e la spesa destinata alla scolarizzazione, alla formazione e ad altre forme di investimento analoghe era abbastanza contenuta. La situazione cambiò radicalmente nell'ottocento, quando in Gran Bretagna e successivamente in altri Paesi la scienza cominciò ad essere applicata alla creazione di nuovi beni e allo sviluppo di metodi di produzione più efficaci.»

1975 Quale tra le seguenti alternative esprime una delle tesi principali del brano? *(vedi brano 26)*

A Lo sviluppo economico dei Paesi più poveri è possibile e dipende anche dalle scelte fatte da tali Paesi

B I Paesi che erano in ritardo da un punto di vista dello sviluppo economico hanno tutti colmato tale ritardo negli ultimi quarant'anni

C I fattori che determinano lo sviluppo economico dei Paesi più poveri sono ancora totalmente oscuri

D Il tenore di vita dei Paesi più poveri è destinato ad avvicinarsi a quello dei Paesi industrializzati

E Nessuna delle altre alternative è corretta

1976 Dal brano si deduce che l'autore è: *(vedi brano 26)*

A docente universitario di economia politica

B uno studioso di politica economica

C un premio Nobel per l'economia

D un ministro del Bilancio

E un esperto inglese di storia economica

1977 Secondo quanto affermato nel brano, l'aiuto dei Paesi sviluppati è: *(vedi brano 26)*

A un fattore che determina lo sviluppo dei Paesi più poveri e sul quale questi ultimi esercitano il loro controllo

B una forza che sfugge al controllo dei Paesi più poveri

C un fattore che non influenza lo sviluppo economico dei Paesi più poveri

D una forza parzialmente controllata dai Paesi più poveri

E nessuna delle altre alternative è corretta

1978 Dagli anni cinquanta in poi, la crescita economica secondo l'autore è stata: *(vedi brano 26)*

A globalmente maggiore nei Paesi più poveri rispetto ai Paesi industrializzati

B sfavorevole per tutti i Paesi poveri

C uniforme nei diversi Paesi

D globalmente maggiore nei Paesi industrializzati rispetto ai Paesi più poveri

E nessuna delle altre alternative è corretta

1979 **La spesa destinata alla scolarizzazione, prima dell'inizio dell'Ottocento:** ***(vedi brano 26)***

- A era eccessiva
- B era molto contenuta in tutti i Paesi a eccezione della Gran Bretagna
- C era ritenuta un investimento produttivo
- D era abbastanza contenuta in tutti i Paesi
- E nessuna delle altre alternative è corretta

1980 **Marianna dice a Simona: "Se mi dai 5 euro, avrò il doppio dei tuoi soldi". Simona risponde: "Se mi dai tu 5 euro, avremo gli stessi soldi". Quanti euro hanno rispettivamente Marianna e Simona?**

- A 40 e 35
- B 15 e 10
- C 35 e 25
- D 25 e 20
- E 20 e 30

1981 **È noto che quando a Lisbona sono le 12.00 a Islamabad sono le 18.00 e a Canberra sono le 23.00. Se Roma è due ore più avanti di Lisbona, che ore saranno nella città italiana quando a Canberra sono le 16.00?**

- A Le 2.00 del mattino
- B Le 5.00 del mattino
- C La 7.00 del mattino
- D Le 19.00 del giorno dopo
- E Le 17.00 del giorno dopo

1982 **L'ossimoro è:**

- A una pietra di origine vulcanica
- B un processo chimico controllato
- C una figura retorica
- D un composto chimico ossigenato
- E un esplosivo a base di carbone

1983 **Un sinonimo di** ***improvvido*** **è:**

- A previdente
- B imprevidente
- C preveggente
- D non cattolico
- E sprovvisto

1984 **Quando in un sistema economico registriamo un processo di costante e generalizzato rialzo dei prezzi, che determina una diminuzione del potere d'acquisto della moneta siamo di fronte a un fenomeno chiamato:**

- A deflusso
- B deflazione
- C riflusso
- D inflazione
- E detassazione

1985 **Nella città di Girotondo i 30 ragazzi che vanno a scuola studiano l'inglese, il francese o lo spagnolo. Di questi 30 ragazzi 18 studiano il francese, 12 lo spagnolo e 23 l'inglese. Sapendo che 5 ragazzi studiano sia l'inglese sia lo spagnolo e che nessuno studia sia il francese sia lo spagnolo, quale delle seguenti affermazioni è vera?**

- A Alcuni ragazzi studiano tutte e tre le lingue
- B Nessuno dei ragazzi che studia l'inglese studia anche il francese
- C Tutti i ragazzi che studiano l'inglese studiano anche il francese
- D I ragazzi che studiano inglese sono la metà del totale
- E Tutti i ragazzi che studiano il francese studiano anche l'inglese

1986 **Alessio, Beatrice, Claudio, Davide ed Enrica decidono di organizzare una gita fuori porta e, a tal fine, di comunicare tra loro utilizzando le mail in modo che ognuno invii una mail a due persone diverse (mai a se stessa) e ognuno ne riceva due da due persone diverse.**
Beatrice la invia a Claudio e a Davide, a cui arriva una mail anche da Enrica. A Claudio arriva una mail da Alessio, che ne invia anche una a una delle due persone a cui l'ha inviata Davide. Claudio invia una mail ad Alessio e l'altra a una delle due persone a cui la invia anche Enrica. A chi invia le due mail Davide?

- A Beatrice ed Enrica
- B Enrica e Alessio
- C Alessio e Beatrice
- D Enrica e Claudio
- E Alessio e Beatrice

1987 ***Coartante*** **significa:**

- A che costringe
- B vecchio, senile
- C carezzevole
- D gancio di traino
- E delirante

1988 **In un grande uovo di cioccolato ci sono tre uova più piccole e in ognuna di queste uova ce ne sono altre sei ancora più piccole e in queste ultime infine ancora due più piccole in ciascuna. Quante sono le uova in totale?**

- A 58
- B 63
- C 71
- D 55
- E 62

RAGIONAMENTO LOGICO E CULTURA GENERALE

1989 **L'associazione dei consumatori ha recentemente commissionato uno studio sulle diverse marche di tonno in scatola e i ricercatori hanno verificato che il tonno della marca Barbuto è così tenero che si taglia con un grissino. Antonino è andato al supermercato e ha comprato del tonno in scatola. Una volta tornato a casa, ha aperto una scatoletta ed è riuscito facilmente a tagliare il tonno con un grissino. La scatoletta di tonno aperta da Antonino è quindi di marca Barbuto.**

Quale delle seguenti risposte costituisce il passaggio logico errato nel brano precedente?

- A Tutte le scatolette che contengono tonno che si taglia con un grissino sono di marca Barbuto
- B Il tonno Barbuto può non essere l'unico tonno così tenero da poter essere tagliato con un grissino
- C Le scatolette di tonno che Antonino ha comprato al supermercato sono in realtà tutte di marca Barbuto
- D Antonino compra spesso tonno in scatola
- E Il tonno in scatola è più tenero del tonno fresco

1990 **Individuare la figura da scartare.**

A 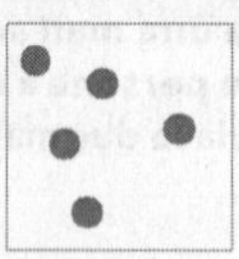

B 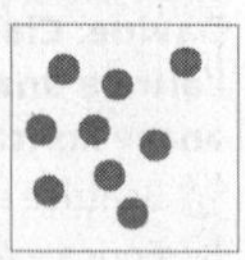

C 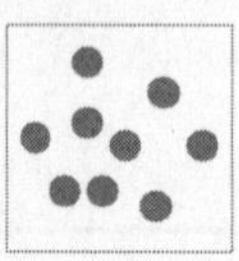

D 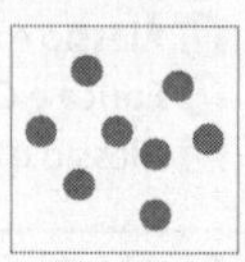

E 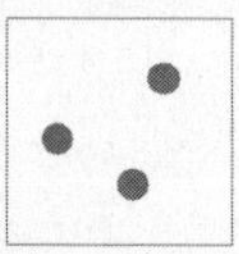

1991 **Un quadrato è composto da 4 file, ognuna di esse è composta da 4 tessere messe una accanto all'altra. Qual è il numero totale dei lati delle tessere che toccano un'altra tessera?**

- A 16
- B 24
- C 36
- D 48
- E 64

1992 **Un concessionario di auto usate ha in vendita 265 autovetture. Di queste, i 2/5 sono state prodotte all'estero; quante sono le autovetture di produzione nazionale?**

- A 3/5
- B 159
- C 106
- D 124
- E 100

1993 **Individuare tra i seguenti termini l'unico aggettivo.**

- A Inventio
- B Inventiva
- C Inventario
- D Inventivo
- E Inventività

1994 **Il famoso talent show televisivo The Singer è arrivato alla puntata finale. Gli otto finalisti si fronteggeranno in duelli canori in cui ogni cantante sfiderà tutti gli altri una sola volta e senza possibilità di replica. Ogni duello avrà una durata di cinque minuti, suddivisi, senza interruzioni, equamente tra i due sfidanti. Al termine di ogni duello verrà dato il via al televoto da casa che durerà tre minuti e durante i quali i giudici commenteranno le prove canore.**

Quanti minuti dura, allora, l'intero programma?

- A 240 minuti
- B 224 minuti
- C oltre 4 ore
- D 214 minuti
- E 2 ore

1995 **Un ladro scippa quella che da dietro sembra essere una ragazza e fugge a piedi alla velocità di 18 km/h. In realtà la "ragazza" è il campione mondiale di pugilato, noto per i suoi lunghi capelli biondi, che, dopo i primi trenta secondi di sbigottimento, comincia a rincorrere il malfattore alla propria velocità massima cronometrata durante gli allenamenti: 25,2 km/h. Quanto tempo impiegherà l'atleta a raggiungere lo sventurato scippatore?**

- A 1 minuto e 15 secondi
- B 1 minuto
- C 2 minuti
- D 1 minuto e 30 secondi
- E Il ladro non sarà mai raggiunto

1996 Se il lato di un quadrato viene allungato del 50%, di quanto aumenta la sua area?

- A 50%
- B 100%
- C 25%
- D 225%
- E 125%

1997 Il giorno prima della partenza della tappa di montagna più impegnativa del Giro d'Italia, un noto quotidiano sportivo ha svolto un'indagine, basata su tre domande, tra i 20 ciclisti che occupavano le prime 20 posizioni della classifica generale in quel momento.
Prima domanda: *Domani arriverai tra i primi 10?* 3 ciclisti hanno risposto *No* e 17 hanno risposto *Sì*.
Seconda domanda: *Tra coloro che occupano le prime 20 posizioni al momento, quanti verranno squalificati per doping prima della fine del Giro d'Italia?* Tutti i ciclisti hanno risposto *Nessuno*.
Terza domanda: *Vincerai tu il Giro d'Italia?* 5 ciclisti hanno risposto *Sì*, 12 hanno risposto *È possibile*, 3 hanno risposto *No*.
Quale delle seguenti affermazioni è totalmente sostenuta dal brano precedente?

- A Al termine della tappa di montagna si potrà dimostrare che almeno 7 ciclisti hanno sbagliato risposta alla prima domanda
- B Al termine della tappa di montagna si potrà dimostrare che esattamente 13 ciclisti hanno sbagliato risposta alla prima domanda
- C Al termine del Giro si potrà dimostrare che tutti i ciclisti hanno risposto correttamente alla seconda domanda
- D Al termine del Giro si potrà dimostrare che esattamente 4 ciclisti hanno sbagliato risposta alla terza domanda
- E Al termine del Giro si potrà dimostrare che almeno 17 ciclisti hanno sbagliato risposta alla terza domanda

1998 Nell'harem del sultano Alì Babà i 4/5 delle odalische hanno i capelli neri e i 3/4 hanno gli occhi neri. Si può concludere che:

- A almeno 11/20 delle odalische hanno sia capelli sia occhi neri
- B 3/5 delle odalische hanno sia capelli sia occhi neri
- C al più 11/20 delle odalische hanno sia capelli sia occhi neri
- D 4/5 delle odalische hanno sia capelli sia occhi neri
- E 3/4 delle odalische hanno sia capelli sia occhi neri

1999 Il rischio di morte o di infortunio per i neopatentati e i passeggeri che viaggiano con loro è più alto della media. Nel 2007 il 32 per cento dei guidatori e il 40 per cento dei passeggeri morti per incidente stradale avevano un età compresa tra i 17 e i 24 anni. Tra i neopatentati, il richio di incorrere in un incidente mortale è stato più alto per gli uomini che per le donne. Dunque, al fine di ridurre il numero di incidenti stradali e il numero di morti e feriti, ai giovani non dovrebbe essere permesso di guidare fino all'età di 24 anni.
Su quale supposizione implicita si basa il brano precedente?

- A L'esame per il conseguimento della patente non testa efficacemente le abilità dei guidatori
- B La maggioranza dei guidatori di età compresa fra i 17 e i 24 anni guida in modo pericoloso
- C I giovani si opporranno all'innalzamento dell'età minima per poter guidare
- D Tra i guidatori di età compresa tra i 17 e 24 anni ci sono più uomini che donne
- E La maggior parte degli incidenti in cui sono stati coinvolti dei giovani sono stati causati da neopatentati

2000 L'affermazione "per ogni persona c'è una persona che è più capace della prima" è equivalente a:

- A per ogni persona ogni altra persona è più capace di lei
- B esiste una persona tale che ogni altra persona è più capace di lei
- C non per ogni persona ogni altra persona è più capace di lei
- D non esiste alcuna persona tale che nessuno è più capace di lei
- E esiste una persona che è più capace di tutte le altre persone

2001 Quale, tra le seguenti frazioni, è la maggiore?

- A 1/2
- B 3/10
- C 4/9
- D 5/11
- E 6/11

2002 Individuare il numero mancante:
4, 7, 5, 20, 23, 21, ...?

- A 27
- B 146
- C 84
- D 81
- E 35

RAGIONAMENTO LOGICO E CULTURA GENERALE

Brano 27 — Leggere il brano e rispondere ai quesiti solo in base alle informazioni contenute.

Caratteri dell'architettura cinese

Con architettura cinese ci si riferisce a uno stile architettonico che ha preso forma in Asia nel corso dei secoli. I principi strutturali dell'architettura cinese sono rimasti tendenzialmente invariati. L'architettura cinese è antica tanto quanto la civiltà cinese. Le fonti artistiche e letterarie a disposizione testimoniano che la civiltà cinese ha da sempre impiegato un sistema di costruzione locale che si può considerare la sua principale caratteristica dalla preistoria ad oggi. Il fatto che questo sistema di costruzione sia in uso da più di quattromila anni su un territorio così vasto e rimanga ancora oggi un'architettura viva, è un fenomeno paragonabile soltanto alla continuità della civiltà di cui è parte integrante. L'architettura cinese ha conservato le sue caratteristiche principali nonostante le ripetute invasioni straniere – militari, intellettuali e spirituali.

Vi sono alcune caratteristiche comuni a tutta l'architettura cinese, senza distinzioni per aree geografiche o di utilizzo. La sua più importante caratteristica è l'enfasi dell'asse orizzontale, in particolare la costruzione di una pesante piattaforma con un ampio tetto che si adagia gentilmente sopra di essa. Le pareti verticali, invece, sono poco evidenziate. Ciò contrasta con l'architettura occidentale, che tende invece a svilupparsi in altezza e profondità. L'architettura cinese pone l'accento sull'impatto visivo dato dalla larghezza degli edifici. Le sale e i palazzi della Città Proibita, per esempio, hanno dei soffitti piuttosto bassi se confrontati con edifici con funzioni equivalenti in Occidente. Ciò naturalmente non si applica alle pagode, che in ogni caso sono abbastanza rare.

Gli edifici cinesi sono costruiti in mattoni grigi o rossi, anche se le strutture più comuni sono in legno; queste ultime resistono maggiormente ai terremoti, ma sono più vulnerabili agli incendi. Il tetto di un tipico edificio cinese è ricurvo; vi sono rigorose classificazioni dei tipi di timpano, paragonabili agli ordini classici delle colonne europee. Alcuni elementi architettonici sono riservati esclusivamente agli edifici costruiti per l'imperatore. Un esempio è l'utilizzo di tegole di colore giallo, in quanto il giallo era il colore dell'impero. Tuttavia, per la costruzione del Tempio del Cielo sono state utilizzate tegole di colore blu a simboleggiare il cielo. Le colonne di legno degli edifici, così come la superficie dei muri, sono tendenzialmente di colore rosso. Anche il nero è ampiamente utilizzato, poiché si riteneva che questo colore ispirasse le divinità a scendere sulla terra.

La numerologia ha fortemente influenzato l'architettura imperiale, come per esempio l'uso del nove in molte costruzioni (il nove è ritenuto essere il numero migliore), ed è questa la ragione per cui si dice che la Città Proibita di Pechino abbia 9.999,5 stanze, appena al di sotto delle mitiche 10.000 stanze in cielo. L'importanza dell'oriente, la direzione del sorgere del sole, nell'orientare e situare gli edifici imperiali è una forma di culto comune a molte antiche culture.

2003 Qual è il punto di vista espresso dall'autore nel primo paragrafo del testo riguardo alla continuità delle principali caratteristiche dell'architettura cinese? *(vedi brano 27)*

- A Non sorprende che l'architettura cinese abbia mantenuto invariate le sue caratteristiche data l'enfasi posta sull'utilizzo di sistemi di costruzione locali
- B La continuità architettonica in Cina è legata alla straordinaria continuità della civiltà cinese
- C La continuità architettonica è tipica da secoli nelle regioni dell'Asia
- D La continuità architettonica è interessante dal punto di vista del suo utilizzo delle influenze provenienti da altre civiltà
- E La continuità architettonica è dovuta al fatto che è rimasta impermeabile all'influenza di culture straniere subentrate a seguito di invasioni

2004 L'architettura cinese pone l'accento: *(vedi brano 27)*

- A sulla verticalità
- B sulle dimensioni per indicare il prestigio di un edificio
- C sulle caratteristiche regionali
- D sulla larghezza piuttosto che sull'altezza
- E sull'altezza piuttosto che la larghezza

2005 Dalle informazioni ricavabili nel brano, il comune utilizzo di strutture in legno suggerisce che i progettisti cinesi: *(vedi brano 27)*

- A ritenevano che i terremoti costituissero un serio pericolo
- B intendevano utilizzare un materiale economico
- C si allontanarono dall'idea di utilizzare mattoni e tegole
- D intendevano costruire degli edifici che fossero sicuri in caso di incendio
- E ritenevano il legno un materiale adatto a essere dipinto di rosso e di nero

2006 Dalle informazioni ricavabili nel brano, che cosa accomuna l'architettura cinese ad altre culture? *(vedi brano 27)*

- A Il culto della divinità
- B Il ricorso alla numerologia, per esempio al numero 9 per stabilire il numero delle stanze di un edificio
- C L'utilizzo di tetti ricurvi
- D L'utilizzo del colore giallo per indicare il prestigio di un edificio
- E Orientare gli edifici in direzione del sorgere del sole

QUESITI

2007 Nel brano l'autore suggerisce che le pagode: ***(vedi brano 27)***

- A sono erroneamente associate all'architettura cinese
- B appartenevano a una cultura antica e in seguito divennero meno comuni
- C non si trovano comunemente nell'architettura cinese
- D utilizzavano il colore nero per invocare la divinità
- E godono di grande considerazione in Cina

2008 Alcuni studenti della classe sono alti, tutti gli studenti alti sono biondi. Quindi:

- A tutti gli studenti della classe sono biondi
- B chi non è biondo non fa parte di questa classe
- C solo se sei alto e biondo puoi far parte di questa classe
- D alcuni studenti della classe sono biondi
- E nessuno studente della classe è biondo

2009 Tiziano è un tipo strano. Si affida sempre al caso. Quando deve sposarsi sceglie a caso anche la data della cerimonia. In quale mese è meno probabile che si celebri il matrimonio?

- A Gennaio
- B Febbraio
- C Marzo
- D Agosto
- E Novembre

2010 Chi è l'autore del romanzo *Il dottor Zivago*?

- A Gogol
- B Pasternak
- C Dostoevskij
- D Tolstoj
- E Cechov

2011 "Non vi è motivo di escludere la possibilità di vita su Urano. Dunque dobbiamo esplorare questo pianeta".
L'argomentazione sopra riportata presuppone che:

- A la vita su Urano esiste
- B Urano è l'unico pianeta del sistema solare sul quale è possibile incontrare forme di vita
- C la ricerca della vita è una ragione sufficiente per l'esplorazione dei pianeti
- D nessuno ha mai tentato l'esplorazione di Urano
- E l'esplorazione di Urano è necessaria per la sopravvivenza dell'umanità

2012 Un insegnante di una scuola frequentata da alunni dagli 11 ai 16 anni di età ha impostato un codice numerico per aprire la porta della sua classe. Per ricordarsi il codice utilizza il seguente metodo:

- **le 2 cifre del suo mese di nascita invertite (ad esempio, febbraio, ovvero 02, invertito diventa 20);**
- **poi l'età, all'inizio dell'anno scolastico, dei ragazzi della sua classe con le cifre invertite;**
- **e, infine, il giorno del mese del suo compleanno, anch'esso con le cifre invertite.**

Quale dei seguenti non può essere il codice per aprire la porta della sua classe?

- A 115191
- B 701131
- C 602124
- D 903121
- E 215150

2013 Un'urna contiene in totale 300 palline di colore giallo, blu, rosso e verde. Le palline gialle sono un terzo del totale, le blu sono metà delle gialle e le rosse sono i due terzi delle verdi. Quante sono le palline verdi?

- A 90
- B 60
- C 150
- D 100
- E 18

2014 Un gruppo di ragazzi si dispone a cerchio per fare un gioco. Il 4° studente si trova esattamente di fronte al 18°. Quanti sono gli studenti presenti alla gita?

- A 22
- B 24
- C 26
- D 30
- E 28

2015 La famiglia italiana Primi decide di trasferirsi in Canada dove vuole anche comperare una casa. Si rivolge a un'agenzia immobiliare che le propone una bella villetta al costo di 150.000 dollari canadesi. Se il cambio applicato dalla banca è di 1,5 dollari canadesi per euro quando acquista i primi e 1,2 dollari canadesi per euro quando li vende, quanti euro costerà la villetta alla famiglia Primi?

- A 100.000 euro
- B 125.000 euro
- C 75.000 euro
- D 180.000 euro
- E 225.000 euro

RAGIONAMENTO LOGICO E CULTURA GENERALE

2016 **Individuare la figura che completa correttamente la seguente serie.**

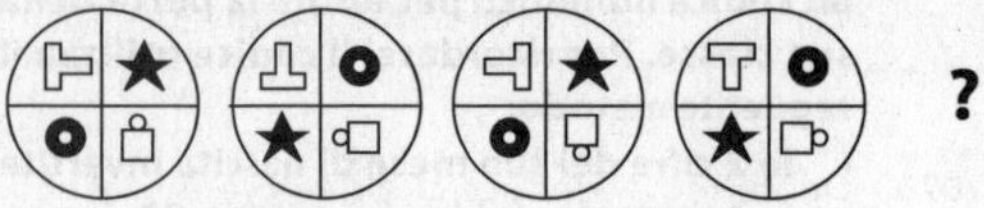

A 

B 

C 

D 

E 

2017 **Il beffardo mago Atlante ha rinchiuso in un castello fatato Angelica, l'intelligente principessa cinese. Angelica è confinata in una stanza con cinque porte contrassegnate UNO, DUE, TRE, QUATTRO, CINQUE davanti a ciascuna delle quali sta un aiutante di Atlante, con il contrassegno della porta ricamato sul cappello.**

Lei sa che quattro di essi mentono sempre e uno dice sempre la verità. Dietro alle porte dei mentitori c'è un disgustoso e vorace drago, ma dietro alla porta dell'aiutante che dice la verità c'è il corridoio che porta fuori dal castello. Angelica rivolge alcune domande agli aiutanti del mago, ricevendo queste informazioni:

UNO dice che TRE, QUATTRO e CINQUE mentono;

TRE dice che UNO o DUE dicono il vero;

QUATTRO dice che TRE dice il vero.

Da quale porta deve uscire Angelica?

A UNO
B QUATTRO
C CINQUE
D TRE
E DUE

2018 **Quali tra i termini proposti completano correttamente la seguente proporzione?**

Corriere della Sera : X = Y : Verdelli

A X = La Repubblica; Y = Mauro
B X = giornale; Y = Cannavò
C X = De Bortoli; Y = Tuttosport
D X = Mieli; Y = La Gazzetta dello Sport
E X = Milano; Y = Palermo

2019 **Individuare la figura mancante.**

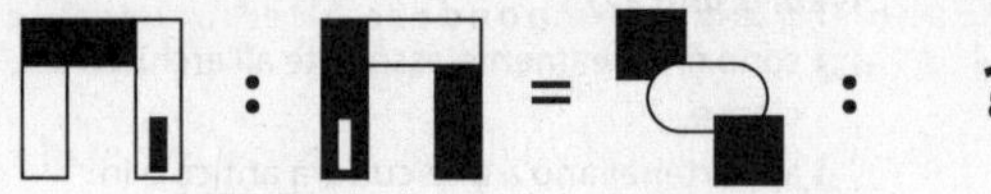

A 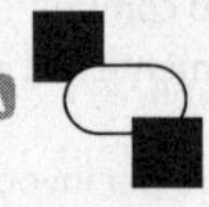

B 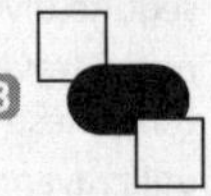

C 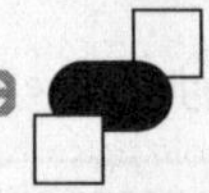

D 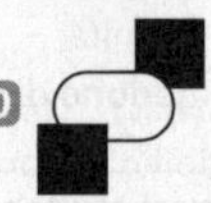

E 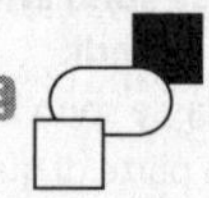

2020 **"Sandro è una persona concreta; tutti gli informatici sono persone concrete; tutti gli informatici amano il computer". Se le precedenti affermazioni sono vere, allora per poter dedurre che Sandro ama il computer, a quale/i delle seguenti affermazioni aggiuntive si deve far ricorso?**

- **1)Tutte le persone concrete sono informatici**
- **2)Tutti coloro che amano il computer sono informatici**
- **3)Tutti gli informatici si chiamano Sandro**

A Sia alla 1) sia alla 3)
B Solo alla 2)
C Solo alla 1)
D Sia alla 1) sia alla 2)
E A nessuna delle tre, anche senza le affermazioni aggiuntive si ricava che Sandro ama il computer

2021 **Un vestito costava 84 euro e con i saldi il suo prezzo è diminuito di 1/3. A quanto ammonta lo sconto applicato?**

A 21 euro
B 33 euro
C 56 euro
D 30 euro
E 28 euro

2022 **Inserire l'unica congiunzione pertinente nella seguente frase: "Lavorerò senza sosta tutto il mese ... possa poi andare in vacanza".**

A benché
B nonostante
C purché
D sebbene
E cosiccome

Brano 28 — In base alle informazioni contenute nel brano seguente, rispondere alle successive domande.

Gordon Allport di Harvard ha collaborato a uno studio sulle "voci che corrono": come nascono, crescono e si diffondono. Ha intitolato il libro "The Psychology of Rumor". Ancor più di quello della pubblicità e della propaganda, lo studio delle "voci che corrono" riguarda la patologia della comunicazione. Le "voci che corrono" sono in genere fatti distorti in modo grossolano o privi di qualsiasi base di fatto. Si diffondono spesso con velocità incredibile: bastano poche parole sussurrate e "lo sa tutta la città", il che fa pensare a una curva esponenziale.

Allport cita il classico caso delle campane di Anversa avvenuto durante la prima guerra mondiale:

Fase 1) La «Kölnische Zeitung» dà questa notizia: "Quando si seppe della caduta di Anversa, si suonarono le campane delle chiese".

Fase 2) «Le Matin» di Parigi riprende la notizia: "Secondo quanto scrive la «Kölnische Zeitung», quando la fortezza fu espugnata il clero di Anversa fu costretto a far suonare le campane delle chiese".

Fase 3) Ed ecco il «Times» di Londra: "Secondo notizie che «Le Matin» ha avuto da Colonia, i preti belgi che rifiutarono di suonare le campane delle chiese alla caduta di Anversa urono cacciati via".

Fase 4) La notizia si ritrova nel «Corriere della Sera»: "Secondo notizie che il «Times» ha avuto da Colonia, via Parigi, gli sfortunati preti che si rifiutarono di far suonare le campane delle chiese alla caduta di Anversa furono condannati ai lavori forzati".

Fase 5) Si torna a «Le Matin»: "Secondo informazioni che il «Corriere della Sera» ha ricevuto da Colonia via Londra, si conferma (sic) che i barbari conquistatori di Anversa punirono gli sfortunati preti belgi, per il loro eroico rifiuto di far suonare le campane delle chiese, appendendoli alle campane stesse con la testa in giù, come batacchi viventi".

Così, una storia incominciata dal semplice fatto che dopo la conquista di una città si suonarono le campane nel Paese natale dei vincitori, giunse sino alla fantastica favola dei batacchi viventi, in cui, come in altre famose storie di atrocità della prima guerra mondiale, credettero fermamente milioni di persone. Alle voci infondate, nella loro qualità di comunicazione negativa, si può porre rimedio intensificando la comunicazione positiva. Qualsiasi agente pubblicitario lo sa e, se appena gli è possibile, preferisce dire la verità. La storia delle campane di Anversa illustra non solo il modo in cui si propagano le voci infondate, ma anche una teoria che io sostengo appassionatamente, anche se forse non scientificamente, che cioè bloccare deliberatamente le linee di comunicazione è forse il peggior delitto che si possa commettere. È come avvelenare l'acqua dei pozzi nei deserti. Noi mortali siamo così inclini a credere a tutto ciò che udiamo o vediamo scritto a grandi caratteri che a tutti quelli di noi che lavorano con le parole s'impone l'obbligo solenne di renderle il più possibile chiare e sincere.

2023 Dal brano si deduce che l'autore è presumibilmente: *(vedi brano 28)*

- **A** un professionista che lavora nel mondo della comunicazione
- **B** un giornalista del quotidiano «The Times» di Londra
- **C** una persona che ha partecipato come testimone ai fatti di Anversa
- **D** uno dei fondatori della teoria denominata "The Psychology of Rumor"
- **E** uno studioso di Harvard

2024 Gordon Allport è: *(vedi brano 28)*

- **A** l'autore del brano
- **B** il pioniere degli studi sulla patologia della comunicazione
- **C** uno studioso di tecniche pubblicitarie
- **D** uno studioso di Harvard che ha partecipato a uno studio sulle "voci che corrono"
- **E** il giornalista della «Kölnische Zeitung» che ha denunciato la distorsione della notizia pubblicata dal suo giornale

2025 Quale delle seguenti affermazioni NON è contenuta nel brano? *(vedi brano 28)*

- **A** L'unico rimedio alle voci infondate è il blocco delle linee di comunicazione
- **B** Lo studio delle "voci che corrono" riguarda la patologia della comunicazione
- **C** Gli uomini sono inclini a credere a tutto ciò che vedono scritto a grandi caratteri
- **D** Bloccare volutamente le linee di comunicazione è come avvelenare l'acqua dei pozzi nei deserti
- **E** Le "voci che corrono" si diffondono spesso con velocità incredibile

2026 Scopo del brano è: *(vedi brano 28)*

- **A** far conoscere ai contemporanei un fatto accaduto durante la prima guerra mondiale
- **B** analizzare una delle teorie più in voga a Harvard nel primo dopoguerra
- **C** confrontare la serietà di alcuni tra i principali quotidiani europei
- **D** denunciare la pubblicità ingannevole
- **E** mettere in guardia l'utente contro l'uso talvolta improprio della comunicazione

2027 "Se la pubblicità ha avuto effetto, allora molte persone hanno guardato lo spettacolo televisivo". Se l'affermazione precedente è vera, quale delle seguenti deve essere vera?

A) Anche se poche persone hanno guardato lo spettacolo televisivo la pubblicità può avere avuto effetto
B) Se la pubblicità non ha avuto effetto, allora poche persone hanno guardato lo spettacolo televisivo
C) Se molte persone hanno guardato lo spettacolo televisivo, allora la pubblicità ha avuto effetto
D) Chi ha guardato lo spettacolo televisivo ha subito l'effetto della pubblicità
E) Se poche persone hanno guardato lo spettacolo televisivo, allora la pubblicità non ha avuto effetto

2028 Indicare la parola da scartare.

A) Lindo
B) Terso
C) Netto
D) Puro
E) Brillante

2029 "Tutte le segretarie sono solerti; Sandra è discreta; tutte le segretarie sono discrete". In base alle precedenti affermazioni, quale delle seguenti è necessariamente vera?

A) Nessuna segretaria è solerte e indiscreta
B) Se Sandra è discreta e solerte, allora è una segretaria
C) Sandra è una segretaria
D) Tutte le persone discrete sono solerti
E) Sandra è solerte

2030 Completare correttamente la seguente successione numerica: 1, 1, 2, 3, 5, 8, 13, 21, ?

A) 29
B) 28
C) 21
D) 34
E) 30

2031 Quali tra i termini proposti completano correttamente la seguente proporzione?

Famigerato : X = Y : amorfo

A) X = fannullone; Y = morfologico
B) X = bandito; Y = artista
C) X = affamato; Y = contorto
D) X = famoso; Y = formale
E) X = malfamato; Y = informe

2032 Abbinare il film al periodo storico a cui si riferisce.

1. *Il patriota*
2. *Braveheart*
3. *Roma città aperta*
4. *Good bye Lenin*
5. *Apocalypse now*

a. Resistenza al nazifascismo
b. Guerra nel Vietnam
c. Guerra d'Indipendenza Americana
d. Caduta del Muro di Berlino
e. Lotta per l'indipendenza scozzese

A) 5-b, 2-e, 4-a, 3-d, 1-c
B) 3-a, 5-c, 1-e, 2-b, 4-d
C) 3-a, 5-b, 2-e, 4-d, 1-c
D) 1-a, 4-b, 3-d, 5-c, 2-e
E) 2-e, 1-b, 4-a, 3-d, 5-c

2033 Giulia non si può permettere di acquistare la versione "advanced" di un determinato software. La versione "professional" è addirittura più costosa, ne consegue quindi che Giulia non potrà permettersi di acquistare nemmeno questa versione.

Quale delle seguenti affermazioni segue la stessa struttura logica del suddetto ragionamento?

A) I capelli di Giulia sono più corti di quelli di Barbara e quelli di Carla sono più lunghi di quelli di Barbara. Ne consegue quindi che i capelli di Giulia sono più corti di quelli di Carla
B) Giulia non riesce a prendere sonno se beve il tè dopo le ore 21.00, perché contiene caffeina. Il caffè contiene più caffeina del tè, ne consegue quindi che Giulia non berrà nemmeno il caffè dopo le ore 21.00
C) Per Giulia il centro commerciale è troppo distante per essere raggiunto a piedi. Il mercato dietro l'angolo è meno distante, ne consegue quindi che Giulia andrà piuttosto al mercato a piedi
D) Giulia non era sufficientemente paziente per completare un puzzle da 1000 pezzi ricevuto per il suo compleanno. Le parole crociate richiedono altrettanta pazienza, ne consegue che Giulia non completerà nemmeno le parole crociate
E) A Giulia non piace l'aglio. Questa pizza è all'aglio e alle acciughe, ne consegue quindi che a Giulia non piacerà nemmeno questa pizza

QUESITI

2034 C'è una casa con almeno due porte; si consideri l'affermazione:
"Esiste una chiave che apre tutte le porte di casa, ma non la porta della cantina."
Indicare quale tra le seguenti frasi costituisce la negazione dell'affermazione riportata sopra.

- A Per ogni chiave, o esiste una porta che non è quella della cantina che non viene aperta da quella chiave, oppure quella chiave apre la porta della cantina
- B Esiste una chiave che apre tutte le porte di casa, compresa quella della cantina
- C Esiste una chiave che non apre nessuna porta, se non quella della cantina
- D Nessuna chiave apre tutte le porte
- E Per ogni chiave, esiste una porta che non è quella della cantina che viene aperta da quella chiave

2035 Completare correttamente la seguente successione numerica: 7; 16; 322; 4111; ?

- A 22210
- B 60000
- C 22211
- D 77777
- E 22311

2036 Individuare la figura da scartare.

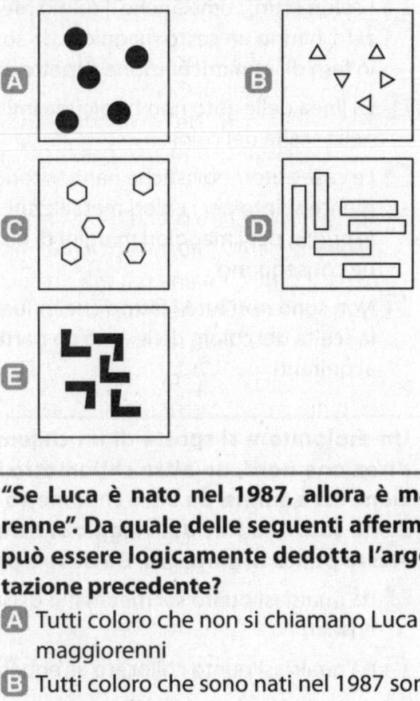

2037 "Se Luca è nato nel 1987, allora è maggiorenne". Da quale delle seguenti affermazioni può essere logicamente dedotta l'argomentazione precedente?

- A Tutti coloro che non si chiamano Luca sono maggiorenni
- B Tutti coloro che sono nati nel 1987 sono maggiorenni
- C Tutti i maggiorenni sono nati nel 1987
- D Tutti gli italiani sono maggiorenni
- E È in corso l'anno 2004

2038 Gianni ha trovato un vecchio giornale enigmistico che riportava uno schema triangolare in cui ogni numero, dalla seconda riga in giù, era uguale alla somma dei due numeri situati sopra al numero stesso, esattamente come succede nella seguente figura:

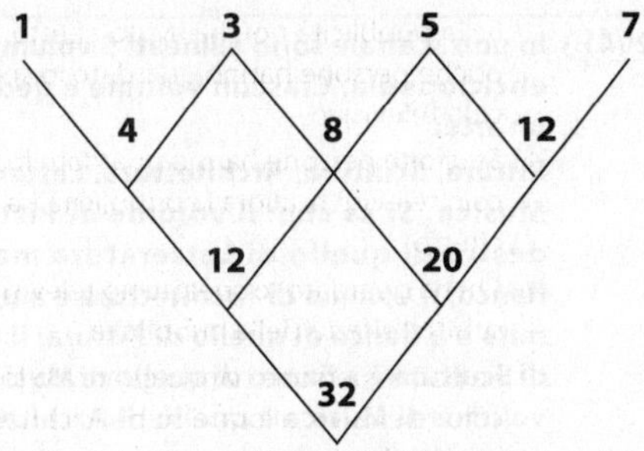

Lo schema di Gianni era in gran parte illeggibile, si sono potuti riconoscere solo i 4 numeri indicati in quest'altra figura:

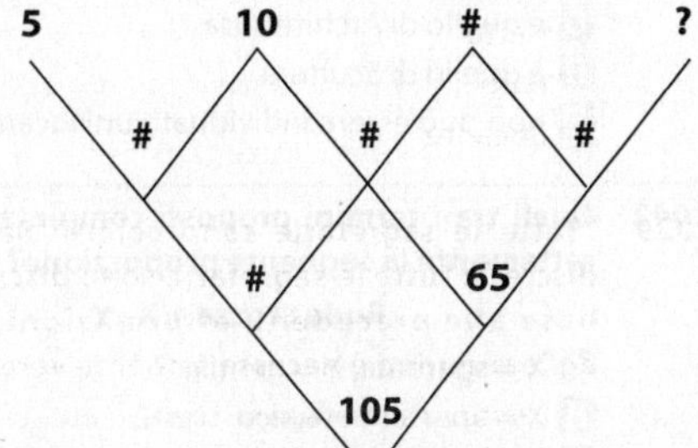

Sapreste aiutare Gianni a ricostruire lo schema originario? Indicate in particolare quale numero deve stare nella casella indicata con " ? ".

- A 25
- B 35
- C 30
- D 20
- E 15

2039 "Tutti i baristi bevono vino. Chi beve vino è allegro. Chi è allegro non è noioso". Se le precedenti informazioni sono vere, quale delle seguenti affermazioni è necessariamente falsa?

- A Chi beve vino potrebbe essere un barista
- B Tutti i baristi sono allegri
- C Chi non è allegro potrebbe non essere noioso
- D Alcuni baristi sono noiosi
- E Chi è allegro può essere astemio

2040 **La Marmolada si trova nelle Alpi:**

- A Carniche
- B Dolomitiche
- C Cozie
- D Giulie
- E Lepontine

2041 **In uno scaffale sono allineati 5 volumi di una enciclopedia. Ciascun volume è dedicato a un'arte:**

Pittura, Scultura, Architettura, Letteratura e Musica. Si sa che: il volume di Pittura è a destra di quello di Letteratura ma non a fianco; il volume di Architettura è a un'estremità e a fianco di quello di Pittura; il volume di Scultura è a fianco di quello di Musica; tra il volume di Musica e quello di Architettura ci sono altri due volumi.

Si può concludere che il primo volume a partire da sinistra:

- A è quello di Letteratura
- B è quello di Musica
- C è quello di Architettura
- D è quello di Scultura
- E non può essere individuato univocamente

2042 **Quali tra i termini proposti completano correttamente la seguente proporzione?**

Rude : rozzo = X : Y

- A X = sgarbato; Y = gentile
- B X = aperto; Y = unico
- C X = prolisso; Y = loquace
- D X = amico; Y = nemica
- E X = discreto; Y = lezioso

2043 **Un nano spaziale raddoppia la sua altezza ogni giorno. Al nono giorno comincia a ridurre la sua altezza con una velocità doppia. Dopo quanti giorni dall'inizio sarà ritornato alla sua altezza di prima:**

- A 15
- B 12
- C 10
- D 13
- E 14

2044 **Scrivi una parola che abbia lo stesso significato di ciascuna delle due parole:**

Frugale ... Bosco

- A Limitato
- B Parco
- C Fragola
- D Aggettivo
- E Sostantivo

2045 **Da alcuni anni il colore più scelto per le autovetture di nuova immatricolazione è il bianco. Fino a circa dieci anni fa, invece, il colore preferito era il grigio metallizzato soprattutto per le autovetture aziendali ed ancora prima andavano di moda i colori scuri, blu e nero su tutti.**

È difficile comprendere le motivazioni di queste scelte: di sicuro c'è un "effetto moda" spesso pilotato dal marketing delle case automobilistich; possono dipendere poi anche da fattori economici – i colori pastello come il bianco costano meno di quelli metallizzati e diventano quindi preferibili in un periodo di crisi –, oppure estetici – la linea più filante delle auto di oggi si sposa meglio con il bianco rispetto ad altri colori. Probabilmente la risposta è da cercarsi in un mix di questi e molti altri fattori. Ma al momento l'unica certezza è questa: la maggior parte delle auto immatricolate negli ultimi dodici mesi è di colore bianco.

Quale delle seguenti affermazioni è totalmente sostenuta dal brano precedente?

- A Il colore grigio metallizzato piace di più di quello bianco nelle auto di nuova immatricolazione, ma ha perso quota di mercato a causa dei costi maggiori da sostenere in fase di immatricolazione
- B I colori scuri, come anche il grigio metallizzato, hanno un costo maggiore da sostenere in fase di immatricolazione rispetto al bianco
- C La linea delle auto non ha alcuna influenza nella scelta del colore
- D Le case automobilistiche hanno storicamente spinto per i colori metallizzati, grigio *in primis*, per i maggiori margini di ricavo che ne conseguono
- E Non sono noti tutti i fattori che influenzano la scelta del colore delle auto da parte degli acquirenti

2046 **Un esploratore si sposta di un chilometro in direzione nord, un altro chilometro in direzione est e, infine, un altro chilometro in direzione sud. Alla fine del viaggio si ritrova allo stesso punto di partenza. Da dove è partito:**

- A da qualsiasi punto sul meridiano di Greenwich
- B da qualsiasi punto collocato all'equatore
- C dal polo Nord
- D dal polo Sud
- E da qualsiasi punto sulla linea del cambio di data

2047 Qual è il mese da scartare tra i seguenti: Agosto – Settembre – Ottobre – Novembre – Dicembre

A Agosto
B Settembre
C Ottobre
D Novembre
E Dicembre

2048 Quale tra le seguenti parole è da scartare: giorno – soprano – carie – busto – auto

A giorno
B soprano
C carie
D busto
E auto

2049 Se A + B = C e C – D = A, allora:

A 2B = A
B C = B
C 3D = C
D C > D
E B = D

2050 Sei pasticcieri sfornano centoventi torte in venti giorni. Quanti giorni occorrono a tre pasticcieri per sfornare sessanta torte dello stesso tipo:

A dodici
B venti
C diciotto
D trenta
E dieci

2051 Quale tra i seguenti non è un famoso compositore:

A ZOTRAM
B SATSURS
C REDIV
D MALESO
E SIRSOIN

2052 Ci sono dieci pile di dieci monete da 50 centesimi ciascuna. Uno dei mucchietti è fatto di tutte monete false, ma non sapete quale. E' noto però il peso di una moneta buona e si sa che una moneta falsa pesa un grammo in più del dovuto. Qual è il numero minimo di pesate necessarie a determinare qual è il mucchietto di monete false:

A una sola pesata
B tre pesate
C cinque pesate
D sette pesate
E non è possibile con alcuna pesata

2053 Data la sequenza di terne di numeri: (10, 20, 24) (16, 32, 36) (26, ?, ?) qual è la coppia di numeri mancante da sostituire ai punti interrogativi:

A 40, 44
B 52, 56
C 52, 72
D 48, 52
E 52, 44

2054 Durante un brindisi fra sei amici, ognuno incrocia il proprio calice una sola volta con tutti gli altri. Quanti tintinnii si ascoltano:

A 30
B 36
C 15
D 18
E 100

2055 Le differenze tra gli esseri umani colpiscono talvolta più delle somiglianze. Esiste una minoranza di individui che, spinti da un forte desiderio competitivo di arrivare primi o addirittura di essere i migliori, intraprende spedizioni pericolose che implicano grandi deprivazioni fisiche, grossi rischi di morte e condizioni di isolamento estreme. Se paragoniamo questi individui alla maggioranza della popolazione, che invece preferisce condurre una vita agiata e priva di pericoli, è evidente che un essere umano può potenzialmente avere un comportamento diverso da un altro essere umano tanto quanto due specie diverse di animali. Qualsiasi tentativo di generalizzare il comportamento umano in poche regole generali deve necessariamente prendere in considerazione tale variazione.

Quale delle seguenti affermazioni esprime il messaggio principale del brano precedente?

A Le differenze tra gli individui possono colpire più delle somiglianze
B Gli esseri umani sono superiori a tutti gli altri animali
C I membri della razza umana posso essere tanto diversi nel loro comportamento quanto due specie diverse di animali
D La variazione nel comportamento umano rende difficile qualsiasi generalizzazione
E Sono insoliti quegli esseri umani che corrono rischi nel tentativo di compiere imprese fuori dal comune

RAGIONAMENTO LOGICO E CULTURA GENERALE

Brano 29 — Questo brano è seguito da alcuni quesiti riguardanti il suo contenuto. Per ciascun quesito, dovete scegliere, tra le alternative proposte, quella che ritenete corretta in base soltanto a ciò che risulta esplicito o implicito nel brano, cioè solo in base a quanto si ricava dal brano e non in base a quanto eventualmente sapete già sull'argomento.

Saper vedere l'architettura

Dopo un secolo di architettura prevalentemente decorativa, scultorea, a-spaziale, il movimento moderno, nel suo splendido intento di riportare l'architettura nel campo che le è proprio, ha messo al bando la decorazione dagli edifici, insistendo sulla tesi che gli unici valori architettonici legittimi sono quelli volumetrici e spaziali. L'architettura razionalista ha puntato sui valori volumetrici, mentre il movimento organico su quelli spaziali. Ma è chiaro che, se come architetti noi sottolineiamo i sostantivi e non gli aggettivi dell'architettura, come critici e storici non possiamo proporre le nostre preferenze nel campo dei modi o delle espressioni figurative come l'unico metro di giudizio per l'architettura di tutti i tempi. Tanto più perché, dopo venti anni di nudismo architettonico, di disinfezione decorativa, di fredda, glaciale volumetria, di sterilizzazione stilistica contraria a troppe esigenze psicologiche e spirituali, la decorazione (sia pure in forma non di ornamentazione applicata, ma di accoppiamento di materiali naturali diversi, di nuovo senso del colore, ecc.) sta rientrando nell'architettura, ed è giusto che ciò sia. La «mancanza della decorazione» non può essere un punto programmatico di nessuna architettura, se non in sede polemica e perciò effimera. Il lettore profano a questo punto rimarrà forse confuso. Se la decorazione ha un'importanza, se la scultura e la pittura, estromesse in un primo tempo, tornano nel campo dell'architettura, a che cosa è servito tutto questo discorso? Evidentemente non a scoprire nuove idee o a inventare teorie esoteriche dell'architettura; ma semplicemente ad ordinare e a orientare le idee che ci sono e che ognuno intuisce. È vero che la decorazione, la scultura e la pittura rientrano nello studio degli edifici (non meno dei motivi economici, dei valori sociali o funzionali, e delle ragioni tecniche); tutto rientra nell'architettura come, del resto, in ogni grande fenomeno di arte o di pensiero o di pratica umana. Ma come rientrano? Non indifferenziatamente, come si potrebbe credere affermando una generica e vacua unità delle arti. Rientrano, nell'equazione architettonica, nei loro posti di sostantivi e di aggettivi, di essenza e di prolungamenti. La storia dell'architettura è anzitutto e prevalentemente la storia delle concezioni spaziali. Il giudizio architettonico è fondamentalmente un giudizio sullo spazio interno degli edifici. Se questo giudizio non si può dare per la mancanza dello spazio interno, come avviene per i vari temi costruttivi suaccennati, l'edificio – sia esso l'Arco di Tito, o la Colonna Traiana, o una fontana del Bernini – esorbita dalla storia dell'architettura, ed è di competenza, come insieme volumetrico, della storia dell'urbanistica, e, come valore artistico intrinseco, della storia della scultura. Se il giudizio sullo spazio interno è negativo, l'edificio fa parte della non-architettura o cattiva architettura, anche se poi i suoi elementi decorativi possono rientrare nella storia dell'arte scultorea. Se il giudizio sullo spazio di un edificio è positivo, questo rientra nella storia dell'architettura anche se la decorazione è inefficace, anche se cioè l'edificio integralmente considerato non è del tutto soddisfacente. Quando infine il giudizio sulla concezione spaziale di un edificio, sulla sua volumetria e sui suoi prolungamenti decorativi è positivo, allora noi ci troviamo di fronte alle grandi, integre opere d'arte nella cui eccelsa realtà collaborano i mezzi espressivi di tutte le arti figurative. In conclusione, se nell'architettura possiamo trovare i contributi delle altre arti, è lo spazio interno, lo spazio che ci circonda e ci include, che dà il *la* nel giudizio su un edificio, che forma il «sì» o il «no» di ogni sentenza estetica sull'architettura. Tutto il resto è importante, o meglio *può* essere importante, ma è funzione della concezione spaziale.

2056 Lo spazio architettonico: *(vedi brano 29)*
- **A** è subordinato alla decorazione
- **B** è ininfluente in un giudizio
- **C** è il protagonista dell'architettura
- **D** è conseguenza di una disinfezione decorativa
- **E** è effimero

2057 La decorazione, la pittura e la scultura oggi: *(vedi brano 29)*
- **A** devono partecipare indifferenziatamente all'architettura
- **B** sono un punto programmatico dell'architettura
- **C** non rientrano nell'architettura
- **D** sono da correlarsi alla concezione dello spazio
- **E** sono gli unici valori legittimi

2058 La storia dell'architettura: *(vedi brano 29)*
- **A** si deve occupare delle espressioni figurative
- **B** si deve occupare del giudizio sullo spazio
- **C** è soprattutto un giudizio sulla inefficacia della decorazione
- **D** deve orientare le teorie esoteriche
- **E** si fonda sugli aggettivi dell'architettura

2059 Il giudizio architettonico sullo spazio: *(vedi brano 29)*
- **A** è positivo se manca uno spazio interno e domina quello esterno
- **B** è un giudizio sull'inadeguatezza della forma rappresentativa
- **C** è inclusivo dello spazio urbano
- **D** è soggetto al valore artistico intrinseco
- **E** è un giudizio sullo spazio interno

2060 Il Movimento Moderno ha privilegiato: ***(vedi brano 29)***

A l'aspetto volumetrico e spaziale degli edifici
B l'aspetto decorativo degli edifici
C l'aspetto plastico degli edifici
D l'aspetto materico e naturale degli edifici
E l'ornamentazione applicata degli edifici

2061 Un distributore automatico vende caramelle a 10 centesimi di euro l'una. Le caramelle sono di tre colori, mescolate fra loro, ed escono in modo casuale. Luca conta al suo interno 10 caramelle blu, 11 verdi e 12 rosse. Quanti soldi deve essere disposto a spendere per essere sicuro di averne almeno una blu e tre verdi?

A 1,20 euro
B 1,30 euro
C 1,60 euro
D 2,40 euro
E 2,50 euro

2062 Dieci amici, per fare una scampagnata, hanno a disposizione tre auto da cinque posti. Quale delle seguenti affermazioni possiamo ritenere certamente vera?

A Nessuna auto rimarrà vuota
B Nessuna auto partirà piena
C Se un'auto rimarrà vuota, almeno un'auto sarà piena
D Almeno un'auto partirà piena
E Almeno un'auto rimarrà vuota

2063 Quale è un significato di *gretto*?

A Meschino
B Fiume
C Traditore
D Impossibile
E Stretto

2064 C'è una scatola contenente gettoni da gioco. La metà di essi è quadrata e l'altra metà è rotonda. I gettoni per metà sono verdi e per metà sono blu. Si può dedurre necessariamente che:

A il numero di gettoni deve essere un multiplo di quattro
B il numero di gettoni rotondi verdi è uguale al numero di gettoni quadrati blu
C i quattro tipi di gettoni (quadrati blu, quadrati verdi, rotondi blu, rotondi verdi) sono in numero uguale
D il numero dei gettoni quadrati blu è uguale al numero dei gettoni rotondi blu
E il numero dei gettoni quadrati blu è uguale al numero dei gettoni quadrati verdi

2065 Il venusiano Vrxff afferma: *"Su Venere nessuno può avere più di una mgl"*. Il suo amico marziano Mrkzz lo informa che su Marte questa norma non è in vigore. Dunque, necessariamente:

A i Marziani possono avere più di una mgl
B ogni Marziano ha più di una mgl
C almeno un Marziano ha più di una mgl
D tutti i Venusiani hanno una e una sola mgl
E se un Venusiano abita su Marte allora ha più di una mgl

2066 Dal giornalino del Paese Effe viene sfilato il foglio che contiene sulle due facciate le pagine numero 3 e 4. Così facendo anche il foglio che contiene sulle due facciate le pagine numero 19 e 20 esce dal giornale. Quante facciate ha quel quotidiano?

A 20
B 22
C 24
D 28
E 32

2067 Se è vero che:

- **tutti i filosofi sono saggi**
- **alcuni filosofi sono anche matematici**
- **Aristotele fu un importante filosofo greco**

se ne deduce necessariamente che:

A i saggi greci furono filosofi
B tutte le persone sagge sono anche matematici
C alcuni matematici sono saggi
D Aristotele fu anche un matematico
E esistono matematici che non sono saggi

2068 Se Salvatore ha superato il test e Carmela ha superato il test, allora anche Benedetto ha superato il test. Però Salvatore non ha superato il test. Quindi:

A Benedetto non ha superato il test
B Benedetto oppure Carmela non hanno superato il test
C Benedetto potrebbe avere superato il test
D Benedetto non ha superato il test e Carmela ha superato il test
E se neppure Carmela ha superato il test, Benedetto non ha superato il test

2069 Indicare l'elemento da scartare.

A A
B Cui
C Da
D Tra
E Su

RAGIONAMENTO LOGICO E CULTURA GENERALE

Brano 30 — Questo brano è seguito da cinque quesiti riguardanti il suo contenuto. Per ogni quesito sono previste cinque risposte differenti, contrassegnate con le lettere A, B, C, D, E. Per ogni quesito scegliete fra le cinque risposte o affermazioni quella che ritenete corretta in base soltanto a ciò che risulta esplicito o implicito nel brano, cioè solo in base a quanto si ricava dal brano e non in base a quanto eventualmente sapete già sull'argomento.

Architettura e cultura nella Francia del Rinascimento

Non è facile descrivere, valutare, interpretare il Rinascimento francese. Non crediamo più che in esso si debba vedere l'avvento puro e semplice, in tutti i campi, della «modernità». Su tutti i punti in cui pensavamo di riconoscere le promesse dell'avvenire, l'autonomia politica, lo spirito di osservazione, il recupero dell'arte antica, lo sviluppo della ricerca scientifica – il bilancio finale è molto più contraddittorio di quanto non si credesse. Di qui, la ragionevole conclusione che l'effettiva novità stesse nella scoperta dei confitti e delle diversità, nel senso di contrasti che spaventano o fanno sorridere, nelle lacerazioni interiori, di cui la crisi religiosa fu una delle manifestazioni più crudeli. Tuttavia, questa visione non tiene a sua volta sufficientemente conto dello straordinario slancio di vitalità che investì, durante tutto il Cinquecento, l'intera società, con indimenticabili riverberi nella letteratura e nell'arte. Di qui, il profondo imbarazzo degli storici, coscienti dell'impossibilità di ricondurre questo immenso sviluppo ad una definizione efficace. Troppi sono gli aspetti del problema: la civiltà, di cui la Francia – come sempre – pretende di farsi portatrice, è allo stesso tempo troppo ambiziosa (le «buone maniere», la «cortesia») e troppo solidale al passato medievale che persiste. Gli intrecci del «pensiero simbolico» caratteristico dell'epoca sono stati fin troppo trascurati. Ovviamente non è possibile isolare gli episodi francesi dal contesto europeo. Ma nello studio dei fenomeni artistici – il quadro, sia detto senz'ambagi, deve essere interamente rivisto e completato – si è spesso abusato dei riferimenti a fonti e influenze. Da oltre un secolo, sono due le linee interpretative che si alternano: il dinamismo degli esempi italiani scoperti grazie alle conquiste e, dall'altra parte, l'azione dei modelli fiamminghi e renani diffusi attraverso il folgorante successo della grafica. Questi rapporti, che rimangono comunque fondamentali, sono stati studiati e con profitto, ma sempre ipotizzando una sorta di sottomissione più o meno passiva ai modelli stranieri; la conseguenza è stata quella d'avere trascurato un fattore essenziale, o che comunque sembra esserlo sempre di più. I Francesi erano abituati ad essere gli artefici di tutte le mode dell'Occidente. Nel Quattrocento, le difficoltà della guerra all'estero e di quella civile avevano duramente intaccato questo primato, senza però abolire nella coscienza dei potenti e delle élite l'idea di una superiorità nazionale, che si sarebbe manifestata nuovamente. Gli scambi con gli ambienti italiani e con le botteghe settentrionali erano sempre stati complicati da questa reazione istintiva. Si ha spesso l'impressione, ad esempio, che il ricorso da parte di scultori e maestri vetrai a modelli incisi da Dürer o da Marcantonio avvalorasse la convinzione che quelle «impronte» non fossero che un contributo straniero al progresso dell'arte francese. Del resto, gli smaltatori e i costruttori di cassoni creavano effettivamente elaborazioni inedite partendo dalle composizioni originali. L'arte francese ha sempre operato un'«assimilazione selettiva» (la formula è quella di Erwin Panofsky), atteggiamento che presuppone una solida autonomia e giustifica la disinvoltura o, se si preferisce, l'ingratitudine con cui allora trattava le sue fonti. Non ci si lascia mai suggerire del tutto la strada da seguire. Intorno a queste manifestazioni, che oggi ci stupiscono, si sono sviluppate alcune idee sui caratteri salienti del Rinascimento francese. Innanzitutto, la concezione – molto più complessa e caotica di quanto non si creda solitamente – di un insegnamento di tipo nuovo, con la prospettiva di un'ambiziosa «rivoluzione culturale» che era in sintonia, all'inizio, col pensiero di Erasmo. Le decisioni che resero famoso Francesco I presupponevano un'analisi della società. Se diamo ascolto alle critiche degli italiani, l'aristocrazia tradizionale era infatti tanto brillante quanto ignorante se messa a confronto con la nuova classe dei funzionari che includeva anche la nobiltà di toga. È interessante controllare se e in che modo il pungente rimprovero alla nobiltà ha avuto conseguenze sul gusto, sull'architettura, sulle collezioni. Anche se questo argomento affiora appena negli studi che seguono, esso ci ha permesso di individuare un tema di primo piano, generalmente trascurato dagli storici della civiltà e della letteratura: l'ideale «cavalleresco», che sarebbe ingenuo credere fosse svanito con l'avvento dei tempi nuovi.

2070 Gli storici interpretano solitamente il Rinascimento francese come: *(vedi brano 30)*

- A un prodotto locale generato dall'idea di una superiorità nazionale
- B comunque dipendente dai modelli stranieri
- C unicamente influenzato dalle mode italiane
- D unicamente debitore dei modelli fiamminghi e renani
- E isolabile dal contesto europeo

2071 L'idea di un primato francese nelle arti: *(vedi brano 30)*

- A era dipendente dai successi militari
- B era la conseguenza di un'aristocrazia dedita alla guerra
- C non era coerente con l'ideale «cavalleresco»
- D non era scalfita dal ricorso a maestri e artigiani stranieri
- E era giustificata dal primato dei maestri francesi in Europa

2072 Il Rinascimento francese: *(vedi brano 30)*

A è stato un prodotto della lacerante crisi religiosa
B fu un fenomeno limitato al Quattrocento
C presupponeva la prospettiva di una «rivoluzione culturale»
D non presenta nulla di contraddittorio
E appare troppo solidale al passato medievale

2073 Alcuni ideali medievali come le «buone maniere» e la «cortesia»: *(vedi brano 30)*

A erano in sintonia col pensiero di Erasmo da Rotterdam
B furono interamente rivisti e completati grazie all'«assimilazione selettiva»
C furono duramente intaccati dalle difficoltà della guerra
D si manifestarono soprattutto per la diffusione di modelli di grafica
E sopravvissero con l'avvento della «modernità»

2074 Quale tra questi aspetti incise meno sulla cultura rinascimentale francese? *(vedi brano 30)*

A La fine dell'ancien Régime
B Il legame solidale con il passato medievale
C Il recupero dell'antico
D Il dinamismo degli esempi italiani
E L'azione dei modelli fiamminghi e renani

2075 Se è vero che tutte le biciclette che possiedo sono da corsa eccetto due, tutte le biciclette che possiedo sono mountain bike eccetto due, tutte le biciclette che possiedo sono city bike eccetto due. Quante biciclette possiedo?

A Uno
B Due
C Tre
D Quattro
E Cinque

2076 Alessandro afferma: Se Rossi parte in pole position arriva primo. Quale delle seguenti proposizioni è la NEGAZIONE di quella di Alessandro?

A Se Rossi non parte in pole position non vince
B Rossi non vince mai ogni volta che parte in pole position
C Rossi può non partire in pole position e non vincere
D Rossi può non vincere anche se parte in pole position
E Rossi può arrivare primo anche se non parte in pole position

2077 In tre diverse occasioni, Clementina fa le seguenti affermazioni riguardanti i suoi tre amici Quirino, Rocco e Silvio:

- **Silvio è più intelligente di Rocco, che è più ricco di Quirino**
- **Silvio è più ricco di Rocco, che è più intelligente di Quirino**
- **Quirino è più stupido di Silvio**

In base alle affermazioni di Clementina, ne deduciamo che:

A Quirino è il meno intelligente dei tre
B Rocco è il più intelligente dei tre
C Silvio è il più intelligente dei tre, ma non il più ricco
D Silvio è il più ricco dei tre, ma non il più intelligente
E Rocco è più intelligente ma meno ricco di Silvio

2078 Inserire l'unica congiunzione pertinente nella seguente frase: "Andrò ugualmente all'appuntamento ... non stia bene".

A purché
B affinché
C giacché
D qualora
E benché

2079 Lorenzo è alto. Tutti coloro che sono nati a Pesaro sono alti. Tutti coloro che sono nati a Pesaro amano la natura
Quale informazione aggiuntiva tra le seguenti permetterebbe di concludere che Lorenzo ama la natura?

A Non occorre nessuna informazione aggiuntiva
B Lorenzo non è nato a Pesaro
C Tutti coloro che amano la natura sono nati a Pesaro
D Tutti coloro che sono alti sono nati a Pesaro
E Tutti coloro che amano la natura sono alti

2080 Indica la coppia di termini che completa correttamente la proporzione: Alti : bassi = x : y

A x = brutti, y = intelligenti
B x = simpatici, y = attraenti
C x = belli, y = brutti
D x = brutti, y = simpatici
E x = attraenti, y = intelligenti

2081 Indicare il titolo da scartare.

A Il Resto del Carlino
B Il Mondo
C Il Secolo XIX
D La Nazione
E Il Mattino

RAGIONAMENTO LOGICO E CULTURA GENERALE

2082 Per i loro computer, le due amiche Anna e Beatrice scelgono entrambe una password di 8 cifre; decidono di utilizzare tutte le cifre da 1 a 8, disposte in modo che due cifre di posto consecutivo non differiscano né di 1 né di 2 unità. La password 36184725 soddisfa, per esempio, le richieste. Anna sceglie la password che forma il numero di 8 cifre più grande possibile, mentre Beatrice sceglie quello più piccolo possibile. Qual è la differenza tra i due numeri scelti?

A 72364555
B 70548327
C 64729081
D 71152712
E Non si può determinare

2083 Se sono vere entrambe le affermazioni

- **qualche studente della classe quinta A ha gli occhiali**
- **qualche studente della classe quinta A tifa Bologna**

allora:

A tutti gli studenti della quinta A tifano Bologna
B c'è almeno uno studente della quinta A che ha gli occhiali e tifa Bologna
C c'è almeno uno studente della quinta A che porta gli occhiali e non tifa Bologna
D c'è almeno uno studente della quinta A che non ha gli occhiali e non tifa Bologna
E non si può escludere che esista uno studente della quinta A che non ha gli occhiali e non tifa Bologna

2084 Completa i termini mancanti della proporzione: x : Pasta = Pomodoro : y

A x = grano, y = salsa
B x = salsa, y = cipolla
C x = oliva, y = verdura
D x = riso, y = vino
E x = pesca, y = cucina

2085 Si individui, tra le soluzioni proposte, la frase equivalente all'espressione Se Einstein era un fisico, allora era uno scienziato.

A Se Einstein non era un fisico, allora non era uno scienziato
B Se Einstein non era uno scienziato, allora non era un fisico
C Solo se Einstein era un fisico, allora era uno scienziato
D Se Einstein non era un fisico, allora era uno scienziato
E Nessuna delle risposte precedenti è corretta

2086 Completa i termini mancanti della proporzione:

x : mente = medico : y

A x = psicologo, y = corpo
B x = infermiere, y = insegnante
C x = psichiatra, y = medicine
D x = idee, y = infermiere
E x = brutti, y = psicologo

2087 Eleonora compie gli anni in estate. Tutti coloro che compiono gli anni in inverno amano lo sci. Chi ama lo sci non ama il tennis. Se le precedenti affermazioni sono vere, quale delle seguenti affermazioni è certamente vera?

A Eleonora ama il tennis o lo sci, ma non entrambi
B Eleonora ama il tennis
C Eleonora non ama lo sci
D È impossibile che Eleonora ami il tennis
E È possibile che Eleonora ami lo sci

2088 Completa i termini mancanti della proporzione:

Insolito : x = y : Lento

A x = solito, y = veloce
B x = leggero, y = veloce
C x = capace, y = solito
D x = indolente, y = leggero
E x = forte, y = corpo

2089 Nella tundra di Katin piove in media 60 giorni all'anno. Quando piove, una volta su tre il ponte ferroviario che collega Ghiosch a Tridsch, le due principali città della tundra, si allaga e non è percorribile. Giovedì prossimo il professore Tamburri atterrerà all'aeroporto di Ghiosch e dovrà raggiungere in treno Tridsch. Qual è la probabilità che a causa della pioggia il professore non riesca a raggiungere la meta?

A Circa 1/2
B Circa 1/100
C Circa 1/80
D Circa 1/18
E Circa 1/1.000

2090 Dal 2000 al 2005, il valore di una motocicletta d'epoca ha subito un incremento del 30%. Dal 2005 al 2010 ha subito un decremento del 20%. Il valore della moto nel 2010 che percentuale è del suo valore del 2000?

A 90%
B 100%
C 104%
D 110%
E 124%

2091 Quale associazione tra città e rispettiva regione risulta errata?

A L'Aquila – Abruzzo
B Vicenza – Lombardia
C Campobasso – Molise
D Ragusa – Sicilia
E Altamura – Puglia

2092 Individuare la figura che completa correttamente la seguente serie.

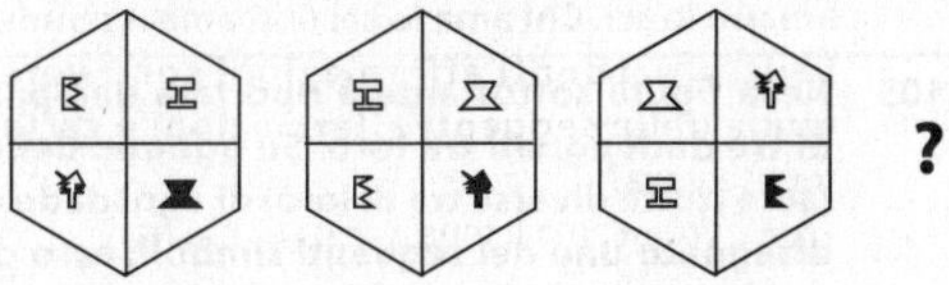

A 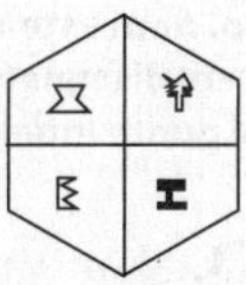

B 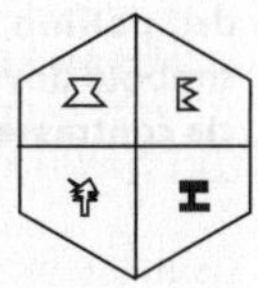

C 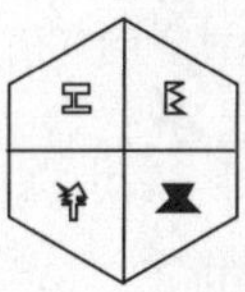

D 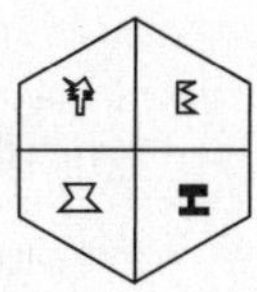

E 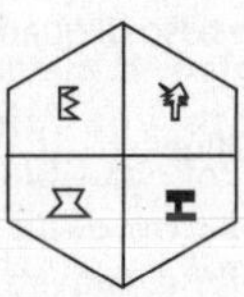

2093 Il verbo obliterare è sinonimo di:

A dimenticare
B annullare
C sottrarre
D introdurre
E restituire

2094 Lungo il perimetro di una palestra si prevede di disporre degli attrezzi a distanza di 3 metri l'uno dall'altro. Data una palestra quadrata, di perimetro pari a 90 m, quanti attrezzi in più saranno necessari per una palestra quadrata di area quadrupla?

A 90
B 60
C 30
D 120
E Il quadruplo

2095 Scartare una delle otto coppie di simboli.

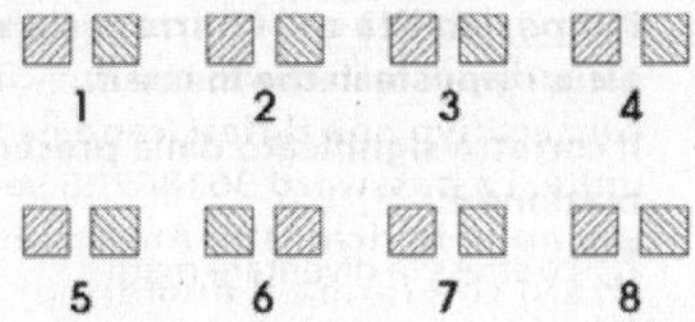

A Coppia 1
B Coppia 3
C Coppia 7
D Coppia 5
E Coppia 6

2096 Individuare il vocabolo che non è anagramma delle seguenti parole:
tesoro - remoto - giuda - tomo

A guida
B rosato
C moto
D motore
E roseto

2097 Una gatta ha partorito alcuni gattini. Francesca afferma: "Sono nati tre gattini e sono maschi". Marianna afferma: "Sono nati due gattini maschi e due femmine". Simona afferma: "Sono nati solo gattini maschi". Quanti gattini sono nati, sapendo che una e una sola delle precedenti affermazioni è falsa?

A 2
B 6
C 3
D 4
E 5

2098 Individuare la parola il cui significato non ha relazione tutto-parte rispetto al termine: Grecia.

A Rodi
B Creta
C Salonicco
D Olimpia
E Tirana

2099 La proposizione "Solo se tutto non è sbagliato, tutto non è è sbagliato":

A non è logicamente vera
B è logicamente falsa
C è logicamente vera
D può essere logicamente ambigua
E nessuna delle precedenti

2100 **Recenti scoperte hanno respinto l'infondatezza della tesi secondo la quale non è vera l'impossibilità che lo stress sia alla base di alcuni gravi malattie mentali.**

Il corretto significato dalla precedente affermazione è:

A Lo stress fa diventare matti
B Le malattie mentali sono causate dallo stress
C Lo stress può essere la causa di alcune malattie mentali
D Lo stress porta inevitabilmente alla malattia mentale
E Non è possibile che lo stress sia la causa di alcune gravi malattie mentali

2101 **Se si da per scontato che i fantasmi non esistono, la proposizione "Qualche fantasma è terrificante":**

A è vera
B è falsa
C talvolta è vera e talvolta no
D può essere falsa
E nessuna delle precedenti

2102 **Individuare la figura che completa correttamente la seguente serie.**

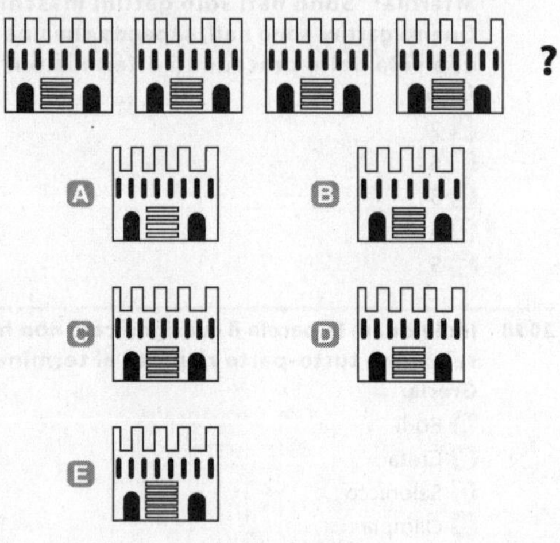

2103 **Dalla sola premessa: "Tutti gli A sono B", la conclusione "Qualche A è B":**

A può essere dedotta
B non può essere dedotta
C talvolta può essere dedotta e talvolta no
D può essere dedotta solo se tutti i B sono A
E nessuna delle precedenti

2104 **Nella biblioteca scolastica ci sono varie pubblicazioni: il 45% sono libri di poesia, il 20% sono di storia, il 15% di letteratura, il 10% di avventura e, dei restanti, 5 sono di favole ed il 75% sono di arte. Quanti sono in totale i libri presenti nella biblioteca?**

A 80
B 280
C 200
D 180
E 100

2105 **Nella figura sottostante è riportata una pila di tre dadi uguali tra loro. Su ognuna delle facce (tutte diverse tra di loro) di ogni dado è disegnato uno dei seguenti simboli: asso di cuori, asso di fiori, asso di picche, asso di quadri, pallino, asterisco. Sapreste dire quale simbolo dovrebbe essere disegnato nella faccia contrassegnata dal punto interrogativo?**

A Asso di cuori oppure asso di quadri
B Pallino
C Asterisco oppure pallino
D Asterisco
E Asso di cuori

2106 **Prese da un mazzo particolare 6 carte, ciascuna delle quali su un lato porta scritto una fra le lettere A, B, C e sull'altro porta scritto una fra le cifre 1, 2, 3, Leo dispone sul tavolo le carte nel modo seguente:**

A	B	C	1	2	3

ed afferma:

Se una carta porta la lettera B su un lato, sull'altro lato porta la cifra 2.

Qual è il numero minimo di carte che Maria deve girare per essere sicura che Leo afferma il vero?

A 6
B 1
C 2
D 3
E 4

2107 Individuare la figura che completa correttamente la seguente serie.

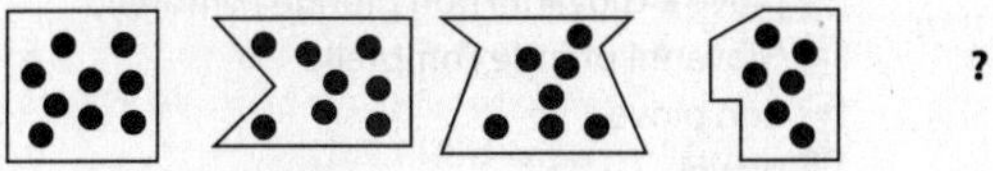

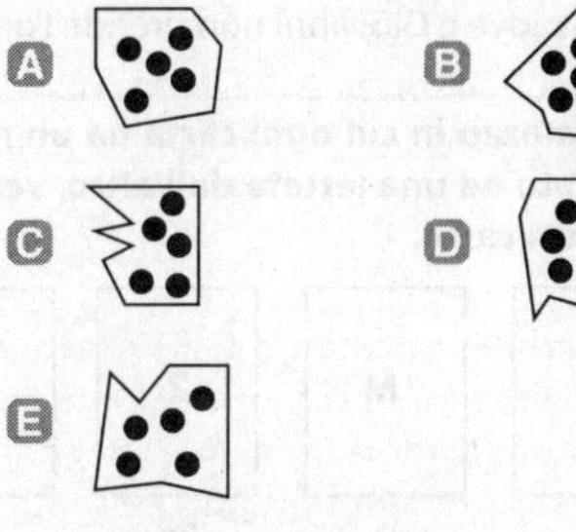

2108 Individuare la figura che completa correttamente la seguente serie.

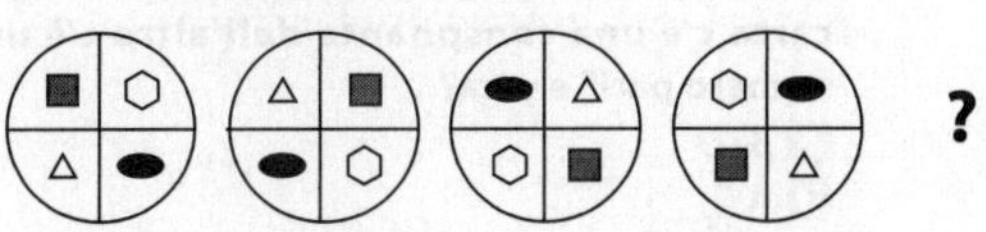

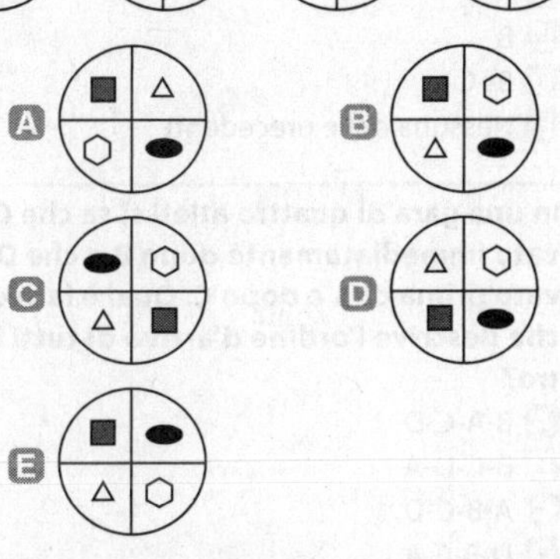

2109 Quale delle seguenti frazioni indica la quantità maggiore?

A 47/64
B 2/3
C 3/4
D 49/64
E 1/2

2110 "Margherita è appassionata di fotografia; tutti gli appassionati di fotografia non amano la natura; tutti i fotografi sono professionisti". Se le precedenti affermazioni sono vere, quale delle seguenti è sicuramente vera?

A Margherita è un fotografo
B Chi non ama la natura è sicuramente appassionato di fotografia
C Margherita non ama la natura
D Margherita è una professionista
E Nessuna delle precedenti

2111 Scartare una delle otto terne di simboli.

A Terna 1
B Terna 2
C Terna 4
D Terna 7
E Terna 8

2112 Quale tra le alternative proposte è identica alla seguente figura?

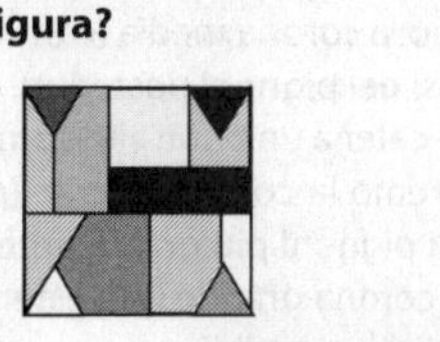

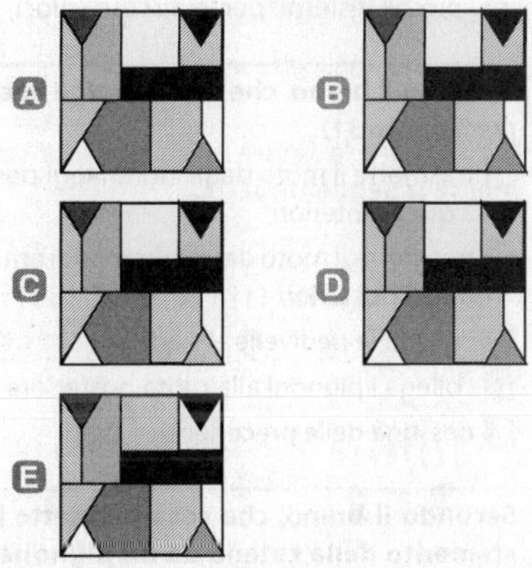

2113 Individuare la figura che completa la serie:

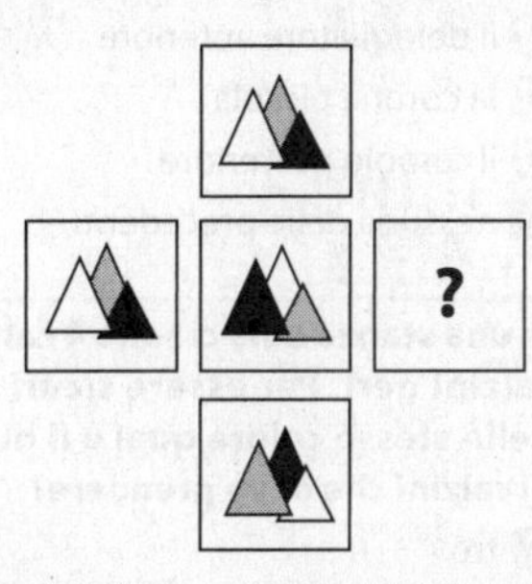

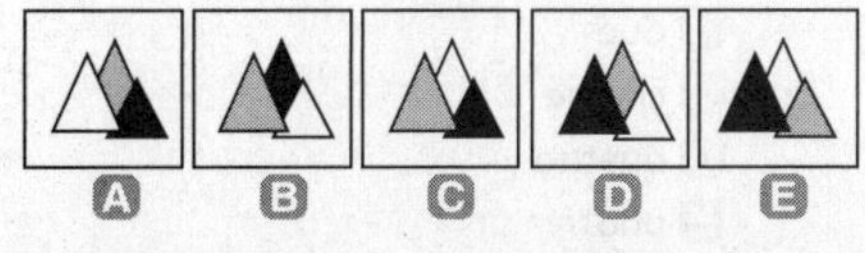

Brano 31 — In base alle informazioni contenute nel brano seguente, rispondere alle successive domande.

Esaminiamo in dettaglio il sistema di trasmissione delle biciclette munite di cambio e deragliatore.

Il sistema è composto da una serie di 2 o 3 corone direttamente collegate tramite le pedivelle ai pedali; un pacchetto di pignoni solidali con la ruota posteriore; la catena che trasmette il moto dagli ingranaggi anteriori a quelli posteriori; il deragliatore anteriore che consente lo spostamento della catena da una corona all'altra; il cambio posteriore che permette di spostare la catena da un pignone all'altro. Grazie a questo sistema, il ciclista è in grado di utilizzare al meglio la propria forza in relazione alla pendenza del terreno e al tipo di andatura che intende tenere: corona grande con pignoni piccoli, corona piccola con pignoni grandi. Quindi in condizioni normali useremo la corona media (centrale) abbinandola ad uno qualsiasi dei pignoni posteriori. Così facendo assicureremo alla catena un buon allineamento tra corone e pignoni. Useremo la corona piccola (più interna) abbinata ad uno dei pignoni più grandi (interni) per le salite più ripide e la corona grande (più esterna) abbinata ad uno dei pignoni più piccoli (esterni) per le discese veloci.

2114 Secondo il brano, che ruolo svolge la catena? *(vedi brano 31)*

- A trasmette il moto dagli ingranaggi posteriori a quelli anteriori
- B trasmette il moto dagli ingranaggi anteriori a quelli posteriori
- C collega le pedivelle ai pedali
- D collega i pignoni alla ruota posteriore
- E nessuna delle precedenti

2115 Secondo il brano, che cosa permette lo spostamento della catena da un pignone ad un altro? *(vedi brano 31)*

- A la corona grande
- B il deragliatore anteriore
- C la corona piccola
- D il cambio posteriore
- E nessuna delle precedenti

2116 In una stanza buia ci sono 4 calzini bianchi e 4 calzini neri. Per essere sicuri di averne due dello stesso colore qual è il numero minimo di calzini che devo prendere?

- A tre
- B due
- C cinque
- D quattro
- E uno

2117 L'affermazione "Se piove Giovanni prende l'ombrello" è contraddetta se:

- A piove e Giovanni non prende l'ombrello
- B Giovanni prende l'ombrello
- C non piove
- D piove
- E non piove e Giovanni non prende l'ombrello

2118 Da un mazzo in cui ogni carta ha un numero da un lato ed una lettera dall'altro, vengono estratte 4 carte.

E	M	2	5
A	**B**	**C**	**D**

Quale o quali di queste bisogna girare per verificare se la regola "Se su un lato della carta c'è una consonante dall'altro c'è un numero pari" è vera?

- A B+D
- B A
- C B
- D B+C
- E Nessuna delle precedenti

2119 In una gara di quattro atleti si sa che C è arrivato immediatamente dopo B e che D è arrivato prima di A e dopo C. Qual è la sequenza che descrive l'ordine d'arrivo di tutti e quattro?

- A B-A-C-D
- B B-C-D-A
- C A-B-C-D
- D D-B-C-A
- E A-B-D-C

2120 In una classe di 24 studenti 10 seguono un corso di giapponese, 12 un corso di spagnolo e 5 non seguono alcun corso. Quale delle seguenti deduzioni è corretta?

- A nessuno studente segue due corsi
- B almeno nove studenti seguono due corsi
- C tre studenti seguono due corsi
- D al massimo due studenti seguono due corsi
- E un solo studente segue due corsi

2121 A quale dei seguenti scrittori francesi del XX secolo si deve il romanzo "La nausea"?

- A Bataille
- B Sartre
- C Camus
- D Sagan
- E Gide

2122 A un ricevimento partecipano 100 persone. Fra di esse almeno una è donna. Se prendo a caso due persone, tra di esse vi sarà sempre almeno un uomo. Quanti sono gli uomini?

A 50
B 77
C 90
D 88
E 99

2123 Negli ultimi 100 anni vi è stato un aumento nelle temperature medie globali di 0,5°C. A causa del fenomeno del riscaldamento globale tutte le difese costiere costruite in futuro per proteggere le regioni d'Europa più vulnerabili dalle inondazioni dovrebbero essere progettate in modo diverso da quelle correntemente impiegate, al fine di permettere un incremento annuo del livello del mare.

Su quale/i supposizione/i implicita/e si basa il brano precedente?

1 È probabile che il riscaldamento globale causera un innalzamento del livello del mare.

2 Il fenomeno del riscaldamento globale probabilmente continuerà.

3 Le attuali difese costiere sono probabilmente inefficienti contro l'innalzamento del livello del mare.

A Sulla 1, la 2 e la 3
B Soltanto sulla 1 e la 3
C Soltanto sulla 1
D Soltanto sulla 1 e la 2
E Soltanto sulla 2 e la 3

2124 Se X e Y stanno tra loro come 5 sta a 6 e la loro somma vale 22, quanto vale X?

A 11
B Non è possibile determinarlo univocamente, con i dati a disposizione
C 9
D 10
E 12

Brano 32 — Leggere il brano seguente e rispondere alla relativa domanda

La morte verrà dal computer. Sarà lui a decidere se il paziente deve morire. Non è fantascienza, ma la controversa idea del Primario del reparto di Terapia Intensiva – nel quale si praticano cure molto complesse, tecnologicamente avanzate, ma molto costose e nel quale la mortalità è ancora elevata – di un ospedale londinese. Il medico in questione – secondo l'inviato a Londra della «Stampa» (25/8/94) – avrebbe deciso che in futuro la diagnosi definitiva, con una valutazione delle probabilità di sopravvivenza del paziente, dovrebbe essere elettronica: chiunque poi risultasse avere meno di tre mesi di vita davanti a sé, dovrebbe essere subito abbandonato al suo destino. Per ottenere una valutazione di questo genere basta fornire alla macchina una lunga lista di dati sui precedenti del paziente e sulle sue attuali condizioni, più una serie di parametri fissi (dai dati fisici all'età) e in pochi attimi il computer valuterà le possibilità statistiche della sua salvezza. Dalle prove eseguite risulterebbe che il computer azzecca le valutazioni nel 95/96% dei casi. Il programma per il computer esiste già ed è stato messo a punto negli Stati Uniti, ma per aiutare i medici nel loro lavoro, fornendo un supporto statistico al trattamento che essi intraprendono, e per non condannare i casi più gravi. È un coro di proteste – prosegue l'articolo – quello che si è levato dai medici dello stesso ospedale dove è stata fatta la proposta, della British Medical Association e soprattutto dai pazienti che un giorno potrebbero finire in terapia intensiva. Secondo il quotidiano, gli argomenti adotti a sua difesa dall'autore di questa controversa proposta sono innanzitutto di ordine finanziario: le economie che gli sono state imposte lo costringerebbero a scegliere tra la riduzione del numero di pazienti e la limitazione della lunghezza delle cure. Alla domanda "e quel rimanente 4 o 5% dei casi con previsione sbagliata, quei condannati che potrebbero invece salvarsi?", la risposta sarebbe stata: "è uno scarto minimo, decisamente inferiore al possibile errore dei medici". Al direttore finanziario dell'ospedale, che tagliando corto, aveva affermato "le economie si possono fare in un altro modo", il primario avrebbe ribattuto: "Fino a quanto denaro pubblico allora posso spendere, sapendo che il paziente è destinato a morire?".

2125 Ipotizzando che la discussa proposta riportata nel testo debba essere considerata NON come operativa, ma soltanto come una provocazione polemica, identificare tra quelle sotto elencate l'UNICA motivazione inappropriata ed incongruente con questa interpretazione della proposta stessa.

A Cercare di ottenere un finanziamento maggiore, dimostrando a quali conseguenze possa portare una situazione economica troppo precaria
B Dimostrare le conseguenze alle quali può portare, in campo sanitario, l'applicazione rigida di un criterio puramente economico
C Denunciare i misfatti che inevitabilmente conseguono all'impiego dell'informatica in campo sanitario
D Coinvolgere l'opinione pubblica, spesso restia ad accettare oneri consistenti per la sanità, mostrando cosa può comportare l'economia mal intesa in questo campo
E Dimostrare come il progresso tecnologico significhi spesso una rapida espansione della spesa sanitaria, senza che ne conseguano risultati immediatamente consistenti

RAGIONAMENTO LOGICO E CULTURA GENERALE

Brano 33 — Leggere il brano seguente e rispondere alle relative domande

Abbiamo incontrato scienziati che amano abbastanza la propria disciplina da non volerla privare dell'intelligenza delle donne. Ancora troppo pochi. Era il Natale del 2000, in Italia si discuteva dell'esito della Commissione Dulbecco che doveva suggerire se e come autorizzare la ricerca sulle cellule staminali. Per una donna il dibattito aveva una comicità surreale: ventiquattro signori, alcuni votati al celibato, litigavano sull'eventuale uso di embrioni senza consultare chi normalmente li fa, li partorisce, li accudisce e li trasforma in persone umane. Basta dare un'occhiata alle ricerche sulle carriere femminili nei centri di ricerca statali, per vedere che le donne non contano. Anche nelle discipline in cui sono più numerose degli uomini, non fanno "massa critica", smentendo così la teoria che sta dietro alle pari opportunità. Rimangono bassa manovalanza, quasi mai raggiungono posti di responsabilità. Rispetto al mondo della letteratura e delle arti, dove l'autorevolezza intellettuale e la creatività delle donne non sono più messe in discussione, il mondo scientifico è piuttosto conservatore. Dalla pubblicazione nel 1997 su «Nature» dell'articolo di Christine Wennerås e Agnes Wold, biologhe dell'università di Göteborg, si sa che gli esperti chiamati dal Consiglio svedese per la ricerca medica ad approvare i progetti finanziati con fondi pubblici applicano alle candidate un fattore di discriminazione di 2,6. Nel senso che le ricerche proposte da donne ricevono finanziamenti soltanto se ottengono un punteggio di 2,6 volte superiore a quelle proposte da uomini. L'effetto di questa prassi, diffusa ovunque e non solo nella Svezia delle pari opportunità, è stato da un lato la discriminazione, dall'altro il perpetuarsi fino a pochi anni fa di una ricerca medica scriteriata, proprio nel senso di priva di criteri oggettivi, per cui il corpo-standard era quello maschile. I genetisti hanno propagandato questa visione. Dopo la pubblicazione nel febbraio scorso della mappa del genoma, sono diventati più cauti. Era ora. Il libro The Century of the Gene elenca i vicoli ciechi imboccati storicamente dai genetisti. È emblematico James Bonner che nel 1965 pubblica un trattato sull'embriogenesi. A proposito dello sviluppo dell'embrione, Bonner ne colloca il programma genetico nel nucleo dello spermatozoo. Nella sostanza, questa posizione non rappresenta una novità: dopo duemila e passa anni, Bonner prende ancora per buona la tesi che Eschilo, nelle Eumenidi, attribuisce ad Apollo: "Non è colei che ha partorito, la madre del bambino che si dice sia stato da lei stessa generato: ella ha solo nutrito il seme che le è stato insediato. Vero creatore è colui che ha cosparso il seme".

2126 L'argomento centrale del brano è: *(vedi brano 33)*

- A l'atteggiamento maschilista diffuso nel mondo della ricerca scientifica
- B il confronto tra la situazione femminile nel campo delle arti e nel campo economico/scientifico
- C le rivendicazioni femminili circa la gestione del potere nel mondo della ricerca scientifica
- D la ricerca scientifica nei centri di ricerca statali
- E la differenza fra i centri di ricerca svedesi e quelli italian

2127 In base al contenuto del brano, si può affermare con certezza che chi lo ha scritto: *(vedi brano 33)*

- A ha studiato all'università di Göteborg
- B considera le ricercatrici scientifiche meno potenti dei loro colleghi maschi
- C detesta la letteratura greca
- D è un genetista
- E ha fatto parte della Commissione Dulbecco

2128 Quale delle seguenti affermazioni NON è concorde con quanto affermato nel brano? *(vedi brano 33)*

- A La commissione Dulbecco aveva come oggetto la ricerca sulle cellule staminali
- B Nell'università di Göteborg le ricerche proposte da uomini sono più facilmente finanziate con fondi pubblici rispetto a quelle proposte da donne
- C L'esito della ricerca di James Bonner sull'embriogenesi ha radici culturali molto lontane nel tempo
- D Rispetto al mondo letterario e artistico quello scientifico è piuttosto conservatore
- E La pubblicazione della mappa del genoma non ha per nulla modificato la visione maschilista vigente in ambito scientifico

2129 Un contrario di "aizzare" è:

- A sobillare
- B interrare
- C istigare
- D frenare
- E rinfrescare

2130 Quali, tra i termini proposti, completano correttamente la seguente proporzione?

Attore : X = pianista : Y

- A X = tastierista; Y = contratto
- B X = film; Y = pianoforte
- C X = film; Y = concerto
- D X = autografo; Y = metronomo
- E X = Oscar; Y = teatro

QUESITI

2131 ***Alone* significa:**

A aura
B laura
C laurea
D buio
E ombra

2132 "Chi non ha credibilità, viene ignorato". In base alla precedente affermazione, è necessariamente vero che:

A chi viene ignorato non ha credibilità
B chi ha credibilità non viene ignorato
C coloro che non vengono ignorati sono tutti e soli quelli che hanno credibilità
D chi non viene ignorato ha credibilità
E è sufficiente essere credibile per non essere ignorato

2133 Il signor Rossi, per ricordarsi il numero del suo bancomat, sperando che un eventuale ladro non sia bravo in matematica, ha scritto le seguenti informazioni:

- **La somma delle prime due cifre è 15**
- **L'ultima cifra è 2 o 4 o 6**
- **La somma della prima e dell'ultima è 10**
- **La somma delle cinque cifre è 22**
- **Tutte le cifre sono diverse e non c'è zero**
- **La quarta cifra è pari**

Qual è il numero del suo bancomat?

A 32589
B 45728
C 75329
D 81556
E 87142

2134 Quali parole vanno sostituite ai numeri per dare un senso compiuto e logico alle frasi seguenti?

"Le parole ___(1)___, più o meno regolarmente, da altre parole già note a chi le ha coniate. A volte capita che non ___(2)___ a rintracciare l'ètimo. Ma l'esperienza ci dice che ciò dipende soprattutto dalla nostra ___(3)___".

A (1) raggiungono (2) arriviamo (3) cultura
B (1) derivano (2) possiamo (3) educazione
C (1) nascono (2) riusciamo (3) ignoranza
D (1) spuntano (2) troviamo (3) insipienza
E (1) arrivano (2) sappiamo (3) scolarità

2135 Il contrario di *ilarità* è:

A depressione
B allegria
C solitudine
D mestizia
E gioia

2136 Una lepre e una tartaruga che si muovono rispettivamente a 40 km/h e 10 km/h fanno una gara; la lepre concede alla tartaruga un vantaggio di 15 chilometri. Quanto tempo impiega la lepre a raggiungere la tartaruga?

A 20 min
B 25 min
C 30 min
D 45 min
E 1 ora

2137 Se tre uomini possono mangiare tre polli in tre giorni, quanti polli mangiano 6 uomini in 6 giorni?

A 6
B 12
C 9
D 18
E 24

2138 Per conquistare il cuore di Angelica bisogna essere molto pazienti, oltre che belli e simpatici. Giampietro non è riuscito a conquistarla perché, nonostante sia un bellissimo ragazzo, si spazientisce facilmente.

Quale delle seguenti affermazioni segue la stessa struttura logica del suddetto ragionamento?

A Per riuscire a pescare servono tanta pazienza e una buona canna da pesca. Mauro è una persona paziente e possiede una buona canna da pesca quindi farà una pesca abbondante
B I libri che mi piacciono hanno un inizio coinvolgente, uno sviluppo che tiene alta la tensione e un finale spiazzante. Il libro che ho appena finito di leggere mi ha coinvolto all'inizio, tenuto incollato alle pagine e spiazzato nell'ultimo capitolo. Nonostante questo non mi è piaciuto, quindi non lo consiglio
C Per fare un buon pesto servono basilico, pinoli e formaggio pecorino. Il pesto di Antonio non è riuscito bene; ha infatti usato basilico, pinoli e formaggio grana
D Lanciando un dado, la probabilità di ottenere un numero pari è 1/2. Ho tirato il dado due volte e ho sempre ottenuto un numero pari, quindi il dado deve essere truccato
E Sempre più persone pensano che la vacanza ideale sia in un posto caldo, poco affollato e lontano dalla propria città. Mario è convinto che allontanarsi da casa non sia una buona cosa, quindi ha deciso di trascorrere le vacanze nella propria città

Brano 34 — Leggere il brano e rispondere alla relativa domanda

La concentrazione del capitale è un fenomeno naturale, che è andato avanti da quando esiste il capitalismo, e il settore dei mass media non ha fatto eccezione. [...] Ben Bagdikian, che è stato un giornalista piuttosto conosciuto del «Washington Post» prima di diventare direttore della scuola di giornalismo dell'Università di Berkeley, in California, vent'anni fa ha scritto un libro intitolato *The Media Monopoly*, in cui analizzava la concentrazione della proprietà dei mezzi di comunicazione negli Stati Uniti. Da allora, ogni due anni, Bagdikian ha pubblicato una nuova edizione aggiornata, e ogni volta il numero delle principali aziende operanti nei media si era ridotto. La prima edizione ne aveva individuate una cinquantina, oggi invece sono solo sei. Questa tendenza alla concentrazione non è solo americana, ma ha una connotazione internazionale, come testimoniano, per esempio, l'impero di Murdoch o le pubblicazioni Bertelesmann.

Monopolio a parte, un'altra tendenza è quella che spinge verso una progressiva volgarizzazione dei media. Gli investitori pubblicitari, infatti, non pagano per fare ragionare le persone, ma per fare in modo che siano passive e obbedienti. Non è un caso, dunque, se in televisione il tempo occupato dalla pubblicità che fa il lavaggio del cervello agli spettatori continua a crescere, mentre quello riservato all'informazione è sempre più risicato. Nel 1979 ho vissuto per un po' di tempo in Italia, a Pisa, e guardavo la televisione per tentare di imparare un po' di italiano. All'epoca la pubblicità era confinata negli intervalli tra un programma e l'altro, ma durante la mia visita successiva in Italia mi sono accorto che gli spot avevano ormai preso il sopravvento. Lo stesso fenomeno è avvenuto negli Stati Uniti e non ha risparmiato neppure i giornali, anche se in televisione ha un impatto più estremo.

Anche in un quotidiano considerato serio e autorevole come il «New York Times», infatti, quando i pezzi grossi si riuniscono alle quattro del pomeriggio per decidere la struttura del giornale, per prima cosa impostano la distribuzione delle inserzioni pubblicitarie nelle varie pagine. Solo dopo questo passaggio si occupano di quelle che vengono definite le *news holes*, vale a dire i buchi nella pubblicità in cui possono essere inserite le notizie. Nell'industria televisiva la divisione è tra *content* e *fill*, tra "contenuto" e "riempitivo". Contrariamente a quanto si potrebbe pensare, il contenuto, la parte più importante, è rappresentato dalla pubblicità, mentre il riempitivo è ciò che tiene lo spettatore incollato al televisore tra un blocco pubblicitario e l'altro. I soldi, la creatività, l'energia e gli sforzi che vengono dedicati all'elaborazione della pubblicità superano di gran lunga quelli investiti nell'informazione e nei programmi.[...]

Il pubblico televisivo è composto prevalentemente da persone anziane, di 60 o 70 anni, che sono anche quelle che in generale hanno la maggiore disponibilità di denaro. I programmi televisivi, però, non si rivolgono a loro, ma ai giovani. [...] È un paradosso solo apparente, perché numerosi studi hanno dimostrato che la *brand loyalty*, ovvero la fedeltà della gente alle varie marche, si sviluppa molto presto, perciò se cominci a comprare un certo tipo di prodotto quando hai 15 anni, è probabile che continuerai ad acquistarlo per il resto della tua vita. I pubblicitari, quindi, devono fare presa sulle persone quando sono ancora giovani. È incredibile il modo in cui queste campagne pubblicitarie vengono elaborate. C'è addirittura una branca di psicologia applicata che studia i capricci dei bambini. I bambini, infatti, con le loro insistenze possono portare i genitori all'esasperazione e spingerli a comprare. Le risorse e le energie investite nella pubblicità vanno a sostenere questo tipo di strategie, e il loro effetto sui mezzi di comunicazione è enorme. D'altra parte, esiste una controtendenza, rappresentata dal fatto che la società sta diventando più civilizzata, come dimostrano i diritti delle donne, la salvaguardia dell'ambiente e una serie di altre questioni di cui la gente, a differenza che in passato, adesso si preoccupa. I media non possono non tener conto di questi cambiamenti e la pubblicità deve adattarsi alle nuove caratteristiche dell'audience.

tratto da *Una conversazione con Noam Chomsky*, intervista di Simone Ramella

2139 Quale delle seguenti alternative definisce il tema centrale del brano? *(vedi brano 34)*

- **A** La concentrazione dei media tra informazione e pubblicità
- **B** I capricci dei bambini guidano la pubblicità
- **C** La pubblicità nelle trasmissioni televisive
- **D** Audience e *brand loyalty*
- **E** Il monopolio dei media

2140 Delle affermazioni di seguito riportate, solo una È COERENTE con quanto affermato nel brano. Quale? *(vedi brano 34)*

- **A** Secondo una ricerca di Chomsky, negli ultimi vent'anni negli Stati Uniti il numero delle principali aziende che si occupano di media si è ridotto da una cinquantina a sei
- **B** Poiché la maggior parte degli spettatori televisivi ha un'età compresa fra i 60 e i 70 anni, la pubblicità dovrebbe rivolgersi essenzialmente a costoro
- **C** La *brand loyalty* si acquisisce già in età adolescenziale
- **D** Fortunatamente oggi la pubblicità tiene conto delle mutate caratteristiche dell'audience
- **E** La pubblicità costituisce un "riempitivo" (*fill*) invadente nei programmi televisivi

QUESITI

2141 Architetto sta ad abitazione come:

A Tela a cavalletto
B Pizzaiolo a pizza
C Pennello a colore
D Statua a scultore
E Dente a dentiera

2142 Identificare il diagramma che rappresenta correttamente i seguenti insiemi:

- **Numeri compresi tra 1 e 22.**
- **Numeri compresi tra 5 e 11.**
- **Numeri pari divisibili per 7.**

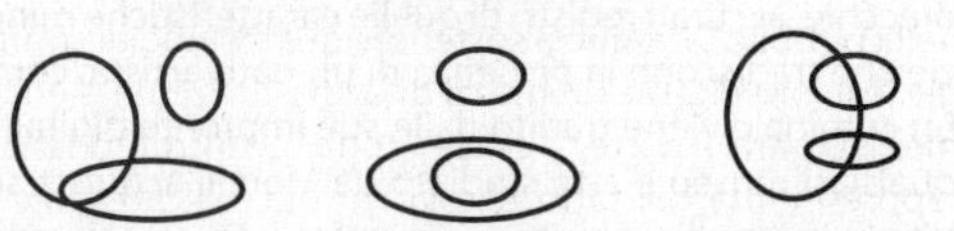

diagramma 1 diagramma 2 diagramma 3

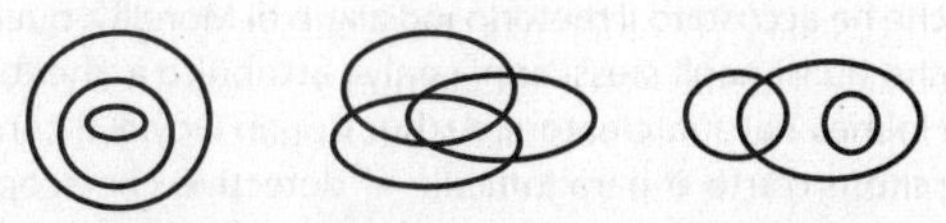

diagramma 4 diagramma 5 diagramma 6

A Diagramma 4
B Diagramma 2
C Diagramma 6
D Diagramma 1
E Diagramma 5

2143 Tutti i miei amici hanno la patente. Alcuni di essi non hanno la macchina. Questo significa che?

A I miei amici non hanno la macchina
B Alcuni miei amici non hanno la patente ma hanno la macchina
C Alcuni miei amici, pur essendo patentati, non hanno la machina
D Alcuni miei amici non hanno la macchina e neppure la patente
E Tutti i miei amici hanno la patente e la macchina

2144 Un ragazzo chiede una mela ad un contadino. "Potrai avere tutte quelle che ho nel cappello se risolvi l'indovinello: se le moltiplico per 3 e aggiungo 3 al prodotto e divido la somma per 3 e sottraggo 3 al quoziente il risultato è 5. Bimbo bello, quante mele ho nel cappello?":

A 5
B 7
C 9
D 6
E 8

2145 Se tutti gli uomini hanno la barba e tutti i militari sono uomini, quale affermazione fra le seguenti è vera?

A Tutti gli uomini non hanno la barba
B Tutti gli uomini fanno il servizio militare
C Tutti i militari hanno la barba
D Solo i militari portano la barba
E Tutti i militari non hanno la barba

2146 Se quattro operaie confezionano 9 manufatti in 20 minuti, quante operaie sarebbero teoricamente necessarie per confezionarne 90 in 12000 secondi?

A 20
B 9
C 8
D 4
E 12

2147 Vincenzo e Giovanni vogliono spedire le 24 cartoline che hanno acquistato in Grecia in tempo utile per prendere il traghetto che li ricondurrà in Italia. Entrambi sanno che insieme sono in grado di applicare 24 francobolli in 40 secondi. Vincenzo ne applica il triplo di Giovanni che, a sua volta, ne applica la metà di Massimo, il terzo compagno di viaggio. Quanti francobolli riuscirebbero ad applicare i tre lavorando insieme per 1 minuto?

A 15
B 36
C 54
D 45
E 24

2148 Se 3 uomini bevono 3 litri di vino in 3 giorni, quanti litri berranno 9 uomini in 9 giorni?

A 18
B 27
C 36
D 63
E 72

2149 Completare la frase seguente con l'unico sostantivo pertinente: "l'ernia iatale è una ... di parte dello stomaco che, dalla normale sede addominale, risale attraverso il diaframma."

A protrusione
B intrusione
C estroflessione
D invasione
E abduzione

Brano 35 — Questo brano è seguito da alcuni quesiti riguardanti il suo contenuto. Per ciascun quesito, dovete scegliere, tra le alternative proposte, quella che ritenete corretta in base soltanto a ciò che risulta esplicito o implicito nel brano, cioè solo in base a quanto si ricava dal brano e non in base a quanto eventualmente sapete già sull'argomento.

Il metodo morelliano

Tra il 1874 e il 1876 apparvero sulla «Zeitschrift für bildende Kunst» una serie di articoli sulla pittura italiana. Essi erano firmati da un ignoto studioso russo, Ivan Lermolieff; a tradurli in tedesco era stato un altrettanto ignoto Johannes Schwarze. Gli articoli proponevano un nuovo metodo per l'attribuzione dei quadri antichi, che suscitò tra gli storici dell'arte reazioni contrastanti e vivaci discussioni. Solo alcuni anni dopo l'autore gettò la duplice maschera dietro a cui si era nascosto. Si trattava infatti dell'italiano Giovanni Morelli (cognome di cui Schwarze è il calco e Lermolieff l'anagramma, o quasi). E di «metodo morelliano» gli storici dell'arte parlano correntemente ancora oggi. Vediamo brevemente in che cosa consisteva questo metodo. I musei, diceva Morelli, sono pieni di quadri attribuiti in maniera inesatta. Ma restituire ogni quadro al suo vero autore è difficile: molto spesso ci si trova di fronte a opere non firmate, magari ridipinte o in cattivo stato di conservazione. In questa situazione è indispensabile poter distinguere gli originali dalle copie. Per far questo, però (diceva Morelli) non bisogna basarsi, come si fa di solito, sui caratteri più appariscenti, e perciò più facilmente imitabili, dei quadri: gli occhi alzati al cielo dei personaggi di Perugino, il sorriso di quelli di Leonardo, e così via. Bisogna invece esaminare i particolari più trascurabili, e meno influenzati dalle caratteristiche della scuola a cui il pittore apparteneva: i lobi delle orecchie, le unghie, la forma delle dita delle mani e dei piedi. In tal modo Morelli scoperse, e scrupolosamente catalogò, la forma di orecchio propria di Botticelli, quella di Cosmé Tura e così via: tratti presenti negli originali ma non nelle copie. Con questo metodo propose decine e decine di nuove attribuzioni in alcuni dei principali musei d'Europa. Spesso si trattava di attribuzioni sensazionali: in una Venere sdraiata conservata nella galleria di Dresda, che passava per una copia di mano del Sassoferrato di un dipinto perduto di Tiziano, Morelli identificò una delle pochissime opere sicuramente autografe di Giorgione. Nonostante questi risultati, il metodo di Morelli fu molto criticato, forse anche per la sicurezza quasi arrogante con cui veniva proposto. Successivamente fu giudicato meccanico, grossolanamente positivistico, e cadde in discredito. (È possibile, d'altra parte, che molti studiosi che ne parlavano con sufficienza continuassero a servirsene tacitamente per le loro attribuzioni). Il rinnovato interesse per i lavori di Morelli è merito del Wind, che ha visto in essi un esempio tipico dell'atteggiamento moderno nei confronti dell'opera d'arte – atteggiamento che porta a gustare i particolari anziché l'opera complessiva. In Morelli ci sarebbe, secondo Wind, un'esasperazione del culto per l'immediatezza del genio, da lui assimilato in gioventù, a contatto con i circoli romantici berlinesi. È un'interpretazione poco convincente, dato che Morelli non si poneva problemi di ordine estetico (ciò che gli venne poi rimproverato) ma problemi preliminari, di ordine filologico. In realtà, le implicazioni del metodo proposto da Morelli erano diverse, e molto più ricche. «I libri di Morelli, – scrive Wind, – hanno un aspetto piuttosto insolito se paragonati a quelli degli altri storici dell'arte. Essi sono cosparsi di illustrazioni di dita e di orecchie, accurati registri di quelle caratteristiche minuzie che tradiscono la presenza di un dato artista, come un criminale viene tradito dalle sue impronte digitali..., qualsiasi museo d'arte studiato da Morelli acquista subito l'aspetto di un museo criminale...». Questo paragone è stato brillantemente sviluppato da Castelnuovo, che ha accostato il metodo indiziario di Morelli a quello che quasi negli stessi anni veniva attribuito a Sherlock Holmes dal suo creatore, Arthur Conan Doyle. Il conoscitore d'arte è paragonabile al detective che scopre l'autore del delitto (del quadro) sulla base di indizi impercettibili ai più. Gli esempi della sagacia di Holmes nell'interpretare orme nella fanghiglia, ceneri di sigaretta e così via sono, com'è noto, innumerevoli. Vedremo tra poco le implicazioni di questo parallelismo. Prima però sarà bene riprendere un'altra preziosa intuizione di Wind: «Ad alcuni tra i critici di Morelli sembrava strano il dettame che "la personalità va cercata là dove lo sforzo personale è meno intenso". Ma su questo punto la psicologia moderna sarebbe certamente dalla parte di Morelli: i nostri piccoli gesti inconsapevoli rivelano il nostro carattere più di qualunque atteggiamento formale, da noi accuratamente preparato». "I nostri piccoli gesti inconsapevoli...": alla generica espressione "psicologia moderna" possiamo sostituire senz'altro il nome di Freud. Le pagine di Wind su Morelli hanno infatti attirato l'attenzione degli studiosi su un passo, rimasto a lungo trascurato, del famoso saggio di Freud *Il Mosè di Michelangelo* (1914). Ridurre quest'influsso, come è stato fatto, al solo saggio sul *Mosè* di Michelangelo, o in genere ai saggi su argomenti legati alla storia dell'arte significa limitare indebitamente la portata delle parole di Freud: «Io credo che il suo metodo [di Morelli] sia strettamente apparentato con la tecnica della psicoanalisi medica». Ma che cosa poté rappresentare per Freud – per il giovane Freud, ancora lontanissimo dalla psicoanalisi – la lettura dei saggi di Morelli? È Freud stesso a indicarlo; la proposta di un metodo interpretativo imperniato sugli scarti, sui dati marginali, considerati come rivelatori. In tal modo, particolari considerati di solito senza importanza, o addirittura triviali, «bassi», fornivano la chiave per accedere ai prodotti più elevati dello spirito umano; «i miei avversari» scriveva ironicamente Morelli (un'ironia fatta apposta per piacere a Freud) «si compiaccion di qualificarmi per uno il quale non sa vedere il senso spirituale di un'opera d'arte e per questo dà una particolare importanza a mezzi esteriori, quali le forme della mano, dell'orecchio, e persino, *horribile dictu*, di così antipatico oggetto qual è quello delle unghie». Inoltre, questi dati marginali erano, per Morelli, rivelatori, perché costituivano i momenti in cui il controllo dell'artista, legato alla tradizione culturale, si allentava per cedere il posto a tratti puramente individuali, «che gli sfuggono senza che egli se ne accorga». Ancor più dell'accenno, in quel periodo non eccezionale, a un'attività inconscia, colpisce l'identificazione del nucleo intimo dell'individualità artistica con gli elementi sottratti al controllo della coscienza.

2150 Perché, secondo Morelli, i mezzi esteriori sono i più importanti per l'attribuzione delle opere? *(vedi brano 35)*

- A Perché sono quelli che dimostrano maggiormente i tratti più individuali di un artista
- B Perché sono quelli a cui un artista dà meno importanza
- C Perché sono quelli a cui nessuno guarda con attenzione
- D Perché sono quelli più facilmente imitabili
- E Perché sono quelli su cui agiscono di più i tratti tipici della scuola di appartenenza

2151 Il metodo morelliano: *(vedi brano 35)*

- A fu accettato dagli storici dell'arte, perché permetteva di risolvere tutti i problemi di attribuzione
- B fu accettato da tutti gli storici dell'arte, solo dopo aspre violente critiche
- C fu considerato troppo meccanicistico e positivistico
- D non fu mai criticato in maniera convincente
- E fu rifiutato perché troppo psicoanalitico, ma fu rivalutato dopo i libri di Freud

2152 Il metodo morelliano per l'attribuzione delle opere d'arte si basa: *(vedi brano 35)*

- A sul riscontro della presenza degli elementi più imitati di un artista
- B sul riscontro della presenza degli elementi noti di un artista
- C sul riscontro degli elementi più trascurabili, che sono quelli più influenzati dagli stilemi di scuola
- D sul riscontro dei dettagli secondari, meno influenzati dagli stilemi di una scuola o di un artista
- E sul riscontro degli elementi dove maggiore è l'attenzione dell'artista e che meglio dimostrano il suo stile

2153 Il metodo morelliano dimostra un atteggiamento davanti all'opera d'arte: *(vedi brano 35)*

- A di tipo romantico
- B coerente con le moderne sensibilità
- C basato solo sulla psicologia dell'artista
- D di tipo estetico
- E considerata come entità autonoma che non ha relazioni con le restanti opere di un artista

2154 Qual è la caratteristica più evidente dei libri di Morelli? *(vedi brano 35)*

- A Sono cataloghi dei particolari più facilmente imitabili di un artista
- B Sono cataloghi dei particolari più appariscenti dello stile di un artista
- C Sono cataloghi di particolari utili agli scrittori di romanzi gialli
- D Sono libri di psicoanalisi medica più che di storia dell'arte
- E Sono cataloghi dei particolari più trascurabili di un artista

2155 Individuare la figura da scartare.

A 

B 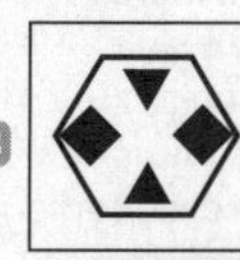

C 

D 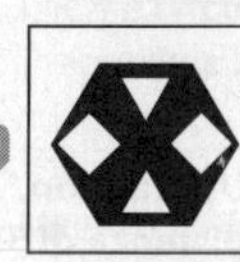

E 

2156 Individuare la figura che completa correttamente la seguente serie.

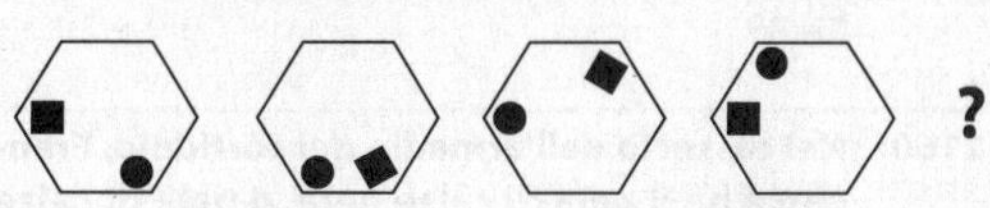

A 

B 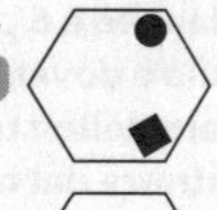

C 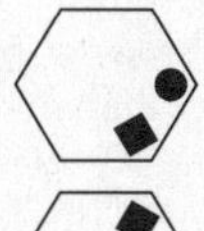

D 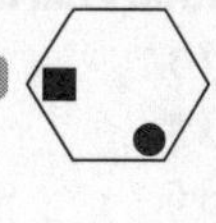

E 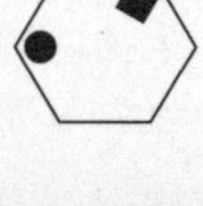

2157 Un collezionista aveva raccolto molte monete d'oro, ma non voleva far sapere a nessuno quante erano. Così il giorno in cui un amico gli chiese: "So che hai molte monete d'oro, ma quante ne hai?", il collezionista gli rispose: "Se divido le monete in due mucchi di numero non uguale, allora moltiplicando per cinquantacinque volte la differenza fra i due numeri ottengo un numero uguale alla differenza fra i quadrati dei due numeri". L'amico non riuscì a risolvere il problema. Sei più bravo tu a scoprire quante erano le monete?

A 42
B 48
C 52
D 55
E 65

2158 Un ragno deve superare un muro alto 30 metri. Di giorno sale per 3 metri, ma di notte quando dorme scivola giù di 2 metri. Quanti giorni impiegherà il ragno ad arrivare in cima al muro?

A 30
B 27
C 24
D 31
E 33

2159 Un camion, andando in salita, copre una distanza di 55 km a 35 km/h. Nel ritornare, in discesa, copre la stessa distanza a 63 km/h. Qual è la velocità media complessiva in km/h (andata e ritorno)?

A 41
B 43
C 45
D 47
E 49

2160 Nel cassetto dell'armadio del corridoio, Francesca ha 5 paia di calze nere, 4 paia di calze bianche e 6 paia di calze rosse. Trovandosi al buio e dovendo essere sicura di prenderne un paio dello stesso colore, quante calze dovrà estrarre dal cassetto?

A 3
B 4
C 5
D 7
E 10

2161 Spesso al corno di rinoceronte in polvere vengono attribuite proprietà afrodisiache. Tuttavia, un recente studio in materia ha dimostrato che non esiste alcuna prova scientifica che esso abbia effetti chimici di alcun tipo sul sistema nervoso degli esseri umani. Oltretutto, è stato recentemente condotto un esperimento in cui a 100 volontari veniva somministrato il corno di rinoceronte in polvere mentre ad altri 100 del semplice riso in polvere, senza rivelare ai volontari quale sostanza stavano assumendo. I ricercatori hanno riscontrato un aumento maggiore nella libido nel gruppo di coloro che avevano ingerito riso in polvere piuttosto che nell'altro gruppo. Quindi, questo esperimento sembra fornire la prova conclusiva che il corno di rinoceronte in polvere non è un afrodisiaco.

Su quale supposizione implicita si basa il brano precedente?

A Il fatto che al corno di rinoceronte in polvere vengano spesso attribuite proprietà afrodisiache contribuisce ad aumentarne la richiesta
B Il riso in polvere non possiede proprietà afrodisiache rilevanti
C Il commercio di corno di rinoceronte in polvere dovrebbe essere vietato a livello internazionale
D Il riso in polvere non produce alcun effetto sul sistema nervoso centrale degli esseri umani
E Generalmente le dichiarazioni rilasciate sulle sostanze afrodisiache non sono attendibili

2162 Nel parco alcuni bambini stanno correndo in bicicletta. Altri, più piccoli, vanno sul triciclo. Se insieme vi sono 18 fra biciclette e tricicli e le ruote sono in tutto 46, quanti sono i tricicli?

A 8
B 9
C 10
D 11
E 12

2163 Trova l'elemento che non è coerente con gli altri:

A cavallo
B gatto
C medusa
D cane
E elefante

QUESITI

2164 Demetrio ha la passione delle moto. Chi abita in montagna ha la passione delle moto. Chi abita in montagna ha sempre freddo.

Se le precedenti affermazioni sono vere, quale delle seguenti affermazioni è certamente vera?

A Demetrio abita in montagna
B Chi ha sempre freddo abita in montagna
C Non si può escludere che Demetrio abbia sempre freddo
D Chi ha la passione delle moto ha sempre freddo
E Chi abita in montagna ha la passione delle moto oppure ha sempre freddo, ma non entrambi

2165 Giovanni deve organizzare una piccola marcia con alcuni soldati del suo plotone. Qual è il più piccolo numero di soldati che possono rispettare tutte le seguenti condizioni di marcia contemporaneamente: 2 soldati davanti a un soldato, 2 soldati dietro a un soldato e 1 soldato tra 2 soldati?

A 3
B 4
C 5
D 6
E 2

2166 Giovanni arriva in ufficio alle 8,00 di mattina e racconta subito una bellissima barzelletta a 2 suoi colleghi. La barzelletta è così carina che questi 2 la raccontano ognuno ad altri 2 colleghi. Questi 4 colleghi a loro volta la raccontano ognuno ad altri 2 colleghi e così via. Ammettendo che in azienda ci siano 180 persone e che la barzelletta sia raccontata ogni quarto d'ora, a che ora la saprà tutta l'azienda?

A Prima delle 9,50
B Alle 9,30
C Alle 9,15
D Alle 8,45
E Dopo le 10,10

2167 Cinque amici fanno tra loro una gara di sci. Alfredo arriva prima di Benedetto ma dopo Carola; Daniele batte Carola ma finisce dopo Enrica. In qual posizione ha terminato la gara Daniele?

A Primo
B Secondo
C Terzo
D Quarto
E Quinto

2168 Un pensionato ha passato la sua vita per un quarto da ragazzo, per un ottavo da giovane, per metà al lavoro. Da 9 anni non lavora più. Quanti anni ha adesso?

A 64
B 66
C 68
D 72
E 74

2169 Molti automobilisti scelgono di acquistare auto a gas (metano o Gpl) al fine di ridurre le spese per il carburante, poiché il gas è meno caro rispetto alla benzina. La pubblicità sulla convenienza delle auto a gas è molto aggressiva ma occorre considerare che, oltre ad avere spesso un prezzo di acquisto più elevato, le auto a gas richiedono il pagamento di un bollo annuale più alto; inoltre la manutenzione delle auto a gas è più frequente e dispendiosa rispetto a quella delle auto a benzina. Oltretutto numerose amministrazioni comunali stanno pensando di impedire l'accesso ai centri storici anche alle auto a gas.

Quale delle seguenti affermazioni è totalmente sostenuta dal brano precedente?

A Le emissioni delle auto a gas sono meno inquinanti di quelle prodotte dalle auto a benzina
B Le case automobilistiche che producono auto a gas stanno perdendo quote di mercato
C Le auto a gas non sono poi così convenienti come pubblicizzato
D Le proteste degli automobilisti contro i bolli delle auto a gas sono destinate a non avere alcun effetto
E Le auto a gas (metano o Gpl) hanno le stesse prestazioni delle auto a benzina

2170 Inserire l'unica congiunzione pertinente nella seguente frase: "... piova, andremo a giocare in giardino".

A siccome
B seppure
C benché
D qualora
E purché

2171 Individuare la parola da scartare.

A Divario
B Dividendo
C Discrepanza
D Discordanza
E Differenza

Brano 36 — Questo brano è seguito da alcuni quesiti riguardanti il suo contenuto. Per ciascun quesito, dovete scegliere, tra le alternative proposte, quella che ritenete corretta in base soltanto a ciò che risulta esplicito o implicito nel brano, cioè solo in base a quanto si ricava dal brano e non in base a quanto eventualmente sapete già sull'argomento.

L'eliminazione dei mobili

Cari amici, vi voglio svelare un segreto: non esistono mobili moderni! Oppure, per esser più precisi: sono moderni soltanto quei mobili che si possono spostare. Tutti i mobili che sono fissati al muro, che quindi non si possono muovere e che, come già appare chiaro dal loro nome, non sono quindi veri e propri mobili: cassapanche e armadi, cristalliere e credenze, oggi praticamente non esistono più. Ma nessuno lo sapeva. E da ciò sono derivati gli errori. Ci si diceva che in ogni epoca gli armadi e le credenze erano stati concepiti in modo moderno, ideati secondo lo spirito del loro tempo e che perciò si aveva il compito di creare anche oggi queste cose secondo lo spirito del nostro tempo. Questo era un ragionamento sbagliato. Perché, dato che oggi gli armadi non esistono più, è impossibile che ve ne siano di moderni. Questi mobili inamovibili sono destinati a custodire. Nelle credenze si conservavano le porcellane, negli armadi i vestiti. Questo genere di mobili adibiti alla custodia erano un simbolo del grado di agiatezza raggiunto. La ricchezza della famiglia veniva gettata in faccia al visitatore per mezzo delle cassepanche e dei cassettoni. Così la credenza custodiva tutti i servizi di cristalleria, le porcellane e l'argenteria del padrone di casa. Era magnifico! Un altar maggiore faceva bella mostra di sé nel posto migliore della stanza da pranzo, e nel *Sancta Sanctorum*, nel tabernacolo, si trovavano i bicchieri da liquore. Io ho sempre ripetuto ai miei allievi: quanto più una famiglia è ordinaria tanto più ricca e grande è la sua credenza. Gli imperatori non ne possiedono affatto! La massaia antimoderna si chiede con angoscia dove deve riporre tutte queste cose. Ma lungo il percorso che unisce la stanza da pranzo alla cucina si trovano una quantità di spazi liberi sulle pareti, di vani sotto le finestre e di nicchie che, se chiusi da ante di legno dolce, consentono una sistemazione di cristallerie e porcellane molto più pratica di quella offerta da una profonda credenza. Piatti e bicchieri non hanno nessun bisogno di essere riposti gli uni dietro agli altri. Ancor più antimoderno è l'uso di custodire i vestiti negli armadi, i quali vengono sistemati nella camera come oggetti di lusso e segno di ricchezza. Si rifletta: un armadio può essere considerato un po' come un astuccio che contiene un gioiello prezioso. Ora si tenga presente la dissonanza che c'è fra il luogo di custodia – l'armadio – e i nostri vestiti moderni. L'armadio è intagliato e intarsiato, gli abiti sono semplici. Tra l'armadio del cortigiano francese e i suoi capi di abbigliamento muniti di bottoni di brillanti esisteva certamente una parentela; era proprio dello spirito di quell'epoca far sfoggio di sé con armadi e cassettoni e far intuire dalla ricchezza dell'armadio il prezioso contenuto. Ma, amici miei, mettetevi una mano sul cuore, non vi sembra che un simile atteggiamento nell'uomo d'oggi sia l'espressione di una gran volgarità?!

Anche gli architetti, intendo dire gli architetti moderni, dovrebbero essere uomini di oggi, quindi uomini moderni. La produzione di mobili spostabili la si lasci al tappezziere e al mobiliere. Costoro fanno mobili stupendi. Mobili che sono moderni come le nostre scarpe e i nostri vestiti, come le nostre valigie di cuoio e le nostre automobili. Ah, non è certamente possibile gloriarsi dei propri pantaloni e dire: sono del Bauhaus di Weimar! Le persone antimoderne oggi sono una minoranza in via di estinzione. Si tratta per la maggior parte di architetti. Nelle scuole di arte applicata essi vengono allevati artificialmente. È un'impresa ben comica quella di pretendere, ai nostri giorni, di riportare delle persone al livello di epoche passate. Ma c'è poco da riderci sopra; questa impresa ha avuto delle conseguenze disastrose. Che cosa deve fare l'architetto veramente moderno? Deve costruire delle case nelle quali tutti quei mobili che non si possono muovere scompaiano nelle pareti. Sia che egli costruisca un edificio nuovo, sia che ne curi soltanto l'arredamento. Se tutti gli architetti fossero sempre stati delle persone moderne, tutte le case sarebbero già provviste di armadi a muro. L'armadio a muro inglese è vecchio di secoli. La Francia costruiva le sue case borghesi fino agli anni Settanta del diciannovesimo secolo con armadi a muro. Ma la falsa resurrezione dell'architettura degli armadi ha guastato questa conquista moderna, e oggi persino a Parigi si costruiscono soltanto case prive di armadi a muro. I letti di ottone, i letti di ferro, i tavoli e le sedie, le poltrone e i sedili in genere, le scrivanie e i tavolini – tutte cose che vengono realizzate in modo moderno dai nostri artigiani (mai dagli architetti!) ognuno se le procuri da sé secondo il suo desiderio, il suo gusto e la sua inclinazione. Ogni cosa va d'accordo col resto perché è moderna (così come le mie scarpe vanno d'accordo con il mio vestito, con il mio cappello, con la mia cravatta e con il mio ombrello, sebbene gli artigiani che li hanno prodotti non si conoscano affatto fra di loro). All'architetto appartengono i muri della casa. Qui egli può fare ciò che vuole. E come i muri gli appartengono i mobili che non si possono spostare. Essi non possono fungere da mobili: fanno parte del muro e non hanno una vita propria come gli antimoderni armadi di lusso.

2172 L'agiatezza di una casa si metteva in risalto: ***(vedi brano 36)***

- **A** solo con i mobili che ostentano il contenuto
- **B** anche con i mobili che ostentano il contenuto
- **C** solo attraverso il lavoro dell'architetto
- **D** con l'accordo tra mobilio e vestiario
- **E** con l'assenza di armadi

QUESITI

2173 Mobili moderni sono soltanto: *(vedi brano 36)*

A gli armadi attrezzati
B le credenze che custodiscono la cristalleria
C quelli fortemente decorati
D quelli diversamente collocabili nello spazio
E quelli di grandi dimensioni

2174 La dissimulazione dell'arredo nell'architettura: *(vedi brano 36)*

A è compito del mobiliere
B è compito del tappezziere
C è compito dell'architetto
D è compito del muratore
E è compito degli artigiani

2175 L'uso diffuso dell'armadio a muro: *(vedi brano 36)*

A permette di esibire la ricchezza del contenuto
B è una conquista moderna
C è una usanza tipicamente francese
D non riscontra il favore degli inglesi
E risale all'epoca rinascimentale

2176 Gli architetti oggi: *(vedi brano 36)*

A non devono progettare mobili nelle pareti
B devono coordinare i mobili con i vestiti
C devono progettare mobili spostabili
D costituiscono la maggior parte degli antimoderni
E devono progettare come al Bauhaus

2177 Anna, convinta dell'imbattibilità della sua squadra del cuore, i Giulivi, a settembre conclude con Bruno il seguente accordo: alla fine del campionato ti darò 4 Euro per ogni partita che i Giulivi avranno perso e tu me ne darai 2 per ogni partita che avranno vinto. Poiché al termine del campionato i Giulivi hanno giocate 30 partite senza mai pareggiare e Bruno deve dei soldi ad Anna, se ne deduce che, necessariamente:

A Anna deve ricevere al più 10 Euro da Bruno
B Bruno deve ad Anna almeno 6 Euro
C i Giulivi hanno perso al più 5 partite
D i Giulivi hanno vinto meno di 20 volte
E i Giulivi hanno perso tra 10 e 15 volte

2178 Un sinonimo di *ragguardevole* è:

A rispettoso
B considerevole
C conveniente
D ossequioso
E impertinente

2179 Nella seguente sequenza:

6	**(4)**	**14**
10	**(10)**	**30**
12	**(11)**	**34**
20	**(25)**	**70**
25	**(x)**	**53**

sostituire a x il numero opportuno.

A $x = 16$
B $x = 44$
C $x = 14$
D $x = 18$
E $x = 32$

2180 In un cassetto ci sono alcune magliette. Andrea afferma: "Le magliette nel cassetto sono 2 gialle e 2 blu". Claudio afferma: "ci sono tre magliette nel cassetto". Dario afferma: "ci sono solo magliette gialle". Quante magliette ci sono nel cassetto sapendo che una e una sola delle precedenti affermazioni è falsa?

A 3
B 4
C 5
D 6
E Non si può determinare

2181 L'Apartheid, termine di derivazione olandese, indica:

A una politica segregazionista
B una scissione politica
C una scissione religiosa
D un'appartenenza politica
E un'appartenenza religiosa

2182 Flavia è stata chiamata per un lavoro in Svezia. Al telefono le hanno chiesto di proporre lei un compenso per il lavoro da svolgere. Flavia vorrebbe guadagnare in corone svedesi l'equivalente di 3.000 euro. Sapendo che il cambio applicato dalla banca è di 1,3 corone svedesi per euro quando acquista le prime e 1,6 corone svedesi per euro quando le vende, quante corone dovrà chiedere Flavia per il suo lavoro?

A 3.900 corone
B 4.800 corone
C Poco più di 2.300 corone
D 3.300 corone
E 3.600 corone

2183 A quale di queste nazioni appartiene l'Antartide?

- A All'Argentina
- B Al Cile
- C Al Brasile
- D All'Australia
- E A nessuna nazione

2184 Con l'attuale ordinamento, in Italia il Presidente della Repubblica Italiana dura in carica quanti anni?

- A 3 anni
- B 4 anni
- C 5 anni
- D 7 anni
- E 6 anni

2185 Jean de La Fontaine è un:

- A architetto
- B poeta e favolista
- C statista
- D filosofo
- E economista

2186 Il significato di "vernacolare" è:

- A stagionale
- B particolare
- C dialettale
- D primaverile
- E crepuscolare

2187 Chi sostiene la teoria evolutiva nel suo famoso libro *"L'origine della specie"*?

- A Johann Gregor Mendel
- B Epicuro
- C Charles Robert Darwin
- D Isaac Newton
- E Dmitrij Ivanovic Mendeleev

2188 La compagnia di trasporti Acme paga i dividendi ai propri azionisti ogni sei mesi. La società per azioni Baldini li paga invece ogni otto mesi, mentre la Cristofori li paga ogni diciotto mesi. Nel gennaio 1990 tutte e tre le società hanno pagato simultaneamente i dividendi agli azionisti. In quale mese e anno il pagamento simultaneo agli azionisti è nuovamente coinciso?

- A Gennaio 1992
- B Luglio 1995
- C Gennaio 1996
- D Luglio 1991
- E Gennaio 2002

2189 Quale di questi santi è nato in Africa?

- A Sant'Ambrogio di Milano
- B San Tommaso d'Aquino
- C San Paolo di Tarso
- D Sant'Antonio di Padova
- E Sant'Agostino di Ippona

2190 "Na" è il simbolo dell'elemento chimico:

- A Potassio
- B Sodio
- C Azoto
- D Rame
- E Niobio

2191 Individuare la figura mancante.

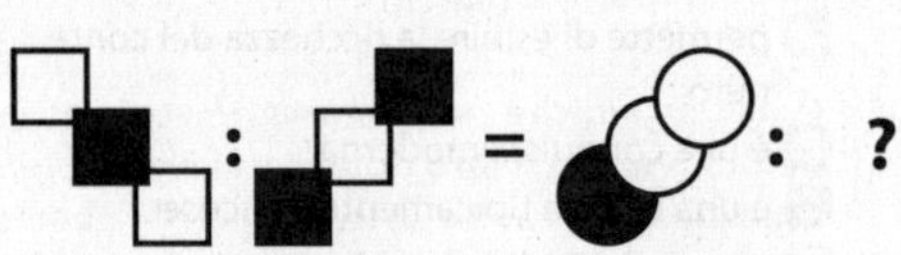

A 

B 

C 

D 

E 

2192 Scegliere tra le cinque coppie di parole quella che esprime la relazione più simile a quella esistente tra le parole "ascetico" e "carnale".

- A Acidulo - carnoso
- B Umano - bestiale
- C Nobile - volgare
- D Spirituale - fisico
- E Austero - suntuario

2193 Una classe di bambini si dispone a cerchio. Il 5° bambino si trova esattamente di fronte al 16°. Quanti sono i bambini della classe?

- A 20
- B 21
- C 22
- D 23
- E 24

2194 Tre campane suonano ad intervalli di 8 minuti, 12 minuti e 9 minuti, rispettivamente. Se suonano insieme alle 8 di mattina, dopo quanto tempo suoneranno di nuovo insieme?

A 16 minuti
B 24 minuti
C 29 minuti
D 36 minuti
E 72 minuti

2195 Cane : X = Uomo : Y.
La proporzione può essere completato da:

A X = alluce; Y = mignolo
B X = zampa; Y = artiglio
C X = zampa; Y = arto
D X = gamba; Y = mano
E X = piede; Y = braccio

2196 Quattro amiche si conoscono dai tempi dell'università. I loro nomi sono Maria, Vera, Claudia e Ilaria. Se solo una delle quattro seguenti affermazioni è vera, chi è la più intelligente del gruppo?

- **Ilaria, che è la più giovane delle quattro, afferma: "è Maria la più intelligente del nostro gruppo".**
- **Maria, che ora lavora nella formazione del personale, afferma: "è Vera la più intelligente del gruppo".**
- **Vera, la più anziana delle quattro, afferma: "non sono io la più intelligente del gruppo".**
- **Claudia, che dopo l'università ha proseguito nel campo dell'informatica, afferma: "non sono io la più intelligente delle quattro".**

A Non è possibile stabilirlo
B Vera
C Ilaria
D Claudia
E Maria

2197 Andrea e Raffaello possiedono ciascuno un certo numero di palline da tennis. Andrea ne ha meno di Raffaello. Andrea dice che se Raffaello gliene dà otto delle sue, il numero diventa uguale. Raffaello dice che se invece è Andrea a dargliene otto, il numero delle sue palline quintuplica rispetto a quelle di Andrea. Quante palline ha Raffaello?

A 24
B 32
C 36
D 38
E 40

2198 Indicate quale dei seguenti termini non è sinonimo di "Chiaroveggenza".

A Divinazione
B Intuizione
C Previdenza
D Preveggenza
E Intuito

2199 Individuare il termine "estraneo" al gruppo: Baleari; Canarie; Cicladi; Egadi; Eolie.

A Baleari
B Canarie
C Cicladi
D Egadi
E Eolie

2200 "È assurdo non ritenere che è sbagliato non perdonare chi si è pentito di un errore". Il significato della frase precedente è che:

A è corretto che colui che perdona si penta
B non è giusto che chi si pente di un errore venga perdonato
C chi si pente di un errore commesso fa una cosa imperdonabile
D è giusto che sia perdonato chi si pente di un errore commesso
E è sbagliato perdonare chi ha commesso un errore

2201 Una scatola contiene 6 palline blu,12 palline verdi e 24 palline gialle. Si supponga di essere bendati in modo da non poter sbirciare nella scatola, quante palline dovreste prendere per essere sicuri di averne almeno una coppia dello stesso colore?

A 6
B 4
C 3
D 2
E 5

2202 Tutto ciò che possiede un allevatore sono 40 maiali. Il lunedì un incendio ne uccide la metà. Il martedì un sesto dei maiali fugge. Il mercoledì l'allevatore compra altri dieci maiali. Quante pecore possiede alla fine l'allevatore?

A 40
B 22
C 26
D 0
E 50

RAGIONAMENTO LOGICO E CULTURA GENERALE

Brano 37 — Leggere il brano e rispondere alle seguenti domande.

Il nuovo metodo per ridurre l'inquinamento si chiama fotocatalisi, la reazione chimica che trasforma le sostanze inquinanti responsabili dello smog in componenti inerti. La trasformazione dei gas nocivi avviene sulle pareti degli edifici, sulla vernice che riveste i muri e persino sul manto stradale adeguatamente trattato. Il meccanismo, per essere attivato, necessita di un ingrediente essenziale come la luce del sole, che irradia il biossido di titanio (una sostanza aggiunta al cemento, alle vernici, o ad altri materiali edili utilizzati come rivestimento degli edifici). Il biossido di titanio, una volta attivato, cattura le sostanze nocive presenti nell'aria e le rende innocue trasformandone alcune in acqua e anidride carbonica e altre in sali minerali (minuscoli sassolini). Secondo alcune ditte produttrici basterebbe rivestire il 15% delle superfici urbane con i nuovi materiali per dimezzare l'inquinamento. La stima è forse un po' troppo ottimistica, visto che la riduzione degli inquinanti in aree test oscilla dal 20% al 70%. Bisogna, infatti, considerare la presenza dei fenomeni atmosferici poiché la rimozione degli inquinanti presenti in una via cittadina è sempre controbilanciata dall'arrivo di nuove sostanze convogliate dal vento e lo spostamento continuo dei flussi d'aria impedisce il completo disinquinamento delle zone dove esistono edifici trattati con materiali fotocatalitici. All'aperto, quindi, la fotocatalisi funziona a pieno ritmo solo nelle situazioni in cui la concentrazione di inquinanti è elevata e c'è stagnazione di aria ricca di sostanze nocive mentre nei locali chiusi la sua efficacia aumenta: un esperimento condotto in due scuole milanesi ha mostrato come il livello degli inquinanti fosse molto più basso nelle classi trattate con vernici fotocatalitiche rispetto alle classi trattate con vernici tradizionali. Secondo gli esperti, il metodo non può essere considerato risolutivo, ma va affiancato ad altre attività di prevenzione finalizzate alla riduzione dello smog.

Riduzione dell'articolo di Roberto La Pira tratto dal «Sole 24 ore» del 30 marzo 2006

2203 Dal brano è possibile dedurre che: *(vedi brano 37)*

- A la fotocatalisi in futuro potrà affermarsi come unico rimedio all'inquinamento atmosferico
- B a causa della sua efficacia limitata, in alcune condizioni la fotocatalisi dovrà essere affiancata da altri metodi di riduzione dello smog
- C la fotocatalisi è ancora troppo dipendente dai fenomeni atmosferici per essere più utile della prevenzione tradizionale
- D sarà impossibile ridurre l'inquinamento atmosferico
- E a causa dei costi elevati che la fotocatalisi comporta per il rivestimento delle superfici urbane, questa reazione chimica dovrà essere ulteriormente perfezionata

2204 Nella reazione chimica descritta nel brano, l'agente che permette alle vernici composte da biossido di titanio di trasformare le sostanze inquinanti presenti nello smog è: *(vedi brano 37)*

- A l'alcool
- B il vento
- C l'acqua
- D l'anidride carbonica
- E la luce del sole

2205 Secondo quanto riportato nel brano, quale tra questi elementi NON è un prodotto della fotocatalisi? *(vedi brano 37)*

- A L'anidride carbonica
- B L'aria
- C L'acqua
- D I sali minerali
- E Nessuna delle altre alternative è corretta

2206 Secondo l'opinione delle ditte produttici di vernici riportata nel brano, per dimezzare l'inquinamento sarebbe necessario rivestire con il materiale fotocatalitico il: *(vedi brano 37)*

- A 100% delle superfici urbane
- B 70% delle superfici urbane
- C 20% delle superfici urbane
- D 35% delle superfici urbane
- E 15% delle superfici urbane

2207 L'effetto disinquinante della reazione chimica descritta nel brano è: *(vedi brano 37)*

- A maggiore in luoghi aperti dove l'aria circola alimentata dal vento e gli inquinanti sono elevati
- B uguale in edifici chiusi e luoghi aperti purché ventosi
- C maggiore in edifici chiusi e in luoghi aperti dove l'aria è immobile e gli inquinanti sono minimi
- D maggiore in luoghi aperti dove l'aria circola alimentata dal vento e gli inquinanti sono minimi
- E maggiore in edifici chiusi e in luoghi aperti dove l'aria è immobile e gli inquinanti elevati

2208 Un pittore dispone di sei colori e vuole colorare un suo disegno in tanti modi quanti sono possibili combinando due colori, senza mai ripetere le combinazioni: quanti disegni colorerà?

- A 15
- B 21
- C 14
- D 12
- E 20

QUESITI

2209 In Bolandia ci sono quattro fiumi, ciascuno dei quali si contende il primato di quello più lungo. Le guide turistiche della regione in cui scorrono i fiumi affermano quanto segue:
1: Il fiume Dile è più corto del Cubba
2: Il fiume Bongo è più corto dell'Esun
3: Il fiume Esun è più lungo del Cubba
Assumendo che tutte le affermazioni sopracitate siano corrette, quale delle seguenti è senza dubbio vera?

A Il fiume Dile è più corto del Bongo
B Il fiume Dile è più lungo dell'Esun
C Il fiume Esun è più lungo del Dile
D Il fiume Bongo è più lungo del Cubba
E Il fiume Cubba è più lungo del Bongo

2210 La Grande Depressione ebbe inizio nel 1929 con:

A l'assunzione del dollaro come moneta unica degli scambi internazionali
B l'inizio della riforma del sistema della banche federali statunitensi e l'istituzione della Federal Reserve
C il crollo della borsa di Wall Street
D l'istituzione del gold standard
E l'istituzione del GATT

2211 Qual è, tra i seguenti, il sinonimo di "indigeno"?

A Selvaggio
B Straniero
C Nemico
D Nativo
E Mendico

2212 Tre campane suonano ad intervalli di 5 minuti, 6 minuti e 10 minuti, rispettivamente. Se suonano insieme alle 8 di mattina, dopo quanto tempo suoneranno di nuovo insieme?

A 10 minuti
B 19 minuti
C 30 minuti
D 65 minuti
E Non è possibile calcolarlo

2213 Nell'Istituto Colamastri il 60% degli studenti gioca a il tennis, mentre il 70% gioca a calcio. Qual è la percentuale di studenti che gioca sia a calcio sia a tennis?

A 130%
B 3%
C 0,30%
D 30%
E 10%

2214 Nella cittadina di Morgna i 40 ragazzi che vanno a scuola studiano l'arabo, il cinese o il russo. Di questi 40 ragazzi 18 studiano il cinese, 20 il russo e 25 l'arabo. Sapendo che 5 ragazzi studiano sia l'arabo sia il russo e che nessuno studia sia il cinese sia il russo, quale delle seguenti affermazioni è vera?

A Alcuni ragazzi studiano tutte e tre le lingue
B Nessuno dei ragazzi che studia arabo studia anche cinese
C Tutti i ragazzi che studiano arabo studiano anche cinese
D Tutti i ragazzi che studiano cinese studiano anche arabo
E Nel gruppo di 40 ragazzi vi sono più maschi che femmine

2215 Andrea, Barbara e Carlo organizzano un torneo di tennis tra loro. Ciascuno dei tre gioca sei partite con ciascuno degli altri due. Andrea vince quattro volte contro Barbara, ma perde cinque volte contro Carlo, il quale vince tre volte contro Barbara. Sapendo che per ogni partita vinta vengono assegnati due punti e per ogni partita persa ne viene sottratto uno, chi ha vinto il torneo e con quanti punti?

A Andrea con 14 punti
B Barbara con 9 punti
C Andrea con 10 punti
D Barbara con 13 punti
E Carlo con 12 punti

2216 Il titolo V della Costituzione italiana è stato oggetto di riforma costituzionale nel 2001. Su quale ambito verte?

A Le garanzie poste per preservare la Costituzione
B L'ordinamento giurisdizionale
C I rapporti tra Governo italiano e Unione Europea
D L'ordinamento degli Enti Locali
E I diritti e doveri dei cittadini in materia di rapporti etico-sociali

2217 "Nessun computer può sostituire il cervello umano". Se la precedente affermazione è FALSA, allora si può essere certi che:

A il cervello umano è insostituibile
B non esistono computer che possono sostituire il cervello umano
C esistono diversi computer che possono sostituire il cervello umano
D c'è solo un computer che può sostituire il cervello umano
E esiste almeno un computer che può sostituire il cervello umanoi

RAGIONAMENTO LOGICO E CULTURA GENERALE

Brano 38 — Leggere il brano e rispondere alle relative domande

[…] I bambini non (ri)conoscono e dunque non vogliono il costume da Pulcinella o Arlecchino, ma preferiscono e s'impuntano su quelli di Dragonball, Eminem o i personaggi del piccolo schermo. Cambia insomma il Carnevale dei bambini, che sempre più spesso chiedono la divisa da Carabiniere, come nell'omonima fiction, o i vestiti da rapper come nella pubblicità con Linus.

La triste scoperta arriva da uno studio realizzato da Eta Meta Research, condotto su quattro focus group composti da bambini (tra i 7 e i 13 anni) e su 110 responsabili di negozi di giocattoli e centri commerciali che vendono costumi, per individuare i nuovi personaggi di riferimento per il Carnevale.

Dunque in soffitta anche i robot e Goldrake, di gran moda solo qualche anno fa. I modelli sono cambiati ancora, ma comunque a dettarli è sempre la tv. Il 67% dei bambini, secondo lo studio, non sa nemmeno bene quali sono e da dove vengono le maschere tradizionali del carnevale. Su alcuni personaggi, poi, le risposte non sono certo confortanti: in media solo il 9% sa chi era Arlecchino e che si tratta di una maschera italiana. Non sono pochi i bambini che lo hanno identificato con un nemico dei Power Ranger (21%) o un vecchio personaggio dei cartoni animati (17%). Non è certo andata meglio a Pulcinella: per il 39% è addirittura un fantasma, mentre il 5% lo identifica con il personaggio di uno spot per una mozzarella. Personaggi più "moderni" come Zorro e Sandokan non se la sono cavata molto meglio: il primo, infatti, è soprattutto il personaggio di un film con Banderas, o l'eroe di un cartone animato, per il 55%, mentre Sandokan è «il personaggio di un vecchio telefilm che ogni tanto si rivede in Tv» per il 62%.

Quali sono insomma le maschere da mandare in pensione? Quelle che piacciono a mamma e papà. I costumi che proprio non sembrano più interessare i bambini, secondo i responsabili dei negozi che vendono costumi di carnevale, sono quelli delle tradizionali maschere italiane. Arlecchino e Pulcinella, insomma, sono assolutamente "out" (con un calo di richieste del 40% rispetto ai due anni precedenti). Basta anche con gli animali e gli insetti come gatti e coccinelle (calati del 30-35% rispetto ai due anni precedenti). Non va meglio per i personaggi delle fiabe, a partire da Biancaneve, ma senza dimenticare la Fata Turchina (decremento del 30% circa), o per quelli della letteratura d'avventura, come i Tre Moschettieri o i pirati (decremento del 25%). A salvarsi, o meglio, a contenere le perdite, sono alcune categorie, come i super eroi (che presentano un calo del 10% circa); salgono, invece i personaggi delle fiction.

Dunque tra i costumi più richiesti, la divisa da Carabiniere, come nella fiction di Canale 5, corredata di tutto, dalla pistola alle manette (come conferma il 47%). Anche nel Carnevale per eccellenza, quello di Rio in Brasile, sono sempre in numero maggiore le maschere legate alla fiction. […]

tratto da *Pulcinella fermato dai "Carabinieri"*, www.panorama.it, 23 febbraio 2004

2218 In base a quanto affermato nel brano, le maschere "da mandare in pensione": *(vedi brano 38)*

A non sono legate a personaggi televisivi

B vengono a volte confuse dai bambini con personaggi della pubblicità

C evidenziano un fenomeno tipicamente italiano

D sono soprattutto quelle dei supereroi

E hanno origine da vecchi telefilm che ogni tanto vengono riproposti in televisione

2219 Quale delle seguenti conclusioni è deducibile dal testo? *(vedi brano 38)*

A Oggi la televisione ha preso definitivamente il posto dei fumetti

B I cartoni animati hanno più presa sui bambini degli spot pubblicitari

C In alcuni casi anche un personaggio musicale può diventare un modello per una maschera

D Anche al Carnevale di Rio, in Brasile, la fiction dei "Carabinieri" ha ispirato i costumi di molti

E Difficilmente le ricerche di mercato sono attendibili

2220 Quale delle seguenti coppie di termini presenta elementi di disomogeneità rispetto alle altre?

A Lacunoso / manchevole

B Dissipato / morigerato

C Greve / leggero

D Glabro / villoso

E Nascosto / esibito

2221 Scegliere tra le alternative proposte quella che completa correttamente la seguente frase "Ti direi che le fragole sono ottime...".

A Se non saprei che sei allergico

B Se non sapessi che fossi allergico

C Se non sapessi che sei allergico

D Se non saprei che fossi allergico

E Nessuna delle precedenti

QUESITI

2222 Se Luigi lavorasse di più stasera guadagnerebbe più soldi. Tuttavia, se andasse a fare un giro in bicicletta si manterrebbe più in forma. Luigi ha più bisogno di mantenersi in forma che di guadagnare più soldi, quindi andrà a fare un giro in bicicletta.
Quale delle seguenti affermazioni segue la stessa struttura logica del suddetto ragionamento?

A Se Maria facesse le faccende domestiche la casa sarebbe pulita ed ordinata. Se uscisse con gli amici, invece, sarebbe rilassata e di buon umore. Maria preferisce essere di buon umore piuttosto che avere una casa ordinata quindi uscirà con gli amici
B Se uscissi adesso andrei a divertirmi con i miei amici. Tuttavia, se uscissi non farei i compiti e se non faccio i miei compiti l'insegnante mi rimproverèrà di fronte ai miei amici, quindi è meglio che non esca
C Se Pietro imparasse a guidare la macchina acquisirebbe una capacità utile. Se mettesse da parte dei soldi potrebbe viaggiare in giro per il mondo. È necessario che Pietro impari a guidare, ma può farlo anche in futuro, quindi viaggerà in giro per il mondo finché è giovane
D Se Aldo avesse un motorino in città si muoverebbe più velocemente e ciò gli consentirebbe di arrivare in ufficio sempre in orario. Aldo non possiede un motorino e dunque arriva in ufficio sempre in ritardo.
E Se Mario mangiasse la torta di sicuro sentirebbe che è molto buona, ma se non la mangiasse perderebbe peso. A Mario non interessa più perdere peso, quindi mangerà la torta

2223 Se:
@ + # = $ – #
 # = 2
$ = 3
Allora @ è uguale a:

A –1
B 0
C –2
D 1
E 2

2224 Individuare la figura da scartare:

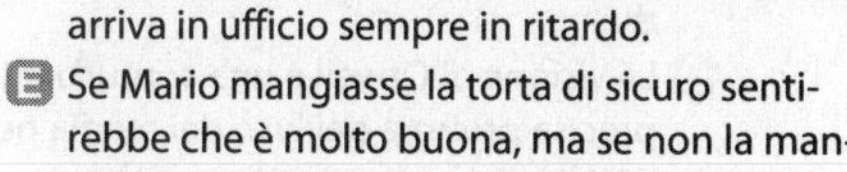

A B C D E

2225 Se è vero che «alcune biciclette hanno gli ammortizzatori», allora è necessariamente vera anche una delle affermazioni seguenti. Quale?

A Se comperi una bicicletta, questa può non avere gli ammortizzatori
B Le biciclette con gli ammortizzatori sono le migliori
C Anche se oggi non è così, un giorno tutte le biciclette avranno gli ammortizzatori
D Le biciclette con gli ammortizzatori costano di più
E Non può esistere una bicicletta senza ammortizzatori

2226 In un museo sono presenti soltanto quadri, sculture e mosaici. Sapendo che il numero di quadri sta a quello delle sculture come 3 sta a 4, che il numero di mosaici sta a quello dei quadri come 5 sta a 3 e che nel museo ci sono 36 sculture, qual è il numero totale di opere d'arte presente nel museo?

A 117
B 99
C 123
D 90
E 108

2227 L'affermazione "non c'è compleanno senza festeggiato" implica che:

A la festa si fa una volta all'anno
B tutti fanno una festa per il compleanno
C le feste si fanno solo per il compleanno
D in ogni compleanno sono tutti festeggiati
E in ogni compleanno c'è un festeggiato

2228 Se l'affermazione "Nessun cittadino italiano paga tutte le tasse" è falsa, quale delle seguenti è necessariamente vera?

A Diversi cittadini italiani pagano tutte le tasse
B Molti cittadini italiani pagano solo alcune tasse
C Alcune tasse vengono pagate da gran parte degli italiani
D Almeno un cittadino italiano paga tutte le tasse
E Molte tasse sono evase da quasi tutti gli italiani

2229 Inserire l'unica congiunzione pertinente nella seguente frase: "... ami molto leggere, porterò con me pochi libri in vacanza".

A dal momento che
B se
C sebbene
D anche se
E giacché

Brano 39 — Leggere il brano seguente e rispondere alle relative domande

"Supponiamo che un individuo possa ricostruire elettronicamente un'immagine animata del suo oggetto del desiderio, che nella vita reale non può manipolare come meglio crede, magari semplicemente perché non suscita nell'altro un analogo stimolo. Ammettiamo che attraverso pratiche sessuali elettroniche quell'individuo possa piegare alla sua volontà quell'immagine. Se ciò accadesse nella vita reale sarebbe un'aggressione violenta, uno stupro e quell'individuo finirebbe in cella (si spera). Nel ciberspazio tutto è permesso, anche la proliferazione di patologie violente e crudeli, se pur virtuali. Questa sarebbe liberazione? Forse liberazione degli istinti più bassi. Se ciò può accadere è perché viviamo in una società che produce numerose frustrazioni tenute a freno da regole sociali e morali, ma che vengono liberate in ambienti virtuali (...) ma come agirebbe sul terreno reale un individuo abituato a realizzare le proprie aggressioni violente, a dettare ordini, a piegare alla propria volontà immagini virtuali di altre persone reali?

"Il potere teme la libertà dell'immaginazione (...) Non dimentichiamo che sia Stalin sia Hitler sono noti per aver bandito la pubblicazione dei racconti di fate" (Stenger, 1991). Forse sarebbe meglio capovolgere questa osservazione e constatare invece che il "potere" cerca di fornire proprio strumenti di evasione. In fin dei conti è più facile accettare di essere schiavi su questa terra se poi nel ciberspazio tutto è lecito. Il ciberspazio, dove il corpo è assente, potrebbe diventare un illusorio conforto per il corpo martoriato dallo stress e dallo sfruttamento che subisce nel mondo reale. Hitler e Stalin sarebbero stati ben contenti se avessero avuto a disposizione anche questa possibilità, oltre ai loro campi di sterminio di massa. Nella visione di Orwell i media entravano nel mondo reale per condizionare la vita concreta degli individui, con il ciberspazio il mondo reale può seguire tranquillamente il suo corso, purché l'individuo si riconosca nelle vaste possibilità e personificazioni del ciberspazio. Il ciberspazio rischia di essere veicolato come la "droga" più micidiale che sia mai stata inventata".

Da Alberto Pian, Computer, scuola e formazione, Centro scientifico editore, 1996, Torino

2230 Tra le definizioni sotto elencate una è scorretta, in quanto non coglie il significato che il termine ha assunto nel testo in cui queste parole compaiono sottolineate, individuatela. *(vedi brano 39)*

A Manipolare: modificare, rielaborare
B Analogo: identico, uguale
C Stupro: atto di violenza carnale
D Frustrazioni: insoddisfazioni, delusioni
E Micidiale: che ha effetti mortali

2231 Delle seguenti affermazioni una non è coerente con le informazioni che si possono ricavare dal testo, quale? *(vedi brano 39)*

A Che Hitler e Stalin abbiano messo al bando le fiabe non implica che non avrebbero favorito la diffusione delle pratiche di evasione nel ciberspazio
B L'abitudine ad evadere in un'altra dimensione, sia pur virtuale, rende l'individuo meno facilmente manipolabile dal potere
C L'abitudine ad evadere in un'altra dimensione, sia pur virtuale, può rendere l'individuo più docile e meno reattivo nel mondo reale
D Il ciberspazio non offre all'individuo, sfruttato e avvilito nella realtà, un conforto autentico e valido
E Oggi tiranni quali Hitler e Stalin potrebbero avvalersi di nuovi efficaci strumenti di potere, oltre ai campi di sterminio di massa

2232 È rigorosamente deducibile una sola delle seguenti affermazioni dal testo di Alberto Pian, quale? *(vedi brano 39)*

A Le pratiche sessuali elettroniche neutralizzano le pulsioni violente degli individui aggressivi
B La libertà dell'immaginazione è sicuramente un pericolo per il potere
C Le regole sociali e morali possono produrre, ma anche frenare, le frustrazioni degli individui
D La visione di Orwell è una conturbante ma precisa profezia dell'uso dei media nelle società del nostro tempo
E Un individuo aggressivo nel ciberspazio non potrebbe non essere aggressivo anche nel mondo reale

2233 Tutti gli avvocati sono prolissi; Giorgio ama la montagna; tutte le persone che amano la montagna sono prolisse
Se le affermazioni sopra riportate sono vere, quale delle seguenti è necessariamente vera?

A Giorgio è un avvocato
B Tutte le persone prolisse sono avvocati
C Tutti gli avvocati amano la montagna
D Giorgio è prolisso
E Giorgio avrebbe voluto essere un avvocato

2234 Un contrario di "deferente" è:

A insufficiente
B insolente
C rilassante
D ignorante
E sospettoso

Brano 40 — Leggere il brano seguente e rispondere alle relative domande

Diversi studi hanno sottolineato la dimensione emotiva dei processi di apprendimento e di lavoro. In particolare, secondo lo psicoanalista Bion, ogni percorso di conoscenza è in primo luogo un'impresa emotiva: le emozioni, la confusione e il caos legati all'incontro con l'ignoto devono poter essere tollerati e tenuti nella mente perché i dati sensoriali, grezzi e concreti, dell'esperienza possano essere trasformati in elementi mentali, cioè visualizzati, pensati e messi in connessione fra loro. Non si apprende automaticamente un'esperienza: da un'esperienza si "può" imparare. Gli input esperienziali, i dati sensoriali non sono di per sé utilizzabili per il pensiero e la conoscenza, come precisa Bion, ma devono poter essere legati insieme dall'attività mentale del soggetto affinché diventino significati mentalizzabili e, quindi, pensabili. Un input esterno, per quanto sia ben strutturato e chiaro, non è conoscibile se all'interno della mente non si struttura una rappresentazione psichica, un simbolo, un'immagine interna che può dare significato al dato sensoriale. Diversi studi hanno ormai dimostrato che il processo psichico di costruzione di una rappresentazione psichica (un'immagine, un concetto ecc.) che codifichi la conoscenza di un oggetto mobilita, in modi squisitamente soggettivi, emozioni e sentimenti che non sono solo di curiosità, entusiasmo e piacere. Questo vuol dire che, comunque, il soggetto, per poter apprendere, deve confrontarsi con i sentimenti, anche quelli difficili e dolorosi, di confusione, inadeguatezza e rabbia che si attivano nell'incontro con l'oggetto di conoscenza, in qualche misura separato e con una sua struttura indipendente. Se emozioni e vissuti di dubbio o incertezza, inadeguatezza o frettolosa e superficiale onnipotenza sono tollerati e tenuti nella mente, i dati sensoriali possono diventare immagini, idee e concetti in grado di articolarsi insieme in un nuovo sapere. Il problema, infatti, è che la mente umana non è naturalmente attrezzata per la conoscenza, in quanto non è costituzionalmente in grado, per così dire, di tollerare l'ansia del non sapere e del non capire, ansia sempre presente nei processi di interazione e di conoscenza. Quando l'individuo incontra aree di ignoranza e di dubbio, è portato a difendersi ricorrendo a operazioni mentali e a fantasie molto primitive e irrealistiche che scindono, cioè allontanano da sé il dubbio, l'inadeguatezza, il disagio o negandoli attraverso una superficiale sicurezza, o trasformandoli nella persecutorietà di una realtà, che viene percepita come inconoscibile e intrasformabile, e perciò nemica. Il soggetto è spinto, inconsciamente, a liberarsi da vissuti e sentimenti difficili e inquietanti, scindendoli e proiettandoli all'esterno, vivendoli, cioè, come qualcosa di cattivo esterno a sé, che non promana dalla propria mente.

2235 Nel brano si afferma che: *(vedi brano 40)*
- A la vera causa dell'ansia umana risiede nel processo di interazione e di conoscenza
- B la conoscenza è sempre provocata dall'ansia
- C uno stato ansioso è sempre insito nei processi di apprendimento
- D il senso di inadeguatezza e di rabbia di fronte ai processi conoscitivi è naturale in soggetti poco propensi alla relazione
- E nessuna delle precedenti

2236 Facendo riferimento al brano, tutte le seguenti affermazioni sono corrette tranne una. Quale? *(vedi brano 40)*
- A Non sempre si può apprendere da un'esperienza
- B Un input esterno, se ben strutturato e chiaro, è sempre conoscibile
- C Il processo di apprendimento comporta anche sentimenti di inadeguatezza
- D Aree di ignoranza o dubbio possono spingere il soggetto a difendersi tramite una deformazione in senso persecutorio della realtà
- E Nessuna delle precedenti

2237 Nel brano sono presenti tutti i seguenti avverbi tranne uno. Quale? *(vedi brano 40)*
- A Costituzionalmente
- B Particolarmente
- C Squisitamente
- D Inconsciamente
- E Naturalmente

2238 In base a quanto scritto nel brano, in che modo reagisce l'individuo quando sperimenta l'inadeguatezza e il disagio prodotti dall'incontro con l'ignoto? *(vedi brano 40)*
- A Assorbendo mentalmente anche le emozioni più difficili e inquietanti
- B Manifestando una condotta sempre aggressiva e disturbante
- C Con la scissione e la proiezione all'esterno dei vissuti e dei sentimenti negativi
- D Con una regressione a dinamiche mentali infantili
- E Nessuna delle precedenti

2239 Quale dei seguenti potrebbe essere un titolo adeguato del brano? *(vedi brano 40)*
- A Processo cognitivo ed emozioni
- B La gestione educativa
- C Apprendere dall'esperienza
- D I processi psichici della relazione
- E Nessuno delle precedenti

Brano 41 — Leggere il brano seguente e rispondere alle relative domande

Gli uomini tendono a interpretare l'amore e il matrimonio in termini di possesso, come confermano gli studi su cerimonie nuziali, negoziati prematrimoniali, leggi sull'adulterio e canzoni d'amore. La violazione del diritto di proprietà degli uomini sulle "loro" donne può provocare gesti violenti. La grande maggioranza degli uxoricidi è dovuta al sospetto d'infedeltà o alla volontà della moglie di chiudere il rapporto: il rischio che una donna sia uccisa è più alto dopo l'abbandono di un partner violento che durante la convivenza. «Se non posso averla io, non l'avrà nessuno», pensano gli uxoricidi. Il rovesciamento dei ruoli non è molto frequente. E quando le donne uccidono i partner di solito è per reazione al dominio violento dell'uomo. Forse la possessività maschile è dovuta al fatto che gli uomini sono in forte competizione tra loro per la riproduzione e possono essere ingannati riguardo alla paternità. Tuttavia, gli uomini non aggrediscono le partner allo stesso modo in tutto il mondo. Ci sono grandi differenze culturali. In Papua Nuova Guinea un etnografo ha rivelato che nella tribù dei Lusi-kaliai quasi tutte le donne subiscono prima o poi percosse dal marito, mentre in quella dei Wape le violenze sono molto rare. Anche nelle nazioni sviluppate ci sono situazioni molto diverse: secondo l'OMS, il numero delle mogli aggredite dal marito oscilla dal 10 a più del 50 per cento. Ogni anno più di cento britannici uccidono le partner o le ex partner. [...] Negli Stati Uniti sono circa mille le donne uccise dai partner o dagli ex partner ogni anno. La cifra è inferiore ai 1.400 omicidi all'anno dei primi anni Ottanta, ma in rapporto alla popolazione è pur sempre il doppio rispetto alla Gran Bretagna. Il dato sorprende perché contemporaneamente sono aumentati l'impegno femminile nel mondo del lavoro e i divorzi richiesti dalle donne, entrambi fenomeni sgraditi agli uomini possessivi. La riduzione degli uxoricidi potrebbe essere dovuta alla maggiore protezione sociale garantita alle donne maltrattate. La riduzione del numero di uomini uccisi dalla moglie è stata ancora più netta. Evidentemente i programmi per la tutela femminile hanno salvato la vita più agli uomini che alle donne: se le donne hanno la possibilità di sfuggire a uomini violenti e dominanti, sono meno inclini a uccidere.

2240 I programmi di protezione femminile fanno diminuire: *(vedi brano 41)*

A il numero dei divorzi

B più il numero di donne uccise da uomini che il numero di uomini uccisi da donne

C il numero degli uomini possessivi e violenti

D più il numero di uomini uccisi dalle donne che il numero di donne uccise da uomini

E il numero di famiglie sotto la soglia di povertà

2241 Secondo il brano, una donna con un partner violento rischia di venire uccisa con: *(vedi brano 41)*

A minore probabilità dopo l'abbandono del partner

B maggiore probabilità durante la convivenza

C minore probabilità durante i negoziati prematrimoniali

D la medesima probabilità sia durante sia dopo la convivenza

E maggiore probabilità dopo l'abbandono del partner

2242 Secondo il brano, le donne uccidono il partner: *(vedi brano 41)*

A frequentemente, per l'infedeltà del marito

B raramente, quando non riescono a ottenere la separazione

C raramente, in genere per reazione alla violenza dell'uomo

D più frequentemente in Gran Bretagna che negli Stati Uniti

E quando riescono a raggiungere una certa stabilità economica

2243 Dal brano, si può dedurre che: *(vedi brano 41)*

A in Papua Nuova Guinea è più probabile per una donna subire violenza se appartiene alla tribù dei Lusi-kaliai

B in Papua Nuova Guinea è più probabile per una donna subire violenza se appartiene alla tribù dei Wape

C nei Paesi sviluppati le donne non sono mai oggetto di violenza

D i Paesi sviluppati sono culturalmente omogenei per quanto riguarda la violenza sulle donne

E negli Stati Uniti il numero di donne aggredite dai mariti raggiunge picchi del 50%

2244 Secondo il brano, rispetto agli anni Ottanta: *(vedi brano 41)*

A la percentuale di donne maltrattate negli Stati Uniti si è dimezzata rispetto alla Gran Bretagna

B le donne maltrattate sono diminuite negli Stati Uniti

C in Gran Bretagna vengono maltrattate più donne che negli Stati Uniti

D la percentuale di donne maltrattate in Gran Bretagna è divenuta doppia rispetto agli Stati Uniti

E la percentuale di divorzi è diminuita in Gran Bretagna

QUESITI

2245 Quale dei seguenti gruppi di termini è disomogeneo rispetto agli altri?

A Aitante – robusto – gagliardo – forte
B Carente – limitato – ristretto – dovizioso
C Aggraziato – leggiadro – grazioso – goffo
D Consistente – cospicuo – rilevante – irrisorio
E Motteggiatore – mordace – maldicente – adulatore

2246 Tre sorelle hanno un'età complessiva pari a 75 anni. La maggiore delle tre ha un'età pari ai tre mezzi dell'età della minore delle tre. La sorella di mezzo ha cinque anni in meno della sorella maggiore. Quanti anni ha la sorella maggiore?

A 25
B 26 e 3 mesi
C 32
D 30
E 20

2247 Le statistiche delle forze dell'ordine confermano che mai come prima nella storia del nostro paese il numero di agenti di pubblica sicurezza è stato più elevato. Sul campo ci sono sia un maggior numero di agenti di polizia che di carabinieri. Questa è la ragione per la quale, la settimana scorsa, il livello di criminalità si è abbassato del 30%.
Quale delle seguenti risposte costituisce il passaggio logico errato nel brano precedente?

A I carabinieri non hanno gli stessi poteri degli agenti di polizia
B I livelli di criminalità possono essere rilevati in maniere diverse
C La criminalità potrebbe anche essere diminuita se non ci fosse stato un aumento del numero di forze dell'ordine
D Il fatto che la criminalità sia diminuita la settimana scorsa non significa affatto che rimarrà a livelli bassi
E Avere più agenti di polizia potrebbe significare che più criminalità viene segnalata

2248 Come viene comunemente denominata la serie di proteste e agitazioni che ha avuto inizio nell'inverno 2010/11 nelle regioni del Nord Africa, del Medio e Vicino Oriente?

A Guerra del Golfo
B Primavera araba
C Rivoluzione di ottobre
D Panarabismo
E Lega araba

2249 Alla festa da ballo organizzata per festeggiare il diploma sono presenti tanti ragazzi quante ragazze; esattamente un terzo dei presenti è maggiorenne. Vengono formate le coppie per il ballo, ognuna delle quali è composta da un ragazzo e una ragazza; nessuno resta senza compagno/a. Si considerino le seguenti affermazioni:

1. **in ogni coppia il ragazzo è maggiorenne e la ragazza minorenne**
2. **in ogni coppia il ragazzo è minorenne e la ragazza maggiorenne**
3. **in ogni coppia il ragazzo è minorenne**
4. **in ogni coppia la ragazza è minorenne**
5. **ci sono meno di 6 persone**

Indicando con (P) le affermazioni possibili e con (N) quelle non possibili, dire quale è la giusta sequenza di affermazioni possibili e non possibili:

A 1.N–2.N–3.P–4.P–5.N
B 1.N–2.N–3.N–4.P–5.N
C 1.N–2.N–3.P–4.N–5.N
D 1.N–2.P–3.P–4.N–5.N
E 1.N–2.P–3.N–4.P–5.P

2250 Quale delle seguenti definizioni non è corretta?

A Xilofago: detto di animale che si nutre solo di legno
B Verro: piccolo argano per innalzare pesi
C Ustorio: che brucia
D Sinossi: compendio, visione d'insieme di una disciplina
E Talassocrazia: supremazia sui mari

2251 L'indicazione stradale "vietato superare la velocità di 50 km/h in caso di nebbia" implica che:

A se non c'è nebbia si può andare a 100 km/h
B se si può viaggiare a 60 km/h significa che non c'è nebbia
C se un'auto viaggia a 40 km/h significa che c'è nebbia
D se si può viaggiare a 80 km/h significa che la visibilità è di oltre 500 metri
E se un motociclista viaggia a oltre 200 km/h merita il ritiro della patente

2252 Vengono lanciati due dadi a sei facce numerate da 1 a 6. Qual è la probabilità che escano due numeri tali che l'uno NON sia multiplo dell'altro?

A 1/4
B 4/9
C 1/3
D 1/6
E 7/18

RAGIONAMENTO LOGICO E CULTURA GENERALE

Brano 42 — Leggere il brano e rispondere a ogni quesito collegato solo in base alle informazioni contenute.

La decadenza moderna

Una chiara differenza tra il mondo antico e l'epoca in cui viviamo oggi è la velocità del progresso tecnologico e l'applicazione immediata dei risultati delle ricerche scientifiche, grazie a una tecnologia sempre più sofisticata. Mentre l'eolipila inventata da Erone di Alessandria, considerata l'antenata della macchina a vapore, rimase un giocattolo, le scoperte degli scienziati e degli inventori moderni sono state immediatamente utilizzate a fini pratici. A questo riguardo il XIX e il XX secolo differiscono dalle epoche precedenti «per l'elevato numero di scoperte scientifiche che hanno trovato un'applicazione utilitaristica; si tratta di un numero così elevato da non avere precedenti nella storia dell'umanità». Il fatto che il progresso tecnologico prosegua e sia sempre più veloce non permette di cogliere il declino della nostra epoca, anche se questo declino non ha assolutamente raggiunto il grado di sterilità culturale della Roma del III e del IV secolo d.C. La nostra situazione è più simile a quella dei Greci, la cui fiducia nel progresso, soprattutto nella tecnologia e nella medicina, proseguì dal periodo d'oro del V secolo fino al IV secolo a.C.; analogamente, una simile fiducia nel progresso e in particolare nella tecnologia e nella medicina si ritrova a partire dal XIX secolo fino a oggi. Non ci fu tuttavia «alcuna diminuzione dell'energia creativa»: fu l'epoca dei più grandi oratori e filosofi, si svilupparono nuove forme di arte e letteratura, furono compiuti importanti progressi in matematica e in astronomia. Ma, come nel nostro caso, «almeno qualcosa dell'antica fiducia era andato perduto». Oggigiorno il progresso scientifico e tecnologico prosegue senza sosta e l'esplorazione dello spazio ha condotto a straordinarie scoperte astronomiche. La creatività che ha dato vita a nuove forme di cultura – i romanzi di fantascienza, l'impressionismo in arte e in letteratura, i risultati raggiunti dal cinema, dalla radio e dalla televisione – continua: siamo molto lontani dalla sterilità culturale che regnava a Roma nel IV secolo d.C. Ciò che, invece, minaccia questo sviluppo culturale e che più assomiglia alla situazione dell'antica Roma è l'architettura contemporanea. Nel III secolo l'ordine classico si era dissolto in pareti spoglie e facciate nude, allo stesso modo in cui le nostre abitazioni in vetro e cemento hanno preso il posto degli edifici del XIX e dell'inizio del XX secolo, così variegati nello stile e nelle decorazioni. In scultura, Thorwaldsen, Gibson e Bates, uniti al fascino spensierato di Carpeaux, segnano il tramonto di una lunga tradizione, sebbene alcuni elementi di essa permangano nelle forme voluminose di Maillol e Henry Moore. Con Rodin qualcosa di nuovo è comparso: il suo *Balzac* riflette lo spirito e la personalità del soggetto per mezzo di effetti di chiaroscuro, illusioni ottiche che si sostituiscono a forme ben delineate, oppure nell'argilla modellata per dare corpo alle sue figure umane dotate di una plasticità che permane nella colata di bronzo e persino nella copia di marmo. Questo stile ricorda la scultura impressionista del III secolo ed è proseguito con molti esperimenti moderni di natura più o meno astratta. A questo proposito poi il ruolo giocato dal disegno astratto può essere equiparato alla varietà di motivi non-figurativi del post-classicismo e del periodo bizantino, più tardi intensificato dall'iconoclastia e dall'influenza dell'Islam. Le tendenze eterogenee e anarchiche dell'arte contemporanea sono espressione dell'angoscia dei tempi moderni – ciò si vede maggiormente negli stili pittorici che rompono con la forma classica, fino alla successiva corrente artistica rappresentata da Picasso, dal naturalismo all'astrattismo e al simbolismo. L'imminente angoscia dell'epoca è espressa, nel XIX secolo, da artisti come Van Gogh, in particolare nei suoi autoritratti, nei suoi paesaggi tormentati e angosciosi e nell' *Urlo* di Munch del 1893. Quasi un secolo prima Goya dipinse il suo *3 maggio 1808*. Nei *Disastri della guerra* e nelle *Pitture nere* dell'ultima fase della sua vita egli presenta la guerra e ogni sorta di malvagità in un modo completamente diverso dal classicismo accademico. Un altro secolo dovette trascorrere prima che il crudele spreco e la mutilazione di giovani vite giungesse alla coscienza pubblica nei terribili anni che seguirono le entusiasmanti aspettative dell'agosto 1914. Goya, tuttavia, aveva già ritratto gli effetti della guerra negando l'umanità tra corpi in decomposizione, donne stuprate e i gemiti dei loro figli. La sete di sangue, il male sadico è rappresentato nelle *Follie* – in esse non vi è spazio per il riso – e nei volti lascivi e nel mostruoso satanismo del *Sabba delle streghe* e in altre raffigurazioni del lato oscuro dell'esistenza umana. Anche Johann Heinrich Füssli guarda alle forze occulte che prendono potere, ma la completa visione di questa minaccia con cui il XIX secolo si è aperto è lasciata a Goya: l'inizio sinistro di una fase della storia, con tutte le sue torture, olocausti e massacri di soldati, il suo terrore e inumanità, comincia a rivaleggiare, nelle vite e nelle morti di milioni di individui, con le miserie dell'ultimo secolo a.C.

2253 Quale tra i seguenti fattori NON caratterizza la decadenza dell'arte nell'antica Roma? *(vedi brano 42)*

- **A** La scomparsa dell'ordine classico in architettura
- **B** L'iconoclastia e l'influenza dell'Islam
- **C** I motivi non-figurativi
- **D** La scultura impressionista
- **E** L'arte divenuta sterile

QUESITI

2254 Rodin segna uno snodo nello sviluppo della scultura moderna perché: ***(vedi brano 42)***

- (A) ha rifiutato il fascino spensierato di Carpeaux
- (B) ha utilizzato illusioni ottiche e chiaroscuri per riflettere la personalità del soggetto rappresentato
- (C) nelle sue opere non c'è continuità con il passato
- (D) il suo stile anticipa le scelte formali di Maillol e Moore
- (E) lavorava il bronzo e il marmo

2255 Quale tra le seguenti NON è una caratteristica dell'età contemporanea? ***(vedi brano 42)***

- (A) Nuove forme di cultura
- (B) Un'architettura priva di decorazioni
- (C) Tendenze anarchiche nell'arte
- (D) Una diminuzione dell'energia creativa
- (E) Una tecnologia sempre più sofisticata

2256 Prendendo in considerazione i lavori artistici menzionati nel brano, la cosiddetta angoscia dell'epoca è stata espressa in pittura per la prima volta: ***(vedi brano 42)***

- (A) negli autoritratti di Van Gogh
- (B) nell' *Urlo* di Munch
- (C) nei *Disastri della guerra* di Goya
- (D) nelle opere di Füssli
- (E) nei paesaggi di Van Gogh

2257 Per quale aspetto l'età contemporanea è più simile alla Roma del IV secolo d.C.? ***(vedi brano 42)***

- (A) Ci sono delle similitudini tra l'architettura di Roma e quella della nostra epoca
- (B) La vita nell'antica Roma era culturalmente sterile così come nella nostra epoca
- (C) La fiducia nel progresso, soprattutto nella matematica e nell'astronomia
- (D) L'arte dell'antica Roma ha continuato a svilupparsi così come accade nella nostra epoca
- (E) Sia a Roma che nella nostra epoca vi è fiducia nel progresso

2258 Giovanni è stato assunto da due anni in una casa editrice e lavora tutti i giorni al suo computer correggendo i testi degli autori in modo sempre più preciso e puntuale. Dalla precedente affermazione si deduce che:

- (A) i testi che arrivano a Giovanni sono sempre pieni di errori
- (B) Giovanni è un informatico
- (C) a Giovanni piace il proprio lavoro
- (D) Giovanni con il tempo ha affinato le sue competenze lavorative
- (E) Giovanni è uno scrittore

Per ciascuno degli esercizi seguenti, indicare la rappresentazione ((A), (B), (C), (D), (E)) che soddisfa la relazione insiemistica esistente tra i tre termini dati.

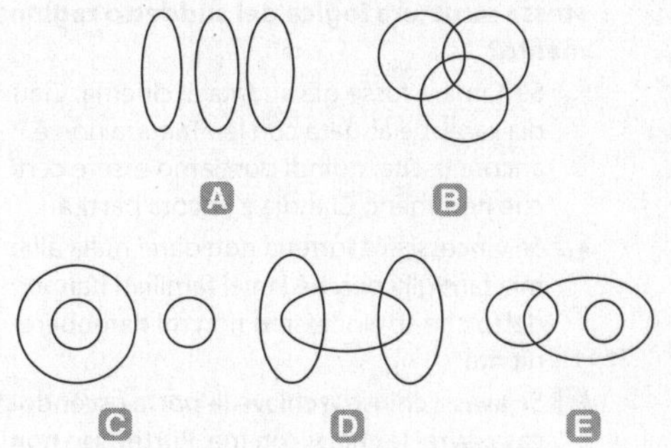

2259 LEONI, SCOIATTOLI, FELINI.

(A) (B) (C) (D) (E)

2260 CINA, RUSSIA, URALI.

(A) (B) (C) (D) (E)

2261 PATTINATORI, MAGGIORENNI, FUMATORI.

(A) (B) (C) (D) (E)

2262 PIANISTI, LONDINESI, GIOVANI.

(A) (B) (C) (D) (E)

2263 ANALFABETI, OBESI, LAUREATI.

(A) (B) (C) (D) (E)

2264 SOLIDI, PIRAMIDI, PARALLELOGRAMMI.

(A) (B) (C) (D) (E)

2265 TAPPETI, PALAZZI, GIARDINI.

(A) (B) (C) (D) (E)

2266 PROFESSORI, LAUREATI IN LETTERE, TOSCANI.

(A) (B) (C) (D) (E)

2267 LAVORATORI, NEONATI, PERSONE MAGRE.

(A) (B) (C) (D) (E)

2268 ALBERI, BETULLE, MOBILI.

(A) (B) (C) (D) (E)

2269 Individuare il numero mancante:

27, 48, 18, 27, 48, ...?

(A) 24 (B) 28 (C) 18 (D) 44 (E) 48

2270 Di solito quando sto per prendere l'influenza ho sempre mal di testa prima. Mi sento la febbre, ma non ho mal di testa, quindi non sto per prendere l'influenza.

Quale delle seguenti affermazioni segue la stessa struttura logica del suddetto ragionamento?

- A Se Tamara fosse già andata al cinema, Claudia sarebbe andata con lei. Tamara non è ancora uscita, quindi possiamo essere certi che nemmeno Claudia è ancora partita
- B Se vincessi alla lotteria non darei nulla alla mia famiglia perché i miei familiari hanno detto che se vincessero non mi darebbero niente
- C Se avessi chiuso a chiave la porta uscendo di casa, avrei le chiavi con me. Purtroppo non ho le chiavi con me, quindi non posso aver chiuso a chiave la porta quando sono uscito
- D Se Mario ottiene degli ottimi voti a scuola, vuole iscriversi alla facoltà di medicina. Lo scorso anno non ha ottenuto dei buoni voti, quindi è improbabile che studierà medicina
- E Se di sera il cielo è rosso, l'indomani sarà una bella giornata. Stasera il cielo è rosso quindi ci si può aspettare una bella giornata per domani

2271 Mettere in ordine cronologico di nascita i seguenti musicisti:

1. Wolfgang Amedeus Mozart
2. Johann Sebastian Bach
3. Claudio Monteverdi
4. Ottorino Respighi
5. Giuseppe Verdi

- A 2, 1, 3, 5, 4
- B 3, 2, 1, 5, 4
- C 3, 1, 2, 4, 5
- D 1, 3, 2, 5, 4
- E 2, 3, 1, 4, 5

2272 Alberto, Carlo, Roberto, Paolo e Sergio sono nati in cinque città diverse: Amsterdam, Cagliari, Roma, Pavia, Siracusa. Alberto e Sergio mentono sempre mentre Paolo non mente mai. Alberto afferma di essere nato ad Amsterdam e che Sergio è nato a Siracusa. Paolo afferma di essere nato a Pavia e riferisce che Alberto gli ha detto di essere nato a Cagliari. Dove può essere nato Alberto?

- A Siracusa o Pavia
- B Roma o Pavia
- C Roma o Cagliari
- D Roma o Amsterdam
- E Roma o Siracusa

Brano 43 — Leggere il brano e rispondere a ogni quesito collegato solo in base alle informazioni contenute.

La rivoluzione della new economy

L'era industriale si caratterizzava come un mondo di forza bruta, corpi e sudore; un'epoca in cui l'uomo pensava e costruiva macchine gigantesche per scoprire, estrarre e trasformare la materia, e farne bei materiali; un'epoca in cui i risultati dell'attività umana venivano misurati in altezza, peso e densità, nella convinzione che "grande" fosse anche "bello". Nell'era industriale, l'uomo ha colato cemento su ogni spazio disponibile della crosta terrestre, per creare un gigantesco pavimento fra se stesso e il mondo naturale; ha tracciato autostrade nei grandi spazi; ha costruito fino all'altezza delle nuvole e oltre la linea dell'orizzonte, trasformando intere aree naturali in proprietà lottizzate. L'odore pungente della combustione dei materiali fossili, le nubi degli scarichi industriali che oscurano il cielo e il suono inarrestabile delle macchine che sibilano, martellano e ronzano incessantemente sono i simboli del gigantesco esperimento faustiano con cui l'uomo ha creduto di poter trasformare il mondo a propria immagine e somiglianza. Egli ha poi ricostruito un simulacro di natura attraverso la giustapposizione di minuscoli frammenti di proprietà privata, trasformando ogni individuo in un dio minore, padre e padrone del proprio Eden in formato tascabile, stipato all'inverosimile di totem e simulacri della creazione primigenia. In un'era di proprietà e di mercati intrisi di valori materiali, essere onnipresenti era ciò che rendeva l'uomo simile a Dio; ed essere in grado di espandere la propria presenza fisica, impadronendosi quanto più possibile dell'esistenza materiale, era ciò a cui tutti tendevano. Si trattava davvero, come cantava Madonna, di un "mondo materiale". La nuova era, al contrario, è più immateriale e cerebrale; è un mondo di forme platoniche, di idee, immagini, archetipi, concetti e finzioni. Se l'individuo, nell'epoca industriale, si preoccupava di possedere la materia per manipolarla, il rappresentante tipico della prima generazione dell'era dell'accesso è assai più interessato alla manipolazione delle menti. Nell'epoca dell'accesso e delle reti, in cui le idee sono il fondamento dei commerci, essere onnisciente è ciò che rende l'uomo simile a Dio; ed essere universalmente connesso, in modo da poter dare forma alla stessa coscienza umana, è quello che muove l'attività economica in ogni settore. L'uomo si nutre di idee e di pensiero come di pane e di vino. Se l'era industriale ha nutrito il nostro essere corporeo, l'era dell'accesso alimenta il nostro essere mentale, emotivo e spirituale. Mentre l'era che sta volgendo al termine si caratterizzava per il controllo dello scambio di beni, la nuova era si caratterizza per il controllo dello scambio di concetti. Nel ventunesimo secolo, le imprese saranno sempre più coinvolte nello scambio di idee e, a loro volta, gli individui saranno sempre più propensi ad acquistare l'accesso a tali idee ed all'involucro materiale in cui saran-

QUESITI

no contenute. La capacità di controllare e vendere pensiero diventerà la forma più sofisticata di abilità commerciale. I bilanci sociali raccontano la storia. La proprietà di beni materiali sta diventando meno importante e contribuisce sempre meno alla creazione di valore; la proprietà intellettuale, invece, è la nuova ricchezza. Nella nuova era, la mente domina la materia. Prodotti più leggeri, miniaturizzazione, contrazione degli spazi di lavoro, scorte just-in-time, leasing e outsourcing sono le prove della svalutazione di una visione materiale del mondo che ha posto l'accento sulla fisicità. Questo, però, non deve creare l'illusione che egoismo, avidità e sfruttamento stiano per scomparire: anzi, l'età dell'accesso rischia più che mai di nascere sotto il segno dello sfruttamento. Nel mondo di oggi, controllare le idee dà più potere del controllo sullo spazio e sul capitale fisico: la disponibilità della comunità finanziaria ad investire nel capitale intellettuale nella sua forma più pura, a colpi di centinaia di miliardi di dollari, testimonia il cambiamento delle priorità del sistema capitalistico, la cui identità troppo a lungo è stata vincolata al capitale fisico.

2273 Con la new economy il sistema capitalistico: *(vedi brano 43)*

- A ha ridotto il proprio controllo sulla società
- B è ancora vincolato al capitale fisico
- C si è dissolto nella globalizzazione
- D ha soltanto cambiato le sue priorità
- E potrà rimuovere avidità e sfruttamento

2274 Un paradiso in formato tascabile è: *(vedi brano 43)*

- A un piccolo spazio privato, artificiosamente naturale
- B un rifugio dallo stress della vita cittadina
- C un parco naturale lontano dalle grandi città
- D un frammento della proprietà pubblica
- E un luogo dove abbondano le merci

2275 L'equivalenza "grande" uguale "bello": *(vedi brano 43)*

- A è un paradigma estetico della new economy
- B è un giudizio condiviso da tutte le epoche
- C è un aforisma che caratterizza l'era industriale
- D rispecchia la mentalità dell'era dell'accesso
- E è tipica di una mentalità ingenua o infantile

2276 Nell'era dell'accesso la ricchezza: *(vedi brano 43)*

- A nasce dal controllo delle merci
- B si fonda sulla proprietà intellettuale
- C è strettamente legata all'industria
- D dipende sempre dalla buona fortuna
- E è basata sul possesso dei beni materiali

2277 L'era industriale è chiamata faustiana perché in essa, come Faust, gli uomini hanno: *(vedi brano 43)*

- A intrapreso grandi opere per il bene della comunità
- B cercato di ottenere successo e potere ad ogni costo
- C stretto patti infernali per oltrepassare i limiti naturali
- D cercato di trarre piacere da esperienze sempre nuove
- E voluto dominare la natura trasformando il mondo

2278 Rita dice a Silvia: "Se mi dai una penna, ne avrò il doppio delle tue". Silvia risponde: "Se me ne dai una tu, ne avremo lo stesso numero". Quante penne hanno rispettivamente Rita e Silvia?

- A 3 e 2
- B 9 e 7
- C 7 e 5
- D 6 e 4
- E 6 e 6

2279 Una rasatura duratura si ottiene solo utilizzando una buona schiuma da barba e un rasoio con tripla lama. Dopo aver fatto la barba Giovanni mantiene una rasatura perfetta per due giorni. Evidentemente possiede un rasoio con tripla lama.
Quale delle seguenti affermazioni segue la stessa struttura logica del suddetto ragionamento?

- A Se Carlo avesse fatto la spesa come dice di aver fatto, sarebbe tornato a casa stanco. Carlo è fresco come una rosa, quindi non ha fatto la spesa
- B Per fare la spesa al supermercato è necessario munirsi di borse riutilizzabili e di una moneta da 1 € da inserire nel carrello. Antonio oggi ha fatto la spesa quindi ha portato con sé una moneta da 1 €
- C Nell'offerta di un supermercato si legge: solo per oggi bresaola e culatello a 22,50 € l'etto. Antonio ha solo 13 € quindi potrà acquistare o bresaola o culatello
- D Ci sono soltanto due maniere per rendere bianco il bucato. Antonello vuole fare a modo suo, non ascoltando i consigli della nonna che conosce questi due modi. Antonello non otterrà un bucato bianco
- E Solo chi va al mercato risparmia sulla spesa. Giulio ha contrattato sul prezzo quindi ha fatto la spesa al mercato

2280 Individuare il numero mancante:
1280, 320, 80, 20, ...?

A 6
B 4
C 8
D 2
E 5

2281 Per le vacanze estive, Alberto deve fare 117 esercizi di matematica e Ludovica 171 esercizi di inglese. Se a metà vacanza entrambi hanno svolto i 2/9 dei loro compiti, quanti esercizi devono fare mediamente ogni giorno per terminare gli esercizi nell'arco di dieci giorni?

A 8 Alberto; 13 Ludovica
B 9,3 Alberto; 15,3 Ludovica
C 6 Alberto; 9 Ludovica
D 9,1 Alberto; 13,3 Ludovica
E 12,3 Alberto; 18,3 Ludovica

2282 Fra le seguenti quattro figure:

indicare quali sono le due figure che permettono di ricomporre la seguente figura formata da 13 quadratini.

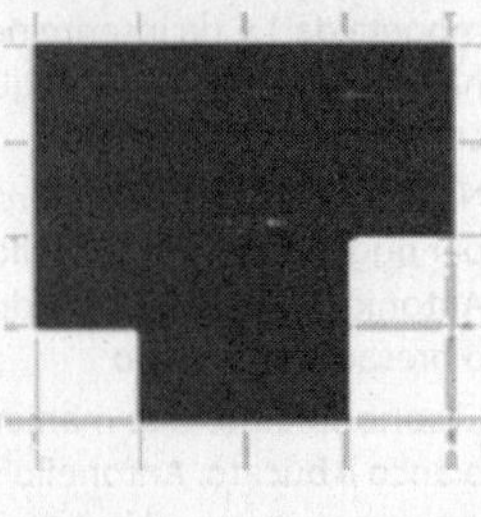

A Le figure 1 e 2
B Non è possibile
C Le figure 3 e 4
D Le figure 2 e 3
E Le figure 1 e 4

2283 L'archeologia dice ancora poco, ma la genetica ci informa di più. Lo studio del DNA mitocondriale ci ha detto che la data di separazione di Africani e non Africani deve essere posteriore a 200.000 anni fa. I mitocondri costituiscono una piccolissima parte del nostro corredo genetico (un 200 millesimo), ed abbiamo imparato che è necessario rivolgersi a materiale più vasto. Sono stati studiati molti altri geni, e si è creato un vastissimo corpo di conoscenze (migliaia di pubblicazioni), di cui è stata fatta una paziente elaborazione statistica.
Una delle affermazioni seguenti NON è suffragata dal testo. Quale?

A La data si separazione di Africani e non Africani non risale a più di 200.000 anni
B I mitocondri non costituiscono la totalità del nostro corredo genetico
C I geni mitocondriali sono meno informativi del complesso di tutti i geni
D La genetica può dare più informazioni dell'archeologia
E Lo studio archeologico indica una data di separazione di Africani e non Africani di 200.000 anni fa

2284 Individuare il numero mancante:
67, 39, 13, ? , 39, 13, 67

A 13
B 67
C 37
D 39
E 17

2285 Scartare una delle otto coppie di simboli.

1	2	3	4
☺ ☹	☹ ☺	☺ ☹	☹ ☺

5	6	7	8
☺ ☹	☹ ☺	☺ ☹	☺ 😐

A Coppia 1
B Coppia 3
C Coppia 4
D Coppia 5
E Coppia 8

2286 Individuare la parola da scartare.

A Punire
B Pungolare
C Castigare
D Condannare
E Sanzionare

2287 Individuare la parola da scartare

- A Panchina
- B Trono
- C Bracciolo
- D Scranno
- E Seggio

2288 Individuare la versione in negativo della figura data.

A 

B 

C 

D 

E 

2289 Abbiamo 60 contenitori uguali di forma cubica disposti in modo da formare un parallelepipedo le cui dimensioni misurano 5x4x3. Alla fine dell'inverno scopriamo che si sono rovinati i contenitori che avevano almeno una faccia verso l'esterno o sul fondo del parallelepipedo. Quanti sono i contenitori rimasti integri?

- A 6
- B 30
- C 24
- D 12
- E Nessuno

2290 Scartare una delle otto terne di simboli.

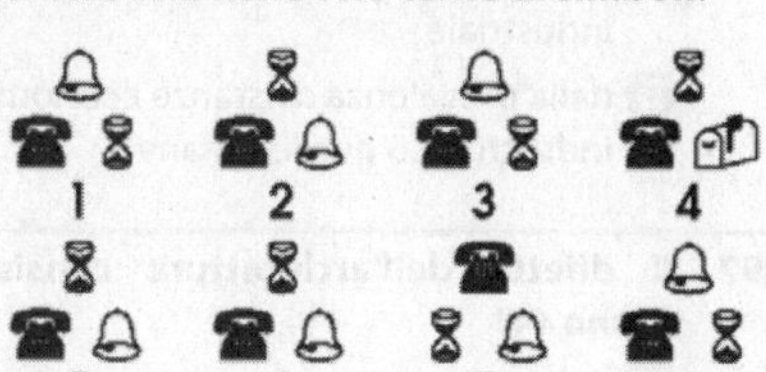

- A Terna 1
- B Terna 3
- C Terna 4
- D Terna 5
- E Terna 8

2291 Voglio costruire una piramide alta 4 livelli con pietre a forma di cubi, come indicato nella figura seguente:

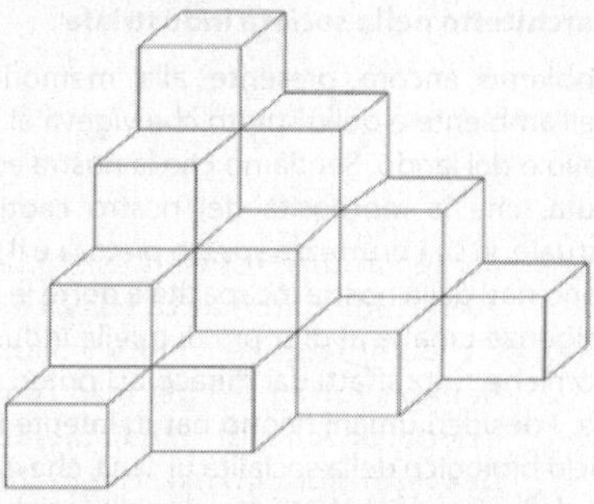

Al livello più alto c'è un solo cubo, al livello immediatamente inferiore ne abbiamo 3 e così via. Quanti cubi devo utilizzare in totale?

- A 22
- B 16
- C 20
- D 19
- E 18

2292 Una banda musicale marcia formando un quadrato di 6 × 6 elementi. Arrivata in piazza, di dispone su 3 file, formando un rettangolo, per suonare. Di quanti elementi è composta ciascuna fila?

- A 6
- B 9
- C 12
- D 16
- E 24

2293 La recinzione di un vigneto prevede che si piantino alberi di vite a distanza di 6 metri l'uno dall'altro. Quanti alberi di vite in più sono necessari per recintare un vigneto quadrato di area quadrupla rispetto a un altro vigneto quadrato che ha il perimetro pari a 120 metri?

- A 20
- B 120
- C 80
- D 60
- E 40

2294 Uno dei seguenti abbinamenti non è congruente con gli altri. Quale?

- A basilare / secondario
- B cauto / avventato
- C perspicuo / incomprensibile
- D irreprensibile / censurabile
- E pernicioso / deleterio

RAGIONAMENTO LOGICO E CULTURA GENERALE

Brano 44 — Leggere il brano e rispondere a ogni quesito collegato solo in base alle informazioni contenute.

L'architetto nella società industriale

Abbiamo ancora presente alla memoria quell'unità dell'ambiente e dello spirito che vigeva ai tempi del cavallo e del landò. Sentiamo che la nostra epoca l'ha perduta, che la morbosità del nostro caotico ambiente attuale, la sua bruttezza spesso pietosa e il suo disordine sono nati dalla nostra incapacità a porre le fondamentali esigenze umane al di sopra di quelle industriali ed economiche. Sopraffatti dai miracolosi poteri della macchina, i desideri umani hanno naturalmente interferito col ciclo biologico della socialità umana, che è la salute stessa della comunità. Ai più bassi livelli sociali, l'essere umano è stato degradato, perché è stato usato come un utensile produttivo.

È questa la causa reale della lotta tra capitale e lavoro e del deteriorarsi delle relazioni comunitarie. Dobbiamo oggi fronteggiare il difficile compito di riequilibrare la vita della comunità e di rendere umano l'impulso della macchina.

Comincia ad essere chiaro ai nostri occhi che le componenti sociali hanno un peso maggiore di tutti i relativi problemi tecnici, economici ed estetici. La chiave per ricostruire con successo il nostro ambiente - che è il grande compito dell'architetto - sarà la nostra determinazione a fare dell'elemento umano il fattore predominante.

Tuttavia, malgrado lo sforzo di alcuni pochi tra noi, è evidente che non abbiamo ancora trovato il vincolo spirituale che ci unisca nello sforzo concertato di stabilire un denominatore culturale stabile almeno quanto basti a sopire i nostri timori e ad assurgere a un livello espressivo comune.

Gli artisti tra noi devono essere ormai impazienti di giungere a questa sintesi, che renderebbe unitario quanto ancor oggi è infelicemente disintegrato e sconnesso.

Non può negarsi che l'arte e l'architettura erano divenute fini a se stesse, sul puro piano estetico, perchè avevano perduto il contatto con la comunità e col popolo durante la rivoluzione industriale. Gli ornamenti esterni di un edificio erano disegnati principalmente per emulare e superare quelli dell'edificio vicino, anziché per evolversi come tipo ed essere continuativamente ed unitariamente usati entro un'organica struttura comunitaria. Il rilievo dato alla diversità anziché alla ricerca di un denominatore comune, ha caratterizzato l'ultima generazione di architetti, che paventavano l'influenza antiumana della macchina. La teoria dell'architettura moderna riconosce la priorità delle esigenze sociali e umane e accetta la macchina come il moderno vincolo formale per soddisfare appunto queste esigenze.

Se ci guardiamo indietro scopriamo nel passato un fatto curioso: veniva realizzata una combinazione di ambedue gli elementi, un denominatore comune di espressione formale e di verità individuale. Il desiderio di produrre una forma tipica soddisfacente sembra essere una funzione della società, e ciò è stato vero assai prima dell'impulso dato dall'industrializzazione. Il termine "standard" in quanto tale non ha nulla a che vedere con i mezzi di produzione - l'utensile manuale o la macchina. Le nostre future case non saranno necessariamente uguali, irreggimentate, a causa della standardizzazione e della prefabbricazione: la naturale concorrenza sul libero mercato s'incaricherà di assicurare la varietà differenziata delle parti componenti gli edifici, allo stesso modo in cui oggi rinveniamo sul mercato una ricca varietà di tipi di oggetti fatti a macchina, di uso quotidiano. Gli uomini non hanno esitato ad accettare forme standard, forme "tipo", largamente riprodotte, nei periodi anteriori alla civiltà industriale. Queste forme unitarie derivavano dai loro mezzi di produzione e dalla loro maniera di vivere. Rappresentavano una combinazione dei migliori contributi che molti individui avevano portato alla soluzione di un problema. Le forme architettoniche tipo del passato esprimono un felice connubio di tecnica e di fantasia, anzi una completa fusione di ambedue. Dovrebbe essere resuscitato quello spirito - ma niente affatto le sue determinate forme espressive - col nostro nuovo mezzo di produzione, la macchina.

2295 Per combattere il degrado dell'ambiente occorre: ***(vedi brano 44)***

- A riaffermare l'autonomia degli artisti
- B migliorare una educazione puramente artistica
- C condividere un riferimento culturale comune
- D accettare la macchina come vincolo formale
- E lasciare libertà ai singoli

2296 Il carattere caotico del nostro ambiente deriva: ***(vedi brano 44)***

- A da un malinteso senso della monumentalità
- B dalla lotta fra capitale e lavoro
- C dal contrasto fra l'ambiente ed il ciclo biologico della socialità umana
- D da un'infausta contingenza economica e industriale
- E dalla prevalenza di istanze economiche e industriali su quelle umane

2297 Il difetto dell'architettura consiste: ***(vedi brano 44)***

- A nella passiva imitazione degli ornamenti del passato
- B nell'eccessiva standardizzazione
- C nella ricerca della diversità ad ogni costo
- D nell'arretratezza tecnologica
- E nella mancanza di funzionalità

2298 La standardizzazione: *(vedi brano 44)*

- **A** non esclude soluzioni differenziate
- **B** sottende fedeltà alla tradizione artigianale
- **C** nasce dall'omologazione culturale
- **D** ha caratterizzato l'ultima generazione di architetti
- **E** rappresenta un ritorno al passato

2299 La ricerca di forme tipiche: *(vedi brano 44)*

- **A** dimostra la prevalenza della fantasia
- **B** è la soluzione del problema
- **C** deriva dal processo di accettazione sociale
- **D** esprime una costante esigenza della società
- **E** è caratteristica solo dell'età moderna

2300 Il nome del fisico austriaco Mach è usato per descrivere:

- **A** la velocità supersonica
- **B** la repulsione delle cariche elettrostatiche dello stesso segno
- **C** la temperatura che riduce la materia allo stato d plasma
- **D** la pressione che riduce la materia allo stato di plasma
- **E** la velocità di caduta delle mele

2301 Nel diario del giovane Telesforo è scritto: "Nonno Ubaldo dice che quando era giovane ha traversato l'oceano Atlantico a nuoto e che riusciva a battere in velocità le balene. Secondo me questa è una bugia."
Si dica cosa si può correttamente dedurre dalla convinzione di Telesforo.

- **A** Se Nonno Ubaldo riusciva a battere in velocità le balene allora non ha traversato l'oceano Atlantico a nuoto
- **B** A Nonno Ubaldo non piacciono le balene
- **C** Nonno Ubaldo ha traversato l'oceano Atlantico a nuoto ma non riusciva a battere in velocità le balene
- **D** Nonno Ubaldo non ha traversato l'oceano Atlantico a nuoto ma riusciva comunque a battere in velocità le balene
- **E** Nonno Ubaldo non ha traversato l'oceano Atlantico a nuoto e non riusciva a battere in velocità le balene

2302 Individuare il numero mancante:

32 8 12 48 12 16 64 16 ?

- **A** 32
- **B** 20
- **C** 23
- **D** 12
- **E** 16

2303 Tutti i gatti sono pelosi; certi gatti non sono sprovvisti di senso dell'umorismo; gli esseri pelosi sono sarcastici. Quale delle seguenti affermazioni contraddice quelle sopraindicate?

- **A** Certi esseri sarcastici sono privi di senso dell'umorismo
- **B** Certi esseri sarcastici non sono sprovvisti di senso dell'umorismo
- **C** Nessun animale peloso è sprovvisto di senso dell'umorismo
- **D** Anche quando è sarcastico, nessun animale peloso ha il senso dell'umorismo
- **E** Senza umorismo nessun animale sarcastico è peloso

2304 Federica ama sciare; tutti gli artisti sono creativi; tutte le persone che amano sciare sono creative.
Se le affermazioni sopra riportate sono vere, quale delle seguenti è necessariamente vera?

- **A** Federica è un'artista
- **B** Tutte le persone creative sono artisti
- **C** Tutti gli artisti amano la sciare
- **D** Federica è creativa
- **E** Federica avrebbe voluto essere un'artista

2305 Scartare uno dei dodici esagrammi.

- **A** L'esagramma da scartare ha un quadratino nero in meno
- **B** L'esagramma da scartare ha un quadratino bianco in più
- **C** L'esagramma da scartare si trova fra gli ultimi tre a destra
- **D** L'esagramma da scartare è il terzo da sinistra
- **E** Nella serie non vi è nessun esagramma da scartare

2306 Alberto ha troppi spiccioli in tasca: 6 monete da 1 centesimo, 3 da 2 centesimi, 2 da 5 centesimi, 3 da 10 centesimi e 2 da 50 centesimi. Decide di acquistare una barretta di cioccolato che costa 37 centesimi utilizzando quante più monete possibile. Qual è il numero massimo di monete che deve usare per pagare il prezzo esatto?

- **A** 10
- **B** 9
- **C** 12
- **D** 5
- **E** 14

2307 Se Nicola intende trovare un lavoro che lo interessi realmente, dovrà essere disposto a fare dei sacrifici economici e a guadagnare meno di quanto non guadagni al suo lavoro attuale. Tuttavia, poiché Nicola non è affatto disposto a sacrificare il suo alto stipendio attuale, non sarà in grado di trovare un lavoro che lo interessi realmente.
Quale delle seguenti affermazioni contiene la stessa struttura logica del caso appena illustrato?

A Se Paolo e Luisa vogliono avere un matrimonio felice, devono trovare il modo di comunicare meglio. Le sedute di terapia di coppia hanno dimostrato che, invece, Paolo e Luisa trovano impossibile comunicare, quindi il loro matrimonio non sarà felice

B Se Carlo e Teresa intendono procedere con la loro pratica di divorzio, devono essere assolutamente certi che non vogliono riprovare a rimettere in piedi il loro matrimonio. Entrambi hanno insistito per il divorzio, quindi altre sedute di terapia di coppia sono inutili

C Se Giulia e Michele vogliono adottare un bambino, dovranno dimostrare che la loro è una relazione stabile. Sfortunatamente, non sembrano esserci stati indizi di stabilità durante la loro relazione, quindi Giulia e Michele dovranno impegnarsi seriamente per rendere più stabile la loro relazione

D Se Marta vuole aprire un'attività in proprio, dovrà avere almeno euro 5000 per coprire le spese iniziali. Al momento Marta ha soltanto euro 1000, quindi dovrà ottenere un prestito in banca

E Se Luca vuole migliorare i suoi risultati scolastici, dovrà rinunciare al suo lavoretto part-time. Luca è realmente intenzionato a migliorare i propri risultati scolastici, quindi dovrà certamente rinunciare al proprio lavoretto part-time

2308 Scartare uno dei dodici esagrammi.

A L'esagramma da scartare ha una linea spezzata in meno

B L'esagramma da scartare ha una linea spezzata in più

C L'esagramma da scartare si trova fra gli ultimi due a destra

D L'esagramma da scartare ha una linea spezzata in alto

E Nella serie non vi è nessun esagramma da scartare

2309 Delle tre società Alpha, Beta e Gamma almeno due sono lussemburghesi. Sapendo che se Alpha è lussemburghese anche Beta lo è, che se Gamma è lussemburghese lo è anche Alpha, e che tra Beta e Gamma almeno una è non lussemburghese, si può dedurre che:

A Alpha, Gamma e Beta sono lussemburghesi

B Alpha non è lussemburghese e Beta è lussemburghese

C Gamma non è lussemburghese e Beta è lussemburghese

D Alpha e Gamma sono lussemburghesi

E Gamma è lussemburghese e Beta non è lussemburghese

2310 Quanti fra i seguenti 5 disegni possono essere tracciati senza staccare la penna dal foglio e senza passare due volte per lo stesso segmento?

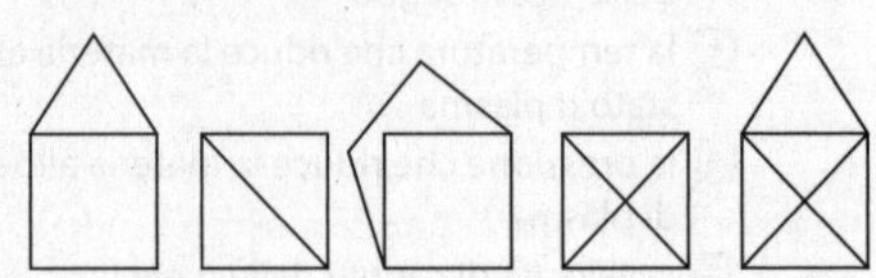

1 2 3 4 5

A 5

B 4

C 3

D 2

E 1

2311 In una riunione i sei partecipanti A, B, C, D, E e F si dispongono attorno a un tavolo rotondo non necessariamente in questo ordine. Si sa che: tra A e B vi sono due persone; al fianco destro di F vi è A; E ha al suo fianco A e C. Si può concludere che D è seduto tra:

A F e A

B E e A

C B e C

D F e B

E due persone che non possono essere determinate univocamente

2312 Un cerchio può essere diviso al massimo in 4 parti con due tagli. In quanti pezzi può essere diviso al massimo con tre tagli?

A 5

B 6

C 7

D 8

E 21

2313 Se 5 infermieri preparano 15 sacche per terapia parenterale in 30 minuti, quanti infermieri sarebbero teoricamente necessari per prepararne 150 in 9000 secondi?

- A 30
- B 15
- C 5
- D 10
- E 20

2314 Per vincere la gara di "birra & salsiccia" Andrea deve mangiare una salsiccia o bere una birra in più del proprio avversario. È quindi necessario avere uno stomaco ben "allenato". In realtà Andrea è astemio, quindi difficilmente potrà vincere la gara.

Quale delle seguenti affermazioni segue la stessa struttura logica del suddetto ragionamento?

- A Per conquistare il cuore di Laura bisogna essere audaci o pazzi. La tendenza alla pazzia è un elemento fondamentale. Gianni ha paura della sua ombra; è quindi probabile che non si fidanzerà mai con Laura
- B Il formaggio ha bisogno di buio e clima umido per stagionare nella maniera corretta. Quest'anno è rimasto al buio per molto tempo, quindi avrà stagionato correttamente
- C La mia macchina funziona a benzina. Quella macchina va a benzina. Quella è la mia macchina
- D Quando sei giovane puoi fare tutto. Paolo ha 84 anni. Molte cose non le può più fare
- E La farfalla sulla mano di Enzo è un tatuaggio. Si può togliere con l'utilizzo del laser. Enzo non ha paura del laser quindi potrà farsi togliere il tatuaggio

2315 Individuare la figura da scartare.

A 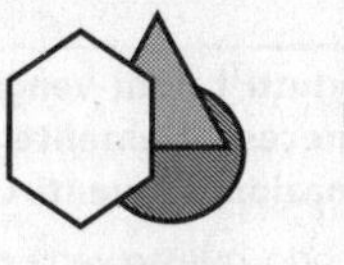

B 

C 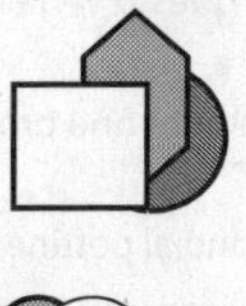

D 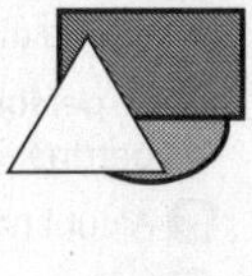

E 

2316 "Andrea ascolta musica classica; tutte le persone sensibili ascoltano musica classica; tutte le persone sensibili leggono molto". Se le precedenti affermazioni sono vere, quale delle seguenti è necessariamente vera?

- A Andrea è una persona sensibile
- B Andrea legge molto
- C Non è detto che chi legge molto ascolti la musica classica
- D Chi ascolta la musica classica legge molto
- E Chi legge molto e ascolta musica classica è una persona sensibile

2317 In una fattoria vi sono galline e mucche: in totale le teste sono 39 e le zampe 100. Quante sono le galline e quante le mucche?

- A 11 galline e 28 mucche
- B 14 galline e 25 mucche
- C 15 galline e 24 mucche
- D 19 galline e 20 mucche
- E 28 galline e 11 mucche

2318 All'Agenzia per lo spazio sono giunti tre messaggi provenienti da un corpo celeste non identificato. Dopo una attenta analisi, gli scienziati hanno stabilito che "Cask Puter Simpe" significa "Lancio Componente Chimico" e che "Trebi Suyer Puter" significa "Lancio Materiale Radioattivo", che "Simpe Dery Shato" significa "Componente Strutturale Assente". Qual è il significato della parola "Cask"?

- A Chimico
- B Componente
- C Lancio
- D Radioattivo
- E Strutturale

2319 Le mele costano euro 0,30 ciascuna, le banane euro 0,40 e le arance euro 0,50. Daniele spende esattamente euro 2,00 per acquistare della frutta.

Quali delle affermazioni seguenti sono corrette?

1 Non potrà avere esattamente 3 mele.

2 Deve aver acquistato almeno una banana.

3 Ha acquistato 4, 5 o 6 frutti.

4 Se ha acquistato tutti e 3 i tipi di frutti deve avere meno mele che banane e arance insieme.

- A 1, 2, 3 e 4
- B 1, 2 e 3
- C 1, 3 e 4
- D 2, 3 e 4
- E 1, 2 e 4

2320 Il signor Rossi e sua moglie hanno 6 figlie. Ciascuna figlia ha un fratello. Quanti sono i componenti della famiglia Rossi?

A 9
B 10
C 17
D 13
E 15

2321 Uno studente impiega solitamente 20 minuti per recarsi a scuola procedendo a una velocità media di 15 km/h. Una mattina, non avendo sentito la sveglia, parte da casa con 5 minuti di ritardo rispetto al solito. A che velocità deve andare per recuperare il ritardo e arrivare a scuola alla solita ora?

A 10 km/h
B 25 km/h
C 30 km/h
D 20 km/h
E 12 km/h

2322 Quale autore italiano ha scritto "Marcovaldo"?

A Alberto Moravia
B Dino Buzzati
C Carlo Collodi
D Elsa Morante
E Italo Calvino

2323 Un aeroplano parte da Parigi diretto a Milano viaggiando alla velocità di 690 km/h. Dopo mezz'ora dalla partenza del primo aereo, da Milano decolla un aeroplano diretto a Parigi alla velocità di 810 km/h. Ipotizzando che gli aerei seguano la medesima rotta e che Milano disti da Parigi 1.000 km, a quale distanza da Parigi si incontreranno i due aerei?

A 345 km
B 301,3 km
C 646,3 km
D 698,7 km
E 460 km

2324 Se la base di un triangolo diminuisce del 10% e l'altezza relativa alla base aumenta del 10%, allora l'area del nuovo triangolo rispetto all'area del triangolo iniziale risulta essere:

A diminuita dell'1%
B diminuita del 10%
C invariata
D aumentata del 10%
E aumentata del 100%

2325 Il tema dell'inquinamento atmosferico è diventato di primaria importanza nel dibattito culturale, in particolare nelle aree industrializzate delle grandi città. Il primo passo nel definire l'inquinamento atmosferico è chiarire il confine tra sostanze inquinanti e non inquinanti. I fenomeni di inquinamento sono il risultato di una complessa competizione tra fattori che portano a un accumulo degli inquinanti e altri che invece determinano la loro rimozione e la loro diluizione in atmosfera. Solo aumentando il numero e l'efficacia di questi ultimi saremo quindi in grado di ridurre i livelli di inquinamento.
Quale delle seguenti risposte costituisce il passaggio logico errato nel brano precedente?

A La condizione necessaria per ridurre l'inquinamento è comprendere quali sono le sostanze inquinanti
B L'inquinamento atmosferico è una delle cause del buco nell'ozono
C Le aree industrializzate delle grandi città sono quelle maggiormente colpite dal problema dell'inquinamento atmosferico
D I livelli di inquinamento possono essere ridotti intervenendo sui fattori che portano a un accumulo di inquinanti, in modo da limitare tale accumulo
E Esistono temi più importanti dell'inquinamento atmosferico

2326 Individuare il numero mancante:
19 11 44 37 148 142 568 ?

A 142
B 114
C 563
D 562
E 354

2327 Se è vero che «tutti i nodi vengono al pettine», allora è necessariamente vera anche una delle affermazioni seguenti. Quale?

A Se esiste un nodo, questo verrà necessariamente al pettine
B Le persone calve non hanno problemi con il pettine
C Alcuni nodi sfuggono al pettine
D Le spazzole, a differenza dei pettini, non garantiscono di individuare tutti i nodi
E I nodi possono essere individuati solo da un pettine

QUESITI

2328 Individuare la figura che completa correttamente la seguente serie.

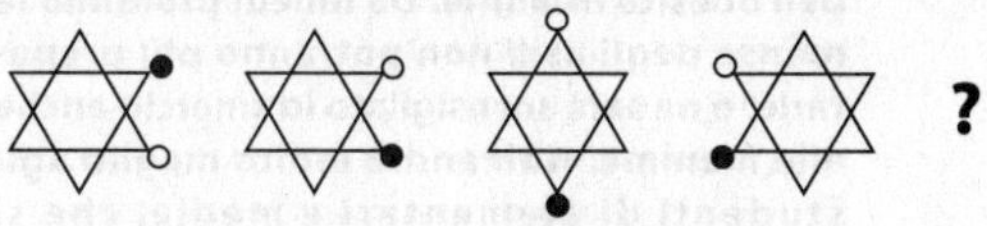

A 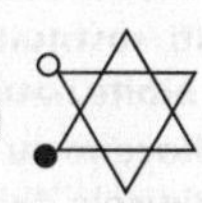

B 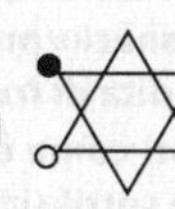

C 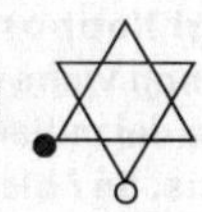

D 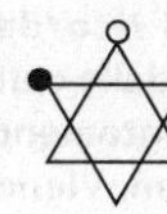

E 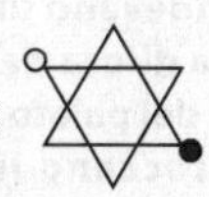

2329 Alessio, Lidia e Marco organizzano un torneo di briscola. Ciascuno dei tre gioca sei partite con ciascuno degli altri due. Alessio vince quattro volte contro Lidia, ma perde cinque volte contro Marco, il quale vince tre volte contro Lidia. Sapendo che per ogni partita vinta vengono assegnati due punti e per ogni partita persa ne viene sottratto uno, chi ha vinto il torneo e con quanti punti?

- A Alessio con 14 punti
- B Lidia con 9 punti
- C Alessio con 10 punti
- D Barbara con 13 punti
- E Marco con 12 punti

2330 Due ragazzi posseggono due Stereo e tre CD, 2 di rock e 1 di jazz. Alberto, padrone del primo Stereo, ascolta solo jazz. Giovanni, padrone del secondo Stereo, ascolta entrambi i generi. Gli Stereo sono in due case diverse e non possono essere mossi, mentre i dischi possono essere scambiati. Quindi:

- A se Alberto non ascolta musica rock, Giovanni può ascoltare entrambi i generi
- B se Giovanni ascolta jazz, Alberto non può sentire musica
- C se Giovanni ascolta rock, Alberto non può ascoltare uno dei suoi dischi preferiti
- D se Alberto ascolta jazz, Giovanni non può sentire musica
- E nessuna delle precedenti risposte è deducibile dal testo

2331 Individuare la figura che completa correttamente la seguente serie.

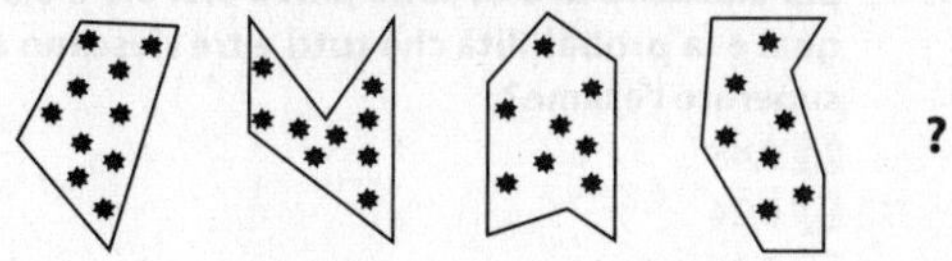

A 

B 

C 

D 

E 

2332 Scartare una delle otto coppie di simboli.

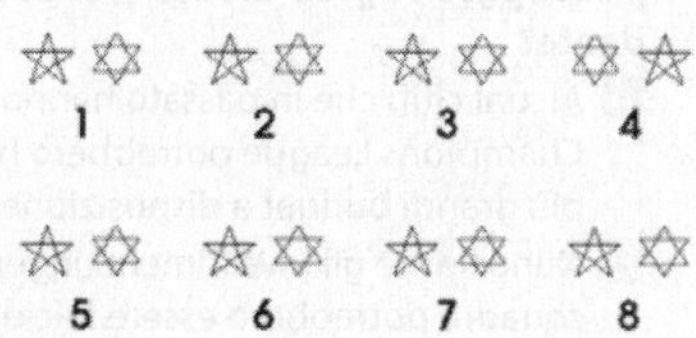

- A Coppia 1
- B Coppia 3
- C Coppia 4
- D Coppia 5
- E Coppia 8

2333 Se è vero che «si può resistere a tutto, tranne che alle tentazioni», allora è necessariamente vera anche una delle affermazioni seguenti. Quale?

- A Ognuno di noi ha dei bisogni fisiologici da dovere soddisfare
- B Solo con la forza di volontà e con l'esercizio si può resistere alle tentazioni
- C Le tentazioni portano prima al peccato e poi al vizio
- D Non è possibile che si verifichi anche un solo caso in cui si riesce a resistere a una tentazione
- E Chi segue precisi precetti morali, anche se a volte può cadere in tentazione, per lo più sa come perseguire la retta via

2334 **Tre studenti si preparano per sostenere lo stesso esame. Se le probabilità di superarlo per ciascuno di essi sono pari a 0,6, 0,8 e 0,5, qual è la probabilità che tutti e tre riescano a superare l'esame?**

A 0,48
B 0,24
C 0,30
D 0,20
E 0,40

2335 **Nei prossimi anni le squadre di calcio avranno maggiori difficoltà rispetto al passato nell'ottenere l'accesso alla Champions League: solo i club che spenderanno cifre elevate potranno partecipare a questa competizione. Tra le squadre che dispongono di un grosso budget di spesa vi sono molti club che si affacciano per la prima volta sul palcoscenico internazionale. Pertanto, rispetto al passato, vi sarà un maggiore numero di squadre che arriveranno a conquistare la coppa per la prima volta nella loro storia.**

Quale delle seguenti risposte costituisce il passaggio logico errato nel brano precedente?

A Alcuni club che in passato hanno vinto la Champions League potrebbero non avere più grandi budget a disposizione
B Nonostante gli investimenti ingenti, alcune squadre potrebbero essere falcidiate da infortuni e squalifiche
C Pur disponendo di un grande budget di spesa, alcune squadre potrebbero puntare all'Europa League piuttosto che alla Champions League
D Il fatto che una squadra abbia vinto in passato non significa che continuerà a farlo
E Nonostante la presenza di nuove squadre, a vincere la competizione potrebbero essere le stesse squadre che hanno già vinto in passato

2336 **Vanni, Gennaro e Mauro hanno acquistato 24 libri da regalare agli amici. Vanni e Gennaro sono in grado di impacchettare 24 libri in 40 minuti. Vanni ne impacchetta il triplo di Gennaro che, a sua volta, ne impacchetta la metà di Mauro. Quanti regali riuscirebbero a impacchettare i tre lavorando insieme per 1 ora?**

A 15
B 36
C 54
D 45
E 24

2337 **Con una circolare inviata a presidi e rettori, il ministro francese dell'Istruzione ha messo fuorilegge le merendine, artefici riconosciute dell'obesità infantile. Da lunedì prossimo le mense degli asili non potranno più prepararle, e ne sarà sconsigliato lo smercio anche alle mamme. Non andrà molto meglio agli studenti di elementari e medie, che si vedranno togliere dalle scuole i distributori di «snack» preconfezionati, sostituiti da punti vendita di frutta fresca e bibite naturali.**

Gesti come questo si collocano su quel confine sottile che separa il ridicolo dall'eroismo. E ci ricordano che oggi l'opposizione al modello culturale unico non viene dalla Cina e tantomeno dalla Russia dei miliardari trentenni. Viene dalla Francia. Se i bisticci sulla guerra irachena nascondevano una venale questione di petrolio, la difesa della lingua contro l'inglese e quella del palato contro gli spuntini transgenici toccano invece gli aspetti essenziali di una civiltà. Massimo rispetto per i francesi, fra i cui pregi sarebbe vano cercare la modestia e l'autoironia, ma che proprio dal prendersi molto sul serio traggono la forza per resistere all'appiattimento globale.

Da noi, dove i cervelli e le schiene sono più elastiche, sfottere i comportamenti sani e tacciare di moralismo chi li propugna è un esercizio di stile. Se il ministro [...] vietasse le merendine, maggioranza e opposizione invocherebbero la libertà di «snack», facendo finta di non sapere che in un mercato falsato come l'attuale le scelte non sono mai libere.

Delle affermazioni di seguito riportate, solo una È COERENTE con quanto affermato nel brano. Quale?

A La Francia dimostrò il suo più autentico non allineamento al cosiddetto "pensiero unico" già in occasione dell'opposizione alla guerra in Iraq
B La scelta del ministro francese dell'istruzione rappresenta un vero e proprio esempio di difesa della civiltà contro l'appiattimento globale
C La strada scelta dal ministro dell'istruzione francese è un'imposizione che viola il diritto degli studenti di scegliere liberamente la merenda migliore per la propria salute
D In Italia una decisione simile avrebbe causato certamente la rivolta dell'opposizione, poiché per essa è un esercizio di stile accusare di moralismo la maggioranza
E Russia e Cina rappresentano gli ultimi baluardi contro lo strapotere del cosiddetto "pensiero unico"

QUESITI

2338 Quale tra le alternative proposte corrisponde alla seguente figura ruotata di 135° in senso orario?

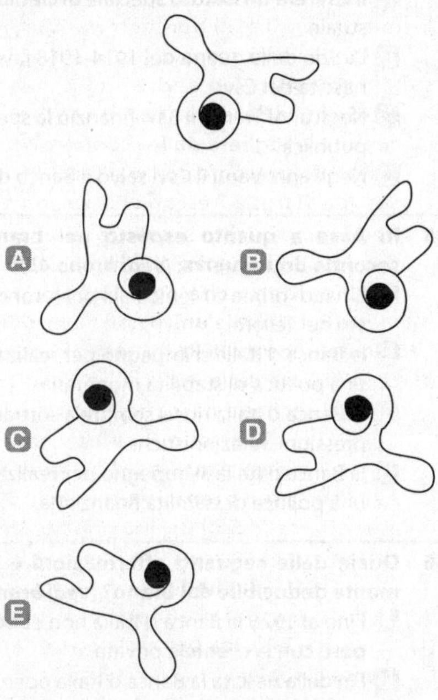

2339 Un negoziante acquista 300 confezioni di prezzemolo surgelato. A causa di un guasto alla cella frigorifera durante il trasporto, si deve buttare 1/3 delle confezioni. Mentre si stanno scaricando le confezioni rimanenti, una scatola che conteneva 1/10 del prezzemolo rimasto cade in un tombino e va perduta. Durante la notte un ladro si introduce in negozio e ruba metà del prezzemolo rimasto, provocando anche un piccolo incendio che distrugge 60 delle confezioni residue. Il numero di confezioni messe in vendita dallo sfortunato commerciante che frazione è del numero di confezioni iniziali?

- A 30
- B 1/8
- C 1/5
- D 1/10
- E 1/2

2340 Un sinonimo di *residuato* è:

- A insufficiente
- B scarso
- C sottile
- D ristretto
- E rimasto

2341 Quale tra le alternative proposte corrisponde alla seguente figura ruotata di 225° in senso antiorario?

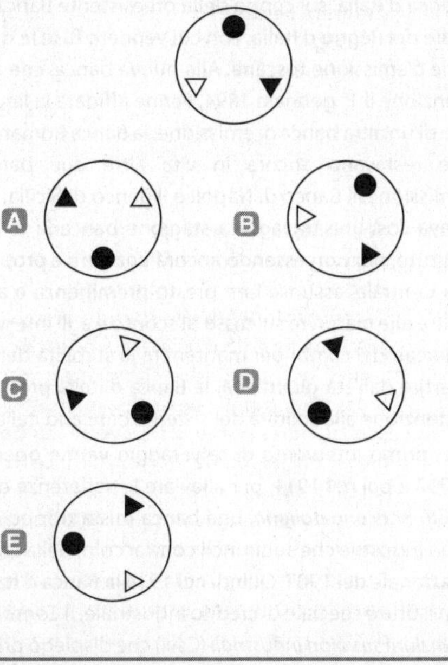

2342 A seguito di altre agitazioni sindacali, dovute a numerosi problemi di sicurezza sul posto di lavoro, il personale degli uffici pubblici deve considerare se entrare in sciopero. Da un lato, la chiusura degli uffici in sciopero procura notevoli disagi ai cittadini; dall'altro, le rivendicazioni sindacali sono espressione di un legittimo malcontento dei lavoratori. Per questo, nonostante i disagi arrecati ai cittadini, il personale degli uffici pubblici dovrebbe aderire allo sciopero.

Su quale supposizione implicita si basa il brano precedente?

- A Le rivendicazioni dei lavoratori hanno priorità rispetto ai disagi causati dalla chiusura degli uffici
- B I cittadini avrebbero preferito che gli uffici rimanessero aperti
- C I lavoratori pubblici non sarebbero riusciti ad accedere all'ufficio a causa dei picchetti degli scioperanti
- D Se gli uffici pubblici sono rimasti chiusi vuol dire che il problema della sicurezza sul posto di lavoro non è stato risolto
- E Gli uffici pubblici non avrebbero dovuto chiudere perché ciò comporta un grave danno economico all'intera società

RAGIONAMENTO LOGICO E CULTURA GENERALE

Brano 45 — Leggere il brano seguente e rispondere alle relative domande

Con la legge bancaria del 10 agosto 1893 venne creata la Banca d'Italia, sul ceppo della preesistente Banca Nazionale del Regno d'Italia, con cui vennero fuse le due banche d'emissione toscane. Alla nuova banca, che entrò in funzione il 1° gennaio 1894, venne affidata la liquidazione di un'altra banca di emissione, la Banca Romana, mentre restavano ancora in vita altre due banche di emissione, il Banco di Napoli e il Banco di Sicilia. Si chiudeva così una travagliata stagione bancaria e il nuovo istituto, pur non essendo ancora una vera e propria Banca Centrale, assunse ben presto preminenza e autorità. Oltre alle manovre sul tasso di sconto e agli interventi sui mercati dei cambi per mantenere la stabilità della lira, a partire dall'età giolittiana, la Banca d'Italia prestò molta attenzione alla solidità del sistema bancario italiano.

Un primo intervento di salvataggio venne operato nel 1907 e poi nel 1911, per alleviare le sofferenze della *Società bancaria italiana*, una banca mista troppo esposta con industrie che subirono i contraccolpi della crisi internazionale del 1907. Quindi nel 1914 la Banca d'Italia creò un istituto speciale di credito industriale, il *Consorzio sovvenzioni su valori industriali* (Csvi) che dispiegò prima una serie di interventi di salvataggio negli anni Venti, soprattutto in relazione al Banco di Roma, e poi un'intensa attività di finanziamento della spesa pubblica, soprattutto bellica, nella seconda metà degli anni Trenta e nei primi anni Quaranta.

Intanto, con la legge bancaria del 1926 la Banca d'Italia diventò l'unica banca di emissione e con la legge bancaria del 1936 le venne conferito lo status di vera e propria Banca centrale, cessando ogni rapporto con la clientela privata.

Nel secondo dopoguerra, sotto il governo di Einaudi prima e di Menichella poi, la Banca d'Italia fu in prima linea nel realizzare una politica di stabilità monetaria durante gli anni di grande espansione economica, ma nei travagliati anni Settanta non riuscì a sottrarsi alle pressioni inflazionistiche che venivano soprattutto dalla politica di spesa pubblica dello Stato.

2343 In base a quanto esposto nel brano, si può affermare con certezza che: *(vedi brano 45)*

A. la crisi internazionale del 1907 non causò contraccolpi all'economia italiana
B. la crisi internazionale del 1907 causò gravi "sofferenze" alla Società bancaria italiana
C. nel 1911 si verificò una grave crisi internazionale
D. la crisi internazionale del 1907 causò gravi "sofferenze" alla Banca d'Italia

2344 In base a quanto esposto nel brano, quale delle seguenti alternative non può essere affermata con certezza? *(vedi brano 45)*

A. Il Csvi era un istituto speciale di credito industriale
B. L'inizio della guerra del 1914-1918 favorì la nascita del Csvi
C. Negli anni Trenta il Csvi finanziò la spesa pubblica
D. Negli anni Venti il Csvi salvò il Banco di Roma

2345 In base a quanto esposto nel brano, nel secondo dopoguerra: *(vedi brano 45)*

A. Einaudi prima e Menichella poi furono ministri del Tesoro
B. la Banca d'Italia si impegnò per realizzare una politica di stabilità monetaria
C. la Banca d'Italia riuscì sempre a sottrarsi alle pressioni inflazionistiche
D. la Banca d'Italia si impegnò per realizzare una politica di stabilità finanziaria

2346 Quale delle seguenti affermazioni è logicamente deducibile dal brano? *(vedi brano 45)*

A. Fino al 1926 la Banca d'Italia non ebbe rapporti con la clientela privata
B. Fin dalla nascita la Banca d'Italia operò come banca centrale
C. Fino al 1936 la Banca d'Italia ebbe rapporti con la clientela privata
D. Solo durante il fascismo la Banca d'Italia finanziò la spesa pubblica

2347 La frase "Qualche dirigente non è corretto con i suoi dipendenti" è logicamente equivalente a:

A. non tutti i dirigenti sono corretti con i loro dipendenti
B. tutti i dirigenti sono scorretti con i loro dipendenti
C. nessun dirigente è del tutto corretto con propri dipendenti
D. i dirigenti farebbero meglio a essere più corretti con i propri dipendenti
E. tutti dirigenti sono corretti con i dipendenti

2348 Se piove e nevica allora si scivola, ma solo se nevica allora si pattina. Se la precedente affermazione è vera, allora è certamente falso che:

A. se non si scivola non è detto che non si pattini
B. se si pattina allora certamente si scivola
C. se non si scivola allora non è detto che non piova
D. se si pattina e piove allora si scivola
E. se non nevica non si pattina

2349 In tutti i paesi del mondo, la domanda di donatori di sangue è aumentata in maniera esponenziale. Nei paesi occidentali, in particolar modo, la domanda è aumentata così drasticamente da provocare una carenza cronica nelle scorte di sangue per uso medico. In tutti questi paesi, la domanda sta aumentando assai più rapidamente di quanto stia aumentando il tasso di crescita nella popolazione di età compresa tra i 18 e i 65 anni, ovvero la fascia di età da cui si attingono donatori. Inoltre, nonostante si stiano compiendo enormi sforzi nella ricerca medica per trovare valide alternative, resta inconfutabile che al momento non esiste un valido sostituto per il sangue umano.

Quale delle seguenti affermazioni esprime il messaggio principale del brano precedente?

- A Se si riuscissero a trovare più donatori di sangue, non ci sarebbe bisogno di trovare un valido sostituto per il sangue umano
- B Il tasso di crescita tra i donatori di sangue è recentemente rallentato
- C Il problema concernente l'aumento della domanda di sangue non accenna a scomparire
- D La domanda di sangue è aumentata di pari passo al crollo dell'offerta
- E L'aumento nella domanda di sangue è principalmente dovuta alla crescita della popolazione globale

2350 Quali parole vanno sostituite ai numeri per dare un senso compiuto e logico alla seguente frase?

«Le passioni generano spesso altre passioni a loro ______(1)______. L'avarizia produce talvolta la prodigalità; e la prodigalità l' ____(2)______; si è spesso irremovibili per ______(3)______, e audaci per timidità.»

- A (1) simili (2) ostentazione (3) temerarietà
- B (1) opposte (2) assuefazione (3) ambizione
- C (1) contrarie (2) avarizia (3) debolezza
- D (1) verosimili (2) avidità (3) avversione
- E (1) inverosimili (2) ostinazione (3) fiacchezza

2351 Sara non piange la notte solo se Mariagrazia la culla prima di dormire.
Se la precedente affermazione è vera, allora è sicuramente vero che:

- A Mariagrazia è la mamma di Sara
- B se Sara piange la notte è perché Mariagrazia non l'ha cullata prima di dormire
- C se Sara non piange la notte è perché Mariagrazia non l'ha cullata prima di dormire
- D se Mariagrazia non culla prima di dormire Sara, questa piange la notte
- E se e solo se Mariagrazia ha cullato Sara prima di dormire, questa non dorme

2352 Quale tra le alternative proposte è identica alla seguente figura?

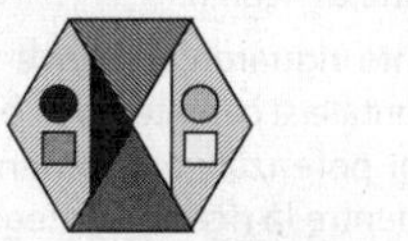

A 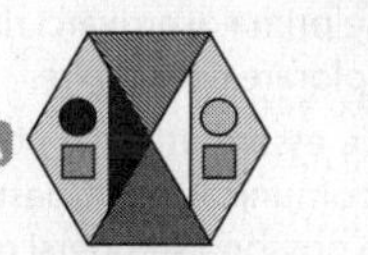
B 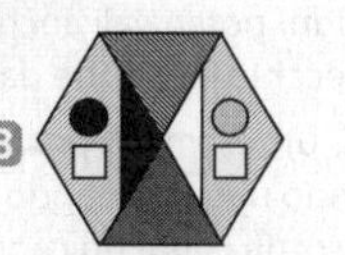
C 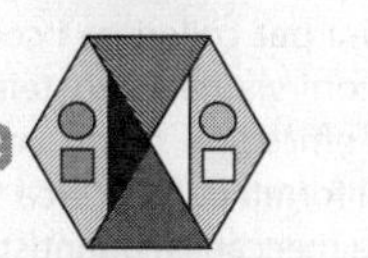
D 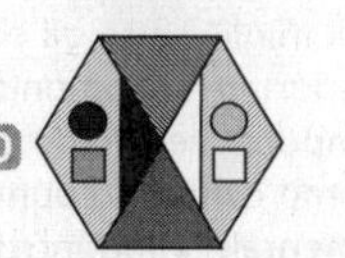
E 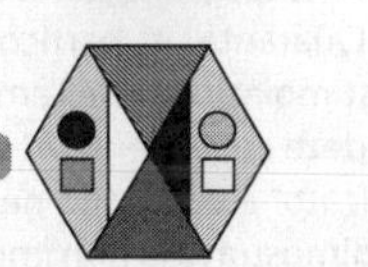

2353 Indicare tra le seguenti figure le tre da scartare:

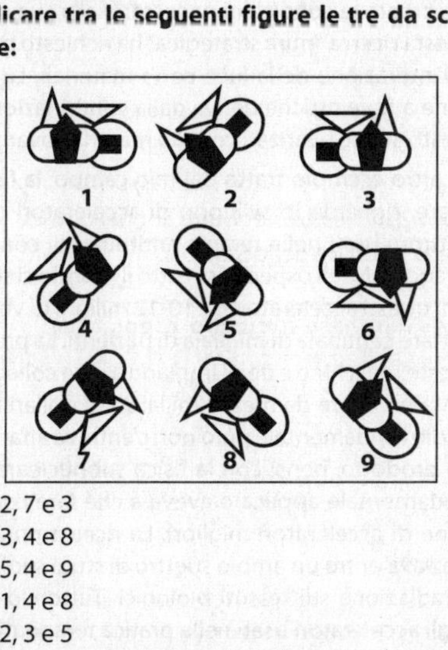

- A 2, 7 e 3
- B 3, 4 e 8
- C 5, 4 e 9
- D 1, 4 e 8
- E 2, 3 e 5

Brano 46 — Leggere il brano seguente e rispondere alle relative domande

Spesso si divide la ricerca in due categorie: pura e applicata. La ricerca pura è solitamente definita come quella che produce nuove conoscenze, la ricerca applicata come quella che produce nuove tecnologie. Una descrizione semplice ma non sufficiente a caratterizzare come la scienza produca nuove tecnologie. Farò quindi un'ulteriore suddivisione della ricerca pura e applicata in due categorie che chiamerò ricerca fondamentale e ricerca strategica.

Le categorie "pura" e "applicata" connotano ciò che gli scienziati fanno: esplorare l'ignoto e risolvere dei problemi. Le categorie "fondamentale" e "strategica" connotano gli orizzonti temporali e le basi per sostenere vari programmi di ricerca.

Per quanto riguarda le nuove tecnologie, nella ricerca fondamentale si capisce poco o nulla delle eventuali applicazioni potenziali al momento in cui il lavoro viene svolto, mentre la ricerca strategica si aspetta delle applicazioni potenziali anche se prima di arrivarci rimangono parecchie incognite da esplorare e da capire.

Qui, un esempio potrebbe essere utile. Le fibre ottiche stanno rivoluzionando le comunicazioni. Questi fili di vetro sottili come un capello possono stendersi per migliaia di miglia sotto gli oceani per collegare i continenti e trasportare le comunicazioni via telefono, televisione e computer nel modo più efficace e meno costoso che l'uomo conosca. I puntelli forniti dalla ricerca "pura fondamentale" vengono dalla meccanica quantistica elaborata tra gli anni Venti e Quaranta, in particolare dagli studi di Einstein sulla stimolazione dell'emissione e dell'assorbimento (i cosiddetti coefficienti "A" e "B"). Il lavoro "fondamentale applicato" è consistito nello sviluppare il laser. La teoria che dimostrava la non impossibilità del laser era nota, ma non si sapeva se si sarebbero riusciti a creare le condizioni necessarie alla sua costruzione. Questa ricerca "pura strategica" ha richiesto molto lavoro sull'interazione della luce con i materiali. La comunicazione a fibre ottiche deriva dalla combinazione dei laser a stato solido avanzati con dei materiali avanzati.

Un altro esempio tratto dal mio campo, la fisica subnucleare, riguarda lo sviluppo di acceleratori compatti di elettroni usati nelle terapie antitumorali con fasci densi di raggi x. Negli ospedali di tutto il mondo ci sono migliaia di questi acceleratori da 10-12 milioni di volt, usati per trattare centinaia di migliaia di pazienti. La produzione di queste macchine e degli impianti a esse collegati rappresenta un affare da mezzo miliardo di dollari all'anno. Lo studio fondamentale puro non c'entrava affatto con questo prodotto, bensì con la fisica subnucleare. Lo studio fondamentale applicato aveva a che fare con la costruzione di acceleratori migliori. La ricerca pura strategica spaziava entro un ampio spettro di studi sugli effetti della radiazione sui tessuti biologici. Tutto ciò è confluito negli acceleratori usati nella pratica terapeutica.

Entrambi questi esempi hanno caratteristiche comuni. Sono radicati nella scienza fondamentale che porta a nuove conoscenze, che a loro volta producono ulteriore ricerca pura di natura strategica e/o ricerca fondamentale applicata che sviluppa nuove tecnologie. È un quadro che si potrebbe giudicare semplicistico, privo com'è di una sorta di terza dimensione che mostri come i risultati provenienti da più settori della scienza e della tecnologia confluiscano nell'elaborare nuove tecnologie e nuovi prodotti.

2354 Quale dei seguenti titoli meglio esprime il contenuto del brano? *(vedi brano 46)*

- A Terapie antitumorali e scienza
- B Nuovi sistemi di comunicazione
- C Einstein e le nuove tecnologie
- D Ricerca e sviluppo di nuove tecnologie
- E Fili di vetro sotto i nostri mari

2355 L'autore del brano lavora nel campo: *(vedi brano 46)*

- A della comunicazione
- B della filosofia della scienza
- C della fisica subnucleare
- D dei computer
- E dell'information technology

2356 Secondo il brano, nello sviluppo di nuove tecnologie, la ricerca pura fondamentale: *(vedi brano 46)*

- A ha sempre attinenza con la fisica subnucleare
- B viene svolta in relazione a una applicazione ben precisa
- C coincide con la ricerca pura strategica
- D prevede ogni possibile applicazione
- E precede la ricerca strategica applicata

2357 Confrontando i due esempi citati nel brano, quale delle seguenti proporzioni è corretta? *(vedi brano 46)*

- A L'interazione tra materiali e luce sta al laser come la fisica subnucleare sta agli acceleratori di elettroni
- B La meccanica quantistica sta alle fibre ottiche come la fisica subnucleare sta agli acceleratori per le terapie antitumorali
- C Il laser sta alle fibre ottiche come la fisica subnucleare sta agli acceleratori di elettroni
- D I coefficienti A e B stanno alla televisione come gli acceleratori di elettroni stanno ai tumori
- E L'idea del laser sta alla sua costruzione come la ricerca strategica sta alla ricerca applicata

QUESITI

Brano 47 — Leggere il brano seguente e rispondere alle relative domande

Amerigo Ormea uscì di casa alle cinque e mezzo del mattino. La giornata si annunciava piovosa. Per raggiungere il seggio elettorale dov'era scrutatore, Amerigo seguiva un percorso di vie strette e arcuate, ricoperte ancora di vecchi selciati, lungo muri di case povere, certo fittamente abitate ma prive, in quell'alba domenicale, di qualsiasi segno di vita. Amerigo, non pratico del quartiere, decifrava i nomi delle vie sulle piastre annerite – nomi forse di dimenticati benefattori – inclinando di lato l'ombrello e alzando il viso allo sgrondare della pioggia. C'era l'abitudine tra i sostenitori dell'opposizione (Amerigo Ormea era iscritto a un partito di sinistra) di considerare la pioggia il giorno delle elezioni come un buon segno. Era un modo di pensare che continuava dalle prime votazioni del dopoguerra, quando ancora si credeva che col cattivo tempo, molti elettori dei democristiani [...] non avrebbero messo il naso fuori di casa. Ma Amerigo non si faceva di queste illusioni; era ormai il 1953, e con tante elezioni che c'erano state s'era visto che, pioggia o sole, l'organizzazione per far votare tutti funzionava sempre. Figuriamoci stavolta, che si trattava per i partiti del governo di far valere una nuova legge elettorale (la «legge truffa» l'avevano battezzata gli altri) per cui la coalizione che avesse preso il 50% +1 dei voti avrebbe avuto i due terzi dei seggi... Amerigo, lui, aveva imparato che in politica i cambiamenti avvengono per vie lunghe e complicate, e non c'è da aspettarseli da un giorno all'altro, come per un giro di fortuna; anche per lui, come per tanti, farsi un'esperienza aveva voluto dire diventare un poco pessimista."

2358 In base a quanto esposto nel brano, la nuova legge elettorale del 1953 era stata battezzata "legge truffa": *(vedi brano 47)*

- A dalla Democrazia Cristiana
- B dai partiti di governo
- C dal movimento eurocomunista
- D dai partiti dell'opposizione
- E dalle persone poco interessate alla politica

2359 Quale delle seguenti affermazioni è deducibile dal brano? *(vedi brano 47)*

- A Secondo Ormea, in politica i cambiamenti non avvengono da un giorno all'altro
- B Il seggio elettorale di Ormea si trovava nel centro storico
- C L'organizzazione per far votare tutti nel 1953 era fortemente deficitaria
- D Secondo Ormea, i giri di fortuna non esistono
- E Il pessimismo di Ormea deriva dalle bocciature della sua candidatura

2360 Quale delle seguenti affermazioni NON è contenuta nel brano? *(vedi brano 47)*

- A Amerigo Ormea aveva un ombrello mentre si recava al seggio elettorale
- B All'alba di domenica, la giornata si annunciava piovosa
- C Amerigo Ormea, grazie alle precedenti esperienze, era diventato più ottimista
- D Amerigo Ormea era iscritto a un partito di sinistra
- E Amerigo Ormea era scrutatore alle elezioni del 1953

2361 In base a quanto esposto nel brano, dalle prime elezioni del dopoguerra: *(vedi brano 47)*

- A la pioggia il giorno delle elezioni causava una percentuale di astensionismo al voto superiore al 50%
- B molti politici non avevano smesso di credere che solo la pioggia il giorno delle elezioni avrebbe garantito loro la vittoria
- C gli elettori democristiani più anziani erano soliti ammalarsi e quindi non uscire di casa in caso di pioggia
- D gli elettori delle opposizioni continuavano a diminuire
- E i sostenitori dell'opposizione consideravano la pioggia il giorno delle elezioni come un buon segno

2362 Umberto gioca ai cavalli. Tutti coloro che sono fortunati giocano ai cavalli. Tutti coloro che giocano ai cavalli sono in bolletta. Se le precedenti affermazioni sono vere, quale delle seguenti affermazioni è certamente vera?

- A Chi è in bolletta gioca ai cavalli
- B Umberto è fortunato
- C Umberto è in bolletta
- D Umberto è sfortunato
- E Nessuna delle altre alternative è certamente vera

2363 Un portafoglio contiene 12 banconote da 5 euro, 4 banconote da 10 euro, 2 banconote da 20 euro e 6 banconote da 50 euro. Qual è la probabilità di estrarre (scegliendo casualmente) una banconota da 50 euro o una da 20 euro?

- A 1/4
- B 1/12
- C 1/3
- D 1/2
- E 1/5

Per ciascuno degli esercizi seguenti, indicare la rappresentazione (A, B, C, D, E) che soddisfa la relazione insiemistica esistente tra i tre termini dati.

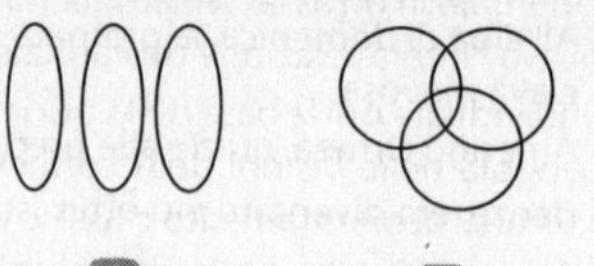

A B

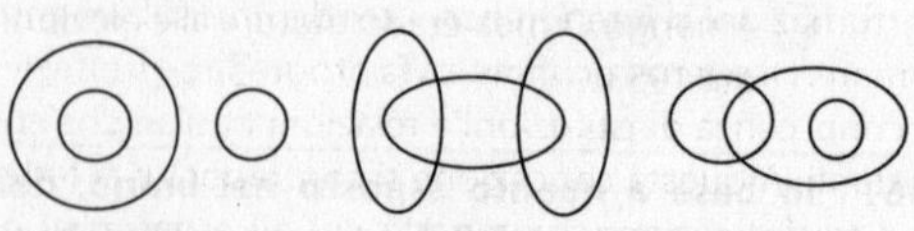

C D E

2364 SPAGNA, CITTADINI, PASSAPORTI.
A B C D E

2365 PSICOLOGI, LAUREATI, UNIVERSITÀ.
A B C D E

2366 BUDDISTI, SCRITTORI, GIOVANI.
A B C D E

2367 BIONDI, DIPLOMATI, ANALFABETI.
A B C D E

2368 ASTRONOMIA, SCIENZE, BINOCOLI.
A B C D E

2369 GIOCATORI DI SCACCHI, BIONDI, MANCINI.
A B C D E

2370 QUADRILATERI, RETTANGOLI, CUBI.
A B C D E

2371 BALLERINE, PERSONE INTONATE, LIGURI.
A B C D E

2372 PROFESSORI, SICILIANI, PIEMONTESI.
A B C D E

2373 COMPUTER, TASTIERE, MONITOR.
A B C D E

2374 La penicillina è stata scoperta da:
- A Edward Jenner
- B Louis Pasteur
- C Albert Sabin
- D Pierre Curie
- E Alexander Fleming

2375 Si considerino i seguenti ragionamenti:
I) Enrico legge su una rivista scientifica che se si mangia il cioccolato si affatica il fegato. Mario ha il fegato affaticato. Questo significa che ha mangiato cioccolato.
II) Enrico legge su una rivista scientifica che i carciofi, se cucinati al vapore, diventano scuri. Enrico va in cucina e vede che i suoi carciofi non sono scuri. Ciò significa che nessuno li ha cucinati al vapore.
- A Entrambi i ragionamenti sono validi
- B I) è valido ma II) non lo è
- C II) è valido ma I) non lo è
- D Nessuno dei due ragionamenti è valido
- E Nessuna delle precedenti alternative è corretta

2376 Un viticoltore con numerosi vigneti nei colli piacentini ha deciso di anticipare la vendemmia a luglio, rispetto all'usuale mese di settembre, per approfittare dell'aiuto dei nipoti in vacanza per il periodo estivo presso la sua tenuta.
Il vino prodotto da questa vendemmia anticipata è stato sorprendentemente esaurito nel giro di poche settimane dopo esser stato messo in vendita sul nuovo sito dell'azienda agricola. Visti gli eccezionali risultati, il viticoltore vendemmierà nel mese di luglio anche il prossimo anno.
Quale delle seguenti risposte costituisce il passaggio logico errato nel brano precedente?
- A Si presuppone che le vendite online siano il futuro per il mercato del vino
- B Si presuppone che settembre non sia il mese migliore per vendemmiare nella zona del viticoltore
- C Si presuppone che vendemmiare in luglio contribuisca a vendere più rapidamente il vino prodotto
- D Si presuppone che il vino sia più buono se vendemmiato in luglio piuttosto che in settembre
- E Si presuppone che la maggior rapidità con cui il vino è stato venduto sia da attribuirsi solo all'utilizzo del sito

2377 Individuare il numero mancante:
2, 14, 98, 686, ...?
- A 2212
- B 3617
- C 4802
- D 3142
- E 3332

QUESITI

Brano 48 — In base alle informazioni contenute nel brano seguente, rispondere alle successive domande.

Karl Marx non divenne un dissidente e un rivoluzionario per reazioni a stenti e a privazioni patiti in gioventù. I moderni discepoli che si recano in pellegrinaggio a Treviri, sua città natale, che sorge nella valle della Mosella ed è contigua alla più bella campagna d'Europa, trovano una dimora attraente, straordinariamente spaziosa. Salvo casi estremamente rari, essa supera in eleganza quelle da cui provengono gli stessi visitatori. Il padre di Marx, il più eminente avvocato di Treviri, nonché magistrato presso la corte d'appello, apparteneva a un'antica famiglia ebraica. All'epoca della nascita di Karl, si era da poco convertito al protestantesimo, ma non pare che in ciò entrassero genuine persuasioni spirituali. Il fatto è che nella posizione ufficiale da lui occupata in Prussia non era facile essere ebreo. Il giovane Marx frequentava l'élite sociale locale; e il suo matrimonio con Jenny von Westphalen, figlia del barone Ludwig von Westphalen, il primo cittadino della città, era in armonia con la sua posizione. I primi anni di Marx non offrono nessun segno premonitore del violento dissenso rivoluzionario che l'avvenire aveva in serbo.

Questo dissenso fu alimentato per la prima volta durante gli anni degli studi universitari, quando, dopo un periodo romanticamente spensierato trascorso a Bonn, Marx si trasferì a Berlino, dove cadde sotto l'influsso di Georg Wilhelm Friedrich Hegel (1770-1831). Da Hegel, o, più precisamente, dalla formidabile e spesso sconcertante aggregazione del pensiero hegeliano, scaturì un'idea in cui ci siamo già imbattuti, sia pure in forma molto elementare, nell'opera di Friedrich List. Si tratta della ferma convinzione che la vita economica, sociale e politica sia impegnata in un processo di costante trasformazione. Quando una struttura o istituzione sociale conquista autorità o preminenza, un'altra sorge a sfidarla. E dalla sfida e dal conflitto che ne derivano nascono una nuova sintesi e un nuovo potere, che saranno successivamente a loro volta sfidati da nuove strutture o istituzioni. L'ovvia esemplificazione in carne e ossa di questa superba astrazione era costituita dai capitalisti – i nuovi industriali – e dalla loro sfida alle vecchie classi dominanti terriere. E non era necessario un grande sforzo di immaginazione per rendersi conto che, dopo aver opportunamente demolito il potere della vecchia aristocrazia e aver raggiunto una nuova sintesi, la nuova borghesia sarebbe stata a sua volta sfidata dagli operai che aveva chiamato a raccolta al proprio servizio.

La tradizione classica – l'abbiamo visto – aveva postulato un equilibrio; e questa dottrina sarebbe stata chiamata l'economia dell'equilibrio. La relazione fondamentale tra datore di lavoro e operaio, tra terra, capitale e lavoro, non mutava mai. Potevano verificarsi variazioni nell'offerta di lavoro e di capitale, ma queste variazioni non avevano altro effetto che quello di portare a un nuovo e analogo equilibrio. L'identificazione e lo studio di tale equilibrio finale costituivano la sostanza della scienza economica. Muovendo da Hegel, Marx fu dunque indotto a rifiutare il più fondamentale dei presupposti dell'economia classica. Per lui l'equilibrio non era il punto d'arrivo, ma un evento incidentale in un'assai più ampia trasformazione, che modificava l'intera relazione tra capitale e lavoro.

Possiamo individuare qui la base della più importante divergenza singola nelle visioni dell'economia moderna. Per gli economisti di orientamento classico o neoclassico esiste tuttora un modello fisso, immutabile. A questa norma la vita economica – quali che siano le temporanee perturbazioni o interferenze – tende irresistibilmente a tornare. La scienza economica fa progredire e perfeziona la conoscenza di istituzioni e relazioni basilari che sono costanti. A questa concezione si contrappone la fede in una trasformazione ininterrotta cui gli economisti e le idee economiche devono adattarsi. È il lascito di Hegel e di Marx. Le istituzioni economiche – sindacati, società anonime, le manifestazioni economiche e le politiche dello stato, il conflitto di classe – sono tutte in movimento o sono fonte di movimento. Credere nell'equilibrio – ossia concepire lo studio dell'economia come una ricerca che mira a far progredire la conoscenza di un oggetto fisso e definito una volta per tutte, insomma come una scienza non diversa dalla chimica o dalla fisica – significa condannarsi a un'ineluttabile obsolescenza.

Negli Stati Uniti, come vedremo in seguito, lo schieramento degli economisti si divide oggi tra classicisti (la stragrande maggioranza) e istituzionalisti, tra quanti postulano un equilibrio inevitabile e costante e quanti (che rivendicano pretese assai minori di precisione scientifica) accettano un mondo in evoluzione e in continuo mutamento. Una delle fonti delle idee degli istituzionalisti è la Germania nel mondo di Hegel (e di Marx).

2378 Il carattere del brano è: *(vedi brano 48)*

- A descrittivo
- B giornalistico
- C polemico
- D critico
- E poetico

2379 Una delle tesi centrali avanzate dall'autore del brano è che: *(vedi brano 48)*

- A l'economia si presenta come una rigorosa disciplina scientifica
- B Hegel influenzò il pensiero di Marx che si pone in opposizione al più fondamentale dei presupposti dell'economia classica
- C la grande maggioranza degli economisti statunitensi accettano un mondo in continuo mutamento
- D nelle origini aristocratiche di Marx vanno ricercate le origini del suo pensiero rivoluzionario
- E il pensiero di Marx aveva trovato precedente espressione nell'opera di Friedrich List

2380 Dal brano si deduce che l'autore è presumibilmente un: *(vedi brano 48)*

A giornalista
B chimico
C conoscitore del pensiero di Marx
D autore di una biografia di Marx
E scienziato

2381 Quale delle seguenti affermazioni è corretta, secondo quanto riportato dal brano? *(vedi brano 48)*

A Il padre di Karl era di religione sinceramente protestante
B La teoria economica istituzionalista trae origine anche dal pensiero di Hegel
C Marx non fu un rivoluzionario
D Secondo la teoria classica la vita economica è in costante trasformazione
E Nessuna delle alternative è corretta

2382 Il cembalo è:

A una conifera
B uno strumento musicale
C un insetto
D una danza allegra
E uno strumento da falegnameria

2383 Due colleghi di lavoro intendono acquistare una barca e decidono di ripartire in parti uguali l'investimento. Scoprono che se si aggiungesse nell'acquisto un altro collega, in regime di equa ripartizione, per ciascuno di loro la quota si ridurrebbe di 35.000 euro. A quanto ammonta il costo totale della barca?

A 210.000 euro
B 150.000 euro
C 600.000 euro
D 240.000 euro
E 315.000 euro

2384 Non si può escludere che non sia stata la scarsa visibilità la causa dell'incidente. Quale è il corretto significato della precedente affermazione?

A Anche se non ci fosse stata scarsa visibilità l'incidente sarebbe accaduto ugualmente
B La scarsa visibilità è la causa di molti incidenti
C È impossibile che l'incidente non sia stato causato dalla scarsa visibilità
D È stata probabilmente la nebbia la causa dell'incidente
E È possibile che l'incidente non sia stato causato dalla scarsa visibilità

2385 Marta e Luisa lavorano a 10 km di distanza. Un giorno partono dal luogo di lavoro alle ore 17 per incontrarsi in un bar che si trova esattamente a metà strada tra le due. Se Marta viaggia alla velocità di 30 chilometri all'ora e Luisa a 90 chilometri all'ora, quanti minuti quest'ultima dovrà attendere l'arrivo dell'amica al bar?

A Circa 2
B Circa 1
C Circa 15
D Circa 7
E Circa 18

2386 Se Alessandro completa il programma definito per l'esame non dovrà più studiare. Se non studia, Alessandro gira in bici per la città. Alessandro preferisce girare in bici per la città senza il pensiero dell'esame, per cui completerà il programma. Quali delle seguenti affermazioni segue la stessa struttura logica del suddetto ragionamento?

A Se Marco non vuole restare in tribuna nella prossima partita, deve allenarsi duramente. Tutte le volte che Simone è rimasto in tribuna si è addormentato. Il ragazzo sembra essere soddisfatto di riposarsi in questo modo per cui non si allenerà duramente
B Se Giulia vuole suonare il sax deve passare intere giornate a suonare nel solaio. Siccome il solaio non ha finestre d'estate preferisce suonare in camera
C Se Alberto lava i piatti non deve sparecchiare. Se non sparecchia può giocare al suo videogioco preferito. Alberto non vede l'ora di accendere la consolle dei videogiochi per cui si offrirà di lavare i piatti
D Se Andrea beve una birra non deve guidare per tornare a casa. Stasera è uscito a piedi per cui può bersi una birra in tutta tranquillità
E Se Carlo mangia tanto non riesce a prendere sonno, ma prendere sonno è condizione necessaria per essere riposato il giorno successivo, per cui Carlo non mangerà tanto

2387 Quale delle seguenti affermazioni non è contenuta nel brano? *(vedi brano 48)*

A I sindacati sono istituzioni economiche
B La dimora di Treviri supera spesso in eleganza le residenze da cui provengono i visitatori che vi si recano in pellegrinaggio
C Marx trascorse a Berlino un periodo romanticamente spensierato
D Hegel morì all'età di almeno 60 anni
E Nessuna delle alternative è corretta

2388 Quale tra le alternative proposte corrisponde alla seguente figura riflessa in uno specchio e in negativo?

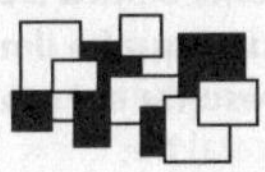

A 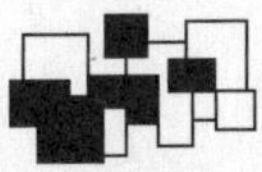

B 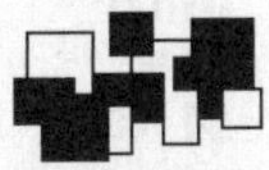

C 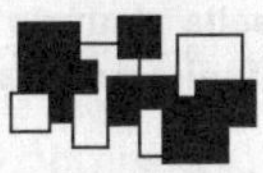

D 

E 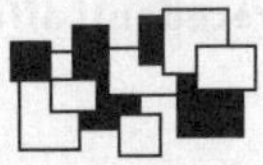

2389 In un ateneo, degli studenti iscritti, il 62% è di sesso maschile, il 36% è fuori corso ed il 9% è lavoratore. Quale delle seguenti affermazioni è necessariamente vera?

A C'è almeno una studentessa lavoratrice

B C'è almeno uno studente di sesso maschile fuori corso

C Non ci sono studenti lavoratori che non siano fuori corso

D C'è almeno una studentessa in corso e non lavoratrice

E C'è almeno uno studente di sesso maschile che non è né lavoratore né fuori corso

2390 Quale tra le alternative proposte è identica alla seguente figura?

A 

B 

C 

D 

E 

2391 Per individuare i titolari della squadra, il nuovo allenatore del Borgorosso FC dovrebbe valutare diverse variabili quali la forma dei calciatori, gli infortuni subiti e le squalifiche ricevute. Il Borgorosso FC non è una squadra di rango e le sue strutture sono abbastanza scadenti, tanto da non fornire all'allenatore dati analitici che possano consentirgli di individuare i giocatori più in forma. Per questo, tolti gli infortunati e gli squalificati, l'allenatore è costretto a schierare tra i titolari gli undici calciatori più esperti, con più anni di presenza in squadra.

Quale delle seguenti affermazioni, se considerata vera, indebolisce l'argomentazione precedente?

A L'esperienza è una qualità imprescindibile per primeggiare nel campionato in cui milita il Borgorosso FC

B L'allenatore in seconda è uno storico preparatore atletico del club in grado di riconoscere lo stato di forma dei calciatori

C Le strutture di allenamento del Borgorosso FC non sono peggiori di quelle delle squadre che partecipano allo stesso campionato

D Il nuovo allenatore del Borgorosso FC ha bisogno di qualche mese per imporre le sue decisioni

E I calciatori giovani schierati in panchina offrono nel secondo tempo possibilità di inserimento di forze fresche in grado di cambiare l'andamento della partita

2392 Tantro e Rollo: uno dice sempre la verità e l'altro sempre bugie. Tantro dice: "almeno uno tra me e Rollo dice sempre bugie". Quale dei due ragazzi dice sempre la verità e quale invece sempre bugie?

A Entrambi dicono sempre bugie

B Non è possibile verificarlo

C Tantro dice sempre bugie e Rollo sempre la verità

D La verità è una bugia

E Tantro dice sempre la verità e Rollo sempre bugie

2393 Trovare l'intruso tra i seguenti letterati italiani.

A Magris

B Morante

C Moravia

D Marinetti

E Montale

2394 Il premio "Alunno dell'anno" verrà assegnato secondo i seguenti criteri:

- **il premio non verrà assegnato a chi è arrivato in ritardo per più di 2 volte e nemmeno a chi non ha consegnato più di 2 compiti assegnati a casa entro la data prevista;**
- **il premio verrà assegnato all'alunno con il minor numero di voti inferiori al 9 nei compiti assegnati a casa.**

I finalisti sono i seguenti:

Studente	Classe	Assenze	Ritardi	Totale di compiti assegnati a casa	Compiti consegnati entro la data prevista	Compiti con voto pari o superiore a 9
Andrea	IC	4	1	60	56	58
Carla	IIB	2	2	56	56	53
Enrico	IA	6	2	59	56	58
Greta	IIID	6	3	58	57	56
Ilaria	IVB	10	2	54	53	52

Sulla base della tabella sopra riportata, a chi verrà assegnato il premio?

A Carla
B Enrico
C Greta
D Ilaria
E Andrea

2395 Quale tra le alternative proposte corrisponde alla seguente figura ruotata di 210° in senso orario?

A

B

C

D

E

2396 In un museo sono presenti soltanto quadri, sculture e mosaici. Sapendo che il numero di quadri sta a quello delle sculture come 3 sta a 4, che il numero di mosaici sta a quello dei quadri come 5 sta a 3 e che nel museo ci sono 36 sculture, qual è il numero totale di opere d'arte presente nel museo?

A 117
B 99
C 123
D 90
E 108

2397 Quando piove Raffaella rinuncia alla corsa nel parco. Oggi Raffaella non ha corso nel parco.

Quale delle seguenti affermazioni NON può essere vera se le precedenti affermazioni sono vere?

A Oggi ha piovuto
B Oggi non ha piovuto
C Due settimane fa, Raffaella non ha corso nel parco perché pioveva
D La scorsa settimana non ha mai piovuto e Raffaella ha corso nel parco tutti i giorni
E Ieri Raffaella ha corso nel parco anche se pioveva

2398 Scartare una delle otto coppie di simboli.

A Coppia 1
B Coppia 3
C Coppia 7
D Coppia 5
E Coppia 6

2399 Le date possono essere scritte in forma numerica usando otto cifre. Per esempio, il 19 gennaio 2005 può essere scritto come 19-01-2005.

In quale anno si presenterà una data che sarà possibile scrivere in forma numerica con tutte le otto cifre diverse?

A 2017
B 2345
C 2134
D 2145
E 2450

2400 Quali parole vanno sostituite ai numeri per dare un senso compiuto e logico alle frasi seguenti?
"Le province italiane sono quasi ___(1)___ sorte come comuni indipendenti nel nord e centro-nord, cioè come centri civili e ___(2)___. Anche nel sud, dove la struttura comunale era meno frequente, la distribuzione ___(3)___ delle città era piuttosto simile al nord e aveva la stessa funzione".

- A (1) totalmente (2) sagaci (3) territoriale
- B (1) mai (2) mercantili (3) storica
- C (1) ovunque (2) portuali (3) statistica
- D (1) sempre (2) marinari (3) asimmetrica
- E (1) tutte (2) commerciali (3) geografica

RAGIONAMENTO LOGICO E CULTURA GENERALE

Soluzioni

Quesito	Risposta	Quesito	Risposta	Quesito	Risposta	Quesito	Risposta	Quesito	Risposta	Quesito	Risposta	Quesito	Risposta	Quesito	Risposta	Quesito	Risposta	Quesito	Risposta
1201	A	1202	B	1203	D	1204	C	1205	E	1206	B	1207	B	1208	C	1209	C	1210	B
1211	D	1212	A	1213	B	1214	A	1215	E	1216	C	1217	A	1218	D	1219	A	1220	A
1221	A	1222	D	1223	D	1224	C	1225	E	1226	C	1227	A	1228	C	1229	A	1230	B
1231	A	1232	D	1233	E	1234	A	1235	C	1236	A	1237	C	1238	B	1239	E	1240	E
1241	E	1242	B	1243	B	1244	B	1245	A	1246	A	1247	E	1248	A	1249	E	1250	B
1251	A	1252	D	1253	E	1254	E	1255	B	1256	C	1257	A	1258	D	1259	A	1260	D
1261	D	1262	A	1263	C	1264	B	1265	B	1266	B	1267	A	1268	D	1269	A	1270	C
1271	D	1272	E	1273	B	1274	C	1275	A	1276	C	1277	E	1278	B	1279	E	1280	E
1281	D	1282	B	1283	A	1284	C	1285	E	1286	B	1287	C	1288	A	1289	C	1290	A
1291	E	1292	C	1293	A	1294	D	1295	A	1296	E	1297	A	1298	E	1299	B	1300	A
1301	C	1302	E	1303	E	1304	C	1305	D	1306	B	1307	D	1308	E	1309	A	1310	E
1311	E	1312	E	1313	C	1314	B	1315	C	1316	A	1317	A	1318	A	1319	A	1320	E
1321	E	1322	A	1323	E	1324	C	1325	E	1326	D	1327	A	1328	B	1329	B	1330	E
1331	B	1332	C	1333	A	1334	B	1335	D	1336	C	1337	A	1338	B	1339	A	1340	D
1341	A	1342	C	1343	D	1344	A	1345	E	1346	B	1347	D	1348	C	1349	E	1350	D
1351	D	1352	C	1353	D	1354	B	1355	B	1356	C	1357	C	1358	E	1359	A	1360	C
1361	B	1362	D	1363	D	1364	D	1365	B	1366	E	1367	A	1368	D	1369	D	1370	E
1371	E	1372	E	1373	D	1374	C	1375	B	1376	E	1377	B	1378	B	1379	A	1380	D
1381	A	1382	D	1383	C	1384	A	1385	D	1386	C	1387	B	1388	C	1389	D	1390	A
1391	D	1392	D	1393	B	1394	E	1395	E	1396	D	1397	D	1398	D	1399	B	1400	B
1401	E	1402	E	1403	C	1404	C	1405	E	1406	B	1407	D	1408	A	1409	C	1410	C
1411	B	1412	E	1413	E	1414	D	1415	E	1416	C	1417	A	1418	B	1419	E	1420	D
1421	E	1422	B	1423	E	1424	A	1425	D	1426	A	1427	D	1428	C	1429	B	1430	D
1431	A	1432	A	1433	E	1434	C	1435	B	1436	E	1437	B	1438	D	1439	A	1440	C
1441	C	1442	A	1443	E	1444	A	1445	D	1446	B	1447	C	1448	D	1449	D	1450	E
1451	D	1452	C	1453	C	1454	E	1455	D	1456	B	1457	B	1458	A	1459	E	1460	A
1461	E	1462	D	1463	C	1464	E	1465	D	1466	D	1467	B	1468	C	1469	B	1470	B
1471	E	1472	C	1473	A	1474	A	1475	D	1476	B	1477	D	1478	E	1479	D	1480	C
1481	E	1482	E	1483	B	1484	B	1485	A	1486	C	1487	B	1488	E	1489	D	1490	C
1491	D	1492	C	1493	B	1494	A	1495	C	1496	C	1497	D	1498	D	1499	A	1500	E
1501	A	1502	C	1503	E	1504	A	1505	B	1506	B	1507	A	1508	D	1509	A	1510	C
1511	E	1512	A	1513	A	1514	C	1515	C	1516	B	1517	A	1518	B	1519	A	1520	D
1521	C	1522	D	1523	D	1524	D	1525	B	1526	C	1527	A	1528	C	1529	D	1530	B
1531	D	1532	B	1533	B	1534	A	1535	B	1536	B	1537	A	1538	C	1539	D	1540	C
1541	A	1542	A	1543	C	1544	D	1545	A	1546	B	1547	D	1548	C	1549	B	1550	A

Quesito	Risposta	Quesito	Risposta	Quesito	Risposta	Quesito	Risposta	Quesito	Risposta	Quesito	Risposta	Quesito	Risposta	Quesito	Risposta	Quesito	Risposta	Quesito	Risposta
1551	E	1552	C	1553	E	1554	B	1555	D	1556	B	1557	A	1558	D	1559	D	1560	E
1561	C	1562	E	1563	E	1564	C	1565	A	1566	E	1567	D	1568	C	1569	B	1570	D
1571	C	1572	B	1573	B	1574	B	1575	C	1576	D	1577	B	1578	C	1579	C	1580	B
1581	D	1582	C	1583	D	1584	D	1585	D	1586	A	1587	B	1588	E	1589	A	1590	C
1591	C	1592	B	1593	D	1594	A	1595	C	1596	D	1597	D	1598	E	1599	E	1600	D
1601	B	1602	E	1603	B	1604	A	1605	C	1606	A	1607	C	1608	A	1609	B	1610	D
1611	C	1612	C	1613	C	1614	B	1615	D	1616	E	1617	B	1618	E	1619	C	1620	B
1621	C	1622	D	1623	B	1624	C	1625	A	1626	A	1627	C	1628	B	1629	B	1630	C
1631	A	1632	D	1633	E	1634	E	1635	A	1636	C	1637	C	1638	A	1639	B	1640	E
1641	B	1642	C	1643	D	1644	D	1645	C	1646	E	1647	E	1648	B	1649	D	1650	E
1651	D	1652	D	1653	A	1654	D	1655	B	1656	C	1657	B	1658	A	1659	C	1660	B
1661	A	1662	E	1663	C	1664	E	1665	B	1666	D	1667	D	1668	E	1669	B	1670	A
1671	B	1672	C	1673	B	1674	C	1675	A	1676	D	1677	A	1678	C	1679	E	1680	D
1681	A	1682	E	1683	A	1684	C	1685	E	1686	D	1687	B	1688	C	1689	B	1690	A
1691	D	1692	B	1693	A	1694	B	1695	E	1696	B	1697	A	1698	A	1699	B	1700	B
1701	A	1702	C	1703	C	1704	E	1705	A	1706	D	1707	B	1708	A	1709	C	1710	D
1711	C	1712	B	1713	D	1714	C	1715	B	1716	B	1717	A	1718	A	1719	B	1720	A
1721	C	1722	B	1723	C	1724	A	1725	E	1726	D	1727	B	1728	D	1729	C	1730	D
1731	B	1732	D	1733	D	1734	B	1735	C	1736	B	1737	E	1738	B	1739	E	1740	D
1741	B	1742	A	1743	E	1744	D	1745	E	1746	B	1747	D	1748	C	1749	D	1750	B
1751	D	1752	D	1753	C	1754	A	1755	B	1756	D	1757	B	1758	A	1759	B	1760	E
1761	A	1762	A	1763	B	1764	D	1765	A	1766	C	1767	A	1768	A	1769	D	1770	E
1771	A	1772	B	1773	A	1774	E	1775	D	1776	A	1777	B	1778	C	1779	C	1780	C
1781	E	1782	A	1783	D	1784	C	1785	C	1786	C	1787	A	1788	B	1789	A	1790	C
1791	C	1792	D	1793	E	1794	B	1795	D	1796	E	1797	A	1798	C	1799	D	1800	C
1801	A	1802	D	1803	D	1804	C	1805	C	1806	B	1807	B	1808	D	1809	B	1810	A
1811	E	1812	D	1813	C	1814	B	1815	D	1816	E	1817	A	1818	B	1819	B	1820	A
1821	E	1822	A	1823	B	1824	C	1825	C	1826	E	1827	C	1828	D	1829	C	1830	A
1831	B	1832	D	1833	B	1834	C	1835	A	1836	D	1837	D	1838	C	1839	B	1840	C
1841	A	1842	A	1843	E	1844	B	1845	C	1846	B	1847	C	1848	E	1849	E	1850	C
1851	D	1852	C	1853	E	1854	A	1855	A	1856	D	1857	C	1858	D	1859	C	1860	C
1861	D	1862	B	1863	C	1864	D	1865	C	1866	C	1867	A	1868	C	1869	C	1870	E
1871	C	1872	A	1873	D	1874	E	1875	D	1876	D	1877	B	1878	A	1879	B	1880	B
1881	B	1882	E	1883	B	1884	A	1885	D	1886	C	1887	C	1888	B	1889	C	1890	B
1891	D	1892	C	1893	E	1894	D	1895	B	1896	B	1897	E	1898	B	1899	A	1900	E
1901	C	1902	D	1903	A	1904	E	1905	B	1906	E	1907	E	1908	E	1909	C	1910	D
1911	D	1912	C	1913	D	1914	D	1915	A	1916	C	1917	A	1918	B	1919	E	1920	D
1921	C	1922	C	1923	A	1924	D	1925	D	1926	C	1927	E	1928	B	1929	D	1930	D
1931	D	1932	A	1933	B	1934	A	1935	D	1936	C	1937	E	1938	C	1939	E	1940	A
1941	D	1942	B	1943	E	1944	C	1945	A	1946	D	1947	D	1948	C	1949	B	1950	A
1951	B	1952	C	1953	D	1954	B	1955	C	1956	C	1957	B	1958	C	1959	B	1960	D
1961	D	1962	B	1963	B	1964	D	1965	A	1966	C	1967	D	1968	B	1969	D	1970	D
1971	D	1972	E	1973	A	1974	E	1975	A	1976	B	1977	B	1978	D	1979	D	1980	C
1981	C	1982	C	1983	B	1984	D	1985	E	1986	B	1987	A	1988	A	1989	B	1990	D
1991	D	1992	B	1993	D	1994	B	1995	A	1996	E	1997	A	1998	A	1999	E	2000	D

Quesito	Risposta	Quesito	Risposta	Quesito	Risposta	Quesito	Risposta	Quesito	Risposta	Quesito	Risposta	Quesito	Risposta	Quesito	Risposta	Quesito	Risposta	Quesito	Risposta
2001	E	2002	C	2003	B	2004	D	2005	A	2006	E	2007	C	2008	D	2009	B	2010	B
2011	C	2012	C	2013	A	2014	E	2015	B	2016	A	2017	C	2018	D	2019	C	2020	C
2021	E	2022	C	2023	A	2024	D	2025	A	2026	E	2027	E	2028	E	2029	A	2030	D
2031	E	2032	C	2033	B	2034	A	2035	A	2036	D	2037	B	2038	A	2039	D	2040	B
2041	A	2042	C	2043	B	2044	B	2045	E	2046	D	2047	A	2048	C	2049	E	2050	B
2051	D	2052	A	2053	B	2054	C	2055	D	2056	C	2057	D	2058	B	2059	E	2060	A
2061	E	2062	C	2063	A	2064	B	2065	A	2066	B	2067	C	2068	C	2069	B	2070	B
2071	D	2072	C	2073	E	2074	A	2075	C	2076	D	2077	A	2078	E	2079	D	2080	C
2081	B	2082	B	2083	E	2084	A	2085	B	2086	A	2087	E	2088	A	2089	D	2090	C
2091	B	2092	D	2093	B	2094	C	2095	E	2096	B	2097	C	2098	E	2099	C	2100	C
2101	B	2102	D	2103	B	2104	C	2105	A	2106	D	2107	C	2108	B	2109	D	2110	C
2111	C	2112	A	2113	B	2114	B	2115	D	2116	C	2117	A	2118	D	2119	B	2120	C
2121	B	2122	E	2123	A	2124	D	2125	C	2126	A	2127	B	2128	E	2129	D	2130	C
2131	A	2132	D	2133	E	2134	C	2135	D	2136	C	2137	B	2138	C	2139	A	2140	C
2141	B	2142	C	2143	C	2144	B	2145	C	2146	D	2147	C	2148	B	2149	A	2150	A
2151	C	2152	D	2153	B	2154	E	2155	C	2156	B	2157	D	2158	B	2159	C	2160	B
2161	B	2162	C	2163	C	2164	C	2165	A	2166	A	2167	B	2168	D	2169	C	2170	C
2171	B	2172	B	2173	D	2174	C	2175	B	2176	D	2177	B	2178	B	2179	C	2180	A
2181	A	2182	A	2183	E	2184	D	2185	B	2186	C	2187	C	2188	C	2189	E	2190	B
2191	D	2192	D	2193	C	2194	E	2195	C	2196	D	2197	B	2198	C	2199	B	2200	D
2201	B	2202	D	2203	B	2204	E	2205	B	2206	E	2207	E	2208	A	2209	C	2210	C
2211	D	2212	C	2213	D	2214	D	2215	E	2216	D	2217	E	2218	B	2219	C	2220	A
2221	C	2222	A	2223	A	2224	E	2225	A	2226	E	2227	E	2228	D	2229	C	2230	B
2231	B	2232	C	2233	D	2234	B	2235	C	2236	B	2237	B	2238	C	2239	A	2240	D
2241	E	2242	C	2243	A	2244	B	2245	A	2246	D	2247	C	2248	B	2249	A	2250	B
2251	B	2252	E	2253	B	2254	B	2255	D	2256	C	2257	A	2258	D	2259	C	2260	A
2261	B	2262	B	2263	D	2264	C	2265	A	2266	B	2267	D	2268	C	2269	C	2270	C
2271	B	2272	E	2273	D	2274	A	2275	C	2276	B	2277	E	2278	C	2279	B	2280	E
2281	D	2282	A	2283	E	2284	B	2285	E	2286	B	2287	C	2288	E	2289	A	2290	C
2291	C	2292	C	2293	A	2294	E	2295	C	2296	E	2297	C	2298	A	2299	D	2300	A
2301	A	2302	B	2303	D	2304	D	2305	D	2306	C	2307	A	2308	B	2309	C	2310	B
2311	D	2312	C	2313	D	2314	A	2315	D	2316	C	2317	E	2318	A	2319	C	2320	A
2321	D	2322	E	2323	C	2324	A	2325	D	2326	C	2327	A	2328	B	2329	E	2330	B
2331	D	2332	C	2333	D	2334	B	2335	E	2336	C	2337	B	2338	C	2339	D	2340	E
2341	C	2342	A	2343	B	2344	B	2345	B	2346	C	2347	A	2348	B	2349	C	2350	C
2351	D	2352	D	2353	B	2354	D	2355	C	2356	E	2357	B	2358	D	2359	A	2360	C
2361	E	2362	C	2363	C	2364	A	2365	C	2366	B	2367	D	2368	C	2369	B	2370	C
2371	B	2372	D	2373	A	2374	E	2375	C	2376	C	2377	C	2378	A	2379	B	2380	C
2381	B	2382	B	2383	A	2384	E	2385	D	2386	C	2387	C	2388	B	2389	E	2390	B
2391	B	2392	E	2393	A	2394	D	2395	A	2396	E	2397	E	2398	C	2399	B	2400	E

parte quarta

MATEMATICA e FISICA

Quesiti di matematica

2401 Il triangolo ABC ha un angolo retto nel vertice C. La lunghezza del lato AC è di 5 cm. L'ampiezza dell'angolo CAB è di 60°. Viene tracciato un segmento dal vertice C fino a intersecare nel punto H il lato AB, in modo che CHB risulti essere un triangolo rettangolo. Qual è la lunghezza in centimetri del segmento HB?

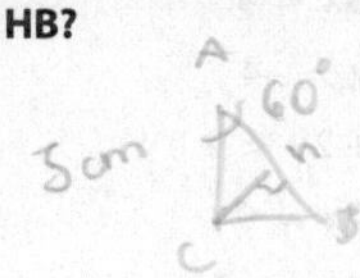

A 2,5
B $5\sqrt{3}/2$
C $5\sqrt{3}$
D 7,5
E 10

2402 Risolvere la seguente disequazione: $(2x+1)^2 < 9$

A $-1 < x < 2$
B $-2 < x < 1$
C $-\frac{1}{2} < x < 1$
D $x < -2$ o $x > 1$
E $x < 1$

2403 Calcolare: $\log_2 16 - \log_2(0,25) - 2\log_2 32$.

A −4
B 0
C 4
D 9
E 8

2404 L'insieme A contiene tutti i numeri interi positivi che sono divisori di 30. L'insieme B contiene tutti i numeri che sono multipli di 5. Quanti sono gli elementi in comune all'insieme A e all'insieme B?

A 0
B 2
C 3
D 4
E 6

2405 Una retta di equazione $2x + y - 3 = 0$ interseca l'asse *x* nel punto P e l'asse *y* nel punto Q.
Qual è la lunghezza del segmento PQ?

A $\sqrt{\frac{21}{2}}$
B $\frac{9}{2}$
C $\frac{45}{4}$
D $\frac{3\sqrt{5}}{2}$
E $\frac{3\sqrt{3}}{2}$

2406 Un gioco per bambini consiste nell'inserire oggetti di diversa forma negli spazi corrispondenti alla forma dell'oggetto. Tra gli oggetti vi sono un rettangolo e un triangolo rettangolo.

- **La base del rettangolo è lunga tre volte la sua altezza.**
- **I lati del triangolo *a, b, c* sono in ordine di lunghezza crescente.**
- **Il lato *a* del triangolo è lungo due volte l'altezza del rettangolo.**

Le aree delle due figure sono uguali.

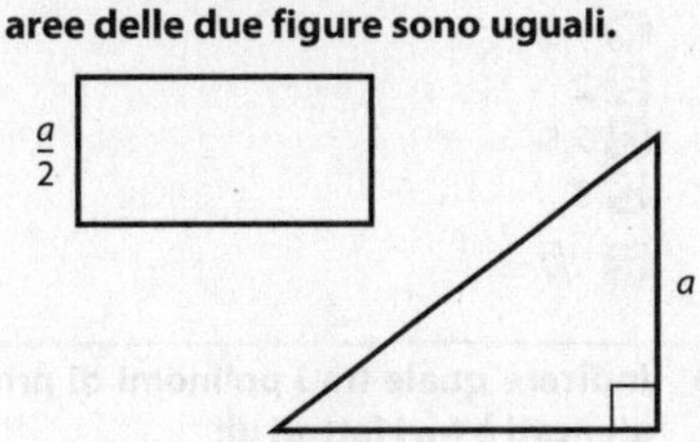

(non in scala)

Qual è il rapporto *a*:*b*?

A 1:2
B 1:3
C 1:4
D 2:3
E 3:4

2407 **Determinare l'insieme di disuguaglianze che descrive esattamente la regione del piano cartesiano indicata in grigio nella figura.**

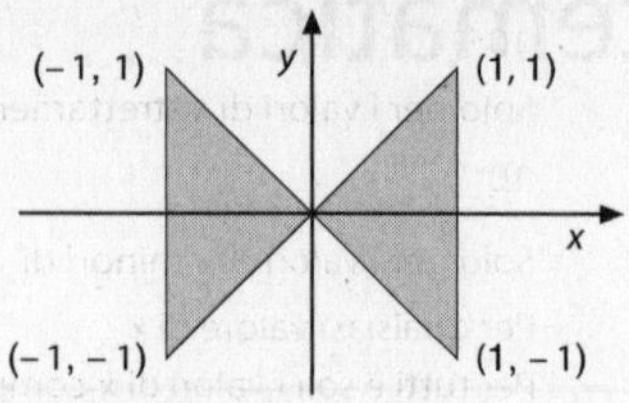

A $y \le x$, $x \le 1$
B $|y| \le x$, $x \le 1$
C $y \le |x|$, $|x| \le 1$
D $|y| \le |x|$, $|x| \le 1$
E $y \le x$, $|x| \le 1$

2408 **Nella figura sono rappresentati i grafici delle funzioni $y = f(x)$ e $y = g(x)$. Quale delle seguenti relazioni è compatibile con le informazioni deducibili dai grafici così come disegnati?**

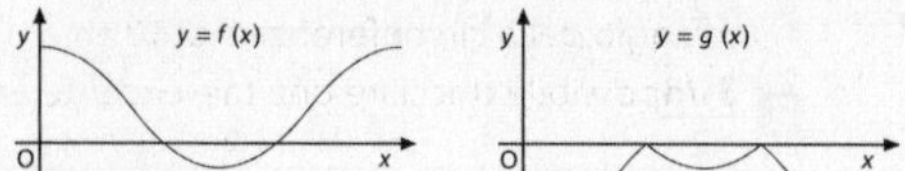

A $g(x) = f(|x|)$
B $g(x) = -|f(x)|$
C $g(x) = |-f(x)|$
D $g(x) = -f(|x|)$
E $g(x) = f(|-x|)$

2409 **Il rapporto fra l'area del cerchio circoscritto a un quadrato e quella del cerchio inscritto nel medesimo quadrato è pari a:**

A 1,5
B 2
C 2,5
D 3
E $\sqrt{2}$

2410 **Indicare quale fra i polinomi di primo grado elencati è fra i fattori di:**

$$2x^3 - 3x^2 - 11x + 6$$

A $x - 1$
B $x + 4$
C $x - 3$
D $x + 1$
E $x - 2$

2411 **Se a è il numero reale tale che:**

$$(\sqrt{2} - 1)a = \sqrt{5}$$

allora:

A $(\sqrt{5} - 1)a = 1$
B $(\sqrt{10} - \sqrt{5})a = 5$
C $(\sqrt{10} - \sqrt{2})a = 10$
D $(\sqrt{5} + \sqrt{2})a = 5$
E $(\sqrt{5} + \sqrt{2})a = 10$

2412 **Individuare quale equazione cartesiana definisce una retta ortogonale a quella di equazione:**

$$-2x + 3y = 1$$

A $2y + 3x = 4$
B $3x - y = -4$
C $-3x + 2y = 2$
D $3y + 2x = 9$
E $5y + 2x = -5$

2413 **La paga media oraria di 60 lavoratori è di 8 euro. Alcuni però ricevono 7,5 euro all'ora mentre i rimanenti sono pagati 10 euro all'ora. Quanti sono quelli pagati 7,5 euro all'ora?**

A 42
B 44
C 46
D 48
E 50

2414 **Un parallelogramma è formato da 4 triangoli rettangoli congruenti, come mostrato in figura.**
L'ipotenusa di ogni triangolo misura 8 cm.

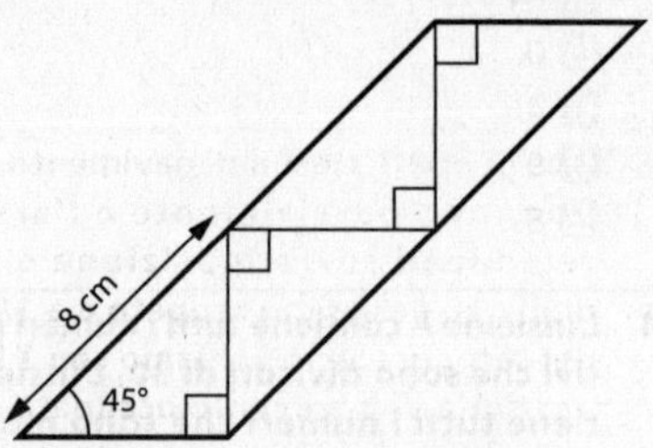

Calcolare l'area del parallelogramma.

A 16 cm^2
B 32 cm^2
C 64 cm^2
D 128 cm^2
E 256 cm^2

2415 **Un negoziante divide 40 kg di caffè in parti uguali in un numero *s* di sacchetti. Se il numero dei sacchetti viene aumentato di 5 quanti kg di caffè in meno si troveranno in ogni sacchetto?**

A $100 / (5s^2 + s)$

B $200 / (s^2 + 5s)$

C $200 / (s^2 + 10s)$

D $400 / (s^2 + s)$

E $250 / (s^2 - 5s)$

2416 **Se $x + 1$ è minore di $2x + 3$ e a sua volta $2x + 3$ è minore di $3x - 1$, allora il numero reale *x* necessariamente soddisfa la condizione:**

A $x > 1$

B $x < 3$

C $x < 2$

D $x > 5$

E $x > 4$

2417 **L'espressione $\frac{3x^{-2}y^4z^{-3}}{3^{1/2}zy^{-1}x^2}$ è uguale a:**

A $\frac{y^5z^{-4}}{3^{-1/2}x^4}$

B $\frac{3^{1/2}y^{-5}z^{-4}}{x^4}$

C $\frac{3^{-1/2}y^{-5}z^4}{x^4}$

D $\frac{\sqrt{3x^4}y^5}{z^4}$

E $\frac{y^5z^{-4}}{\sqrt{3}x^4}$

2418 **Due tappeti stesi sul pavimento si sovrappongono parzialmente e l'area S della regione di sovrapposizione è pari a 1/4 dell'area del primo tappeto e a 1/7 dell'area del secondo. Se indichiamo con T l'area della porzione di pavimento occupata complessivamente dai due tappeti, quale delle seguenti relazioni è corretta?**

A T = 8S

B T = 9S

C T = 10S

D T = 11S

E T = 12S

2419 **Indicare per quali valori reali di *x* è soddisfatta la disequazione $-x^2 + 4x - 4 < 10^{-2}$.**

A Per tutti e soli i valori di *x* maggiori o uguali a 10^2

B Solo per i valori di *x* strettamente minori di 10^{-4}

C Solo per i valori di *x* minori di 10^2

D Per qualsiasi valore di *x*

E Per tutti e soli i valori di *x* compresi fra 0 e 2

2420 **Ad un disegnatore si richiede di tracciare in un piano una circonferenza tangente nei punti A e B a due rette che si intersecano nel punto P, e tale che le distanze di A e B da P siano, rispettivamente, 8 cm e 6 cm. Quale delle seguenti affermazioni è vera?**

A Il problema è risolubile solo se le due rette sono perpendicolari

B Il raggio della circonferenza è di 12 cm

C Il centro di questa circonferenza si trova sulla bisettrice di uno degli angoli formati dalle due rette

D Il raggio della circonferenza è di 10 cm

E È impossibile tracciare una tale circonferenza

2421 **Se $x = \frac{3a - b}{a + b}$ allora $\frac{x + 3}{2} = ?$**

A $\frac{2a + b}{a + b}$

B $\frac{a + 2b}{a + b}$

C $\frac{3a + b}{a + b}$

D $\frac{a + 3b}{a + b}$

E $\frac{4a + b}{a + b}$

2422 **Se $\frac{m}{n} = 2 - \frac{3x}{x + 1}$ allora $\frac{n}{m} = ?$**

A $\frac{x + 3}{1 - x}$

B $\frac{x + 1}{2 - x}$

C $\frac{x + 1}{x - 2}$

D $\frac{x - 1}{2 - x}$

E $\frac{x + 2}{x - 1}$

MATEMATICA E FISICA

2423 Aumentando il numero 98 del 2% si ha:

A 98,5
B 99
C 99,96
D 98,97
E 100

2424 $1 \cdot 2^1 + 1 \cdot 2^3 + 1 \cdot 2^4 =$

A 26
B 7
C 10
D 18
E 13

2425 Quale sarà il risultato dell'espressione $\frac{10^3}{10^{-3}}$ **?**

A 10^6
B 1
C 3
D 10
E 100

2426 Il rapporto tra due potenze aventi la stessa base è una potenza che ha:

A stessa base ed esponente pari al prodotto degli esponenti
B stessa base ed esponente pari al rapporto degli esponenti
C stessa base ed esponente pari alla somma degli esponenti
D non è possibile eseguire alcuna operazione
E stessa base ed esponente pari alla differenza degli esponenti

2427 La funzione $f(x) = 10^x$ **:**

A è definita solo per $x > 0$
B è una funzione dispari
C non ammette funzione inversa
D ammette come funzione reciproca $g(x) = 2^{1/x}$
E ammette funzione inversa e la sua funzione inversa è $g(x) = \log_{10}x$

2428 Qual è il risultato dell'espressione $\frac{0{,}00008}{0{,}4}$ **?**

A 0,0002
B 0,2
C 0,000002
D 2
E 0,002

2429 Per i logaritmi naturali vale la proprietà:

A il logaritmo di una somma è uguale ai logaritmi degli addendi
B il logaritmo di un prodotto è uguale alla somma dei logaritmi dei fattori
C il logaritmo di una potenza è uguale alla somma dell'esponente più il logaritmo della base
D la potenza del logaritmo di un numero è uguale al prodotto dell'esponente per il numero
E i logaritmi naturali si calcolano dividendo i corrispondenti logaritmi decimali per $\frac{10}{e}$

2430 Se si vuole ridurre alla metà la superficie di un rettangolo, quale moltiplicatore deve applicarsi ad entrambi i valori dei lati?

A 0,5
B $\sqrt{2}$
C $1/(\sqrt{2})$
D 0,6
E $1/4$

2431 Si lanci un dado, l'evento "faccia 5" è:

A impossibile
B possibile
C certo
D è un evento composto
E equiprobabile rispetto all'evento "faccia pari"

2432 Dati due numeri *a*, *b* entrambi maggiori di zero e minori di uno, quale delle seguenti affermazioni è comunque vera?

A $a + b < 1$
B $a \cdot b < 1$
C $a \cdot b > 1$
D $a / b < 1$
E $a + b > 1$

2433 Le misure di due grandezze *x* e *y* fra loro dipendenti sono espresse dai seguenti valori numerici:

x	1	2	3	4	5
y	1,5	6	13,5	24	37,5

Possiamo affermare che *y* è:

A inversamente proporzionale a x^2
B direttamente proporzionale a x
C inversamente proporzionale a x
D direttamente proporzionale a x^2
E direttamente proporzionale a $1/x$

2434 La differenza $x^5 - x^3$ vale:

A x^2

B $x^{5/3}$

C $x^2(x^3 - 1)$

D $x^3(x^2 - 1)$

E $x^{3/5}$

2435 Supponiamo che un evento abbia probabilità $P = 0,1$. Allora l'evento a esso complementare ha probabilità pari a:

A 0,5

B 0,9

C −0,1

D non è possibile calcolarla

E 1,1

2436 In una serie ordinata di 7 numeri la mediana è:

A il primo numero

B il quarto numero

C il terzo numero

D la media aritmetica tra il terzo, il quarto e il quinto numero

E non possiamo determinarlo

2437 Dati i seguenti valori 1, 3, 4, 2, 5, 3, 3, 2, 6, 5, il grafico a torta che li rappresenta sarà formato da:

A 3 spicchi

B 4 spicchi

C 5 spicchi

D 6 spicchi

E non possiamo determinarlo

2438 Una successione di numeri tutti uguali fra di loro costituisce:

A solo una progressione aritmetica

B solo una progressione geometrica

C sia una progressione aritmetica che una progressione geometrica

D solo una sequenza di numeri

E nessuna delle altre risposte

2439 Calcolare la somma dei primi 100 numeri naturali:

A 100

B 10000

C 5050

D 4950

E 5000

2440 Con quale altra espressione può venire scritta la quantità 57.614.000?

A $57 \cdot 10^4 + 513 \cdot 100$

B $57 \cdot 10^3 + 614 \cdot 1000$

C $57 \cdot 10^2 + 613 \cdot 1000$

D $57 \cdot 10^6 + 614 \cdot 1000 + 0$

E $5700 \cdot 32$

2441 Tre orologi suonano, il primo ogni 3 ore, il secondo ogni 4 ore e il terzo ogni 5 ore. Oggi, martedì, suonano contemporaneamente alle ore 16. In quale giorno e a quale ora suoneranno ancora contemporaneamente la prossima volta?

A Giovedì, alle ore 4

B Mercoledì, alle ore 16

C Venerdì, alle ore 4

D Venerdì, alle ore 12

E Giovedì, alle ore 16

2442 4893 moltiplicato per 8754896 è uguale a:

A 42837706129

B 42837706128

C 42837706126

D 42837706124

E 42837706125

2443 Impiegando un certo capitale ad un certo tasso di interesse annuo, dopo il primo anno si ottiene un interesse di 40 euro e dopo il secondo, avendo capitalizzato la rendita, un interesse di 42 euro. Quale era il capitale iniziale?

A 420 euro

B 1.612 euro

C 1.000 euro

D 800 euro

E 400 euro

2444 Stabilire quale delle seguenti affermazioni è vera:

A $(x + 3)^2 \geq 0$ per ogni x reale

B $(x + 3)^2 > 0$ per ogni x reale

C $(x + 3)^2 > 0$ per $x > -3$

D $(x + 3)^2 > 0$ per $x < -3$

E $(x + 3)^2 < 0$ per $x = -3$

2445 **Se a, x e y sono tre numeri reali positivi, $\log_{10}2 + \log_{10}a - \log_{10}x - \log_{10}y$ è uguale a:**

A $2\log_{10}\frac{a}{xy}$
B 0
C $\log_{10}\frac{2a}{xy}$
D $\log_{10}\frac{a}{xy}$
E quesito senza soluzione univoca o corretta

2446 **La funzione $y = 2^{-x}$:**

A è sempre positiva
B ha valori positivi e negativi
C è sempre negativa
D è costante
E non ha significato

2447 **La funzione $f(x) = x - x^5$:**

A ha un solo zero in $x = 0$
B è simmetrica rispetto all'origine
C per $x > 0$ si ha $f(x) > 0$
D si ha sempre $f(x) > 0$
E non si ha mai $f(x) < 0$

2448 **La funzione $f(x) = \sqrt{81 - x^4}$:**

A ha come campo di esistenza $-81 \le x \le 81$
B ha come campo di esistenza $-9 \le x \le 9$
C ha come campo di esistenza $-3 \le x \le 3$
D esiste su tutto $\mathbb{R}$
E $f(x) \neq 0$ sempre sul suo campo di esistenza

2449 **La rappresentazione grafica della funzione $f(x) = (12 - 4x)^2$ è una:**

A retta con pendenza negativa
B circonferenza di centro (3; 0)
C ellisse con i fuochi sull'asse delle x
D parabola con la concavità rivolta verso il basso
E parabola con la concavità rivolta verso l'alto

2450 **La frazione $\frac{2x}{x^2 - 4}$ esiste:**

A per ogni x reale
B per $x > 1$
C per $x \neq 0$
D per $x \neq 2$ e $x \neq -2$
E per $x \neq 2$

2451 **Il campo di esistenza della funzione $f(x) = \frac{1}{\sqrt{x^2 - 1}}$ è:**

A $x \le -1$, $x \ge 1$
B tutto $\mathbb{R}$
C $-1 < x < 1$
D $x > 1$
E $x < -1$, $x > 1$

2452 **Due grandezze si dicono direttamente proporzionali quando:**

A diminuiscono contemporaneamente
B aumentano contemporaneamente
C la loro somma ha un valore costante
D il loro prodotto ha un valore costante
E il loro rapporto ha un valore costante

2453 **Se una sfera e un cubo hanno uguale volume, la superficie della sfera è:**

A minore di quella del cubo
B maggiore di quella del cubo
C uguale a quella del cubo
D doppia di quella del cubo
E i dati forniti non sono sufficienti per rispondere

2454 **La funzione $f(x) = \log_{10}(4 - x^2)$ ammette come campo di esistenza:**

A $x < -2$, $x > 2$
B $x \le -1$, $x \ge 2$
C $x > 2$
D $-2 < x < 2$
E $-2 \le x \le 2$

2455 **La funzione $f(x) = \sqrt[4]{(x-1)(x^2-4)}$ ammette come campo di esistenza:**

A $-2 < x < 1$, $x > 2$
B $-2 \le x \le 1$, $x \ge 2$
C $x \le -2$, $1 \le x \le 2$
D $-2 \le x \le 2$
E tutto $\mathbb{R}$

2456 **Sia $a^2 + b^2 > 0$. Si deduce che:**

A a e b sono positivi
B $a + b > 0$
C $a + b < 0$
D a e b non sono entrambi nulli
E $a \neq b$

QUESITI DI MATEMATICA

2457 La funzione $f(x) = 1 + x^2$ ammette come funzione reciproca:

A $g(x) = 1 + \frac{1}{x^2}$

B $g(x) = \frac{1}{1 + x^2}$

C $g(x) = \sqrt{1 + x^2}$

D $g(x) = \log(1 + x^2)$

E 1

2458 Se una funzione *f* ammette inversa *g*, allora:

A i grafici di *f* e di *g* sono simmetrici rispetto all'asse *x*

B i grafici di *f* e di *g* sono simmetrici rispetto all'origine

C i grafici di *f* e di *g* non hanno nessun legame

D i grafici di *f* e di *g* sono simmetrici rispetto alla bisettrice del I e III quadrante

E i grafici di *f* e di *g* sono simmetrici rispetto alla bisettrice del II e IV quadrante

2459 Il valore di un'azione è cresciuto da 8 euro a 13,60 euro. Qual è stata la variazione percentuale?

A 70%

B 136%

C 65%

D 75%

E 41%

2460 L'espressione $\log_{10} \frac{4(1 - x) + x^2}{(x - 2)^2}$ ha il valore (per *x* diverso da 2):

A 1

B $2\log_{10}(6 - 2)$

C 0

D $10^4 x$

E $-\infty$

2461 La funzione logaritmica $y = \log_{10} x$ può anche scriversi come una funzione esponenziale. Quale?

A $y^{10} = x$

B $x^{10} = y$

C $10^x = y$

D $10^y = x$

E $x^y = 10$

2462 La retta $y = k + hx$ è la bisettrice del primo quadrante degli assi cartesiani:

A sempre

B solo per $k = 1$ e $h = 0$

C solo per $k = 0$ e $h = 1$

D solo per $k = 1$ e $h = 1$

E mai

2463 La soluzione della disequazione

$$(x + 3)(x + 5) > (x + 1)(x + 9)$$

è:

A $x \leq 3$

B $x \geq 3$

C $x < 3$

D $x > 3$

E $0 < x < 3$

2464 Apriamo, a caso, un vocabolario e osserviamo che la pagina di destra è la 111, poi solleviamo alcuni centimetri di fogli e, sempre a destra, leggiamo 777. Quante pagine numerate pari vi sono fra le due letture?

A 332

B 333

C 334

D 665

E 666

2465 Quale tra le seguenti è la soluzione dell'equazione $\log_{10} x - \log_{10} 2 = 2$?

A 4

B 8

C 200

D 50

E 100

2466 Dato il numero 10^7 possiamo dire che:

A il logaritmo naturale del numero è 7

B il logaritmo in base 10 del numero è 7

C il logaritmo del numero è 49

D il logaritmo in base 2 del numero è 7

E il logaritmo del numero non si conosce

2467 Tra i primi 100 numeri naturali, sono contemporaneamente divisibili per 2, 3, 4, 5:

A 0 numeri

B 1 numero

C 2 numeri

D non è possibile stabilirlo

E 3 numeri

MATEMATICA E FISICA

2468 **Se $x = y - z$, allora:**

A $x^2 = y^2 + z^2$
B $x^2 = y^2 + z^2 + 2yz$
C $x^2 = y^2 + z^2 - 2yz$
D $x^2 = y^2 - z^2$
E nessuna delle precedenti alternative è corretta

2469 **La somma di tre numeri è 1000. Il primo è due terzi del secondo e il secondo è tre quinti del terzo. I tre numeri sono:**

A 200; 300; 500
B 200; 200; 600
C 200; 400; 400
D 500; 200; 300
E 150; 300; 450

2470 **La disequazione $\dfrac{4 + x^2}{x^2 - 3x + 2} \leq 0$ è soddisfatta:**

A per ogni x reale
B per $x < 1$ e $x > 2$
C per $x \leq 1$ e $x \geq 2$
D per $1 < x < 2$
E per $1 \leq x \leq 2$

2471 **Quale dei seguenti numeri è più vicino a $\log_2 15$?**

A 15
B 5
C 2
D 4
E 6

2472 **La funzione $f(x) = 1 + \dfrac{1}{4 + x^2}$:**

A è sempre maggiore di 1
B assume almeno due volte il valore 1
C non è simmetrica rispetto all'asse y
D se $x < 0$, allora $f(x) < 0$
E $f(0) = 2$

2473 **Quale dei seguenti punti non giace sulla retta di equazione $y = 2x + 1$?**

A (1; 3)
B (0; 1)
C (−1; −1)
D (−1; 1)
E (2; 5)

2474 **Nella figura è rappresentata una retta di equazione cartesiana $y = -5x/3 + 3/5$**

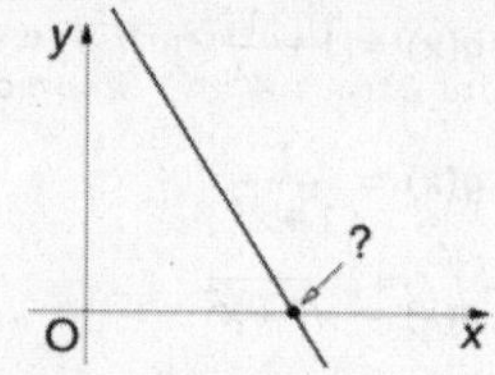

Il punto di intersezione con l'asse delle ascisse ha coordinata x pari a:

A 3
B 9/25
C 2/5
D 5/3
E 3/25

2475 **$5^{20} \cdot 5^{-19}$ è uguale a:**

A $5^{20/19}$
B 5
C 5^{39}
D 5^{-380}
E 5^{-39}

2476 **$(3^4)^5$ è uguale a:**

A 3^9
B 3^{20}
C 3^{45}
D 3^{54}
E $3^{4/5}$

2477 **I grafici delle funzioni $f(x) = e^{-x}$ e $f(x) = x$ si intersecano:**

A una sola volta
B mai
C tre volte
D due volte
E nessuna delle precedenti risposte è vera

2478 **Se $a < b$ e $c > 0$, allora:**

A $ac > bc$
B $ac < bc$
C $\dfrac{c}{a} < \dfrac{c}{b}$
D $ac < 0$
E $bc > 0$

QUESITI DI MATEMATICA

2479 **Su una speciale carta geografica 8 centimetri rappresentano una distanza di 5 chilometri nella realtà. Quindi, su quella carta, quanto distano in centimetri due punti che nella realtà si trovano a 11 chilometri fra loro?**

A 16,8
B 17
C 17,2
D 17,6
E 18

2480 **La media aritmetica fra i tre numeri *a, b, c* è uguale a 6. Quanto vale quindi la media aritmetica fra i *quattro* numeri *a, b, c,* 2?**

A 4
B 4,5
C 5
D 5,5
E 6

2481 **Il prezzo del petrolio è oggi di 50 dollari al barile e il rapporto fra il valore del dollaro e il valore dell'euro è 0,8 (un dollaro vale 0,8 euro). Se fra un anno il prezzo del petrolio raggiungesse i 75 dollari al barile e il rapporto fra dollaro ed euro fosse pari a 0,6 ne risulterebbe che il prezzo in euro di un barile di petrolio:**

A diminuirebbe di 5 euro
B rimarrebbe invariato
C aumenterebbe di 2 euro
D aumenterebbe di 5 euro
E aumenterebbe di 10 euro

2482 **I due numeri *p* e *q* sono interi positivi tali che $p + q = 31$. Il valore della somma $(-1)^p + (-1)^q$ è quindi:**

A uguale a 1 se *p* è pari
B uguale a –1 se *q* è dispari
C sempre uguale a zero
D sempre uguale a 1
E sempre uguale a 2

2483 **Per irrigare un terreno viene utilizzato un terzo dell'acqua contenuta in un serbatoio. Se al termine dell'irrigazione nel serbatoio si trovano ancora 6000 litri di acqua significa che i litri utilizzati sono stati:**

A 2000
B 2500
C 3000
D 4000
E 3500

2484 **La quantità $\sqrt{3 - |2 + x|}$ è definita solo per i valori reali di *x* che soddisfano una delle seguenti condizioni. Quale?**

A $-5 \leq x \leq +1$
B $-2 \leq x \leq +2$
C per ogni *x*
D $-5 \leq x \leq +3$
E $x \neq 2$

2485 **Il punto *medio* di un palo rettilineo verticale è collegato con una fune tesa di lunghezza 5 m con un punto *P* del terreno posto a distanza 4 m dalla base del palo. Quale deve essere la lunghezza in metri di una fune che colleghi invece la *sommità* del palo con il medesimo punto *P* del terreno?**

A $2\sqrt{13}$
B $2\sqrt{15}$
C $2\sqrt{17}$
D $3\sqrt{11}$
E $3\sqrt{13}$

2486 **Quale delle seguenti espressioni è uguale a 6^5?**

A $18 \times 3^3 \times 2^4$
B $6 \times 3^3 \times 2^5$
C $12 \times 3^4 \times 2^4$
D $9 \times 3^4 \times 2^4$
E $12 \times 3^3 \times 2^4$

2487 **Quanto misura l'area del triangolo che ha i vertici collocati nei punti A (2; 5), B (7; 5), C (11; 0) del piano cartesiano?**

A 12
B 12,5
C 13,5
D 14
E 14,5

2488 **Uno studente di Architettura ha superato fino ad oggi 6 esami, conseguendo la votazione di 21 in due di essi, di 26 in altri tre, e infine il punteggio di 24 in un unico esame. Calcolare la votazione media che lo studente ha conseguito nei 6 esami superati.**

A 25
B 24,5
C 24
D 23,5
E 22,5

2489 **La quantità**

$$\sqrt{\left(\frac{3\sqrt{5}}{5}\right)^{-2} - \left(\frac{3}{2}\right)^{-2}}$$

è uguale a uno dei seguenti numeri. Quale?

A $\sqrt{5}/3$

B $\sqrt{5}/2$

C 1/2

D 1/3

E 1/4

2490 **Una piccola cisterna d'acqua ha la forma di un parallelepipedo retto con area di base pari a 4 m^2 e una capienza di 10.000 litri. Se però in questo momento contiene solo 8.000 litri, quanto vale in metri la distanza fra la superficie libera dell'acqua e il bordo superiore della cisterna?**

A 0,5

B 0,75

C 1,0

D 1,2

E 1,5

2491 **Una sfera di marmo piena, la cui superficie misura 100π cm^2, viene divisa in due parti uguali. Quanto vale (in centimetri quadrati) la superficie di ciascuna di queste parti?**

A 50 π

B 60 π

C 70 π

D 75 π

E 80 π

2492 **Una retta di coefficiente angolare $m = 5/7$ passa per i punti (–3, –2) e (*a*, 3) del piano cartesiano. Quanto vale il parametro *a*?**

A 2

B 3,5

C 4

D 4,5

E 5

2493 **Un triangolo rettangolo ha un angolo di 30° e il cateto ad esso adiacente di lunghezza pari a $2\sqrt{3}$. Qual è la lunghezza dell'altro cateto?**

A 1

B 2

C $2\sqrt{3}$

D $\sqrt{3}/2$

E $\sqrt{3}$

2494 **Se il coefficiente angolare della retta che congiunge il punto A, di coordinate cartesiane (*a*, 2), con il punto B, di coordinate cartesiane (4, *b*), è uguale a 3, qual è la relazione che lega *a* con *b*?**

A $b = 12 + 3a$

B $b = 12 - 3a$

C $b = 12 - 2a$

D $b = 14 - 2a$

E $b = 14 - 3a$

2495 **Nel piano cartesiano la retta di equazione $y = mx - q$ è perpendicolare alla retta $3x - 2y = 5$. Quanto vale il coefficiente angolare *m*?**

A –2/5

B –3/5

C –3/2

D –2/3

E 2/5

2496 **Determinare il valore del numero reale *x* tale che:**

$$2^{-3/2}\sqrt{2} + 3^{1/2}x = \frac{7}{2}$$

A $3\sqrt{3}$

B $3\sqrt{2}$

C $2\sqrt{3}$

D $\sqrt{2}$

E $\sqrt{3}$

2497 **Il numero $[(5002)^2 - (4998)^2]$ è uguale a:**

A 38600

B 40000

C 40016

D 42000

E 42064

2498 **Nel piano cartesiano indichiamo con H la proiezione ortogonale dell'origine O = (0, 0) sul segmento AB di estremi A = (2, 0) e B = (0, 1). Quanto vale la distanza fra O ed H?**

A $\sqrt{5}/3$

B $\sqrt{5}/5$

C $2\sqrt{5}/5$

D $5\sqrt{2}/3$

E $3\sqrt{5}/2$

2499 Nel gioco della roulette, come si sa, i numeri vanno da 0 a 36. Qual è la probabilità che il 17 esca due volte di fila?

A $\frac{1}{37 \cdot 37}$

B $\frac{1}{37 \cdot 36}$

C $\frac{1}{36 \cdot 36}$

D $\frac{1}{37} + \frac{1}{37}$

E $\frac{1}{17 \cdot 17}$

2500 Se nella figura seguente il quadrato più esterno ha lato di lunghezza 1 m, la regione colorata in grigio ha area pari a:

A $\frac{1}{2}\left(\frac{5}{2}\pi - 3\right)\ m^2$

B $\frac{1}{4}\ (\pi - 1)\ m^2$

C $\frac{1}{4}\left(\frac{7}{4}\pi - 3\right)\ m^2$

D metà dell'area del quadrato più esterno

E non si può rispondere perché i dati sono insufficienti

2501 L'equazione di secondo grado che ha soluzioni 1 e – 3 è:

A $x^2 - 2x - 3 = 0$

B $x^2 + 2x - 3 = 0$

C $x^2 - 2x + 3 = 0$

D $x^2 + 2x + 3 = 0$

E quesito senza soluzione univoca o corretta

2502 Due angoli si dicono supplementari quando:

A la loro somma è uguale a un angolo retto

B la loro somma è uguale a un angolo piatto

C la loro differenza è uguale a un angolo giro

D la loro somma è uguale a un angolo giro

E la loro differenza è uguale a un angolo piatto

2503 Un trapezio isoscele è equivalente a un triangolo che:

A ha per base la base maggiore del trapezio e altezza uguale a quella del trapezio

B ha per base il doppio della base minore del trapezio e altezza uguale a quella del trapezio

C ha per base la somma delle basi del trapezio e per altezza la metà dell'altezza del trapezio

D ha per base la somma dei lati obliqui del trapezio e altezza uguale a quella del trapezio

E ha per base la somma delle basi del trapezio e altezza uguale a quella del trapezio

2504 L'equazione $x = (k - 1)y$ rappresenta:

A un'iperbole

B una retta non passante per l'origine

C una retta passante per l'origine

D una parabola

E un'ellisse

2505 Tutte le soluzioni della disequazione:

$$\frac{2x + 7}{x - 3} = 2$$

sono date dall'intervallo:

A $-\frac{5}{2} < x < 3$

B $x \leq 3$

C $-\frac{5}{2} < x < \frac{5}{2}$

D $x < \frac{5}{2}$

E $x < 3$

2506 Se la diagonale di un quadrato è uguale al diametro di un cerchio dividendo l'area del cerchio per l'area del quadrato si ottiene:

A $\sqrt{\pi}/3$

B $\sqrt{\pi}/2$

C $\pi/3$

D $\pi/2$

E π

2507 Un triangolo ha due angoli uguali a 60° e 70° rispettivamente. Quanto vale l'angolo esterno non adiacente ad essi?

A 10°

B 50°

C 80°

D 90°

E 130°

MATEMATICA E FISICA

2508 Nel piano x, y le due equazioni $y = -6$ e $y = x^2$ rappresentano:

A una retta e una parabola che non si incontrano
B una retta e un'iperbole che non si incontrano
C una retta e una parabola che si incontrano in due punti
D una retta e un'iperbole che si incontrano in due punti
E quesito senza soluzione univoca o corretta

2509 L'equazione $x^3 + x^2 - x = 0$:

A non ha radici reali
B ha una radice tripla (tre radici coincidenti)
C ha una radice reale e due radici complesse
D ha tre radici reali distinte
E nessuna delle precedenti alternative è corretta

2510 Tre poliziotti in un poligono sparano ciascuno un colpo per centrare un bersaglio. La probabilità che il primo poliziotto colpisca il bersaglio è $1/2$, $2/3$ per il secondo poliziotto e $3/5$ per il terzo.
Qual è la probabilità che almeno una pallottola colpisca il bersaglio?

A $\frac{14}{15}$
B $\frac{43}{30}$
C $\frac{2}{5}$
D $\frac{13}{15}$
E 1

2511 In quali casi il logaritmo naturale di un numero è positivo?

A Quando il numero è maggiore di zero ma minore di uno
B Quando il numero è uguale a uno
C Quando il numero è maggiore di uno
D Per nessun numero
E Per ogni numero

2512 Data una retta r nello spazio, quante rette s perpendicolari ad essa possono essere costruite?

A Infinite
B Due
C Tre
D Una
E Un numero finito maggiore di due

2513 Quale dei seguenti insiemi numerici è formato da un solo elemento?

A {x numero reale tale che $x^2 = x$}
B {x numero reale tale che $x \geq 1$}
C {x numero reale tale che $x^2 = 2x - 1$}
D {x numero reale tale che $x^2 + 1 = 0$}
E {x numero reale tale che $x^2 - 1 = 0$}

2514 Determinare i valori di x per il quale risulta soddisfatta la disequazione:

$$(x-1) \cdot (x+2) > 0$$

A $x < -1$ e $x > 2$
B $x < -2$ e $x > 1$
C $x < -2$ e $x > 2$
D $x < -1$ e $x > 3$
E $-2 < x < 2$

2515 La retta di equazione $y = x\sqrt{3} + 45$ con l'asse y forma un angolo di:

A 30°
B 45°
C 60°
D $\frac{\pi}{8}$ radianti
E $\frac{\pi}{12}$ radianti

2516 Una figura piana si dice convessa:

A se esistono almeno due suoi punti tali che il segmento che li unisce non è un sottoinsieme della figura
B se, comunque si scelgono due suoi punti, il segmento che li unisce non è un sottoinsieme della figura
C se, comunque si scelgono due suoi punti, il segmento che li unisce è un sottoinsieme della figura
D se esistono almeno due suoi punti tali che il segmento che li unisce è un sottoinsieme della figura
E se, comunque si scelgono tre suoi punti, la circonferenza cui appartengono è un sottoinsieme della figura

2517 La disequazione $2x^2 - 3x + 5 > 0$ è soddisfatta per:

A $2 < x < 7$
B $x < -4/5$
C tutti i valori di x
D $x < 1$ e $x > 5$
E nessun valore di x

2518 La corretta riduzione ai minimi termini di $\frac{24}{144}$ è:

A $\frac{1}{6}$

B 6

C $\frac{1}{12}$

D 12

E $\frac{1}{4}$

2519 La somma di tre numeri, ciascuno elevato a zero:

A è negativa

B può essere positiva o negativa, a seconda dei valori dei tre numeri

C è positiva

D è zero

E è sempre uguale a 1

2520 Il radicale algebrico $\sqrt[3]{a^6b^2}$ corrisponde a:

A $ab^{1/2}\sqrt[3]{a^2b}$

B $a\sqrt[3]{a^2b^2}$

C $a^2\sqrt[3]{a^2b^2}$

D $a^2\sqrt[3]{b^2}$

E quesito senza soluzione univoca o corretta

2521 Due grandezze x e y tra loro dipendenti assumono i seguenti valori:

x	1	2	3	4
y	1,4	2,8	4,2	5,6

Quale delle seguenti affermazioni è corretta?

A Le due grandezze sono linearmente indipendenti

B Le due grandezze sono direttamente proporzionali e il coefficiente di proporzionalità vale 7/5

C Le due grandezze sono inversamente proporzionali e il coefficiente di proporzionalità vale 5/7

D Le due grandezze sono inversamente proporzionali e il coefficiente di proporzionalità vale 1/2

E Le due grandezze sono direttamente proporzionali e il coefficiente di proporzionalità vale 2

2522 Sia un corridoio della larghezza di 1 m con un angolo retto, come in figura. La lunghezza massima che può avere un'asta rigida che possa raggiungere l'uscita del corridoio strisciando sul pavimento è:

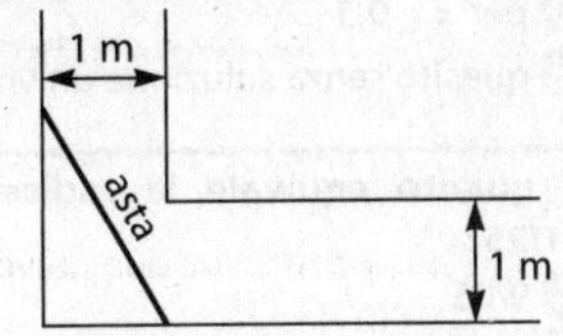

A 1 m

B $\sqrt{2}$ m

C $2\sqrt{2}$ m

D 3 m

E 3,5 m

2523 L'insieme delle soluzioni dell'equazione $2x = -|x| - 2$ è formato da:

A un solo numero intero

B nessun numero intero

C nessun numero reale

D un numero intero e un numero razionale non intero

E due numeri interi

2524 La composizione del parlamento di uno Stato, che conta complessivamente 420 parlamentari, è rappresentata dall'areogramma seguente (i numeri segnati in corrispondenza di ciascun settore si riferiscono all'ampiezza in gradi del rispettivo angolo al centro).

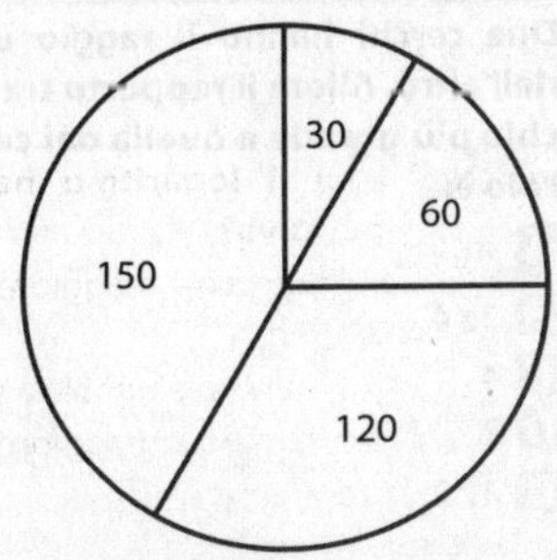

Quali delle seguenti quaterne di numeri indica la composizione esatta del parlamento in questione?

A 36; 72; 144; 168

B 36; 72; 144; 180

C 35; 70; 135; 180

D 35; 70; 140; 175

E 32; 64; 144; 180

2525 La disuguaglianza $x^2 > x$ è verificata:

A qualunque sia il numero reale
B per $x < 0$ oppure $x > 1$
C per $x > 0$
D per $x > 0{,}5$
E quesito senza soluzione univoca o corretta

2526 A quanto equivale la radice quadrata di 81/25?

A 9/25
B 40/12
C 27/10
D 9/5
E 25/9

2527 Un quadrato ha l'area di 10 cm². Se si aumenta un lato di 2 cm e si diminuisce l'altro di 2 cm si ottiene un rettangolo di area uguale a:

A 4 cm^2
B 8 cm^2
C 6 cm^2
D 12 cm^2
E 10 cm^2

2528 Dati i seguenti valori 1, 3, 4, 2, 5, 3, 3, 2, 6, 5, la moda vale:

A 4
B 3,4
C 3
D 3,5
E 6

2529 Due cerchi hanno il raggio uno il doppio dell'altro. Allora il rapporto tra l'area del cerchio più grande e quella del cerchio più piccolo è:

A π
B 1/4
C 4
D 2
E 1/2

2530 Per quali valori di K l'equazione:

$$x^2 - 2x + K - 1 = 0$$

ammette soluzioni reali?

A Qualsiasi valore di K
B $K \leq 2$
C $K > 2$
D $K \geq 5/4$
E $K < 9/4$

2531 Stabilire quale delle seguenti affermazioni è falsa:

A ogni numero razionale ammette reciproco
B ogni numero razionale ammette opposto
C $-(-a) = a$
D se $a \cdot b = 0$ allora almeno uno dei due fattori è zero
E $-\left(\frac{1}{a}\right) = \frac{1}{(-a)}$ per ogni $a \neq 0$

2532 $\frac{1}{a} + \frac{1}{b}$ con $a \neq 0$, $b \neq 0$ è uguale a:

A $\frac{1}{a+b}$
B $\frac{1}{a \cdot b}$
C $\frac{b}{a} + \frac{a}{b}$
D $\frac{a+b}{ab}$
E $\frac{a+b}{a^2b^2}$

2533 Dividere un numero per 0,05 è come moltiplicarlo per:

A 2
B 5
C 20
D 25
E 50

2534 $\sqrt[3]{5} \cdot \sqrt[5]{5}$ è uguale a:

A $\sqrt[8]{5}$
B $\sqrt[15]{5^8}$
C $\sqrt[15]{5}$
D $\sqrt{5}$
E $\sqrt[15]{5^2}$

2535 Se $9 : x = 27 : 9$, allora:

A $x = \frac{1}{3}$
B $x = 9$
C $x = \frac{1}{9}$
D $x = 3$
E $x = 81$

2536 La disequazione $x(x+3)<0$ è soddisfatta per:

- A $x<-3$
- B $x>0$
- C $-3 \leq x \leq 0$
- D $-3<x<0$
- E $x<-3$ e $x>0$

2537 Dati i seguenti valori 1, 3, 4, 2, 5, 3, 3, 2, 6, 5, la mediana vale:

- A 4
- B 3,4
- C 3
- D 3,5
- E non possiamo determinarlo

2538 Quanti sono i divisori (con resto nullo) del numero 100, 1 e 100 compresi?

- A 2
- B 4
- C 6
- D 9
- E 7

2539 Due rette che non si incontrano:

- A sono sicuramente parallele
- B giacciono sicuramente in piani diversi
- C giacciono sicuramente nello stesso piano
- D possono essere parallele
- E non sono sicuramente parallele

2540 L'equazione della retta passante per i punti $(0; 0)$ e $(\sqrt{2}; 4\sqrt{2})$ è:

- A $y = 4x + 1$
- B $y = \frac{1}{4}x - 1$
- C $y = 4x$
- D $y = \frac{1}{4}x$
- E $y = 2x$

2541 Se due triangoli rettangoli sono simili tra loro, con rapporto di similitudine pari a 3, allora le rispettive aree stanno tra loro in rapporto uguale a:

- A 9
- B 81
- C 6
- D 3
- E 27

2542 Quanti sono i numeri primi tra 7 e 21 (7 e 21 compresi, se primi)?

- A 7
- B 4
- C 5
- D 3
- E 6

2543 $\log_{10}35$ è uguale a:

- A $\log_{10}7 + \log_{10}5$
- B $\log_{10}30 + \log_{10}5$
- C $\log_{10}7 - \log_{10}5$
- D $3\log_{10}5$
- E $5\log_{10}3$

2544 La funzione $f(x) = \dfrac{x-1}{x+1}$ è definita:

- A per ogni x reale
- B per ogni x diverso da -1
- C per ogni x diverso da -1 e da 1
- D per $x>0$
- E per $x<0$

2545 Il luogo dei punti del piano equidistanti da un punto dato è:

- A una retta non passante per il punto dato
- B una parabola
- C una circonferenza
- D un cerchio
- E un'ellisse

2546 Un paio di scarpe è stato pagato 128 euro grazie a uno sconto del 20%. Qual era il prezzo di listino delle scarpe?

- A 169 euro
- B 148 euro
- C 160 euro
- D 153 euro
- E 108 euro

2547 Il quoziente tra i monomi $-4xy^5z$ e $-2xy^3z^{-3}$ risulta:

- A $2y^2z^4$
- B $2yz^{-2}$
- C $2y^2z^{-2}$
- D $-2y^2z^4$
- E $-2yz$

MATEMATICA E FISICA

2548 Stabilire quali fra le seguenti curve non è un'iperbole:

A $xy = 5$

B $x^2 - y^2 = 1$

C $y^2 = 5 + x^2$

D $y = \frac{3}{x}$

E $4x^2 + y^2 = 1$

2549 L'equazione di secondo grado $x(x - a) = 0$ ha per soluzione la coppia di valori:

A $x_1 = 1 ; x_2 = \frac{1}{a}$

B $x_1 = 1 ; x_2 = a$

C $x_1 = 0 ; x_2 = a$

D $x_1 = 0 ; x_2 = -a$

E $x_1 = 1 ; x_2 = -a$

2550 La funzione $f(x) = x^3$:

A è sempre positiva

B ammette funzione reciproca per ogni $x \in \mathbb{R}$

C non è dispari

D non ha zeri

E ammette funzione inversa e la sua funzione inversa è $g(x) = \sqrt[3]{x}$

2551 Supponiamo di lanciare contemporaneamente 2 dadi. La probabilità che il prodotto dei numeri ottenuti sia 6 vale:

A $\frac{5}{36}$

B $\frac{1}{36}$

C $\frac{1}{6}$

D $\frac{1}{9}$

E 0

2552 La somma di 200 numeri naturali consecutivi, di cui il primo è 200, è pari a:

A 60.100

B 60.000

C 60.200

D 59.900

E 79.800

2553 L'equazione $(x - 1)^2 + (y - 3)^2 = k$ rappresenta una:

A circonferenza tangente all'asse x per $k = 1$

B parabola per $k < 0$

C circonferenza per $k > 0$

D circonferenza per ogni valore di k

E circonferenza tangente all'asse x per ogni valore di k

2554 Nell'insieme dei numeri reali, la disequazione $x^2 < -9$ è verificata per:

A qualunque valore di x

B valori di x esterni all'intervallo $(-3, 3)$ estremi esclusi

C valori di x interni all'intervallo $(-3, 3)$ estremi inclusi

D nessun valore di x

E valori di x interni all'intervallo $(-3, 3)$ estremi esclusi

2555 Se il 20% di *N* è 200, quanto vale *N*?

A 10

B 20

C 200

D 400

E 1.000

2556 L'espressione $5^3/5^{-3}$ vale:

A 0

B 1

C 5

D 25

E 15.625

2557 Quanto vale la distanza tra due punti che in un piano cartesiano hanno coordinate (1; 4) e (5; 1)?

A $\sqrt{3}$

B $\sqrt{2}$

C 5

D 4

E 7

2558 Se il lato di un quadrato misura 10 m la sua superficie:

A non è esprimibile in dm^2

B misura 10^4 dm^2

C misura 0,1 dm^2

D misura 1.000.000 dm^2

E misura 100 dm^2

QUESITI DI MATEMATICA

2559 **La funzione $f(x) = \log_{10}\left(1 - \frac{1}{x^2}\right)$ è minore di zero per:**

A $x < 0$
B $x < -1$
C $x < -1$, $x > 0$
D $-1 < x < 0$
E nessuna delle precedenti alternative è corretta

2560 **Un esaedro regolare ha:**

A 6 facce e 8 vertici
B 6 vertici e 8 facce
C 6 spigoli e 6 facce
D 6 facce e 8 spigoli
E 12 spigoli e 12 vertici

2561 **Qual è la probabilità che lanciando due dadi si totalizzi 9?**

A $\frac{2}{9}$
B $\frac{1}{9}$
C $\frac{3}{4}$
D $\frac{1}{4}$
E $\frac{1}{6}$

2562 **Stabilire quale delle seguenti affermazioni è vera:**

A la somma degli angoli interni di un rettangolo vale 180°
B un rettangolo è un parallelogramma
C un rettangolo è un rombo
D la somma degli angoli interni di un rettangolo vale 720°
E un rettangolo è un quadrato

2563 **Il numero 0,(2):**

A è reale, ma non razionale
B è uguale a $\frac{2}{9}$
C è uguale a $\frac{2}{99}$
D è uguale a $\frac{2}{90}$
E è uguale a $\frac{2}{900}$

2564 **Disporre in ordine crescente le seguenti quantità: $a = -\frac{1}{6}$, $b = -\frac{1}{2}$, $c = 0$.**

A $b; a; c$
B $c; a; b$
C $a; b; c$
D $c; b; a$
E $a; c; b$

2565 **Il prezzo di listino di un televisore è 750 euro. Un commerciante lo vende a 600 euro. Lo sconto praticato sul prezzo di listino è:**

A 15%
B 20%
C 25%
D 12,5%
E 80%

2566 **L'equazione $\frac{2}{x+1} - \frac{1}{1-x} = \frac{1}{1+2x}$ ha soluzione:**

A $x = -1$ e $x = 1$
B $x = 0$ e $x = -\frac{1}{5}$
C $x = -\frac{1}{2}$
D $x = \frac{1}{2}$
E non ha soluzione

2567 **Se $x > y$ e $y > z$ risulterà:**

A $z = x$
B $y < z$
C $x > z$
D $z = y$
E $z > y$

2568 **La compagnia telefonica A calcola il prezzo di ogni telefonata sommando a una quota fissa (scatto alla risposta) di euro 0,15 una tariffazione di 1/4 di centesimo al secondo. La compagnia B invece fa pagare una quota fissa (scatto alla risposta) pari a euro 0,25 e poi 1/5 di centesimo al secondo. Qual è la massima durata al di sotto della quale una telefonata risulta meno costosa se effettuata con la compagnia A?**

A 2 minuti e 20 secondi
B 2 minuti e 40 secondi
C 3 minuti esatti
D 3 minuti e 20 secondi
E 3 minuti e 30 secondi

2569 **L'espressione** $\left(2x + \frac{3}{x}\right)^2$ **, definita per** $x \neq 0$ **, è uguale a:**

A $4x^2 + \frac{9}{x^2}$

B $4x^2 + 12 + \frac{9}{x^2}$

C $4x^2 - 12 + \frac{9}{x^2}$

D $4x^2 + 6 + \frac{9}{x^2}$

E $4x^2 - \frac{9}{x^2}$

2570 **L'espressione** $(x + 3y)^3$ **è uguale a:**

A $x^3 + 27y^3$

B $x^3 + 9x^2y + 27xy^2 + 27y^3$

C $x^3 - 9x^2y + 27xy^2 - 27y^3$

D $x^2 + 3x^2y + 9xy^2 + 27y^3$

E $(x + 3y)(x^2 + 3xy + 9y^2)$

2571 **L'espressione** $\frac{4}{x^2} - \frac{9}{y^3}$**, definita per** $x \neq 0$ **e** $y \neq 0$ **, è uguale a:**

A $\frac{36}{x^2 - y^3}$

B $\left(\frac{2}{x} - \frac{3}{y}\right)\left(\frac{2}{x} + \frac{3}{y}\right)$

C $\frac{-5}{x^2 - y^3}$

D $\frac{4y^3 - 9x^2}{x^2y^3}$

E $\frac{4x^2 - 9y^3}{x^2y^3}$

2572 **L'espressione** $x^2 - 2x - 1$ **è uguale a:**

A $(x - 1)^2$

B $(x - 1)(x + 1)$

C $(x + 1)^2$

D $(1 - x)^2$

E nessuna delle risposte precedenti è corretta

2573 **La somma** $\frac{a}{b} + \frac{c}{d}$ **vale:**

A $\frac{a + c}{b + d}$

B $\frac{ac}{bd}$

C $\frac{ad + bc}{bd}$

D $\frac{a + c}{bd}$

E $\frac{ac + bd}{bd}$

2574 **Dato il sistema** $\begin{cases} x + y = 28 \\ x - y = \frac{1}{4}x \end{cases}$ **le soluzioni sono:**

A $x = 14, y = 14$

B $x = 28, y = 7$

C $x = 16, y = 12$

D $x = 12, y = 16$

E il sistema non ammette soluzioni

2575 **Il valore di** $(100 - 4)^2$ **è:**

A $(12 \cdot 8)^2$

B $10000 + 16 + 400$

C $1000 + 16 - 400$

D $(100 + 4) \cdot (100 - 4)$

E $(10 + 2) \cdot (10 - 2)$

2576 **Il valore di** $(500 - 1)^2$ **è pari a:**

A $25 \cdot 10^4 - 499$

B $25 \cdot 10^4 + 499$

C $25 \cdot 10^4 - 501$

D $25 \cdot 10^4 + 999$

E $25 \cdot 10^4 - 999$

2577 **L'espressione** $10^9 + 10^8 + 10^8 + 10^9$ **è uguale a:**

A 10^{34}

B 40^{34}

C duemilioniduecentomila

D duemiliardiduecentomilioni

E $20^9 + 20^8$

2578 Il grafico di una delle seguenti funzioni interseca l'asse x. Indicare di quale si tratta:

A $f(x) = e^x$

B $f(x) = x^2 + 1$

C $f(x) = \frac{1}{x}$

D $f(x) = -2 + \text{sen}x$

E $f(x) = \log x$

2579 Stabilire quali delle seguenti coppie di monomi sono simili:

A $xyz^2, \frac{5}{2}x^2yz$

B x^3yz, xy^2z^2

C $4x^2yz^3, \frac{1}{2}x^2yz^3$

D $\frac{2}{3}xy^2, \frac{2}{3}x^2y$

E $3x, 3y$

2580 Quanto misurerà l'area di un rettangolo i cui lati misurano rispettivamente 10^{-3} cm e 10^{-2} dm ?

A 10^{-4} cm^2

B 10^4 dm

C 10^{-2} cm^2

D 10^{-2} dm

E 10^4 dm^2

2581 Se al numero 0,776 si aggiungono due centesimi si ottiene:

A 0,7762

B 0,778

C 0,7702

D 0,976

E 0,796

2582 L'equazione della circonferenza che ha centro in (2; 1) e passa per l'origine è:

A $(x-2)^2 + (y-1)^2 = 5$

B $x^2 + y^2 = 5$

C $(x-2)^2 + (y-1)^2 = \sqrt{5}$

D $x^2 + 4x + y^2 + 2y = 0$

E $(x-2)^2 + (y-1)^2 = -5$

2583 Il numero *h* è il logaritmo decimale di:

A h^{10}

B 10^h

C $10h$

D $\frac{10}{h}$

E nessuna delle precedenti alternative è corretta

2584 La funzione $f(x) = \log_{10}(x^2 + 3x - 3)$ è positiva per:

A $x \in \mathbb{R}$

B $x \leq -4$, $x \geq 1$

C $x < -4$, $x > 1$

D $-4 < x < 1$

E $-4 \leq x \leq 1$

2585 Le probabilità che lanciando 3 monete si ottengano tre risultati identici (tutte teste ovvero tutte croci) è:

A $\frac{3}{8}$

B 1

C 0

D $\frac{2}{8}$

E $\frac{1}{8}$

2586 Il sistema in due equazioni a due incognite

$$\begin{cases} x + y = 1 \\ 2x - 2y = -4 \end{cases}$$

è:

A risolvibile solo per $x = 0$ e $x = \infty$

B indeterminato

C impossibile

D risolvibile per qualunque valore di x

E risolvibile solo per x maggiore di 0

2587 Se *x* e *y* sono due numeri diversi da zero (*x* positivo) quale delle seguenti affermazioni è VERA?

A x^y è sempre maggiore di zero

B y^x è sempre maggiore di zero

C $\log xy$ è sempre maggiore di zero

D xy è sempre maggiore di zero

E Quesito senza soluzione univoca o corretta

2588 Il massimo comune divisore e il minimo comune multiplo tra i numeri: 6, 20, 30, 60 valgono rispettivamente:

A 6; 120
B 2; 60
C 2; 180
D 6; 30
E 6; 60

2589 Il valore iniziale di una grandezza che, a seguito dell'incremento del 20%, ha assunto il valore di 2160, era:

A 1800
B 1720
C 1500
D 1850
E 2000

2590 Si considerino i seguenti sistemi di due equazioni in due incognite:

1) $\begin{cases} 2x + y = 1 \\ 2y + 4x = -1 \end{cases}$ 2) $\begin{cases} x + y = 0 \\ y - x = 0 \end{cases}$

3) $\begin{cases} x + 3y = 0 \\ 2x + 6y = 0 \end{cases}$ 4) $\begin{cases} x + y = 1 \\ y - x = 1 \end{cases}$

Tra essi sono presenti sistemi che ammettono nel campo reale una e una sola soluzione, nessuna soluzione o infinite soluzioni. Indicare quale delle seguenti affermazioni è VERA.

A Solo il sistema 2) non ha soluzioni e nessuno di essi ne ha infinite
B Solo il sistema 1) non ha soluzioni e solo il 3) ne ha infinite
C I sistemi 2) e 3) ammettono entrambi infinite soluzioni
D I sistemi 1) e 4) non hanno soluzioni
E Nessuno dei sistemi assegnati ha infinite soluzioni

2591 Quale dei valori sotto riportati costituisce la migliore approssimazione della radice quadrata di 814.420?

A 90
B 900
C 9000
D 81.442
E 407.270

2592 A cosa è uguale la somma $5 + \frac{1}{2} + \frac{1}{3}$?

A $\frac{6}{7}$
B $\frac{7}{6}$
C $\frac{27}{6}$
D $\frac{35}{6}$
E $\frac{17}{6}$

2593 Siano $y = m_1x + k_1$ e $y = m_2x + k_2$ due rette del piano. Quale relazione deve sussistere affinché esse siano perpendicolari?

A $m_1 = m_2$
B $k_1 = k_2$
C $m_1 = -\frac{1}{m_2}$
D $m_1 = \frac{1}{m_2}$
E $\frac{k_1}{m_1} = \frac{k_2}{m_2}$

2594 Sul lato AB del pentagono regolare ABCDE è costruito il quadrato ABFG. Qual è l'ampiezza dell'angolo $\alpha = F\hat{B}C$ espresso in gradi?

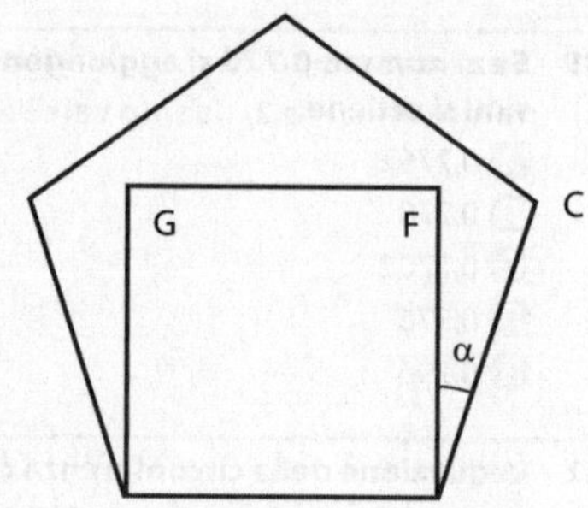

A 30°
B 16°30′
C 15°
D 18°
E 22°30′

QUESITI DI MATEMATICA

2595 Stabilire quale fra i seguenti numeri è irrazionale (cioè reale, ma non razionale):

A 0,25

B 1,0(2)

C $\sqrt{3}$

D $\sqrt{49}$

E $\sqrt{3} \cdot \frac{1}{\sqrt{3}}$

2596 L'equazione $x^2 - (2\sqrt{5} + 1)x + 2\sqrt{5} = 0$:

A ha due radici reali negative

B ha due radici reali una positiva e una negativa

C ha due radici reali e positive

D non ha radici reali

E quesito senza soluzione univoca o corretta

2597 La media aritmetica dei numeri −16, −6, 0, 10, 16 è:

A 0

B 0,4

C 0,8

D 1,2

E 0,6

2598 Quanti ambi si possono formare con 90 numeri differenti?

A 27.000

B 7200

C 4005

D 8010

E Nessuna delle precedenti alternative è corretta

2599 Se l'equazione $2x^2 + kx - 4 = 0$ ha una radice uguale a 2, quanto vale l'altra?

A −2

B 1

C −4

D −1

E 0

2600 Quanti sono i modi distinti di realizzare un poker d'assi (4 assi e 1 carta diversa) scegliendo in un mazzo di 52 carte da gioco? (L'ordine di scelta delle carte non ha importanza)

A 48

B 13

C 4

D 26

E 52

2601 Antonio, Fabio e Giuseppe sono autotrasportatori di un'azienda di distribuzione merci. Antonio trasporta vini e compie il suo giro in 9 giorni mentre Fabio e Giuseppe distribuiscono l'uno pasta e l'altro olio e compiono i loro giri in 8 e 6 giorni rispettivamente. Se oggi partono contemporaneamente, fra quanti giorni si ritroveranno ancora insieme in azienda la prossima volta?

A 144

B 36

C 432

D 72

E 23

2602 $\log_5 \sqrt[7]{25}$ equivale a:

A $\frac{5}{3}$

B $-\frac{3}{5}$

C $\frac{2}{7}$

D $\frac{3}{10}$

E $\log_5 35$

2603 Il punto P(2; 3) è il piede della perpendicolare condotta dall'origine ad una retta. L'equazione di questa retta è:

A $2x + 3y - 13 = 0$

B $3x + 2y - 12 = 0$

C $5x - 3y - 1 = 0$

D $-4x - y + 11 = 0$

E $6x + 4y + 24 = 0$

2604 Nel piano riferito a coordinate cartesiane (ortogonali, monometriche) sono assegnate le seguenti rette:

r) $2x + y + 1 = 0$

s) $x + 2y + 7 = 0$

u) $y = x + 2$

v) $x - 2y + 3 = 0$

Riconoscere quali tra esse formano coppie di rette perpendicolari.

A Solo *u*) e *v*)

B Solo *s*) e *v*)

C Solo *s*) e *u*)

D Solo *r*) e *v*)

E Nessuna coppia di rette perpendicolari

2605 $\log_{10} 10^{-1/5}$ **è uguale a:**

A $-\frac{1}{5}$

B 5

C −5

D $\frac{1}{5}$

E $-\frac{5}{10}$

2606 **Rispetto al numero 0,00002, il valore − 0,0025 è:**

A maggiore

B minore

C in valore assoluto minore

D poiché sono di segno diverso non è possibile stabilire nessuna relazione tra i due numeri

E i due numeri non sono confrontabili

2607 **L'uguaglianza** $\log_{10}(-a) + \log_{10}(-b) = \log_{10} ab$ **è VERA:**

A qualunque siano i numeri reali *a* e *b*

B solo se i numeri reali *a* e *b* sono entrambi positivi

C solo se i numeri reali *a* e *b* sono entrambi negativi

D solo se $a = b = 0$

E non è mai vera

2608 **La soluzione dell'equazione** $\log_{16} 4^{1/3} = x$ **è:**

A $\frac{1}{6}$

B $\frac{1}{8}$

C $\frac{3}{4}$

D $-\frac{3}{4}$

E $\frac{1}{4}$

2609 **Uno studente universitario, dopo aver superato tre esami, ha la media del 28. Nell'esame successivo lo studente prende 20. Qual è la sua media dopo il quarto esame?**

A 27

B 26

C 25

D 24

E 23

2610 **Gettando due dadi a sei facce si ottiene un punteggio variabile dal due al dodici. Quale delle seguenti coppie di numeri è formata da due punteggi con la stessa probabilità?**

A 5; 9

B 5; 7

C 7; 8

D 3; 4

E 3; 5

2611 $2{,}5 \cdot 10^{-4} + 5 \cdot 10^{-5} =$

A $0{,}3 \cdot 10^{-3}$

B $30 \cdot 10^{-3}$

C $2{,}55 \cdot 10^{-4}$

D $7{,}5 \cdot 10^{-4}$

E $7{,}5 \cdot 10^{-3}$

2612 **Una cellula si divide regolarmente in due nuove cellule in ogni unità di tempo *T*. Quante cellule troveremo dopo un lasso di tempo pari a 5*T*?**

A 10

B 13

C 16

D 32

E 63

2613 $\frac{10^{-3}}{10^{9}} =$

A 10^{-12}

B 10^{-6}

C 6

D 10^{6}

E 10^{-9}

2614 **Si vuole dividere un segmento di lunghezza 1 metro in due parti in modo che la lunghezza della maggiore di esse sia media proporzionale tra la lunghezza dell'intero segmento e quella della parte restante. Le due parti hanno allora lunghezza rispettivamente uguale a:**

A 3/4 m; 1/6 m

B 2/3 m; 1/3 m

C $\frac{3-\sqrt{5}}{2}$ m; $\frac{\sqrt{5}-1}{2}$ m

D $\frac{2-\sqrt{3}}{3}$ m; $\frac{\sqrt{3}+1}{3}$ m

E 4/5 m; 1/5 m

2615 **Dati i numeri 1, 2, 3, 4 e 5, la somma dei loro quadrati e il quadrato della loro somma sono rispettivamente:**

A 55 e 225
B 55 e 75
C 75 e 225
D 25 e 125
E 75 e 125

2616 **Il denominatore comune delle seguenti frazioni $\frac{1}{14}, \frac{1}{21}, \frac{1}{15}, \frac{1}{10}$ è pari a:**

A 105
B 35
C 135
D 210
E 42

2617 **Quanto vale l'espressione $\frac{3^8}{9^4}$?**

A $\frac{1}{3}$
B $\frac{1}{9}$
C 1
D 3
E 2

2618 **Due rette di equazioni $y = mx$ e $y = nx$ sono tra loro sempre perpendicolari se:**

A $mn = -1$
B mn
C $m = n$
D $mn = 0,5$
E $\frac{m}{n} = 0,5$

2619 **Si consideri un numero positivo x; lo si incrementi del 18% e si riduca successivamente il risultato del 18%; chiamando y il numero così ottenuto:**

A $x > y$
B $x = y$
C $x < y$
D $\frac{x}{y} = 1$
E $x \leq y$

2620 **Volendo dividere un triangolo equilatero in triangoli equilateri tra loro uguali (senza ottenere resti), in quante parti, tra le seguenti indicate, posso suddividerlo?**

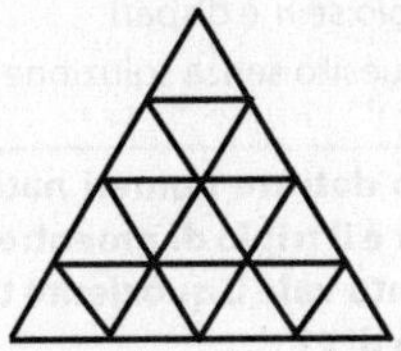

A 45 parti
B 100 parti
C 60 parti
D 92 parti
E 26 parti

2621 **Sia x un numero reale positivo. Allora $5\log_{10}x^3$ è uguale a:**

A $3\log_{10}x^5$
B $5(\log_{10}x)^3$
C $5^3\log_{10}x$
D $5(\log_{10}x + 3)$
E $8\log_{10}x$

2622 **Quanti sono i numeri naturali di 5 cifre tutte diverse, che non contengono né lo 0, né il 3, né il 6?**

A 5040
B 2520
C 120
D 21
E 7

2623 **Nell'equazione di secondo grado $x^2 - ax + 2a = 0$ la lettera x rappresenta l'incognita mentre a è un parametro reale. L'equazione ammette $x = \pi$ come soluzione se e solo se:**

A $a = \pi - 2$
B $a = \pi^2$
C $a = \frac{\pi^2}{2 + \pi}$
D $a = \frac{\pi}{1 - \pi}$
E $a = \frac{\pi^2}{\pi - 2}$

MATEMATICA E FISICA

2624 L'espressione $a^n + b^n$ è divisibile per $(a - b)$:

A mai
B sempre
C solo se n è pari
D solo se n è dispari
E quesito senza soluzione univoca o corretta

2625 Sono dati tre numeri naturali x, y e z e si sa che x è il triplo di z mentre z è quattro volte y. Quanto vale il quoziente tra il doppio di x e la metà di y?

A 48
B $\frac{3}{4}$
C 12
D 54
E $\frac{4}{3}$

2626 La probabilità che nel lancio contemporaneo di due dadi escano due numeri consecutivi è:

A $\frac{1}{6}$
B $\frac{5}{18}$
C $\frac{1}{3}$
D $\frac{7}{36}$
E $\frac{5}{36}$

2627 Un proiettile viene sparato a caso contro un bersaglio circolare. Tale bersaglio è suddiviso in nove corone circolari concentriche di spessore 1 cm ed un cerchio di raggio 1 cm; le figure sono numerate da 1 a 10 con valori crescenti dal bordo del bersaglio verso il centro. La probabilità che il proiettile colpisca la corona corrispondente al valore 5 è:

A 10%
B 50%
C 11%
D 25%
E 5%

2628 Il minimo comune multiplo di 2, 4, 5, 8 è:

A 20
B 40
C 80
D 320
E 19

2629 La parabola di equazione $y = 4 - x^2$:

A non taglia l'asse x
B è tangente all'asse x
C taglia l'asse x in due punti simmetrici rispetto all'origine
D taglia l'asse x in due punti entrambi di ascissa positiva
E non taglia l'asse y

2630 Il risultato corretto di $\frac{1}{2} + \frac{1}{3}$ è:

A $\frac{1}{6}$
B $\frac{2}{3}$
C $\frac{5}{6}$
D $\frac{3}{2}$
E 6

2631 Un triangolo è rettangolo e isoscele. Quanto vale un suo angolo acuto?

A 150°
B 20°
C 30°
D 45°
E 60°

2632 A un concorso 8 candidati furono ammessi alle prove orali, l'80% fu eliminato allo scritto. Quanti erano i candidati?

A 20
B 130
C 40
D 50
E 10

2633 Tra i punti del ramo di iperbole equilatera di equazione $xy = k$ $(k > 0)$, appartenente al III° quadrante, ha distanza minore dall'origine quello di coordinate:

A $(-k/2; -2k)$
B $(\sqrt{k}; \sqrt{k})$
C $(\sqrt{-k}; \sqrt{-k})$
D $(-k/2; -k/2)$
E $(-\sqrt{k}; -\sqrt{k})$

2634 La somma degli angoli interni di un pentagono non regolare:

A ha il valore 1080 gradi
B ha il valore 540 gradi
C ha il valore 360 gradi
D il valore dipende dalla lunghezza dei lati
E il valore è sicuramente inferiore a 540 gradi

2635 Il risultato corretto di $\frac{7}{3} \cdot \frac{21}{2}$ è:

A $\frac{14}{63}$
B $\frac{49}{2}$
C $\frac{14}{2}$
D $\frac{147}{5}$
E $\frac{2}{49}$

2636 La sommità di un palo verticale rettilineo di altezza 6 m è collegata con un punto del terreno per mezzo di una fune tesa, in modo che questa formi con la direzione orizzontale un angolo di 30°. Qual'è la lunghezza della fune?

A $6\sqrt{2}$ m
B $6\sqrt{3}$ m
C 12m
D 18m
E 15m

2637 Il numero

$$[(-2)^{-2} \quad (3)^{-3}]^{-1}$$

è uguale a:

A 25/108
B 108/31
C 31/108
D 108/23
E 108/25

2638 Per un viaggio un'agenzia turistica chiede 40 euro pro capite, se si raggiunge almeno il numero di 35 passeggeri. Inoltre, a ogni passeggero eccedente i 35, concede uno sconto del 25%. Quanto costa in totale il viaggio se i passeggeri sono 50?

A 1850,00 euro
B 1880,00 euro
C 1500,00 euro
D 1737,50 euro
E 2000,00 euro

2639 Il risultato corretto di $\frac{3}{7} \div \frac{2}{3}$ è:

A $\frac{14}{9}$
B $\frac{9}{14}$
C $\frac{6}{21}$
D $\frac{2}{7}$
E $\frac{1}{4}$

2640 Nel piano cartesiano l'insieme dei punti che verificano la condizione $(x-5)(y+3) = 0$ è:

A il punto A(5; 0) e il punto B(0; –3)
B l'intersezione della retta $x = 5$ e della retta $y = -3$
C l'unione della retta $x = 5$ e della retta $y = -3$
D l'insieme dei punti della curva $y = \frac{15-3x}{x-5}$
E tutti i punti appartenenti alla retta $x = 5$ oppure tutti i punti appartenenti alla retta $y = -3$

2641 Il numero $81^{1/4}$ è uguale a:

A $\frac{81}{4}$
B $\frac{1}{9}$
C 3
D $\frac{1}{3}$
E 9

2642 Indicare quale dei seguenti numeri è equivalente alla somma dei quadrati di 2, 3, 4 e 5:

A 50
B 54
C 45
D 29
E 100

2643 La media aritmetica tra 0,9 e – 1 è:

A maggiore di 0
B uguale a 0,9
C uguale a 0
D uguale a – 0,05
E maggiore di 1

MATEMATICA E FISICA

2644 In un cubo la lunghezza della diagonale di una faccia è *d*. Se si ingrandisce il cubo raddoppiando *d*, allora la superficie totale del cubo:

A raddoppia
B viene moltiplicata per 23
C quadruplica
D viene moltiplicata per 22
E viene moltiplicata per 6

2645 Un triangolo, un quadrato, un pentagono e un cerchio hanno perimetro uguale: che cosa si può dire delle loro aree?

A Il quadrato ha quella massima
B Il triangolo ha quella massima
C Il cerchio ha quella massima
D Il pentagono ha quella massima
E Il cerchio ha quella minima

2646 $\log_{10}100 + \log_{10}10 + \log_{10}1 + \log_{10}0{,}1 =$

A $\log_{10}111{,}1$
B 4,1
C 2
D 2,2
E 5,11

2647 Il minimo comune multiplo dei numeri 3, 4, 5 e 7 è:

A 2100
B 4200
C 210
D 420
E 70

2648 Il 4% del 20% di un numero è 1; qual è il numero?

A 80
B 24
C 125
D 16
E 20

2649 L'espressione $-\dfrac{2^6 - x^2}{x - 8}$ **è uguale a:**

A $16 - x$
B $x - 8$
C $-x + 8$
D $-32 - x$
E $x + 8$

2650 a^{-3} **è equivalente a:**

A $-\dfrac{3}{a}$
B $\dfrac{1}{a^3}$
C $-a^3$
D $\dfrac{-a}{3}$
E $\sqrt[3]{a}$

2651 10^{-3} **è uguale a:**

A $\dfrac{1}{1000}$
B $-\dfrac{3}{10}$
C $\dfrac{3}{10}$
D $\dfrac{3}{100}$
E $\dfrac{7}{10}$

2652 Quale dei seguenti numeri NON è un numero primo?

A 5
B 31
C 29
D 13
E 51

2653 L'espressione $x^2 + y^2 - 2xy - 1$ **può essere riscritta nella forma:**

A $(xy - x) \cdot (xy + x) - 1$
B $(x - y)^2 - 1$
C $(x - y) \cdot (x + y) - 1$
D $(x + y + 1) \cdot (-xy - 1)$
E $(x + y + 1) \cdot (x + y - 1)$

2654 Da un mazzo di 40 carte (10 cuori, 10 quadri, 10 fiori, 10 picche) se ne estraggono tre; qual è la probabilità che siano tutte e tre di fiori, supponendo di non rimettere la carta estratta nel mazzo?

A 11/247
B 25/1482
C 9/800
D 7/10
E 3/247

2655 Dati i seguenti monomi:

$$5xy^2,\ 15x^2yz,\ 10x^2y^2z^2$$

allora il loro m.c.m. (minimo comune multiplo) è:

A $5xy$

B $30x^2y^2z^2$

C $30x^2z^2$

D $150x^2y^2z^2$

E $50x^3y^3z^3$

2656 Il grado del polinomio

$$5x^3 + 2x^2y + xy^2 + 25y^3$$

è:

A 3

B 10

C 9

D 12

E 6

2657 Il prodotto $(y + 2x)(y - 2x)$ è uguale a:

A $y^2 + 4xy + 4x^2$

B $y^2 - 4xy + 4x^2$

C $y^2 + 4x^2$

D $y^2 - 4x^2$

E $y^2 - 4xy - 4x^2$

2658 Un negozio, durante i saldi, pratica uno sconto del 15% su tutti i prezzi di listino. Sul prodotto X pratica un ulteriore sconto del 20%. Qual è lo sconto complessivo praticato sul prodotto X?

A 5%

B 17,5%

C 30%

D 32%

E 35%

2659 Il 25% di *a* è:

A $a{,}25$

B $\frac{a}{4}$

C $\frac{a}{5}$

D $\frac{0{,}25}{a}$

E a^{-25}

2660 Il numero 2,0036 è pari a:

A $\frac{36}{10^4}$

B $2 + \frac{36}{10^4}$

C $2 + \frac{36}{10^3}$

D $\frac{236}{10^4}$

E $2 + \frac{3}{10} + \frac{6}{100}$

2661 $(\sqrt[4]{5})^3$ è uguale a:

A 5^{-1}

B $5^{4/3}$

C $5^{3/4}$

D 5^{12}

E $5\sqrt[4]{5}$

2662 La base di un rettangolo supera di 6 m l'altezza. Se il perimetro è pari a 84 m, possiamo dedurre che l'area è:

A 402 m^2

B 418 m^2

C 432 m^2

D 440 m^2

E 454 m^2

2663 La disequazione $\sqrt{x} \le x^2$ è verificata per i valori dalla variabile reale x…

A $x \ge 1$

B $|x^2| \ge 1$

C $|x| \ge 1$

D $0 \le x \le 1$

E ogni x non negativo

2664 In un supermercato americano il prezzo di un oggetto viene dimezzato di settimana in settimana finché non viene venduto. Un oggetto risulta scontato dell'87,5% dopo:

A tre settimane

B un numero di settimane che dipende dal prezzo iniziale

C due settimane

D quattro settimane

E cinque settimane

MATEMATICA E FISICA

2665 **L'equazione $6^x = -36$:**

A ha due soluzioni irrazionali
B non ammette soluzioni nel campo reale
C ha come radici 2 e – 2
D ha come unica radice 2
E ha come unica radice – 2

2666 **$\sqrt{x(x+2)}$ è uguale a:**

A $\sqrt{x^2} + \sqrt{2x}$
B $x + \sqrt{2x}$
C $\sqrt{x^2 + 2x}$
D $\sqrt[4]{x^2(x+2)^2}$
E nessuna delle risposte precedenti è corretta

2667 **Quali sono le soluzioni dell'equazione $x^2 + x = 0$?**

A 0, 0
B 0, –1
C –1, –1
D 1, –1
E Il sistema non ha soluzioni reali

2668 **Trovare la soluzione dell'equazione $\frac{1}{y} = 10$.**

A 0,1
B 0
C 1^{-10}
D 10
E 9

2669 **La disequazione $\frac{x-1}{x+1} \geq 0$ è soddisfatta:**

A per $x < -1$ e $x > 1$
B per $x \leq -1$ e $x \geq 1$
C per $x \leq -1$ e $x > 1$
D per $x < -1$ e $x \geq 1$
E per $-1 < x \leq 1$

2670 **La disequazione $x^2 < x$ è soddisfatta per ogni x tale che:**

A $x > 0$
B $x < 1$
C $0 < x < 1$
D $-1 < x < 0$
E $x < -1$

2671 **$\log_3 81$ è uguale a:**

A 2
B 4
C $\log_3 79 + \log_3 2$
D $\frac{1}{4}$
E 27

2672 **$\log_2 10$ è uguale a:**

A $\log_3 10 - \log_3 2$
B $\log_3 (10)^2$
C $\log_3 10 \cdot \log_3 2$
D $\log_3 20$
E $\frac{\log_3 10}{\log_3 2}$

2673 **$\log_4\left(\frac{1}{16}\right)$ è uguale a:**

A 1
B $\left(\frac{1}{16}\right)^4$
C –1
D –2
E nessuna delle risposte precedenti è corretta

2674 **Indicare quale delle seguenti trasformazioni in logaritmo dell'espressione $a = 2^b$ è corretta:**

A $b = \log_2 a$
B $2 = \log_b a$
C $a = \log_2 b$
D $b = \log_a 2$
E $2 = \log_a b$

2675 **L'equazione $\log_3 x = \frac{1}{3}$ ha soluzione:**

A $x = 1$
B $x = -3$
C $x = \frac{1}{27}$
D $x = -1$
E $x = \sqrt[3]{3}$

2676 **Il sistema**

$$\begin{cases} x = y + 3 \\ 4x - 7y = 0 \end{cases}$$

implica che sia:

A $x + y = 10$

B $x + 2y = 16$

C $2x - y = 10$

D $x - y = 2$

E $2x - 3y = 4$

2677 **Il $\log_{10}(ab)$ con a e b numeri reali maggiori di 1 è:**

A compreso fra – 1 e 0

B minore di 0

C maggiore di 0

D uguale a 0

E non esiste

2678 **La somma dei perimetri di un quadrato e di un triangolo equilatero è pari a 29 cm, mentre la lunghezza del lato del quadrato supera di 2 cm quella del lato del triangolo equilatero. Quanti centimetri quadrati misura l'area del triangolo?**

A $9\sqrt{3}/4$

B $11\sqrt{3}/4$

C $13\sqrt{3}/4$

D $4\sqrt{3}$

E $\sqrt{5}/3$

2679 **Il logaritmo di x in base 7 è un numero y tale che:**

A $y^7 = x$

B $x^7 = y$

C $10^y = 7$

D $7^y = x$

E $y^x = 7$

2680 **L'equazione $y = a^b$ ha senso:**

A per ogni valore di a e b

B se $a > 0$ e b qualunque

C per ogni a se $b > 0$

D $a > 0$ e $b > 0$

E nessuna delle risposte proposte è corretta

2681 $10^3 \cdot 10^{-2} =$

A 10

B $9 \cdot 10^2$

C $9 \cdot 10$

D $10^{-3/2}$

E 1

2682 **In un piano cartesiano l'equazione $y = x$ rappresenta:**

A una retta parallela all'asse y

B una retta parallela all'asse x

C un punto del piano

D la bisettrice del I e III quadrante

E la bisettrice del II e IV quadrante

2683 **La distanza tra i punti P = (2; 2) e Q = (4; 4) vale:**

A 4

B $2\sqrt{2}$

C 2

D 0

E $-2\sqrt{2}$

2684 **La parabola $y = x^2$ ha per vertice il punto:**

A (0; 0)

B (2; 2)

C (1; 1)

D (0; 1)

E (1; 0)

2685 **La curva che nel piano x,y ha equazione $x^2 + y^2 = r^2$ è:**

A una retta

B una circonferenza

C una parabola

D un'ellisse

E un'iperbole

2686 **Il campo di esistenza di $f(x) = \log_{10} \dfrac{x}{x^2 - 1}$ è:**

A tutto $\mathbb{R}$

B $x > 1$

C $-1 < x < 0,\ x > 1$

D $-1 < x \leq 0,\ x > 1$

E $x < -1,\ 0 < x < 1$

2687 Quanti sono i termini di una progressione geometrica di ragione uguale a 2 con primo termine 4 ed ultimo 1024?

A 12
B 9
C 10
D 8
E Nessuno dei valori precedenti

2688 Il volume di una piramide è uguale:

A all'area di base per l'altezza diviso tre
B alla terza parte dell'area di base
C all'area di base per l'altezza
D al perimetro di base per l'altezza diviso tre
E al perimetro di base per l'apotema diviso due

2689 Le rette di equazioni $x = y$ e $x + y = 2$:

A si intersecano nei punti (1; 1) e (0; 0)
B non si intersecano
C si intersecano nel punto (1; 1)
D si intersecano nel punto (2; 0)
E si intersecano nel punto (0; 2)

2690 Una popolazione, che è inizialmente di 32 batteri, aumenta del 50% ogni ora. Di quanti batteri sarà dopo 4 ore?

A 100
B 112
C 128
D 162
E 256

2691 Per $x > 0$, $\log x + \log x + \log x$ è uguale a:

A $(\log x)^3$
B $\log x^3$
C $\log \frac{x}{3}$
D $3x^3$
E $3x$

2692 Se $\log_a 17 = 3$, allora:

A $\frac{3}{17} = a$
B $a^3 = 17$
C $a^{17} = 3$
D $17^3 = a$
E $17^a = 3$

2693 Qual è la probabilità che si verifichi l'evento testa-testa-croce-testa-testa in seguito a 5 lanci della moneta?

A $\frac{1}{5}$
B $\frac{1}{6}$
C $\frac{1}{2}$
D $\frac{1}{32}$
E $\frac{1}{16}$

2694 Individuare la forma semplificata a cui è riducibile il radicale:

$$\left(\sqrt[12]{9a^2x^2 + 4b^2x^2 - 12abx^2}\right)^3$$

A $x(3a - 2b)^{1/2}$
B $x^2(3a - 2b)$
C $[x(3a - 2b)]^{1/2}$
D $[x(3a - 2b)]^{2/3}$
E $x^{1/2}(3a - 2b)^2$

2695 In una scatola vi sono 10 palline nere, una rossa, una verde. Qual è la probabilità, pescando due palline che esse siano la rossa e la verde?

A $\frac{2}{10}$
B $\frac{2}{10} \cdot \frac{1}{9}$
C $\frac{2}{12}$
D $\frac{2}{12} \cdot \frac{1}{11}$
E $\frac{2}{110}$

2696 La media aritmetica tra $\left(\frac{1}{2}\right)^{-2}$ e $\left(\frac{1}{2}\right)^{2}$ è:

A uguale a 0
B minore di 0
C uguale a $\frac{17}{8}$
D uguale a $\frac{17}{4}$
E uguale a $\frac{7}{4}$

2697 È data un'urna contenente 6 palline bianche, 8 palline rosse, 10 palline blu e 12 palline verdi. La probabilità di estrarre una pallina rossa è:

A $\frac{2}{9}$

B $\frac{1}{2}$

C $\frac{1}{3}$

D $\frac{3}{5}$

E $\frac{2}{5}$

2698 Lo spigolo di un cubo ha lunghezza 10 mm. Il volume del cubo, in metri cubi, misura:

A 10^{-6}

B 10^{-15}

C 100

D 10^{-3}

E 10^{-9}

2699 La metà di 10^{-8} è:

A 10^{-4}

B $5 \cdot 10^{-8}$

C 5^{-8}

D $5 \cdot 10^{-7}$

E nessuna delle risposte precedenti

2700 Se il risultato di una divisione è negativo significa che:

A il denominatore è maggiore del numeratore

B il numeratore è compreso tra 0 e 1 e il denominatore è maggiore di 1

C sia il numeratore che il denominatore sono negativi

D numeratore e denominatore hanno segno opposto

E non è possibile che il risultato di una divisione sia negativo

2701 Qual è la somma degli scarti dalla media aritmetica dei numeri 3; 4; 5; 6; 7?

A 3

B 0

C −3

D 5

E 25

2702 Tirando contemporaneamente due dadi, quante probabilità vi sono di ottenere un determinato numero su entrambi i dadi?

A $\frac{1}{36}$

B $\frac{1}{12}$

C $\frac{2}{6}$

D $\frac{1}{100}$

E $\frac{1}{6}$

2703 Un viaggiatore intende recarsi dalla città Aalle città B, C e D e fare ritorno ad Adopo essersi recato in ogni città una sola volta. In quanti modi diversi può organizzare il viaggio?

A 6

B 4

C 3

D 24

E 12

2704 La probabilità che nel lancio di due dadi si ottenga la somma 5 rispetto a quella che si ottenga la somma 10 è:

A il doppio

B la metà

C maggiore

D minore

E un quarto

2705 In un cerchio di diametro *D* è inscritto un quadrato di lato *L*. Stabilire quale relazione lega *D* e *L*.

A $D = 2L$

B $D = 2 \cdot 2^{1/2} \cdot L$

C $D = 2^{1/2} \cdot L$

D $D = 3{,}1416 \cdot L$

E $D = \frac{1}{2}L$

2706 Per quali valori di *x* risulta $x^2 > 36$?

A $x > -6$

B $x < -6$, $x > 6$

C $-6 < x < 6$

D $x > 6$

E $x < -6$

MATEMATICA E FISICA

2707 Se in un'urna sono contenute 10 palline numerate da 1 a 10, qual è la probabilità di estrarre la pallina numero 5, estraendo insieme due palline?

A $\frac{2}{10}$

B $\frac{1}{90}$

C $\frac{2}{90}$

D $\frac{2}{9}$

E $\frac{1}{10}+\frac{1}{9}$

2708 L'espressione $10^{-2} \cdot 10^{-8}$ è uguale a:

A 10^{-4}

B 10^{-12}

C 10^{-10}

D nessuna delle altre risposte è corretta

E 10^{-16}

2709 Stabilire quale delle seguenti proprietà è falsa.

A Due rette che si intersecano formano sempre 4 angoli uguali

B Per un punto P passa una ed una sola retta perpendicolare ad una retta data *r*

C Un angolo ottuso è maggiore di un angolo retto

D Un angolo retto è maggiore di un angolo acuto

E L'angolo adiacente ad un angolo retto è anch'esso retto

2710 Tre segmenti che misurano 6, 8, 10 rispettivamente:

A possono essere i lati di un triangolo equilatero

B possono essere i lati di un triangolo isoscele

C possono essere i lati di un triangolo rettangolo

D non possono essere i lati di nessun triangolo

E nessuna delle precedenti affermazioni è vera

2711 Un triangolo equilatero ha il lato che misura 4. Allora:

A la sua altezza è $4\sqrt{3}$

B il suo perimetro è 8

C la sua area è $4\sqrt{3}$

D il suo perimetro è 16

E la sua area è 9

2712 Supponiamo di avere due eventi A e B disgiunti tali che $P(A) = 0{,}3$ e $P(A \cup B) = 0{,}7$. Allora:

A $P(B) = 0{,}3$

B $P(B) = 1$

C $P(B) = 0{,}4$

D la probabilità di B non è calcolabile

E $P(B) < 0{,}4$

2713 La radice dell'equazione $4x^5 + 128 = 0$ è:

A $x = -2$

B $x = 2$

C $x = -\frac{1}{2}$

D $x = 3$

E non esiste

2714 $-3 \cdot 10^{-3} =$

A 3

B −3

C −0,0003

D −0,003

E −0,3

2715 Quale sarà il valore di *n* se $\log_2 n = 6$?

A 16

B 32

C 64

D 148

E Quesito senza soluzione univoca o corretta

2716 Gli angoli di un triangolo sono in progressione aritmetica, e il maggiore è il doppio del minore; i valori in gradi degli angoli sono:

A 20, 30, 40

B 40, 50, 80

C 60, 90, 120

D 40, 60, 80

E 45, 70, 95

2717 Il prodotto $(2 \cdot 10^2) \cdot (7 \cdot 10^5)$ corrisponde al numero:

A 1.400.000

B 2.800.000.000

C $1{,}4 \cdot 10^8$

D $14 \cdot 10^6$

E nessuno dei numeri precedenti

2718 Il rapporto tra la misura del volume e la misura della superficie di una sfera di raggio r è:

A π

B πr

C $\frac{r}{3}$

D r^2

E $\frac{\pi}{3}$

2719 Trovare l'area del triangolo compreso fra gli assi cartesiani e la retta di equazione $y = 5 - \frac{x}{2}$.

A $\frac{5}{4}$

B $\frac{2}{5}$

C 50

D 25

E Nessuna delle precedenti alternative è corretta

2720 Per quali valori reali di x la funzione $y = (ax)^2 + 3$ ha valori positivi?

A Solo per $x = a$

B Solo per $x = 3$

C Nessuno

D Per $x > 0$

E Per qualsiasi valore di x

2721 $\log_{10}2.567.010.000.000$ è un numero compreso fra:

A 0 e 1

B 10 e 11

C 12 e 13

D 15 e 16

E 25 e 26

2722 La media aritmetica dei numeri −5, −2, 0, 4, 5 è:

A 3,2

B 2

C 0,5

D 0,4

E 0,75

2723 Il binomio di Newton con esponente n, sviluppato, contiene in genere:

A due termini

B $n + 1$ termini

C n termini

D non è suscettibile di elaborazioni ulteriori

E $n - 1$ termini

2724 Se indichiamo con P il prodotto $0{,}018 \cdot 0{,}0375$ risulta:

A $10^{-5} < P < 10^{-4}$

B $10^{-4} < P < 10^{-3}$

C $10^{-3} < P < 10^{-2}$

D $10^{-2} < P < 10^{-1}$

E $P < 10^{-5}$

2725 Uno studente ha sostenuto N esami. Se ne avesse sostenuti il triplo, ne avrebbe 6 in meno di un suo amico, che ne ha sostenuti 18. Quanto vale N?

A 2

B 4

C 6

D 8

E 12

2726 Moltiplicare un numero per cinque è lo stesso che dividere lo stesso numero per:

A 2

B 0,20

C 0,50

D 0,002

E 0,02

2727 Quanto vale il rapporto 0,0005/50.000:

A 10^{0}

B 10^{1}

C 10^{3}

D 10^{-8}

E 10^{8}

2728 Nel campo dei numeri reali l'espressione $4 \cdot 10^{-2}$ vale:

A 0,4

B 400

C 0,04

D 40

E 0,0004

2729 **Dette rispettivamente *A* e *B* le aree del cerchio inscritto e del cerchio circoscritto a un quadrato di lato 26 cm, il rapporto $\frac{B}{A}$ vale:**

A 2
B 0,5
C $\sqrt{2}$
D $13\sqrt{2}$
E $26\sqrt{2}$

2730 **La sezione di un cilindro circolare retto con un piano perpendicolare all'asse del cilindro è:**

A un trapezio
B un'iperbole
C un triangolo
D una circonferenza
E un rettangolo

2731 **Due sfere hanno raggi di lunghezza l'una tripla dell'altra. Qual è il rapporto tra la misura del volume della sfera di raggio maggiore e quella del volume della sfera di raggio minore?**

A 27
B π
C 9
D 3π
E 2π

2732 **L'espressione $\frac{1}{6}-\frac{1}{4}$ è uguale a:**

A $\frac{1}{2}$
B $-\frac{1}{12}$
C $-\frac{1}{3}$
D $-\frac{1}{6}$
E $-\frac{1}{2}$

2733 **Se il rapporto tra un arco di circonferenza e il raggio è uguale a $\pi/4$:**

A l'angolo corrispondente è di 45°
B l'angolo corrispondente è di 90°
C non è possibile sapere qual è l'angolo corrispondente
D l'angolo corrispondente è di 360°
E l'angolo corrispondente è di π radianti

2734 **Sia data la funzione $y = \frac{x^2-4}{x-3}$. Qual è il suo insieme di definizione (o di esistenza)?**

A Tutto l'insieme dei numeri reali
B L'insieme dei numeri reali escluso lo zero
C L'insieme dei numeri reali escluso +3
D L'insieme dei numeri reali esclusi +2 e −2
E L'insieme dei numeri reali esclusi +3 e −3

2735 **Un numero *a*, positivo, viene diviso per il numero *b*, positivo e minore di 1; il risultato è un numero:**

A minore *a*
B maggiore di *a*
C negativo
D immaginario
E nessuna delle risposte precedenti è corretta

2736 **L'espressione $4 \cdot 10^0 + 5 \cdot 10^1 + 3 \cdot 10^2 + 7 \cdot 10^3$ vale:**

A 7354
B 7350
C 4735
D 4537
E 4357

2737 **Due triangoli sono sicuramente uguali quando sono uguali:**

A le tre coppie di angoli
B due lati e l'angolo compreso tra essi
C due lati e la somma degli angoli interni
D due lati e l'angolo opposto a uno di essi
E un lato e l'angolo opposto a esso

2738 **Nell'insieme dei numeri reali, $8^{2/3}$ equivale a:**

A $\frac{16}{3}$
B 4
C $\frac{1}{12}$
D $\frac{64}{3}$
E 12

2739 **La radice quadrata di 0,4 è uguale a:**

A 0,2
B 0,16
C 0,002
D $\sqrt{10}/4$
E $\sqrt{10}/5$

2740 La retta di equazione $y = 3x + 2$ interseca l'asse delle x in un punto:

A di ascissa negativa

B di ascissa positiva

C di ascissa nulla

D di ascissa uguale a $\frac{2}{3}$

E di ascissa uguale a $\frac{1}{2}$

2741 L'espressione

$5 \cdot 10^0 + 5 \cdot 10^1 + 2 \cdot 10^2 + 3 \cdot 10^3$ vale:

A 3200

B 3250

C 5523

D 3255

E 5532

2742 $\log 3 + \log 3$ equivale a:

A $\log 6$

B $\log 3$

C $\log 9$

D $\log \frac{1}{3}$

E $\log \frac{2}{3}$

2743 Sia S una sfera di raggio 3 cm. Stabilire quale delle seguenti affermazioni è vera.

A La superficie di S è 9π cm^2

B La superficie di S è 18π cm^2

C Il volume di S è 108 cm^3

D Il volume di S è 36π cm^3

E Il rapporto tra il volume di S e la sua superficie è $\frac{1}{3}$ cm

2744 Un cubo ha il lato di 2 cm. Stabilire quale delle seguenti affermazioni è vera.

A La superficie laterale è 32 cm^2

B La superficie totale è 48 cm^2

C Il volume è 16 cm^3

D Il volume è 8 cm^3

E Il rapporto tra il volume e la superficie totale è $\frac{1}{2}$ cm

2745 Un cilindro ha il raggio di base di 2 cm e l'altezza di 1 cm. Allora:

A la superficie laterale è 4 cm^2

B la superficie totale è 6 cm^2

C il volume è 4π cm^3

D il rapporto tra volume e superficie totale è $\frac{2}{3}\pi$ cm

E nessuna delle precedenti affermazioni è vera

2746 Si consideri un triangolo equilatero di lato 2 cm. Su ciascun lato si costruisca un semicerchio. Stabilire quanto vale l'area complessiva della figura ottenuta:

A $2\pi + \sqrt{3}$ cm^2

B $3\pi + 2\sqrt{3}$ cm^2

C $\frac{3}{2}\pi + \sqrt{3}$ cm^2

D $3\pi + \frac{\sqrt{3}}{2}$ cm^2

E $\pi + \sqrt{3}$ cm^2

2747 Per $b > 0$, $\log b^n$ equivale a:

A $n \cdot \log b$

B $n + \log b$

C $\log bn$

D $\frac{1}{n} \cdot \log b$

E $(\log n)^2$

2748 Il logaritmo decimale di 99,99 è:

A minore di 0

B compreso tra 0 e 1

C compreso tra 1 e 2

D compreso tra 2 e 10

E compreso tra 10 e 100

2749 $\log_{10} 4 + \log_{10} 3 =$

A $\log_{10}(4 \cdot 3)$

B $\log_{10}(4 + 3)$

C $\log_{10} \frac{4}{3}$

D $\log_{10} 4^3$

E $\log_{10} 3^4$

2750 $10^{\log_{10}10^2}$ **equivale a:**

A 100
B 200
C 2
D 4
E 10

2751 Se il 35% di *x* è uguale a 175, il 60% di *x* vale:

A 300
B 315
C 280
D 350
E 180

2752 In quale delle seguenti quaterne di numeri sono elencati i valori in gradi sessagesimali degli angoli interni di un quadrilatero?

A 45, 120, 90, 104
B 120, 72, 54, 115
C 102, 90, 85, 81
D 90, 100, 120, 60
E 177, 38, 91, 54

2753 Delle risposte date a un questionario, 8 sono sbagliate e l'80% sono esatte. Quante risposte sono state date?

A 88
B 72
C 48
D 80
E 40

2754 La distanza euclidea tra i punti P = (1; 0) e Q = (0; 2) è pari a:

A $\sqrt{0+3^2}$
B $\sqrt{2^2-1}$
C $\sqrt{1^2-2^2}$
D $\sqrt{1^2+2^2}$
E $\sqrt{1+0}$

2755 Stabilire quale fra le seguenti terne di numeri non può rappresentare la misura dei lati di un triangolo:

A 6, 8, 10
B 3, 4, 5
C 8, 6, 4
D 1, 3, 5
E $\frac{3}{2}, 2, \frac{5}{2}$

2756 Stabilire quali fra le seguenti curve non è una parabola:

A $y^2 - x^2 - 3x - 2 = 0$
B $y = 1 - x^2$
C $3x^2 - 5x + 6y - 1 = 0$
D $y = (x+2)^2$
E $y = -(x+4)^2$

2757 Il logaritmo di *x* in base 5 è un numero *y* tale che:

A $y^5 = x$
B $x^5 = y$
C $10^y = 5x$
D $5^y = x$
E $10^x = 5y$

2758 Quali sono le coordinate dei punti di intersezione della curva $2y^2 = 3x + 8$ con l'asse delle *y*?

A (0; 2) e (0; –2)
B (0; 2) e (–2; 0)
C (2; 0) e (–2; 0)
D (2; 0) e (0; –2)
E (0; 2) e (2; 0)

2759 Indicare quale delle seguenti affermazioni è sempre vera.

A La probabilità di un evento è sempre strettamente maggiore di zero
B La probabilità dell'unione di due eventi è sempre uguale alla somma delle probabilità dei due eventi
C La probabilità dell'unione di due eventi è uguale alla somma delle probabilità dei due eventi, nel caso i due eventi siano disgiunti
D La probabilità dell'unione di due eventi è uguale alla somma delle probabilità dei due eventi, nel caso i due eventi siano indipendenti
E La probabilità di un evento è sempre strettamente minore di uno

2760 Il numero 3,2(4) (dove le parentesi racchiudono il periodo) è uguale a:

A 324 / 100
B 324 / 99
C 292 / 90
D 321 / 90
E 321 / 99

2761 La disequazione $\frac{4-x^2}{4+x^2} \geq 0$ è soddisfatta:

A per $-2 < x < 2$
B per $x < -2$ e $x \geq 2$
C per $x < -2$ e $x > 2$
D per $x \leq -2$ e $x \geq 2$
E per $-2 \leq x \leq 2$

2762 La parabola $y = x^2 + 1$:

A non interseca mai l'asse x
B ha per asse di simmetria la retta $x = 1$
C ha il fuoco nel punto (0; 1)
D ha come direttrice la retta $y = 1$
E è contenuta nel primo e quarto quadrante

2763 Nella proporzione $5 : x = x : -125$ il valore del medio proporzionale:

A non esiste nel campo dei numeri reali
B è un numero irrazionale
C è uguale a 25
D è uguale a – 25
E è uguale a $\frac{1}{25}$

2764 La reazione $ab = c$ (c costante) significa che:

A a e b appartengono alla stessa retta
B a e b appartengono alla stessa circonferenza
C a e b sono direttamente proporzionali
D a e b sono inversamente proporzionali
E a e b sono costanti

2765 In un paese in cui la tassa sul reddito è del 20% del reddito stesso, un contribuente paga 3.000 euro di tassa. A quanto ammonta il suo reddito?

A € 15.000
B € 29.000
C € 150.000
D € 120.000
E € 12.000

2766 Il quadrato del trinomio $(a - b + c)^2$ è uguale a:

A $(a+b+c)(a-b-c)$
B $a^2 - b^2 - c^2 + 2ab + 2bc + 2ac$
C $a^2 + b^2 + c^2 - 2ab - 2bc + 2ac$
D $a^2 + b^2 + c^2 + 2ab - 2bc + 2ac$
E $a^2 + b^2 + c^2 + 2ab - 2bc - 2ac$

2767 Una popolazione di dimensione iniziale W aumenta in modo costante con un tasso del 10% al giorno. Dopo 7 giorni la dimensione della popolazione è:

A $W(1 + 0{,}07)$
B $W(1 + 0{,}1)^7$
C $(W + 0{,}01W)^7$
D $W + \frac{W}{7}$
E $W \cdot 0{,}07$

2768 Quanto vale il rapporto tra il volume di una piramide a base quadrata e quello di un parallelepipedo avente la stessa base e la stessa altezza?

A $\frac{1}{10}$
B $\frac{1}{3}$
C 1
D $\frac{1}{2}$
E 3

2769 Centomila moltiplicato per un millesimo è uguale a:

A cento
B cento milioni
C un centomillesimo
D un centesimo
E un centomilionesimo

2770 Quale dei seguenti logaritmi differisce dagli altri?

A $\log_2 8$
B $\log_4 64$
C $\log_e e^3$
D $\log_3 12$
E $\log_{10} 1000$

2771 L'equazione:

$$2|x| = x - 1$$

A non ammette alcuna soluzione
B ammette due soluzioni razionali non intere
C ammette due soluzioni
D ammette una sola soluzione intera
E ammette solo soluzioni intere

MATEMATICA E FISICA

2772 **Se $x + \frac{1}{x} = 2$ quanto vale $x^3 + \frac{1}{x^3}$?**

A 2
B 5
C 4
D 3
E 8

2773 **La probabilità che in una famiglia su 5 figli tutti siano maschi vale:**

A $\frac{1}{32}$
B 0
C $\frac{1}{2}$
D non si può calcolare
E nessuna delle precedenti alternative è corretta

2774 **Una cellula sferica ha il raggio di 10^{-5} m. Qual è il suo volume?**

A $4{,}18 \cdot 10^{-5}$ m^3
B 10^{-5} cm^3
C $4{,}18 \cdot 10^{-15}$ m^3
D $1{,}33 \cdot 10^{-6}$ cm^3
E $4\pi \cdot 10^{-5}$ cm^3

2775 **Un rettangolo ha dimensioni uguali alle radici della seguente equazione:**

$$2x^2 - 7x + 3 = 0$$

Il suo perimetro è dunque uguale a:

A 3
B 3/2
C 7
D 6
E 3,5

2776 **Una casa editrice dona dei libri ai 3 studenti più meritevoli di una scuola, distribuendoli in ordine di merito nel modo seguente: al più meritevole vengono assegnati la metà dei libri più 2; al secondo la metà dei libri rimasti più 2; quanti erano in tutto i libri donati dalla casa editrice se al terzo vengono assegnati 10 libri.**

A 100
B 50
C 52
D 28
E 56

2777 **Il volume di un cilindro:**

A è proporzionale al raggio
B coincide con la superficie del cilindro
C è proporzionale al quadrato del raggio
D è proporzionale alla terza potenza del raggio
E è proporzionale al quadrato dell'altezza

2778 **Data l'equazione $(x-1)^2 = a$, con a reale, stabilire quale delle seguenti affermazioni è vera:**

A l'equazione non ha soluzioni per ogni $a \in \mathbb{R}$
B l'equazione ha soluzioni se e solo se $a \geq 0$
C l'equazione ha soluzioni se e solo se $a > 0$
D l'equazione ha due soluzioni per ogni $a \in \mathbb{R}$
E nessuna delle precedenti affermazioni è vera

2779 **Stabilire quale delle seguenti relazioni è vera:**

A $x^2 - 7x + 12 = (x+3)(x+4)$
B $x^2 - 7x + 12 = (x-3)(x+4)$
C $x^2 - 7x + 12 = (x-3)(x-4)$
D $x^2 - 7x + 12 = (x+3)(x-4)$
E $x^2 - 7x + 12 = (3x+1)\left(\frac{1}{3}x + 12\right)$

2780 **Se $x + y = 2$ e $x = 6$, quanto vale $2x + 4y$?**

A 4
B –4
C 0
D 28
E –2

2781 **La funzione $f(x) = \frac{x-2}{\sqrt{x^2-1}}$ ammette come insieme di definizione:**

A $-1 < x < 1$
B $x \leq -1$, $x \geq 1$
C $x < -1$, $x > 1$
D $x > 2$
E tutto $\mathbb{R}$

2782 **Quanto vale $\log_{10}\sqrt{10^{-8}}$?**

A –0,8
B 0,4
C 8
D –4
E Non è definito

2783 $\frac{1-\sqrt{3}}{1+\sqrt{3}}$ **vale:**

A $-2+2\sqrt{3}$

B $3+\sqrt{2}$

C $\sqrt{2}-3$

D $2+\sqrt{3}$

E $\sqrt{3}-2$

2784 In una classe di 30 alunni, ogni due maschi ci sono tre femmine. Detto *M* il numero dei maschi e *F* il numero delle femmine, stabilire quali tra le seguenti relazioni è CORRETTA:

A $2M = 3F$

B $3M = 2F$

C $2M + 3F = 30$

D $12M + 18F = 30$

E $18M + 12F = 30$

2785 Per quale delle seguenti funzioni l'equazione $f(x) = 2$ ammette soluzione?

A $f(x) = \log x$

B $f(x) = \operatorname{sen} x$

C $f(x) = -|x|$

D $f(x) = 1 - x^2$

E $f(x) = e^x + 2$

2786 Quale delle seguenti affermazioni è ERRATA? Se due numeri sono ...

A primi tra loro, il M.C.D. è il loro quoziente

B primi tra loro, il m.c.m. è il loro prodotto

C uno multiplo dell'altro, il più grande è il m.c.m.

D uno multiplo dell'altro, il più piccolo è il M.C.D.

E primi tra loro, il M.C.D. = 1

2787 Se *B* è la base maggiore, *b* è la base minore e *h* l'altezza, l'area del trapezio è:

A $(B+b)\cdot h$

B $B\cdot b\cdot h$

C $\frac{B\cdot b}{h}$

D $\frac{(B+b)\cdot h}{2}$

E $2(B+b)\cdot h$

2788 Il valor medio dei numeri 1/2, 2/3, 3/2 è uguale a:

A 7/9

B 8/9

C 1

D 10/9

E 11/9

2789 Trovare l'equazione della retta passante per i punti (2; 5) e (6; –1).

A $3y + 2x = 16$

B $2y + 3x = 16$

C $2y = 3x - 20$

D $3y = 2x - 15$

E $2y = 3x + 4$

2790 Dovendo pavimentare una superficie piana con piastrelle di forma geometrica regolare e di uguale lato quali delle seguenti forme sono combinabili (senza dover tagliare piastrelle)?

A Quadrato - esagono

B Ottagono - quadrato

C Pentagono - triangolo equilatero

D Pentagono - esagono

E Nessuna delle precedenti risposte è corretta

2791 Un contenitore cubico ha lo spigolo di 30 cm. Il suo volume è:

A 270 dm^3

B 0,027 m^3

C 0,27 m^3

D 27 cm^3

E 27.000 mm^2

2792 Per quale valore del parametro reale *c* l'equazione $x^2 + 3x = c - 5x$ ha due soluzioni reali coincidenti?

A –16

B –4

C –1

D 4

E 16

2793 Quale tra i seguenti è l'unico risultato equivalente a $\frac{\operatorname{sen} 20°}{\operatorname{sen} 70°}$?

A $\operatorname{sen}\left(\frac{2°}{7}\right)$

B cos 20°

C $\frac{2}{7}$

D tan 70°

E tan 20°

MATEMATICA E FISICA

2794 Nel disegno è rappresentato un piano cartesiano dove ogni quadretto ha lato unitario.

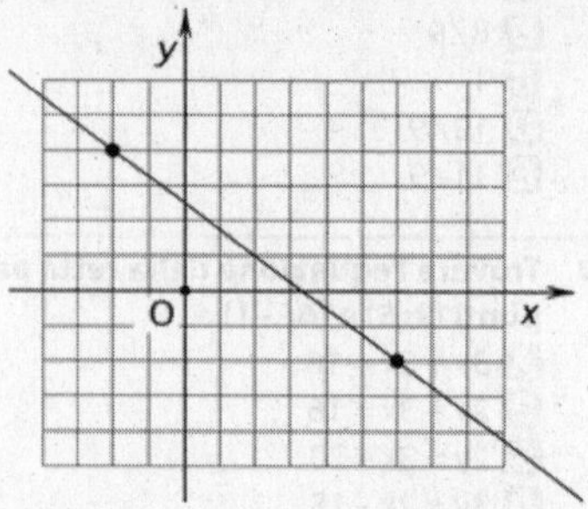

Una retta passa per i due punti a coordinate intere indicati con un pallino nero. Il coefficiente angolare m della retta scritta nella forma $y = mx + q$ è:

- A non determinabile dal disegno
- B $3/5$
- C $-4/5$
- D $-3/4$
- E $-6/7$

2795 In un cubo la lunghezza della diagonale di una faccia è d. Se si ingrandisce il cubo raddoppiando d, allora il volume del cubo:

- A viene moltiplicato per $2\sqrt{2}$
- B viene moltiplicato per 8
- C raddoppia
- D viene moltiplicato per $3\sqrt{2}$
- E quadruplica

2796 Se $e^x = 2$ allora:

- A $x = e^{1/2}$
- B $x = \log_e 2$
- C $x = \frac{2}{e}$
- D x è indeterminato
- E $x = \frac{10}{e}$

2797 Siano A e B due punti del piano. L'insieme dei punti P del piano tali che PA = PB è:

- A una circonferenza di centro P e passante per A e B
- B una retta perpendicolare al segmento AB nel suo punto medio
- C una circonferenza passante per A, B, P
- D una retta perpendicolare al segmento AB in uno dei suoi estremi
- E una retta parallela al segmento AB

2798 In un progetto una stanza rettangolare ha i lati di 3 e 5 centimetri. Si fotocopia il progetto con un ingrandimento tale che le aree risultino il 144% dell'originale. Le dimensioni della stanza nella fotocopia sono:

- A 4 cm e 6,4 cm
- B 3,6 cm e 6 cm
- C 3,8 cm e 5,4 cm
- D 50 mm e 71 mm
- E 3,6 cm e 5,4 cm

2799 Qual è l'ordine per valore crescente delle quantità sotto riportate?

$a = 3/4; \quad b = 5/8; \quad c = 6/7; \quad d = 4/3$

- A $a < c < b < d$
- B $c < a < b < d$
- C $a < c < d < b$
- D $b < a < c < d$
- E Nessuno dei precedenti

2800 L'espressione $4x^2 - \frac{9}{x^2}$, definita per $x \neq 0$, è uguale a:

- A $4x^2 - 9$
- B $\left(4x - \frac{3}{x}\right)^2$
- C $\left(2x - \frac{3}{x}\right)\left(2x + \frac{3}{x}\right)$
- D $\frac{4}{x^2} - 9x^2$
- E $\frac{4x^4 - 9}{x^4}$

Quesiti di fisica

2801 Due atleti (indicati con X e Y) competono in una gara di corsa di 400 m. Il grafico mostra come la distanza percorsa vari nel tempo per ognuno dei due atleti.

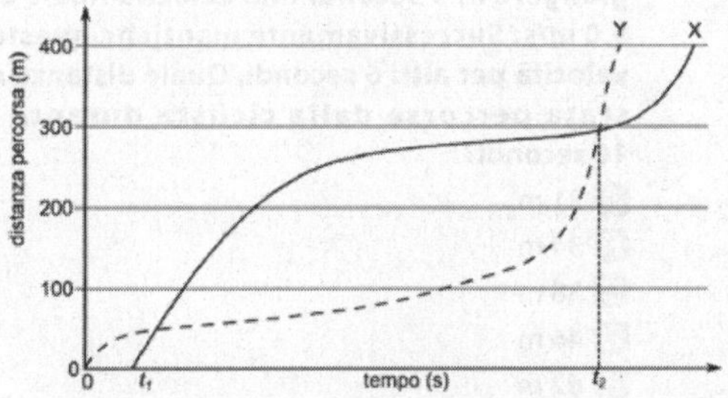

Di seguito sono riportate quattro possibili affermazioni riguardanti la gara:

1. **L'atleta X arriva prima dell'atleta Y ai 400 m.**
2. **L'atleta X è in testa a metà gara.**
3. **L'atleta X è partito prima dell'atleta Y.**
4. **L'atleta Y ha sorpassato l'atleta X al tempo t_2.**

Quale/i di queste affermazioni è/sono corretta/e?

A Solo 1
B Solo 2
C Solo 1 e 3
D Solo 2 e 4
E Solo 2, 3 e 4

2802 50 grammi di acqua alla temperatura di 20 °C vengono versati in un contenitore nel quale sono già presenti altri 200 grammi di acqua, quest'ultima a temperatura di 70 °C. Qual è la temperatura finale di tutta l'acqua al termine del processo di mescolamento?
[Si assuma che non vi sia trasferimento di calore tra l'acqua e l'ambiente circostante, compreso il contenitore]

A 30 °C
B 40 °C
C 45 °C
D 50 °C
E 60 °C

2803 Due bambini, R e S, sono seduti su un'altalena nelle posizioni indicate nel diagramma. L'altalena è lunga 4,00 m, è uniforme e ha il fulcro posto al suo centro. R pesa 800 N mentre S pesa 1200 N. L'altalena non è in equilibrio.

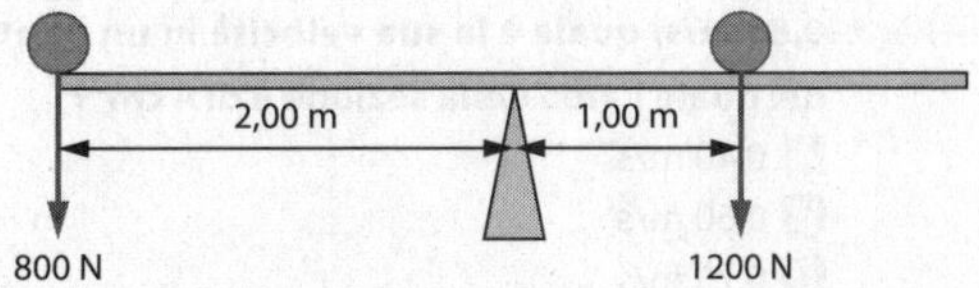

Uno dei due bambini si muove in modo che l'altalena risulti in equilibrio. Quale tra i seguenti spostamenti porterebbe l'altalena ad essere in equilibrio?
In ognuno degli spostamenti solo un bambino si muove, rimanendo dalla stessa parte del fulcro.

A S si sposta a 0,50 m dal fulcro
B S si sposta a 0,75 m dal fulcro
C S si sposta a 2,00 m dal fulcro
D R si sposta a 1,50 m dal fulcro
E R si sposta a 1,75 m dal fulcro

2804 Quale delle seguenti grandezze ha come unità di misura kg m^2 s^{-3} nel Sistema Internazionale?

A Energia
B Forza
C Potenza
D Pressione
E Quantità di moto

2805 Un corpo del peso di 10 kN è appoggiato al terreno e l'area di appoggio misura 2 m^2. Quale delle seguenti espressioni della pressione di contatto con il terreno è errata?

A 5 kN/m^2
B 0,5 N/cm^2
C 5 N/cm^2
D $5 \cdot 10^{-4}$ kN/cm^2
E 5000 N/m^2

2806 Il conducente di un'automobile gira il volante applicando due forze opposte, ognuna di modulo 12 N, con le sue mani. Le mani sono poste sul volante in modo speculare e il raggio esterno del volante è di 15 cm.
Qual è il momento torcente totale che viene prodotto da questa coppia di forze?

A 0,90 Nm
B 1,80 Nm
C 3,60 Nm
D 7,20 Nm
E 18 Nm

2807 In una tubatura orizzontale a sezione circolare viene trasportato un flusso costante d'acqua. Se in un punto nel quale la tubatura ha una sezione di area 6 cm^2 l'acqua viaggia a 0,80 m/s, quale è la sua velocità in un punto nel quale l'area della sezione è di 4 cm^2?

A 0,40 m/s
B 0,60 m/s
C 0,75 m/s
D 1,20 m/s
E 1,50 m/s

2808 Una sfera rigida, piena e omogenea, immersa in una soluzione acquosa di glicerina, galleggia mantenendo fuori dal fluido una porzione pari a 1/6 del suo volume.

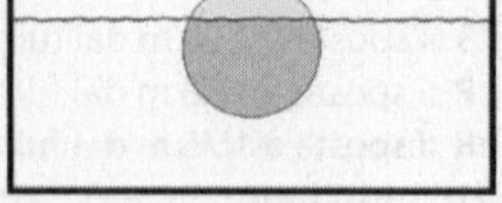

Determinare la densità del materiale di cui è composta la sfera sapendo che la densità del fluido è pari a 1,2 g/cm^3.

A 0,6 g/cm^3
B 0,8 g/cm^3
C 1 g/cm^3
D 1,2 g/cm^3
E 1,6 g/cm^3

2809 Un recipiente rigido contiene un gas ideale a una data pressione. Un aumento di temperatura del gas provoca:

A nessun effetto
B una diminuzione di densità
C un aumento di pressione
D effetti diversi in diverse ore del giorno
E la liquefazione del gas

2810 Per riscaldare un blocco di rame di massa 60 kg da 20 °C a 60 °C serve una certa quantità di calore Q. Per riscaldare invece da 20 °C a 40 °C un blocco di rame di massa 30 kg servirà quindi una quantità di calore pari a:

A $Q/4$
B $3Q/4$
C $2Q/3$
D $Q/3$
E $Q/2$

2811 Una ciclista accelera uniformemente a partire da una velocità iniziale di 3,0 m/s fino a raggiungere in 4 secondi una velocità finale di 5,0 m/s. Successivamente mantiene questa velocità per altri 6 secondi. Quale distanza è stata percorsa dalla ciclista durante i 10 secondi?

A 31 m
B 34 m
C 38 m
D 46 m
E 62 m

2812 Un corpo di peso 5 N è tenuto in equilibrio da due corde di massa trascurabile, come mostrato in figura. Una delle due corde crea un angolo di 60° con la verticale che punta verso l'alto, mentre l'altra corda è orizzontale.

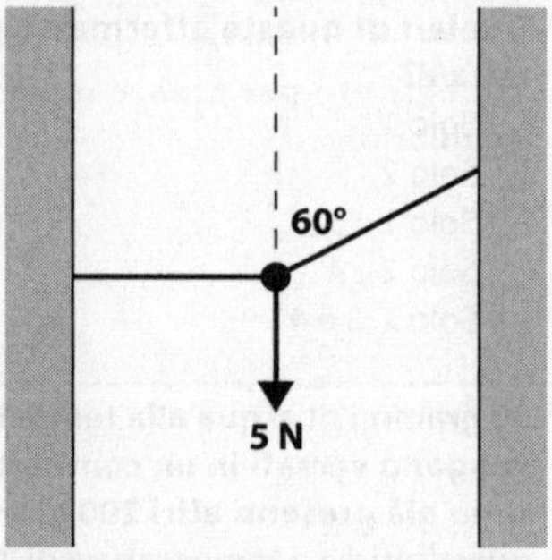

Qual è il valore della tensione della corda orizzontale?

A $1,25\sqrt{3}$ N
B $10\sqrt{3}$ N
C $5\sqrt{3}$ N
D 5 N
E 10 N

2813 Un solido di un certo materiale ha una densità uniforme di 2 g/cm^3 e un volume V_0 a una temperatura di 20 °C. Il volume V del solido varia in funzione della temperatura T secondo la legge:

$$V - V_0 = V_0 \times 0{,}002 \times (T - 20\,°C)$$

Se il solido ha una massa di 10 g, quale sarà il suo volume alla temperatura T = 40 °C?

A 5,002 cm^3
B 5,02 cm^3
C 5,04 cm^3
D 5,2 cm^3
E 5,5 cm^3

2814 Una lampadina, che può essere considerata come una sorgente luminosa puntiforme, si trova alla distanza di 5 m da una parete. Un disco circolare opaco di raggio 0,40 m viene collocato parallelamente alla parete alla distanza di 2 m dalla lampadina, in modo che la congiungente della lampadina con il centro del disco sia perpendicolare al disco stesso ed alla parete. Qual è il raggio dell'ombra prodotta da questo disco sulla parete?

A 0,80 m
B 0,90 m
C 1 m
D 1,20 m
E 1,30 m

2815 Due forze di uguale intensità F sono applicate a un punto e formano fra di loro un angolo pari a 60°. Quanto deve essere l'intensità di una terza forza da applicare al medesimo punto per creare una condizione di equilibrio?

A $F\sqrt{2}$
B $2F\sqrt{3}$
C $F\sqrt{3}$
D $2F$
E $3F/2$

2816 Un triangolo rettangolo ha un'ipotenusa la cui lunghezza supera di 4 m (m = metri) la lunghezza del cateto minore e supera di 2 m la lunghezza del cateto maggiore. Da queste informazioni possiamo dedurre che:

A il perimetro è di 20 m
B la lunghezza del cateto maggiore è di 8 m
C la lunghezza del cateto minore è di 4 m
D la lunghezza dell'ipotenusa è di 8 m
E il triangolo rettangolo è anche isoscele

2817 Un'asta pesante, omogenea e rettilinea, di lunghezza 6 m, è collocata in posizione orizzontale su due appoggi H e K privi di attrito, posti alla stessa quota e ipotizzabili come puntiformi. L'estremo sinistro dell'asta è alla distanza di 1 m dall'appoggio H, mentre l'estremo destro dell'asta è alla distanza di 2 m dall'appoggio K. Quale delle seguenti affermazioni relative alle forze esercitate dall'asta sui due appoggi è corretta?

A Le forze esercitate su H e K sono uguali fra loro
B La forza esercitata su H è la metà di quella esercitata su K
C La forza esercitata su K è il triplo di quella esercitata su H
D La somma delle forze esercitate sui supporti è pari alla metà del peso dell'asta
E La forza esercitata su K è uguale al peso dell'asta

2818 Un corpo puntiforme si muove di moto rettilineo uniformemente accelerato a partire dal tempo $t = 0$, con una velocità iniziale diversa da zero. Se dopo un secondo il corpo ha percorso 3 m e dopo due secondi ha percorso 10 m, la sua accelerazione è pari a:

A 1 m/s^2
B 2 m/s^2
C 3 m/s^2
D 4 m/s^2
E 5 m/s^2

2819 Una massa appesa a una molla si muove oscillando lungo la verticale attorno alla sua posizione di equilibrio stabile. Di seguito sono riportate 4 affermazioni riferite al moto della massa.

1. La velocità è massima alla posizione di equilibrio.

2. L'accelerazione è massima alla posizione di equilibrio.

3. L'accelerazione è diretta verso la posizione di equilibrio.

4. L'energia cinetica è massima nelle posizioni di massimo spostamento dalla posizione di equilibrio.

Quale/i di queste affermazioni è/sono corretta/e?

A Solo 1 e 3
B Solo 1, 3 e 4
C Solo 2 e 4
D Solo 4
E Nessuna

MATEMATICA E FISICA

2820 **Si definisce "conducibilità termica" λ di un materiale la quantità di calore (espressa in calorie, cal) che in 1 secondo ne attraversa uno strato piano di area superficiale 1 m^2 e di spessore 1 m quando fra le sue due facce vi sia la differenza di temperatura di 1 °C. Il valore di λ per pareti in mattone è pari a 0,15 cal/(m s °C) mentre il valore di λ per lastre di calcestruzzo è pari a 0,20 cal/(m s °C). Due pareti di identico spessore dividono un ambiente interno da uno esterno; le condizioni sono tali che le facce delle pareti sono mantenute a temperatura costante e pari a 20 °C all'interno e a 10 °C all'esterno. Se una parete è realizzata in mattoni e ha una superficie di 8 m^2 e la seconda è realizzata con una lastra di calcestruzzo di superficie 6 m^2, quale delle seguenti affermazioni è vera?**

- **A** Le due pareti trasmettono in un'ora la stessa quantità di calorie
- **B** La parete in calcestruzzo trasmette in un'ora la quantità di calorie che la parete in mattone trasmette in mezz'ora
- **C** La parete in calcestruzzo trasmette in un'ora la quantità di calorie che la parete in mattone trasmette in due ore
- **D** La parete in calcestruzzo trasmette in un'ora i 3/4 delle calorie trasmesse dalla parete in mattone
- **E** La parete in calcestruzzo trasmette in un'ora i 4/3 delle calorie trasmesse dalla parete in mattone

2821 **Una forza *f* costante di intensità 4 N (N = newton) agisce su di un punto *P* mentre questo si sposta di 2 m (m = metri) secondo una direzione che forma un angolo di 60° con la direzione della forza stessa, così come illustrato in figura.**

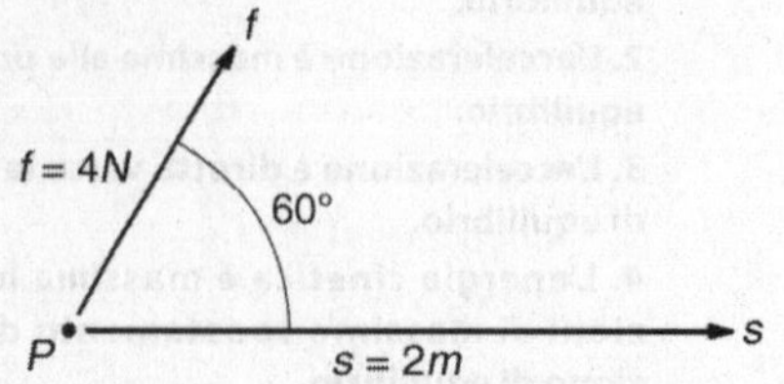

Calcolare in J (J = joule) il lavoro compiuto dalla forza al termine dello spostamento.

- **A** 2 J
- **B** 4 J
- **C** 6 J
- **D** 8 J
- **E** 10 J

2822 **L'asta in figura è rigida, ha lunghezza *l* e può ruotare liberamente intorno al punto fisso *O* al quale è incernierata. L'asta rimane in *equilibrio* in posizione *orizzontale* sotto l'azione delle forze verticali *p* e *q*.**
Il punto *H*, dove è applicata la forza *p*, ha distanza 2*l*/3 dall'estremo *O* e distanza *l*/3 dall'altro estremo, dove è invece applicata la forza *q*.

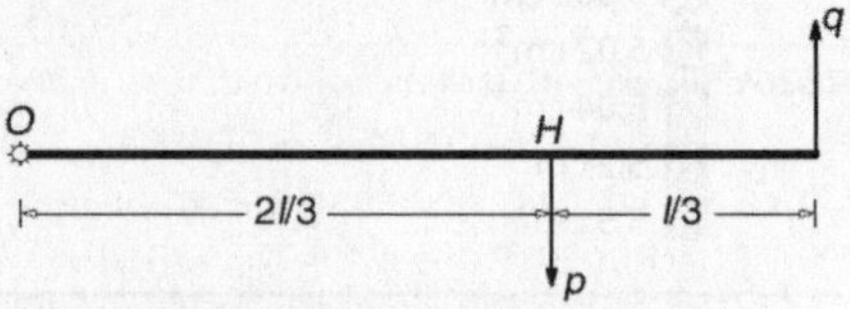

Quale delle relazioni seguenti può sussistere fra le intensità *p* e *q* delle forze? (Le forze sono misurate in newton)

- **A** $p = 2$ N $q = 1$ N
- **B** $p = 3$ N $q = 3$ N
- **C** $p = 4$ N $q = 3$ N
- **D** $p = 5$ N $q = 4$ N
- **E** $p = 6$ N $q = 4$ N

2823 **Un'asta rettilinea e rigida *AB* è incernierata in *A* a un punto fisso intorno al quale è libera di ruotare senza attrito ed è mantenuta in posizione orizzontale da un cavo d'acciaio verticale collegato a essa in *B*. L'asta ha un peso trascurabile ma nel suo punto medio è appoggiato un carico puntiforme. Se si sposta questo carico e lo si colloca più vicino a *B*, a tre quarti dell'asta, come si modifica la tensione nel cavo rispetto alla situazione precedente?**

- **A** Aumenta del 50%
- **B** Diminuisce del 25%
- **C** Resta inalterata
- **D** Raddoppia
- **E** Aumenta del 15%

2824 **Un'asta uniforme e rettilinea di estremi A e B ha lunghezza pari a 6 metri e si trova in posizione verticale, incernierata nell'estremo A ad un punto fisso. A metà dell'asta viene applicata una forza orizzontale di intensità pari a 5 N (Newton). Quale deve essere l'intensità di una forza di verso opposto da applicare in un punto P a distanza 2 metri da A affinché sia soddisfatta la condizione di equilibrio?**

- **A** 5 N
- **B** 5,5 N
- **C** 6,5 N
- **D** 7,5 N
- **E** 8 N

2825 La velocità media si può definire come:

A il prodotto tra spazio percorso e tempo impiegato
B la derivata del tempo rispetto allo spazio
C l'integrale definito della funzione spazio-tempo
D il differenziale della funzione accelerazione
E il rapporto tra spazio percorso e tempo impiegato

2826 Il baricentro di un solido di massa *m* è:

A un punto materiale di massa *m*
B un punto geometrico necessariamente appartenente al solido
C un punto geometrico anche non appartenente al solido
D un punto geometrico necessariamente non appartenente al solido
E nessuna delle precedenti

2827 Un corpo puntiforme si muove sotto l'azione di una sola forza. Se questa forza raddoppiasse, che cosa si può affermare con certezza?

A Lo spostamento sarebbe proporzionale al quadrato del tempo
B La velocità raddoppierebbe
C L'accelerazione raddoppierebbe
D L'energia cinetica raddoppierebbe
E La quantità di moto raddoppierebbe

2828 Mamma M e papà P salgono sull'altalena e vogliono stare in equilibrio, senza riuscirci. Il bimbo interviene e si siede a una distanza *x* dal centro O dell'altalena, bilanciandola. Sapendo che la mamma pesa tre quarti del papà e il bimbo la metà della mamma, quanto vale la distanza *x*?

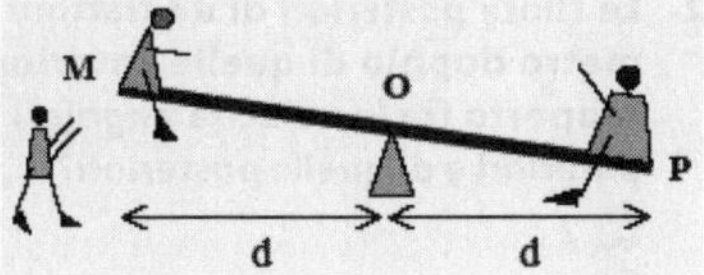

A $x = \frac{2}{3}d$ sul braccio OM
B $x = \frac{d}{3}$ sul braccio OM
C $x = \frac{d}{2}$ sul braccio OM
D $x = \frac{d}{2}$ sul braccio OP
E $x = \frac{d}{3}$ sul braccio OP

2829 Un corpo di peso *P* cade nel vuoto partendo da fermo; *g* indica l'accelerazione di gravità nel moto uniformemente accelerato del corpo. Quanto vale l'energia cinetica accumulata nel tempo *t*?

A $E = \frac{1}{2}Pgt^2$
B $E = \frac{1}{2}Pgt$
C $E = 2Pgt^2$
D $E = 2Pgt$
E $E = \frac{1}{2}Pg^2t^2$

2830 Quanto lavoro compiono i muscoli del braccio di un uomo che tiene ferma per 10 s una massa di 1 kg sulla mano tesa orizzontalmente?

A –1 J
B 0,1 J
C 0 J
D 10 J
E 1 J

2831 Da quale delle seguenti grandezze è indipendente la temperatura di ebollizione di un liquido?

A Altitudine
B Temperatura esterna
C Pressione esterna
D Tensione di vapore
E Nessuna delle precedenti

2832 In un gas ideale il prodotto della pressione per il volume:

A è sempre costante
B è proporzionale alla temperatura
C è indipendente dalla densità del gas
D raddoppia passando da 10 °C a 20 °C
E è inversamente proporzionale alla pressione

2833 Il calore è una grandezza fisica caratteristica di ciascun corpo?

A Sì
B Solo se la temperatura rimane costante
C No
D Solo se lo è la temperatura
E Nessuna delle precedenti risposte è corretta

2834 Come varia l'energia potenziale gravitazionale di una massa di acqua che cade dalla sommità di una cascata al bacino sottostante?

A Aumenta proporzionalmente al salto di quota
B Aumenta in modo quadratico rispetto al salto di quota
C Rimane costante
D Diminuisce proporzionalmente al salto di quota
E Diminuisce in modo quadratico rispetto al salto di quota

2835 Due corpi A e B di ugual volume V e di massa m_A e m_B tale che $m_A = 4m_B$ sono completamente immersi in un liquido. Dire se la spinta idrostatica cui è sottoposto il corpo A è:

A la metà di quella di B
B quattro volte quella di B
C un quarto di quella di B
D uguale a quella di B
E doppia di quella di B

2836 Il "diagramma orario del moto uniforme" è rappresentato da:

A una semiretta parallela all'asse delle *x*
B una semiretta parallela all'asse delle *y*
C una semiretta uscente dall'origine
D un arco di parabola uscente dall'origine
E un'iperbole equilatera

2837 Due vettori, entrambi non nulli, sono perpendicolari fra loro. La somma dei due vettori è:

A nulla
B un vettore appartenente al piano individuato dai due vettori
C un vettore perpendicolare al piano individuato dai due vettori
D un vettore che ha modulo pari alla somma dei moduli degli addendi
E è impossibile fare la somma di due vettori perpendicolari tra loro

2838 Due punti materiali A e B hanno la stessa energia cinetica; la massa di A è pari a quattro volte la massa di B. Se q_A e q_B indicano i moduli delle quantità di moto di A e di B rispettivamente, quale delle seguenti relazioni è valida?

A $2q_A = q_B$
B $q_A = 2q_B$
C $q_A = q_B$
D $q_A = 4q_B$
E $4q_A = q_B$

2839 Un pendolo è costituito da un punto materiale di massa *m* sospeso all'estremità libera di un filo avente massa trascurabile e lunghezza *L*. Da quale delle seguenti grandezze non dipende il periodo delle piccole oscillazioni di tale pendolo?

A Dalla lunghezza *L* del filo
B Dall'accelerazione di gravità del luogo
C Dalla massa *m*
D Non si può rispondere senza conoscere il numero di oscillazioni compiute
E Nessuna delle risposte precedenti è corretta

2840 Una persona si pesa su una bilancia appoggiata su un piano inclinato. Il peso indicato dalla bilancia sarà:

A quello reale
B minore di quello reale
C maggiore o minore di quello reale a seconda che il piano sia in salita o in discesa
D maggiore di quello reale
E non si può rispondere sulla sola base dei dati forniti

2841 Il pendolo di un orologio è realizzato interamente in acciaio ed è stato tarato in modo che l'orologio funzioni esattamente in un ambiente con temperatura di 20 °C. Che cosa si può dire del comportamento dell'orologio se la temperatura ambiente sale a 25 °C?

A non cambia nulla
B non si può dire nulla
C il comportamento dipende dalla lunghezza del pendolo a 20 °C
D l'orologio va avanti
E l'orologio resta indietro

2842 Le ruote posteriori di un trattore hanno diametro doppio di quelle anteriori. Qual è il rapporto fra le velocità angolari delle ruote anteriori e di quelle posteriori?

A 2
B 4
C 8
D 1/2
E 1

2843 Una caloria (cal) equivale a:

A 1 watt
B 1/273 joule
C 1 erg · m
D 4,18 joule
E 10 newton

2844 Un oggetto viene lanciato verticalmente verso l'alto con una determinata velocità. Trascurando la resistenza dell'aria, indicare quale delle seguenti affermazioni è corretta:

- A l'energia cinetica dell'oggetto è massima alla massima altezza raggiunta
- B in accordo al principio di conservazione dell'energia meccanica l'energia totale dell'oggetto è costante durante il moto
- C in accordo al principio di conservazione della quantità di moto, la quantità di moto dell'oggetto rimane costante durante il moto
- D l'oggetto percorre uguali distanze in uguali tempi durante il percorso
- E nessuna delle precedenti

2845 Dopo quanti secondi un grave lanciato da terra verticalmente verso l'alto, nel vuoto, con velocità di 9,81 m/s, ritocca terra?

- A Dopo circa 0,5 s
- B Dopo circa 1 s
- C Dopo circa 2 s
- D Dopo circa 4 s
- E Dopo (9,81/2) s

2846 Se un sasso impiega due secondi a giungere al fondo di un pozzo, quanti secondi impiegherà, se si trascura l'attrito dell'aria, a giungere al fondo di un pozzo di profondità quattro volte superiore?

- A 8 secondi
- B 4 secondi
- C 2 secondi
- D 16 secondi
- E 32 secondi

2847 Tre forze di uguale intensità *p* sono applicate ai vertici di una lamina a forma di triangolo equilatero e dirette come i lati, nel verso indicato in figura.

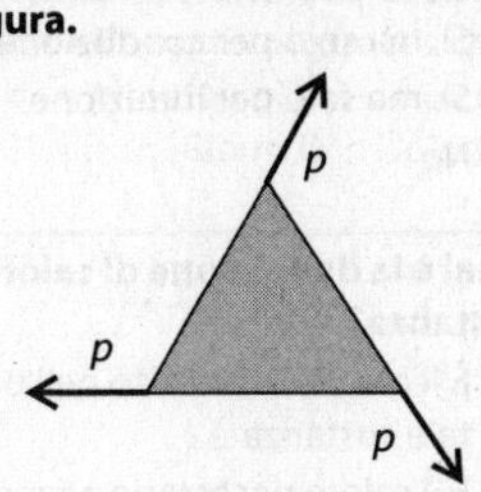

La risultante di queste forze ha intensità pari a:

- A p
- B $p\,3/2$
- C $2p$
- D $3p$
- E zero

2848 Secondo i principi della termodinamica, per un sistema non isolato, cioè soggetto a interazioni con altri sistemi, l'entropia:

- A può solo aumentare nel tempo
- B non può diminuire nel tempo
- C può solo diminuire nel tempo
- D resta costante nel tempo
- E può sia aumentare che diminuire nel tempo

2849 Quale fra le seguenti unità di misura è appropriata per il calore?

- A Grado centigrado
- B Grado Fahrenheit
- C Joule
- D Kelvin
- E Newton

2850 Se la velocità di un'automobile è costante, qual è il grafico che individua l'andamento dello spazio percorso *s* in funzione del tempo *t*?

A

B
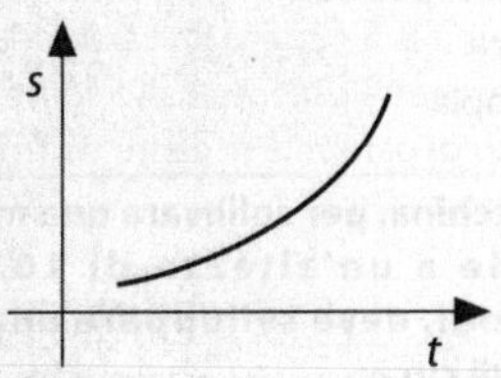

C
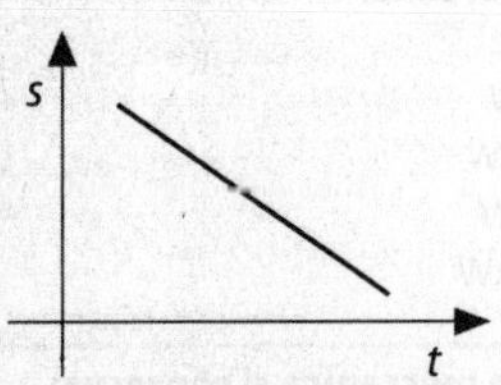

D
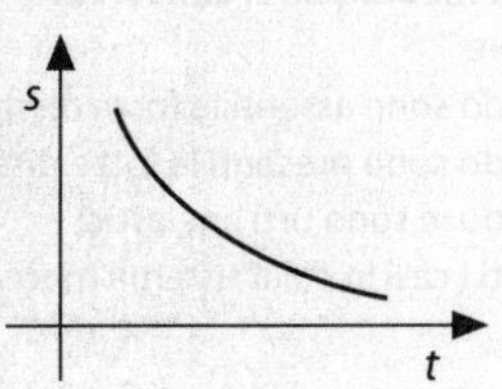

E
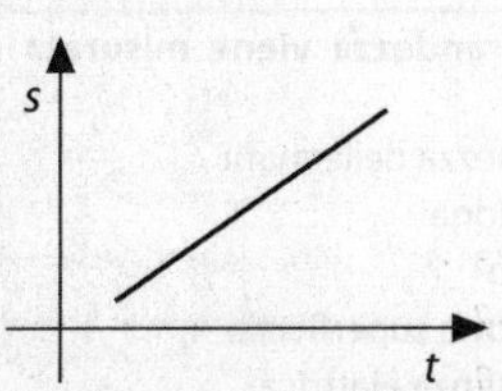

2851 Quale carico bisogna applicare all'estremo B del tratto verticale della fune AOB, di massa trascurabile, per mantenere in equilibrio il carico A scorrevole senza attrito su un piano inclinato di $\pi/6$ sull'orizzontale, avente massa di 1 kg?

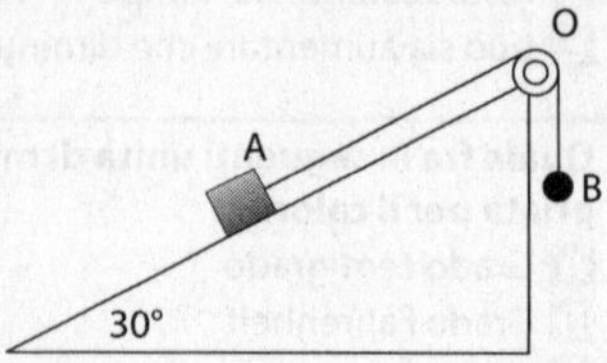

A) 1/2 kg
B) $\sqrt{2}/3$ kg
C) $1/\sqrt{3}$ kg
D) $1/\sqrt{2}$ kg
E) $\sqrt{3}$ kg

2852 La grandezza fisica che si può misurare in $kg \cdot m^2/s^2$ è:
A) la quantità di moto
B) la quantità di calore
C) il calore specifico
D) la forza
E) l'entropia

2853 Una macchina, per sollevare una massa di un quintale a un'altezza di 10 metri in 10 secondi, deve sviluppare una potenza minima di circa:
A) 1 kW
B) 10 kW
C) 100 kW
D) 0,1 kW
E) 0,01 kW

2854 L'energia meccanica si conserva:
A) sempre
B) quando sono assenti le forze dissipative
C) quando sono presenti le forze dissipative
D) quando vi sono urti anelastici
E) in tutti i casi in cui il sistema meccanico è isolato

2855 Quale grandezza viene misurata dal manometro?
A) Larghezza delle mani
B) Pressione
C) Flusso
D) Tensione superficiale
E) Resistenza elettrica

2856 Un oggetto è appoggiato su di un carrello la cui superficie è priva di attrito. Se il carrello viene messo in movimento con accelerazione *a*, qual è l'accelerazione dell'oggetto?
A) a
B) Zero
C) $a/2$
D) Dipende dalla massa del corpo
E) Nessuna delle precedenti risposte è esatta

2857 Per riscaldare 1 kg di acqua liquida di 1 °C occorre un apporto di energia pari a 4200 J. Se una pentola che contiene 400 g di acqua inizialmente a 20 °C viene posta su un fornello che fornisce una potenza di 420 W, quanti secondi occorrono perché l'acqua raggiunga la temperatura di 80 °C?
A) 15 s
B) 60 s
C) 240 s
D) 2400 s
E) 4800 s

2858 Un automobilista con la sua vettura viaggia a 200 km/h per mezz'ora, poi a 150 km/h per 1 ora e infine a 50 km/h per 2 ore. Qual è la sua velocità media?
A) 150 km/h
B) 100 km/h
C) 133 km/h
D) 200 km/h
E) Non si può calcolare

2859 Nel vuoto è possibile la trasmissione del calore?
A) Sì, ma solo per irraggiamento
B) Sì, ma solo per convezione
C) Sì, ma solo per conduzione
D) Sì, ma solo per induzione
E) No

2860 Qual è la definizione di calore specifico di una sostanza?
A) È il calore contenuto nell'unità di volume di tale sostanza
B) È il calore necessario a far passare l'unità di massa della sostanza allo stato liquido
C) È la temperatura di fusione della sostanza
D) È la quantità di calore che deve essere somministrata all'unità di massa della sostanza per aumentarne la temperatura di 1 °C
E) È la sua energia interna in condizioni standard

QUESITI DI FISICA

2861 Qual è la potenza meccanica che un uomo sviluppa nella risalita veloce delle scale di un edificio sapendo che: la sua massa è di 70 kg; l'uomo può superare un dislivello di 3 m tra un piano e l'altro in 10 s; si può trascurare il lavoro necessario per contrastare la resistenza dell'aria; si può assimilare il valore di g a 10 m/s².

A meno di 0,1 kW
B da 0,1 kW a 0,2 kW
C da 0,2 kW a 0,3 kW
D da 0,3 kW a 0,4 kW
E più di 0,4 kW

2862 Per una data quantità di gas rarefatto è approssimativamente costante:

A il prodotto della pressione per il volume per la temperatura
B il prodotto della pressione per il volume diviso la temperatura
C il prodotto del volume per la temperatura diviso la pressione
D il prodotto della pressione per la temperatura diviso il volume
E le precedenti risposte sono tutte false

2863 Due automobili di ugual massa viaggiano a velocità rispettivamente uguali a 140 km/h e 110 km/h. In quale rapporto stanno le rispettive energie cinetiche?

A $(140/110)^{1/2}$
B $(140/110)$
C $(140/110)^2$
D $(140 - 110)/140$
E Non si può calcolare senza conoscere la massa delle due automobili

2864 Determinare la sequenza crescente delle seguenti unità di misura delle lunghezze: nm, cm, Gm, m, km.

A nm, Gm, cm, m, km
B Gm, nm, cm, m, km
C km, m, cm, Gm, nm
D nm, cm, m, km, Gm
E nm, Gm, m, cm, km

2865 Un corpo è soggetto a dilatazione termica. Cosa succede alla sua densità?

A Aumenta con l'aumentare della temperatura
B Diminuisce all'aumentare della temperatura
C Resta costante, qualunque sia l'aumento di temperatura
D Aumenta all'aumentare del volume
E Aumenta al diminuire della massa

2866 Un treno parte da fermo con accelerazione costante pari a $3\ m/s^2$. Quale delle seguenti affermazioni è errata?

A Dopo 10 s la velocità del treno è 30 m/s
B Dopo 5 s la velocità del treno è 54 km/h
C Dopo 8 s la velocità del treno è 1,44 km/min
D Dopo 10 s il treno ha percorso lo spazio s = 150 m
E Dopo ogni intervallo di tempo di 1 s la velocità del treno triplica

2867 Tre sfere di ugual diametro vengono lasciate cadere dalla medesima quota nello stesso istante. La sfera A è di acciaio, la sfera B è di rame, la sfera C è di legno. Qual è il loro ordine di arrivo sulla Terra, trascurando la resistenza dell'aria?

A Arrivano insieme
B Arrivano nell'ordine A, C, B
C Arrivano nell'ordine B, A, C
D Arrivano prima e contemporaneamente A e C, e successivamente B
E Manca qualche elemento necessario per risolvere il problema

2868 Due mattoni identici sono collegati tra loro con uno spago sottilissimo, di massa trascurabile e inestensibile.
Lo spago viene appoggiato delicatamente su una carrucola ben lubrificata nella posizione indicata in figura.

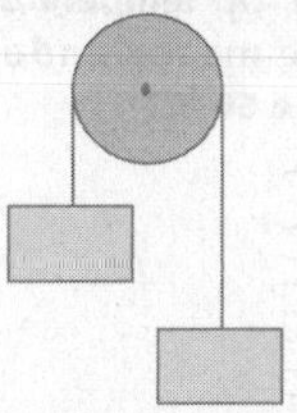

Il sistema è inizialmente fermo. Determinare se, una volta lasciati liberi di muoversi, i mattoni:

A si muoveranno fino a raggiungere la stessa altezza
B resteranno fermi nella posizione in cui sono stati lasciati
C si muoveranno finché il più basso arriva al suolo o il più alto tocca la carrucola
D si muoveranno e continueranno a oscillare intorno alla posizione in cui si trovano alla stessa altezza
E si muoveranno fino a raggiungere una posizione simmetrica rispetto a quella di partenza

MATEMATICA E FISICA

2869 Che differenza c'è tra un gas reale e uno ideale?

A Il gas reale occupa sempre un volume ben definito, quello ideale no
B Il gas reale esercita pressione maggiore di quello ideale
C Il gas reale può liquefare a determinate temperature e pressioni
D Il gas ideale può andare sotto lo 0 K
E Il gas reale non segue alcuna legge

2870 In un cilindro di volume pari a 1 dm^3 chiuso da uno stantuffo e mantenuto a 20 °C è contenuto un gas perfetto. Si abbassa lo stantuffo isotermicamente fino a ridurre il volume del cilindro a 0,5 dm^3. Si chiede la pressione interna del cilindro a stantuffo abbassato.

A Nulla
B Uguale a quella iniziale
C Doppia di quella iniziale
D La metà di quella iniziale
E Il testo non contiene tutti i dati necessari per formulare una risposta

2871 La temperatura di 0 °C corrisponde a:

A 273,16 kelvin
B 373,16 kelvin
C – 373,16 kelvin
D – 273,16 kelvin
E 0 kelvin

2872 Qual è la temperatura dell'acqua che si ottiene mescolandone 1 litro a 0 °C con 0,5 litri a 60 °C?

A 10 °C
B 20 °C
C 30 °C
D 40 °C
E 50 °C

2873 In un esperimento immaginario, un blocco di 1 kg di ghiaccio a 0 °C è lasciato cadere da un'altezza *h* tale che il calore prodotto dall'impatto con il suolo lo fa fondere completamente. Da quale altezza dovrebbe cadere un blocco di ghiaccio di 25 kg per fondere completamente? (Si supponga che, in entrambi i casi, tutto il calore prodotto nell'urto venga utilizzato per fondere il ghiaccio).

A Da un'altezza 25 volte più piccola di *h*
B Da un'altezza 625 volte più grande di *h*
C Dalla stessa altezza *h*
D Da un'altezza 5 volte più grande di *h*
E Da un'altezza 25 volte più grande di *h*

2874 La quantità di moto di un corpo puntiforme è data da:

A il prodotto della massa per la velocità
B il prodotto della massa per l'accelerazione
C la metà del prodotto della massa per il quadrato della velocità
D il prodotto della forza per lo spostamento
E il prodotto del peso per l'altezza

2875 Un sistema compie 10^6 oscillazioni in un secondo. Il periodo delle oscillazioni vale:

A 10^6 Hz
B 10^{-6} s
C 10^6 s
D 10^{-6} Hz
E 10^3 s

2876 Dieci moli di gas sono contenute in un volume di 1 m^3. All'aumentare della temperatura aumenta la pressione del gas in quanto:

A il gas tende alla condizione di gas perfetto
B il gas si allontana dalla condizione di gas perfetto
C l'energia cinetica degli atomi aumenta
D l'energia interna non varia
E l'energia cinetica degli atomi diminuisce

2877 La velocità media di un'automobile è 72 km/h. Quanti metri percorre in media l'automobile in un secondo?

A 36 m
B 1,2 m
C 20 m
D 259,2 m
E 72 m

2878 Centomila moltiplicato per un millesimo è uguale a:

A un centomillesimo
B un centomilionesimo
C cento milioni
D cento
E un centesimo

2879 L'energia totale di un sistema isolato:

A aumenta sempre se aumenta la pressione
B è costante
C tende sempre ad aumentare
D tende sempre a diminuire
E può aumentare o diminuire a seconda della natura del sistema

2880 L'accelerazione di gravità sulla superficie di un pianeta che ha una massa pari alla metà di quella della Terra e un uguale raggio è:

A doppia
B metà
C uguale
D tripla
E quadrupla

2881 Si indichi quale delle seguenti è una grandezza fondamentale nel sistema di unità di misura MKS:

A velocità
B forza
C massa
D energia
E pressione

2882 Un litro di liquido a 10 °C viene mescolato con mezzo litro dello stesso liquido a 40 °C; la temperatura di equilibrio è:

A 30 °C
B 10 °C
C 1/2 °C
D 25 °C
E 20 °C

2883 L'entropia:

A aumenta sempre
B è una grandezza scalare
C è una proprietà dei gas
D è una unità di misura
E aumenta sempre in un sistema conservativo

2884 Due oggetti di massa diversa cadono nel vuoto dalla stessa altezza; quando arrivano a metà di tale altezza, delle loro velocità si può dire che:

A sono nulle
B è maggiore quella del corpo con massa minore
C sono uguali
D è maggiore quella del corpo con massa maggiore
E non si può rispondere alla domanda senza conoscere il valore esatto delle masse

2885 Il momento di una forza rispetto a un punto:

A è perpendicolare alla forza
B ha le dimensioni di un tempo
C è una funzione del tempo
D si misura in N
E è una funzione di stato

2886 La velocità nel moto circolare uniforme:

A è costante
B ha modulo costante
C ha direzione costante
D ha modulo e direzione costanti
E ha modulo e direzione variabili

2887 La temperatura assoluta è:

A la più bassa temperatura teoricamente possibile
B la temperatura espressa in kelvin
C la temperatura indicata da un termometro tarato in gradi celsius
D la temperatura della superficie del Sole
E la temperatura di scioglimento del ghiaccio

2888 Il peso di un corpo si trova:

A moltiplicando il volume del corpo per il suo peso specifico
B dividendo il volume del corpo per il suo peso specifico
C sottraendo il volume del corpo dal suo peso specifico
D sommando il volume del corpo e il suo peso specifico
E elevando il volume del corpo al suo peso specifico

2889 Due forze agiscono in direzioni perpendicolari l'una rispetto all'altra. I moduli delle due forze sono rispettivamente 3 N e 4 N. Quanto vale il modulo della forza risultante?

A 7 N
B 5 N
C 1 N
D 12 N
E 4/3 N

2890 L'energia potenziale:

A è caratteristica del moto rettilineo uniforme
B diminuisce sempre con lo spazio percorso
C si misura in joule
D è nulla durante la caduta di un grave
E è un vettore

2891 Un corpo è soggetto contemporaneamente a due forze di 10 N. A quale forza risultante è soggetto il corpo?

A 20 N
B 10 N
C 0 N
D 15 N
E Non ci sono dati sufficienti per rispondere

MATEMATICA E FISICA

2892 **Il grafico mostra come varia nel tempo la velocità di un corpo in moto rettilineo.**

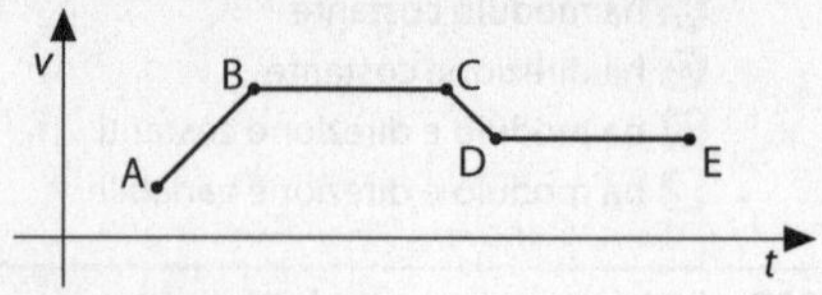

Nel tratto BC si ha:

A accelerazione nulla
B velocità nulla
C accelerazione massima e velocità massima
D moto decelerato
E moto periodico

2893 **Data la misura della lunghezza di un circuito in chilometri, si riconoscano tra le seguenti le dimensioni dell'errore assoluto e dell'errore relativo della misura.**

A [L]; [L]
B [L]; $[L]^2$
C Adimensionale; [L]
D [L]; adimensionale
E Sono entrambe grandezze adimensionali

2894 **Quale delle seguenti operazioni NON è permessa in fisica, per ragioni dimensionali?**

A Velocità · Tempo
B Velocità – Tempo
C Altezza + Base
D Altezza – Base
E Altezza · Base

2895 **Siano *a*, *b* e *c* le lunghezze degli spigoli di un parallelepipedo regolare. Data la relazione $abc + X = Y$, determinare quale tra le seguenti sono, rispettivamente, le dimensioni delle grandezze *X* e *Y*.**

A *X* è una lunghezza e *Y* un volume
B Entrambe le grandezze sono superfici
C Entrambe le grandezze sono lunghezze
D Entrambe le grandezze sono volumi
E Nessuna delle precedenti

2896 **In fisica la parola "sublimazione" indica il passaggio:**

A dallo stato liquido a quello solido
B dallo stato solido a quello liquido
C dallo stato solido a quello gassoso
D dallo stato gassoso a quello solido
E dallo stato gassoso a quello liquido

2897 **Sottraendo tra loro due grandezze espresse in metri si ottiene...**

A una lunghezza espressa in metri
B una lunghezza espressa in metri quadrati
C una superficie espressa in metri quadrati
D un numero puro
E una lunghezza espressa in metri se le due lunghezze di partenza hanno valori diversi, altrimenti 0

2898 **Quale delle seguenti quantità rappresenta il tempo di caduta di un grave che cade da un'altezza *h*?**

A $\sqrt{2gh}$
B $\sqrt{\frac{2h}{g}}$
C $2gh$
D $\frac{1}{2}gh^2$
E gh^2

2899 **Una persona sale su una comune bilancia da abitazione e sulla scala graduata legge la misura di 70 kg. La grandezza di cui la persona ha effettuato la misura è:**

A la sua massa e non il suo peso; infatti l'unità di misura indicata dalla bilancia è il chilogrammo (unità di misura della massa) e non il newton (unità di misura delle forze)
B la massa o il peso indifferentemente
C il suo peso
D per rispondere bisogna conoscere il luogo dove è stata effettuata la misura
E la massa gravitazionale e non quella inerziale

2900 **Una massa *m* in presenza di un'altra massa *M*:**

A subisce una forza proporzionale al quadrato della distanza tra le masse
B subisce una forza attrattiva inversamente proporzionale al quadrato della loro distanza
C subisce una forza repulsiva inversamente proporzionale alla loro distanza
D subisce una forza repulsiva inversamente proporzionale al quadrato della loro distanza
E non subisce alcuna forza a distanza

2901 **La quantità di moto si misura in:**

A metri · secondi
B newton · metri
C newton · secondi
D chilogrammi · metri · secondi · secondi
E joule · secondi

2902 Una ballerina che voglia aumentare la propria velocità angolare di rotazione tende a raccogliersi il più possibile avvicinando le braccia al corpo; ciò perché:

A aumenta il momento angolare di rotazione
B diminuisce il momento di inerzia
C aumenta la quantità di moto
D aumenta la resistenza fisica
E diminuisce la fatica

2903 Durante l'oscillazione di un pendolo, il modulo dell'accelerazione è massimo quando il pendolo:

A ha velocità massima
B ha velocità nulla
C ha velocità uguale alla media delle velocità
D ha velocità intermedia
E transita nella posizione di equilibrio

2904 L'energia cinetica:

A si misura in joule
B diminuisce sempre con lo spazio percorso
C è caratteristica del moto rettilineo uniforme
D è nulla durante la caduta di un grave
E è direttamente proporzionale alla velocità

2905 L'energia cinetica di un corpo in caduta libera in assenza di attrito:

A aumenta al ridursi della quota
B è costante
C diminuisce al ridursi della quota
D aumenta in modo discreto ogni 10 metri di caduta
E dipende dalla forma del corpo

2906 Nell'urto anelastico di due corpi liberi si conserva la quantità di moto del sistema composto dai due corpi?

A Sì, in quanto sul sistema non agiscono forze esterne
B No, in quanto l'urto è anelastico
C No, se i due corpi non hanno la stessa massa
D No, in quanto non si conserva l'energia
E Nessuna delle precedenti

2907 La tensione di vapore di un liquido può essere misurata in:

A volt
B atmosfere
C metri cubi
D watt
E newton

2908 Quando un pezzo di ghiaccio fonde alla pressione di 1 atm, la sua temperatura:

A è sempre maggiore di 0 °C e aumenta durante la fusione
B è sempre minore di 0 °C e diminuisce durante la fusione
C è costante ed è pari a 0 °C
D è uguale a quella dell'ambiente esterno
E aumenta durante il passaggio di stato

2909 La massa totale degli abitanti dell'Italia è all'incirca:

A 3 milioni di tonnellate
B 30 milioni di chilogrammi
C 300 mila quintali
D 3 miliardi di grammi
E 30 milioni di tonnellate

2910 Un microgrammo corrisponde alla milionesima parte di:

A 1 cg
B 1 mg
C 1 g
D 1 dg
E 1 ng

2911 In quale dei seguenti elenchi i prefissi per le unità di misura sono in ordine crescente?

A n, k, h, M, T
B p, da, c, M, G
C μ, m, d, T, M
D d, p, da, k, G
E In nessuno dei precedenti elenchi

2912 Una donna che pesa 60 kg e i suoi due figli, gemelli di ugual peso *p*, sono seduti su di un'altalena che si trova in posizione orizzontale di equilibrio, come indicato in figura.

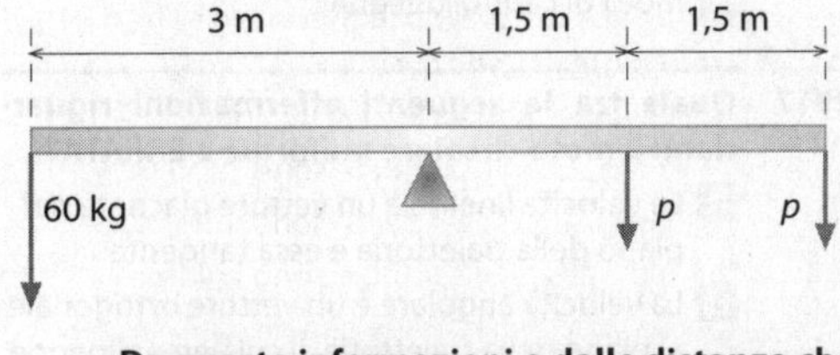

Da queste informazioni e dalle distanze che le persone hanno rispetto al punto di appoggio dell'altalena si può dedurre che ciascuno dei gemelli ha un peso *p* pari a:

A 50 kg
B 40 kg
C 35 kg
D 30 kg
E 25 kg

MATEMATICA E FISICA

2913 **Si considerino due vettori a e b, di modulo 5 e 10 rispettivamente, che formano tra loro un angolo di 60°. Allora il prodotto scalare *c* e il modulo del prodotto vettoriale *d* tra i due valgono, rispettivamente:**

A $c = 25 ; d = 25\sqrt{3}$

B $c = 25\sqrt{3} ; d = 25$

C $c = 50 ; d = 25\sqrt{3}$

D $c = 50 ; d = 50\sqrt{3}$

E $c = 25 ; d = 0$

2914 **Una pietra viene lanciata verso l'alto; nel punto più alto della sua traiettoria:**

A la velocità è minima
B la velocità è massima
C l'accelerazione è massima
D l'accelerazione è nulla
E l'accelerazione di gravità è nulla

2915 **In un moto circolare uniforme:**

A la velocità è un vettore costante
B l'accelerazione è un vettore costante
C il raggio vettore spazza settori uguali in tempi uguali
D l'angolo spazzato dal raggio vettore dipende dal tempo secondo una legge sinusoidale
E lo spostamento è un vettore costante

2916 **In quale dei seguenti moti l'accelerazione tangenziale è nulla?**

A Moto armonico
B Moto circolare uniforme
C Moto rettilineo uniformemente accelerato
D Moto circolare accelerato
E Moto di caduta dei gravi

2917 **Quale tra le seguenti affermazioni riguardanti il moto circolare uniforme è ERRATA?**

A La velocità lineare è un vettore giacente nel piano della traiettoria e essa tangente
B La velocità angolare è un vettore ortogonale al piano della traiettoria, il cui verso dipende dal senso di rotazione
C L'accelerazione centripeta è un vettore giacente sul piano della traiettoria, diretto lungo la direzione radiale
D La velocità lineare dipende dal raggio della traiettoria
E La velocità angolare dipende dal raggio della traiettoria

2918 **Le oscillazioni di un pendolo semplice, che oscilla con un periodo di 2,5 s, hanno frequenza:**

A 0,25 Hz
B $\pi/2{,}5$ Hz
C 5 Hz
D 2,5 Hz
E 0,4 Hz

2919 **Specificare in quale dei moti seguenti la risultante delle forze agenti sul corpo è nulla:**

A nel moto rettilineo uniforme
B nel moto rettilineo uniformemente accelerato
C nel moto circolare uniforme
D nel moto di caduta verticale nel campo gravitazionale
E nel moto di caduta nel vuoto

2920 **Una forza costante è applicata a corpi di massa diversa. L'accelerazione impressa a ognuno di essi è:**

A proporzionale alla massa
B proporzionale al quadrato della massa
C non dipende dalla massa
D inversamente proporzionale alla massa
E non dipende mai dalla forza applicata

2921 **Quando cessa istantaneamente l'azione di qualunque forza su un corpo, questo:**

A si arresta
B decelera fino a tornare alla velocità iniziale
C prosegue con moto rettilineo uniforme
D ricade compiendo una traiettoria parabolica
E esegue un moto armonico

2922 **In un sistema di particelle la quantità di moto totale si conserva:**

A sì, sempre
B no, mai
C solo se il sistema è chiuso
D solo se il sistema è isolato
E solo se il sistema è aperto

2923 **Una palla di massa pari a 0,1 kg urta un muro alla velocità di 20 m/s ; se la palla rimbalza all'indietro con la stessa velocità, la sua quantità di moto:**

A rimane invariata
B varia di 2 N · s
C varia di 4 N · s
D varia di 20 N · s
E si conserva

2924 Un corpo sospeso per il suo baricentro è:
- A in equilibrio indifferente
- B in equilibrio stabile
- C in equilibrio instabile
- D non è in equilibrio
- E ruota continuamente intorno al baricentro

2925 Lo schiaccianoci è:
- A una leva di primo tipo
- B una leva di secondo tipo
- C una leva di terzo tipo
- D una leva di primo, secondo o terzo tipo a seconda dell'intensità della forza resistente
- E non è una leva

2926 Si appende a una molla una massa di 3 kg e si osserva che questa si allunga di 9 cm; allora, se alla stessa molla si appende una massa di 2 kg, l'allungamento risultante è:
- A 4 cm
- B 6 cm
- C 8 cm
- D 1 cm
- E 2 cm

2927 Si dica quale delle seguenti affermazioni è CORRETTA.
- A "1 erg, 1 J, 1 kWh" è un elenco di quantità di energia in ordine crescente
- B dyn · cm non è un'unità di misura dell'energia
- C Il kWh non è un'unità di misura dell'energia
- D N · m non è un'unità di misura dell'energia
- E Nessuna delle precedenti

2928 Il lavoro compiuto dalla forza peso per portare un corpo di 2 kg da un'altezza di 10 m al suolo è:
- A 20 J
- B – 12 J
- C 9,8 m/s^2
- D 196 J
- E 19,6 N

2929 Si consideri una pietra lasciata cadere da una torre di un castello. Ammettendo che la resistenza dell'aria sia trascurabile, quale di queste affermazioni è esatta?
- A Il lavoro compiuto dalla forza di gravità è nullo
- B L'energia potenziale della pietra non varia
- C L'energia cinetica della pietra non varia
- D L'energia totale (cinetica + potenziale) della pietra non varia
- E Il lavoro compiuto dalla forza di gravità è negativo

2930 L'energia potenziale di una palla lanciata verso l'alto è massima:
- A nel punto più alto raggiunto
- B al momento del lancio
- C durante la salita
- D nell'istante dell'impatto con il suolo
- E a metà altezza

2931 Due corpi uguali A e B scivolano senza attrito lungo due piani inclinati che formano con il piano orizzontale rispettivamente un angolo di 40° per il corpo A, e un angolo di 50° per il corpo B, fino ad arrivare a terra. Nell'ipotesi che partano dalla stessa altezza, allora:
- A A impiega meno tempo di B
- B la velocità finale di A è minore di quella di B
- C A e B toccano terra con la stessa velocità
- D A e B impiegano lo stesso tempo
- E nessuna delle precedenti risposte è corretta

2932 La temperatura dell'acqua bollente:
- A può essere 98 gradi centigradi
- B può superare i 100 gradi centigradi solo se irradiata da sorgenti radioattive ad alta potenza
- C dipende dalla temperatura dell'ambiente
- D è sempre 100 gradi centigradi
- E nessuna delle precedenti risposte è corretta

2933 La prima legge della termodinamica, quando applicata a trasformazioni di gas ideali, può essere scritta come:

aumento dell'energia interna del gas	=	calore fornito al gas	+	lavoro compiuto sul gas
(ΔU)		(Q)		(L)

Quale delle seguenti affermazioni è coerente con il tipo di trasformazione data?
1. Trasformazione adiabatica: condizione L = 0
2. Trasformazione adiabatica: condizione L = ΔU
3. Trasformazione isoterma: condizione Q = 0
4. Trasformazione isoterma: condizione Q = ΔU
- A Nessuna
- B Solo 1
- C Solo 2
- D Solo 3
- E Solo 4

2934 Il pascal è una unità di misura di:
- A pressione
- B portata
- C potenza
- D altezza piezometrica
- E lavoro

MATEMATICA E FISICA

2935 Quando in un recipiente aperto un liquido evapora, in generale per il liquido si osserva:

A aumento di temperatura
B diminuzione di pressione
C diminuzione di temperatura
D aumento di pressione
E aumento di volume

2936 Siano $E(f)$ ed $E(a)$ le energie necessarie a riscaldare di un grado centigrado un chilo di ferro e un chilo d'acqua, inizialmente alla stessa temperatura. Si può dire che:

A $E(f) > E(a)$ perché il ferro ha una densità maggiore
B $E(f) < E(a)$ perché il ferro ha un calore specifico più basso
C $E(f) = E(a)$ perché la temperatura finale è la stessa
D $E(f) = E(a)$ perché la massa è la stessa
E nessuna delle precedenti risposte è corretta

2937 Un micron corrisponde a:

A 10^{-6} metri
B 10^{6} metri
C 10^{-4} metri
D 10^{4} metri
E nessuna delle precedenti

2938 Un terzo di un chilometro e mezzo a quanti metri equivale?

A 500 km
B 50 m
C 500 m
D 5000 m
E 50.000 m

2939 Un'automobile percorre un tratto di strada in salita alla velocità v e lo stesso tratto in discesa alla velocità v'. La velocità media è:

A $\frac{v+v'}{2}$
B $\frac{vv'}{2}$
C $\frac{vv'}{v+v'}$
D $\frac{2vv'}{v+v'}$
E $\frac{vv'}{v+2v'}$

2940 Un'automobile percorre una curva di raggio pari a 15 metri alla velocità costante di 20 km/h. La sua accelerazione è:

A nulla
B diretta verso il centro della curva
C diretta verso l'esterno della curva
D tangente alla curva
E diretta verticalmente verso il basso

2941 Un'automobile percorre una curva di raggio pari a 20 m con una velocità di modulo costante pari a 40 km/h. L'accelerazione dell'automobile è:

A tangente alla curva
B nulla
C diretta come il raggio e rivolta verso l'interno della curva
D diretta come il raggio e rivolta verso l'esterno della curva
E pari a 9 m/s^2

2942 Se un corpo si muove di moto naturalmente accelerato, cioè in caduta libera nel campo gravitazionale, partendo con velocità iniziale nulla:

A la velocità è proporzionale al tempo trascorso
B la distanza è proporzionale al tempo trascorso
C la velocità è costante
D l'accelerazione è nulla
E la velocità è proporzionale alla distanza percorsa

2943 Un grave, inizialmente in quiete, cade verticalmente dall'altezza di 5 m. Il tempo di caduta, trascurando la resistenza dell'aria, vale circa:

A 1/5 di secondo
B 0,5 secondi
C 1 secondo
D 2 secondi
E 5 secondi

2944 Si può affermare che il calore specifico di un gas perfetto:

A è indipendente dalle trasformazioni a cui il gas è sottoposto, in quanto dipende solo dalla natura della sostanza considerata
B diminuisce da 0 °C a 4 °C mentre poi aumenta per temperature maggiori di 4 °C
C a pressione costante è maggiore del calore specifico a volume costante
D è una quantità costante solo per i gas reali
E è espresso da un numero puro, nel senso che si tratta di una grandezza priva di dimensioni

2945 Qual è la velocità angolare della lancetta delle ore di un orologio?

A $6{,}28 \cdot 2$ rad/s
B $6{,}28/2$ rad/s
C $6{,}28/(24 \cdot 60 \cdot 60)$ rad/s
D $(6{,}28 \cdot 2)/(24 \cdot 60 \cdot 60)$ rad/s
E $(6{,}28 \cdot 2)/(24 \cdot 60 \cdot 60)$ m/s

2946 La costante di gravitazione universale G ha dimensioni definite dall'espressione:

$$G = F \cdot L^2 / M^2$$

dove F = forza, L = lunghezza, M = massa. Si indichi qual è l'unità di misura di G nel sistema di unità di misura MKS.

A $kg^3 \cdot m^3 \cdot s^{-1}$
B $dyn \cdot m^2 \cdot kg^{-2}$
C $kg^{-1} \cdot m^3 \cdot s^{-2}$
D $kg^{-1} \cdot cm^3 \cdot s^{-2}$
E $kg^{-1} \cdot m^2$

2947 Un corpo non sottoposto a forze può essere in moto?

A No, in quanto solo l'azione di una forza può determinare il moto
B No, in quanto per spostare un corpo occorre effettuare un lavoro
C Sì, ma tale moto sarà sicuramente rettilineo uniforme
D Sì, con un moto circolare uniforme
E Nessuna delle precedenti risposte è corretta

2948 Un uomo dà un calcio a una bottiglia che si trova ai suoi piedi. La forza esercitata dalla bottiglia sull'uomo è:

A uguale alla forza esercitata dall'uomo sulla bottiglia
B maggiore della forza esercitata dall'uomo sulla bottiglia
C minore della forza esercitata dall'uomo sulla bottiglia
D di intensità dipendente dalla direzione del calcio
E nulla

2949 Di una sostanza si sa che il peso specifico relativo vale 2,7. La densità relativa:

A si ricava moltiplicando 2,7 per la massa
B vale 2,7 moltiplicato per l'accelerazione di gravità
C vale 2,7 diviso l'accelerazione di gravità
D si ottiene moltiplicando 2,7 per il volume
E ha lo stesso valore del peso specifico relativo

2950 Se la Terra avesse una massa doppia e un raggio pari alla metà dei valori reali, la forza peso sulla Terra risulterebbe:

A quattro volte maggiore
B otto volte maggiore
C uguale
D la metà
E il doppio

2951 Una persona munita di fucile e proiettili si trova sopra un carrello in moto con velocità pari a 3 m/s. La massa di tutto il sistema è 100 kg. Nell'ipotesi che gli attriti risultino trascurabili, si domanda se la persona, sparando in successione alcuni proiettili, può arrestare il carrello.

A No, perché la quantità di moto di un sistema isolato si conserva
B Sì, purché la persona spari un numero di proiettili tale che l'energia cinetica complessiva risulti di 300 joule
C Sì, purché la persona spari un numero di proiettili tale che la loro quantità di moto totale risulti di verso opposto rispetto a quella del sistema iniziale e uguale a 300 kg · m/s
D Sì, purché la persona spari un numero di proiettili tale che la loro quantità di moto totale risulti dello stesso verso rispetto a quella del sistema iniziale e uguale a 300 kg · m/s
E No, perché non si conserverebbe l'energia cinetica

2952 Due forze uguali e contrarie:

A non producono nessun effetto perché la loro risultante è nulla
B possono dare luogo alla rotazione del corpo a cui sono applicate
C sono sempre applicate a corpi diversi
D imprimono sempre accelerazioni uguali e contrarie ai due corpi a cui sono applicate
E hanno sempre lo stesso punto di applicazione

2953 La variazione di energia interna di un gas è:

A uguale all'energia ceduta al gas in condizioni di pressione costante
B uguale al prodotto tra il numero di moli, il calore specifico molare del gas a volume costante e la variazione di temperatura
C uguale al prodotto tra il numero di moli, il calore specifico molare del gas a pressione costante e la variazione di temperatura
D la quantità di calore ceduta al gas
E la quantità di lavoro acquistata dal gas

2954 Il dinamometro è uno strumento usato per misurare:

A l'intensità della forza
B il lavoro necessario per sollevare un oggetto
C la differenza di potenziale
D la profondità
E tutte le grandezze precedenti

2955 Il lavoro di una forza costante è dato dal prodotto:

A vettoriale della forza per lo spostamento
B della forza per il braccio
C della forza per lo spostamento
D scalare della forza per lo spostamento
E scalare della massa per la velocità

2956 Una certa grandezza fisica *z* dipende da una lunghezza *L*, da una velocità *v* e da un intervallo di tempo *t* secondo la relazione $z = L^2 t/v$. In quale tra le seguenti unità di misura potrebbe essere corretto esprimere *z*?

A km/h
B $m \cdot s^2$
C kg/m
D m/s^2
E s^3

2957 Quale tipo di moto è rappresentato nel diagramma seguente?

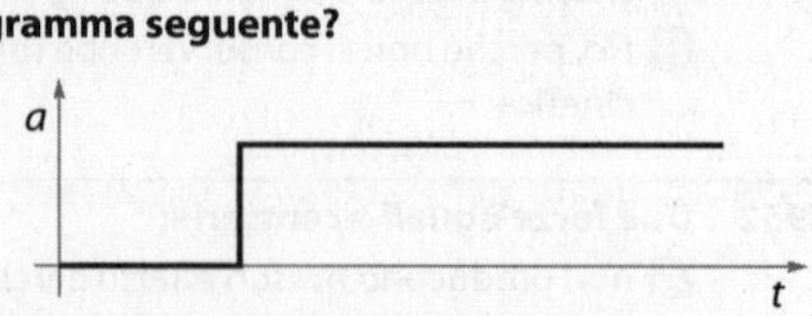

A Nessun moto reale perché l'accelerazione non può aumentare in modo istantaneo
B Un moto rettilineo uniforme
C Un moto uniformemente accelerato
D Un moto rettilineo uniforme che successivamente diviene un moto uniformemente accelerato
E Un moto armonico

2958 Un recipiente contenente acqua calda cede calore all'ambiente. La quantità di calore ceduto dipende:

A soltanto dalla massa d'acqua
B soltanto dalla differenza di temperatura tra acqua e ambiente
C tanto dalla massa d'acqua quanto dalla differenza di temperatura tra acqua e ambiente
D soltanto dal tempo in cui avviene il fenomeno
E da nessuna delle grandezze considerate

2959 1 kWh equivale a:

A 3600 kcal
B 3600 kJ
C 3600 MeV
D 3600 N
E 360 kcal

2960 Il "bar" è una unità di:

A lavoro
B pressione
C potenza
D impulso
E potenza

2961 Un palloncino di gomma viene gonfiato a 20 °C e posto in un frigorifero a – 5 °C. Ci si può aspettare che:

A il palloncino mantenga inalterato il suo volume
B il palloncino diminuisca il suo volume
C l'aria fuoriesca dal palloncino
D il palloncino esploda
E il palloncino aumenti il suo volume

2962 Se si aumenta la temperatura di un gas perfetto, si può affermare che l'energia cinetica delle molecole:

A rimane sempre costante
B aumenta linearmente
C diminuisce sempre
D diminuisce solo per gas poliatomici
E aumenta esponenzialmente

2963 Nel moto di un pendolo:

A la traiettoria è un arco di parabola
B il modulo dell'accelerazione tangenziale è massimo agli estremi
C il modulo della velocità è massimo nel punto più alto
D la velocità angolare è costante
E la frequenza si misura in secondi

2964 Una massa di un quintale viene sollevata. Quando giunge all'altezza di 15 m dal suolo, la sua energia potenziale:

A è pari alla sua energia cinetica
B è di 50 000 joule
C è la stessa che avrebbe una massa di 200 kg a 7,5 m dal suolo
D è di 0,15 $newton/m^2$
E nessuna delle precedenti risposte è esatta

2965 Quale, fra le seguenti relazioni, è corretta?

A $2\ kg \cdot 6\ cm/s^2 = 8$ joule
B 0,2 coulomb/10^{-3} farad = 200 volt
C 8 joule/2 m = 8 kg · 2 m/s^2
D 2 ampere = 0,4 watt · 50 volt
E 10 kg · 3 m/s = 30 newton

2966 Su di un corpo di massa *m* che percorre una traiettoria rettilinea di lunghezza *s* agisce una forza costante *F* che forma un angolo α con la traiettoria stessa. Il lavoro *L* vale:

A $L = F \cdot s \cdot \text{sen}\ \alpha$
B $L = m \cdot F \cdot s \cdot \cos \alpha$
C $L = m \cdot F \cdot s$
D $L = F \cdot s \cdot \text{tg}\ \alpha$
E $L = F \cdot s \cdot \cos \alpha$

2967 Un sistema compie 10^6 oscillazioni in un secondo. Il periodo delle oscillazioni vale:

A 10^6 Hz
B 10^{-6} s
C 10^6 s
D 10^{-6} Hz
E $10^{-6}\ s^{-1}$

2968 Un oggetto parte con un'accelerazione di 10 cm/s^2; dopo 10 s la sua velocità è:

A 100 m/s
B 1 m/s
C 10 m/s
D 100 m/s
E 1 cm/s

2969 Per portare 20 litri di acqua dalla temperatura di 10 °C alla temperatura di 90 °C occorrono:

A 160 cal
B 20 J
C 700 kcal
D 1600 kcal
E 66979 J

2970 Una forza di 10 N è applicata con un angolo di 60° rispetto alla direzione dello spostamento di un corpo. La componente della forza che compie il lavoro vale:

A 10 N
B 5 N
C 8,7 N
D 600 N
E 1 N

2971 Se si moltiplica una potenza meccanica per un tempo si ottiene una grandezza che ha le dimensioni di:

A una forza
B una pressione
C una superficie
D un lavoro
E una lunghezza

2972 Nella misura di una grandezza fisica si definisce errore relativo:

A la differenza tra il valore vero e la media dei valori misurati
B il rapporto tra l'errore assoluto e il valore vero
C il rapporto tra l'errore assoluto e la media dei valori misurati
D il rapporto tra il valore vero e la media dei valori misurati
E il prodotto tra l'errore assoluto e la media dei valori misurati

2973 Un corpo ha sulla Terra un peso di 500 newton. Quando tale corpo si trova sufficientemente lontano dalla Terra, ha un peso di 250 newton. Che cosa succede alla sua massa?

A Si dimezza
B Raddoppia
C Rimane la stessa
D Varia di un fattore 2 al quadrato
E Aumenta

2974 A quale delle seguenti lunghezze equivale 1 cm ?

A 0,01 km
B 0,1 m
C 0,0001 km
D 0,00001 km
E 0,001 km

2975 Il secondo principio della dinamica afferma tra l'altro che:

A se si applica una forza motrice variabile a un corpo libero, questa è direttamente proporzionale all'accelerazione impressa al corpo
B corpi di massa diversa sono accelerati da una stessa forza con accelerazioni proporzionali alle masse
C corpi aventi la stessa massa hanno accelerazioni inversamente proporzionali alle forze a essi applicate
D la forza non si crea e non si distrugge
E nessuna delle soluzioni proposte

2976 Quanto vale il prodotto scalare di due vettori antiparalleli e aventi lo stesso modulo, pari a 5?

A 25
B −25
C 5
D − 5
E Il prodotto scalare di due vettori antiparalleli vale sempre zero

2977 Un disco compie 4 giri ogni 2 secondi: quanto vale la sua velocità angolare?

A $4\pi \frac{rad}{s}$
B $4 \frac{giri}{s}$
C $4 \frac{rad}{s}$
D $2\pi \frac{rad}{s}$
E $8 \frac{rad}{s}$

2978 Una leva è incernierata in un punto distante 1/3 della sua lunghezza da un estremo. Indicando con F_1 e F_2 le due forze agenti, perpendicolarmente alla leva, sui due estremi (F_1 sul braccio più corto ed F_2 sul più lungo), la leva è in equilibrio quando il rapporto F_1 / F_2 vale:

A 1/3
B 3/2
C 1
D 2
E 3

2979 Per definire una grandezza scalare, oltre alla sua unità di misura, occorre:

A una direzione, un verso e un modulo
B una direzione e un modulo
C una direzione
D un numero
E un vettore

2980 Quali sono le unità di misura nel Sistema internazionale delle grandezze *energia, pressione, potenziale elettrico, volume*?

A Joule, mm di mercurio, volt, litro
B Joule, atmosfera, farad, m^3
C Joule, newton/m^2, volt, m^3
D Erg, pascal, volt, cm^3
E Erg, millibar, volt, litro

2981 Un pendolo semplice viene lasciato libero da fermo a una quota iniziale *h* rispetto alla posizione di equilibrio. Nel caso in cui si trascuri la resistenza dell'aria, l'altezza massima raggiunta dal pendolo nelle successive oscillazioni è:

A uguale a *h*
B maggiore di *h*
C minore di *h*
D maggiore o minore di *h* a seconda della massa del pendolo
E maggiore o minore di *h* a seconda della lunghezza del pendolo

2982 Dieci moli di un gas perfetto che si trovano inizialmente alla temperatura di 27 °C subiscono una trasformazione isobara e il loro volume passa da 2 litri a 6 litri. A quale temperatura si trova il gas alla fine della trasformazione?

A 81 °C
B 627 °C
C 1200 K
D Per trovare la temperatura finale è necessario conoscere anche la pressione finale del gas
E Nessuna delle precedenti risposte è corretta

2983 Il primo principio della termodinamica stabilisce che:

A il lavoro effettuato è sempre uguale al lavoro impiegato
B l'energia è una grandezza che si conserva
C non è possibile che il calore passi spontaneamente da un corpo freddo a un corpo caldo
D l'entropia aumenta sempre
E l'entalpia aumenta sempre

2984 Il prodotto vettoriale tra due vettori di intensità nota è massimo quando:

A il prodotto scalare tra gli stessi vettori è nullo
B il prodotto scalare tra gli stessi vettori è minimo
C i vettori sono paralleli e hanno lo stesso verso
D i vettori sono paralleli e hanno verso opposto
E i vettori hanno modulo uguale

2985 La grandezza fisica *calore* è l'equivalente (cioè ha le stesse dimensioni) di una:

A energia
B temperatura
C forza
D pressione
E quantità di moto

2986 Un corpo si muove di moto curvilineo uniforme. Quale dei seguenti diagrammi che evidenziano la velocità e l'accelerazione del corpo è corretto?

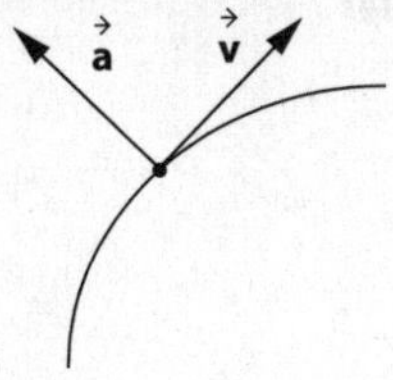

A

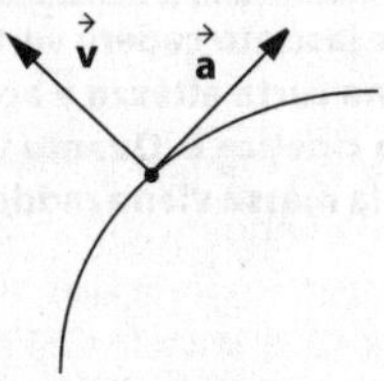

B

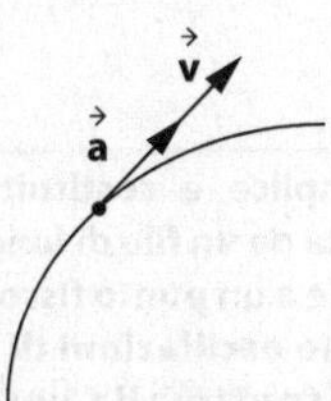

C

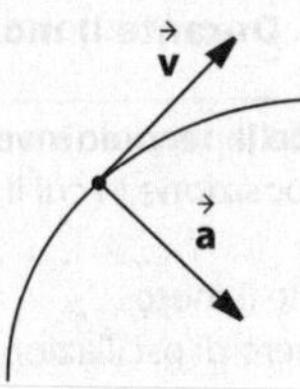

D

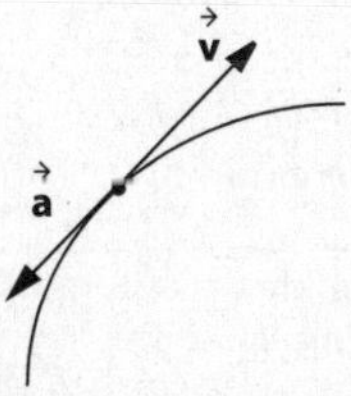

E

2987 Un treno, viaggiando a velocità costante di 100 km/h, va da una città A a una città B in quattro ore. Si supponga che, arrivato in B, inverta immediatamente il verso di marcia e ritorni ad A con una velocità costante, ma diversa da quella dell'andata. Quale deve essere la velocità di ritorno perché la velocità media nel tragitto complessivo A-B-A sia di 200 km/h?

A 300 km/h
B 400 km/h
C 500 km/h
D 600 km/h
E Infinita

2988 Per quale grandezza le unità di misura sono indicate correttamente?

A Forza: $F = 12$ N
B Massa: $M = 12$ J
C Calore: $Q = 13$ W
D Potenza: $P = 10$ kWh
E Accelerazione: $a = 30$ m/s

2989 Un litro di un liquido di densità 1,5 kg/litro ha massa:

A 1,5 kg
B 1500 kg
C 150 g
D 15 g
E 15 kg

2990 Un serbatoio della capacità di 6 metri cubi è alimentato da un rubinetto che immette 2 litri di acqua al secondo. Quanti minuti richiede il riempimento del serbatoio?

A 300
B 50
C 30
D 500
E 120

2991 A 2000 metri di altitudine la temperatura di ebollizione dell'acqua rispetto a quella a livello del mare:

A raddoppia
B si dimezza
C rimane invariata
D diminuisce
E aumenta

2992 Quale lavoro contro la forza di gravità compie un ragazzo che ha una massa di 60 kg per salire su una pertica innalzando il proprio baricentro di 5 m?

A 5 · 60 · 9,81 joule
B 5 · 60 · 9,81 chilogrammetri
C (1/2) · 5 60 · 9,81 joule
D (5 · 60)/9,81 joule
E 5 · 60 · 9,81 newton

2993 La pressione esercitata da due gas contenuti nello stesso recipiente è:

A uguale alla differenza tra le pressioni parziali
B uguale al quoziente delle pressioni parziali
C uguale al prodotto delle pressioni parziali
D uguale alla somma delle pressioni parziali
E dipende dal rapporto percentuale dei gas

MATEMATICA E FISICA

2994 **Nello spazio presente tra le due facce parallele di un condensatore piano a facce parallele è presente dell'aria. Il condensatore è connesso ad un generatore da 100 V a corrente continua. In seguito, un foglio di materiale dielettrico viene inserito tra le due facce parallele del condensatore. I valori di quali grandezze cambiano quando il dielettrico viene inserito tra le due facce parallele?**

A Solo la differenza di potenziale tra le facce parallele del condensatore
B Sia la capacità del condensatore che la differenza di potenziale tra le facce parallele del condensatore
C Solo la capacità del condensatore
D Sia la capacità del condensatore che la carica sulle due facce parallele del condensatore
E La capacità del condensatore, la differenza di potenziale tra le facce parallele del condensatore e la carica sulle due facce del condensatore

2995 **Un pezzo di alluminio è appeso ad una bilancia a molla, la quale indica che il peso del pezzo di alluminio in aria è di 13,5 N. La bilancia viene abbassata fino a che il pezzo di alluminio è immerso completamente in un liquido inerte di densità 1,50 g/cm^3. Quale peso indica ora la bilancia? [Si consideri la densità dell'alluminio pari a 2,70 g/cm^3 e si trascuri l'immersione della bilancia a molla]**

A 0 N
B 6,0 N
C 7,5 N
D 8,5 N
E 13,5 N

2996 **100 cm^3 di acqua pesano approssimativamente:**

A 200 g
B 0,1 kg
C 10 g
D 1 kg
E 1 g

2997 **Un corpo solido subisce una deformazione elastica. Ciò vuol dire che la deformazione:**

A scompare al cessare della causa
B rimane invariata al cessare della causa
C aumenta al cessare della causa
D diminuisce al cessare della causa
E è indipendente dalla causa

2998 **In un certo istante del moto, un punto materiale ha velocità *v* ed energia cinetica *E*. Se in un altro istante l'energia cinetica assume valore pari a 2*E*, quanto vale la velocità del punto materiale?**

A $2v$
B $\sqrt{2}/2\ v$
C $\sqrt{2}\ v$
D $0{,}5v$
E $0{,}25v$

2999 **Un corpo viene lasciato cadere verticalmente da fermo da una certa altezza e acquista alla fine un'energia cinetica *E*. Quanto vale l'energia cinetica se la massa viene raddoppiata?**

A E
B $E/2$
C $2E$
D $4E$
E $E/4$

3000 **Un pendolo semplice è costituito da una massa *m*, collegata da un filo di lunghezza *l* di massa trascurabile a un punto fisso O. Il pendolo compie oscillazioni di ampiezza massima $\pi/4$ rispetto alla verticale, in assenza di attrito. Durante il moto, la tensione del filo:**

A è massima quando il pendolo inverte il moto
B è massima nella posizione in cui il pendolo è a quota minima
C è costante durante il moto
D dipende dal numero di oscillazioni compiute
E uguaglia il peso del pendolo

Soluzioni

Quesito	Risposta	Quesito	Risposta	Quesito	Risposta	Quesito	Risposta	Quesito	Risposta	Quesito	Risposta	Quesito	Risposta	Quesito	Risposta	Quesito	Risposta	Quesito	Risposta
2401	D	2402	B	2403	A	2404	D	2405	D	2406	D	2407	D	2408	B	2409	B	2410	C
2411	B	2412	A	2413	D	2414	C	2415	B	2416	E	2417	A	2418	C	2419	D	2420	E
2421	C	2422	B	2423	C	2424	A	2425	A	2426	E	2427	E	2428	A	2429	B	2430	C
2431	B	2432	B	2433	D	2434	D	2435	B	2436	B	2437	D	2438	C	2439	C	2440	D
2441	C	2442	B	2443	D	2444	A	2445	C	2446	A	2447	B	2448	C	2449	E	2450	D
2451	E	2452	E	2453	A	2454	D	2455	B	2456	D	2457	B	2458	D	2459	A	2460	C
2461	D	2462	C	2463	C	2464	B	2465	C	2466	B	2467	B	2468	C	2469	A	2470	D
2471	D	2472	A	2473	D	2474	B	2475	B	2476	B	2477	A	2478	B	2479	D	2480	C
2481	D	2482	C	2483	C	2484	A	2485	A	2486	A	2487	B	2488	C	2489	D	2490	A
2491	D	2492	C	2493	B	2494	E	2495	D	2496	E	2497	B	2498	C	2499	A	2500	C
2501	B	2502	B	2503	E	2504	C	2505	E	2506	D	2507	E	2508	A	2509	D	2510	A
2511	C	2512	A	2513	C	2514	B	2515	C	2516	C	2517	C	2518	A	2519	C	2520	D
2521	B	2522	C	2523	A	2524	D	2525	B	2526	D	2527	C	2528	C	2529	C	2530	B
2531	A	2532	D	2533	C	2534	B	2535	D	2536	D	2537	C	2538	D	2539	D	2540	C
2541	A	2542	C	2543	A	2544	B	2545	C	2546	C	2547	A	2548	E	2549	C	2550	E
2551	D	2552	D	2553	C	2554	D	2555	E	2556	E	2557	C	2558	B	2559	E	2560	A
2561	B	2562	B	2563	B	2564	A	2565	B	2566	B	2567	C	2568	D	2569	B	2570	B
2571	D	2572	E	2573	C	2574	C	2575	A	2576	E	2577	D	2578	E	2579	C	2580	A
2581	E	2582	A	2583	B	2584	C	2585	D	2586	D	2587	A	2588	B	2589	A	2590	B
2591	B	2592	D	2593	C	2594	D	2595	C	2596	C	2597	C	2598	C	2599	D	2600	A
2601	D	2602	C	2603	A	2604	D	2605	A	2606	B	2607	C	2608	A	2609	B	2610	A
2611	A	2612	D	2613	A	2614	C	2615	A	2616	D	2617	C	2618	A	2619	A	2620	B
2621	A	2622	B	2623	E	2624	A	2625	A	2626	B	2627	C	2628	B	2629	C	2630	C
2631	D	2632	C	2633	E	2634	B	2635	B	2636	C	2637	B	2638	A	2639	B	2640	B
2641	C	2642	B	2643	D	2644	C	2645	C	2646	C	2647	D	2648	C	2649	E	2650	B
2651	A	2652	E	2653	B	2654	E	2655	B	2656	A	2657	D	2658	D	2659	B	2660	B
2661	C	2662	C	2663	A	2664	A	2665	B	2666	C	2667	B	2668	A	2669	D	2670	C
2671	B	2672	A	2673	D	2674	A	2675	E	2676	C	2677	C	2678	A	2679	D	2680	B
2681	A	2682	D	2683	B	2684	A	2685	B	2686	C	2687	B	2688	A	2689	C	2690	D
2691	B	2692	B	2693	D	2694	C	2695	D	2696	C	2697	A	2698	A	2699	E	2700	D
2701	B	2702	A	2703	A	2704	C	2705	C	2706	B	2707	A	2708	C	2709	A	2710	C
2711	C	2712	C	2713	A	2714	D	2715	C	2716	D	2717	C	2718	C	2719	D	2720	E
2721	C	2722	D	2723	B	2724	B	2725	B	2726	B	2727	D	2728	C	2729	A	2730	D
2731	A	2732	B	2733	A	2734	C	2735	B	2736	A	2737	B	2738	B	2739	E	2740	A
2741	D	2742	C	2743	D	2744	D	2745	C	2746	C	2747	A	2748	C	2749	A	2750	A

Quesito	Risposta	Quesito	Risposta	Quesito	Risposta	Quesito	Risposta	Quesito	Risposta	Quesito	Risposta	Quesito	Risposta	Quesito	Risposta	Quesito	Risposta	Quesito	Risposta
2751	A	2752	E	2753	E	2754	D	2755	D	2756	A	2757	D	2758	A	2759	C	2760	C
2761	E	2762	A	2763	A	2764	D	2765	A	2766	C	2767	B	2768	B	2769	A	2770	D
2771	A	2772	A	2773	A	2774	C	2775	C	2776	C	2777	C	2778	B	2779	C	2780	B
2781	C	2782	D	2783	E	2784	B	2785	A	2786	A	2787	D	2788	B	2789	B	2790	B
2791	B	2792	A	2793	E	2794	D	2795	B	2796	B	2797	B	2798	B	2799	D	2800	C
2801	D	2802	E	2803	D	2804	C	2805	C	2806	C	2807	D	2808	C	2809	C	2810	A
2811	D	2812	C	2813	D	2814	C	2815	C	2816	B	2817	B	2818	D	2819	A	2820	A
2821	B	2822	E	2823	A	2824	D	2825	E	2826	C	2827	C	2828	B	2829	A	2830	C
2831	B	2832	B	2833	C	2834	D	2835	D	2836	C	2837	B	2838	B	2839	C	2840	B
2841	E	2842	A	2843	D	2844	B	2845	C	2846	B	2847	E	2848	E	2849	C	2850	C
2851	A	2852	B	2853	A	2854	B	2855	B	2856	B	2857	C	2858	B	2859	A	2860	D
2861	C	2862	B	2863	C	2864	D	2865	B	2866	E	2867	A	2868	B	2869	C	2870	C
2871	A	2872	B	2873	C	2874	A	2875	B	2876	C	2877	C	2878	D	2879	B	2880	B
2881	C	2882	E	2883	B	2884	C	2885	A	2886	B	2887	B	2888	A	2889	B	2890	C
2891	E	2892	A	2893	D	2894	B	2895	D	2896	C	2897	A	2898	B	2899	C	2900	B
2901	C	2902	B	2903	B	2904	A	2905	A	2906	A	2907	B	2908	C	2909	A	2910	C
2911	E	2912	B	2913	A	2914	A	2915	C	2916	B	2917	E	2918	E	2919	A	2920	D
2921	C	2922	D	2923	C	2924	A	2925	B	2926	B	2927	A	2928	D	2929	D	2930	A
2931	C	2932	A	2933	C	2934	A	2935	C	2936	B	2937	A	2938	C	2939	D	2940	B
2941	C	2942	A	2943	C	2944	C	2945	D	2946	C	2947	C	2948	A	2949	E	2950	B
2951	D	2952	B	2953	B	2954	A	2955	D	2956	B	2957	D	2958	C	2959	B	2960	B
2961	B	2962	B	2963	B	2964	C	2965	B	2966	E	2967	B	2968	B	2969	D	2970	B
2971	D	2972	C	2973	C	2974	D	2975	A	2976	B	2977	A	2978	D	2979	D	2980	C
2981	A	2982	B	2983	B	2984	A	2985	A	2986	D	2987	E	2988	A	2989	A	2990	B
2991	D	2992	A	2993	D	2994	D	2995	B	2996	B	2997	A	2998	C	2999	C	3000	B

In dotazione con questo libro

Software di esercitazione e simulazione di test

Codice libro

18471

Download

Ottenere il software è facile

Vai su **www.alphatest.it/software**, cerca l'icona riportata qui sopra, inserisci il **codice libro** e clicca su download.

Il software permette di svolgere infinite prove simulate a test, secondo le modalità dell'esame ufficiale, visualizzando subito i risultati.

Richiede Windows XP, Vista, 7 o 8
oppure Mac OSX 10.4 (o superiori). RAM minima: 1GB

Alpha Test

Valuta il libro che hai letto ★★★★☆

e sostieni la Fondazione Francesca Rava

L'opinione dei nostri lettori è importante: su **alphatest.it** trovi un breve **questionario di valutazione** da compilare online che ci aiuta a migliorare costantemente le nostre pubblicazioni.

Il tuo tempo è prezioso non solo per noi: per ogni questionario, Alpha Test dona **2 euro** alla **Fondazione Francesca Rava - NPH Italia Onlus** a sostegno del progetto di chirurgia pediatrica all'Ospedale Saint Damien di **Haiti,** quarto mondo.

Il progetto ha l'obiettivo di **triplicare il numero di bambini operati** all'anno, formare personale medico e infermieristico di sala operatoria e **giovani chirurghi haitiani** (www.nphitalia.org).

FONDAZIONE
Francesca Rava

NUESTROS PEQUEÑOS HERMANOS
60 anni
N.P.H. Italia

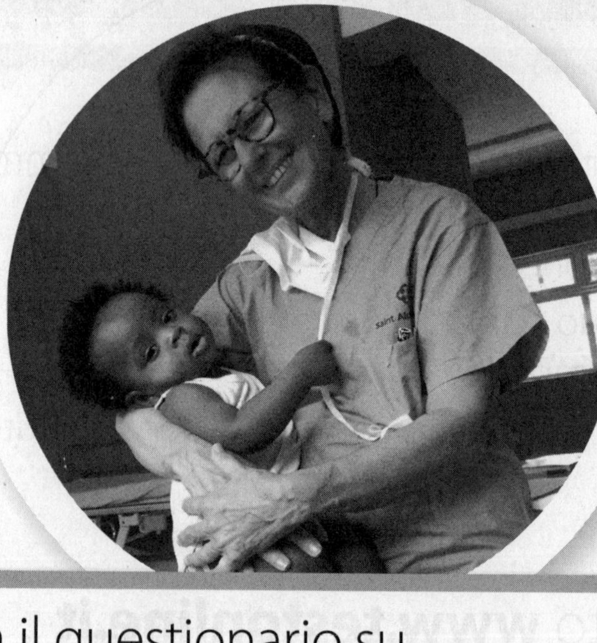

compila il questionario su

alphatest.it/ValutaUnLibro